Indogermanisches etymologisches Wörterbuch

JULIUS POKORNY

INDOGERMANISCHES ETYMOLOGISCHES WÖRTERBUCH

I. BAND

FRANCKE VERLAG BERN
UND MÜNCHEN

©
A. Francke AG Verlag Bern · 1959
Alle Rechte vorbehalten
Satz und Druck: Adolf Holzhausens Nfg., Wien

INDOGERMANISCHES ETYMOLOGISCHES WÖRTERBUCH

A.

ā Ausruf der Empfindung, oft neugeschaffen.

Ai. *ā* Ausruf der Besinnung;

gr. *ǎ* Ausruf des Unwillens, Schmerzes, Erstaunens; *ǎ, ǎǎ* Ausruf der Verwunderung und Klage; dazu *ǎζειν* ‚ächzen‘;

lat. *ā, ah* Ausruf des Schmerzes, des Unwillens;

lit. *à, aà* Ausruf der Verwunderung, des Tadels oder Spottes, *ā* Ausruf der verwunderten Frage (lauter Neuschöpfungen);

got. *ō* Ausruf des Unwillens, der Bewunderung; ahd. *ō* Ausruf des Schmerzes; mhd. *ō* Ausruf des Schmerzes, der Bewunderung, auch dem Vokativ angehängt.

WP. I 1, WH. I 1, Loewe KZ. 54, 143.

ab- ‚Wasser, Fluß‘.

Lat. *amnis* f., später m. c(*abnis*); air. *ab* (*abā*) Gen. *abae* ‚Fluß‘, daneben *abann*, cymr. *afon*, orn. bret. *auon*, gall. brit. FIN *Abona*, abgeleitet cymr. *afanc* ‚Biber, Wasserdämon, Zwerg‘, mir. *abac* (*abankos* ‚Biber, Zwerg‘, schweiz.-frz. *avañ* ‚Weide‘ (*abanko-*); lett. FIN *Abava*.

Die westdeutschen FIN auf *-apa*, nhd. *-affa*, gehen wohl teils auf sonst verlorengegangenes westgerm. *ap-* (idg. *ab-*), teils auf ven.-ill. *ap-* (idg. *ap-*) zurück.

Vgl. auch 2. *ǎp-* ‚Wasser, Fluß‘ und *abō(n)* ‚Affe‘.

WP. I 46 f., WH. I 40, Feist 19 a, 579 a, GIPatSR. II 134.

ăbel-, ăbŏl-, ab_el- ‚Apfel‘.

Lat. *Abella* (osk. Stadt in Campanien) *malifera* ‚äpfeltragend‘, nach Verg. Aen. 7, 740, dürfte ihren Namen nach der Apfelzucht erhalten haben und auf die Grundform *ablonā* zurückweisen. Der Apfel ist nicht etwa erst nach der Stadt benannt.

Im Kelt. sind die Bezeichnungen für ‚Apfel‘ (*ablu*) und ‚Apfelbaum‘ (*abal-n-*) auseinanderzuhalten. Gall. *avallo* ‚poma‘, *Aballō* (*n*-St.) ON, frz. *Avallon*, abrit. ON *Aballāva*, gallo-rom. *aballinca* ‚Alpenmistel (Wartburg); air. *ubull* (*ablu*) n. ‚Apfel‘, ncymr. *afal*, Pl. *afalau*, corn. bret. *aval* m. ‚Apfel‘, aber mir. *aball* (*abalnā*) f. ‚Apfelbaum‘, acymr. *aball*,

1

mcymr. *avall* Pl. *euyill* (analogisch) f., acymr. *aballen*, ncymr. *afallen* ‚Apfelbaum' (mit Singulativendung).

Die gleichen Ablautformen im Germanischen:

Krimgot. *apel* (got. *apls?*), ahd. *apful*, *afful*, mhd. *apfel*, ags. *œppel* (engl. *apple*), an. *epli* n. (*apal-grār* ‚apfelgrau') ‚Apfel'. Germ. wohl **ap(a)la-*, **aplu-*. Ferner an. *apaldr* ‚Apfelbaum', ags. *apuldor*, *œppuldre*, ahd. *apholtra* (vgl. nhd. *Affoltern* ON), mhd. *apfalter* ‚Apfelbaum' (**apaldra-*).

Das Baltische zeigt deutliche Spuren der im Idg. ganz vereinzelten *l*-Deklination **abōl*, G. Sg. **abeles*. Dehnstufe des Suffixes erscheint meist im Worte für ‚Apfel': ostlit. *obuolỹs*, lett. *âbuolis* (*-i̯o*-St.), westlit. *óbuolas*, lett. *âbuols* (*o*-St.) aus idg. **abōl*-; Normalstufe meist im Worte für ‚Apfelbaum'; lit. *obelìs* (fem. *i*-St.), lett. *âbels* (*i*-St.), *âbele* (*ē*-St.) aus idg. **abel*-; aber apr. *woble* f. (**abl*-) ‚Apfel', *wobalne* (**aboln*-) f. ‚Apfelbaum'.

Abg. *ablъko*, *jablъko*, poln. *jabłko*, slov. *jábolko*, russ. *jábloko* ‚Apfel' (**ablъko* aus **ablu*-) usw.; abg. (*j*)*ablanъ*, sloven. *jáblan*, ačech. *jablan*, *jablon*, russ. *jáblonь* ‚Apfelbaum', aus idg. **aboln*- (die Lautform von **ablo* ‚Apfel' beeinflußt).

Obgleich eine einheitliche Grundform nicht ansetzbar ist, wird es sich bei den lat. kelt. germ. bsl. Formen nur um Urverwandtschaft und kaum um Entlehnung handeln. Beziehung zu lat. *abies* ‚Tanne' usw. sehr unsicher.

WP. I 50, WH. I 3, E. Fraenkel KZ. 63, 172 ff., Trautmann 2.

abh- ‚rasch, heftig', alter *r/n*-St.

Gr. *ἄφαρ* ‚sogleich' (altes Abstraktum ‚Schnelligkeit'), wozu doch wohl zunächst *ἄφνω*, *ἄφνως* ‚plötzlich'.

Hierher allenfalls aksl. *abъje* ‚sogleich, alsbald', aber unsicher ai. *ahnāya* ‚alsbald, sogleich' (eher zu *áhar*, *áhan*- ‚Tag' S. 7).

WP. I 52, Lewy IF. 54, 46, Schwyzer Gr. Gr. I 624⁵.

Dazu gehört:

abhro- ‚stark, heftig'.

Mir. Präfix *abor*-, cymr. *afr*- ‚sehr'; got. *abrs* ‚stark, heftig', adv. *abraba* ‚sehr', *bi-abrjan* ‚vor Staunen außer sich geraten', aisl. Präfix *afar*- ‚sehr'; ill. VN *Ἄβροι*, thrak. PN *Ἀβρο*-.

Hierher vielleicht got. *aba* (*n*-Stamm) ‚Gatte'.

WP. I 177, Feist 1 b f., 579 a., W. Schulze KZ. 52, 311 = Kl. Schr. 398.

abō(n) ‚Affe' (kelt. Neuschöpfung).

Das durch reisende Kaufleute eingeführte Tier kann von den Kelten mit dem Namen ihres Wasserdämons (s. oben *ab*-) benannt worden sein. Hes. *ἀβράνας· Κελτοὶ τοὺς κερκοπιθήκους* ist vielleicht *ἀββάνας* (Akk. Pl.)

zu lesen und noch vor der Lautverschiebung ins Germ. gedrungen; daher an. *api* m. ‚Affe, Tor‘, as. *apo*, ahd. *affo* m., *affa*, *affin* f., ags. *apa* m. Aus dem Germ. stammt aruss. *opica* ‚Affe‘, ačech. *opice*. Vgl. *ab-* ‚Wasser‘ und Schrader Reallex., Hoops Reallex. s. v. Affe.

WP. I 51 f.

1. **ad-** ‚zu, bei, an‘.

Phryg. *αδ-δακετ* ‚er macht‘; maked. *ἄδ-δαι· ῥυμοί* (Schwyzer Gr. Gr. I 69); lat. *ad* ‚zu, bei, an‘, Präverb und Präp. m. Akk., auch Gen. des Bereiches, *atque, ac* ‚und dazu, und auch, und‘ (**ad-que*; nicht *at* + *que*; ebenso umbr. *ap* ‚ubi, cum‘ zeitlich, um *-ī* erweitert *ape*), umbr. *ař-* Präverb, *-ař* Postposition m. Akk., osk. *adpúd* ‚quoad‘, sonst mit *s*-Erw. osk. *az* ‚ad‘ Präp. m. Akk.; air. *ad-* Präverb (z. B. *ad-gládur* ‚appellō‘), cymr. *add-*, gall. *ad-* Präfix (z. B. MN *Ad-iantū*: cymr. *addiant* ‚Sehnsucht‘, *Ad-mārus*: air. *mār* ‚groß‘); cymr. *á̆*, vor Vokal *ag* ‚mit‘ (*ad*+*ĝhe*, ai. *ha*, nicht = lat. *atque*); germ. **at* Präverb und Präp. meist mit ‚Dativ‘ = Lok., seltener m. Akk. (got. westgerm. von der Zeit, ags. auch vom Orte), aisl. auch mit Gen.: got. *at* ‚zu, bei‘, aisl. *at* ‚zu, bei, gegen, nach‘, ags. *æt*, as. *at*, ahd. *az* ‚zu, bei, an‘.

Schwundstufig: ved. *t-sárati* ‚schleicht, schleicht heran‘, ahd. *zagēn* (:got. **-agan* ‚fürchten‘), ahd. *z-ougen*, mhd. *zöugen*, as. *t-ōgian* gegenüber got. *at-augjan* ‚vor Augen stellen, zeigen‘.

WP. I 44 f., WH. I 11 f.

Vielleicht zum Folgenden.

2. **ad-** ‚festsetzen, ordnen‘, **ado-** ‚Ziel‘.

Umbr. *arsie* (**adio-*) ‚sancte‘, *arsmor* (**admon*) ‚ritus‘, *arsmatiam* (**admatio-*) ‚ritualem‘, *armamu* ‚ordinamini‘, *Ařmune* Beiname des Jupiter, zu **ad-* ‚festsetzen, ordnen‘; air. *ad* n. ‚Gesetz‘, Pl. *ada* ‚feierlicher Brauch‘, daraus Adj. ‚gesetzlich‘, *adas* ‚geziemend‘, cymr. *addas* ‚passend‘, *eddyl* (**adilo-*) ‚Pflicht, Ziel‘; wohl auch germ. **tila-* ‚passende Gelegenheit‘ in got. *til* n., *ga-tils* ‚passend‘, ags. *til* ‚passend, nützlich‘ als n. ‚Güte, Tauglichkeit‘ = ahd. *zil* ‚Ziel‘, Präp. ags. aisl. *til* ‚bis‘.

WH. I 12, Devoto Mél. Pedersen 224.

ades-, ados- n. ‚Getreideart, Spelt‘.

Lat. *ador, -ŏris* n. ‚eine Art Getreide, Spelt‘, vielleicht zu got. *atisk* (**ades-ko-*) ‚Saatfeld‘, wohl m. wie ahd. *ezzisca* Pl. ‚Saat‘, mhd. dial. *Esch*, schweiz. dial. *Aesch*, ‚Feldflur eines Dorfes‘; toch. AB *āti* ‚Gräser‘ (anders Pedersen Toch. 64 [1]). Über gr. *ἀθήρ* s. unter *andh-*.

WP. I 45, Feist 61 a, anders WH. I 14.

1*

4

ad(u)-, ad-ro- ‚Wasserlauf‘.

Avest. *aδu* ‚Wasserlauf, Bach, Kanal‘, ven.-ill. FlN *Ad(d)ua* (zum Po), **Adulia* > *Attel* (zur Donau in Bayern), *Mons Adulas* ‚St. Gotthard‘ (wohl nach den dort entspringenden Flüssen benannt), der oberösterr. FlN **Adra* > *Attersee, Attergau,* FlN *Adrana* > *Eder* (Hessen), vielleicht auch der ON *Adria* in Venetien (danach das *mare Adriaticum*), der sizil. FlN Ἀδρανός und der ven.-ill. Name der Oder Οὐι-αδούας; ferner der lett. FlN *Adula.* Vasmer ZslPh. 8, 114 f., Pokorny Urill. 4, 70, 93, 109, 124.

aĝ- ‚treiben‘ (eigentlich wohl ‚mit geschwungenen Armen treiben‘), ‚schwingen‘, in Bewegung setzen, führen‘. Ursprünglich auf den Präsensstamm beschränkt.

aĝō: ai. *ájati* ‚treibt‘, av. *azaiti* ‚treibt, führt weg‘, arm. *acem* ‚führe, bringe‘, gr. ἄγω ‚führe‘ (Aor. ἤγαγον, ἦξα ‚sind jung), lat. *agō* ‚treibe, führe, verhandle‘ (Pf. *ēgī* mit Ablautneuerung), osk. Imper. *actud* = umbr. *aitu* ‚agito‘, osk. *acum* ‚agere‘, air. *ad-aig* (**aget*) ‚adigit‘, acymr. *agit, hegit,* jünger *eyt* (**agīti*), daneben die starke Flexion in cymr. corn. bret. *a* (**aget*) ‚geht‘; *t*-Prät. air. *ro-da-acht* ‚trieb sie fort‘, cymr. *aeth* (**ag-t*) ‚iit‘ usw., s. Pedersen KG. II 451 ff., air. *áin* ‚Treiben, Spiel‘ (aus **agnis*), gallo-rom. **and-agnis* ‚großer Schritt‘, frz. *andain* ‚Schwade, Sensenhieb‘, afrz. ‚Weitschritt‘, anord. *aka* ‚fahren‘ (Prät. *ōk* wie ai. Gramm. *āja*); ags. *ac* ‚aber, sondern‘ (wörtl. ‚geh!‘ wie lat. *age*); toch. B *ak-*, AB *āk-* ‚reisen, führen‘.

to-Partiz.: ἀκτός, lat. *āctus,* kelt. **amb(i)-aktos* eigentlich ‚herumgesandter (: air. *imm-aig*) Bote, Diener‘ in gall. (-lat.) *ambactus* ‚Dienstmann, Höriger‘, cymr. *amaeth* ‚servus arans‘ (aus dem Kelt. stammt got. *andbahts,* ahd. *ambaht* ‚Diener‘, woraus die Sippe von nhd. *Amt*).

Als idg. Instrumentalnomen auf -*trā* hierher ai. *aṣṭrā* ‚Stachel zum Viehantreiben‘, av. *aštrā* ‚Peitsche, Geißel‘.

Dehnstufenbildungen: ai. *ājí-ḥ* m. f. ‚Wettlauf, Kampf‘, mir. *āg* (Gen. *āga,* u-St.) ‚Kampf‘, *āga, āige* ‚Führer‘ (vgl. auch gall. PN *Ago-mārus* = air. *ágmar* ‚kriegerisch‘; *Com-āgius*), lat. nur in Kompositis: *ambāgēs,* -*um* ‚Umgang, Umlauf; Irrgang; Winkelzüge‘ (kons. St. wie ai. *áj-ē* ‚zu treiben‘ = lat. *agī* Inf. Pass., und wie ai. *aj-* in *pṛtanāj-* ‚in den Kampf ziehend‘, jedoch mit Dehnung in der Komposition), *indāgēs* und *indāgo,* -*inis* ‚das Aufspüren (und ins Garn Treiben) des Wildes‘, *co-āgulum* ‚geronnene Milch‘, ai. *samāja-ḥ* ‚Versammlung, Gesellschaft‘, gr. ἀγωγός ‚führend, leitend‘, ἀγωγή ‚Führung, Leitung, Fracht‘, Hes. ὄγανα ‚Speichen‘, στρατ-ηγός (s. u.). Über dor. ἄγον (ai. *ājam*) ‚ich trieb‘ s. jedoch Schwyzer Gr. Gr. I 654, 4.

o-St.: ved. *ajá-ḥ* ‚Treiben, Zug; Treiber‘, gr. ἀγός ‚Führer, Heerführer‘, στρατ-αγός, att.-ion. στρατηγός ‚Heerführer‘, λοχαγός (ursprüngl. dorisch) ‚Anführer eines λόχος‘, lat. *prōd-igus* ‚verschwendend‘ (von *prōd-igere*), *abiga* ‚chamaepitys‘ (‚propter abortus‘ von *ab-igere* = ἀπάγω, ai. *apa-ájati* ‚abigit‘).

i̯o-St.: ir. *aige* ‚Wettlauf‘, ai. in *pṛtanájyam* ‚Wettkampf‘.

aĝmn̥, aĝmos: ai. *ájman-* n. ‚Bahn, Zug‘, *ájma-ḥ* ds. (aber über *jman, pari-jman-, pṛthu-jman-, jma-yá-* s. *ĝhpem-* ‚Erde‘): lat. *agmen* ‚Zug, dahin-ziehende Schar‘ (Neubildg. nach *agō* für **ammen), exāmen* ‚ausziehender Bienenschwarm, Schwarm‘; ‚Zünglein an der Waage‘, dann ‚Prüfung‘ (aus **agsmen), ammentum (*agmen-to-m)* ‚der in Schlingenform etwa in der Mitte des Wurfspießes befestigte Wurfriemen‘; vielleicht (Schw. Gr. Gr. I 492[10]) mit *o*-Abtönung gr. ὄγμος ‚Ackerfurche, Bahn von Himmelskörpern; Schwade beim Mähen‘.

lo-St.: ai. *ajirá-* ‚rasch, behende‘ (aber lat. *agilis* ‚beweglich, behende‘ ist junge Neubildung); gr. ἀγέλη ‚Herde, Schar‘, lat. *agolum*, Hirtenstab‘.

Gr. ἀγών ‚Wettlauf; Wettkampf‘; ἄγυια ‚Straße‘ (Part. Perf.), woraus über jüngeres **ἄγεια* lat. *agēa*; lak. kret. ätol. ἀγνέω ‚führe, bringe‘, ep. ion. ἀγῑνέμεναι, ἀγῑνέω ds. (: ἀγνέω und ἄγω, wie ὀρί-νω gegenüber ὄρ-νν-μι und ὦρ-όμην, also von einer auf- ῑ endigenden Wurzelform; vgl. Schwyzer Gr. Gr. I 694, 696). Über ἡγεμών s. Schwyzer Gr. Gr. I 522[7] und unter *sāg-*.

Lat. *rēmex, rēmigāre, rēmigium, lītigāre* ‚lite agere‘ und andere Verba auf *-(i)gāre*. — Vermutlich lat. *indigitēs* ‚die einheimischen Gottheiten und Heroen‘ (*indigitāre* ‚eine Gottheit anrufen‘, *indigitāmenta* ‚Anrufungs-formeln‘), als **end(o)-aget-* ‚die Einheimischen‘.

Bedeutungsentwicklung zu ‚wägen‘ (aus ‚in Schwingung bringen‘) in lat. *exagium* ‚Wägen, Gewicht‘, *exigere* u. a. ‚abwägen, abmessen‘, *exāctus* ‚genau zugewogen‘, *exiguus* ‚knapp (zugewogen)‘, *exīlis* (**ex-ag-slis*) ‚dürftig‘, *exāmen* (s. o.), *agīna* ‚die Schere an der Waage‘ (Bildung wie z. B. *coquīna*), gr. ἄγειν auch ‚wiegen‘ (mit Akk. des Gewichts), ἄξιος (aus **ἄκτιος*, auf Grund eines **ag-ti-s* ‚Gewicht‘, eigentlich:) ‚von entsprechendem Gewicht‘, daher ‚wert, würdig‘, ἀντάξιος ‚gleichwertig‘.

Vgl. noch WH. I 9, 10, 24 über *acnua, āctus quadrātus* ‚ein Feldmaß von 120 Fuß im Geviert‘, und *actūtum* ‚sogleich‘, *agāsō* ‚Pferdeknecht‘, *agō, -ōnis* ‚der das Opfertier tötende Priester‘ (von *agere* in der Bed. ‚opfern‘), *agōnium* ‚Opferfest‘ u. dgl.

Hierher vielleicht gall. *exacum* ‚centaurion lepton‘ falls für **exagum* (= **exago-* ‚purgierend‘) verschrieben. Aber besser zu **ak̂-* ‚scharf, spitz‘, s. dort.

Ferner gehören hierber:

ages-, aks . . . ‚(Drehpunkt:) Achse — Achsel‘:

Ai. *ákša-ḥ* ‚Achse‘, gr. *ắξων* ds., *ắμ-αξα* ‚Wagen‘ (Gl. 12, 217; KZ. 4C, 217 f.); lat. *axis* ‚Achse‘ = lit. *ašìs*, apr. *assis*, aksl. *osъ* f. ds.; ahd. *ahsa*, nhd. *Achse*, ags. *eax* ds.; an. *ǫxull* (aus urg. **ahsulaz*) ‚Achse‘; mir. *ais* ‚Achse‘ (**aksi-lā* in cymr. *echel* f. ‚Achse‘, bret. *ahel*).

Lat. *āla* ‚Achsel‘, woraus die üblichere Bedeutung ‚Flügel‘, aus **agslā* (vgl. Demin. *axilla* ‚Achselhöhle‘) = an. *ǫxl*, ags. *eaxl*, ahd. *ahsala*, nhd. *Achsel*, woneben dehnstufig ndl. *oksel* ds., und ohne *l*-Formantien: ahd. *uochisa*, mhd. *uohse*, *üehse* und ahd. *uochsana*, ags. *ōxn* ‚Achselhöhle‘, an. *ōst* f., *ōstr* m. ‚Halsgrube‘, ags. *ōcusta*, *ōxta* m., engl. *oxter* ‚Achselhöhle‘; av. *ašayā* Gen. Du. ‚der beiden Achseln‘, arm. *anutᶜ* ‚Achselgrube‘ (zunächst aus **asnut*ᶜ).

aĝ-rā ‚Hetze, Jagd‘, **aĝ-ro-s** ‚treibend, hetzend·:

ai. in *ghasē-ajra-* ‚zum Verzehren antreibend, Eßlust erregend‘, av. (*vehr-kạm*) *azrō-daiðīm* ‚die Jagd machende, auf Beute ausgehende (Wölfin)‘; gr. *ắγρα*, ion. *ắγρη* ‚Jagd, Fang‘, *πάναγρος* ‚alles fangend, fassend‘, *κρεάγρα* ‚Fleischzange‘, *πυράγρα* ‚Feuerzange‘, *ποδάγρα* ‚Fußfalle‘, *Μελέαγρος* ursprüngl. Bezeichnung eines ‚Dämons, der als hitziges Fieber die Glieder ergreift‘(?), *ἀγρεύς* ‚Jäger‘, *ἀγρεύω* ‚erjage, fange‘; aber *ἀγρέω* ‚nehme‘ nach Schwyzer Gr. Gr. I 727[1] aus **ἄ-γρο-*; ir. *ár* n. ‚Niederlage‘ (**agron*), cymr. *aer* ‚Schlacht, Kampf‘ (**agrā*), eigentlich ‚Hetze‘, acorn. *hair* ‚clades‘, abret. *airou* Pl. ‚strages‘, gall. VN *Veragri* ‚die gewaltigen Kämpfer‘.

aĝ-ro-s ‚Feld, Flur‘ (zu **agō* wie *Trift* zu *treiben*, also ursprünglich ‚Ort, wo das Vieh hinausgetrieben wird, Weide‘).

Ai. *ájra-ḥ* ‚Fläche, Flur, Gefilde‘ (ohne Beziehung auf Ackerbau), gr. *ἀγρός* ‚Feld, Land‘ (im Gegensatz zur Stadt), lat. umbr. *ager* ‚Feld‘, got. (usw.) *akrs*, ahd. *ackar*, *ahhar*, nhd. *Acker* (*Acker* und ags. *æcer* auch ein bestimmtes Landmaß, ‚soviel ein Gespann Ochsen an einem Tage pflügen kann‘), arm. *art* ‚Acker‘ (mit rätselhaftem *t* über **atgr-*, **atr-*, s. Pedersen KZ. 39, 352; davon *artak's* ‚hinaus‘, Präfix *arta-* ‚aus‘).

Ai. *ajríya-* ‚in der Ebene befindlich‘ = gr. *ắγριος* ‚auf dem Felde, im Freien wachsend oder lebend, wild‘; *ἀγρότερος* ‚wild lebend‘, lat. *agrestis* ‚ländlich, bäurisch, derb‘. (Über got. *akran*, dt. *Eckern* s. aber unter **ōg-* ‚wachsen‘.)

WP. I 35 f., WH. I 22 f., 89, H. Reichelt WuS. 12, 112.

aĝ- ‚Ziegenbock, Ziege‘.

Ai. *ajá-h* ‚Ziegenbock, *ajā́* ‚Ziege‘, mpers. *azak* ‚Ziege‘, npers. *azg* ds.;

alb. *dhi* ‚Ziege‘ (G. Meyer BB. 8, 186, Pedersen KZ. 36, 320, 335; wohl aus **adhi*, wie *sii* ‚Auge‘ aus *asii*);

lit. *ožys* (**āǵįos*) ‚Ziegenbock‘, *ožkà* ‚Ziege‘, apr. *wosee* ‚Ziege‘, *wosux* ‚Ziegenbock‘;

ai. *ajína-m* ‚Fell‘;

lit. *ožnis* ‚zum Ziegenbock gehörig‘, *ožiena* ‚Ziegenbockfleisch‘; ksl. (*j*)*azno* (**azьno*) ‚Haut, Leder‘.

WP. I 38, Trautmann 22. Vgl. auch *aiǵ*-.

aǵh- ‚trächtiges Tier‘.

Ai. *ahi* ‚Kuh‘, av. *azī* f. Adj. ‚trächtig‘ (von Kühen und Stuten), mir. *ag* (*s*-St.) n., f. ‚Rind, Kuh‘, *ag allaid* ‚Hirsch‘ (eigentlich ‚wilder Ochse‘), *ál* ‚Brut, Wurf‘ (**aglo*-), cymr. *ael* ds., mcymr. *aelaw* ‚Reichtum‘, *eiliọn* (**agliones*) ‚Damwild, Pferde‘; hierher mit *e*-Vokalismus arm. *ezn* ‚Rind‘? WP. I 38, Loth RC. 38, 55.

āǵher-, āǵhen-, āǵhes- (oder ōǵher usw.) ‚Tag‘. Heteroklit. Neutrum.

Ai. *áhar*, *áhaḥ*, Gen. *áhn-as*, av. Gen. Pl. *asn-ąm* ‚Tag‘. Im Germ. findet sich anlaut. *d*- durch Einfluß von urgerm. **dūˀwaz* (idg. **dhōgʷho*-, s. **dhegʷh*- ‚brennen‘) ‚warme Jahreszeit‘ (: lit. *dāgas* ‚Sommerhitze‘): Der *o*-St. got. *dags*, aisl. *dagr*, ahd. *tac* m. ‚Tag‘ ist aus neutr. *es*-St. umgebildet (got. PN *Δαγισ-θεος* = **Dagis-þius*, ahd. *Dagi-bert* usw.), der auch im ablaut. ags. *dǽg* (**dōₔiz*), Pl. *dōgor* n. ‚Tag‘ (got. *fidur-dōgs* ‚viertägig‘), aisl. *degr* n. ‚Tag oder Nacht‘ neben *n*-St. adän. *degn* n. ‚Tag und Nacht‘ vorliegt.

WP. I 849 f., WH. I 467, Feist 113 f., Sievers-Brunner 121, 243, Wackernagel-Debrunner III 310 f.

agh- ‚seelisch bedrückt sein, sich fürchten‘.

Gr. *ἄχος* n. ‚Beängstigung, Schmerz, Leid‘, *ἄχνυμαι*, *ἄχομαι* ‚betrübt sein, trauern‘ (Aor. *ἤκαχε*, *ἠκαχόμην*, Perf. *ἀκάχημαι*), *ἀχεύων*, *ἀχέων* ‚trauernd, ächzend‘, *ἀκαχίζω* ‚betrübe‘; hierher wohl *ἄχθος* ‚Last, Kummer‘ (**άχτος*), davon *ἀχθεσθαι* ‚beladen sein, bedrückt sein‘.

Ags. *ege* m. ‚Furcht‘, *egisi-grima* gl. larvula, einst n. *es*-St. **agiz* = gr. *ἄχος*, vgl. ahd. *egis-līh* ‚schrecklich‘, *egisōn* ‚erschrecken‘ und die zu *o*- und *en*-Stämmen erweiterten got. *agis* n. ‚Furcht, Angst, Schrecken‘, ahd. *agiso*, *egiso* m, *egisa* f. ‚Schrecken, Schreckgestalt‘, ags. *egesa* m. ‚Furcht‘; anord. *agi* m. (*-en*-St.) ‚Furcht‘, ahd. *egī*; mhd. *ege* f. ‚Furcht, Schrecken, Strafe‘; got. *-agan* in *un-agands* ‚sich nicht fürchtend‘, *af-agjan* ‚ängstigen‘, *us-agjan* ‚jemanden erschrecken‘, *in-agjan* ‚jemanden anfahren‘; Präteritopräsens got. *ōg* (*ōgum*) ‚fürchte mich‘, *ni ōgs* ‚fürchte nichts‘ (alter kurzvokalischer Konjunktiv *ōgiz), anord. ōa-sk ‚sich fürchten‘; got. ōgjan ‚jemanden schrecken‘ = anord. œgja ‚erschrecken‘; anord. ōgn f. ‚Schrecken‘, ōtti m. ‚Furcht‘, ags. ōga f. ‚Schrecken‘.

Air. ad-āgor, -āgur ‚fürchte‘ (wegen der Ablautgleichheit mit got. ōg vermutet Brugmann Grdr. II² 3, 484 Ursprung aus einem ältern Perf.), Verbalnomen āigthiu.

WP. I 40, Feist 14, 380.

Hierzu gehört wohl auch:

agh-(lo-) ‚widerwärtig‘.

Got. agls ‚αἰσχρός ‚schimpflich‘, agliþa, aglō ‚Drangsal‘, us-agljan ‚bedrängen‘, ags. eg(e)le ‚widerwärtig, beschwerlich, bedauerlich‘, eglan ‚Schmerz zufügen‘ (engl. ail ‚schmerzen; unpäßlich sein‘), eglian ‚schmerzlich empfunden werden‘, mnd. egelen ‚Gram verursachen‘, got. aglus Adv. agluba ‚δύσκολος, δυσκόλως, schwierig‘; auch (mit rätselhaftem Suffix) got. aglaitei f., -i n. ‚ἀσέλγεια, Unzucht‘, ahd. agaleizi f., -i n. ‚Unbequemlichkeit; Eifer‘, agaleizo, as. aglēto, agalēto Adv. ‚emsig, eifrig‘.

Möglicherweise hierher ai. aghá- (= av. aγō-) ‚böse‘, n. ‚Übel, Schaden‘, aghală- ‚schlimm‘.

Hierher vielleicht mir. ālad n. ‚Wunde‘ (*agloton), mcymr. aele(u) ‚schmerzhaft‘, aeleu m. ‚Schmerz‘ (*aglou-).

WP. I 41, Feist 15a, Specht Dekl. 136, Loth RC. 38, 56.

aghl(u)- etwa ‚dunkle Wolke, regnerisches Wetter‘.

Gr. ἀχλύς ‚Nebel, Dunkel‘, apr. aglo n. ‚Regen‘ (u-St.), arm. *alǰ- in alǰalǰ, alǰamulǰkh ‚Dunkel‘ (Meillet MSL. 10, 279).

WP. I 41. Vgl. Petersen Ar. und Arm. Stud. 126.

agos- ‚Fehl, Schuld, Sünde‘.

Ai. ágas- n., ablautend mit gr. ἄγος ‚schwere Schuld, Blutschuld‘; ai. ánāgas-, gr. ἀναγής ‚schuldlos‘; ἀγής, ἐναγής ‚verflucht‘, ἄγιος· μιαρός.

Diese entschieden ins sittliche Gebiet gewendete Bed. ‚Schuld, Frevel‘ ist vielleicht aus sinnlicherem ‚Schaden, Wehtun‘ entwickelt: ags. acan, þc ‚schmerzen‘ (engl. ache), ndd. äken ‚schmerzen, eitern, beulen‘, mndl. akel ‚Leid, Unrecht, Schade‘, nfries. akelig, aeklig ‚horridus, miser, vehemens‘.

WP. I 38.

agro- (egro-?) ‚Spitze, oberstes, erstes, Anfang‘.

Ai. ágra n. ‚Spitze‘, agrē (Lok.) ‚an der Spitze‘, auch zeitlich ‚im Anfang zuerst‘, agrimá- ‚der erste‘, av. aγra- ‚der erste, oberste nach Zeit Raum

usw.', n. ,Anfang; das oberste, Spitze'; lett. *agrs* (Adj.) ,frühe', *agri* Adv.
,früh, frühzeitig', *agrums* ,die Frühe'.

Ob hierher der lat. MN *Agrippa* aus **agri-p(e)d-* ,der mit den Füßen
zuerst zur Welt kommt', W. Schulze KZ. 32, 172[1], zweifelnd Lat. Eig. 230[5]?

Falls ai. *ágra-* auf **ogro-* oder **egro-* zurückginge, könnte man hitt.
ḫé-kur, ḫé-gur ,Felsgipfel' vergleichen.

WP. I 38 f., Pedersen Hitt. 183.

aĝro-s s. *aĝ-.*

aguͅ(e)sī, aksī ,Axt'.

Got. *aqizi*, anord. *ex*, ags. *acus, æx*, as. *acus, accus*, ahd. *achhus, accus,
aches*, nhd. *Axt* (die germ. Formen **aqwizi* und **akusi* sind vielleicht
nach Zupitza GG. 89 aus einem abstufenden **aguͅ ésī : **agusiͅ ás* geflossen),
gr. *ἀξίνη* ,Axt, Beil', lat. *ascia* ,Axt der Zimmerleute' (aus **acsiā* wie
viscus: ἰξός, vespa aus **vepsā*).

WP. I 39, WH. I 71, Feist 54 b, Specht Dekl. 150, Schwyzer Gr. Gr.
I 465[4].

aguͅ h-no-s (z. T. auch **aguͅnos?*) ,Lamm'.

Gr. *ἀμνός* m. f., *ἀμνή* f. ,Lamm'; lat. *agnus, -ī*, fem. *-a* ,Lamm' (*agnīle*
,Schafstall', ohne Suffixverwandtschaft mit aksl. *jagnilo* ,locus, ubi oves
parturiunt', einer Ableitung vom Verbum *jagniti* ,lammen'); air. *ūan* cymr.
oen, acorn. *oin*, bret. *oan* ,Lamm' (urk. **ognos* mit *-gn-* aus **-guͅhn-*, nicht
-*guͅn-, das trotz Pedersen KG. I 109 *-bn-* ergeben hätte; *o-* wohl Einfluß
von **ouͅis* ,Schaf'); ags. *ēanian*, engl. *to yean* ,lammen', ndl. *oonen* ds. (aus
*aunōn von **auna- ═ idg. **aguͅhno-*); aksl. *(j)agnę* ,Lamm' (um das bei
Bezeichnungen junger Tiere beliebte Formans *-et-* erweitert), *(j)agnъcь*
,Lämmchen' enthalten Dehnstufe. Oder ist idg. **ōguͅ(h)no-* : **əguͅ(h)no-* anzusetzen?

Die durchs Germ. und Kelt. vorausgesetzte Media aspirata kann auch
den lat. und slav. Formen zugrunde liegen, so daß gr. *ἀμνός* (zunächst aus
*ἀβνός) der einzige verläßliche Hinweis auf Media *guͅ* bleibt. Wenn umbr.
habina(f) ,agnas' aus Kreuzung von **hēdīno- ═ lat. *haedīnus* und **abnīno-*
═ lat. *agnīnus* erklärt werden könnte, würde allerdings das umbr. *b* auf
unaspirierte Media hinweisen. Aber vielleicht ist *guͅh* im Osk.-Umbr. zu *b*
geworden.

Lat. *avillus* ,Lämmchen' wegen der Suffixbildung nicht zu *ovis*, sondern aus **aguͅhnelos*.

WP. I 39, WH. I. 23.

1. ai Ausruf.

Ai. *ž* Ausruf des Sichbesinnens, der Anrede, des Mitleids;
ai. *ai* dasselbe; *ayi* Interjektion beim Vokativ;
av. *āi* Interjektion des Anrufs vor dem Vokativ;
gr. *aĭ, aĩ, aĩaĩ* Ausruf der Verwunderung, des Staunens oder Schmerzes
(davon *aĭáζω* ‚seufze, beklage‘, *aĭaγμα* ‚Seufzen‘);
lit. *aĩ* und *ái* ‚ach! wehe!‘ und vor Vokativen.
WP. I 1, WH. I 396, Benveniste Origines 130 f. S. auch **aik-.*

2. ai- ‚worauf eindringen, treiben, überwältigen, kränken‘.
Präs. **(a)i-neu-mi* : ai. *inóti, invati,* Imper. *inuhí,* Partiz. *-inita-* (*ūpenita-*
‚eingedrückt, eingeschnürt‘), ‚auf etwas eindringen, bewältigen‘, av. *inaoiti,*
Inf. *aēnaɔhe* ‚vergewaltigen, kränken‘, *ainita* (aus **an-inita* durch Haplologie) ‚nicht vergewaltigt, nicht gekränkt‘ (ob dazu ai. *énas-* n. ‚Frevel,
Sünde, Unglück‘ = av. *aēnah-* ‚Gewalttat, Frevel‘, m. ‚Übeltäter‘?), av.
intay- ‚Vergewaltigung, Kränkung; Qual‘, ai. *inó-* ‚stark; m. Gebieter‘,
vielleicht auch *iti-ḥ* f. ‚Plage, Not‘; gr. *aĭvós* ‚schrecklich‘;
vielleicht hierher *-in-* in got. *fair-ina* ‚Schuld, Vorwurf‘, ahd. *firinōn*
‚sündigen‘, aisl. *firn* n. Pl. ‚Außerordentliches‘ (vgl. Weisweiler IF. 41,
29 f.), falls ursprüngliche Bedeutung (wie im Heliand) ‚Gewalttat‘.
WP. I 1, Feist 139/140.

3. ai- ‚geben, zuteilen‘, über mediales ‚sich geben lassen‘ dann auch ‚nehmen‘.
Gr. *aĭvυμαι* ‚nehmen, packen, fassen‘, nur Präsens und Imperfekt.
Ven. MN *Aimos,* illyr. MN *Aetor.*
Lat. *ae-mulus* ‚nach-, wetteifernd‘, wohl als ‚der nach etwas greift‘
(Frisk Eranos 41, 53).
Toch. B *ai-,* A *e-,* Infinitiv B *aitsi,* A *essi* ‚geben‘; hett. *pa-a-i* ‚er gibt‘,
3. Pl. *pí(-ia)-an-zi* mit Präverb *pe* ‚hin‘.
Pedersen Groupement 20, Hittitisch 115, Tocharisch 227; Frisk Indo-
germ. 10 f.

Hierher gehört zweifellos:
ai-ti-, ai-to- : oi-to- ‚Anteil‘.
Av. *aēta-* ‚der gebührende Teil‘ (‚Strafe‘; Dual ‚Schuld und Strafe‘).
Gr. *aĭσα* (**aĭτμα*) ‚Anteil, Schicksal‘, hom. *ĭσα,* besser *ĭσσα* ‚der gebührende Anteil‘, *ĭσσασθαι · κληροῦσθαι. Λέσβιοι* Hes.; *aĭσιος* ‚gutes Geschick
verheißend, günstig‘, *aĭσιμος* ‚vom Schicksal bestimmt, gebührend‘, *ἀναισι-
μόω* ‚anwenden, gebrauchen, verzehren‘, *aĭσυμνάω* ‚spreche Recht, herrsche‘;
διαιτάω (vielleicht dissimiliert aus **διαιτιάω*) ‚bin Schiedsrichter, leite;
teile das Leben ein ⸗ führe eine gewisse Lebensart; schreibe ein ge-

wisses Maß im Essen und Trinken vor', daher δίαιτα ‚Schiedsrichteramt‘ und ‚Lebensweise, Lebenseinteilung‘, ἔξαιτος ‚ausgewählt, auserlesen‘.

Osk. Gen. *aeteis* ‚partis‘, *aittíúm* ‚portionum‘.

Aus dem Gr. hierher wohl auch αἴτιος ‚haftbar, schuldig‘ (das τ nach αἰτέω), woraus späteres αἰτία ‚Schuld, Ursache‘; auch αἰτέω, αἰτίζω ‚fordere‘ als ‚seinen Anteil verlangen‘; ablaut. οἶτος m. ‚Schicksal‘.

Air. *áes* n., cymr. *oes* f. ‚Alter, Zeitalter‘ aus *ait-to-, air. *áes* m. ‚Leute‘ aus *ait-tu-, cymr. *oed* m. ‚Alter‘ aus *aito-.

WP. I 2, Hirt Idg. Gr. II, 82 f. Schwyzer Gr. Gr. 1 421³, 696⁹, 705⁷.;

4. **äi-** ‚brennen, leuchten‘.

S. unter *ai-dh-, äjer-, ajos-, aisk-, ai-tro-*.

Das aus ags. *ífor* ‚scharf, heftig‘, ahd. *eibar*, *eivar* ‚acerbus, amarus, horridus‘ erschlossene *aibhro- ist nicht sicher anzuschließen.

Vielleicht aber hierher gr. *ἰαίνω* ‚erwärme‘ aus *i(i̯)-ani̯ō; s. unter 1. *eis-* ‚sich heftig bewegen‘.

5. **ai- : oi-** ‚bedeutsame Rede‘ (?).

Gr. αἴνημι, αἰνέω ‚lobe‘, αἶνος m., αἴνη f. ‚bedeutsame Rede, Lob‘; αἰνίσσομαι ‚rede in Rätseln‘, αἴνιγμα n. ‚dunkle Rede‘ (aber ἀν-αίνομαι ‚verneine‘ scheint -i̯o-Ableitung der Negation ἀν-); ablaut. mir. *óeth* m. ‚Eid‘ (acymr. *anutonou* Pl., gl. ‚periuria‘, ncymr. *anudon* ‚Meineid‘) = got. *aiþs* m., aisl. *eiðr*, ags. *áþ*, as. *ēð*, ahd. *eid* m. ‚Eid‘ (wohl kelt. Lw.).

WP. I 2, 103, Osthoff BB. 24, 208 f.

aid- ‚schwellen‘ s. *oid-*.

ai-dh, i-dh-, nas. *i-n-dh-* ‚brennen, leuchten‘.

Ai. *inddhé* ‚entzündet, entflammt‘ (Pass. *idhyáte*, Perf. *ídhé*, Part. Perf. Pass. *iddhá-ḥ*), *indhana-m* ‚das Anzünden‘.

Gr. αἴθω ‚zünde an, brenne‘ (αἰθόμενος), αἴθων, αἶθοψ ‚feurig, funkelnd‘, *ἰθαίνεσθαι· θερμαίνεσθαι* Hes., hylleisch *αἰδῶσσα· αἴθουσα* ‚Loggia‘; ablautend *καχ-ιθής* Hes. ‚ausgehungert‘ (W. Schulze KZ. 29, 269 = Kl. Schr. 329).

o-St.: gr. αἶθος m. ‚Brand‘ (αἰθός ‚verbrannt‘) = ai. *édha-ḥ* m. ‚Brennholz‘ = ags. *ád*, ahd. mhd. *eit* m. ‚Glut, Scheiterhaufen‘: schwundstufig wohl norw. schwed. *id* ‚leuciscus idus‘ (eine helle Karpfenart), vgl. nhd. dial. *aitel* ‚leuciscus cephalus‘ als ‚der Glänzende‘; daneben u-St. *aidhu-* im gall. VN *Aedui*, air. *áed* ‚Feuer‘, auch als MN; lat. *aedēs* ‚Tempel‘, ursprüngl. ‚der häusliche Herd‘, auch *aedis* = maked. *ἄδις· ἐσχάρα* Hes.

Vom Verbaladjektiv auf -to- stammt wohl lat. *aestās*, -*ātis* ‚warme Jahreszeit, Sommer‘ (aus *aisto-tāt-, idg. *aidh-to-); *aestus*, -*ūs* (aus *aidhtu-) ‚Hitze, Glut, Brandung‘, *aestuāre* ‚kochen, wallen, brausen‘; agerm.

MN *Aistomōdius* („mit hitzigem Mute‘), ags. *āst* f. ‚Dörrofen‘, engl. *oast* ‚Darre‘.

r-Formans: gr. αἰθήρ ‚die obere Luft‘ (maked. ἀδῆ), αἴθρα ‚der heitere Himmel‘ (maked. ἀδραιά), αἴθριος ‚hell, heiter (vom Wetter)‘, wozu ablautend ἰθαρός ‚heiter‘, ai. *vidhrá-* (= *vi-idh-rá-*) ds.

l-Formans: gr. αἰθάλη, αἴθαλος ‚Ruß‘, maked. ἄδαλος; unter Annahme einer Entwicklung von ‚glänzend, scheinend‘ zu ‚anscheinend‘ stellt man etwas gezwungen hierher ags. *ìdel* ‚eitel, unnütz, nichtig‘, ahd. *ītal*, nhd. *eitel*. Auf idg. *aidh-lo-* beruht germ. *ail-* in ags. *ǣlan* ‚brennen‘ zu *al* n. ‚Flamme‘, und in ags. *ǣled* m., aisl. *eldr* (Gen. *elds*) ‚Feuer, Brand‘. Aus verschiedenen Entwicklungsstufen des ags. *ǣled* sind cymr. *aelwyd*, bret. *oaled* ‚Feuer, Herd‘ entlehnt (M. Förster Themse 487²). Mir. *ǽl* ‚Kalk‘ könnte aus *aidh-lo-* entstanden sein. Doch könnten die germ. und kelt. Worte auch direkt von der Wurzel 4. *āi-* mit *-lo-*Suffix gebildet sein.

s-Formans: *es*-St. gr. αἶθος n. ‚Glut, Brand‘ = ai. *édhas-* n. ‚Brennholz‘. Weiterbildungen: aisl. *eisa* f. (*aidh-s-ōn-*) ‚Feuer‘, norw. ‚Feuerstätte‘, mnd. *ēse* f. ‚Esse, Feuerherd‘ (aber ahd. *essa* ‚Esse‘ s. unter *ǎs-* ‚brennen‘); av. *aēsma-* m. ‚Brennholz‘ (*aidh-s-mo-*, vgl. ohne *s* ai. *idhmá-ḫ* m. ds.); dazu balt. *aismiā* in lit. *iesmè* ‚Brennholz‘; lit. *aistrà* f. ‚Leidenschaft‘; ačech. *niestějě* (fem. Pl.) ‚Ofen‘, später *nistèj* (mit *n*-Vorschlag durch falsche Zerlegung der Verbindungen *vъn-ėstèję, vъn-ėstèjachъ*, Berneker 275) aus *aidh-s-to-*; dazu schwundstufiges *idh-s-to-* in slov. *istėje, stèje* Pl. ‚Ofenloch‘; nach Johansson IF. 19, 136 auch ai. *iṣṭakā* ‚gebrannter Ziegel‘, av. *iṣtya-* n. ‚Ziegel, Backstein‘.

Auf *indh-* gehen zurück: alb. geg. *idhunε*, tosk. *idhětě* ‚bitter‘, tosk. *idherín* ‚Bitterkeit, Ärger‘, ḫiḍhitě Pl. ‚Brennessel‘ (Jokl Studien 29).

WP. I 5, WH. 15, 20, 843, Trautmann 3, Schwyzer Gr. Gr. I 347.

Wahrscheinlich zu 4. *āi-*.

Hierher gehört auch *aisk-*, falls aus *aidh-s-k-* entstanden.

äier-, äien- n. ‚Tag, Morgen‘.

Av. *ayarə*, Gen. *ayən* n. ‚Tag‘.

Gr. Lok. *ἀ(ι)ερι-* in ἄριστον (aus *ajeri-d-tom*, zu *ed-* ‚essen‘) ‚Frühstück‘ (unkontrahiertes ἀέριστον noch herstellbar Hom. Ω 124, π 2); dehnstufiges *ἀ(ι)ερι* in der Ableitung ἠέριος ‚morgendlich‘, kontrahiert in ἦρι ‚morgens‘. Anders Risch 105.

Got. *air*, aisl. *ār*, Adv. ‚frühe‘ (ebenfalls Lok. *ajeri*), dazu Kompar. got. *airiza* ‚früher‘, Adv. *airis* = ags. *ǣr*, ahd. *ēr*, nhd. *eher, ehe*; Superl. ags. *ǣrest*, ahd. *ērist*, nhd. *erst*.

WP. I 3, Feist 24 b.

Vielleicht zu 4. *āi-*.

ai̯ĝ- ‚Ziege‘.

Gr. *αἴξ, -γός* ‚Ziege‘, arm. *aic* ‚Ziege‘; tiefstufig av. *izaēna-* ‚aus Leder‘ (eigentlich ‚aus Ziegenleder‘ wie gr. *αἴγεος*, vgl. die gleichen Bedeutungs-verhältnisse bei **aĝo-* ‚Bock‘). Vielleicht orientalisches Kulturwort.
WP. I 8, Specht KZ. 66, 13.

1. **ai̯g-**, nas. *ing-* ‚verstimmt, unwirsch, krank‘.

Alb. *kë-ék* ‚böse‘ (aus *kë* + **aigi̯o-*); lat. *aeger, aegra, -um, aegrōtus* ‚ver-stimmt, unwohl, krank‘; anord. *eikenn* ‚wild, wütend‘, ags. *ācol* ‚erregt, bestürzt‘, nnorw. *eikja, eikla* ‚unaufhörlich mit Angriffen, Widersprüchen, Behauptungen plagen‘, *eikjen* ‚zänkisch‘; toch. B *aik(a)re* (= lat. **aegro-*), A *ekro* ‚krank‘;

nasaliert **ing-*: lit. *ìngis* ‚Faulenzer‘, *ìngas* und *angùs* ‚faul, träge‘, lett. *îgstu, îgt* ‚innerlichen Schmerz haben, verdrießlich, mürrisch sein‘, *îgnêt* ‚einen Ekel haben‘, *ìgnis* ‚mürrischer Mensch‘ (lit. *éngti* ‚würgen, quälen‘ bleibt wohl fern); aksl. *jędza* ‚Krankheit‘, nslov. *jeza* ‚Zorn‘, poln. *jędza* ‚Furie, Hexe‘ (‚unwirsch‘), čech. *jezinka* ‚Waldfrau‘ (usw., s. Berneker 268f.; auf **jęga*, nicht **aigā*, ist daher auch zurückzuführen:) russ. *bába jagá* ‚Hexe‘ (s. Brückner KZ. 45, 318);

aisl. *ekki* ‚Schmerz, Kummer‘ = ags. *inca* ‚Schmerz, Verdacht, Streit‘, afries. *inc* (d. i. *jinc*) ‚erzürnt‘, auch nengl. *inkle* ‚ahnen‘, *inkling* ‚Gemun-kel, Ahnung, Andeutung, Wink‘.
WP. I 9, WH. I 16, 843, Trautmann 70.

2. **ai̯g-** ‚Eiche‘.

Gr. *αἰγίλωψ* ‚eine Eichenart‘ (s. u.), vermutlich auch *κράτ-αιγος, κρατ-αιγών* ‚eine unbestimmte Baumart‘ (etwa ‚Harteiche‘).

Der Ausgang von *αἰγίλωψ* scheint *λώψ· χλαμύς* Hes., vgl. *λωπίον, λώπη, λοπός* ‚Schale, Rinde‘ und Plin. n. h. 16, 6, 13 *aegilops fert pannos arentes ... non in cortice modo, verum et e ramis dependentes*, Kretschmer Gl. 3, 335.

Anord. *eik* (kons. St.) f. ‚Eiche‘, as. *ēk*, ags. *āc* (engl. *oak*), ahd. *eih*, mhd. *eich, eiche*, nhd. *Eiche*;

Alle weitern Anreihungen sind zweifelhaft: gr. *αἴγιρος* (richtiger als *αἴγειρος*, s. Fick BB. 30, 273) etwa ‚Zitterpappel‘ könnte, als ‚Zitterbaum‘ auch Ableitung von einem wie *οἰκτίρω* gebildeten **αἰγίρω* ‚schwinge, zittere‘ sein (: **aig-* ‚sich heftig bewegen‘);

lat. *aesculus* ‚Bergeiche‘ (**aig-sklos?*) ist seiner Bildung nach noch un-klar, vielleicht Mittelmeerwort.
WP. I 10, WH. I 20, 844, Specht KZ. 68, 195f. S. unten S. 18 Z. 1/2.

3. **ai̯g-** ‚(sich) heftig bewegen, schwingen, vibrieren‘.

Ai. *ḗjati* ‚rührt sich, bewegt sich, erbebt‘, *ḗjathu-ḥ* ‚das Beben der Erde‘, *viçvamḗjaya-* ‚alles erzittern machend‘, Nasalpräsens *iṅgati, iṅgatē* ‚regt sich, bewegt sich', Kaus. *iṇgáyati* ‚setzt in Bewegung, rührt, schüttelt', *udiṇgayati* ‚schwingt', *samiṇgayati* ‚setzt in zitternde Bewegung' (Formverhältnis wie zwischen *αἴϑω* : ai. *indhate*); aus dem Gr. hierher sehr wahrscheinlich *αἶγες· τὰ κύματα. Δωριεῖς* Hes. (auch Artemidor Oneirokrit. 2, 12: *καὶ γὰρ τὰ μεγάλα κύματα αἶγας ἐν τῇ συνηϑείᾳ λέγομεν*), *αἰγιαλός* ‚Gestade' (wohl aus der Verbindung *ἐν αἰγὶ ἁλός* ‚an der Brandung des Meeres' erwachsen; anders Bechtel Lexil. 16), *αἰγίς* ‚Sturmwind, Sturmwolke; der Schild des Zeus' (wohl ursprünglich verstanden als die von Zeus geschüttelte Sturmwolke, ‚Gewitterschild'), *καταιγίς* ‚plötzlich herabfahrender Windstoß' von *καταιγίζειν* ‚herabstürmen, drauflosfahren' (von den *πνοαὶ ᾍρεος*, den *ἄνεμοι, ϑάλασσα*), *ἐπαιγίζειν* ‚heranstürmen, herandringen'; wahrscheinlich auch *αἰγανέη* ‚Lanze' (auf Grund eines **αἴγανον* ‚das Schleudern' oder ‚Wurfgeschoß'); vermutlich auch *αἴγλη* ‚Glanz', vom Flimmern des Lichtes und der südlich warmen Luft; dazu der germ. Name des Eichhörnchens: ahd. *eihhurno, eihhorn*, mhd. *eichorn* (nhd. *Eichhorn* mit Anlehnung an *Eiche* und *Horn*, ags. *ācweorna, -wern*, mnd. *ēkeren, ēkhorn*, anord. *īkorne* (*īk-* alter Ablaut oder Schwächung aus *aik-* im Nebenton?), neunorw. auch *eikorne*, aschwed. *ēkorne* (beruht auf dem Begriffe ‚beweglich, sich von Ast zu Ast schwingend'; am ehesten mit einem zu ** u̯er-, u̯eu̯er-* ‚Eichhorn, Wiesel' gehörigen zweiten Gliede: **aik-werna*); aksl. *igrъ, igra* ‚Spiel', *igrati*, perfektiv *vъzigrati* ,*съиrъtân*, hüpfen, springen, tanzen' (aus **ъgra*; Lit. bei Berneker 422).

W. P. I 11, Trautmann 103.

aiĝᵘh- ‚sich schämen'.

Unmittelbar von der Wz. aus: ags. *āwan* ‚verachten', auch mnd. *eichelen, ēchelen, ēgelen* (aus **aiwilōn*) ‚ekeln' (daraus entlehnt mhd. *ekeln*).

Gr. *αἶσχος* n. ‚Schande' (aus **aiĝᵘh-s-kos*, *k*-Ableitung von einem *s*-St. **aigᵘhes-*, wie:) got. *aiwiski* n. ‚Schande, Beschämung'; vgl. weiter *αἰσχύνη* ‚Scham, Ehrgefühl, Schande', *αἰσχύνω* ‚entehre, schände, entstelle', med. ‚scheue mich, schäme mich', *αἰσχρός* ‚schimpflich, schmachvoll; garstig'; got. *unaiwisks* ‚schandlos', *aiwiskōn* ‚schändlich handeln', ags. *āwisc(e)* n. ‚Schande, Vergehen', Adj. ‚schamlos', mnd. *eisch* ‚häßlich, abscheulich', nnd. *eisk, aisch* ‚ekelhaft, garstig'.

WP. I 7, Feist 30.

ā(i)ĝh- : īĝh- ‚bedürfen, begehren'.

Av. *āzi-š* m. ‚Begierde', np. *az* ds., av. *āza-š* m. ‚Streben, Eifer'; ablautend av. *izyati* ‚strebt, verlangt nach' und *īzā* ‚Streben, Eifer, Erfolg' ai. *īhā* ‚Verlangen', *īhate* ‚strebt wonach';

gr. *ἀχήν* ‚dürftig' = *ἠχῆνες· κενοί, πτωχοί* Hes. (durch Anlehnung an Worte,

mit ā-privativum daraus ἀεχῆνες· πένητες Hes., und ᾿αχενία ‚Mangel, Armut‘),
κτεαρηχίς· πένης Hes., ablautend ἰχανάω ‚begehre‘, ἴχαρ ‚Begierde‘;
toch. A ākāl, B akālk ‚Wunsch, Sehnsucht‘. Anders Pedersen Toch. 42.
WP. I 40, Van Windekens BSL. 41, 55; unwahrscheinlich Bartholomae
IF. 5, 215.

āik- : îk- ‚Spieß; mit einer spitzen Waffe treffen‘ (: aîg̑u- ‚Nadel‘?).

Gr. αἰκλοι· αἱ γωνίαι τοῦ βέλους Hes., gr. ἰκτέα· ἀκόντιον Hes., kypr.
ἰχμαμένος oder ἰχμαμένος (in letzterem Falle aus *ἰκσμαμένος) ‚verwundet‘,
gr. αἰχμή ‚Spieß‘ (*aik-sma), apr. aysmis ‚Bratspieß‘, lit. ĭẽšmas, jĭẽšmas
‚Bratspieß‘, (Gdf. *aik̑mos oder dem Gr. genau entsprechend *aik̑-smos);
ob hierzu apr. ayculo, ksl. igla usw. ‚Nadel‘, mit g statt ž (vgl. S. 18[1])?
lat. ῑcō (analogisch ῑciō), -ĕre ‚treffen, verwunden‘, ictus ‚Hieb, Stoß‘, wohl
auch av. išarə ‚sogleich‘ == gr. ἴκταρ ‚nahe‘ (als ‚anstoßend‘) und ἴγδη,
ἴγδις ‚Mörser‘ (auch ῑ́ξ, ἴκες ‚den Weinstock schädigende Würmer‘,
woraus ἴπες ds. nach den bedeutungsverwandten κνῖπες, σκνῖπες, θρῖπες
umgebildet sein könnte; anders Schwyzer Gr. Gr. I 299. Hierher möglicherweise auch anord. eigin n. ‚eben hervorgesproßter Saatkeim‘ (‚Spitze‘),
schwed. mdartl. äjel m. ds. (Fick[4] III 2) und nd. ῑne ‚Grannen, Ährenspitze‘ (Bezzenberger BB. 27, 166).
WP. I 7, WH. I 670, Trautmann 3, 4.

aik- ‚anrufen‘ (?).

Gr. αἰκάζει· καλεῖ Hes., lett. aîcinât ‚laden, rufen‘.
Aber καλεῖ kann für αἰκάλλει ‚schmeichelt‘ verschrieben sein, und aîci-
nât eine Ableitung von aî ‚höre!‘ darstellen (vgl. vaicat ‚fragen‘ zu vai).
WP. I 8, Mühlenbach-Endzelin I 12.

ai̯os- ‚Metall‘, u. zw. wohl ‚Kupfer (‚brandfarbig‘?), Bronze‘; im Arischen
auch ‚Eisen‘.

Ai. áyas- n., av. ayaṅh- n. ‚Metall, Eisen‘;
lat. aes, g. aeris; got. aiz (urgerm. *a(i̯)iz- == idg. *ai̯es-) ‚Erz, Geld‘, ahd.
ēr ‚Erz‘, anord. eir n. ‚Erz, Kupfer‘.
Davon av. ayaṅhaēna- ‚metallen, eisern‘, lat. aēnus (*ai̯es-no- == umbr.
ahesnes ‚aenis‘), aēneus, ags. ǣren, as. ahd. mhd. ērīn, nhd. ēren (ehern).
Trotz Pokorny KZ. 46, 292 f. ist idg. ai̯os nicht alte Entlehnung aus
Ajasja, älter Alas(ja), dem alten Namen von Kypros, wie lat. cuprum : Κύ-
προς, da nach D. Davis (BSA. 30, 74—86, 1932) die Kupfergruben auf
Kypros erst in spätmykenischer Zeit in Angriff genommen wurden.
Hierher lat. aestimō, alt aestumō ‚schätze ab, ermesse, schätze hoch‘,
Denomin. von *ais-temos ‚der das Erz zerschneidet‘ (zu temnō).

Zu 4. *ăi-* ‚brennen‘?
WP. I 4, WH. I, 19, 20, Feist 31.

ai-rā ‚Grasart‘.

Ai. *ēraka* ‚eine Grasart‘, gr. *αἶρα* ‚Unkraut im Weizen, Lolch‘ (*αἰρικός*, *αἴρινος* ‚von Lolch‘), lett. *aīres, aīrenes* ‚Lolch‘.
WP. I 12, Specht Dekl. 206¹.

1. **ais-** ‚wünschen, begehren, aufsuchen‘.

Ai. *ḗṣati* ‚sucht‘, *ēṣá-ḥ* m. ‚Wunsch, Wahl‘, *anv-iṣáti* ‚sucht auf‘ = av. *iṣaiti* ‚wünscht‘, ai. *icchắti* (**is-skŏ*) ‚sucht, wünscht‘ = av. *isaiti* ds., ai. *icchắ* ‚Wunsch‘, *iṣ* (2. Kompos.-Glied) ‚suchend, strebend nach‘ = av. *iš* ds., f. ‚Wunsch, Gegenstand des Wunsches‘, ai. *iṣṭa-* ‚erwünscht‘, *ĭṣmá-* m. ‚Liebesgott‘; arm. *aiç* (**ais-skā*) ‚Untersuchung‘; umbr. *eiscurent* (Bugge KZ. 30, 40) ‚arcessierint‘ (wohl als **eh-iscurent* ‚exegerint‘ aufzufassen); lat. *aeruscāre* ‚bitten‘ als **aisos-ko-* ‚heischend‘ zu av. Imp. *iṣasa* ‚begehre‘ (*-esko-* neben *-sko-* : *isaiti* ‚wünscht‘); ahd. *eiscōn* ‚forschen, fragen, fordern, (nhd. *heischen* mit *h* nach *heissen*), as. *escōn, ēscian* ‚fordern‘, ags. *āscian, āxian* ‚versuchen, fordern, fragen‘, ahd. *eisca* ‚Forderung‘, ags. *æsce* f. ‚Untersuchung‘; im Balt.-Slav. mit nichtpalatalem *k* des Präsenssuffixes *-skŏ* (gegenüber ar. arm. *-sk̑-*), was nicht durch Entlehnung aus dem Germ. zu erklären ist; lit. *iēškau, ieškóti* ‚suchen‘, lett. *iēskât* ‚lausen‘, aksl. *iskǫ* (und *ištǫ*), *iskati* ‚suchen‘, *iska* ‚Wunsch‘.
WP. I 12, WH. 19, Trautmann 67.

2. **ais-** ‚ehrfürchtig sein, verehren‘.

Ahd. *ēra*, nhd. *Ehre*, ags. *ār* ‚Wohltat, Schonung, Ehre, Glück‘, anord. *eir* ‚Schonung, Friede, auch Name der Göttin der Heilkunde‘; davon ahd. *ērēn, ērōn* ‚ehren, begaben‘, ags. *ārian* ‚ehren, schonen, begaben‘, anord. *eira* ‚schonen‘.

Osk. *aisusis* Abl. Pl. ‚sacrificiis‘, marruc. *aisos* D. Pl. ‚dis‘, pälign. *aisis* ‚dis‘, volsk. *esaristrom* ‚sacrificium‘, umbr. *esono-* ‚divinus, sacer‘, stammen aus dem Etruskischen. Anders Devoto St. Etr. 5, 299 f.

d-Erweiterung: gr. *αἴδομαι* (aus **aiz-d-*) ‚scheue, verehre‘, *αἰδώς, -οῦς* ‚Ehrfurcht, Scheu, Scham‘, *αἰδέομαι* (**αἰδέσ-ομαι*) ‚αἴδομαι‘; got. *aistan, -aida* ‚sich scheuen, achten‘; tiefstufig ai. *iḍé* ‚verehre, preise, flehe an‘.
WP. I 13, WH. I 20, 419, 844; Feist 28 a, Kretschmer Gl. 30, 88².

aisk- ‚klar, hell, leuchtend‘.

Awnord. *eiskra* ‚vor hitziger Erregung wüten‘, nisl. *iskra* auch von brennendem Schmerz.

Lit. *dìškus*, woneben schwundstufig alit. *ìškùs* ‚deutlich‘.

Russ. dial. *jáska*, demin. *jásočka* ‚klarer Stern‘, daneben abg. *jasno* Adv. ‚klar, deutlich‘, russ. *jásnyj* ‚licht, klar‘ aus **aiskno-*; poln. *jaskry, jaskrawy* ‚blendend, funkelnd‘ aus **aiskro-*; abg. *iskra* ‚Funke‘ usw. aus **iskrā*. Hierher die FIN nhd. *Aisch* (Bayern), *Eysch(en)* (Luxemburg), nengl. *Axe* aus kelt. oder ven.-ill. **Aiskā*.

WP. I 2, Trautmann 4, Pokorny Urill. 70, 113, M. Förster Themse 839. Vielleicht aus **aidh-sk-* entstanden, oder aus **ai-sk-* zu 4. *ăi-*.

ai-tro-

Lit. *aitrùs* ‚bitter, herb‘, *aitrà* f. ‚Schärfe‘ (auch übertragen); nasalinfigierendes **intro-* vielleicht in abg. *ob-ętriti* ‚entbrennen lassen‘, *o. sę* ‚brennen, hitzig sein‘, wru. *zajátřič* ‚erzürnen‘, klr. *roz-jatrýti ša* ‚eitern‘.

WP. I 3, Berneker 269.

Vielleicht zu 4. *ăi-*.

aiu̯-, ai̯u- ‚Lebenskraft‘.

Ai. *áyu-* n. ‚Lebenskraft‘, substantiviertes Adjektiv zu *āyú-* ‚beweglich, regsam‘; *āyú-ḥ* m. ‚Genius der Lebenskraft‘, davon abgeleitet der *s*-St. *áyuḥ* n. Gen., *āyušaḥ* ‚Lebenskraft‘ (**áiu̯os*, Gen. **ai̯us-és*); *u*-St. im Lok. *āyuni*, Instr. *āyunā*; *yúḥ* ‚Lebenskraft‘;

av. *āyū* n. ‚Lebensdauer‘, Gen. *yaoš*, Dat. *yavōi*, Instr. *yavā*, davon *yavaētāt-* ‚Dauer‘, *yavaējī-* ‚immer lebend‘; *yuš* m. ‚Lebensdauer‘;

Gr. *s*-St.: kypr. *υϝαις ζαν* (= *διὰ βίου*); suffixloser Lok. lakon. *αἰές* ‚immer‘; hom. *αἰεί*, att. *ἀεί* (**αιϝεσι*), Akk. aatt. *αἰῶ* (**αιϝοσα*); Dat.-Lok. ohne Erweiterung in ion. *αἰί*, lesb. *ἄι* (**αιϝι*) (danach *ἀΐδιος* ‚ewig‘, *δηναιός* ‚langlebend‘); *n*-St.: *αἰών* m. (und f. nach *αἰώς*) ‚Lebenskraft, Lebensdauer‘, *αἰέν* ‚immer‘;

alb. *eshë* ‚Zeitraum‘ aus **aiu̯esi̯ā* (Jokl L.-k. U. 34);

lat. *o*-St. *aevus* m. und *aevum* n. ‚Lebenszeit, Ewigkeit‘; hingegen beruhen *aetas* f., alt *aevitas* (daraus osk. Gen. *aítateís*, Akk. *aítatúm*, päl. Abl. *aetatu*) ‚Zeitalter‘, *aeternus* ‚ewig‘ auf adverbialem **aiu̯i*.

Got. *o*-St. *aiws* m. ‚Zeit, Ewigkeit, Welt‘; *i*-St. adverbiell *aiw* (**aiu̯i*) = aisl. *æ*, *ei* (auch in *ei-gi* ‚nicht‘), ags. *ā*, *ō*, ahd. *io* ‚je, immer‘, got. *ni aiw* ‚nie‘, ahd. *neo, nio*, nhd. *nie*; ags. *n-a*, engl. *no* ‚nicht, nein‘; aisl. *lang-ǣr* = lat. *longaevus* ‚langlebig‘; *i*-St. auch in aisl. *ǣfi*, *ǣvi* f. (**aiu̯i-*) ‚Leben, Zeitalter‘; *ā*-St. in ahd. *ēwa* f. ‚Zeit, Ewigkeit‘, davon ahd. *ēwidō* ‚Ewigkeit‘, *ēwig* ‚ewig‘; got. *aju-k-dūþs* f. ‚Ewigkeit‘ aus **ajuki-* (= ags. *ēce* ‚ewig‘), mit idg. *g*-Suffix + idg. *-tūti-*;

toch. A *āym* ‚Geist, Leben‘, das *m* von *āñm-* ‚Leben‘ bezogen.

WP. I 6, WH. I 21, EM. 21, Feist 30, 32, Benveniste BSL 38, 103 ff., Dumézil BSL 39, 193, Specht KZ. 68, 196, Dekl. 88 ff., Van Windekens 15.

2

Hiervon abgeleitet *i̯uu̯en- ‚jung‘; Specht will auch sehr gewagt *aig-
‚Eiche‘ (= ‚Lebenskraft‘?) hierzustellen.

1. ak̑-, ak̑ō- ‚essen‘.

Ai. aśnáti (infigiert, Inf. aśi-tum usw.) ‚ißt, verzehrt‘, áśanam n. ‚das
Essen; Speise‘, áśna-ḥ ‚gefräßig‘, dehnstufig āśayati ‚läßt speisen‘, prātar-
āśa-ḥ ‚Frühstück‘; av. kahrk-āsa ‚Hähnefresser = Geier‘ usw.;

gr. ἄκυλος f. ‚Eichel‘ (als ‚Nahrung‘, vgl. formal ai. aśú-ṣa-ḥ ‚gefräßig‘),
ἄκολος ‚Bissen‘;

an. agn n. ‚Lockspeise für Fische‘ (*akǝ-nó-), ǣja ‚weiden lassen‘ (*ahjan).
WP. I 112 f., WH. I 210 f.

2. ak̑-, ok̑- ‚scharf, spitz, kantig‘ und ‚Stein‘.

1. e/o- und ā-St.:

Npers. ās (dehnstufig) ‚Mühlstein‘; gr. ἀκή ‚Spitze‘, dehnstufig ion. ἠκή·
ἀκωκή, ἐπιδορατίς, ἠκμή Hes., redupl. ἀκωκή ‚Spitze, Schneide‘ (wie ἀγωγή : ἄγω); nach Kretschmer KZ. 33, 567 und Schwyzer Gr. Gr. I 348 gehört ἀκούω ‚höre‘ als *ἀκ-ους- ‚das Ohr scharf habend‘ hierher, s. aber
1. keu-; alb. athëtë ‚herb, sauer‘; lat. acēre ‚sauer sein‘, acidus ‚sauer‘,
acētum ‚Essig‘;

mit o: mbr. convoc ar vilin ‚den Mühlstein schärfen‘, cymr. hogi ‚schärfen‘, acymr. ocoluin, ncymr. hogalen, mbret. hygo(u)len, nbret. ḥigolenn
‚Wetzstein‘ (mit unklarem zweitem Bestandteil; der bret. Vokalismus des
Anlauts durch den Vorton zu erklären); mc. cyfogi ‚sich erbrechen,
kämpfen‘, mit sekundärem i̯o-Suffix acymr. cemecid, ncymr. cyfegydd
(*k̑om-ok̑i̯o-) ‚Spitzhacke‘;

mit Dehnstufe: acymr. diauc, ncymr. diog, mbr. dieuc (*dē-āk̑o-) ‚faul‘,
mcymr. ym-am-ogawr (*-āk̑ā-r) ‚man regt sich, ist tätig‘ (Loth RC. 45, 191)
und mbr. eaug, nbret. eok ‚reif, aufgeweicht‘ (*eks-āk̑o-), zu gall. exācum
‚centaurion lepton‘ (Ernault Gloss. MBret. 201); vgl. auch oben S. 5;

schwed. ag m. ‚Sumpfgras, Cladium mariscus, Schneide‘ (*ak̑ó-), mhd.
ag ‚Barsch‘, egle, eglinc ds., nhd. schweiz. egel, Demin. egli, aschwed. agh-
borre ds., vielleicht auch schwed. agg ‚Groll, Haß‘, agga ‚stechen, plagen‘,
norw. dial. agge ‚Zahn, Spitze‘ (*ak̑o-kó- oder expressive Gemination?),
sowie (mit sekundärem germ. Ablaut a : u oder aus *ak̑uko- mit Assimilation des a an u?) norw. dial. ugg ‚Stachel, Ängstigung‘, schwed. dial. ugg
‚Zacke, Zahn‘, anord. uggr ‚Furcht‘, norw. dial. ugge ‚Flosse‘; lit. akúotas[1]
‚Granne‘, āśaka (*ak̑o-kā) ‚Fischgräte, Kleie‘ = wruss. osoka ‚carex‘,
apr. ackons (*ak̑ōno-) ds.

---

[1] Die baltoslav. Formen mit k beweisen keine idg. Nebenform ak-, sondern sind teilweise
Lehnworte aus dem Veneto-Illyrischen, dessen Gebiet von den Balten und Slaven überschich-
tet worden war (Kretschmer Gl. 21, 115). Ebenso erklärt sich das g in ksl. igla oben S. 15.

2. *i-* und *j-*Stämme:

Arm. *aseln* ‚Nadel‘ (aus *asiln, Meillet Esquisse 43); gr. *ἀκίς, -ίδος* ‚Spitze, Stachel‘; lat. *aciēs* ‚Schärfe, Schneide, Schlachtreihe‘; as. *eggja* f., ahd. usw. *ekka* ‚Spitze, Schwertschneide‘, nhd. *Ecke* (urgerm. *aʒjō, anord. *egg* ‚Schneide, Felsrücken‘, *eggja* ‚schärfen, anspornen‘, ags. *ecg* ‚Kante, Schneide, Schwert‘ (daraus entlehnt mir. *ecg* ‚Schneide‘, nbret. *ek* ‚Spitze‘), *egle* Pl. ‚Grannen‘, engl. *ails*; aksl. *osla* (*oslla), russ. *osëlok* m. ‚Wetzstein‘, čech. *osina* f. ‚Granne‘.

Über ags. *eher* ‚Ähre‘ s. unter *s*-Formantien.

3. *u-*St.:

Gr. *ἄχυρον* ‚Spreu‘ s. unter *s*-Formantien; lat. *acus, -ūs* f. ‚Nadel; Fischname‘, *acuere* ‚schärfen‘, *acūmen* ‚Spitze‘, *acia* (*acu-jā) ‚Faden zum Nähen‘, *aquifolium* (neben *ācrifolium*) ‚Stechpalme‘, *aculeus* ‚Stachel‘, *accipiter* ‚Habicht, Falke‘ (*acu-peter ‚schnellfliegend‘); gall. *acaunum* (*ukounon) ‚Felsen‘; ill. ON *Acumincum* heute *Szlankamen* ‚Salzstein‘ (Banat); nhd. *Achel* f. ‚Ährenspitze‘ aus ndd. *aggel* (mit spirant. *g*) aus idg. *aku-lā; ags. *āwel* m. ‚Gabel‘, anord. *soð-áll* ‚Fleischgabel‘ (germ. **ahwala-*, idg. **áku̯-olo-*); falls hierher gallo-lat. *opulus* ‚Feldahorn‘ (Marstrander, Corr. germ.-celt. 18), würde idg. **áku̯-olo-* anzusetzen sein; über anord. *uggr* usw. s. *e/o-*St., über ags. *éar* s. *s*-Formantien; cymr. *ebill* ‚Bohrer‘, mbr. *ebil* ‚Pflock, Nagel‘ (**aku̯-ıljo-*); balt. *asus in lett. *ass* ‚scharf, spitzig‘, lit. *ašutaı̃* m. Pl. ‚grobe Pferdehaare‘ = slav. *ošuta m. ‚Distel‘ in ksl. *osъtъ*, russ. *osót*. Ob hierher toch. A *açāwe* ‚rauh‘ (Van Windekens Lexique 15)?

S. auch unter **ōk̂u-s* ‚schnell (scharf in der Bewegung)‘.

4. Mit *m-*Formantien:

ak̂mo-/-ā

Gr. *ἀκμή* ‚Spitze, Schneide, Schärfe; höchster Punkt, Höhepunkt, Entscheidungspunkt‘ (*ἀκμήν* Adv., *ἀκμαῖος, ἀκμάζω*); schwed. dial. *ām* ‚Sumpfgras, Cladium mariscus‘ (germ. **ahma-*, vgl. finn. Lw. *ahma* ‚equisetum‘).

ak̂·men-/-mer-

Ai. *aśman-* n. ‚Stein, Himmel‘ (als Steingewölbe, Reichelt IF. 32, 23 ff.), *aśmará-* ‚steinern‘, av. *asman-* ‚Stein, Himmel‘ (ai. Gen. *áśnaḥ*, Instr. *áśnā*, av. Gen. *ašnō*, Abl. *ašnāaṯ* mit -*n*- aus -*mn*-; Instr. Pl. ai. *aśnāiḥ* nach den *o*-St.); phryg. ON *Ἀκμονία*; gr. *ἄκμων* ‚Amboß‘, *ἄκμων ὁ οὐρανός*; lit. *ãšmens* m. Pl. ‚Schneide‘, *akmuõ, -eñs* m. ‚Stein‘.

5. Mit *n-*Formantien:

ak̂en-

Ai. *aśáni-ḥ* ‚Pfeilspitze, Geschoß‘; av. *asənga-*, apers. *aϑanga-* ‚Stein‘ .

2*

(*ak-en-go, Benveniste Orig. 28); gr. ἄκαινα ‚Spitze, Stachel; Längenmaß‘ (aber über lat. acuna s. WH. I 9), ἀκόνη ‚Wetzstein‘, ἄκων, -οντος ‚Wurf-spieß‘ (für älteres ἄκων, *-ονος nach den Partizipien), ἀκοντίζω ‚schleudre den Wurfspieß‘, ἄκανος ‚Distelart, dorniger Pflanzenkopf‘, ἀκανίζειν ‚dornige Fruchtköpfe tragen‘, ἄκανθος ‚Distel‘ (aus *ἀκαν-ανθος ‚Stachelblume‘), ἄκανθα ‚Distel, Stachel, Dorn, Rückgrat, bes. der Fische‘, ἀκαλανθίς ‚Distel-fink‘ (aus *ἀκανθαλίς), ἄκαθος ‚Nachen‘, ἀκάτη, ἀκάτιον ‚Frauenschuh‘ (*akn̥to-, wohl von der spitzigen Form); lat. agna ‚Ähre‘ (aus *ak̑nā); got. ahana f. ‚Spreu‘, anord. ǫgn, ags. egenu f. und œgnan Pl., ahd. agana ds., nhd. Ahne, dial. Agen ‚Stengelsplitter vom Flachs oder Hanf‘ (germ. *ag-, *ahanō, idg. *ak̑nā); lit. žem. ašnìs ‚Schneide, aufkeimende Saat‘, lett. asns m. ‚hervorbrechender Keim‘.

6. Mit r-Formantien:

aker-, oker-

Air. a(i)cher ‚scharf‘ (vom Winde), wegen des Gen. Sg. Akeras (PN im Ogham) kein lat. Lw.; abret. acer-uission ‚mit spitzen Fingern‘ (biss), ocerou Pl. ‚gespitzt‘, acymr. ar-ocrion gl. atrocia; lit. ašerỹs, ešerỹs ‚Fluß-barsch‘; pol. dial. jesiora (aus *aserā); anord. ǫgr ds. (aus urgerm. *agura-, idg. *ok̑r-o-), westnorw. augur (aus *ǫgurr, jüngere Entwicklung aus ǫgr), von auga ‚Auge‘ beeinflußt.

Hierher auch vielleicht der Name des Ahorns (wegen der spitzen Blatt-abschnitte):

lat. acer, -eris n. ‚Ahorn‘ (aus acer arbor wurde vlat. acerabulus, Meyer-Lübke REW. 93), dän. ær ds. (germ. *ahira-); nhd. dial. Acher ds. (germ. *ahura-);

gr. ἄκαστος· ἡ σφένδαμνος Hes. (*ἄκαστος, Bildung wie πλατάνιστος neben πλάτανος; zum St. vgl. auch ἄκαρνα· δάφνη Hes.); gallo-rom. *akaros, *akarnos ‚Ahorn‘ (Hubschmied RC. 50, 263 f.); ahd. ahorn ‚Ahorn‘ (aus schweiz. und anderen Mundarten wird allerdings ā- erschlossen, doch wird das ā- ebenso einer volksetymologischen Entstellung entsprungen sein, wie mnd. ânhorn, âlhorn, da -horn als 2. Kompositionsglied aufgefaßt auch die 1. Silbe Deuteleien aussetzte); ahorn (idg. *ak̑r̥no-) ist bis auf die Deklinationsklasse == ἄκαρνα, während lat. acernus ‚von Ahorn‘ aus *acer-inos synkopiert ist; doch ist auch das n ersterer wohl aus dem Stoffadjektive bildenden Formans -no- und nicht aus einem r/n-St. durch Häufung beider Elemente erwachsen.

Eher gilt das für gr. ἄκορνα (*-ι̯α) ‚gelbe Distelart‘ neben ἄκανος ds., vielleicht hierher auch ἄκορος ‚Kalmus‘, ἄκορον ‚dessen würzige Wurzel‘, vgl. mit anderem Formans noch ἄκινος f. ‚wohlriechende Blume‘, ὤκιμον ‚Basilienkraut‘ (wenn hierher gehörig, nach dem scharfen Geruch benannt?).

akri-, akro-

Ai. áśri-ḥ ‚Ecke, Kante, Schneide‘, catur-aśra-ḥ ‚viereckig‘; gr. ἄκρος ‚spitz‘, ἄκρον, ἄκρα, ἄκρις ‚Spitze, Berggipfel‘ (auch in ἀκροάομαι als ‚scharfes Gehör haben, das Ohr spitzen‘, und ἄκρις, -ίδος ‚Heuschrecke‘, Kurzform für ἀκροβατοῦσα ‚auf den Fußspitzen gehend‘, ἀκρίζουσα; ἀκρεμών ‚Spitze des Astes‘, s. zur Bildung Brugmann Grdr. II² 1, 241); lat. (zum a s. Frisk IF. 56, 113 f.) ācer, ācris, -e (alat. ācra, -um) ‚scharf‘, osk. akrid ‚acriter‘, umbr. peracri- ‚opimus‘ (= lat. perācer, vgl. zur Bed. gr. ἄκρος, auch ‚oberst, vortrefflich‘, und ἀκμαῖος), lat. acerbus ‚herb, sauer, traurig‘ (aus *ācri-bho-s); vgl. gall. AXPOTALVS ‚mit hoher Stirn‘, air. ér ‚hoch‘ (aus *akros); lit. aśrùs, aśtrùs, alit. aśtras, aksl. ostrъ ‚scharf‘ (t Einschublaut).

okri-, okro-

Mit Abtönung o-: gr. ὄκρις f. ‚Spitze‘ Bergspitze, Ecke, Kante‘, alat. ocris m. ‚mons confragosus‘, lat. mediocris ‚mittelmäßig‘, eigentlich ‚auf halber Höhe befindlich‘ (hier könnte Ablaut im Kompositum wie in extorris : terra, meditullium : tellūs vorliegen), Ocriculum, Interocrea, ocrea ‚Beinschiene‘, umbr. ocar, ukar, Gen. ocrer ‚mons, Burgberg‘, marr. ocres ‚montis‘, mir. och(a)ir ‚Ecke, Rand‘, daraus entlehnt cymr. ochr ‚Rand‘.

Zum heteroklitischen Paradigma *ak̑-r-(g), *ak̑-n-es (auch der i-St. *aki- kann sich damit verbunden haben) vgl. oben ak̑men/mer-, Pedersen KZ. 32, 247, Johansson Beitr. 9, Petersson IF. 24, 269 ff.; als beachtenswert erscheint mir davon die Anreihung von gr. Κράγ-ος ‚Name verschiedener Berge‘, Ἀκράγ-ας ‚Agrigentum‘, die ursprüngl. ‚Fels‘ bedeutet haben mögen.

7. Mit s-Formantien:

ak̑es- : ak̑s-

Gr. ἄχνη ‚Spreu‘ aus *ak̑-s-nā, danach umgebildet ἄχυρον ds. statt *ἄκυρον; gr. ἀκοσ-τή ‚Gerste‘ (‚die grannige‘, Bildung wie lat. onus-tus, venus-tus); gr. ἠκές· ὀξύ, Hes. πυρι-ήκης ‚mit feuriger Spitze‘, ἀμφήκης ‚zweischneidig‘, ταινήκης ‚mit langer Spitze‘ (vielleicht nur mit Dehnung im Kompositum, wonach die Länge auch im einfachen ἠκές; doch liegt dehnstufiges *āk- auch vor in ion. ἠκή· ἀκωκή, ἐπιδορατίς. ἀκμή Hes., ἠκάδα· ἠνδρωμένην γυναῖκα Hes., vgl. zur Bed. ἀκμή ‚Höhepunkt des Lebens‘).

Weitergebildet in gr. ὀξύς ‚scharf‘, vgl. zur Bildung lit. tamsùs zu ai. tāmas-, lit. tamsà (dazu ὀξίνη ‚Egge‘ Hes.), ὄξος ‚Weinessig‘. — Auch ἀκαχμένος ‚gespitzt‘ scheint *ἀκ-ακσ-μένος zu sein, Hirt IF. 12, 225.

Lat. *acus, -eris* ‚Spreu‘, *acervus* (*aces-vo-s*) ‚Haufe‘; got. *aḫs* Gen. *ahsis* n., aisl. *ax* n., ahd. *ahir, ehir* n. (germ. *ahiz*), aus dem Pl. nhd. ‚Ähre‘ f., aber ags. *ēar* (*ahuz*), Dat. Sg. nordhumbr. *æhher, eher* ds. (Über das Nebeneinander von *i-, u-* und *s*-Stämmen, z. T. schon idg., aber besonders im Germanischen, vgl. Brugmann Vgl. Gr. II 1, 522, u. Specht Idg. Dekl. 152. Ob ein ursprüngl. idg. *-es-* oder *-is-*, bzw. *-us-*St. vorliegt, ist im Einzelfalle schwer zu entscheiden. Vgl. auch Sievers-Brunner Aengl. Gr. §§ 128, 2 u. 288 f.)

ak̑-sti-

Cymr. *eithin* m. Pl. ‚Stechginster‘ (*akstīno-*), daraus entlehnt mir. *aittenn* ds. (mit unklaren Lautverhältnissen); lit. *akstìs* f. ‚Räucherspieß‘ (= russ. *ostъ* ‚Spitze, Granne‘), *ãkstinas* m. ‚Stachel, Ansporn‘ = aksl. *ostьnъ* m. ‚Stachel‘, čech. *osten* ds.

8. Mit *t*-Formantien:

Ai. *apāṣṭhá-* m. (aus *apa-aś-tha*) ‚Widerhaken am Pfeil‘; gr. ἀχτή ‚schroffe Küste mit Brandung; Landspitze, Erhöhung‘; toch. B *āṣ-, āṣṣe-* ‚Kopf, Beginn‘ (aus *ak̑-t-*).

ok̑etā ‚Egge, Gerät mit Spitzen‘:

Lat. *occa* ‚Egge‘ aus *otikā* durch Umstellung aus *okitā (Hirt IF. 37, 230)? Vgl. das anders gebildete gr. ὀξίνη ‚Egge‘; acymr. *ocet*, corn. *ocet*, bret. *oguet*: ahd. *egida*, mhd. *eg(e)de*, ags. *eg(e)de* f. (nhd. *Egge* geneuert mit dem Verbum *eggen* aus ahd. *egen, ecken*, urgerm. *agjan*, das seinerseits erst aus dem Subst. *agidō* rückgebildet ist); lit. *akė́čios, ekė́čios* ‚Egge‘, apr. *aketes* ‚Eggen‘, das *ē* statt *e* stammt von dem Verbum *akė̃jō* in lit. *akė́ju, akė́ti*, daneben *akė̃ju, ekė́ti*; das anlautende *a-* ist in unbetonter Stellung vor palatalem Vokal oft zu *e* geworden (Endzelin Lett. Gr. 36).

Specht KZ. 62, 210 ff. (unglaubhaft).

S. unter *ok̑-tōu* ‚acht‘, eigentlich ‚die beiden Spitzen der Hände (ohne Daumen)‘.

Schwundstufiges *k̑* steckt wahrscheinlich in den Stämmen *k̑emen-, k̑emel-, k̑ōmen-* ‚Stein, Himmel‘, *k̑omor-* ‚Steinhammer‘, *k̑ēi-, k̑ōi-, k̑əi-* ‚schärfen, wetzen‘, *k̑ā̆-* ‚spitz, Spieß‘.

WP. I 28 ff., WH. I 6 ff., Specht Dekl. 24, 69, 125, 271, 331.

akkā ‚Mutter‘ (Lallwort).

Ai. *akkā* ‚Mutter‘ (Gramm.), gr. Ἀκκώ ‚Amme der Demeter‘, ἀκκώ ‚Popanz‘, ἀκκίζεσθαι ‚sich zieren, sich dumm stellen‘, lat. *Acca Larentia* ‚Larenmutter, römische Flurgöttin‘ (wohl etruskisch); auch in kleinasiatischen Sprachen; vgl. lapp. *Madder-akka* ‚Erdenmutter‘. WP. I 34, WH. I 5. Über toch. *ammaki* s. unter *am(m)a*.

akru ‚Träne‘.

Ved. *áśru* n., später auch *áśram* ‚Träne‘, av. *asru-* n., lit. *ašarà* und *ãšara* f., toch. A *ākär* Pl. *ākrunt* ds., vgl. ai. *aśráyāmi*, lit. *ãšaroju* ‚weine‘. Das Verhältnis zu idg. *daḱru ‚Träne‘ ist ungeklärt. Vgl. Meillet BSL. 32, 141.
WP. I 33, WH. I 746.

aku̯- ‚schädigen‘??

Ai. *áka-m* ‚Leid, Schmerz‘, av. *akō* ‚böse, schlecht‘, *axtiš* ‚Leid, Schmerz, Krankheit‘; gr. Nomen *ᾱπᾱρ, *ᾱπνός, davon ἠπανεῖ· ἀπορεῖ, ἠπανία· ἀπορία, ἠπεροπεύς ‚Betrüger‘; Verbalst. ἀπ- in ἀπάτη ‚Betrug‘ (**apn̥tā*), redupl. Präsens ἰάπτω ‚schädigen‘.
Kuiper Gl. 21, 282 f.

aku̯ā- (richtiger **ǝku̯ā**): **ēku̯-** ‚Wasser, Fluß‘.

Lat. *aqua* ‚Wasser, Wasserleitung‘ (davon *aquilus* ‚dunkel‘, *aquila* ‚Adler‘, eigentl. ‚der Dunkelfarbige‘, *aquilō* ‚Nordwind‘, eigentl. ‚der den Himmel Verdunkelnde‘) = got. *aƕa* f. ‚Fluß, Gewässer‘, aisl. *ǫ́*, ags. *ēa*, as. ahd. *aha*; nhd. *Ache* ds. (germ. *ahwō, davon abgeleitet *ahwjō, *awjō ‚die vom Wasser Umgebene‘ in aisl. *ey* f. ‚Insel, Aue‘, ags. *íeg*, ahd. *-ouwa*, *-awa*, mhd. *ouwe* f. ‚Wasser, Halbinsel im Flusse, wasserreiches Wiesenland‘, nhd. *Aue*, vgl. afries. *ei-land* ‚Insel‘, *Sca(n)din-avia* Kretschmer Gl. 17, 148 ff.), russ. FlN *Oká*, pannon. ON *Aquincum* ‚Ofen‘, apul. FlN *Aquilō*, ven. ON *Aquileia* (auch in Süddeutschland); mit Ablaut (idg. *ē*) dazu aisl. *ǣgir* (**ēk̑i̯ós*) ‚Gott des Meeres‘, ags. *ǣg-weard* ‚Wache‘ an der See‘, *éagor* ‚Meer, Flut‘ (der Anlaut nach *ēa*); vielleicht hierher ai. *kám* ‚Wasser‘, dak. PflanzenN κοαδάμα· ποταμογείτων ‚Wassersiedler‘ (**ku̯a-dhēmn̥*), poln. (nordill.) FlN *Kwa*.

Die Zugehörigkeit von lit. *e-ku-uz-zi* (*ekuzi*) ‚trinkt‘, 3. Pl. *a-ku-wa-an-zi*, scheint mir nicht unwahrscheinlich. Hierzu auch toch. AB *yok-tsi* ‚trinken‘. Air. *oiche* ‚Wasser‘ existiert nicht; cymr. *aig* ‚Meer‘ ist eine Neubildung zu *eigion* aus lat. *oceanus*.

WP. I 34 f., WH. I 60, 848, Feist 18 f., Pedersen Hittitisch 128, Tocharisch 190.

1. **al-**, **ol-** Pron.-St. ‚darüber hinaus‘, adjektivisch **al-no-s, ol-no-s.**

Lat. *uls* ‚jenseits‘, **ulter, -tra, -trum* ‚jenseitig‘ (*ultrō, ultrā*), Komp. *ulterior,* Sup. *ultimus* = osk. *últiumam* ‚ultimam‘; alat. *ollus* ‚ille‘ (**ol-no-s,* vgl. unten ir. *ind-oll* und slav. **olnī*), jünger *olle, ollī* ‚tunc‘, *ollic* ‚illic‘; dehnstufig *ōlim* ‚einst‘ (wohl nach *im, exim* umgestaltetes und mit ai. *par-ā̆ri* ‚im drittletzten Jahr‘ [vgl. *πέϱ-νσι*] gleichzusetzendes **ōlī,* Lokativadverb, auf das auch die Glossen *olitana* ‚vetusta‘, *olitinata* ‚veterata, antiqua‘ — *ō* oder *ŏ*? — zurückweisen können), umbr. *ulo, ulu* ‚illo, illuc‘; durch Einfluß von *is, iste* usw. wurde *ollus, olle* zu *ille* umgefärbt.

Slav. **olnī* (idg. **oln-ei*) = aksl. *lani,* čech. *loni,* poln. *loni* ‚im vorigen Sommer, im vorigen Jahre‘ (‚in jenem Jahr‘, vgl. lat. *ollī* ‚tunc‘).

Die Bed. von ir. *alltar, allaid* (s. unten) läßt auch Verwandtschaft von ai. *áraṇa-* ‚fern, fremd‘ (= av. *auruna-* ‚wild‘?), *ā̆rā̆d* ‚aus der Ferne‘, *ā̆rḗ* ‚fern‘ als möglich erscheinen. Hierzu auch vielleicht ai. *ari* ‚Fremder, Fremdling‘, *ar(i)yá-* ‚zum Fremden gehörig‘ (vgl. ahd. *eli-lenti* ‚fremdes Land‘), dann Subst. ‚gastlich, Herr‘, dazu *ár(i)ya-* ‚zu den *ar(i)yá-* gehörig, wirtlich‘, daher VN ‚Arier‘, *ā̆ryaka-* ‚ehrwürdiger Mann‘, *aryamáṇ-* n. ‚Gastlichkeit‘, m. ‚Gastfreund‘; av. *airyō* (= *ārya*), apers. *ariya* (= *ariya*) ‚arisch‘, av. *airyaman* ‚Gast, Freund‘, npers. *ērmā̆n* ‚Gast‘, dazu der sarmat. VN *Ἀλανοί* (osset. **alan*), osset. *ir* ‚Ossete‘, *iron* ‚ossetisch‘ (P. Thieme[1]), Der Fremdling im Rigveda, Abh. f. d. Kunde d. Morgenl. XXIII 2, 1938; Specht KZ. 68, 42 ff.); air. *aire* (**arios*) und *airech* ‚Adliger, Freier‘ können zur Präp. *air-* ‚vor‘, also ‚an erster Stelle stehend‘, gehören (Thurneysen ZCP. 20, 354); der sagenhafte ir. Stammvater *'Eremón* ist eine gelehrte Neubildung zu *'Eriu* ‚Irland‘. S. auch unter *arịo-* ‚Herr, Gebieter‘.

Air. *oll* Adj. ‚amplus, groß, umfassend‘, eigentlich ‚über (das Gewöhnliche) hinausgehend‘ (formell = lat. *ollus,* idg. **olnos*), Komp. (*h*)*uilliu* ‚amplius‘, Adv. *ind-oll* ‚ultra‘, woraus vielleicht auch *inuonn, innunn* ‚hinüber‘ (mit Assimilation unter Mitwirkung von *inonn* ‚derselbe‘; Thurneysen KZ. 43, 55 f.; anders Pedersen KG. II 195), *ol-chen(a)e* ‚außerdem, sonst‘, eigentlich ‚jenseits (und) diesseits davon‘; *ol-fŏirbthe* ‚plusquamperfectum‘, *oldāu, oldaas* ‚als ich, als er‘, eigentlich ‚über (das) hinaus, was ich bin, was er ist‘, *inaill* ‚sicher‘, eigentlich ‚jenseits befindlich‘ (davon *inoillus* ‚Sicherheit‘; *inuilligud* ‚Sicherung‘; mit *ol*(*l*) ‚ultra‘ deckt sich vielleicht *ol* ‚inquit‘ als ‚ultra, weiter‘, ursprüngl. beim Bericht über eine fortgesetzte Rede). Die Konjunktion *ol* ‚weil‘ hält Thurneysen Grammar 559 dagegen für verwandt mit cymr. *ol* ‚Fußspur‘.

---

[1]) Wenn Thieme (aaO. 159 f.) richtig das verstärkende Präfix gr. *ἐϱι-* (Red.-Stufe *ἀϱι-*) hierherstellt, z. B. *ἀϱί-γνωτος* ‚leicht (dem Fremdling) erkennbar‘, müßten ai. *ari-* usw. allerdings auf idg. **er-* zurückgehen. Thieme stellt ferner hierher ai. *sū̆ri-* ‚Herr‘ als *su-ri-* ‚gastlich‘ und *ri-ṣādas* ‚Sorge für den Fremdling tragend‘.

Daneben mit *a*: air. *al* (mit Akk.) ‚jenseits, über — hinaus‘ (Vereinfachung aus *all im Vorton), Adv. *tall* (*to-al-nā) ‚jenseits, dort‘, *anall* ‚von jenseits, von dort, herüber‘, mit suffigiertem Pron. der 3. Person *alle, allae,* jünger *alla* ‚jenseits‘ (erweist ursprüngliche Zweisilbigkeit auch der nicht mit Pronominalsuffix versehenen Präpositionalform, s. Thurneysen KZ. 48, 55 f., also nicht aus endungslosem idg. *ol oder *al); Ableitungen: *alltar* ‚das Jenseits‘, auch von ‚jenseits gelegenen wilden Gegenden‘, *alltarach* ‚jenseitig‘.

Gall. *alla* ‚aliud‘, *allos* ‚zweiter‘ (Thurneysen ZCP. 16, 299), VN *Allobroges* = mcymr. *all-fro* ‚verbannt‘ (zu *bro* ‚Land‘), *all-tud* ‚Ausländer‘, ncymr. *allann*, ncymr. *allan* ‚draußen‘; air. *all-slige* ‚zweites Aushauen‘.

Got. *alls*, aisl. *allr*, ags. *eall*, ahd. *all* ‚all‘, daneben im Kompositum germ. *ala-* (ohne -*no*-Suffix) in agerm. Matronennamen *Ala-teivia, Ala-gabiae* usw., got. *ala-mans* ‚alle Menschen, Menschheit‘, ahd. *ala-wāri* ‚ganz wahr‘ (nhd. *albern*); vgl. air. *oll-athair* (Beiname des ir. Göttervaters *Dagdae* ‚der gute Gott‘) = anord. *al-fǫðr* (Beiname des Odin), ‚Allvater‘.

Lat. *alers, allers* ‚doctus, sollers‘ nach Landgraf ALL. 9, 362, Ernout Él. dial. lat. 104 aus *ad-ers, *allers (Gegensatz zu *iners*).

Von einem Adverb *ali, dort, jeweils‘ (anders Debrunner REtIE. 3, 10 f.) sind abgeleitet:·

· *aliọs* ‚anderer‘:

arm. *ail* ‚anderer‘;

gr. ἄλλος ‚anderer‘ (kypr. αἶλος), n. ἄλλο, vgl. ἀλλοδ-απός ‚von anderswoher ‚fremd‘ (= lat. *aliud*, Formans wie in lat. *longinquus*), dazu ἀλλήλων usw. ‚einander‘, ἀλλάττω ‚mache anders, verändere‘, ἀλλαγή ‚Veränderung, Wechsel, Tausch, Verkehr‘: ἀλλότριος ‚einem andern gehörig, fremd‘, aus einem dem ai. *anyátra* ‚anderswo‘ entsprechenden Adverb;

lat. *alius* = osk. *allo* ‚alia‘, n. *aliud* = gr. ἄλλο, dazu vom Adverb *ali*: *aliēnus* ‚fremd‘ (aus *ali-ịes-nos), *ali-quis, ali-cubi* usw.; Komparativ *alter, -era, -erum* ‚der eine von zweien‘ = osk. *alttram* ‚alteram‘ (aus **aliteros-*), bei Plautus auch *altro-*; in *altrinsecus, altrōvorsum* ist die Synkope durch die Länge des Wortganzen bedingt; hierher auch *alterāre, adulter, alternus, altercāri*;

gall. *alios* (Loth RC. 41, 35), air. *aile* (*aliọs), n. *aill* (aus adverbialem *all* aus *al-nā; das palat. *l* stammt von *aile*), cymr. *ail*, bret. *eil* (aus *eliịs, Komparativ *aliịōs), gedoppelt air. *alaile, araile*, n. *alaill, araill*, mcymr. usw. *arall*, Pl. *ereill* (das *ll* aus dem Adverb *all*);

got. *aljis* ‚anderer‘, sonst nur in Zusammensetzungen, wie as. *eli-lendi* n. ‚fremdes Land‘, ahd. *eli-lenti* ds. = nhd. ‚Elend‘, got. *alja-leikō* ‚anders‘, aisl. *elligar*, *ellar*, ags. *ellicor*, *elcor* ‚sonst‘, ahd. *elichōr* ‚ferner‘, und in Adverbien, wie ags. *elles*, engl. *else* ‚anders‘, anord. *alla* ‚andernfalls‘ usw.; eine Komparativbildung *alira* ist ags. *elra* ‚der andere‘;

toch. A *ālya-kᵓ*, B *alye-kᵓ* ‚ἄλλος τις‘ (*alịe-kᵓ*, Pedersen Groupement 26, Tocharisch 117); unklar ist das Fehlen der Palatalisierung in A *ālakᵓ* ‚anderer‘, *ālamᵓ* ‚einander‘, B *ālām* ‚anderswo‘, *aletste* ‚Fremder‘; ostiran. usw. *hal-ci* ‚quicumque‘.

WP. I 84 ff., WH. I 30, 32 f., Feist 33 b, 39 a, Schwyzer Gr. Gr. I 614. Über einen allfälligen idg. Lautwandel von *anịos* zu *alịos* s. Debrunner REtIE. 3, 1 ff., über angebl. pejorativen Charakter des *a* s. Specht KZ. 68, 52, Die alten Sprachen 5, 115. Über *anịos* s. unten S. 37.

2. al- ‚wachsen; wachsen machen, nähren‘.

Ai. *an-ala-* ‚Feuer‘ (‚das Unersättliche‘, W. Schulze KZ. 45, 306 = Kl. Schr. 216);

gr. νεᾱλής ‚munter, stark‘ (νέος + *al-*; über φυταλιή s. unten);

lat. *alō*, *-ere*, *-uī*, *-itum* ‚nähren, großziehen‘; *alēscere* ‚heranwachsen, gedeihen‘, *coalēscere* ‚zusammenwachsen‘, *adolēscere* ‚heranwachsen‘ (*adultus* ‚erwachsen‘), *abolēscere* ‚vergehen‘ (dazu scheint *aboleō*, *-ēre* ‚vernichten, vertilgen‘ als Transitivum neugebildet zu sein, z. T. nach (*ad*)*augēscō* : (*ad*)*augeō*, besonders aber nach dem bedeutungsgleichen *dēlēvī*, *dēleō*; der Anklang an ὄλλυμι, ἀπόλλυμι wäre dann trügerisch; anders WH. I 4); *indolēs* ‚natürliche Anlage‘, *subolēs* ‚Nachwuchs, Nachkommenschaft, Sproß‘, *prōlēs* (*pro-olēs*) ‚Sprößling, Nachkomme‘ (davon *prōlētārius*; diese drei mit *o* aus *a* vor dunklem *l*, nicht mit idg. *o*-Ablaut, wie Hirt Abl. 162 annimmt); *alimentum* ‚Nahrung‘, *alimōnia*, *-ium* ‚Nahrung, Unterhalt‘;

air. *alim* ‚nähre‘; hierher wohl auch cymr. *alu*, mbret. *halaff*, nbret. *ala* ‚gebären‘, cymr. *al* f. ‚Wurf, Nachkommenschaft, Volk‘, *alaf* m. ‚Reichtum‘ = air. *alam* f. ‚Herde‘, davon *almae* ds.;

got. ags. *alan* (*ōl*) ‚aufwachsen‘ (intr. wie lat. *adoleō*), aisl. *ala* (*ōl*) ‚nähren, hervorbringen‘, got. *aljis* ‚gemästet‘ (Partiz. eines Kaus. *aljan* = norw. dial. *elja*); aisl. *elskr* ‚von Liebe beseelt‘, *elska* ‚lieben‘ (s. zur Bed.-Entw. Falk-Torp u. *elske*).

Mit *t*-Formantien:

Gr. ἄν-αλτος ‚unersättlich‘; Ἄλτις, ἄλσος (*αλτι-ος*) n. ‚heiliger Hain‘, lat. *altus* ‚hoch‘ (d. i. ‚großgewachsen‘), mir. *alt* ‚Höhe; Ufer, Küste‘, cymr. *allt* ‚Seite eines Hügels, bewaldeter Hügel‘, acorn. *als*, bret. *aot*, *aod* ‚Küste‘, as. *ald*, ahd. (usw.) *alt* ‚alt‘ (eigentlich ‚großgewachsen‘), ahd. *altōn* ‚hinausschieben‘ (‚alt machen‘); *alti-* auch in got. *alds* f. ‚Zeitraum, Lebenszeit‘, ags. *ield* ‚Zeitraum, Lebenszeit, Alter, Greisenalter‘ (Pl. *ielde*, as. *eldi* ‚Menschen'), anord. *ǫld* f. ‚Zeit, Zeitalter, Pl. Menschen'; *altio*- in osk. *altinúm*, wenn ‚alimentorum' = lat. *altiōnum*; air. *comaltae* ‚Ziehbruder' = mcymr. *cyfeillt* ‚Höriger', ncymr. *cyfaill* ‚Freund' (*komaltios*), mcymr. *eillt* (*altios*) ‚Zögling, Held', air. *inailt* (*eni-altī*) ‚Dienerin', got. *alþeis* (*altios*) ‚alt' = air. *alt(a)e* ‚erzogen'; *altro*- in air. *altram* ‚Nahrung', *altru* ‚Pflegevater' (cymr. *athraw* ‚Lehrer' usw., s. Pedersen KG. I 137); anord. *aldr* m. (Gen. *aldrs*) ‚Alter, Lebenszeit, Greisenalter', ags. *ealdor* ‚Leben', as. *aldar*, ahd. *altar* ‚Greisenalter, Lebensalter'.

Mit *m*-Formantien:

Gr. ἄλμα n. ‚Hain', φυτάλμιος Beiwort des Zeus und Poseidon (ebenso Φυτάλιος, Bezeichnung des isthmischen Poseidon in Troezen, Φύταλος, wozu hom. φυταλιή ‚Baumpflanzung' als Abstraktum, s. Bechtel Lexil. 331); lat. *almus* ‚nährend (*ager*), segenspendend, hold, hehr'. Vielleicht hierher die FlN thrak. *Almus*, illyr.(?) *Almō* (Rom), *Almā* (Etrurien), abrit. *Almā*, engl. *Yealm*.

Toch. A *ālym*- ‚Leben, Geist'.

d-Erweiterungen: ai. *íd̨*-, *íd̨ā* ‚Labung, Spende'; gr. ἀλδαίνω ‚lasse wachsen, stärke', ἀλδήσκω ‚wachse', ἀναλδής ‚nicht gedeihend; Wachstum hemmend', ἄλδομαι ‚bringe hervor' (καρπούς).

dh-Erweiterungen: ai. *r̥dhnóti*, *r̥náddhi*, *r̥dháti*, *ŕ̥dhyati* ‚gedeiht, gelingt, macht gelingen, bringt zustande', av. *arədat̰* ‚er lasse gedeihen', *arədāt*- ‚Gedeihen schaffend', ai. *árdhuka*- ‚gedeihend' (Specht KZ. 64, 64 f.); gr. ἀλθαίνω, ἄλθω ‚heile', ἄλθομαι ‚wachse, heile'; aschwed. *alda* ‚fruchttragende Eiche', aisl. *aldin* ‚Baumfrucht, bes. eßbare (Ecker, Eichel)'.

WP. I 86 f., WH. I 4, 31 f.

3. **ä̆l**- ‚planlos umherschweifen, irren; auch geistig irre sein'.

Gr. ἄλη ‚das Umherschweifen', ἀλάομαι (hom. Pf. ἀλάλημαι), ἀλαίνω ‚schweife umher'[1], ἀλήτης ‚Bettler', ἀλητεύω ‚schweife bettelnd umher', ἄλιος ‚vergeblich' (Spiritus asper freilich noch unerklärt, s. Boisacq 44, auch gegen die Annahme von anl. *s*-); von einer Basis **alu**-, **aleu**- gr. ἀλύω ‚bin außer mir'[2], ἀλύσσω ds. (Hom.; Fut. ἀλύξει Hippokr.), ἀλύκη

---

[1]) ἀλαζών ‚Aufschneider, Prahler' (eigentlich herumziehender Gaukler, Marktschreier), stammt nach Bonfante (BSL. 37, 77) aus dem thrak. VN Ἀλαζόνες.

[2]) ἀλέω, ἀλυίω aus *ἀλυσῳω vergleichen Schulze Qu. ep. 310 f., Lagercrantz Z. gr. Lautg. 89 mit ai. *roṣati*, *ruṣyati* ‚aufgebracht sein, zürnen', das aber von Uhlenbeck Ai. Wb. 256 richtiger zu lit. *rústas* ‚unfreundlich' gestellt wird.

‚Unruhe, Beängstigung‘, ἄλυσις (von ἀλύω) ‚Angst‘, ἄλυς, -υος (Plut.) ‚müßiges Herumtreiben, Langeweile‘; mit dem Begriffe ‚umherirren, um einer gefährlichen Stelle oder Sache nicht zu nahe zu kommen‘, auch ἀλεύομαι, ἀλέομαι ‚vermeide‘, ἀλύσκω (*αλυκ-σκω, vgl. Aor. ἤλυξα) ‚entkomme‘, ἀλυσκάζω ‚vermeide, fliehe‘, ἀλεείνω ds., ἀλεωλή ‚Abwehr‘ (*ἀλεϝωλή Bildung wie φειδωλή).

Mit ā-: ἠλάσκω ‚irre umher‘, ἠλαίνω ‚bin wahnsinnig‘, Med. ‚schweife umher‘, ἠλέματος (dor. ἀλέματος Theokr.) ‚töricht, eitel‘, ἠλίθιος ‚nichtig, vergeblich, töricht‘, ἠλεός ‚verwirrt, betört; verwirrend‘, (daneben die äol. Entsprechung ἆλλος eines *ἆλιος in:) hom. ἀλλὰ φρονέων ‚φρένας ἠλεός‘ ‚betäubt, bewußtlos‘ (aus dor. *αλεός stammt lat. ālea ‚blindes Glück, Würfel‘).

Lat. ambulō ‚spaziere‘ (umbr. amboltu· ‚ambulato‘); (lat. alūcinor ‚rede gedankenlos ins Blaue hinein, bin geistesabwesend‘ ist wohl aus ἀλύω unter formaler Anlehnung an vāticinor entlehnt).

Dazu lett. aluôt, aluôtiês ‚umherirren, sich verirren‘, mit ā lett. āl'a ‚halb verrückter Mensch‘, āl'uôtiês ‚sich närrisch gebärden‘.

Toch. AB āl- ‚trennen, entfernen‘.

WP. I 87 f., WH. I 33, 38, EM. 43 (stellt ambulō zu gr. ἐλαύνω, St. el-).

4. al- ‚brennen‘.

Ai. alātam n. ‚Feuerbrand, Kohle‘ (auch ūlmukam ‚Brand‘); lat. adoleō ‚verbrenne (bes. Opfer)‘, adolēscō, -ere ‚auflodern (von Altären)‘ (o aus a, wie im etymologisch verschiedenen adolēscere ‚heranwachsen‘ zu alō, s. unter 2. *al- ‚wachsen‘), altāre ‚Brandaltar‘ (mit schwierigem o-Ablaut umbr. uṙetu ‚ad adolendum‘); nschwed. ala ‚lodern, flammen‘ (Johannsson ZfdtPh. 31, 285 ff. m. Lit.); aber zweifelhaft gr. ἀλάβη· ἄνθρακες Hes.; Auffassung auch von lat. alacer, got. aljan n. ‚Eifer‘ usw. als ‚feurig, hitzig‘ (Johansson aaO.) wäre möglich; über ags. ǣlan ‚brennen‘ s. *aidh-.

Vielleicht gehört hierher gall. MN Alatus, mir. alad ‚bunt, scheckig, gestreift‘ (wenn ursprüngl. ‚gebrannt‘) = nir. aladh ‚Forelle‘ (alāto-).

WP. I 88, WH. I 13, EM. 88.

5. al- ‚mahlen, zermalmen‘.

Ai. áṇu- ‚fein, dünn, sehr klein‘ (*al-nu-), hindi und bengali āṭā ‚Mehl‘ (u. dgl.; Kuhn KZ. 30, 355; anders Specht Dekl. 125).

Av. aša (*arta-) ‚gemahlen‘ (Hübschmann ZdMG. 38, 428, Spiegel BB. 9, 178 A. 1).

Arm. aɫam ‚mahle‘, aɫauri (*alatrio-) ‚Mühle‘, aleur· ‚Mehl‘ (trotz l statt ɫ nicht entlehnt aus ἄλευρον, Hübschmann Arm. Gr. I 414), aɫaxin ‚Dienerin‘, aɫij ‚junges Mädchen‘ (Meillet BSL. 37, 72).

Gr. ἀλε-: ἀλέω ‚mahle, zermalme‘[1]), ἀλέται λίθοι ‚Mühlsteine‘, ἄλετος
und ἀλετός ‚das Mahlen‘, ἀλετών ‚Mühle‘, ἀλετρεύω ‚mahle‘, ἄλε[ϝ]αρ, Pl.
ἀλείατα (gedehnt aus ἀλέατα; Schulze Qu. ep. 225) ‚Mehl‘ (daraus kon-
trahiertes *ἀλῆτα rief den neuen sg. ἄλητον· ἄλευρον Hes. hervor; ἀλητο-
ειδής Hippokr., ἀλήτων· ἀλεύρων Rhinthon), ἄλευρον (*ἀλε-ϝρ-ον) ‚Weizen-
mehl‘, ἀλινός ‚schwach‘ (‚zerrieben‘), ἄλιξ ‚Speltgraupen‘ (daraus lat.
alica ds.).
WP. I 89.

6. al-, alōu-: aləu- Farbadjektiv ‚weiß, glänzend‘, s. albho- und Farbadjektiv el-.

alā u. dgl. ‚hallo!‘.
Ai. alalā(bhavant-) ‚munter werdend‘ (mind. arē, rē ‚du da!‘ vielmehr
zu arí ‚Fremder‘, Thieme Der Fremdling im Rigveda 1 ff., s. oben S. 24).
Gr. ἀλαλά, ἀλαλαί ‚hallo, hurra!‘, ἀλαλητός, ἀλαλητύς ‚Schlachtruf‘,
ἀλαλάζω ‚stoße den Schlachtruf aus‘ (ähnlich ἐλελεῦ ‚Kriegsruf, Schmerzens-
ruf‘, ἐλελίζω ‚stoße den Kriegsruf aus‘); lit. alúoti ‚hallo schreien‘ (Entlehnung aus dem Deutschen nicht nachweisbar) neben alióti ‚durch Geschrei
aufscheuchen‘, aksl. ole. bulg. olele Interjektion; z. B. Fick I⁴ 356 (nhd.
hallo, holla sind dagegen aus dem Imperativ von ahd. halón, holón ‚holen‘
entwickelte Rufworte).
Auf ähnlichem al- scheint zu beruhen lit. nu-aldéti ‚erschallen‘, uldúoti
‚girren‘ (Bezzenberger BB. 21, 315).
S. die ähnliche Schallwurzel lā-.
WP. I 89.

albhi- ‚Gerste‘.
Gr. ἄλφι, ἄλφιτον ‚Gerstengraupen, Gerstenmehl‘, lakon. ἀλίφατα· ἄλφιτα
ἢ ἄλευρα Hes. (mit Entfaltungsvokal ι; s. Ehrlich KZ. 38, 55, der in ἄλφι
: ἀλφατα — woraus durch Kreuzung mit ἄλφι dann ἄλφιτ-α, -ον — ein
Verhältnis wie zwischen ai. ásth-i: asth-n-áh sieht, was das uridg. Alter
des Wortes verbürgen würde); alb. elp (elbi) ‚Gerste‘ (N. Pl. *albhi-).
Ein iran. *arbhi- erschließt Vasmer Stud. z. alb. Wortf. I (Dorpat 1921)
S. 16 ff. aus turko-tatar. usw. arba ‚Gerste‘.
Beziehung zu *albh- ‚weiß‘ nimmt Specht Dekl. 68 an.
WP. I 92, Jokl Festschrift Kretschmer 78 f., Kieckers IE. 41, 184, Wahr-
mann Gl. 17, 253.

---

[1]) Auch ἔλυμος ‚Hirse‘, ὄλυρα ‚Spelt‘, οὐλαί, att. ὀλαί, ‚geschrotetes Getreide‘ (*ολϝ-,
nicht nach J. Schmidt KZ. 32, 382 aus *αλϝ-) wären eventuell lautlich vereinbar (Wz.
wäre dann *el-, *ol-, *ḷ-).

albho- ,weiß'.

Gr. ἀλφός ,weißer Ausschlag', ἀλφούς· λευκούς Hes. (auch ἀλωφός· λευκός Hes., s. unten), FlN Ἀλφειός;

lat. *albus* ,weiß', umbr. *alfu* ,alba', osk. *Alafaternum* ,Alfaternorum', prälig. *Alafis* ,Albius' (und viele andere Namen z. T. etruskischer Prägung sowohl auf Grund der osk.-umbr. Lautgebung *alf-*, als der lat. *alb-*, s. Schulze Lat. Eig. 119 f.; etr. Aussprache von lat. *albus* muß auch das von Paul. Diac. 4 L. als sabinisch bezeichnete *alpum* sein); dazu *albula*, *alburnus* ,Weißfisch', *albarus* ,Weißpappel', *albūcus* ,Asphodillpflanze' usw.;

cymr. *elfydd* m. ,Erde, Welt' aus *albῐi̯o-* (vgl. aksl. *světъ* ,Licht, Welt'); ahd. *albiz*, *elbiz*, ags. *aelbitu*, *ielfetu*, anord. *elptr*, *ǫlpt* f. (germ. *alb-it-, -ut-*) ,Schwan', (Formans -d- in Tierbezeichnungen: s. Brugmann Grdr. II² 1, 467, Charpentier KZ. 40, 433 f., Specht Dekl. 229; ebenso:) aksl. *lebedь*, russ. *lebedь lebjadь*, im Ablaut zu poln. *łabędź*, serb. *lȁbud*, čech. *labud'* ,Schwan' (ursl. *olb-edъ, -ędъ, -ǫdъ*, vgl. zu letzterer Suffixform lit. *bal-añdis* ,Taube', eigentlich ,die weiße'; s. Meillet Et. 322, MSL. 14, 377, Schulze SBprAk. 1910, 800 = Kl. Schr. 122 f.; nach der Farbe benannt russ. *lebedá*, poln. *lebioda*, *łoboda* ,Melde', Lidén Stud. 97); ndl. *alft*, *eift* ,Weißfisch' (formal = ahd. usw. *albiz* ,Schwan'; Lehnworte aus lat. *albula* sind dagegen trotz Falk-Torp 189 f. mhd. *albel* ,Weißfisch', nhd. *Albe*, nd. *alf*, *albe* ,Weißfisch'), vgl. lat. *alburnus* ds.;

nhd. mdartl. *Alben* ,kalkhaltiger Sand unter der Fruchterde', schwed. mdartl. *alf* ds.;

wahrscheinlich auch anord. *alfr*, ags. *ælf*, engl. *elf* (woraus nhd. *Elf* m., *Elfe* f. entlehnt), mnd. *alf* ,Alp, Mare, böser Geist', mhd. nhd. *Alp*, Pl. die *Alben* (ursprüngl. wohl ,weißliche Nebelgestalten'), sowie ahd. *alba* ,Insektenlarve, locusta quae nondum volavit', ndl. *elften* f. Pl. ,Engerlinge', norw. *alma* ds. (m aus dem Gen. Pl. *albna*, woraus *almna*). S. zu diesen germ. Worten bes. Falk-Torp unter *aame* (4, 1428), *al* (19, 1431), *alv* (22, 1431), *elv* I (188 f., 1454), *emd* (189, 1454); als ,Weißwasser' auch der Name der *Elbe* (lat. *Albis*, *Albia*, aus germ. *Albῐ*, Gen. *Albῐōz* =), anord. *elfr* ,Fluß' und Flußname (dazu wohl auch mnd. *elve* ,Flußbett'), vgl. die gall. FlN *Albis*, *Albā* (heute *Aube*; Gegensatz *Dubis*, *Dubā*, d. i. ,Schwarzwasser'), lat. *Albula*, gr. Ἀλφειός (s. bes. Schulze SBprAk. 1910, 797 = Kl. Schr. 120).

Fraglich ist dagegen, ob oder in welchem Umfange Namen wie gall.-lat. *Albiōn*, mir. *Albbu*, Gen. *Albban* (St. *Alb-i̯en-) ,Britannien' (zu cymr. *elfydd*? oder von den weißen Kreidefelsen?), lat. *Alpēs*, Ἄλπεις (alti montes?) und die auf ital., ligur. und kelt. Gebiete häufigen Ortsnamen wie *Alba*, *Albium* u. dgl. auf den Begriff ,weiß' zurückgehen oder aber nichtidg. Herkunft sind (Bertoldi BSL. 32, 148, ZrP. 56, 179 f.).

Arm. *aĭauni* ‚Taube‘, kaum für **aluhh-n-* (Bugge KZ. 32, 1, Pedersen KZ. 38, 313), s. unten. Über die Zugehörigkeit von **albhi-* ‚Gerste‘ s. d. Hett. *al-pa-áš (alpas)* ‚Wolke‘ gehört vielleicht trotz Couvreur (Ḫ 106, 149) hierher.

Zum Ablaut: neben *albho-s scheint eine zweisilbige Wzf. vorzuliegen in gr. ἀλωφός (auch ἐλεφιτίς?) und arm. *aĭauni*, und dazu stimmte die slav. Intonation (serb. *lȁbūd*), s. Osthoff IF. 8, 64 f., Pedersen aaO. Da ferner -*bho-* ein in Farbenbezeichnungen häufiges Suffix ist (z. B. lat. *galbus* lit. *raĭbas* ‚bunt‘ neben *raĭnas*; Brugmann Grdr. II² 1, 388 f.), ist *albhos auf die einsilbige Wz. **al-* beziehbar und dürfte andrerseits ἀλωφός nach Brugmann aaO. zu lit. *aĭvas* ‚Zinn‘ (‚weißes Metall‘), apr. *alwis* ‚Blei‘, russ. *ólovo* ‚Zinn‘ (aus idg. **aleuo-*? Die balt. Entsprechungen sind nach Niedermann aus dem Slav. entlehnt) in einem ähnlichen Verhältnis stehen, wie gr. κορω-νός zu lat. *curv-us*, ai. *palā-la-ḥ* (: *palāv-aḥ*) zu apr. *pelwo*, also auf eine Wzf. **alō[u]-* : **aleu-* : **alu-* (in arm. *aĭawni* und den slav. Worten) zurückgehen; gr. ἐλεφιτίς reicht bei den Umbildungen, denen Tier- und Pflanzennamen überall ausgesetzt sind, nicht aus, um daneben noch ein **ale-bh-* zu sichern;

hierher als ‚die glänzende‘ gall. *alausa* ‚Maifisch, Alse‘ (frz. *alose*, span. *alosa*), vgl. auch die gall. GN *Alaunos, Alounae*, brit. FlN *Alaunos* (nengl. *Aln*), cymr. PN *Alun* sowie arm. *aĭauni* ‚Taube‘ aus **aleu-n-*.

Eine Stammform *ali-* ‚weiß‘ ist nicht nachweisbar, trotz Specht Dekl. 114, da hett. *ali-* ‚weiß‘ sehr unsicher scheint (Couvreur Ḫ 149 f., Friedrich IF. 58, 94) und gr. ἀλίφαλος, ἀλίφατα, ἅλιξ anders zu erklären sind.

Hierher aber wohl (als ‚hellgelbe Pflanze‘) hisp.-lat. *ala* ‚inula, Alant‘ (Isid.), span.-portug. *ala* ds., dazu mit -*nt*-Suffix ahd. *alant* ds., damit etymologisch identisch der Fischname ahd. *alunt* (jünger *alant*), as. *alund* ‚Weißfisch, Alant‘ = (mit gramm. Wechsel) aisl. *ǫlunn* ‚ein Fisch‘, idg. Grundform **al-nt-/***al-ont-*. Die ursprüngliche Bedeutung von *al-* ist wohl ‚weiß, glänzend‘, daher dann auch ‚hellgelb‘ usw.

Eine genaue Trennung der Bedeutungen von *al-* und *el-* ist nicht immer möglich, weshalb Specht (Idg. Dekl. 59, 160) beide Stämme für ursprünglich identisch erklärt, also *al-* als ‚*l-* auf *el-* zurückführt, womit er ferner (aaO. 114) die Farbwurzel *ar-* (s. unten *areĝ-*), *er-* identifiziert.

WP. I 92 ff., WH. I 26 f.

aldh- ‚Trog‘.

Altn. *alda* f. ‚Welle, Feindschaft‘; norw. dial. *olda* f. ‚Trog‘; schwed. dial. *ålla* ‚längliche Vertiefung‘. Vgl. ags. *ealdoþ*, *aldot*, *aldaht* ‚Trog, Bottich‘, nhd. bair. *alden* ‚Ackerfurche‘.

Dazu baltoslav. *aldiịa- in ksl. ladiji, alъdiji f. ‚Kahn‘, lit. aldijà, eldijà f. ‚Flußkahn‘, auch lit. eldijėlė ‚Räucherpfanne‘.

Norw. lodje ‚russisches Fahrzeug‘, schwed. lodja, mnd. lod(d)ie, loddige sind aus russ. lodъjá (= asl. ladiji) entlehnt. Falk-Torp 652 (s. auch 789 unter 'olde').

WP. I 92, WH. I 35, Trautmann 6.

aleq- ‚abwehren, schützen‘, vermutlich eigentlich ‚abschließen und dadurch schützen‘.

Ai. rákṣati ‚hütet, schirmt, bewahrt‘, arm. aracel ‚weiden, hüten‘ (Pisani KZ. 68, 157), gr. ἀλέξω ‚wehre ab, schirme‘ (so-Präsens; rakṣati wegen dieser Übereinstimmung nicht wahrscheinlicher zur gleichbed. Wz. areq-), ʼΑλέκτωρ, ʼΑλεκτρυών epische Eigennamen, die nach dem Bekanntwerden des Hahns auch zur Bezeichnung dieses streitbaren Tieres verwendet wurden (Fick CSt. 9, 169, Kretschmer KZ. 33, 559 ff., Boisacq 1091 f.); ἀλαλκεῖν ‚abwehren‘, ἀλκάθω ‚wehre ab, helfe‘, ἄλκαρ ‚Schutz, Schutzwehr, Hilfe‘, ἔπαλξις ‚Schutz, Brustwehr, bes. Zinnen der Mauern; Hilfe‘ (*αλκ-τι-ς), ἀλκή ‚Abwehr, Hilfe‘ und ‚Stärke, Kraft‘ (letztere Bed., obwohl an sich aus ‚energischer Abwehr‘ verständlich, vielleicht durch Zusammenfließen mit einem anderen, dem mpers. ark ‚Arbeit, Anstrengung, Mühe‘ entsprechenden Worte, s. Bartholomae Heidelbg. SB. 1916, IX 10); ἀλκὶ πεποιθώς Hom.; ἄλκιμος ‚stark, kräftig; von Waffen: wehrbar, zum Kampfe tauglich‘;

ags. ealgian ‚schützen, verteidigen‘ (*algōjan); got. alhs (f., kons. St.) ‚Tempel‘, ags. ealh, as. alah m. ds., urnord.-run. aluh ‚Amulett‘(?), alit. elkas, alkas m. ‚heiliger Hain, Stelle auf einem Hügel, wo man früher Opfer verrichtet hat‘, lett. ệlks m. ‚Götze‘ (die germ. und balt. Worte ursprüngl. ‚heiliger, abgeschlossener oder der Nutznießung entzogener Hain‘); toch. B alāsk ‚beseitigen‘.

S. die ähnliche Wz. areq- ‚verschließen, schützen‘.

WP. I 89 f.

algh- ‚Frost, Kälte‘.

Lat. algor ‚Frost, Kälte‘, algeō, -ēre ‚frieren‘, algidus ‚kalt‘ gehören nach Lidén, Studien z. ai. und vgl. Sprachgesch. 66, zu aisl. Gen. Sg. elgiar, nisl. elgur m. ‚Schneegestöber mit starkem Frost, halbgeschmolzener Schnee‘. Germ. s-St. *alziz- deckt sich mit dem lat. algor, idg. *alghes-.

WP. I 91, WH. I 29. Vgl. Petersson Ar. u. Arm. Stud. 126.

algŭh- ‚verdienen, Gegenwert‘.

Ai. árhati ‚ist wert, verdient, ist verpflichtet, soll‘, arghá-ḥ ‚Wert, Geltung, Preis‘ (= osset. ary ‚Preis, Wert‘), av. arəjaiti ‚ist wert, kommt an Wert gleich' (upers. *arzīdan* ‚verdienen'), *arǝjah-* (es-St.) n. ‚Wert, Preis'.

Gr. *ἀλφή* ‚Erwerb' = lit. *algà*, apr. Gen. Sg. *ālgas* ‚Lohn', *ἀλφάνω*, *ἀλφεῖν* ‚einbringen, verdienen' (*ἀλφεῖν* = ai. *árhati*, aber durch das vollere Präs. *ἀλφάνω* in die Geltung als Aorist gedrängt), *ἀλφεσίβοιος* ‚Rinder einbringend'.

Eine Nebenform auf unaspirierte Media ist ai. *arjati* ‚erwirbt, verdient, schafft herbei'.

WP. I 91.

alp- ‚klein, schwach'?

Ai. *álpa-, alpaka-* ‚klein, gering' (*alpḗna, alpāt* ‚leicht, schnell'); schwer in der Bedeutung zu vereinen mit lit. *alpstù, alpaũ, al̃pti* ‚ohnmächtig werden', *alpùs* ‚schwach', lett. *el̃pe* ‚Luftschöpfen, Atemzug', *alpà* ‚Mal, Zeitpunkt'.

Anreihung auch von hom. *ἀλαπαδνός* (bei Aeschylos *λαπαδνός*) ‚schwach', *ἀλαπάζω* ‚leere aus, erschöpfe', att. *λαπάζω* ‚plündere', *λαπάττω* ‚leere (den Leib) aus' ist bedenklich wegen ihrer zweisilbigen Wzf. gegenüber der leichten der ai. und lit. Worte; auch stehen sie, sowie die ihnen angereihten *λαπαρός* ‚schmächtig, dünn, offenen Leib habend', *λαπάρα* ‚Flanke, Dünnung des Leibes an der Hüfte', *λάπαθος* ‚Aushöhlung, Grube', *λάπαθος* ‚Sauerampfer' als *βοτάνη κενωτική* in der Bedeutungsfärbung (‚ausleeren, eingefallen') doch erheblich ab. Ganz fragwürdig auch alb. (Jokl SBAk. Wien 168, I 48) *laps* ‚bin müde, überdrüssig'.

Ob hierher hett. *al-pa-an-da-* (*alpant-*) ‚krank, schwach'?

WP. I 92, Couvreur Ḫ 106 f., WH. I 786, Hirt Idg. Gr. II, 158.

ālu-, ālo- ‚bittere Pflanze?'

Ai. *ālú-ḥ, ālukám-* ‚bulbus, radix globosa esculenta'; lat. *ālum, ālium* ‚Knoblauch', osk. **allō* aus **aljā* wohl als Grundlage von gr. *ἀλλᾶς* ‚Wurst'; lat. *ālum* oder *alus* ‚Symphytum officinale L., Beinwell, Wallwurz' eine um ihrer Wurzel willen geschätzte Pflanze (vielleicht gall. Wort? s. Thesaurus).

WP. I 90 f., WH. I 30, 33. Wohl zum Folgenden.

alu- (**-d-, -t-**) ‚bitter, Bier, Alaun'.

Gr. *ἀλύδ(o)ιμον· πικρὸν παρὰ Σώφρονι* Hes., *ἀλυδμαίνειν·* [*πικραίνειν?*] Hes. (s. aber zur Bed. Herwerden Lex. Graec. suppl. 45); lat. *alūta* ‚Alaunleder' und *alūmen* ‚Alaun' sind einfach Erweiterungen von **alu-*.

Die Wurzel erscheint in Nordeuropa mit der Bedeutung ‚Bier, Met' (zu der Bedeutungsdifferenz vergleiche ksl. *kvasъ* ‚Alaun, Bier'); an. *ǫl* n. ‚Bier, Trinkgelage', *ǫldr* n. ‚Trinkgelage' (**aluþra-*). ags. *ealu(đ)* n.

‚Bier‘, as. in *alo-fat*, mhd. in *al-schaf* ‚Trinkgefäß‘; daraus entlehnt apr. *alu* n. ‚Met‘, lit. *alùs* (m. geworden wie *medùs* = preuß. *meddo* n.; J. Schmidt Pluralbild. 180), ksl. *olъ* (m. geworden wie *medъ*) ‚Bier‘. Aus dem Germ. ist auch finn. *olut* ‚Bier‘ entlehnt.

WP. I 91, WH. I 34.

ambhi, m̥bhi ‚um—herum, zu beiden Seiten‘, auch **ambhō(u)** Du. ‚beide‘ und ähnliche auf *-bhi, -bho-* ausgehende Formen.

Arm. *ambołǰ* ‚vollständig, unversehrt‘ (zu *ołǰ* ‚gesund‘), gr. ἀμφί ‚um‘ (ἀμφί-ς ‚zu beiden Seiten‘, mit demselben Adverbial-*s* wie z. B. ἄψ, λικρι-φίς, s. Brugmann Grdr. II² 2, 737); lat. *amb-* (vor Vokal, z. B. *ambigō*), *am-, an-* (vor Kons., z. B. *amputō, amiciō* aus **am[bi]jaciō*) untrennbares Präfix ‚herum, um, ringsum‘, alat. auch Präp. *am* ‚circum‘ m. Akk. (*ambi-* im Sinne von ‚beide‘, den auch *anceps* zeigt, ist dagegen späte Bildung zu *ambō*), umbr. *amb-* (*amboltu*), *a-* (*a-ferum* ‚circumferro‘), *an-* (*an-ferener* ‚circumferendi‘), osk. *amviannud* ‚circuitu, Umweg‘, *amnúd* ‚circuitu, causā‘ (kaum **amb-beno-* : *veniō*, sondern *no*-Ableitung, s. v. Planta II 32, 623); mit *-er*-Erweiterung nach *praeter-eō, intereō* (s. v. Planta II 455, WH. I 36), umbr. *ampretu, umbretuo* ‚ambito, ambiunto‘, vielleicht auch osk. *amfret* ‚ambiunt‘ (eher nach Schulze KZ. 45, 182 = Kl. Schr. 468 in **am-ferent* ‚circumferunt, περιάγουσι‘ zu zerlegen; keine lat. Spur der gleichen *-er*-Erweiterung in *amfrāctus* ‚umgebogen‘, das vielmehr aus *am-frāctus*); über den ON *Amiternum* s. Schulze Lat. Eig. 541; mit *ti*-Erweiterung (nach *pos-t, per-t*, Buck Elementarbuch 65) osk. *ampt* ‚circum‘ (wie umbr. *ambr-* zunächst auf Grund des aus *amf-* vor Kons. vereinfachten *am-*); alb. *mbi, mbε* ‚bei, auf, an‘ (G. Meyer Alb. Wb. 265).

m̥bhi: ai. *abhí-taḥ*, av. *aiwito* ‚zu beiden Seiten, rings‘ (über av. *aibiš*, apers. *abiš* strittiger Bed. s. Pedersen KZ. 40, 127, Bartholomae IF. 19, Beiheft S. 106; die Endung *-s* in geschichtlichem Zusammenhang mit der von gr. ἀμφίς?); ai. *abhí* kann in der Bed. ‚um‘, apers. *abiy*, av. *aibī, aiwi* in der Bed. ‚über, in betreff von‘ aus **m̥bhi* stammen oder idg. **obhi* oder **ebhi* fortsetzen; gall. *ambi-* ‚um‘ (z. B. Ἀμβί-δραυοι ‚die am Fl. Dravos Wohnenden‘), cymr. *am-* (durch *i*-Umlaut *em-, ym-*), corn. bret. *am-, em-*, air. *imb-, imm-* ‚um‘; ahd. as. *umbi*, aisl. *umb*, ags. *ymb, ymbe* ‚um‘ (im Got. von *bi* aufgesogen).

bhi: got. *bi* in der Bed. ‚um‘, mit Auslautdehnung in betonter Stellung as. ags. *be-, bī-*, ahd. *bi-, bī-*, nhd. *bei* (über zweifelhafte Ableitungen s. Falk-Torp 37 und 1437 unter *bil* II ‚Zwischenraum, Zeitraum‘, 73 und 1437 unter *billede* ‚Bild‘).

ambhō(u) ‚beide‘:

Gr. ἄμφω ‚beide‘ (Ableitung ἀμφότερος); lat. *ambō, -ae, -ō* ‚beide‘;

ai. *ubhāu* ‚beide‘, av. *uva-* ds.; lit. *abù*, aksl. *oba* ds.; got. *bai* m., *ba* n.,
Gen. *baddjē* (*bajōþs*, s. zur Bildung Brugmann Grdr. II² 2, 77; anders
— im Ausgang zu lat. *nostrātes* — Fick III⁴ 255), as. *bē thie*, ags. *ba*,
þa, engl. *both*, ahd. *beide*, *bēde*, anord. *bāđer*, Gen. *beggja* ‚beide‘ (: got.
baddjē < *bajjē*); toch. A *āmpi*, *āmpe*, B *ant-api*.

Von diesen wurde ai. *ubhāu*, av. *uva* bisher als Zusammensetzung mit
einem *u-* ‚zwei‘ (lat. *uīginti*) betrachtet; Sommer IF. 30, 404 leugnet ein
solches *u-* und betrachtet die ar. Formen als durch den Labial bewirkte
Verdumpfung eines *abhāu* = *ṃbhōu* unter Berufung auf ai. *Kubera-ḥ*
aus *Kaberaḥ* (vgl. Patronymikon *Kāberaka-ḥ*; Wackernagel KZ. 41, 314ff.).
Lit. *abù*, aksl. *oba* beruhen wohl auf Umbildung von *amb-o* zu einer
Zeit, als die Präp. *ambhi* ‚um‘ zugunsten von *obhi* (ab. *oiṇ*, s. lat. *ob*)
aufgegeben wurde.

Das Verhältnis *ambhō(u)*, *ambhi* : got. usw. *bai*, *bi* läßt es kaum zweifelhaft sein, daß *am-* (vielleicht aus 4. *an-*) ein erstes Kompositionsglied sei,
der zweite Teil ist idg. *bhōu* ‚beide‘.

WP. I 54f., WH. I 36f., Feist 74a, 88, Pedersen Tocharisch 82.

---

1. **am-, mē-** ‚fassen‘?

Ai. *āmatram* n. ‚Gefäß, Krug, große Trinkschale‘, arm. *aman* ‚Gefäß‘,
vielleicht zu lat. *ampla* (*am-lā*) ‚Handhabe, Griff‘, *amplus* (*am-los*) ‚umfangreich, weit, geräumig, ansehnlich‘.

WP. I 52f., WH. I 41 f. S. unter 1. *mē-*.

---

2. **am-, mē-** ‚mähen‘, s. unter 2. *mē-* ds.

āmer- (*āmōr, amr̥*) ‚Tag‘.

Gr. hom. ἦμαρ, -ατος, att. ἡμέρᾱ (Asper wohl nach ἑσπέρα, Sommer
Gr. Ltst. 123), sonst ἀμέρα ‚Tag‘ (mit Lenis, daher nicht zu idg. *sem-
‚Sommer‘; Lit. bei Boisacq s. v., wozu Fick KZ. 43, 147); arm. *aur* ‚Tag‘
(aus *āmūr* über *amur*, *aumr*; Meillet Esquisse 55). Zur Stammbildung
s. noch J. Schmidt Pl. 195 f., zu ion. μεσάμβρίη ‚Mittag‘ Boisacq u. μεσ-
ημβρία. Van Windekens (Lexique 80) stellt hierher toch. A *omäl*, B *emalle*
‚heiß‘, aus idg. *āmel-*.

WP. I 53, Schwyzer Gr. Gr. I 305, 481, 518.

---

ames- oder **omes-** ‚Amsel‘ (: *mes-* : *ams-* oder *oms-*)?

Vollstufe der ersten Silbe läge vor in ahd. *amusla*, *amsala*, ags. *ōsle*
‚Amsel‘, Vollstufe der zweiten Silbe in lat. *merula* ‚Amsel‘ (Kluge EWb.¹²
s. v.) und cymr. *mwyalch*, acorn. *moelh*, bret. *moualc'h* ‚Amsel‘ (mögliche

3⁴

Gdf. *mesalkā oder *misalka nach Pedersen KG. I 73, wo schwierige Vermutungen über ir. *smōl, smōlach* ‚Drossel‘). .

Anders — auf Grund von idg. *meis-, mois-, mis-* — Schrader Sprvgl.[2] 367, [3]II 140, Fick II[4] 205: *merula* aus *misula*, cymr. *mwyalch* usw. aus *meisalkā*, endlich mit *-oi-* ahd. *meisa*, ags. *māse*, aisl. *meisingr* ‚Meise‘. Doch wird letztere in der Bed. abweichende Gruppe von Wood KZ. 45, 70 wohl richtiger auf ein Adj. *maisa-* ‚klein, winzig‘ bezogen wegen norw. mdartl. *meis* ‚dünne, schwächliche Person‘, *meiseleg* ‚dünn und schwächlich‘, wfläm. *mijzen* ‚zerkrümeln‘, *mejzel* ‚Bißchen, Krümchen‘. Am zuverlässigsten ist der Vergleich des lat. mit dem brit. Worte.
WP. I 53 f., WH. II 77 f.

amə- ‚energisch vorgehen‘ s. unter omə-.

am(m)a, amĭ ‚Mutter‘, Lallwort.

Alb. *amë* ‚Tante‘, ‚Mutter‘, daraus ‚Flußbett‘, ‚Bodensatz von Flüssigkeiten‘; aisl. *amma* ‚Großmutter‘, ahd. *amma* ‚Mutter, Amme‘, nhd. *Amme*; gr. ἀμμάς, ἀμμία ‚Mutter‘ Hes., osk. *Ammai, *Ammae*, d. i. Matri (Göttername)‘. Über ai. *amba* ‚Mutter‘ s. Kretschmer KZ. 57, 251 ff. Von *amī-, amĭ-* (s. Brugmann II[2], I 496) gebildet sind lat. *amīcus* ‚Freund‘ und *amita* ‚Vaterschwester‘ (vgl. lit. *anýta* ‚Schwiegermutter‘ : lat. *anus* ‚altes Weib‘). Über vlat. *amma* ‚Eule‘ s. Sofer Gl. 17, 17 f.

Eine Verbalableitung ist vielleicht lat. *amāre* ‚lieben‘ (vgl. mhd. *ammen* ‚warten, pflegen‘ zu *amme*). Nach Kretschmer (Gl. 13, 114) vielmehr etruskisch.

Nach Zimmermann KZ. 44, 368 f., 47, 174 gehört auch lat. *amoenus* hierher. Von einem lat. *amoi* (vgl. *Summoi* CIL. II 1750) könnte *amoinos = amoenus* gebildet sein, wie *Mamoena* (zu *mamoi*) neben *Mamana*, ferner durch gr. Γοργόνη (zu Γοργώ) neben Γόργοιτος (zu Γοργώ) gestützt; toch. B *ammakki* (Vok.) ‚Mutter‘ aus *amma + akki* (ai. *akkā*).
WP. I 53, WH. I 39, 41, Tagliavini Mél. Pedersen 163.

1. **an-** ‚Bezeichnung für männlichen oder weiblichen Ahnen‘; Lallwort.

Arm. *han* ‚Großmutter‘, gr. ἀννίς· μητρὸς ἢ πατρὸς μήτηρ Hes., vgl. Inschr. ἀνώ; lat. *anna* f. ‚Pflegemutter‘, nach Ausweis illyr. EN Ἄνα, Ἀννύλα, *Annaeus* usw., sowie messap. illyr. *ana = πότνια* illyr. Herkunft (W. Schulze KZ. 43, 276 = Kl. Schr. 214, Krahe IF. 46, 183 f.); vgl. weiterhin lat. *anus, -ūs* ‚altes Weib‘, auch den Namen der Göttin *Anna Perenna*.

Ahd. *ano*, mhd. *ane, an, ens*, nhd. *Ahn* ‚Großvater, Urgroßvater, Ahn‘; ahd. *ana*, mhd. *ane* ‚Großmutter, Urgroßmutter, Ahne‘. Deminutivbildungen sind: altn. *Āli* (**anilo*), ags. *Anela*, ahd. *Anelo* Personennamen; mhd. *enel* ‚Großvater, Enkel‘. Ferner ahd. *eninchil*, mhd. *enichlin*, nhd. *Enkel* (‚der kleine Ahn‘). Bei den Indogermanen wurde der Enkel als Abbild oder Ersatz des Großvaters betrachtet; vgl. gr. Ἀντίπατρος. Gegen diese von W. Schulze KZ. 40, 409 f. == Kl. Schr. 67 f. vertretene Ansicht wendet Hermann, Nachr. d. Ges. d. Wiss. zu Göttingen, Phil.-hist. Klasse 1918, 215 f., ein, daß bayr. *enl*, *änl*, österr. *ǣnl*, *änl* usw. die Bedeutung ‚Großväterchen‘ und ‚Enkel‘ tragen und man es hier mit der gleichen Erscheinung zu tun hat wie bei nhd. *Vetter* (ursprüngl. ‚des Vaters Bruder‘, dann auch ‚des Bruders Sohn‘); die Anrede wird vom Großvater an den Enkel zurückgegeben. Diese ältere Auffassung (vgl. die Literatur bei Hermann aaO.) ist beachtenswert.

Preuß. *ane* ‚alte Mutter‘; lit. *anýta* ‚Schwiegermutter‘.

Hitt. *an-na-aš* ‚Mutter‘; *ḫa-an-na-aš* (*ḫannaš*) ‚Großmutter‘, lyk. *χñna* ds. Wohl mit Recht stellt M. E. Schmidt KZ. 47, 189 arm. *aner* ‚Vater der Frau‘ hierzu. Es liegt eine ähnliche Bildung vor wie in lat. *matertera* ‚Mutterschwester‘, cymr. *ewythr* ‚Oheim‘, acorn. *euitor*, bret. *eontr* (urkelt. **aventro-*, s. Pedersen Kelt. Gr. I 55). **anero-* hätte die ursprüngliche Bedeutung ‚etwas wie der Ahn‘.

Unsicher ist ahd. *hevianna*, woraus umgebildet mhd. *hebamme*. Da ahd. **anna* ‚Weib‘ nicht zu belegen ist, nimmt Kluge[11] 238 Entstehung aus **hafjan(d)jō* ‚die Hebende‘ an, woraus die späteren Umdeutungen entstanden seien. Doch vgl. PBB. 30, 250.

WP. I 55 f., WH. I 50, Pedersen Lyk. u. Hitt. 26, 66.

2. an Demonstrativpartikel ‚dort, andererseits‘.

Gr. *ἄν* ‚wohl, etwa, in irgendeinem anderen Falle‘ (*ἐάν* aus *εἰ ἄν*, ion. ἤν aus **ἤ ἄν*, *ἄν* aus *αἰ ἄν*;

lat. *an* ‚ja, wohl‘, sekundär Fragepartikel, erweitert *anne*, air. *an-d* ‚hier‘, got. *an* ‚denn, nun‘; lit. *an-gu* ‚oder‘, apr. *anga-anga* ‚ob‘ == oder ob‘.

Davon abgeleitet:

anjos ‚anderer‘ in:
ai. *anyá-* ‚anderer‘, av. *anya-*, *ainya-*, apers. *aniya-* ds. Vgl. oben S. 26.

anteros ‚anderer‘ (von zweien) in:
ai. *ántara-*, oss. *ändär* ‚anderer‘, got. *anþar* ds., aisl. *annarr* ‚anderer, zweiter‘, ahd. *andar*, ags. *ōþer* ‚anderer‘, apr. *anters*, *antars* (**antras*) ‚anderer, zweiter‘, lit. *añtras*, lett. *uotrs* neben lit. *añtaras*, ostlett. *ũtors* ds., slav. **ǫterъ*, **ǫtorъ* in čech. *úterý* m. ‚Dienstag‘, osorb. *wutory* ‚anderer, zweiter‘. Über aksl. *vъtorъ* ‚zweiter‘ s. *u̯i-* ‚auseinander‘.

WP. I 56, 67, II 337, WH. I 44, Trautmann 10/11, Debrunner REtIÉ. 3, 1 ff.

3. **an(ə)-** ‚atmen, hauchen‘, Nomiualstamm **ant-**.

Ai. *ániti* ‚atmet‘ (auch thematisch *ánati*), *ánila-ḥ* ‚Atem, Hauch, Wind‘, *ánā-ḥ* (vielleicht ‚Hauch‘ oder ‚Mund, Nase‘, *ána-nam* ‚Mund, Maul, Gesicht‘ mit ind. Vṛddhi; ‚Mund‘ als ‚Atmer, das Atmen‘); *prāṇiti* ‚atmet‘; av. *ántya, parántya* ‚des Ein- und Ausatmens‘ (**anti-* ‚Atmen‘ mit *ā* und *parā*; s. Bartholomae IF. 7, 59; über *ainiti-* ‚Milde‘ s. aber Airan. Wb. 125 f.).

Gr. *ἄνεμος* ‚Hauch, Wind‘, *ἀνήνεμος* (mit Dehnung im Kompositum), *νήνεμος* ‚windstill‘, *ἠνεμόεις* ‚windreich‘ (*ἠ*-metrische Dehnung), *ἀνεμώλιος* (‚windig‘, d. i.:) ‚nichtig, vergeblich‘ (dissimiliert aus *ἀνεμώνιος*, s. zuletzt Bechtel Lexil. 44, auch 226, über das wohl aus **μετ-ανεμώνιος* durch Ferndissimilation gekürzte *μεταμώνιος* ‚vergeblich, ohne Erfolg‘); anders Risch 113; vgl. Frisk Indog. 15; *ἄνται· ἄνεμοι ἀντάς· πνοιάς* Hes. sind in *ἀῆται, ἀῆτας* zu bessern. Vielleicht hierher *νεανίας* ‚Jüngling‘ als *νεϜο-αν-* ‚junger Schnaufer‘, nach Schwyzer Gr. Gr. I 426³; auch *ἄσθμα* ‚Atemnot‘, aaO. 337.

Lat. *animus* ‚Geist, Seele‘, *anima* ‚Lufthauch, Atem, Seele, Leben‘ (osk. *anamúm* ‚animam‘), davon *animal* ‚Lebewesen, Tier‘, *hālō, -āre* ‚hauchen, duften‘ (Denominativ eines **an-slo-*; mit unechtem *h*, das hier schallmalenden Wert erlangte und auch in *an(h)-ēlāre* eindrang; über letzteres s. 4. **an*).

Air. *anāl*, cymr. *anadl* ‚Atem‘, mbret. *alazn* (Umstellung), nbret. *holan* (**anə-tlo-*); mcymr. *eneit*, ncymr. *enaid* ‚Seele‘ (**anə-ti-*), abrit. PN *Anatemōros* ‚großherzig‘; air. *animm*, nir. *anam* ‚Seele‘, Gen. *anman* (St. **ana-mon-*; die *i*-Farbe des Nom. sg. nach den neutr. *-men*-St. s. Pedersen KG. II 61; zur Kreuzung mit lat. *anima* s. Pokorny ZfcPh. 10, 69 f.), corn. *eneff*, mbret. *eneff* (Pl. *anaffon*) nbret. *anaoun* ‚Seele‘ (die umgelauteten corn. und bret. Formen wohl Lw. aus dem Lat., s. Vendryès De hib. voc. 112 f., Pedersen KG. I 170, II 111); dazu air. *osnad* ‚Seufzer‘ (*uss-anad*), ferner (‚ausschnaufen = rasten, ruhen‘) *anaid* ‚bleibt, ruht‘, hört auf‘, *con-osna* ‚desistit, desinit‘ (*com-uss-an-*) usw. (s. Pedersen KG. II 455 f., 672); mcymr. *anant* Pl. ‚Dichter‘, *cyn-an* ‚Wort, Lob‘;

got. *uz-anan* (Prät. *uzōn*) ‚ausatmen‘; mit *t*-Formantien: anord. *ǫnd*, g. *andar* f. ‚Atem, Lebenshauch, Leben, Seele‘ (= gr. *ἄνται*), *anda, -aða* ‚atmen, keuchen‘ = ags. *ōðian* ‚stark pusten‘, anord. *andi* m. ‚Atem, Geist, Seele‘, afries. *omma* (**an-ma*) ‚Atem‘, ags. *oroð* (**uz-anþ-*) ‚Atemzug‘[1]); vielleicht hierher ahd. *unst*, aisl. ags. *ȳst* f. ‚Sturm‘ aus **ṇ-sti-*;

---

[1]) Dazu auch as. *ando*, ags. *anða, anoða* ‚Aufgeregtheit, Zorn, Leidwesen‘, ahd. *anado, ando, anto* ‚Ärger, Zorn‘, mhd. *ande* ‚Gefühl der Kränkung‘, ahd. *anadōn, antōn, mhd. andon*

aksl. *vonja* (**ani̯ā*) ‚Geruch‘ (*vonjati* ‚riechen, duften‘), **ǫchati* ‚duften‘ in aruss. *uchati* usw. (-*ch*- vielleicht Nachahmung von *duchati*, also ohne geschichtlichen Zusammenhang mit dem *s* von lat. *hālāre* aus **an-slo-*); alb. geg. *âj*, tosk. *ěnj* ‚ich schwelle‘, geg. *ênjun* ‚aufgeblasen‘ *kěnjem*, *ɣnem* ‚Weihrauch‘ (**kɛ-(a)nemo-* Jokl Stud. 37);

toch. AB *āñm-* ‚Leben, Geist‘, B *āñme* ‚Absicht‘, A *āñcäm* (**āntemo-*) ‚Leben, Geist‘ (K. Schneider IF. 57, 203, Pedersen Toch. 48); auch B *onolme*, *ɣnolme* ‚Lebewesen‘?

arın. *holm* ‚Wind‘ (Bugge IF. 1, 442) bleibt (trotz Meillet Lit. 6, 3) fern (s. Lidén Arm. St. 38 f., Peterson KZ. 47, 246). — Ai. *ātmán* ‚Seele‘ vielmehr zu ahd. *ātum* ‚Atem‘, s. *ēt-men-*.

Die Wz. zeigt neben zweisilbigen Formen, wie ai. *ani-ti*, *ani-laḥ*, kelt. **ana-tlo-* usw., und solchen wie *ἄνɛ-μος*, auch Formen von der einsilbigen Wzf., so lat. **an-slo-* > *hālō*, anord. *ǫnd* (usw.).

S. auch *ansu-*, *antro-*.

WP. I 56 ff., WH. I 49 f., Feist 538.

4. **an, anu, anō, nō** u. dgl., Präposition, etwa ‚an einer schrägen Fläche hin, hinan‘ (vgl. die Zusammenfassung bei Brugmann Grdr. II² 2, 798 f., auch über das Syntaktische).

Av. *ana*, apers. *anā* (urar. **ana* oder **anā*) ‚über–hin‘ (m. Akk. oder Instr.), ‚entlang, auf‘ (m. Akk.), av. *anu*, apers. *anuv* ‚nach, gemäß; auf–hin‘ (m. Akk.), ‚längs, entlang‘ (m. Lok.), auch Präverb; ai. *ánu* ‚nach (zeitlich m. Akk., Abl., Gen.), nach (Reihenfolge), nach–hin, entlang, hinter–her, gemäß, in betreff, gegen‘ (m. Akk.), Adv. ‚darauf‘ (das ausl. -*u* scheint mit dem von lesb. thess. *ἀπύ* neben att. *ἀπό* vergleichbar zu sein. Gegen Wackernagels Erklärung aus idg. **enu* ‚entlang, gemäß‘ s. WH. I 677; zum -*u* s. unten *ap-u*);

arm. *am-* in *am-baṙnam* *ham-baṙnam* ‚ich erhebe‘, *ham-berem* ‚ich ertrage‘ vielleicht aus -*an* (das *h* dann durch Vermischung mit dem aus dem Pers. entlehnten *ham-* ‚zusammen‘;

ion.-att. *ἄνα*, *ἀνά* ‚auf, in die Höhe, entlang‘, dor. böot. ark. kypr. *ἀν*, lesb. thess. ark., z. Teil kypr. *ὀν*, vereinzelt ark. kypr. *ὑν* (aus *ὀν*) ds. (die einsilbige Form scheint die ursprüngliche, und *ἀνά* erst nach *κατά* erweitert zu sein; vgl. Schwyzer Gr. Gr. I 622; wahrscheinlich ist nach Schwyzer Gr. Gr. I 275 *ὀν* aus *ἀν* entstanden; Adv. *ἄνω* ‚aufwärts, empor‘;

‚seinen Zorn auslassen‘, nhd. *ahnden* unter einer Mittelbed. ‚vor Erregung keuchen‘ (Kluge s. v., Falk-Torp 5 und 1428 unter *aand*; Schröder Abl. 9). Über das zweite *a* von ahd. *anado*, ags. *anoða* s. Specht Phil. Stud. Voretzsch 36.

ein lat. Rest scheint *an-hēlō* ‚atme stark und mühsam‘ (*an* + **ansl.* umbr. *an-*, (mit *en* ‚in‘ gleichbedeutend geworden und mit ihm wechselnd, daher *en-tentu* neben:) *an-tentu* ‚intendito‘, *anseriato* ‚observatum‘, *anglar* ‚oscines‘ (**an-klā* zu *clāmō*) usw.

Vielleicht hierher air. *an-dess* ‚von Süden her‘ usw.;

got. *ana* (m. Dat. und Akk.) ‚auf, an, gegen, wegen, über‘, anord. *á* Adv. und Präp. m. Dat. und Akk. ‚an, iñ‘, m. Dat. ‚an, in, auf, bei‘, m. Akk. ‚nach, auf, entgegen‘, as. *an*, ags. *on*, ahd. *ana*, *an*, nhd. *an* (**ana* oder **anō*, **anē*) Präp. m. Dat. und Akk. und Instr. ‚an, auf, in, bis, gegen‘; lit. *anóte*, *anót* m. Gen. ‚entsprechend, gemäß‘; über das zunächst auf ursl. **on* zurückgehende slav. *vъ(n)-* ‚in, auf‘ s. Brugmann Grdr. II² 2, 828 und **en* ‚in‘.

Mit Schwundstufe der ersten Silbe, also Anlaut *n-*:

lit. *nuõ* m. Gen. ‚von—herab, von—weg‘ (diese woher-Bed. erst durch die Verbindung mit dem Ablativ neu entstanden), als Nominalpräf. *nuo-*, als Verbalpräf. *nu-* (proklit. Kürzung wie in *pri-* neben *priẽ*) let. *nùo* m. Gen. ‚von‘, als Präfix *nuo-*; apr. *no*, *na* m. Akk. ‚auf (wohin), gegen, über—hin‘, als Präf. ‚nach; von—weg‘ (s. auch Bezzenberger KZ. 44, 304); aksl. *na* m. Akk. und Lok. ‚auf—hin; auf, an‘ (dazu nach *prě* : *prě-dъ* neugebildet *na-dъ* ‚oberhalb, über‘ m. Akk. und Instr. und Präverb); ai. *nā-* vielleicht in *nādhitá* ‚bedrängt‘, s. u. *nā-* ‚helfen‘.

Hierher vermutlich lit. *-na*, *-n* ‚in (Richtung wohin)‘, Postposition bei Verben der Bewegung, av. *na-zdyah-*, ai. *nḗdīyas-* ‚näher‘ (‚*herangerückter‘); Wz. *sed-* ‚sitzen‘; vermutlich ähnlich got. *nēlv*, ahd. *nāh* Adv. ‚nahe‘ als ‚heranschauend, herangewendet‘ (mit Wz. *oqʷ-* als 2. Glied); s. Brugmann Grdr. II² 2, 798 f., wo auch über die mehrdeutigen ai. *ádhi* ‚über, auf‘, ap. *adiy* ‚in‘ (**-ṇdhi* oder **edhi*, **odhi*?).

Als fürs Uridg. gesichert dürfen gelten die Formen **an* und **anō*, **nō*, wohl auch **nō* (*nē*?). Die Annahme von Beziehung zur Demonstrativpartikel *an-* bedarf noch näherer Begründung, ist aber grundsätzlich ebenso zulässig, wie z. B. die Verwandtschaft von ai. *ā* ‚an, auf, herbei‘ mit dem Demonstrativstamm *e-*, *o-*.

Über got. *anaks* adv. ‚plötzlich, sogleich‘, angeblich zu abg. *naglъ* ‚plötzlich, jäh‘ (?), s. Feist 42.

WP. I 58 f., WH. I 43 f., 49, 677, Feist 41 a, 373, Trautmann 200.

andh-, anedh- ‚hervorstechen, sprießen, blühen‘, **andhos** n. Blume, Kraut‘.

Ai. *ándhaḥ* n. ‚Somapflanze‘; arm. *and* ‚Feld‘; gr. *ἄνθος* n. Blume, *ἀνθέω* ‚blühe‘, *ἀνθηρός* (**-es-ro-*) ‚blühend‘ usw.; alb. *ëndë* (**andhōn*)

,Blüte'. *ĕndem* ,blühe' (das *ĕ* vom Präs. **ĕ* aus **andhō*); toch. A *änt*, B *ante* ,Fläche'.

Mir. *ainder*, *aindir* ,junge Frau', cymr. *anner* ,junge Kuh', Pl. *aineirod*, acymr. *enderic* ,vitulus', cymr. *enderig* ,Stier, Ochse', bret. *ounner* (Trég. *annouar*, Vannes *annoér*) ,junge Kuh'; hierzu frz. *(l)andier* m. ,Feuerbock, Widder', auch ,Mohn' (= ,junges Mädchen', vgl. ital. *madona, fantina* ,Mohn'), weiter zu bask. *andere* ,Frau', iber. FN *Andere, Anderca*, MN *Anderus*; vielleicht kelt. Herkunft? (**andero-* ,blühend, jung'?).

Nach Schwyzer Gr. Gr. I 339 hierher gr. *ἀν-ήνοϑε* ,kam hervor, sprudelte hervor', *ἐπεν-ήνοϑε* ,befand sich darauf', *κατεν-ήνοϑε* ,bedeckte', usw.

Trotz der etwas abweichenden Bedeutung wohl auch hierher mit Tiefstufe **ṇdh-*:

ai. *ádhvan* m. = av. *advan* m. ,Weg, Bahn', wozu ai. *adhvará-ḥ* ,religiöse Handlung' (ursprüngl. ,Gang' — ,feierlicher Gang') aus **ṇdhu̯ero-*, und wohl auch mit Suffixablaut (**ṇdhu̯ro-*) isl. *ǫndurr* m. ,eine Art Schneeschuh'. WP. I 45, 67, P. Benoit ZrPh. 44, 3 ff., 69 ff.

Hierher gehört wohl:

andher-, ṇdher- ,Spitze, Stengel'.

Nur griechisch: *ἀϑήρ* ,Hachel an der Ähre, Lanzenspitze', *ἀνϑέριξ* ,Halmspitze, Halm', *ἀνϑέρικος* ,Halm, Stengel', *ἀνϑερεών* ,Kinn' als ,bärtige, struppige Stelle', *ἀνϑρίσκος* ,der gemeine Kerbel', benannt nach seinen stachligen Früchten, *ἀνϑρήνη, ἀνϑρηδών* ,Wespe, Waldbiene', Wortausgang nach *τενϑρήνη* ,Hornis', *τανϑρηδών* ,Wespe' (hierher vielleicht *ἄνϑρωπος* aus **ἄνϑρο-ωπος* ,mit bärtigem Gesicht = Mann', dann ,Mensch', Güntert Heidelberg. SB. 1915, Abh. X?; vgl. auch Schwyzer Gr. Gr. I 426[4]. Nach Kretschmer Gl. 28, 246 aus **ανδρ-ώπός*, der Spiritus asper von *ὁράω* usw. übertragen?); ob auch *ἀϑάρη* (**ἀϑαρϜā*), *ἀϑήρā* ,Weizenmehlbrei, Speltgraupen' (von Plin. n. h. 22, 121 allerdings als ägypt. Wort bezeichnet)? WP. I 45.

andho- ,blind, dunkel'.

Ai. *andhá-*, av. *anda-* ,blind, dunkel', gall. *andabata* m. ,ein Gladiator, der mit einem Helm ohne Öffnungen kämpfte' (zum kelt. Lw. lat. *battuō* ,schlage'). W. P. I 182, WH. I 46.

anət- ,Ente'.

Ai. *áti-ḥ áti* f. ,Wasservogel' (oder zu aisl. *ǣðr*, nschwed. *åda* f. ,Eidergans' aus germ. **ādī-*?); gr. *νῆσσα*, böot. *νᾶσσα* (**νᾱτι̯α* : ai. *áti-ḥ*) ,Ente';

lat. *anas* f. (Akk. *anatem* und *anitem*: G. Pl. auch -*tium*) ‚Ente‘, germ. *anud*- und *anid*- in ahd. *enit, anut,* NPl. *enti,* as. *anad,* ags. *æned,* aisl. *ǫnd,* nhd. ‚Ente‘; balto-slav. **ānt*- aus **anət*- in lit. *ántis,* apr. *antis,* ursl. **ǫty,* serb. *ûtva,* aruss. *utovъ* (Akk.), klr. *utjá* ‚Ente‘.

Lat. *anatīna* (scil. *caro*) ‚Entenfleisch‘: lit. *antiena* ds.

WP. I 60, WH. I 44, Trautmann 10.

anətā (ₑnətā) ‚Türpfosten‘.

Ai. *ātā* (gewöhnlich Pl. *ātāḥ* wie lat. *antae*) ‚Umfassung, Rahmen einer Tür‘, av. *qiθyā̆* Akk. Pl. ‚Türpfosten‘, arm. *dr-and* ‚Türpfosten‘ (Hübschmann Arm. Stud. I 19); lat. *antae* nach Vitruv 3, 2, 2 ‚die frei endigenden und vorn etwas verstärkten Wände, die den Pronaos eines Tempels oder die Prostas eines Hauses einschließen‘ = anord. *ǫnd* ‚Vorzimmer‘ (Bugge KZ. 19, 401).

WP. I 59, WH. I 52.

anĝh- ‚eng, eineugen, schnüren‘, z. T. auch von seelischer Beklemmung, Angst.

Verbal: av. *qzaⱬhē* ‚zu bedrängen‘, tiefstufig av. *ny-āzata* ‚sie schnürt sich‘, *ny-āzayən* ‚sie sollen hineinzwängen‘ (mit *ā* = *ă*; ved. *ahēma* etwa ‚mögen wir rüsten‘ liegt in der Bed. ab; *anāha* RV. 8, 46, 5 ist unklar); gr. ἄγχω ‚schnüre zusammen, erdroßle‘, lat. *angō* ‚beenge, schnüre zu‘; aksl. als *i*-Verbum *ǫzǫ, ǫziti* ‚beengen‘; dazu mit Tiefstufe sehr wahrscheinlich aksl. *vęžǫ, vęzati* ‚binden‘ (*v*- hiatusfüllender Vorschlag, siehe Meillet MSL. 14, 369, vielleicht festgeworden durch Einfluß von *viti* ‚winden‘, das auch die Bed. beeinflußt haben mag?).

anĝhú-s ‚eng‘: ai. nur in *aṁhu-bhĕdi* f. ‚engspaltig‘ und im Abl. Sg. n. *aṁhōḥ* ‚Bedrängnis‘ (Ableitung *aṁhurá-* ‚bedrängt, unglücklich‘); gr. in ἀμφίν (s. u.); lat. in *angiportus* (**angu-p.*) ‚enges Gäßchen‘; got. *aggwus* ‚enge‘ (zunächst aus **aggus,* wie *manwus* aus **manus;* das *w* stammt aus den obliquen Kasus), anord. *ǫngr, engr,* ags. *enge,* as. *engi,* ahd. *angi, engi* ‚eng‘, mhd. *bange* Adv. (*bi* + Adv. *ango*), nhd. *bange;* weitergebildet mit *g:* arm. *anjuk* ‚eng‘, mit *k* aksl. *ǫzъ-kъ* ‚eng‘.

Cymr. *e(h)ang* (**eks-angu*-, idg. **n̥ĝhu-*) ‚weit, umfangreich‘, mcymr. *eingyaw* ‚eingeengt sein, enthalten sein in . . .‘, air. *cumcae* (**kom-ingiā*) gl. ‚angor‘, *fairsing* ‚weit‘ (**for-eks-ingi-*), *cumung* (**kom-ingu-,* idg. **n̥ĝhu-*) ‚eng‘, *ing* f. (**n̥ĝhi*) ‚Bedrängnis‘, aus **kom-angio-* cymr. *cyfyng,* danach *yng* (auch *ing,* Morris-Jones, Welsh Gr. 110) ‚eng‘, mbret. *encq* (**angio-*) ‚eng‘.

anĝhos-, anĝhes ‚Beklemmung, Bedrängnis‘: ai. *áṁhas-* n. ‚Angst, Bedrängnis, Not‘ (wie auch *aṁhati-ḥ* f.), av. *qzah-* ‚Bedrängung, Not, Gefangenschaft‘, *qzō-jata* ‚durch Erdrosselung getötet‘: lat. *angor* m. ‚das

Zusammenschnüren der Kehle, Unruhe, Angst. Kummer‛, *angus-tus* ‚eng‛ (aus **anghos-to-s*); *angustiae* ‚Enge, Klemme, Schwierigkeiten‛; über keltisches s. o.; anord. *angr* m. (vielleicht ursprüngl. neutraler *es*-St., Fick⁴ III 12) ‚Verdruß, Schade, Betrübnis‛, afries. *angost*, ahd. *angust*, nhd. *Angst* (aus **anghos-ti-* nach **aughu-* umvokalisiert); aksl. *ǫzostъ* ‚Beengung‛; lit. *ankštas* ‚eng‛ (*k*-Einschub, nicht Gutturalwechsel) kann für **anž[a]s-tas* oder **anž-tas* stehen.

Worte für ‚Nacken‛ als ‚engste Stelle zwischen Kopf und Rumpf‛ (spielt auch die Vorstellung ‚wo man einen würgt‛ herein?) : gr. äol. ἄμφην und αὔφην ‚Nacken‛ (nach Schulze GGA. 1897, 909 A. 1, als **αγχϝ-ήν* Substantivierung des *u*-Adj. **anǵhú-s* mittels des Formans *-en-*; über αὐχήν s. auch Schwyzer Gr. Gr. I 296), got. *hals-agga* ‚Nacken‛, klr. *vjázy* Pl. ‚Genick‛, čech. *vaz* ‚Genick, Nacken‛ (zu *vęzati* s. o.), apr. (als slav. Lw.) *winsus* ‚Hals‛ (auch arm. *viz* ‚Hals‛ mit Präp. *v-*?), s. Pedersen KZ. 38, 311; 39, 402, Vondrák Sl. Gr. I 184, Adontz Mél. Boisacq I 10, sowie unten unter *augh-*, *ugh-*.

Andere Bildungen: gr. ἀγχόνη ‚Strick, das Würgen, Erdrosseln‛ (daraus lat. *angina* ‚Halsbräune‛), ἀγκτήρ m. ‚Spange, Verband‛, ἄγχι, ἀγχοῦ, ἀγχόϑι ‚nahe bei‛ (vgl. frz. *près* ‚bei‛ : lat. *pressus*), Komp. ἆσσον ‚näher‛ (**ἄγχιον*; ἆσσον ist daraus nach μάσσων. = **μακιων* geneuert, Osthoff MU. 6, 60 ff.); bret. *concoez* ‚Druse, étranguillon‛ (**kom-angeid-*; vgl. auch dial. *añcoe* ‚Zäpfchen im Hals‛; Ernault RC. 7, 314; 19, 314 ff.); aksl. *ǫzota* ‚Enge‛. Gall. ON *Octodurus* bleibt fern, denn ein ir. *ochte* ‚angustia‛ existiert nicht. Van Windekens (Lexique 5) stellt hierher toch. A *amçär* ‚schwach‛ (?).

WP. I. 62 f., WH. I 47.

anǵhen- ‚Duft, Geruch, Person‛.
   Arm. *anjn* (für älteres **anj*), Gen. *anjin* ‚Seele, Wesen, Person‛ = anord. *angi* m. ‚Duft, Geruch‛.
   Lidén Arm. Stud. 38 f., WP. I 58, Meillet Esquisse 77 ff.

angⁿₓ(h)i- ‚Schlange, Wurm‛, *egⁿₓhi-*, *ogⁿₓhi-* und *eǵhi-* ds.; mindestens zwei etymologisch verschiedene, aber früh verschränkte Sippen, deren Verhältnisse noch vielfach unklar sind.

   Lat. *anguis* = lit. *angìs* (f.), apr. *angis* ‚Schlange‛ (lett. *ûodze* f. ‚Schlange‛), aksl. **ǫžъ*, russ. *už*, poln. *wąž* ‚Schlange‛, arm. *auj* (Gen. *-i*) ‚Schlange‛ (Meillet Esquisse 154, Dumézil BSL. 39, 100); mir. *esc-ung* ‚Aal‛ (***Wasserschlange‛, *esc* ‚Wasser‛ + **angⁿₓhō*), cymr. *llys-yw-en*, Pl. *-yw-od* ds. (Fick II⁴ 15; zum brit. Schwunde von *ng* vor *u̯* siehe Pedersen KG. I 107).

Dazu mit Schwundstufe und unaspirierter Media (letztere könnte an sich auch im Lat. und Balt.-Slav. vorliegen) ahd. *unc* ‚Schlange, Natter‘, gr. (illyr.) *ἄβεις· ἔχεις* Hes. (**n̥gʷi-*).

Diesen Formen mit Media zunächst steht *ἴμβηρις· ἔγχελυς, Μεϑυμναῖοι* Hes. (**engʷ-ēri-* : zum *ι* vgl. Solmsen Beitr. I 215), woran wegen des *r*-Suffixes anzuschließen sind balto-slav. **anguria-* in slav. *ǫgorь m. russ. *ug(o)rь*, poln. *węgorz*, čech. *úhoř*, serb. *ȕgor*, sloven. *ogǫ́r* ‚Aal‘, lit. *ungurȳs* ds. (assim. aus *angurȳs, vgl. finn. *ankerias*), apr. *angurgis* ‚Aal‘ (ksl. *ǫgulja, jęgulja* ‚Aal‘ wohl aus dem Lat.). Hirt IF. 22, 67 verbindet diese gr. und balt.-slav. Aalnamen zu einer selbständigen Gleichung (doch vgl. das *r*-Suffix von ahd. *angar* usw., s. unten).

Eine andere idg. Gleichung für ‚Aal‘ ist vielleicht gr. *ἔγχελῦς* f., lat. *anguilla* (s. bes. W. Meyer KZ. 28, 163, Johansson KZ. 30, 425, J. Schmidt KZ. 32, 369, Osthoff IF. 4, 270, 292, Hirt IF. 22, 67, Idg. 619 f.), wenngleich die Einzelheiten noch unklar sind (im Gr. *ἀγχέλυος usw. zu *ἐγχέλυος* assimiliert, oder das *ε* und der reine Gutt. durch Einfluß von *ἔχις*; im Lat. *-illa* statt *-ella* nach dem Schwanken in echten Deminutiven unter entscheidendem Einfluß des *i* von *anguis?*).

In der Bed. ‚Wurm, Made‘ und mit *r*-Suffix (vgl. oben *ἴμβηρις* usw.): ahd. *angar* ‚Kornmade‘ *engirinc* ‚Larve‘, nhd. *Engerling*, lit. *ankštiraĩ* ‚Maden, Engerlinge‘ (und ähnliche Formen, s. Trautmann Apr. 301), lett. *ankstĕri* ‚Maden, Engerlinge‘, apr. *anxdris* (d. i. *anxtris*) aber ‚Natter‘ (über das *-st-* dieser balt. Formen vgl. Mühlenbach-Endzelin Lett.-D. Wb. I 71), russ. *ug(o)rь* ‚Hitzblatter, Finne‘ (auch ‚Aal‘, s. oben), poln. *wagry* ‚Schweinsfinnen‘ (Bezzenberger GGA. 1874, 1236, BB. 2, 154; nicht besser über *angar, úgorъ* ders. GGA. 1898, 554 f.).

Nasallose Formen:

Gr. *ἔχις* m. (f.) ‚Schlange‘, *ἔχιδνα* ds. (für *ἐχίδνια, Specht Dekl. 377), ahd. *egala* ‚Egel‘, dän. norw. *igle* ‚ein schmarotzender Blattwurm in den Eingeweiden der Tiere und in der Haut und den Kiemen der Fische‘.

Hierzu gr. *ἐχῖνος*, ahd. ags. *igil* (idg. **eg̑hinos*), nhd. *Igel*, eigentl. ‚Schlangenfresser‘, W. Schulze Gnomon 11, 407, lit. *ežȳs*, ksl. *ježь* ‚Igel‘.

Arm. *iž* ‚Schlange, Viper‘ kann als **eg̑ʷhis* zu *ὄφις* gestellt werden (Meillet Esquisse 75);

gr. *ὄφις* ‚Schlange‘ (**og̑ʷhis*); cymr. *euod* (**og̑ʷh-*) ‚Schafwürmer‘: ai. *áhi-*, av. *aži-* ‚Schlange‘.

Unsicher ist Anreihung von as. *egithassa*, mnd. *egidesse*, ags. (verderbt) *āþexe*, ahd. *egidehsa*, nhd. *Eidechse* mit *ewi-*, *egi-*, idg. **og̑ʷhi-* = *ὄφις* (Zupitza Gutt. 99 nach Kluge; Falk-Torp u. *egle*) + germ. *þahsiō, ahd. *dehsa ‚Spindel‘.

Ob in diese Mannigfaltigkeit so Ordnung zu bringen sei, daß *an̯g^uhi- und *eghi-, *og̑hi- (ĝh) eine Kreuzungsform *eg^uhi-, *og^uhi- hervorgerufen hätten, bleibe dahingestellt. Wahrscheinlich haben dabei auch Tabu-Vorstellungen mitgewirkt.

WP. I 63 ff., WH. I 48, Specht KZ. 64, 13; 66, 56 f., Havers Sprachtabu 44 f.

1. **ank-** ‚Zwang, Notwendigkeit‘.

Gr. ἀνάγκη ‚Notwendigkeit, Zwang‘ (gewöhnlich als redupliziert angesehen), ion. ἀναγκαίη ds. (von ἀναγκαῖος ‚notwendig‘, ἀναγκάζω ‚zwinge‘); air. écen (éc- aus *ank- oder *n̥k-), mcymr. anghen, cymr. angen, corn. bret. anken ‚Not, Notwendigkeit‘, im Ir. auch ‚Gewalttat‘.

Obwohl ‚Zwang‘ aus ‚feindlicher Bedrängnis, Verfolgung‘ verständlich wäre, macht die gr.-kelt. Bed.-Übereinstimmung es doch fraglich, ob das lautlich übereinstimmende ahd. āhta ‚feindliche Verfolgung‘, nhd. Acht, ags. ōht (urgerm. *anχtō), germ. EN Āctumērus (d. i. Aχtumēraz, 1. Jh. n. Chr.; Brugmann Grdr. I² 382), womit ir. écht (*anktu- oder *n̥ktu-, *enktu-) ‚Totschlag‘ zunächst zu verbinden ist (s. Falk-Torp 17, 1430), wurzelhaft mit ank- ‚Zwang‘ (:‚bedrängen, töten‘?) ursprünglich gleich ist, oder zu *enek- ‚töten‘ gehört, wie auch hitt. ḫi-in-kán, ḫé-en-kán (ḫenkan) ‚Tod‘.

WP. I 60, Pedersen Hittitisch 183 f., Hendriksen Unters. 28, Benveniste Origines 155.

2. **ank-, ang-** ‚biegen‘; Nominalstämme **anko-, onko-; ankes-; anku-lo-; anken-, -on-; ankoto-; ankro-.**

Ai. añcati (mpers. ancitan) und (tiefstufig) ácati ‚biegt, krümmt‘, Partiz. -akna- (mit ā-, ny-, sam-), -akta- (mit ud-, ny-) ‚gebogen‘; aṅká-ḥ m. ‚Biegung, Haken, Biegung zwischen Brust und Hüfte‘, áṅkas- n. ‚Biegung, Krümmung‘ (= gr. τὸ ἄγκος ‚Tal, Schlucht‘), aṅkasám ‚Seite, Weiche‘; aṅku- in aṅkūyánt- ‚Krümmungen, Seitenwege suchend‘;

av. anku-pəsəmna- ‚mit Haken, Spangen sich schmückend‘, ai. ankuçá-ḥ ‚Haken, Angelhaken, Elefantenstachel‘, aṅkurá-ḥ ‚junger Sproß, Schößling (ursprüngl. Keimspitze, gebogener Keim), Anschwellung‘ (= gr. ἀγκύλος ‚krumm‘, dt. Angel, anord. ǫll, āll-‚Keimblatt, Keim‘ s. u.);

av. aka- m. ‚Haken, Zapfen‘, qxnah (Bartholomae Stud. 2, 101, Airan. Wb. 359) ‚Zügel‘;

gr. ἀγκών ‚Bug, Ellenbogen‘ (D. Pl. ἀγκάσι zu ἀγκή = ἀγκάλη), ἐπ-ηγκεν-ίδες ‚die an den ἀγκόνες (Rippen?) des Schiffes befestigten Bohlen‘ (Döderlein, Bechtel Lexil. 129), ἄγκοινα ‚alles Gekrümmte‘, ἄγκιστρον ‚Angelhaken‘;

ἀγκύλος ‚krumm‘, ἀγκύλη ‚Riemen‘ (= anord. ōl, āl ds.), ἄγκυρα ‚Anker‘, ἀγκάλη ‚Ellenbogen, Bucht, alles Gekrümmte‘; τὸ ἄγκος (s. o.).

Mit o: ὄγκος ‚Widerhaken‘ = lat. uncus ‚gekrümmt; Subst. Haken‘ (ὄγκῖνος = uncīnus ‚Haken, Widerhaken‘); ungulus ‚Fingerring‘ Pacuvius von Festus 514 L. als oskisch bezeichnet, ungustus ‚fustis uncus‘ Paulus ex Fest. 519, s. unten unter ang-); ὄγκη· γωνία Hes.;

lat. ancus ‚qui aduncum brachium habet‘, ancrae ‚convalles, vallis‘ (‚Krümmung, Einbuchtung‘ wie τὸ ἄγκος = germ. *angra-);

air. ēcath ‚Fischhaken‘ = cymr. anghad ‚Griff, Hand‘ (zu craf-anc ‚Klaue‘) aus *ankato- = aksl. okotъ ‚Haken‘;

gallorom. ancorago, ancora(v)us aus *anko-rākos ‚Rheinsalm, Hakenlachs‘, schwd. Anke ‚Bodenseeforelle‘ (gall. *anko- ‚gekrümmt‘ und *rāko- ‚vorne‘ aus *prōko-, cymr. rhag ‚vor‘);

ahd. ango, angul ‚Fischhaken, Stachel‘, aisl. angi, ags. onga ‚Spitze, Stachel‘ (*aɳkón-; über got. halsagga ‚Halsbiegung, Nacken‘ s. vielmehr anĝh-); *angra (bis aufs Geschlecht = lat. *ancrae) in anord. angr ‚Bucht‘ (in Ortsnamen wie Hardangr), ahd. angar, nhd. Anger (germ. VN Angrivarii); gleichbedeutend aisl. eng (*angiō-) ‚Wiese‘; ahd. angul (= gr. ἀγκύλος, s. o.), mhd. angel ‚Stachel, Angel, der ins Heft eingefügte Teil des Schwertes‘, anord. ongoll ‚Angelhaken‘, ags. ongel ‚Angel‘. Much stellt hierher den lat.-germ. VN Anglii, ags. Angel, Ongel als ‚Anwohner der Holsteiner Bucht‘ zum aisl. ON Onguli, mit einer sonst nicht belegten Bed. ‚Winkel, Bucht‘ (Hoops Reallex. I 61); mit ursprünglicher Anfangsbetonung anord. ōll, āll ‚Keimblatt, Keim‘ (*anhla-, Noreen Ltl. 25; zur Bed. vgl. außer ai. aɳkurá-ḥ noch norw. dial. ange ‚Keim, Zacke‘ aus *ankón-), anord. ōl, āl f. ‚Riemen‘ (Gdf. *ánhulō, vgl. ἀγκύλη, oder allenfalls *anhlō, das dem gr. ἀγκάλη näher stünde);

slav. ječьmy ‚Gerste‘ als ‚grannig, stachelig‘ (Berneker 268), vgl. die obigen Worte für ‚Spitze, Stachel, Zacke‘;

preuß.-lit. anka f. ‚Schlinge. Schleife‘ (= gr. ὄγκη· γωνία Hes.); aksl. okotъ ‚Haken‘. (s. o.);

toch. A añcäl ‚Bogen‘, āñkar- ‚Fangzähne. Bollwerk‘; auch A oñkalïm, B oñkolmo ‚Elefant‘? Van Windekens Lexique 6, 13, 82.

ang-, bes. zur Bezeichnung von Gliedmaßen (ngl. got. liþus ‚Glied‘: *lei- ‚biegen‘):

Ai. áɳgam ‚Glied‘, aɳgúli-ḥ, aɳgúri-ḥ f. ‚Finger, Zehe‘ (davon aɳguliyam ‚Fingerring‘), aɳguṣṭhá-ḥ ‚große Zehe, Daumen‘ = av. angusta- m. ‚Zehe‘, arm. ankiun, angiun ‚Winkel‘ und añjali-ḥ m. ‚die beiden hohl aneinandergelegten Hände‘;

gr. ἄγγος n. ‚Eimer, Schale‘, ἀγγεῖον (*αγγεσ-ιον) ‚Gefäß‘, eigentl. ‚geflochtenes Gefäß‘;

mir. aigen ‚Pfanne‘ ist dial. Nebenform von *aingen ds.;

ahd. ancha, enka f. ‚Genick‘ und ‚Schenkel, Knochenröhre‘ (*ankiōn-), anord. ekkja ‚Knöchel, Ferse‘; Demin. ahd. anchal, enchil (umgedeutet anklāo m., anchala, enchila f., mhd. mnd. enkel, afries. onkel, onklēu, nhd. Enkel, ags. (umgedeutet) ancléow, engl. ankle, anord. okkla (*ankulan-) ‚Knöchel am Fuß‘; auch lat. angulus (womit aksl. ǫg(ъ)lъ ‚Winkel‘ urverwandt ist) ‚Winkel‘ (daneben mit o-Stufe lat. ungulus, ungustus s. o.).

WP. I 60f., WH. I 46, 49f., Meringer WuS. 7, 9 ff.

āno- ‚Ring‘.

Arm. anur ‚Halsband, Ring‘, lat. ānus ‚Kreis, Ring‘, air. āinne (*ānīnio-) m. ‚Ring, After‘.

WP. I 61, WH. I 55, Pedersen Litt. 2, 80.

ans- ‚wohlgeneigt, günstig sein‘.

Got. ansts f., ahd. anst und (tiefstufig) unst, mhd. gunst aus *ge-unst, ags. ēst, Gunst, Gnade‘, anord. āst, ǫst ‚Gunst, Liebe‘, ahd. abanst, abunst, as. avunst, ags. æfest ‚Abgunst, Ungnade‘; mhd. gund m. ‚Gunst‘, anord. ǫf-und f. ‚Ungnade‘; Präteritopräsens ahd. an, unnum (Inf. unnan, Prät. onsta, onda) ‚gönnen‘ (gi-unnan), as. ags. unnan ‚gönnen, einräumen, wünschen‘, anord. unna (ann, unnom, Prät. unnan aus *unþa) ‚lieben, gönnen, einräumen‘. un-nu-m (aus *unz-nu-m-) ist ein altes Präs. der neu-, nu-Klasse, wozu der neue Sg. ann. Wer die Wz. als germ. an-, un- ansetzt, hat in ansts die Suffixverbindung -s-ti- zu sehen (s. Brugmann Grdr. II² 2, 437), während mhd. gund, an. ǫfund das einfachere -ti- enthielten. Doch ist wegen des gemeingerm. *anst(s) die Wz. wohl als germ. ans-, uns- anzusetzen (Kluge ZfdtWtf. 9, 317, Brugmann Grdr. II² 3, 332), unnum mithin aus *unz-num (idg. *n̥s-nu-me) entstanden, wonach dann Sg. ann, und das neue schwache Prät. *un-þa (ahd. onda, anord. unna) neben ahd. onsta, as. gi-onsta; auch mhd. gund, anord. ǫfund (Suffix -ti-) sind dann Neuschöpfungen nach dem s-los gewordenen unnum, unnan.

Auch gr. προσ-ηνής ‚freundlich‘, ἀπ-ηνής ‚unfreundlich, hart‘ (: ab-unst) ist am wahrscheinlichsten = *προσ-, ἀπ-ανσής (s. Brugmann aaO.).

In abweichender formaler Beurteilung bezieht Bechtel Lexil. 49 gr. -ᾱνής auf ein neutr. Subst. *ὄνος, dessen suffixale Tiefstufe dem germ. *an-s-ti- zugrunde liege.

WP. I 68, Feist 53.

ansā, ansi- ‚Schlinge, Schleife‘, z. T. als Handhabe von Gefäßen (Henkel) oder als dem Zugvieh umgelegter Zügel.

Lat. *ānsa* ‚Griff, Henkel, Handhabe‘, *ansae crepidae* ‚die Ösen am Rande der Schuhsohlen, durch welche die Bindriemen gezogen wurden‘ = lit. *ąsà* f. (Akk. *ąsą*) ‚Topfhenkel, Schleife beim Knotenschürzen‘ (vgl. auch lat. *ansātus* = lit. *ąsótas* ‚gehenkelt‘). lett. *uosa* ‚Henkel, Schleife, Öse‘, woneben *i*-St. apr. *ansis* ‚Kesselhaken‘, lett. *ùoss* (Akk. *ùosi*) ‚Henkel‘; aisl. *ǣs* f. (**ansjō*) ‚Loch am oberen Rande des Schuhleders zum Durchziehen der Riemen‘ = mnd. *öse* f. ‚ringförmige Handhabe, Schlinge‘ (daraus spätmhd. nhd. *Öse*; oder das wgerm. Wort zu *Öhr* nach Kluge und Weigand-Hirt s. v.?); mir. *ē(i)si* Pl. ‚Zügel‘, gr. *ἡνία*, dor. *ανία* ds. (**ἀνσια*). WP. I 68, WH. I 51, Trautmann 10.

ansu-, ṇsu- ‚Geist, Dämon‘.

Ai. *ásu-*, av. *aṇhu-* ‚Lebenshauch, Welt‘, davon ai. *ásu-ra-*, av. *ahura-* ‚Machthaber‘ (**ṇsu-*); ven. *ahsu-* (= *āsu-*) ‚Kultbild‘ = germ. **ansuz* ‚Gott, Ase‘ in aisl. *āss*, run. *a[n]suR*, ags. *ōs* ‚Ase‘, got.-lat. *anses* ‚Halbgötter‘. Vielleicht zu *an(ə)-* ‚atmen‘.

H. Güntert Der ar. Weltkönig 102, Feist 52 b.

ant-s ‚Vorderseite, Stirn‘, mit o-Erweiterung *anto-*, usw.

Ai. *ánta-ḥ* ‚Ende, Grenze, Rand‘ (davon *antya-ḥ* ‚der letzte‘); gr. Gen. Sg. *κάταντες* (= *κατ' ἄντες*) ‚die Vorderseite herab‘, Dat.-Lok. *ἀντί* (Schwyzer Gr. Gr. I 548[6], 622[5]), Akk. *εἰσ-άντα* ‚ins Gesicht‘ (**ant-ṃ*), *ἔν-αντα, ἄν-αντα, κάτ-αντα* usw. (W. Schulze, Kl. Schr. 669, Schwyzer Gr. Gr. I 632 u.), adverbiell *ἄντα* ‚gegenüber‘, danach *ἀντάω* ‚begegne‘; über *ἄντομαι* s. Schwyzer Gr. Gr. I 722 u.; über *ἄντην* s. Brugmann Grdr. II² 2, 687; air. *étan* (**antono-*) ‚Stirn‘; vielleicht hierher mcymr. *enhyt*, cymr. *ennyd* ‚Zeit, Augenblick‘ (**ant-iti-* zu ai. *iti-* ‚Gang‘), mcymr. *anhaw* ‚alt‘ (**ant-aṇo-*), nir. *éata* ‚alt; Alter‘ (**ant-odịo-?*), vgl. Loth Rc. 48, 32; 50, 63; hitt. *ḫa-an-za* (*ḫant-s*) ‚Vorderseite‘, davon *ḫa-an-te-iz-zi-iš* (*ḫantezziš*) = **ant-etịos*; lyk. *χñtawata* ‚Anführer‘ (Pedersen Lyk. u. Hitt. 17); toch. A *antule* ‚außerhalb, bis . . . vor‘, *antus* ‚also‘. S. auch unter *antịos*.

Dazu als ursprüngliche Kasus:

anti ‚im Angesicht‘ > ‚gegenüber‘, usw.

Ai. *anti* Adv. ‚sich gegenüber, vor sich, nahe‘, wovon *antiká-ḥ* ‚nahe‘, n. ‚Nähe‘.

Arm. *and* ‚dort‘, *ənd* Präp. ‚für, anstatt‘ m. Gen. und ‚längs, über (an, auf) etwas hin‘ m. Akk. (vgl. got. *and*), in der Bed. ‚zur Seite‘ m. Abl. und ‚mit, bei‘ m. Lok. (welcher Vokal im Auslaut geschwunden ist, ist nicht bestimmbar; anl. ə- aus a- infolge der Proklise), als Präverb ‚auf-‘; dazu *andranik* ‚Erstgeborener, erster‘ (Bugge KZ. 32, 2; vgl. zur Bedeutung lat. *ante* ‚vor‘ und die oben genannten Worte für ‚Stirn‘ als ‚Vorderseite‘), wohl auch *ançanem* ‚gehe vorüber‘ (Pedersen KZ. 39, 425, vgl. gr. ἄντομαι; ς aus *t* + dem aoristischen *s*, vgl. den Aor. ἔ-ανς).

Gr. ἀντί ‚angesichts, gegenüber, vor; für, anstatt‘ m. Gen., auch Präverb, z. B. ἀνθίστημι; hom. κατ' ἄντηστιν ‚am gegenüberliegenden Standpunkt, gegenüber‘ ist wohl nach Bechtel Lexil. 46 aus *ἄντι-στι-ς nach ἄντην ἵστημι umgebildet; ἀντικρύ, att. ἄντικρυς ‚geradezu, entgegen‘ (Ausgang unklar), ἀντιάω, ἀντιάζω ‚begegne‘.

Lat. *ante* (aus *anti*, vgl. *antistō*, sowie *antīcus, antiquus*) Präp. m. Akk. räumlich ‚gegenüber, vor‘, zeitlich ‚vor‘, auch Präverb (z. B. *antecedō*), *antid-eā, -hāc* ‚vorher‘, *antid-īre* ‚vorangehen‘ (*-d* nach *prōd*); dazu *anterior* ‚früherer‘, *antārium bellum* ‚Krieg vor der Stadt‘, *antīcus* ‚der vordere‘ (c nach *posticus* ‚hinter‘), *antiquus* ‚alt‘ (der Ausgang und die Verengerung auf die zeitliche Bed. nach *novus*; idg. *anti + *oku- ‚aussehend‘), *antēs, -ium* ‚Reihen (von Soldaten, Weinstöcken u. dgl.)‘, ursprünglich etwa ‚Fronten‘ (über *antae* s. aber unter *anətā* ‚Türpfosten‘).

Hitt. *ḫa-an-ti* (*ḫanti*) ‚vorne, besonders‘.

anta ‚gegenüber hin‘ (Richtung); zum *-a* s. Schwyzer Gr. Gr. I 622 f. Got. *and* Präp. m. Akk. ‚auf-hin, über—hin, entlang‘. Mit davon abweichender Bed. das Nominal- und Verbalpräfix germ. *anda-, and-* ‚entgegen, gegenüber‘ und — indem ein Dagegenhandeln in ein Trennen ausläuft — in Verben perfektivierend gewöhnlich ‚von—weg‘: got. *anda-, and-* (z. B. *andniman* ‚entgegennehmen‘, *andanēms* ‚annehmlich, angenehm‘, *andbindan* ‚losbinden, entbinden‘), anord. as. ags. *and-*, ahd. *ant-, int-*, mhd. nhd. *ant-, ent-* (z. B. *Antlitz, Antwort, entbinden*).

Komp. anord. *endr, enn* ‚früher, vormals, wieder, nach‘ (*endr* = got. *andiz-uh* ‚entweder‘), ags. *end* ‚vorher‘ (*andis*), ahd. *enti* ‚früher, vormals‘ (germ. *andiaz*), mhd. *ent, end* Konj. ‚ehe, vor‘ (z. B. Falk-Torp 192, 1455).

Lit. *añt*, älter *anta* m. Gen. ‚nach—hin, auf‘.

Über gr. ἄντα s. oben.

ṇti

Eine schwächere Ablautform (*ṇt-*) zeigt got. *und* m. Dat. ‚ἀντί, für, um‘, *unþa-* (*ṇto-*) in *unþa-þliuhan* ‚entfliehen‘, ags. *oð-* (*unþ-*) in *oðgangan* ‚entgehen‘, *ǣðgenge* ‚flüchtig‘ = anord. *unningi, undingi* (*unþ-, *und-gangia-*) ‚entwichener Sklave‘ (Brugmann Grdr. II² 2, 803).

4

Andere Bed. zeigt got. *und* m. Akk. ‚bis‘, ahd. *unt* in *unt-az* ‚bis‘ und *unzi* (= *untzi*) ‚bis‘, as. *und* ‚bis‘, *unti*, *unt* (*und* + *te* ‚zu‘), *unto* (*und* + *tō*), engl. *unto* ‚zu, bis‘, anord. *unz* (*und es*) ‚bis daß‘, ags. (mit grammatischem Wechsel) *oð* ‚hin zu, bis‘, osk. *ant* m. Akk. ‚bis zu‘ (ebenfalls aus *$n̥ti$, s. Walde Kelten und Italiker 54; wegen der zu germ. *und* genau stimmenden Bed. nicht = lat. *ante* zu setzen, z. B. v. Planta II 443), lit. *iñt* ‚nach‘ (eher Kontamination von *in* und *ant*). Daß diese Formen eine Erweiterung der Präp. *en*, *$n̥$* ‚in‘ darstellen (Schwyzer Gr. Gr. I 629 f., wo auch über gr. dial. *ἔντε*), ist möglich, wie denn lit. *iñt* mit *į* ‚nach‘ in der Anwendung sich deckt. Doch könnte dies eine nachträgliche Gebrauchsangleichung infolge der Lautähnlichkeit sein und idg. *$n̥t(-i, -a?)$* ‚bis‘ als ‚gegenüber hin, auf die entgegengesetzte Seite hinüber‘ zu *anti* gehören; auch die Worte für ‚Ende‘ (s. u.) sind ursprüngl. das auf der gegenüberliegenden Seite winkende Ziel, und mit as. *unt* ist auch *ant* (*and* + *te*) Präp. m. Akk. ‚usque ad‘ bedeutungsgleich, was, selbst wenn nur junge Kreuzung von *unt* mit *and-* vorläge, doch die Begriffsverwandtschaft beider beleuchtet.

antios ‚gegenüber, vor einem liegend‘ (vom Adverb *anti* gebildet): *antió-* (germ. *andja-*) in got. *andeis*, anord. *endir*, as. *endi*, ags. *ende* m., ahd. *anti*, *enti* m. und n., nhd. *Ende*; auch gr. *ἀντίος* ‚gegenüber‘ (dazu *ἐναντίον* ds., *ἐναντίος* ‚gegenüber befindlich; Gegner‘) geht wahrscheinlich (vgl. Schwyzer Gr. Gr. I 379) auf *ἀντιός* zurück.

Dagegen ist von *anto-* (s. oben) abgeleitet *antio-* in anord. *enni* n., ahd. *andi*, *endi* n. ‚Stirn‘ = lat. *antiae* ‚capilli demissi in frontem‘.

Ein ganz verschiedenes Wort ist nhd. *und*, ahd. *unti*, *anti*, *enti* u. dgl., as. *endi*, ags. engl. *and* ‚und‘, anord. *en(n)* ‚und, aber‘, das mit ai. *áthā* ‚darauf, dann, desgleichen‘, av. *aϑā* ‚ebenso‘, osk. *ant* m. Akk. ‚usque ad‘, lit. *iñt* m. Akk. ‚nach‘ (aber s. oben), toch. B *entwe* ‚also‘ zu *en*, *$n̥$* ‚in‘ gehört.

WP. I. 65 ff., WH. I 53 f., Feist 46, Schwyzer Gr. Gr. I 619, 621, 629 f., 632 f., 722, 726, II (B V 2 b d 3).

antro-m ‚Höhle, Luftloch‘.

Arm. *ayr*, Gen. Pl. *ayric̣* ‚Höhle‘, gr. *ἄντρον* ds.

Vielleicht zu *an(ə)-* ‚atmen‘, als ursprüngl. ‚Luftloch‘.

WP. I 56[1], Schwyzer Mél. Boisacq II 234[1], KZ. 68, 222, Gr. Gr. I 532, Pisani KZ. 68, 161 f.

1. **ap-** (richtiger *əp-*) : *ēp-* ‚fassen, nehmen, erreichen‘.

Ai. *āpnóti* ‚erreicht, erlangt‘, jünger *āptá-ḥ* ‚geschickt, geeignet, vertraut‘; av. *apayeiti* ‚erreicht‘, 3, Pl. *āpənte* aus *apu̯antai*;

arm. *unim* ‚besitze‘ (*ōp-n-?), *ənd-unim* ‚erlange‘;

gr. ἅπτω ‚anfassen, anheften, anbinden, anzünden‘, ἅπτεσϑαι ‚berühren‘, ἁφή ‚Berührung, Haften usw.‘ wird trotz dem Spiritus hierherzustellen sein. Kretschmer Gl. 7, 352 nimmt Beeinflussung durch ἕπω an; hom. ἀφάω (ἀφάω) ‚berühre, betaste‘, ion. ἀφάσσω ds., hom. ἀπαφίσκω, ἤπαφον (mit äol. o: ἀποφεῖν· ἀπατῆσαι Hes.) ‚betrügen, täuschen‘, ἀποφώλιος ‚trügerisch‘, κατηφής ‚niedergeschlagen‘ (eigentl. ‚untergekriegt‘). Pedersen KZ. 39, 428 stellt mit gr. ἅπτω arm. *ap‘* ‚die hohle Hand‘ (o-St., doch Lok. *y-ap‘i* als -*i*-St., also wohl älter neutr. -*os*-St.) zusammen, welches Wort dem gr. ἅψος ‚Gelenk‘ entsprechen soll; wegen des *p‘* (= idg. *ph*) jedoch unsicher (vgl. Meillet BSL. 36, 110);

lat. *apīscor* ‚fasse, erreiche‘, *adipīscor* ‚erlange‘, *coëpi* ‚habe angefangen‘, später *coepī*. Der Zusammenhang mit lat. *apiō*, *apere* ‚comprehendere vinculo, verbinden, umbinden‘ (imper. *ape* ‚prohibe, compesce‘), *aptus* ‚verknüpft, ausgestattet mit‘, *cōpula* (*co-apula*) ‚Band‘ steht wohl fest. Vielleicht ist von einer gemeinsamen Grundbedeutung ‚fassen, zusammenfassen‘ auszugehen.

Auch lat. *apud* ‚bei‘ wird am besten hierherzustellen sein. Die Grundbedeutung wäre ‚in naher Verbindung‘ (vgl. *iuxtā*). Man hat vom Part. Perf. neutr. *apuod* (aus *apuot* ‚erreicht habend‘) auszugehen. Die Nebenform *apor*, *apur* (mars.-lat. *apur finem*) weist auf ursprüngl. -*d*;

lat. *apex*, -*icis* ‚Spitze‘, bes. ‚stabartiger Aufsatz auf der Priestermütze‘, gehört vielleicht zu *apiō*; vgl. auch EM. 60;

toch. A *oppäççi* ‚geschickt‘ (Van Windekens Lexique 82);

hitt. *e-ip-mi* (*ēpmi*) ‚nehme‘, 3. Pl. *ap-pa-an-zi* (*apanzi*).

Über ai. *āpí-ḥ* ‚Freund‘, gr. ἤπιος ‚freundlich‘ s. u. *ēpi-*.

WP. I 45 f., WH. I 57 f., 60, 847, Pedersen Hitt. 128, Couvreur Ḥ 93.

2. **ăp-** ‚Wasser, Fluß‘.

Ai. *ăp-* f. ‚Wasser‘, z. B. Pl. Nom. *ápaḥ*, Akk. *apáḥ*, Gen. *apám*, av. Nom. Sg. *āfš*, Akk. Sg. *āpəm*, Instr. Sg. *apa*(-*ca*), ai. *ápavant-* ‚wässerig‘, in alter Kontraktion der Red.-St. mit auf -*i*, -*u* ausl. Präfixen (Kretschmer KZ. 31, 385, Johansson IF. 4, 137 f.) *pratīpá-* ‚gegen den Strom gerichtet‘, *nīpá-* ‚tiefliegend‘, *anūpá-* ‚am Wasser gelegen‘, *dvīpá-* ‚Insel, Sandbank im Flusse‘, *antarīpa-* ‚Insel‘; dieselbe Kontraktion mit einem auf -*o* endigenden 1. Glied in den gr. Flußnamen Ἰνωπός, Ἀσωπός (: ἰνόω, ἄσις; Fick BB. 22, 61, 62); gr. Ἀπία ‚Peloponnes‘, Μεσσ-απία ds., die lokr. Μεσσ-άπιοι, die ill. Μεσσάπιοι (anders Krahe ZONF. 13, 20 f.) und *Ᾱpuli* Unteritaliens, die Flußnamen Ἀπιδών (Arkadien), Ἀπιδανός (Thessalien), thrak. Ἄπος (Dacien), ill. Ἄψος, *Apsus*, apul. ON *Sal-apia* (‚Salzwasser‘); hierher als Spuren ven.-ill. Einwanderung im Westen ein Teil der westd.

apa-Namen, wie die *Erft* (**Arnapia*), und alle FIN mit -*up*-, wie nhd. *Uppia*-Bach (Tirol), frz. *Sinope* (Manche), brit. Hafen *Rutupiae*, sizil. *Καχύπαρις* (vgl. lit. *Kakupis*), vgl. die thrak. FIN "Υπιος, "Υπανις; apr. *ape* ‚Fluß‘, *apus* ‚Quell, Brunnen‘, lit. *ùpė*, lett. *upe* ‚Wasser‘ (*u* ist vielleicht Red.-St. von idg. *o, a*, Trautmann Bsl. Wb. 11; oder gehört *up*- eher zu aksl. *vapa* ‚See‘?). Hierher *Ach-*(**aps*-) in cymr. FIN, gall. *Axona?* Daneben kelt.-lat. *ab*-, s. u. *ab*-.

Zur Erklärung der *b*-Form geht Johansson IF. 4, 137 f. von dem durch *Ἀπιδών, Ἀπιδανός* sowie durch ai. *ábda-ḥ* m. ‚Wolke‘ und den mit *ápaḥ* paradigmatisch zusammengeschweißten Instr. Dat. Pl. ai. *adbhiḥ*, *adbhyaḥ* vorausgesetzten St. **ap(ə)d*- (vielleicht ‚Wasser gebend‘, mit zu *dō*- ‚geben‘ gehörigem 2. Gliede) aus: **abdō(n)*, Gen. **abdnés*, woraus **abnés*; aus den obl. Kasus entsprang lat. *amnis*, während im keltischen **abdō(n)* : **abnés* zu **abā* (mir. *ab*), **abonā* (daher mir. *abann*) ausgeglichen wurde.

WP. I 46 f., WH. I 40, 846, Krahe Gl. 20, 188 ff., Pokorny Urillyrier 110 ff., 130 f., Krahe Würzburg. Jahrb. 1, 86 ff.

3. **ap-, āp-** ‚gebrechlich; Schaden‘.

Ai. *apvá* ‚Krankheit, Durchfall‘, av. (von einem -*es*-St.) *afša*- m. ‚Schaden, Unheil‘; lit. *opùs* ‚schwach, wund, gebrechlich‘ (Charpentier KZ. 40, 442 f.), vermutlich gr. *ἠπεδανός* ‚gebrechlich, schwach‘ (Bezzenberger BB. 1, 164; zum Ausgang s. Risch 98; anders Schwyzer Gr. Gr. I 530).

WP. I 47, Specht Dekl. 345.

appa ‚Vater‘; Lallwort.

Vgl. gr. *ἄππα, ἀπφά, ἄπφα, ἀπφῦς* (Theokrit) ‚Papa‘; toch. B *appakke* ‚Vater‘ (das -(*a*)*kke* von *ammakki* ‚Mutter‘).

WP. I 47. Vgl. auch *pap(p)a*.

apelo- ‚Kraft‘.

Gr. *ἀν-απελάσας· ἀναρρωσθείς* Hes., ion. *εὐηπελής* ‚kräftig‘, hom. *ὀλιγηπελίη* ‚Ohnmacht‘, ion. *ἀνηπελίη· ἀσθένεια* Hes., elischer MN *Τευτί-απλος* (nach Prellwitz BB. 24, 214 ff., Kretschmer Gl. 18, 205 hierher *Ἀπέλλων, Ἀπόλλων*, mit Vokalabstufung thess. *Ἄπλουν*; nach Sommer IF. 55, 176[2] vielmehr vorgriechisch); ill. MN *Mag-aplinus, Aplus, Aplo, Aplis, -inis*, FN *Aplo, -onis*; gall. VN *Di-ablintes* ‚die Kraftlosen‘ (aus **-aplentes*); germ. GN *Matronis Aflims, Afliabus* ‚den (Zauber) Wirkenden‘, aisl. *afl* n., ags. *afol, abal* n. ‚Kraft‘.

WP. I 176, Feist 1 a, Kretschmer Gl. 24, 250.

ápero- ‚Ufer'.

Gr. ἤπειρος, dor. ἄπειρος f. ‚Ufer; Festland'; ags. *ōfer*, mnd. *ōver*, mhd. (md.) *uover*, nhd. *Ufer*; aber arm. *ap'n* ‚Ufer' erfordert idg. *ph* und bleibt daher fern.

Beziehung zu *apo ‚ab', ai. *ápara-* ‚hinterer, späterer' als Dehnstufen-bildung wird von Specht Dekl. 23 angenommen.

WP. I 48.

apo- (*pŏ, ap-u, pu*) ‚ab, weg'.

Ai. *ápa* ‚weg, fort, zurück' als adnominale Präp. m. Abl. ‚von—weg', av. ap. *apa* ‚von—weg'; über privatives **ap-* im Iran. und Gr. s. Schwyzer ZII. 6, 230 ff.; gr. ἄπο, ἀπό m. Gen. (= *Ablativ) ‚von—weg, ab'; maked. ἀπ-, ἀβ-; alb. *prapë* ‚wieder, zurück' (*per-apë); lat. *ab* m. Abl., ‚von' (vor tönenden Kons. aus *ap*, das noch in *aperiō* aus **ap-u̯eri̯ō*; vielleicht auch in *aprīcus*, s. WH. I 59; über lat. *af* s. ebenda 1; *abs* = gr. ἄψ ‚zurück, wieder'; daraus *as-* vor *p-*, *as-portō*; *ā* vor tönenden Konsonanten), umbr. *ap-ehtre* ‚ab extra, extrinsecus' (über andere, unsichere osk.-umbr. Belege s. v. Planta I 209, 426, II 454 f.);

got. *af* Präf. und Präp. m. Dat. ‚von, von—weg, von—her', anord. *af* Adv. und Präp. m. Dat., ags. *æf*, *of*, as. *af*, ahd. *aba*, *ab-* ‚von, von—weg', nhd. *ab-*.

Vgl. auch lit. *apačià* ‚der untere Teil' (als ‚abgewandter Teil', **apoti̯a*, zu ai. *ápatya-* n. ‚Nachkommenschaft' und hitt. *ap-pé-iz-zi-ia-aš* (*appezi̯as*) ‚hinterer'. Als kelt. Abkömmlinge von *apo werden in Anspruch ge-nommen acymr. ncymr. *o* ‚ex, ab, de', a.-mcorn., a.-nbret. *a* ds. Doch kommt für diese lautarmen brit. Gebilde eher Zugehörigkeit zu air. *ō*, *ua* in Betracht (Thurneysen Gr. 524), so daß alles Brit. ganz unsicher bleibt.

In hett. *a-ap-pa* (*apa*) ‚hinter, zurück' (vgl. gr. ἀπο-δίδωμι ‚gebe zurück') sind vielleicht idg. *apo* und *epi* zusammengefallen (Pedersen Hitt. 188, Couvreur Ḫ 94 f., Lohmann IF. 51, 324 f.).

Ableitungen: ‚*apo-tero-*, **ap-ero-**, **ap-i̯o-**, **ap-ōko-** und oben **apoti̯ā**, **apeti̯o-**.

Ai. *apataram* Adv. ‚weiter weg', ap. *apataram* Adv. ‚abseits, anderswo', gr. ἀπωτέρω ‚weiter entfernt' (ἀπωτάτω ‚sehr weit entfernt'); vielleicht got. *aftarō* ‚von hinten, rückwärts', *aftuma*, *aftumists* ‚der letzte', ags. *æftemest* ds. und got. *aftra* ‚zurück, wiederum', ahd. as. *aftar* Adv. ‚hinten, nach' und Präp. m. Dat. ‚nach, hinter—her, gemäß', ags. *æfter* ds., anord. *eptir* Adv. und Präp. m. Dat. und Akk. ‚nach', *aptr* Adv. ‚zurück, rückwärts'.

Für diese germ. Worte steht aber auch Verwandtschaft mit gr. ὄπιϑεν, idg. *epi, *opi zur Erwägung (Schulze KZ. 40, 414 Anm. 3), vgl. noch

got. *afta* ‚hinten‘, ags. *œft* ‚hinter, später‘, got. *aftana* ‚von hinten‘, anord.
aptan, ags. *œftan*, as. *aftan*, mhd. *aften* ‚hernach‘.

Ai. *ápara-* ‚hinterer, späterer, folgender, anderer‘, Adv. *-ám* ‚nachher,
später‘, av. ap. *apara-* ‚hinterer, späterer, folgender‘, Adv. *-əm*, *-am*, Sup.
ai. *apamá-*, av. *apəma-* ‚der entfernteste, letzte‘; got. *afar* Adv. und Präp.
mit Dat. und Akk. ‚nach, nachher‘, ahd. *avar*, *abur* (letzteres aus *apu-ró-m,
wie anord. *aur-* ‚unterer, hinterer‘ in Kompos., s. Falk-Torp, 11 f.) ‚wieder,
abermals, dagegen‘ (nhd. *aber*), anord. *afar* ‚besonders, sehr‘ (vgl. zur
Bed. ai. *ápara-* auch ‚absonderlich, außergewöhnlich‘, Lidén Stud. 74 ff.;
ags. *eafora*, as. *abaro* ‚Nachkomme‘). S. noch **āpero-* ‚Ufer‘.

Gr. *ἄπιος* ‚abgelegen, fern‘ (wohl auch anord. *efja* f. Bucht in einem
Fluß, in der die Strömung zurückläuft‘, ags. *ebba* m. ‚Ebbe‘, as. *ebbia* f.,
mndd. *ebbe*, woher nhd. *Ebbe* entlehnt, als ‚Abfluten‘).

Ai. *ápāka-* ‚abseits liegend, entfernt, von vorn kommend‘, arm. *haka-*
als 1. Kompositionsglied ‚entgegen‘, *hakem* ‚piegare ad una parte, inclinare‘,
aksl. *opaky* ‚wiederum‘, ksl. *opako*, *opaky*, *opače* ‚zurück, verkehrt‘, in
welchen freilich z. T. auch zu *opi, gr. *ὄπισθεν* gehörige Formen stecken
können (vgl. lat. *opācus* ‚schattig‘ == ‚von der Sonne abgewendet‘; Liter.
zur Bildung bei Brugmann Grdr. II² 1, 432). Daneben anord. *ǫfugr* ‚nach
rückwärts gekehrt‘, as. *abuh*, *avuh*, ahd. *abuh*, *abah* ‚abgekehrt, verkehrt,
böse‘ (nhd. *übig*, *äbicht*), ags. *afoc in engl. *awkward*, aus *apu-ko-s (oder
aus *opu-ko-s : *ὄπισθεν*, so daß im Ablaut zu got. *ibuks* ‚rückwärts gehend‘,
ahd. *ippihhōn* ‚zurückrollen‘? Johansson PBrB. 15, 230, im Konsonanten
auf *πυ-γή* verweisend, s. auch Falk-Torp· u. *avet*).

pŏ:

av. *pa-zdayeiti* ‚läßt wegrücken, scheucht‘; lat. *po-situs*, *pōnō* aus **po-s[i]nō*,
po-liō, *po-lūbrum*, *pōrcet* aus *po-arcet; alb. *pa* m. Akk. ‚ohne‘, *pa-* ‚un-‘
(Gl. Meyer Alb. Wb. 317); afries. *fān* ‚von‘, as. *fana*, *fan*, ahd. *fona*, *fon*
m. Dat. (== *Abl.) ‚von‘ (das ahd. *-o-* ist nach Persson IF. 2, 215 aus idg.
*pu neben *po herzuleiten). Eine ähnliche Form sucht Trautmann Apr. 389
in apr. *pan-s-dau* ‚danach‘. Gänzlich unsicher ist, ob arm. *olork* ‚poliert,
schlüpfrig, glatt‘ nach Lidén Arm. St. 60 ff. *o-* aus **po-* enthält. Dagegen
hierher trotz vielfach abweichender Bed. (Brugmann Grdr. II² 2, 808
erwägt Aufsaugung von idg. *upo, und für sl. *po* in der Bed. ‚hinter,
nach‘ m. Lok. wohl richtig Entstehung aus *pos): aksl. *po* ‚nach, an, bei,
über etwas hin‘ (lit. *pō* mit Gen. u. Dat. ‚nach‘, mit Instr. ‚unter‘), als
wesentlich nur mehr perfektivierendes Verbalpräfix lit. *pa-*, aksl. *po-* (als
Nominalpräfix aksl. *pa-*, lit. *pa* und *pó-*, vgl. z. B. aksl. *pamьněti* ‚sich
erinnern‘, *pamętь* ‚Andenken‘); apr. *pa-* wesentlich in nominaler, *pō-* in
verbaler Kompos., vgl. Trautmann 203, Meillet Slave comm.² 505.

Über slav. *po-dъ* ‚unterhalb, unter‘ s. Brugmann Grdr. II² 2, 733 f. — S. noch idg. *po-ti* und *po-s.*

ap-u steht neben *apo* (Lit. s. u. *pu*) in ark. kypr. lesb. thess. ἀπύ, in ahd. *abo = aba*, anord. *au-virdi* n. ‚verächtliche Person‘ (Falk-Torp 11 f.), vgl. auch oben *apu-ro-* neben *apero-*, *apu-ko-*, und *pu* neben *po*. Das -*u* vielleicht enklit. Partikel ‚und, auch‘ (Feist 3 a, 508 a, WH. I 87). Vgl. auch Schwyzer Gr. Gr. I 182.

pu (s. o. *apu*) meist in der Bed. (‚abgewendet‘ ⇒) ‚hinter, zurück‘: ahd. *fona* (s. o.), ai. *punar* ‚wieder zurück‘, gr. πύματος ‚der letzte‘; ganz unsicher lat. *puppis* ‚Hinterteil des Schiffes‘.

WP. I 47 ff., WH. I 1 f., 842, Feist 3 a, Trautmann 11.

apsā ‚Espe‘.

Ahd. *aspa*, nhd. *Espe*, ags. æspe, anord. ǫsp f. ds., lett. *apse* (aus *apuse*), apr. *abse* ds., nordlit. *apušìs* f., lit. *apušě*, *epušě* f. ‚Espe, Zitterpappel‘ (nach Bezzenberger BB. 23, 298 angeblich eine freie Deminutivbildung aus *apsā*), russ. *osína* (*opsīna*) ‚Espe‘, poln. *osa, osika, osina* ‚Espe‘. Daß in diesen Espennamen die Lautfolge -*ps*-, nicht -*sp*- das Ursprüngliche ist, bestätigen u. a. türk.-osm. *apsak* ‚Pappel‘, tschuw. *ěвсě* ‚Espe‘ als Lehnwörter aus dem Urarmenischen nach Pedersen KZ. 30, 462. Specht setzt wegen gr. ἀπελλόν· αἴγειρος, ὅ ἐστι εἶδος δένδρον Hes. ein Wurzelnomen *ap*- an.

WP. I 50, Specht Dekl. 60.

1. **ar-**[1]), themat. (a)re-, schwere Basis arə-, rē- und *i*-Basis (a)rī̆-, rēi- (entweder aus dem *i̯o*-Präs. *(a)rē-i̯ō* entwickelt oder ursprünglich, so daß *(a)rē-* vorkonsonantische Entwicklung daraus) ‚fügen, passen‘, mehrfach und vielleicht ältest vom planmäßigen Aufeinanderlegen beim Holzbau (auch Steinbau??) Meringer IF. 17, 124) und vom Aufstapeln von Hölzern, aber auch vielfach auf geistiges Zurechtlegen, Berechnen übertragen. Ausführlich bes. Persson Beitr. 632 f., 666, 741 f., 856.

Av. *arānte* ‚sie setzen sich fest, bleiben stecken‘, ai. *ará-ḥ* ‚Radspeiche‘, *aram, álam* Adv. (*áraṃkar-, alaṃkar* ‚zurechtmachen‘ und ‚dienen‘, wozu wohl *ara-ti-* ‚Diener‘ und *rā-ti-* ‚bereitwillig‘, av. *rāiti* ‚dienstwillig, Diener‘) ‚passend, genug‘, av. *arəm* ‚passend, entsprechend‘ (*arəm-piϑwā* ‚Mittag‘

---

[1]) E.-M. 74 will wegen arm. *eri* ‚Bug, Schulter von Tieren‘, *y-eriurel* ‚anpassen‘ eine Grundform *er-* postulieren. Aber arm. *eri* geht nach Lidén Mél. Pedersen 88 f. auf idg. *rēi̯to-, *rēi̯ti* zurück! Vgl. Trautmann 242.

= ‚die zum Mahle passende Zeit‘, woneben *ra-piϑwā* ds. mit schwundstufigem *ra-* neben **ara-*, wovon *arəm* Adv., Bartholomae Airan. Wb. 189,
1509), *ratu-* m., ‚Richter, Schiedsrichter‘ und ‚Zeitraum‘ (gemeinsame
Grundbedeutung etwa ‚Zurechtlegung‘, woraus ‚Zurechtlegung des Rechts‘
und ‚richtiger Zeitpunkt‘); ai. *ar-p-áyati* ‚steckt hinein, befestigt‘; über
hett. *ḫar-ap-* (*ḫarp-*) ‚hinstellen‘? vgl. Couvreur Ḥ 114 f.;

arm. *aŕnem* ‚mache‘, *y-ar* ‚consentaneo, congiunto, contiguo, appresso‘
(*arar* ‚hat gemacht‘ = gr. ἄραρε), wovon *yarem* ‚aggiungere, congiungere‘
(Bugge KZ. 32, 21), *çar* ‚schlecht‘ mit negativem *č* [= οὐ] ‚nicht passend‘
(Bugge aaO. 23);

gr. ἀραρίσκω, Perf. ἄρᾱρα ‚füge zusammen‘, ἄρμενος ‚angefügt, passend‘,
ὄαρ ‚Gattin‘ (wohl nach Brugmann IF. 28, 293, Schwyzer Gr. Gr. I 434
hierher mit Präf. **o-*, kaum zur Wz. **ser-* oder Wz. **ser-*, *à-Ϝείρω*); dazu
ὀαρίζω ‚habe vertrauten Umgang‘; auch ‚plaudere vertraulich‘; χαλκο-άρας
‚erzgefügt, gepanzert‘, auch χερι-άρας τέκτων Pind., ἄρ-θρον ‚Glied, Gelenk‘, ἀρθμός ‚Verbindung, Freundschaft‘, ἄρθμιος ‚vereint‘; mit *t*-Suffixen
homer. δάμ-αρ-τ- ‚Hausfrau‘ (‚die des Hauses Waltende‘), äol. δόμορτις Hes.;
πυλάρτης ‚Hades als Verschließer des Unterweltstores‘ (Schwyzer Gr. Gr.
I 451, 5); ἀρε- in ἀρέσκω ‚gleiche aus, mache gut, befriedige‘, ἀρέσκει
μοι ‚es paßt, gefällt mir‘, ἀρέσκεσθαι, ἀρέσσασθαι ‚sich verständigen, einig
werden mit jemandem; sich geneigt machen, versöhnen‘, ἀρετή ‚Tüchtigkeit‘, ἀρείων ‚besser‘ (in Beziehung steht wohl ἀρι- ‚sehr‘ in Kompositis,
womit Reuter KZ. 31, 594 a 1 auch ai. *ari-gūrtá-, -ṣṭutá-* als ‚eifrig gepriesen‘ vergleichen möchte; unsicher wegen gr. ἐρι- ‚sehr‘ s. Boisacq
s. v., oben S. 24 Anm.); ἄριστος ‚besser, best‘, ἀριστερός ‚links‘.

Mit Dehnung ϑυμ-ήρης ‚wohlgefällig‘, ὅμηρος ‚Gatte; Geisel, Unterpfand‘,
ὀμηρέω ‚treffe zusammen‘; nach Birt Philol. 87, 376 f. wäre Ὅμηρος eigentl.
‚Begleiter, der Blinde, der mit seinem Führer geht‘.

Aus dem Slav. vielleicht poln. *ko-jarzyć* ‚knüpfen, verbinden, vereinigen‘ (z. B. Miklosich EWb. 100, Berneker 31, 532).

Über das vielleicht verwandte gr. ἄρα, lit. *iř* s. 4. *ar* ‚nun, also‘.

Toch. A *ārwar*, B *ārwər, ārwar* ‚bereit‘, A *arām*, B *ere* ‚Gesicht‘ (vgl.
lat. *figura*). Van Windekens BSL. 41, 56, Duchesne-Guillemin ebenda 173.

t-Bildungen: *ṛt-, art-* ‚zusammengefügt‘.

Ai. *ṛtá-* n. ‚passend, recht‘, *ṛtám* n. ‚wohlgefügte, heilige Ordnung‘ (zur
Bed. s. Oldenberg GGN. 1915, 167—180; nicht ‚Opfer‘), *ṛtēna* ‚rite‘, av.
urəta-, ərəta- n., apers. *arta-* (in Kompos.) ‚Gesetz, Recht, heiliges Recht‘,
av. *aša-* n., ‚was recht, wahr ist‘, ai. *ṛtávan(t)-* ‚ordnungsgemäß, gerecht‘,
av. *ašāvan(t)-*; ai. *ṛtú-ḥ* ‚bestimmte Zeit, Ordnung, Regel‘, *rti-ḥ* f. ‚Art,

Weise' (zu unserer Wz. nach Kluge PBrB. 9, 193; s. auch Meringer IF. 17, 125, B. Geiger WZKM. 41, 107), av. *aipi-ərəta-* ,bestimmt, fest zu-gewiesen';

arm. *ard*, Gen. *-u* (= gr. ἀϱτύς, lat. *artus, -ūs*, vgl. auch oben ai. *ṛtú-ḥ*) ,struttura, costruzione, ornamento' (Hübschmann Arm. Gr. I 423, Bugge KZ. 32, 3), *z-ard* ,apparatus, ornatus'; *ard* ,soeben, jetzt' (= gr. ἄϱτι) (Bartholomae Stud. II 23, Bugge aaO., Meillet Esquisse 36), *ardar* ,ge-recht' (Hübschmann Arm. St. I 21, Arm. Gr. I 423; Persson Beitr. 636 a 2 erwägt dafür auch idg. *dh*; vgl. av. *arədra-* ,getreu, zuverlässig, glaubens-treu, fromm' und die anderen unten genannten *dh*-Ableitungen), *ardiun* ,struttura (Pedersen KZ. 40, 210);

gr. ἀμαϱτή ,gleichzeitig' (Instr. eines *ἄμ-αϱτός ,zusammengefügt, zu-sammentreffend'), ὁμ-αϱτέω ,schließe mich an jemanden an, begleite' (auf Grund eines *ὅμ-αϱτος); *ti-St.* in ἀϱτι-ϝεπής (,des Wortgefüges kundig'), ἀϱτί-πο(υ)ς ,mit gesunden Füßen', ἀϱτί-φϱων ,mit fest(gefügt)em Verstande' (vermutlich auch in ἄϱταμος ,Schlächter; Mörder', wovon ἀϱταμέω ,schlachte, zerstückle', nach J. Schmidt Krit. 83 f. aus *ἄϱτι- oder allenfalls *ἀϱτο-ταμος ,kunstgerecht zerschneidend', vgl. ai. ṛta-nā- ,richtig führend', ṛta-yuj ,richtig eingeschirrt'); wohl auch ἀϱτεμής ,frisch und gesund', ver-mutlich dissimiliert aus *ἀϱτι-δεμής zu δέμας ,mit wohlgefügtem Körper'; ἄϱτι ,eben, gerade' von der Gegenwart oder nächsten Vergangenheit (vgl. oben arm. *ard* ,soeben, jetzt' und *ard-a-cin* ,neugeboren' wie gr. ἀϱτι-γενής; morphologisch noch nicht ganz klar, vielleicht Lokativ); ἀπ-αϱτί ,genau, gerade', ἄϱτιος ,angemessen, gerade, vollkommen', ἀϱτιάζω ,spiele gerade oder ungerade', ἀϱτίζω ,mache fertig, bereite', ἄϱσιον· δί-καιον Hes., ἀνάϱσιος ,feindlich', ἐπαϱτής ,gerüstet';

ἀϱτύν· φιλίαν καὶ σύμβασιν, ἀϱτύς· σύνταξις (= lat. *artus*) Hes., ἀϱτύω, ἀϱτύνω ,füge zusammen, bereite', ἀϱτύνας, ἄϱτῦνος,. ἀϱτυτήϱ Beamtentitel von Argos, Epidauros, Thera.

Lat. *artus* ,eng in Raum und Zeit, straff' (Adv. *artē*, ursprüngl. Instru-mental wie ἀμαϱτή); *ars, -tis* ,die Geschicklichkeit, Kunst, Art und Weise' (eigentlich ,Zusammenfügung, Gabe richtig zusammenzufügen' = mhd. *art*), dazu die Komposita *in-ers* ,kunstlos, träge', *soll-ers* ,geschickt', *allers, alers* ,gelehrt'; *artiō, -īre* ,fest zusammenfügen, zusammenpressen' (jünger *artāre*); *artus, -ūs* ,Gelenk, Glied', *articulus* ,ds.; Augenblick, Wende-punkt';

lit. *artì* ,nahe' (Lok. des *ti-*St.);

mhd. *art* f. ,Art und Weise', anord. *ein-arðr* ,einfach, aufrichtig', *einǫrð* ,Zuverlässigkeit';

toch. B *ar(t)kye* ,reich, wertvoll' (?).

m-Bildungen:

A. Von der leichten Basis **ar**-.

Arm. *y-armar* ,passend, angemessen' (Bugge KZ. 32, 21);

gr. ἁρμός ,Fuge, Zusammenfügung, Gelenk', ἁρμοῖ ,eben, jüngst' (ἁρμόζω ,verbinde, füge zusammen, passe an, ordne', ἁρμονία ,Verbindung, Bund, Ebenmaß, Einklang'), ἅρμα ,Wagen' (über den ' dieser Worte s. Sommer Gr. Lautst. 133, Meillet BSL. 28, c.–r. 21 f. [*arsmo-?*], Schwyzer Gr. Gr. I 306; weitere Lit. bei Boisacq 79), ἁρμαλιά ,zugeteilte Nahrung, Proviant';

lat. *arma, -örum* ,Gerätschaften, Rüstzeug, Waffen', *armentum* ,Rudel von Pferden oder Rindern'.

Daran klingt an anord. *jǫrmuni* ,Rind, Pferd' und die PN got. *Airmanareiks*, ags. *Eormenrīc*, aisl. *Jǫrmunrekr*, mhd. *Ermenrīch*; dasselbe erste Glied zur Bezeichnung von etwas großem auch z. B. in *Ermunduri* ,Großthüringer', anord. *jǫrmungrund* ,die weite Erde' == ags. *eormengrund*, ahd. *irmindeot*, as. *Irmin-sūl*, und in der Kurzform *Herminones*. Doch bestreitet Brückner KZ. 45, 107 mit Recht, daß ,Großvieh' die ursprüngliche und ,groß' die daraus abgeleitete Bed. sei und entscheidet sich umgekehrt für ,groß, erhaben' als Ausgangspunkt wegen slav. *ramĕnъ* ,gewaltig, stark, heftig, plötzlich' (ob hierher lit. *ermas* ,Ungeheuer', lett. *ērms* ,Affe, Possenreißer, wunderliche Erscheinung'?), das als ,emporgeschossen' zu *er-*, *or-* (*orior* usw.; vgl. formell ὅρμενος), nicht als ,festgefügt, massiv' zu *ar-* ,fügen' gehört.

Aksl. *jarъmъ* ,Joch' (z. B. Miklosich EWb. 100, Berneker 31), sloven. *jérmen* ,Jochriemen, Riemen'; mit schwundstufigem Anlaut und themat. Vokal: aksl. *remenъ*, serb. *rĕmēn* usw. ,Riemen'; Specht Dekl. 149 f.

Toch. B *yarm*, AB *yärm* ,Maß'.

B. Von der schweren Basis **arə-mo**- : **r̥-mo**- ,Arm'.

Ai. īrmá-ḥ ,Arm, Vorderbug' (ursprüngl. ,Achselgelenk', vgl. ἄρθρον, lat. *artus*) == av. *arəma-* ,Arm', osset. *ärm* ,hohle Hand', *ülm-ärịn, ürm-ärịn* ,Ellenbogen', lat. *armus* ,der oberste Teil des Oberarms, Schulterblatt, bei Tieren der Vorderbug' (aus *ar(ə)mos*), gall. *aramō* ,Gabelung', *aramones* ,Scherenarme der Deichsel' (Wartburg I 119, Jud bei Howald-Meyer Röm. Schweiz 374 ff.), apr. *irmo* f. ,Arm', lit. *irmédé* (,Armfraß', d. i.:) ,Gicht in den Gelenken', *irm-liga* ,Gicht' (s. Trautmann Apr. 347); hochstufig lit. žem. Pl. tant. *armaī* ,Vorderarm am Wagen' (ibd.), aksl. *ramo, ramę*, serb. *rāme* ,Schulter', got. *arms*, ahd. usw. *arm* ,Arm', arm. *armukn* ,Ellenbogen' (Hübschmann Arm. Stud. I 21).

Wzf. *rē-, rə-*:

Lat. *reor, rĕrī* ‚berechnen, meinen, dafürhalten‘ (das primitivste Zählen wird vom Aufeinanderlegen oder -schichten der zu zählenden Stücke begleitet), Partiz. *ratus* ‚in der Meinung‘, aber auch ‚berechnet, bestimmt, gültig, rechtskräftig‘, *ratiō* ‚Berechnung, Erwägung, Vernunft‘, Beweggrund, Grund‘; nach EM. 793 hierher *(prō)portiō* aus *portiōne = prō ratiōne*; got. **garaþjan* (nur Partiz. *garapana*) ‚zählen‘, an. *hundrað*, nhd. *Hundert* (**rađa* n. ‚Zahl‘ = lat. *rătum*; s. Fick III⁴ 336); ahd. *girad* ‚gerad (nur von Zahlen)‘, nhd. *gerad* (nur von durch 2 teilbaren Zahlen; verschieden von *gerad* = geradeaus), mit neuem Ablaut anord. *tī-rŏđr* eigentlich ‚nach Zehnern gezählt‘ (Fick III⁴ 336); got. *raþjō* ‚Zahl, Rechnung, Rechenschaft‘, as. *rethia* ‚Rechenschaft‘, ahd. *radja, redea* ‚Rechenschaft, Rede und Antwort, Rede, Erzählung‘, afries. *birethia* ‚anklagen‘, as. *rethiōn*, ahd. *red(i)ōn* ‚reden‘ (die genaue Übereinstimmung von *raþjō* mit lat. *ratio* bestimmt z. B. Kluge¹¹ s. v. ‚Rede‘ zur Annahme von Entlehnung des germ. Wortes unter Einfluß von *garaþjan*; richtiger scheint mir Falk-Torp 886 *raþjō* als primäre *-jōn*-Ableitung von der germ. Wz. **raþ-* [*garaþjan*] zu bestimmen).

Ob hierher auch anord. *rǫđ* ‚Reihe, bes. dem Strande entlang ziehende Erhöhung‘, mnd. *rat* f. ‚Reihe‘? (Fick III⁴ 337; ‚Reihe‘ als ‚aneinander Gefügtes, Geschichtetes‘?).

Ahd. *rāmen* ‚nach etwas trachten, streben, zielen‘, as. *rōmon* ‚streben‘, mhd. mnd. *rām* ‚Ziel‘ kann als ‚geistig zurechtlegen, berechnen‘ unserem **rē-* zugehören, wenn auch dabei das (erst jünger belegte) Subst. *rām* als Bildung mit Formans *-mo-* der Ausgangspunkt gewesen sein muß.

dh-Erweiterung *rē-dh-, rō-dh-, rə-dh-*:

Ai. *rādhnóti, rádhyati* ‚macht (passend) zurecht, bringt zustande; gerät, gelingt, hat Glück womit; befriedigt, gewinnt jemanden‘, *rādhayati* ‚bringt zustande, befriedigt‘, *rādha-ḥ* m., *rādhaḥ* n. ‚Segen, Gelingen, Wohltat, Gabe, Freigebigkeit‘, av. *rāđaiti* ‚macht bereit‘, *rađa-* m. ‚Fürsorger‘, *rādah-* n. ‚Sichbereitstellen, Bereitwilligkeit (in religiöser Hinsicht)‘, apers. *rādiy* (Lok. Sg.) ‚wegen‘ (vgl. aksl. *radi* s. unten), npers. *ārāyad, ārāstan* ‚schmücken‘; air. *imm-rādim* ‚überlege, überdenke‘, acymr. *amraud* ‚mens‘, ncymr. *amrawdd* ‚Gespräch‘ mit ders. Bed. wie air. *no-rāidiu, no-rādim* ‚sage‘, mcymr. *adrawd* ‚erzählen‘ und got. *rōdjan*, anord. *rŏđa* ‚reden‘ (vgl. auch oben nhd. *Rede, reden*; *no-rāidiu* und *rōdjan* setzen, wie sl. *raditi*, ein kaus.-iter. **rōdhejō* fort); got. *garēdan* ‚worauf bedacht sein, Vorsorge treffen‘, *urrēdan* ‚urteilen, bestimmen‘ (vgl. zur Bed. bes. lat. *rĕrī*), *undrēdan* ‚besorgen, gewähren‘, ahd. *rātan* ‚raten, beratschlagen, worauf sinnen, anstiften, deuten (Rätsel), auffordern, wofür sorgen, verschaffen', as. *rādan*, anord. *rāđa*, ags. *rǣdan* (letzteres auch ‚lesen‘, engl. *read*), Subst. ahd. *rāt* m. ‚vorhandene Mittel, Rat, Ratschlag, Überlegung, Entschluß, Absicht, Vorsorge, Vorrat‘, ähnlich as. *rād*, anord. *rāđ*, ags. *rǣd*; aksl. *raditi* ‚sorgen‘ (serb. *rādīm*, *ráditi* ‚arbeiten, trachten‘, rad ‚Geschäft, Arbeit‘; s. Uhlenbeck KZ. 40, 558 f.), *radi* ‚wegen‘, woneben **rodh-* in aksl. *nerodъ* ‚Vernachlässigung‘, sloven. *rǫ́dim*, *rǫ́diti* ‚sorgen, sich kümmern‘.

Wzf. (a)rī̆-, rēi- (s. Person Wzerw. 102, 162, 232; Beitr. 741):

Gr. ἀραρίσκω (wenn nicht Neubildung, s. oben S. 56), ἀριϑμός ‚Zahl‘, νήριτος ‚ungezählt‘, arkad. ἐπάριτος ‚ἐπίλεκτος, auserlesen‘, ἀριμάζει· ἀρμόζει Hes.; lat. *rītus*, *-ūs* ‚hergebrachte Art der Religionsübung, Gebrauch, Sitte, Gewohnheit, Art‘, *rīte* ‚in passender Art, nach dem rechten religiösen Gebrauch‘ (Lok. eines neben *rī-tu-s* liegenden kons. St. **rī-t-*); air. *rīm* ‚Zahl‘, *āram* (**ad-rī-mā*) ds., *do-rīmu* ‚zähle‘, cymr. *rhif* ‚Zahl‘, anord. *rīm* n. ‚Rechnung, Berechnung‘, as. *unrīm* ‚Unzahl‘, ags. *rīm* n. ‚Zahl‘, ahd. *rīm* m. ‚Reihe, Reihenfolge, Zahl‘ (die Bed. ‚Vers, Reim‘ von anord. und mhd. *rīm* wohl nach Kluge[10] s. v. *Reim* aus frz. *rime*, das aus *rythmus* herzuleiten ist).

Vielleicht ist auch **rēi-* ‚Sache‘ (lat. *rēs* usw.) nach Wood a[x] 226 anzureihen als Wznomen der Bed. ‚aufgestapeltes Hab und Gut‘.

Dazu wahrscheinlich als *dh*-Erweiterung *rēi-dh-* (vgl. oben *rē-dh-* neben *rē-*):

Got. *garaiþs* ‚angeordnet, bestimmt‘, *raidjan*, *garaidjan* ‚verordnen, bestimmen‘, anord. *g-reiđr* ‚bereit, leicht, klar‘, *greiđa* ‚auseinanderwickeln, ordnen, zurechtlegen, zustande bringen, entrichten, zahlen‘, mhd. *reiten* ‚zurüsten, bereiten, zählen, rechnen, berechnen, bezahlen‘, *reite*, *gereite*, *bereite*, ahd. *bireiti* ‚bereit‘, *antreiti* ‚series, ordo‘, lett. *riedu*, *rizt* ‚ordnen‘, *raids* ‚bereit, fertig‘, *ridi*, *ridas* ‚Gerät, Kram‘.

Ganz fraglich ist die von Persson aaO. erwogene Zugehörigkeit von aksl. *orǫdije* ‚apparatus, instrumentum‘ (nicht aus ahd. *ārunti* ‚Botschaft‘ entlehnt, s. Pedersen KZ. 38, 310), *rędъ* ‚Ordnung‘, lit. *rìnda* ‚Reihe‘, lett. *riñda* ‚Reihe, Zahl‘. Unter der Voraussetzung, daß diese idg. *d*, nicht *dh* fortsetzen (**re-n-d-*), reiht man (z. B. Fick I[4] 527, Pedersen aaO., s. auch EM. 711) auch die folgende Sippe an: ὀρδέω ‚lege ein Gewebe an‘, ὀρδικόν· τὸν χιτωνίσκον. Πάριοι, ὄρδημα· ἡ τολύπη τῶν ἐρίων Hes., lat. *ōrdior*, *-īrī*, *ōrsus sum* (aus der Webersprache, Bréal MSL. 5, 440) ‚anzetteln, anreihen, anfangen, beginnen‘, *exōrdior* ‚zette ein Gewebe an‘. *redōrdior* ‚hasple ab‘, *ōrdo*, *-inis* ‚Reihe, Ordnung‘ (auch umbr. *urnasier* scheint = *ordinariis* zu sein, Linde Glotta 3, 170 f.; anders Gl. 5, 316),

Trifft der Zusammenhang mit *ar-* ‚fügen‘, das dann auch von der Weberei gebraucht gewesen wäre, zu (Persson Wzerw. 26, Thurneysen Thes. unter *artus, -ūs*), so wäre der Vokal von **or-d-ei̯ō* als Kausativ-Iterativ-Vokalismus zu rechtfertigen.

Noch fraglicher ist, ob nach Reichelt KZ. 46, 318 als *k*-Erweiterungen der Basen *arə-*, *ar-* mit derselben Anwendung auf die Weberei auch anzureihen seien:

Gr. ἀράχνη ‚Spinne‘, lat. *arāneus* ‚zur Spinne gehörig‘, *arānea, -eus* ‚Spinne‘ (*arə-k-snā; der Wortausgang zu **snō-* ‚nere‘ als ‚Netzspinnerin‘?); angeblich dazu (Walter KZ. 12, 377, Curtius KZ. 13, 398) gr. ἄρκυς ‚Netz‘, ἀρκάνη· τὸ ῥάμμα ᾧ τὸν στήμονα ἐγκαταπλέκουσιν αἱ διαζόμεναι Hes. (s. auch Boisacq 79), wozu nach Bezzenberger BB. 21, 295 lett. *er°kuls* ‚Spindel; Wickel von Heede zum Spinnen‘ (das für *arkuls stehen kann). Lidén IF. 18, 507 f. stellt besser ἄρκυς zu slav. *orkyta, serb. *ràkita* ‚Rotweide‘ und lett. *ērcis*, gr. ἄρκευθος ‚Wacholder‘ als Sträuchern mit zum Flechten verwendbaren Zweigen. S. unten *arku̯-* und *erk-*.

WP. I 69 ff., WH. I 69, 70, Trautmann 13 f.

2. **ar-** oder **er-** ‚zuteilen; (med.) an sich bringen‘, mit idg. *nu*-Präs.

Av. *ar-* (Präs. *ərənav-*, *ərənu-*, Prät. Pass. *ərənāvi*) ‚gewähren, zuteil werden lassen; gewährleisten‘, mit *us-* und *frā* ‚(als Anteil) aussetzen und zuweisen‘, *frōrəta-* n. ‚Zuweisung (von Opfern u. dgl.), Darbringung‘ (Bartholomae Altiran. Wb. 184 f.);

arm. *arʿnum* ‚ich nehme‘, Aor. *arʿ* (Hübschmann Arm. Gr. I 420; die Bed. aus medialem ‚teile mir zu‘ vgl. ai. *dálāmi* ‚gebe‘: *ā datē* ‚nehme an mich, empfange‘; ebenso in :)

gr. ἄρνυμαι ‚erwerbe, suche zu erreichen, empfange, bes. als Preis oder Lohn‘, durativ gegenüber ἀρέσθαι ‚erwerben, gewinnen‘, Aor. ἀρόμην, ἠρόμην; μισθάρης, μίσθαρνος ‚Lohnarbeiter‘, ἄρος n. ‚Nutzen‘ (Aesch.);

hitt. *ar-nu-mi* ‚ich bringe‘ (Schwyzer Gr. Gr. I 696) gehört wohl eher als Kausativ zu 3. *er-* ‚sich in Bewegung setzen‘.

Den Hochstufenvokalismus der Wz. sicherstellende Formen fehlen. WP. I 76 f.

3. **ar-** (durch *-ēi-*, *-ōi-*, *-u-* erweitert) ‚Nuß‘.

G. Meyer Alb. Wb. 17 vereinigt gr. ἄρυα· τὰ Ἡρακλεωτικὰ κάρυα Hes., alb. *arrë* f. ‚Nußbaum‘, aksl. *orěchъ* ‚Nuß‘. Beziehung zu lit. *ríešutas*, *ruošutỹs* ‚Haselnuß‘, lett. *rieksts* ‚Nuß, Haselnuß‘, apr. *buccareisis* ‚Buchecker‘ (s. Trautmann Apr. 314) nimmt Specht Dekl. 62 an.

WP. I 77.

4. **ar** (*er*, *or*?), *ɩ̯* etwa ‚nun, also‘, auch als Frageparükel.

Gr. ἄρα, ἄρ, ῥα (aus *ɩ̯*) ‚nun, also, folglich‘, kypr. ερ, ἄρα Fragepartikel (*ἦ ἄρα; γάρ, vielleicht aus *γ᾽ ἄρ*); ebenfalls schwundstufig lit. *ir* ‚und, auch‘, lett. *ir* ‚auch‘, apr. *ir* ‚und, auch‘ (= gr. ῥα), hochstufig lit. *aῖ*, lett. *ar* als Einleitung eines Fragesatzes, alit. auch *er* mit demselben balt. Schwanken von *a-* und *e-* wie zwischen lett. *ar* ‚mit, an‘ und apr. *er* ‚bis‘, toch. B *ra-* emphat. Partikel.

WP. I 77, Trautmann 12, Schwyzer Gr. Gr. I 342, 622.

5. **ar-** (mit *n*-Formantien) ‚verweigern, leugnen‘?

Gr. ἀρνέομαι (*ἀρνε-σ̣-ομαι) ‚verweigere‘, ἄπαρνος, ἔξαρνος ‚verweigernd, leugnend‘, ἀρύει· ἀντιλέγει βοᾷ Hes.; alb. *rrëm* ‚falsch‘, *rrëmë*, *rrënë* ‚Lüge‘, *nërrój* (aus *rrënój*) ‚leugne‘ (*rr* aus *rn*; Pedersen KZ. 33, 542 Anm. 2). Noch fraglicher ist, ob arm. *uranam* ‚leugne, verweigere‘, *urast* ‚das Leugnen‘ verwandt sei (mit *ur-* aus *ōr-*). S. auch *ōr-*, *ər-* ‚reden, rufen‘.

WP. I 78, Meillet BSL. 26, 19, Esquisse 111, 142.

ar(ə)- ‚pflügen‘, **arə-trom** ‚Pflug‘.

Arm. *araur* ‚Pflug‘ (*arātrom; Hübschmann Arm. St. I 21);

gr. ἀρόω (ἤροσα, ἄροτος) ‚pflüge, ackere‘, ἀρότης, ἀροτήρ ‚Pflüger‘, ἄροτρον ‚Pflug‘; mit ursprünglicher Vokalisierung der 2. Silbe herakl. αράσοντι, gortyn. ἄρατρον. ἀρόω usw. setzt nach Persson Beitr. 669 ein idg. *aro- neben *arə- voraus (vgl. toch. *āre*), oder trat an Stelle von ἀράω gleichzeitig mit der Umbildung vieler faktitiver Denominative auf *-άω* zu solchen auf *-όω* nach den daneben liegenden *o*-Nomina, unter besonderem Einfluß von νεόω ‚Land neu umpflügen‘.

lat. *arō*, *-āre* ‚pflügen, ackern‘ (für älteres *arə-mi), *arātor* ‚Pflüger‘, *arātrum* ‚Pflug‘ (*-ā-* für *-ă-* nach *arāre*);

mir. *airim* ‚pflüge‘, cymr. *arddu* (aus *arj-) ‚pflügen‘, *arddwr* ‚Pflüger‘, mir. *ar* n. ‚Ackerland‘, cymr. *ar* f. ds., mir. *ar-án* ‚Brot‘, *arathar* (*arətrom), cymr. *aradr*, corn. *aradar*, mbret. *arazr*, nbret. *arar* ‚Pflug‘; mir. *airem* (*arịomō), Gen. *aireman* ‚Pflüger‘, auch PN *Airem-ón*;

got. *arjan*, anord. *erja*, ags. as. *erian*, ahd. *erran*, mhd. *ern* ‚pflügen, ackern‘, anord. *arðr* ‚Pflug‘, ahd. *art* ‚gepflügtes Land‘, ags. *earð*, *ierð* f. ‚gepflügtes Land, Ertrag‘ (s. auch unter *ar-* ‚fügen‘ über nhd. *Art*), mhd. *arl*, nhd. *Arl*, *Arling* ‚Pflug‘ (ob Lehnwort aus slav. *ordlo*? echt germ. nach Meringer IF. 17, 121);

lit. *ariù*, *árti* ‚pflügen‘, *árklas* (*arə-tlom) ‚Pflug‘, *arklỹs* ‚Pferd‘ (als ‚Pflugtier‘); *artójas* ‚Pflüger‘ (*arə-tāịa-), apr. *artoys* ‚Ackersmann‘ (mit sekundärer Dehnstufe lit. *orė* ‚Pflügezeit‘, vgl. gr. πολύηρος· πολυάρουρος Hes.), lett. *ar'u* ‚pflüge‘, *ara*, *āre* ‚Ackerland‘; lit. *armenà* ‚oberflächlich gepflügte Erdschicht‘;

aksl. *orjǫ, orati* ‚pflügen'; *ralo* (serb. *rálo*, poln. *radło*) ‚Pflug' (*ar(ə)-* *dhlom*: lit. *árklas*), *ratajь* ‚Pflüger'; über slav. **ora-* s. Trautmannn 13; toch. AB *āre* ‚Pflug'. Hierzu gehört:

ar(ə)u̯-:

Arm. *haravunk̊* ‚Ackerland' (Scheftelowitz BB. 29, 58), lat. *arvus, -a, -um* ‚zum Pflügen bestimmt, Acker, Saat', bes. *arvum* ‚Saatgefilde, Flur', umbr. *arvam-en* ‚in arvum' (= dem lat. fem. *arvas* A. Pl.), *ar(u)via* ‚Feldfrüchte'; mir. *arbor* (**aru̯ṛ*) ‚Getreide', Dat. *arbaim*, Gen. (schon air.) *arbe* (**aru̯ens*), Pl. N. A. *arbanna* (r/n-St.: Stokes KZ. 37, 254, Pedersen KG. I 63, II 106; davon *airmnech* ‚der Mann, der viel Getreide besitzt', Cormac's Gl., mit *-mn-* = *-vn-*, Stokes KZ. 38, 458); gr. ἄρουρα ‚Ackerland' (formell noch nicht klar; wohl nach Benveniste Noms 113 aus **ἀϱο-ϝϱα*, Erweiterung von ἀϱο-ϝαϱ aus **aro-u̯ṛ*, vgl. mir. *arbor*. Unglaubhaft Otrębski KZ. 66, 78).

Die durch ihr altes *e-* abweichenden cymr. *erw* f. ‚Feld', Pl. *erwi, erwydd*, corn. *erw, ereu* ds., abret. mbret. *eru*, nbret. *ero* ‚Furche' gehören dagegen zu ahd. *ero* ‚Erde', gr. ἔϱα, arm. *erkir* ‚Erde' (für letzteres vermutet Pedersen KZ. 38, 197 ebenfalls ein **eru̯-* als Grundlage), mögen aber die Anwendung für bebautes Feld von einem **ar(ə)u̯o-* übernommen haben.

Aus dem Mangel arischer Entsprechungen darf nicht gegen die Bekanntschaft mit dem Pflug in indogermanischer Urzeit geschlossen werden.

WP. I 78 f., WH. I 69, Schwyzer Gr. Gr. I 362, 683.

Nach Specht KZ. 68, 42² weiterhin zur Wz. **erə-* ‚zertrennen' als ‚den Boden aufreißen'?

ardh- ‚Stange'?

Arm. *ardn* ‚Lanze, Speer' : lit. *árdas* m. ‚Stangengerüst zum Flachstrocknen', alt *ardamas* ‚die in der Diagonale des Segels stehende Spreizstange' (s. zur Bed. Bezzenberger GGA. 1885, 920)'? Petersson KZ. 47, 245 (die lit. Wörter nicht besser nach Leskien Abl. 329 zu *ardýti* ‚spalten, trennen', s. unten *er-* ‚locker').

WP. I 84.

ardi-, ṛdi- ‚Spitze, Stachel'.

Ai. *áḷi* ‚Biene, Skorpion' (aus **aḍi*, idg. **ṛdi*) = gr. ἄϱδις ‚Pfeilspitze, Stachel'; air. *aird* (**ardi-*) ‚Punkt, Spitze, Himmelsrichtung', anord. *erta* (**artjan*) ‚aufstacheln, anreizen, necken' (eine andere Deutung von *erta* unter *er-, er-d-* ‚in Bewegung setzen').

WP. I 83 f., Lüders Schriften 429.

areg- ‚verschließen‘.

Ai. *argala-ḥ, argalā* ‚Riegel‘, maked. *ἄργελλα* ‚Badehütte‘, woraus entlehnt alb. *ragál* f. ‚Hütte‘; kimmer. *ἄργιλλα* (*arg-el-i̯ā) ‚unterirdische Wohnung‘; as. *racud*, ags. *reced* m. ‚Gebäude, Haus‘. Vgl. *areq-* ‚schützen,
verschließen‘.

WP. I 81, WH. I 63, Jokl IF. 44, 22.

ar(e)-ĝ- (arĝ-?), *r̥ĝi-*, erweitert *r̥ĝ-ro-*, **argu-** ‚glänzend, weißlich‘.

Ai. *árju-na-ḥ* ‚licht, weiß‘; *rajatá-* ‚weißlich‘, *rajatám hiraṇyam* ‚weiß-
liches Gold, d. i. Silber‘, *rajatám* ‚Silber‘ mit auffälligem, trotz Osthoff
MU. VI 33 nicht aus tiefstufigem *r̥* (oder dgl.) herleitbarem Vokalismus
gegenüber av. *ərəzata-* n., apers. *ardata-* ‚Silber‘ (*r̥-*), lat. *argentum*, osk.
aragetud ‚argento‘, air. *arggat*, mir. *airget*, cymr. *arian(t)*, corn. *mbret*,
argant, nbret. *arc’hant* ‚Silber‘, gall. ON *Arganto-magus*; *arcanto-dan* .
‚Münzmeister‘, arm. *arcat* ‚Silber‘, toch. A *ārkyant* N. Pl. f.; mit anderer
Bildung gr. *ἄργυρος* ‚Silber‘ (trotz dieser Gleichungen steht die Kenntnis des
Silbers für die Urzeit nicht sicher, s. darüber und über die Entlehnungs-
frage Schrader RL. II² 394, G. Ipsen IF. 39, 235 f., Festschr. Streitberg
228), messap. *argorian* (: *ἀργύριον*) ds., *argora-pandes* (*arguro-pondi̯os)
‚quaestor‘.

Thrak. *ἄργιλος* ‚Maus‘, FlN *Ἄργος* (*Argi̯os).

Gr. *ἀργός* ‚weiß, schnell‘, in Kompositis *ἀργι-* : *ἀργι-κέραυνος* ‚mit glänzen-
dem Donnerkeil‘, *ἀργι-όδων* ‚mit blendend weißen Zähnen‘ (danach auch
ἀργινός für *ἀργεννός*, weitergebildet zu *ἀργινόεις*, Beiwort von auf weißen
Kalk- oder Kreidebergen gelegenen Städten); *ἀργαίνω* ‚bin weiß‘.

ἀργός wohl nach Wackernagel Verm. Beitr. 8 f. aus *ἀργρός* dissimiliert,
wozu sich der *i*-St. *ἀργι-* der Komposita verhält wie av. *dərəzi-raϑa-* ‚feste
Wagen besitzend‘ zu *dərəzra-* ‚fest‘. Das mit *ἀργός* lautlich gleiche ai.
r̥jrá- bedeutet auch ‚glänzend‘, ist also in dieser Bedeutung mit *ἀργός*
‚weiß‘ etymologisch identisch (dazu auch ai. *r̥jīti-*, *r̥jīka-* ‚strahlend‘). Ai.
r̥jrá- ‚schnell‘, *r̥ji-śvan-* ‚der über schnelle Hunde gebietende Verbündete
Indras‘ == gr. *ἀργός* ‚schnell‘ (ebenfalls von Hunden, also bereits ursprach-
liches Beiwort, s. Schulze Kl. Schr. 124), *ἀργί-πους* ‚schnellfüßig‘, PferdeN
Πόδ-αργος, hält Persson Beitr. 828 für ein von *ἀργός* (*r̥jrá-*) ‚weiß‘ verschiedenes Wort (zur Wz. *reĝ-* ‚gerade‘ in ai. *r̥jú-* ‚gerade darauf los-
eilend‘, *r̥ji-pyá* ‚dahin schießend‘, usw.), gegen Bechtel Lexil. 57, der den
Begriff des Leuchtens aus dem der schnellen Bewegung geflossen sein
läßt (vgl. ‚blitzschnell‘) wie auch Schulze aaO. Leuchtkraft der Farbe
und Schnelligkeit der Bewegung (vgl. lat. *micare*) als versch. Seiten derselben Anschauung betrachtet.

ἄργεμον, ἄργεμα n. ‚das Weiße (im Auge, Nagel)‘, ἀργήεις, dor. ἀργᾶς (*ἀργάϝεντς ‚glänzend‘; es-St. in ἐναργής ‚deutlich, klar‘, ἀργεσ-τής Beiwort des νότος, ‚aufhellend‘ (s. zuletzt Schwyzer Gr. Gr. I 500[1]), ἀργεννός ‚weißschimmernd‘ (*ἀργεσ-νός); vielleicht auch in ἀργειφόντης Beiwort des Hermes (‚im Glanze tötend‘?).

Ob der es-St. av. arəzah- ‚Nachmittag und Abend‘ damit etymologisch zusammengehöre, ist der Bed. halber mindestens ganz fraglich, s. Bartholomae Airan. Wb. 202, Bechtel aaO.

ἀργής, -ῆτος, -έτι, -έτα ‚weißschimmernd‘; ἄργιλλος und ἄργιλος ‚weißer Ton‘ (lat. Lw. argilla, argila): ἄργυ-φος s. oben, ἄργυ-φος, ἀργύ-φεος ‚weißglänzend‘ (im Wortausgang wohl zur Wz. bhā- ‚scheinen‘, Prellwitz BB. 22, 90, Bechtel Lexil. 57 f.).

Lat. argentum s. oben; arguō ‚mache klar, deutlich; helle einen Sachverhalt auf, überführe‘, argūtus ‚stimmkräftig, schwatzhaft; (seit Cicero auch:) strahlend, flimmernd‘ und ‚scharfsinnig‘.

Toch. A ārki, B ārkwi ‚weiß‘ (*arĝu̯i̯o-), ārcune ‚Beiwort des königl. Titels‘, A ārki-śośi ‚weiße Welt‘ (vgl. cymr. elfydd S. 30); hett. ḫar-ki-iš (ḫarkis) ‚weiß‘.

e-Vokalismus zeigen die von Osthoff MU. V, S. V, und MU. VI 33 herangezogenen got. unaírkns ‚unrein‘, aírkniþa ‚Reinheit, Echtheit‘, ahd. erchan ‚recht, echt‘, anord. jarknasteinn, ags. eorcnanstān ‚Edelstein‘ (dazu auch anord. jarteikn n. ‚Wahrzeichen‘ aus *jar[kn]-teikn, Lidén bei Noreen Aisl. Gr.[3] § 281, 6); vgl. auch Feist 25 b.

Als gesichert kann ich die Zugehörigkeit der germ. Worte nicht ansehen, doch wäre hinsichtlich des Vokalismus Kreuzung von germ. *ark- = idg. *arĝ- mit einem *erk- = ai. árcati, idg. *erk- wenigstens denkbar.

Über das von Uhlenbeck KZ. 40, 552, 560 herangezogene lit. áržuolas, ążuolas, dial. áužuolas, ostlit. dial. úžolas ‚Eiche‘, s. vielmehr Bezzenberger KZ. 42, 263, Trautmann Apr. 301, wonach anž- (vgl. apr. ansonis) die ursprüngliche Form ist (anders Zupitza KZ. 36, 66, Germ. Gutt. 214).

Bei Hirts (Abl. 124) Ansatz *ar(e)ĝ- bereiten die germ. Worte Schwierigkeit, doch s. oben. Der Ansatz eines 2. Wurzelvokals (areĝ-) ist nur durch ai. rajatám an die Hand gegeben, also zweifelhaft.

WP. I 82 f., II 362 f., WH. I 66, 848, Feist 25, Schwyzer Gr. Gr. I 260, 447, 481, Frisk Nominalbildg. 4.

Specht (Dekl. 114[1]) setzt wegen gr. ἄρμη· λευκή Hes. eine Farbwurzel ar- an, die er mit al- (oben S. 31) gleichsetzt.

areq- ‚schützen, verschließen‘.
Ausführlich Osthoff IF. 8, 54 ff. m. Lit.

Arm. *argel* ‚Hindernis‘, denomin. *argelum* ‚wehre, halte ab, halte zurück‘; vielleicht mit o-Abtönung *orm* ‚Mauer‘ (*ork-mo-?);

gr. ἀρκέω ‚wehre, halte vor, schütze, helfe; halte vor, reiche aus, genüge‘ (ἀρκέσω, ἤρκεσα) wohl aus *ἀρκέμω; ἄρκος n. ‚Schutz‘ (Alkman); ἄρκιος ‚ausreichend‘, αὐτ-άρκης ‚sich selbst genügend‘, ποδ-άρκης ‚mit den Füßen ausreichend, schnell‘ (s. auch Bechtel Lexil. 279 f.);

lat. *arceō*, *-ēre* ‚verschließen, einhegen; durch Abschluß fernhalten, abwehren, verhindern‘, *arca* ‚Kasten, Kiste, Lade, Geldschrank; Sarg‘ (eigentlich ‚Verschluß‘, vgl. *arcānus* ‚unter Verschluß, geheim‘; aus dem Lat. stammt got. usw. *arka* ‚Kasten, Geldkasten, Arche‘, ahd. *arahha*, *archa* ‚Arche‘ und aus dem Germ. wieder aksl. *raka* ‚Grabhöhle‘, apr. *arkan* Akk. Sg. ‚Arche‘), *arx* ‚feste Höhe, Burg‘, *arcera* ‚bedeckter Wagen‘ (Suffix nach *cumera*, vgl. WH. I 63) osk. *trííbarakavúm* ‚aedificare‘ (setzt ein *trēbark-* ‚ein Haus einhegen‘ voraus);

ahd. *rigil*, mhd. *rigel* ‚Riegel‘, mengl. *rail* (ags. *reogol), Güntert Kalypso 136;

lit. *rāktas* ‚Schlüssel‘, *rakìnti* ‚schließen‘;

hett. *ḫar(k)-* ‚halten, haben‘, Götze und Pedersen Muršili 50.

Durch die Bed. wenig empfohlen wird Heranziehung von cymr. *archen* ‚Kleidung, Schuh‘, bret. *arc'henna* ‚Schuhe anziehen‘ (mir. *acrann* ‚Schuh, Kleidung‘ wohl aus *arc-* umgestellt, Stokes KZ. 41, 381).

Über den von W. Foy KZ. 35, 62 als ‚Burgberg‘ gedeuteten apers. Bergnamen *arkadriš-* s. Justi IA. 17, 106 (angeblich *(II)ara-kadriš* ‚Bergschlucht‘), aber dazu wieder Bartholomae Z. altiran. Wb. 105 Anm. 1, 116.

Gegen Anreihung von slav. *račiti* ‚wollen, gönnen‘ (Brückner KZ. 45, 108 Anm.) spricht die Bed.

Als Form mit o-Abtönung (oder allenfalls mit *or* = *ṛ*) gilt lat. *Orcus* ‚Unterweltsgott; Unterwelt, Totenreich‘ (‚Verschließer‘? unsicher).

Ähnlich *aleq-* ‚abwehren, schützen‘ und *areg-* (s. d.).

WP. I 80 f., WH. 62 f., 848.

arenko- Getreideart?

Lat. *arinca* ‚Getreideart, olyra‘ (‚Galliarum propria‘ Plin. n. h. 18, 81; fremdes, vermutlich gall. Wort, trotz Niedermann *ě* und *ǐ* 30 nicht echt lat.), gr. ἄρακος ‚Hülsenfrucht, die unter den Linsen als Unkraut wächst‘, ἄρακοι· ὄσπριόν τι. τὸ δὲ αὐτὸ καὶ λάθυρον Hes.

Wegen des Bedeutungsunterschiedes ganz fragliche Gleichung; keinen Einwand bietet freilich der nicht ausreichende Anklang von ἄρακος an ὄροβος· ἐρέβινθος. Nicht verwandt trotz Fick II⁴ 16, 17 sind gr. ἄρτος

‚Brot' (dunkler Herkunft, s. Boisacq 84), mir. *arbar* ‚Getreide' (s. **ar-*
‚pflügen'), *arăn* ‚Brot'.
WP. I 84, WH. I 67.

ario-? ‚Herr, Gebieter'.

Ai. *ar(i)yá-* ‚Herr, gastlich', *ár(i)ya-*, Arier', *āryaka* ‚ehrwürdiger Mann';
av. *airyō*, apers. *ariya-* ‚arisch'; gall. PN. *Ario-mānus* (CIL, III 4594);
ir. *aire* (gl. primas) neben *airech*, wo **arjo-* und **arjāko-* anzusetzen ist,
welches sich zu ai. *āryaka* verhält wie gr. μεῖραξ ‚Jüngling' zu ai. *mar-*
jaká- ‚Männchen' (Pedersen Kelt. Gr. II 100). Dagegen gehört mir. *ruire*
nicht hierher, sondern aus *ro* + *rī* ‚Großkönig'.

Über ai. *aryamán* n. ‚Gastlichkeit', m. ‚Gastfreund', av. *airyaman-*,
npers. *ērmān* ‚Gast', s. oben unter 1. *al-*.

Sollte W. Krause (Runeninschriften 539) richtig urnord. *arjōstēR* N. Pl.
‚die Vornehmsten' lesen, so müßte allerdings ein urnord. *arjaR ‚vornehm'
und ein idg. **arjo-* angesetzt werden, das im Ai. lautlich mit einer Ableitung von *arí-* ‚Fremder' zusammengefallen wäre. Kelto-germ. PN *Ario-*
vistus beweist allerdings nichts, da *Ario-* für **Hario-* stehen könnte. Auch
air. *aire, airech* ‚Freier' sind zweideutig, s. oben unter 1. *al-*.
WP. I 80.

arqu- ‚Gebogenes'.

Lat. *arcus, -ūs* (Stamm lautet auf *-qu-* aus, vgl. alat. Gen. *arquī*, ferner
arques, arquitenēns) ‚Bogen', *arquātus, arcuātus* (*morbus*) ‚gelbsüchtig,
Gelbsucht', wohl eig. ‚regenbogenfarbig, grün und gelb aussehend' (vgl.
Thes.); *arcuātus* auch ‚bogenförmig'; umbr. *arçlataf* ‚arculatas', wozu
v. Planta I 341, Götze IF. 41, 91 (**arkelo-* mit Verlust der Labialisation);
got. *arƕazna* f. ‚Pfeil' (*arƕa-zna*, vgl. *hlaiwazna*), altn. *ǫr* (Gen. *ǫrvar*)
f. ‚Pfeil', ags. *earh* f. ds. (engl. *arrow*), germ. *arhwō.

Für den Ansatz *arqu-* (und nicht *arqʷ-*) würde sprechen russ. *rakíta*, čech.
rokyta, serb. *rokita* usw. ‚Haarweide', wo *arqūta (Miklosich EWb. 226,
Torbjörnsson BB. 20, 140) zugrunde liegt, und gr. ἄρκευθος ‚Wacholder',
welches Wort mit Lidén IF. 18, 507 mit aller Wahrscheinlichkeit hierzu
zu ziehen ist; dazu ἀρκευθίς ‚Wacholderbeere'. Allerdings nimmt Lidén
Verwandtschaft mit gr. ἄρκυς ‚Netz' (s. Bezzenberger BB. 21, 285) an, wozu man unter 1. *ar-*, S. 61 vergleiche.

Eine andere Verbindung für gr. ἄρκευθος und russ. *rakíta* usw. sucht
Endzelin KZ. 44, 59 ff., der richtiger lett. *ērcis, ēcis* (*ērcis) ‚Wacholder'
vergleicht; ferner *ērcêties* ‚sich quälen, grämen, streiten', *ērceša* ‚eine
sehr zänkische Person'; lett. *ērkš(k')is* ‚Dornstrauch' wäre nach Endzelin
Mischung von *erkis und einer dem lit. *erškėtis* ‚Dornpflanze' wurzelhaft

entsprechenden Form; gr. *ἀρ-* müßte dann Schwundstufe von *er- enthalten. S. unter *erk-.*

WP. I 81, WH. I 64, EM. 69.

arōd-, arəd- ‚ein Wasservogel'.

Gr. *ῥωδιός, ἐρωδιός* ‚Reiher' (*ἐρῳδιός* volksetym. im Ausgang nach *-ίδιος*),
lat. *ardea* ds. (*arəd-), anord. *arta*, aschwed. *ärta* ‚Kriekente', Demin.
anord. *ertla*, norw. *erle* ‚Bachstelze', serb. *róda* ‚Storch' (*rədú).
WP. I 146 f., WH. I 64.

aro-m ‚Schilfrohr'?

Gr. *ἄρον* n. ‚Natterwurz, Art Schilfrohr', *ἀρί-σαρον* ‚eine kleine Art davon';
lat. *harundō* ‚Rohr'; zur Bildung vgl. *hirundō* und *nebrundines : νεφροί*.
Das von Persson De orig. gerundii 59 angereihte lat. *arista* ‚Hachel,
Granne an der Ähre', *aristis* ‚holcus' unterliegt wegen seines zu *genista*
u. dgl. stimmenden Suffixes stark dem Verdachte, etruskisch zu sein (s.
Herbig IF. 37, 171, 178).
Aus einer Mittelmeersprache?
WP. I 79, WH. I 635 f.

aruā ‚Darm'?

Gr. *ὀρύα* f. ‚Darm', lat. *arvīna* f. ‚Schmer, Fett, Speck', ursprüngl.
‚Darmfett'? (vgl. ahd. *mitta-garni* ‚das in der Mitte der Gedärme liegende
Fett'); *ἀρβίννη· κρέας. Σικελοί* Hes. ist lat. Lw.
WP. I 182, II 353, WH. I 71.

äs-, davon **azd-, azg(h)-** ‚brennen, glühen'.

Ai. *ása-ḫ* ‚Asche, Staub' (über *ásita-ḫ* ‚schwarz' s. *ŋsi- ‚schmutzfarben');
lat. *āra* ‚Altar' (= osk. *aasai* ‚in āra', umbr. *are* ‚arae' usw.), *āreō, -ēre*
‚bin trocken, ausgedörrt', *āridus* ‚trocken' (davon *ardeō* ‚brenne', Partiz.
Pass. *assus* ‚trocken gebraten'), *ārea* ‚freier Platz, Tenne usw.' (eigentl.
‚ausgebrannte, trockene Stelle'); ahd. *essa* f., nhd. *Esse* (*asjōn), urnord.
aRina, aisl. *arinn* ‚Erhöhung, Feuerstätte', ahd. *erin* ‚Diele, Boden' (*azena);
toch. AB *as-* Präs., *ās-* Perf. und Kausat. ‚austrocknen', A *āsar* ‚trocken';
hett. *ḫa-aš-ši-i* (*ḫaši*) Lok. ‚auf dem Herde' (*ḫašaš*).

Vielleicht hierher mir. *ān* ‚feurig, leuchtend, edel' (*ās-no-). Über gr.
διψάω, πεινάω s. Schwyzer Gr. Gr. 1, 724.

Da das *r* in hett. *a-a-ri* (*āri*) ‚wird heiß' nicht zum Stamm gehört,
ist lat. *āreō* nicht von *āra* zu trennen.

Formantische Erweiterungen:

azd- in gr. ἄζω (*az-d-i̯ō) ‚dörre, trockne‘, ἄζα f. ‚trockner Schmutz‘, ἀζαλέος ‚dürr, entflammend‘, ἄδδαυον· ξηρόν. Λάκωνες Hes. (-δδ aus -zd-); čech. apoln. ozd ‚Malzdarre‘, čech. slov. ozditi ‚Malz dörren‘.

azg- arm. ačiun ‚Asche‘ (Meillet Esquisse 29), gr. ἄσβολος (*ἄσγ-βολος) ‚Ruß‘ (‚Aschen-wurf‘), germ. *askōn in aisl. aska, ags. asce, æsce, ahd. asca, nhd. Asche.

azgh-? in arm. azazim ‚dörre‘ (Meillet Esquisse 33, EM. 70), got. azgo ‚Asche‘ (*azgōn). Über das schwierige Verhältnis von germ. *askōn : *azgōn s. Feist 72 b; wieder anders Specht Dekl. 201, 219. Auch ist die Beweiskraft der arm. Beispiele nicht ganz einwandfrei.

WH. I 61, 65, 848, Feist 72, Trautmann 22, Pedersen Hittitisch 27, 164.

ast(h)- ‚Knochen‘, s. ost(h)-.

at- ‚gehen, Jahr‘.

Ai. átati ‚geht, wandert‘. Hierzu lat. annus ‚Jahr‘ aus *atnos == got. Dat. Pl. apnam ‚Jahr‘. Vgl. Fick I² 338, W. Meyer KZ. 28, 164, Froehde BB. 16, 196 f. (Bedeutungsentwicklung wie bei germ. *jēram ‚Jahr‘ zu i̯ē- ‚gehen‘).

Osk.-umbr. entspricht akno- ‚Jahr, Festzeit, Opferzeit‘ (mit -tn- zu -kn-, Brugmann IF. 17, 492). Erhalten ist das Wort in den Kompositis lat. perennis ‚das ganze Jahr dauernd; beständig‘, sollennis ‚alljährlich wiederkehrend oder gefeiert, feierlich; üblich‘ (Nebenform sollemnis sicherlich analogisch entstanden; Thurneysen AflL. 13, 23 ff., nach omnis?); umbr. sev-acni-, per-acni- ‚sollennis‘, Subst. ‚hostia‘.

WP. I 42 f., WH. I 51, 847.

āt(e)r- ‚Feuer‘.

Av. ātarš (Gen. āϑrō) m. ‚Feuer‘, wozu ai. átharvan- ‚Feuerpriester‘, Lw. aus av. aϑaurvan-, aϑaurun (das ϑ aus āϑrō) ds.;

arm. airem ‚verbrenne, zünde an‘ (auf Grund von *air aus *atēr); serb. vätra ‚Feuer‘, klr. vátra ‚Feuer, Herd‘, poln. vatra ‚Strohasche‘ sind nach Jokl WZKM. 34, 37 ff. aus rum. vatră ‚Herd‘ entlehnt, dies wieder aus dem Alb. (geg. votrë, votër mit v-Vorschlag vor alb. ot- aus *āt-, viell. iran. Lw.). Vielleicht als ‚verbrannt‘ auch lat. āter ‚schwarz, dunkel‘ == umbr. atru, adro ‚atra‘; aber lat. Ātella == osk. Aderḷ[ā] (*Ātrolā, z. B. v. Planta I 551), lat. Ātrius == osk. Aadíriis (v. Planta II 768, Thurneysen IA. 4, 38, Schulze Lat. Eig. 269, 578) sind etr. Herkunft verdächtig.

Möglich wäre Zugehörigkeit von ir. áith (Gen. átho) f., cymr. odyn f. ‚Ofen‘, s. Fick II⁴ 9.

WP. I 42, WH. I 75 f., 849 f.

*ati-, ateli-, -o- Fischname?

Gr. ἐτελίς ‚Goldbrassen' (kann aus *ἀτελίς assimiliert sein), lat. *attilus* ‚ein störähnlicher großer Fisch im Po' (wohl gall. oder ligur.: Holder Altcelt. Sprachsch. s. v., M.-L. 766; anders Hirt IF. 37, 222); alit. *atis*, lit. *ōtas*, lett. *āte* ‚Steinbutte'.

WP. I 44, WH. I 78.

ati, ato- ‚über etwas hinaus', daher bei einer dem Sprecher zugewendeten Bewegung ‚(über den Standort des Sprechenden) zurück', endlich einfach ‚her' unter Verblassen der Vorstellung eines überrannten Zieles oder Ortes. Vgl. zur Bedeutungsfrage bes. Brugmann Grdr. II² 2, 844 f. Die Färbung des anlautenden Vokals steht durchs Lat.-Kelt. (Griech.) als idg. *a-* fest, und es liegt kein triftiger Grund vor, den balt.-slav. germ. (und ar.) Formen idg. *o- zuzuschreiben, bloß weil dies einen schulgerechten Ablaut zum *e-* von *eti bildete. Mit *eti* (s. dort) bestand mindestens Gleichheit der Bedeutung und Austausch im Gebrauche. Ist *ati* Reduktionsstufe zu *eti*?

Ai. *áti* ‚über-hinaus (adnominal m. Akk.), überaus, sehr' (Adv. und Präverb), av. *aiti-*, apers. *atiy-* ds. Adv. (als 1. Kompos.-Glied und Präverb (vor *i-* ‚gehen' als ‚vorübergehen', vorüberziehen' und *bar-* ‚tragen' als ‚wieder hinüberbringen, tragen zu'); ar. *ati* kann auch idg. *eti mit vertreten.

Gr. vermutlich in ἀτ-άρ ‚aber' (vgl. αὐτάρ aus αὖτ' ἄρ; Brugmann-Thumb 623, KVG. 616; bei Verbindung mit ἄτερ, got. *sundrō*, bliebe der att. Lenis unerklärt). Lat. *at* ‚aber' aus steigernd-entgegensetzendem ‚darüber hinaus', welch letztere Bed. in *at-avus*, *at-nepos* (nicht in *apprīmē* u. dgl., s. Skutsch AflL. 12, 213). Gall. *ate-* (aus *ati-) in *Ategnātus* (= mbret. *(h)aznat*, nbret. *anat* ‚bekannt') u. dgl., abrit. *Ate-cotti* ‚die sehr Alten', air. *aith-*, vortonig *ad-* ‚wieder, ent-', mcymr. *at-*, ncymr. *ad-*, *ed-* (Belege z. B. bei Fick II⁴ 8, Pedersen KG. II 292); hierher als *ate-ko-n wohl mir. *athach* n. ‚eine gewisse Zeit', cymr. *adeg* m. ds., vgl. gall. *ATENOVX* (Bezeichnung der 2. Monatshälfte), Thurneysen ZcP. 20, 358?

Got. *aþ-þan* ‚aber, doch' (sehr fraglich ist dagegen Herleitung von got. as. *ak*, ags. *ac* ‚aber', ahd. *oh* ‚sondern, aber' aus *aþ- + ke = gr. γε; anders, aber kaum zutreffend Holthausen IF. 17, 458: = gr. ἄγε, lat. *age* ‚geh! wohlan!').

Lit. *at-, ata-*, jünger auch *ati-*, in Nominalkompos. *atō-* ‚zurück-, ab-, her-' (s. Brugmann Grundr. II² 2, 844 f.), apr. *et-*, *at-* (wohl nur aus balt. *at-*, Trautmann 46);

aksl. *ot-, otъ* ‚weg, ab, aus', adnominal m. d. Gen.-Abl., führt Meillet Ét. 155 f. auf gen.-ablativisches *atos zurück (ob = ai. *ataḥ* ‚von da'? eher

Pron.-St. *e- mit dem ablat. Adv.-Formans -tos); idg. *ati (und *eti) wäre dazu Lok.; beides bleibt sehr unsicher.

Die Doppelheit lit. ata-: atō- erinnert an pa-: pō (s. *apo), und es ist darum fraglich, ob man in atō einen nach Art der o-St. gebildeten Ablativ *atōd sehen darf. Im Slav. ist die Form auf langen Vokal weitergebildet in russ. usw. otáva ‚Grummet‘, wie apr. attolis, lit. atólas, lett. atãls, atals ‚Grummet‘. Für idg. Alter der kurzvokalischen Form lit. atã- = idg. *ato- (vgl. zum Ausgang *apo, *upo) spricht:

air. do-, to- Präfix ‚zu‘ mit (idg.?) Schwund des anl. Vokals (Meillet aaO., Stokes BB. 29, 171, Pedersen KG. II 74), wohl auch illyr. to-, alb. te ‚zu, bei‘ (Skok bei Pokorny Urill. 50).

WP. I 42 f., WH. I 75, 421 f., 863.

átos, atta Lallwort ‚Vater, Mutter‘.

Ai. attā ‚Mutter, ältere Schwester‘, atti-ḥ ‚ältere Schwester‘, osset. äda, gr. ἄττα ‚Väterchen‘, dial. Akk. ἄτειν, ἄττειν ‚Großvater‘, lat. atta m. ‚Vater; Kosewort der Kinder dem Vater gegenüber‘, got. atta ‚Vater‘ (Demin. Attila, ahd. Ezzilo), afries. aththa ds., ahd. atto ‚Vater, Vorfahr‘ (tt durch stets danebenlaufende Neuschöpfung unverschoben), aksl. otьcь (*attikós) ‚Vater‘; alb. at ‚Vater‘, joshë ‚mütterliche Großmutter‘ (*at-si̯ā?), hett. at-ta-aš (attaš), ‚Vater‘.

Ein ähnliches *áto-s in germ. *apala, *ōpela scheint auch die Grundlage von ahd. adal ‚Geschlecht‘, nhd. Adel, as. athali, ags. æðelu N. Pl. ‚edle Abkunft‘, aisl. aðal ‚Anlage, Geschlecht‘, Adj. ahd. edili, as. ethili, ags. æðele ‚adelig, edel‘, dehnstufig ahd. uodal, as. ōthil, ags. ēðel, anord. ōdal ‚(väterliches) Erbgut‘ (vgl. auch ahd. fater-uodal, as. fader-ōdil ‚patrimonium‘); hierher got. haimōþli n. ‚Erbgut‘, vgl. mit derselben Vokallänge ahd. Uota (eigentlich ‚Urgroßmutter‘), afries. ēdila ‚Urgroßvater‘; toch. A ātül ‚Mann‘; hierher auch av. āϑwya- ‚Name des Vaters Ɵraētaona's‘ als ‚von adeliger Abkunft‘?

Die Zugehörigkeit von gr. ἀταλός ‚jugendlich, kindlich‘, ἀτάλλω ‚ziehe auf, warte und pflege‘ und ‚springe munter wie ein Kind‘, red. ἀτιτάλλω ‚ziehe auf‘ (Redupl. unter Einfluß von τιϑήνη ‚Amme‘?), wird von Leumann Gl. 15, 154 bestritten.

Ein auf den verschiedensten Sprachgebieten sich stets neu bildendes Lallwort (z. B. elam. atta, magy. atya ‚Vater‘, türk. ata, bask. aita ds.). Ähnlich tata.

WP. I 44, WH. I 77, 850, Feist 62, 233, Trautmann 16.

1. **au** Ausruf des Schmerzes, der Verwirrung, Entrüstung.

Ai. o, lat. au, ags. ēa, mhd. ou(wē), nhd. au, lett. aũ, àu (zweisilb. au, avu bei Unwillen, Abweisung, Überraschung), poln. au, čech. ou.

WH. I 78.

2. au-, au̯-es-, au-s- ‚übernachten, schlafen'.

Arm. *aganim* ‚übernachte', *vair-ag* ‚auf dem Lande lebend', *auť* ‚Übernachten, Nachtruhe, Station'.

Gr. *ἰαύω* ‚schlafe' aus redupl. **i-ausō*, Aor. *ἰ-αῦσαι*, woneben unredupl. Aor. *ἄεσα*, Inf. *ἀϝέσ(σ)αι*; *αὖλις, -ιδος* ‚Aufenthaltsort, Lager, Stall, Nachtlager', *αὐλίζομαι* ‚bin im Hofe, übernachte', *ἄγραυλος* ‚im Freien übernachtend', *αὐλή* ‚Hof, Wohnung' (ursprüngl. wohl ‚der eingezäunte Raum ums Haus, in dem das Vieh für die Nachtzeit zusammengetrieben wird'); von *ἰαύω* stammt außer *ἰανθμός* ‚Nachtlager', *μηλιανθμός* ‚Schafstall', *ἐνιανθμός* ‚Aufenthaltsort' (: hom. *ἐνιαύειν* ‚sein Ruhequartier haben') auch gr. *ἐνιαυτός* eigentlich ‚Rast, Ruhestation', daher die Sonnenwenden als Ruhestationen im Sonnenlauf (*solstitium*), dann ‚Jahr, Jahrestag' (anders Specht Idg. Dekl. 15, Schwyzer Gr. Gr. I, 424[b], s. auch en-, ‚Jahr').

Eine schwere Basis **au̯ē-*, **au̯ō-* in den wohl anzureihenden hom. *ἀωτεῖς ὕπνον* (von Schulze Qu. ep. 72 unmittelbar zu *ἰαύω* gestellt unter formalem Vergleich von *ἐρ(ϝ)ωτάω : εἴρομαι* aus **ἔρϝομαι*) und *ἄωρος* (Sappho), *ὦρος* (Kallimachos) ‚ὕπνος' (Benfey Wzl.-Lex. I 298), wozu ags. *wērig*, engl. *weary*, as. *wōrag, wōrig* ‚müde', ahd. *wuorag* ‚berauscht'; über ai. *vāyati* ‚wird müde'; s. aber Wz. *au̯ē-* ‚sich mühen, anstrengen'.

WP. I 19f. Schwyzer Gr. Gr. I 690.

Über *u̯es-* ‚verweilen' s. unter besonderem Artikel.

3. au- (au̯e); u̯ĕ- ‚herab, weg von —'.

Ai. *áva* ‚ab, herab', meist Präfix von Verben und Subst., selten Präp. m. Abl., av. ap. *ava* Präfix ‚herab' und (indem mehr das Ziel als der Ausgangspunkt der Bewegung zum Bewußtsein kam) ‚worauf zu, heran' (z. B. *avabar-* ‚hinabbringen, wegtragen' und ‚hinzubringen, verschaffen'), ebenso Präp. m. Akk. ‚hin-zu, hin-an'; davon ai. *ávara-* ‚inferior' und av. *aorā* ‚nach unten, hinab' (nach *parā* aus *avarə* erweitert), av. *avarə* Adv. ‚hinab, herab' = ai. *avár* RV. I 133, 7; ai. *aváḥ* (*avás*) ‚herab', wovon *avastād* ‚unten'; ohne ausl. Vokal (vgl. av. *ao-rā*) ai. *ō-* z. B. in *ō-gaṇá-ḥ* ‚alleinstehend, erbärmlich' (: *gaṇá-ḥ* ‚Schar'; Wackernagel Ai. Gr. I 54); gr. *αὖ-* wohl in *αὐχάττειν· ἀναχωρεῖν, ἀναχάζεσθαι* Hes. (Schulze Qu. ep. 60);

illyr. *au-* ‚ad' in Eigennamen? (Krahe IF. 49, 273);

lat. *au-* ‚fort' in *auferō* (= av. *áva-bharati*, av. *ava-bar-*), *aufugiō*;

gall. *au-tagis* ‚διάταξις?' (Vendryes BSL. 25, 36);

air. vielleicht *ō, ūa* ‚von, mit, durch', als Präp. m. Dat., acymr. *hou*, jünger *o* ‚wenn', *o* Präp. ‚von';

apr. lit. lett. *au-* ‚weg, ab' (z. B. lett. *au-manis* ‚unsinnig'), aksl. *u* Präfix ‚weg, ab', z. B. *u-myti* ‚abwaschen' (*u-bĕžati* ‚aufugere'), als Präp. m. Gen.

,von' (bei Verben des Verlangens, Empfangens, Nehmens) und, mit Verblassen des Begriffes des Ausgangspunktes, ,bei';

hett. Präverb *u-* (*we-*, *wa-*) ,hierher', *a-wa-an* ,hinweg' (Sturtevant Lg.
7, 1 ff.).

Davon mit *t*-Formans *aut(i)o-*: gr. αὔτως ,vergeblich', αὔσιος ds. und
got. *auþja-* (N. Sg. *auþeis* oder *auþs*) ,öde, verlassen' (*,abgelegen'),
auþida ,Wüste', ahd. *ōdi*, nhd. *öde*, anord. *auðr* ,öde'; air. *ūathad* ,Einzel-
heit, Vereinzelung'. — Geht auf die Schrecken der Einöde, Wildnis auch
mir. *ūath* ,Schrecken, schrecklich' (fernzuhalten sind cymr. *uthr* ,schreck-
lich', corn. *uth*, *euth*, bret. *euz* ,Schrecken')? Wenigstens ist deren Verbindung mit lat. *pavēre* ,sich ängstigen, vor Furcht zittern' alles eher als
sicher, s. *pou-* ,Angst'.

Neben *aut(i)o-* steht vielleicht ablautendes *u-to-* in alb. *hut* ,vergeb-
lich, leer, eitel', *u̯e-to-* (s. unten *u̯ĕ-*) in gr. οὐκ ἐτός ,nicht umsonst,
nicht ohne Grund', ἐτώσιος (Ϝ bei Homer) ,vergeblich, ohne Erfolg, unnütz'.

u̯ĕ-, mit *au̯-* wohl unter *au̯e-* zu vereinigen:

lat. *vĕ-* in *vēscor* ursprüngl. ,wovon abessen' (: *esca*), woraus rückgebildet
vēscus ,gefräßig; wählerisch im Essen (*,nur abknabbernd'); abgezehrt'; *vē-*
zur Bezeichnung eines fehlerhaften Zuviel oder Zuwenig, *vē-cors* ,aber-
witzig, verrückt, tückisch', *vē-grandis* ,nicht groß, winzig', *vēsānus* ,ver-
rückt', *Vē-jovis*, umbr. *ve-purus* (Abl. Pl.), wenn ,(ἱερὰ) ἄπυρα'.

u̯o-: Gr. Ϝο- in ark. Ϝο-φλησκάσι, att. ὀ-φλισκάνω, ὀφείλω, lesb. ὀ-είγην
,öffnen', att. οἴγω, jünger οἴγνυμι (Prellwitz² 345, Brugmann IF. 29, 241,
BSGW. 1913, 159).

u̯es-: Mit ai. *avás* ,herab' hängt formantisch germ. *wes-* zusammen in
nhd. *West*, ahd. *westar* ,westwärts', anord. *vestr* n. ,Westen', Adv. ,im W.,
gegen W.' (*u̯es-t(e)ro-*, vgl. anord. *nor-ðr*), ahd. *westana* ,von W.' usw.
(Brugmann IF. 13, 157 ff.; über die Erklärung der *Wisigothae* als ,West-
Goten' s. Kretschmer Gl. 27, 232).

Hierher (nach Brugmann aaO.) auch der Anlaut des Wortes für Abend,
idg. *u̯esperos* und *u̯eqeros*, s. dort.

Verwandtschaft von idg. *au̯-*, *u̯ĕ-* mit dem Pron.-St. *au-*, *u-* ,jener' als
,von jenseits, von dorther' ist denkbar.

WP. I 13 f., WH. I 79, 850, Trautmann 16.

4. **au-**, **u-** (: *u̯ĕ-*, *u̯o-*) Pronominalstamm ,jener', auch gegenüberstellend
   ,alter, alius', ,andrerseits, hinwiederum', in zwei aufeinanderfolgen-
   den Satzgliedern gesetzt ,dér einerseits — dér andrerseits', ,einerseits
   — andrerseits'.

   au̯o-: Ai. av. apers. *ava-* ,jener'; aksl. aruss. *ovъ — ovъ* ,dér einerseits
   — dér andrerseits, der eine — der andere', *ovogda — ovogda* ,das eine

Mal — das andere Mal' (aus diesem korrelativen Gebrauche erst scheint das jener-deiktische poln. *ów* und das ich-deiktische serb. *òvaj*, ebenso nbulg. *-v* [**ųo-s*] entwickelt).

u-: Ai. *amú-* (Akk. Sg. *amúm* usw.) ,jener', erwachsen aus Akk. Sg. m. **am* (= idg. **e-m* ,eum') + **um* (Akk. Sg. unseres St. *u*); s. Wackernagel-Debrunner III 550 f.

Toch. A *ok*, B *uk* ,noch', A *oki* ,wie, und', A *okäk* ,bis zu', vielleicht nur **u-g* (Schwundstufe zu got. *auk*); ob dazu B *om(p)ne, omte* ,da'?

Partikel ai. *u* ,auch, andrerseits, hinwiederum, dagegen', hervorhebend bes. nach Verbalformen, Pron. und Partikeln (*nō* ,und nicht, nicht' = *ná u, athō* = *atha u*), gr. *-v* in *πάν-v* ,gar sehr', got. *-u* Fragepartikel (auch die Enklitika *-uh* aus *-u-qᵘe*, s. Brugmann IF. 33, 173); dieses *u* auch in ai. *a-sāú* m. f. ,jener', av. *hāu* m. f., ap. *hauv* m. ,jener', Wackernagel-Debrunner III 529, 541.

Partikel ai. *u-tā*, in beiden Gliedern ,einerseits—andrerseits, bald—bald, sowohl — als auch', oder nur im zweiten Glied, etwas entgegensetzend ,und, auch' (nachved. in *ity-uta, kim-uta, praty-uta*), av. *uta*, ap. *utā* ,und, und auch'; griech. *ἠύτε* ,ebenso wie' aus **ἠϝ(ὲ)* + *ντε* (ursprüngl. ,wie andrerseits', ,wie auch'), aber hom. *εὖτε* ,ὅτε' aus *εὖ* + *τε* nach Debrunner IF. 45, 185 ff.; *δεῦτε* ist zugebildet zu *δεῦρο*; auch *οὖτος, αὕτη, τοῦτο* am wahrscheinlichsten aus *ὁ, ἁ, το* + *ντε* mit nachträglicher Endflexion; wgerm. *-od* in as. *thar-od*, ahd. *thar-ot* ,dorthin, dort', as. *her-od*, ahd. *her-ot* ,hierhin', wonach auch as. *hwarod* ,wohin, wo', ahd. *warot* ,wohin' (aus **ute*? oder aus **utā*? Auch **aute, *auti*, siehe unten, wäre mögliche Grundform).

Hierher av. *uiti*, gthav. *ūitī* ,so', nicht aber lat. *ut* und *uti*, alat. *utei*.

Neben *u, utā* usw. steht mit der Ablautstufe idg. *au-*:

gr. *αὖ* ,andrerseits, wiederum', **αϝι* ,wiederum' (erweitert zu ion. *αὖτις*, gort. *αὖτιν*, nach antiken Grammatikern für ,auf der Stelle, dort', woher *αὐτίκα* ,im Augenblick, sogleich', *αὖ-θι* ,daselbst', *αὖτε* ,wieder, auch, ferner'; lat. *aut* (**auti*) ,oder', *autem* ,aber' (zur Form s. WH. I 87), osk. *aut, auti* ,aut' und ,autem' (zur Bed. s. v. Planta II 465), umbr. *ute, ote* ,aut'; vielleicht auch got. *auk* ,denn, aber', anord. *auk* ,auch, und', ags. *ēac*, as. *ōk* ,auch', ahd. *ouh* ,und, auch, aber', nhd. *auch* = gr. *αὖ-γε* ,wiederum'.

Pedersen Pron. dém. 315 vermutet eine dem gr. *αὖ* entsprechende Form im Anlaut von alb. *a-që* ,so viel'. — Brugmann BSGW. 60, 23 a 2 reiht auch gr. *αὐ-τός* als ,von ihm aus' an; andere Deutungen s. bei Schwyzer Gr. Gr. I 613 f.

Mit *r-*Formans airan. *avar* ,hier', lit. *aurè* ,siehe da!', tiefstufig umbr. *uru* ,illo', *ura-ku* ,ad illam', *ures* ,illis' (*orer ose* eher mit *ŏ* = *ŭ* als

— lit. *aụ*); vielleicht *δεῖφο* ‚hierher, wohlan‘ (*δεύφω* nach *ὀπίσσω* u. dgl., inschr. *δεῦφε* nach *ἄγε*) aus *δέ-υφο (*δε* ‚hier‘ + *αὗφο* ‚her‘), Schwyzer Gr. Gr. I 612, 632.

ụè-, ụo-: Die Bed. ‚oder‘ (= ‚andrerseits‘) bes. in ai. *vā* ‚oder‘ (auch ‚selbst, sogar; indessen; wohl, etwa‘; ebenso bekräftigend *vāi*), av. ap. *vā* ‚oder‘ (auch Partikel der Hervorhebung und Versicherung), ai. av. *vā—vā* ‚entweder — oder‘, gr. *ἠ-(ϝ)έ*, *ἠ* (mit Proklisenbetonung für *ἠ̣-(ϝ)ε*, wie noch im 2. Glied der Doppelfrage), lat. *-vĕ* ‚oder‘ (auch in *ceu, sīve, seu, nĕve, neu*), auch wohl ir. *nó*, abret. *nou* ‚oder‘ (wenn aus *ne-ụe ‚oder nicht‘ mit Verblassen der Negativbedeutung ursprüngl. in negativen Sätzen, Thurneysen Grammar 551; nicht wahrscheinlicher nach Pedersen KG. I 441 ein erstarrter Imperativ *neụe des Verbums ir. *at-nói* ‚er vertraut ihn an‘, gr. *νεύω*); toch. B *wa-t* ‚wo‘.

Vgl. auch ai. *i-vá* (: *va* = *l-δέ* : *δέ*) ‚gleichwie, geradeso‘, *ē-vá* ‚so, geradeso, eben, nur‘, *ēvám* ‚so‘ (verhält sich zu bekräftigendem *vāi* und *vā—vā* wie *ē-na-* ‚dieser‘ zu *nā—nā* ‚auf verschiedene Weise‘, ursprüngl. ‚so und so‘; mit *ē-vá* deckt sich gr. *οἶ(ϝ)ος* ‚allein‘ (‚*gerade nur dér‘), av. *aēva-*, apers. *aiva-* ‚ein‘ (vgl. mit dem *no*-Demonstrativ idg. *oi-no-s ‚ein‘).

S. bes. Brugmann Dem. 96 f., Grundr. II² 2, 341—343, 350, 731 f. m. Lit. II² 3, 987, Schwyzer Gr. Gr. I 629, 632, 804, Boisacq s. v. *αὖ*, usw.

WP. I 187 f., WH. I 87, 209, Van Windekens Lexique 78, 80.

5. aụ-, aụē- ‚flechten, weben‘.

Unerweitert in: ai. *ótum, ótavē* (von der seṭ-Basis *vátavē*) ‚weben‘, Perf. *ūvuḥ*, Partiz. *ūtá-, vy-uta-* (auch das Präs. *váyati* ‚webt‘ kann nach Wackernagel Ai. Gr. I 94 ein *-eịo*-Präsens *v-áyati* sein, so daß Fut. *vayiṣyati, vāya-* ‚Weber‘ erst dazu neugeschaffen wären), *ótu-* m. ‚Einschlag des Gewebes‘, *vāna-* n. ‚das Weben‘.

Am Bestehen einer schweren Basis ist gegen Wackernagel festzuhalten wegen *vátave* ‚weben, flechten‘, *vānam* (W. muß *ūtá-* als Neubildung zu *váyate* nach *hūtá-* : *hváyate* auffassen).

dh-Erweiterung 1. au-dh-, 2. (a)ụ-ĕdh-, u-dh-:

1. Arm. *z-aud* ‚Band‘ (*z-audem* ‚verbinde, verknüpfe‘), *y-aud* ‚Band, Glied, Gelenk‘ (*y-audem* ‚füge zusammen‘), *aud* ‚Schuh‘; lit. *áudžiau, dudžiu, áusti* ‚weben‘, *ataudaī* Pl. ‚Einschlag‘, *ūdis* ‚ein einmaliges Gewebe, das Abweben‘, *ūdas* ‚Aalschnur‘ (Vokal wie bei *dugu* ‚wachse‘ : *āgỹs* ‚Jahreswuchs‘); russ. *uslo* ‚Gewebe‘ (*uzda* ‚Zaum‘?), s. u. *eu-* ‚anziehen‘. Auf die Vorstellung der webenden oder spinnenden Schicksalsgöttin und des von ihr Zugeteilten führt auch zurück:

audh- ‚Glück, Besitz, Reichtum': illyr. PN *Audarus, Audata* (: germ. *Audo-berht*), paion. PN *Audō-leōn* (Krahe IF. 58, 132), cymr. *udd* (*audos) ‚Herr' (anders Lewis-Pedersen 14), bret. *ozac'h* ‚Hausherr' (*udakkos), Loth RC. 41, 234; as. *ōdan*, ags. *ēaden*, anord. *auđinn* ‚vom Schicksal vergönnt, gewährt', anord. *auđna* ‚Schicksal, Glück', *auđr* ‚Reichtum', ags. *ēad* ‚Besitz, Reichtum, Glück', as. *ōd* ‚Besitz, Wohlstand', ahd. *al-ōd* ‚voller und freier Besitz' (mlat. *allọdium*), mhd. *klein-ōt* ‚Kleinod', got. *audahafts* ‚beglückt', *audags* ‚beatus', ahd. *ōtac* ‚glücklich, reich'.

2. Anord. *vāđ* f. ‚Gewebe, Stück, Zeug, wie es vom Webstuhl fertig kommt, Zugnetz', Pl. *vāđir* ‚Kleider', ags. *wǣd* (**wēđi-*) f. ‚Kleid, Seil', as. *wād* ‚Kleidung', ahd. *wāt*, Gen. *-i* ‚Kleidung, Rüstung';

anord. *vāđr* m. ‚Seil, Schnur, Angelschnur', schwed. norw. *vad* n. ‚Zugnetz' (anord. *vọzt* f. ‚Fischplatz auf der See' aus *wađa-stō), mhd. *wate*, *wade* f. ‚Zugnetz, Wate', mhd. *spinne-wet* ‚Spinnweb'.

Vielleicht hierher *ụebh-* ‚weben', *ụedh-* ‚binden, verbinden' (wozu als nas. Form wohl *ụendh-*), s. dort; auch vielleicht *ụei-* ‚drehen', (*a*)*ụeg-* ‚weben usw.' (*ụer-* ‚drehen'?), *ụes-* ‚wickeln'.

WP. I 16f., WH. I 88.

6. **aụ-, aụed-** ‚sprechen'.

Gr. hom. *aὖe* Imperf. ‚rief', *ἄβα · τροχὸς ἢ βοή* Hes.

Ai. *vádati* ‚läßt die Stimme erschallen, redet' (Perf. *ūdimá*, Partiz. *uditá-*), *vádanam* ‚das Tönen, Reden, Mund', *úditi-ḥ* f. ‚Rede', *vādayati* ‚läßt ertönen, spielt (ein Musikinstrument), läßt sprechen', *vāditram* ‚musikalisches Instrument, Musik', *vāda-* ‚ertönen lassend, m. Laut, Ruf, Klang, Aussage, Wortstreit'; in der Dehnstufe und der Bed. vergleicht sich am nächsten aksl. *vada* ‚calumnia', *vaditi* ‚accusare';

nasaliert ai. *vandate, -ti* ‚lobt, preist, begrüßt mit Ehrfurcht', *vandanam* ‚Lob, Preis, ehrfurchtsvolle Begrüßung', *vandāru-* ‚lobend, preisend'; siehe noch Uhlenbeck Ai. Wb. unter *vallakī* ‚eine Art Laute', *vallabha-ḥ* ‚Günstling'.

Gr. *γοᾶν* [d. i. *Ϝοδᾶν*] · *κλαίειν* Hes., *Ἡσί(Ϝ)οδος* ‚qui *ἵῃσι Ϝόδαν*, i. e. *ἀοιδήν*, *γοδόν* [d. i. *Ϝοδόν*] · *γόητα* Hes.; tiefstufig *ὑδέω*, *ὕδω* (von den Alexandrinern irgendwo hervorgeholt) ‚besinge, verherrliche', *ὑδή · φήμη*, *ᾠδή* (Theognostos καν. 19, 26) (*ἔμνος* ‚Lied, Gesang' eher zum Hochzeitsruf *ὑμήν*: andere Deutungen verz. Walde LEWb.² u. *suō*, Boisacq s. v., wieder anders Risch 50).

Lit. *vadinù, vadìnti* ‚rufen, nennen'.

aụ-ē-d- in *ἀ(Ϝ)ηδών* ‚Nachtigall' (*ἀβηδόνα · ἀηδόνα* Hes., äol. *ἀήδων* und *ἀήδω*, die Tiefstufe *ἀυδ-* in *αὐδή* ‚Laut, Stimme, Sprache' (äol. *αὔδω*

Sappho), αὐδάω ,schreie, spreche', αὐδήεις, dor. αὐδάεις ,mit menschlicher Stimme sprechend'.

au-ei-d- in ἀ(ϝ)είδω (att. ᾄδω) ,singe', ἀ(ϝ)οιδή (att. ᾠδή) ,Gesang', ἀοιδός ,Sänger', ἀοίδιμος ,besungen'. Anders Wackernagel KZ. 29, 151 f. Toch. B watk-, AB wätk-, B yaitk- ,befehlen'.
WP. I 251 f., Specht KZ. 59, 119 f., Van Windekens Lexique 155.

7. au-, auē-, auēi- ,gern haben'; daher einerseits ,verlangen', andrerseits ,begünstigen, hilfreich sein'; auos ,Hilfe'.

Ai. ávati ,verlangt, begünstigt, fördert' = av. avaiti ,sorgt, hilft' = air. con-ói ,beschützt'; messap. αϝιναμι ,valere iubeō?'; ai. ávas- n. Befriedigung, Gunst, Beistand' = av. avah- n. ,Hilfe' (dazu wohl ai. avasá- n. ,Nahrung'), vgl. gr. ἐν-ηής ,wohlwollend' (*εν-αϝής); ai. ōman- ,günstig, helfend' = av. aoman-, helfend, beistehend', ai. ōmán- m. ,Gunst, Beistand, Schutz', ōma-ḥ ,Genosse'; ai. avitár- m. ,Gönner, Förderer' (von der zweisilbigen Wzf. wie Fut. aviṣyati, Perf. 2. Sg. avitha, sowie Partiz. ūtá- und:) ūti-ḥ ,Förderung, Hilfe';

arm. aviun ,libido' (Petersson Et. Misz. 8);

gr. -αϝονες im 2. Gliede griechischer Stammnamen ('Ιάονες)? Vgl. Kretschmer Gl. 18, 232 f., anders Schwyzer Gr. Gr. I 487, 3; 521; ἀἵτας (Theokrit) ,Freund, Geliebter';

lat. aveō, -ēre (Basis auē[i]- wie im vorhergehenden) ,begierig sein, heftiges Verlangen tragen', avidus ,begierig, worauf Lust habend' (davon audeō, -ēre ,wofür Lust haben, aufgelegt sein, es übers Herz bringen, wagen'), avārus ,geldgierig, habsüchtig';

air. con·ōi ,beschützt', cymr. ewyllys ,voluntas', corn. awell ,Verlangen', abr. a-iul ,ultro', mbret. eoull, youll ,voluntas', als Namenbestandteil in gall. Avi-cantus (= abret. Eucant), acymr. Euilaun u. dgl., ebenso in ahd. Namen wie Awileib, Awo; vgl. got. awi-liuþ ,χάρις, εὐχαριστία'; mcymr. ri-m-aw ,er gewähre mir', cymr. ad-aw (mit negat. at-) ,verlassen', abret. di-eteguetic ,destitutas' (*di-at-aw-etic).

Falk-Torp 1407 reiht auch an: ahd. ōdi, as. ōthi, ags. Adj. īeþe, Adv. ēaþe ,leicht, bequem', ahd. ōdmuoti, as. ōthmōdi ,demütig', ags. ēaþmōd ,demütig', anord. audmjūkr ,leicht zu bewegen, willig, demütig', audkendr ,leicht zu erkennen'; Gdbed. sei ,willig', woraus ,leicht zu machen'; formell germ. to-Partizip-Bildung zu awi- (Vorbild germ. auþia- ,öde'?). Recht unsicher.

Wenn auch altlit. auštis ,sich erquicken', at, ataušimas ,Erquickung', lett. ataust ,sich erholen, laben', ataũsêt ,erquicken, laben' verwandt sind, liegt ihnen die Tiefstufe *aus- des in ai. ávas-, gr. ἐν-ηής vorliegenden es-St. zugrunde. Oder = lit. áušti ,kalt werden', áušyti ,kühlen'?

Toch. B *au-lāre*, A *olar* ‚Genosse‘; als zweifelhaft B *omaute* ‚Sehnsucht‘, *w-ār(ĭn)-* ‚ersehnen‘, A *w-aste* ‚Schutz‘ mit angebl. Schwundstufe der W$_z$. Eher hierher *wa-* ‚geben‘, A 1. Sg. *wsā* (Pedersen Tochar. 186). WP. I 19, WH. I 81, 850, Van Windekens Lexique 9, 79, 153, 157.

8. **aṳ-, aṳēi-** ‚sinnlich wahrnehmen, auffassen‘.

Ai. *-avati* mit *ud-* und *pra-* ‚aufmerken, beachten‘, aksl. *umъ* ‚Verstand‘ (Gdf. **au-mo-*); hierzu toch. B *om-palokoññe* ‚méditation‘? Anders Pedersen, Tochar. 223 Anm.

äṳis-: dehnstufig ai. *āvíṣ* Adv. ‚offenbar, bemerkbar‘, av. *āviš* Adv. ‚offenbar, vor Augen‘ (npers. *āškār* ‚klar‘; ai. *avíṣṭya-ḥ*, av. *āvišya-* ‚offenkundig‘); aksl. *avé*, *javě* Adv. ‚kund, offenbar‘ (im Ausgang nach den Adjektivadverbien auf *-ě* umgebildet aus **avъ*, wovon :) *aviti, javiti* ‚offenbaren, kundmachen, zeigen‘ (lit. *óvytis* ‚sich im Traume sehen lassen‘ Lw. aus dem Slav.).

Normalstufig: gr. αἰσϑάνομαι, Aor. αἰσϑέσϑαι ‚wahrnehmen‘ (**αϝισ-ϑ-*); lat. *audiō* ‚höre‘ aus **aṳiz-dh-iō*, vgl. *oboedio* aus **ób-avizdhiō* über **oboĭdiō*; gr. ἀΐω (Neubildg. zum Aor. ἐπ-ήϊσ(σ)α, ἄϊον) ‚vernehme, höre‘ (**αϝισ-*); ἐπάϊστος ‚gehört, ruchbar, bekannt‘.

Hierher wohl hett. *u-uḫ-ḫi* ‚ich sehe‘, *a-uš-zi* ‚sieht‘, *a-ú-ri-iš* (aus *a-ú-wa-ri-iš*) ‚Ausschau, Warte‘, iterat. *ušk-* ‚wiederholt sehen‘.

WP. I 17, WH. I 80, Trautmann 21, Pedersen Hittitisch 172 f.

9. **aṳ(e)-, aṳed-, aṳer-** ‚benetzen, befeuchten, fließen‘.

   a) aṳ(e)-, aṳent-:

Hisp. FlN *Avo[s]* > span. *Ave*, ON *A[v]o-briga*; gall. FlN *Aveda* > prov. *Avèze* (Gard), *Avisio portus* (Alpes-mar.);

ai. *avatá-ḥ* m. ‚Brunnen‘ (**aṳntos*), *avatā-ḥ* ‚Zisterne‘ (mit prakrit. *ṭ* aus *t*), ital. FlN *Avēns* im Sabinerland (davon *Aventīnus* m. Hügel Roms?), *Aventia* (Etrurien), gall. *Aventia*, Quellnymphe von *Aventicum* > frz. *Avenches* (Schweiz), zahlreiche FlN *Avantia* (**aṳntiā*) > frz. *Avance, La Vence*, abrit. **Avantīsā* > cymr. *Ewenni*; alit. FlN *Avantà*, lett. *avuōts* (**aṳontos*) ‚Quelle‘.

   b) aṳed-, aud-, ūd-; heteroklit. *r/n*-St. **ṳédōr, ṳódōr** (Nom. Sg.), **udén(i)** (Lok. Sg.), **udnés** (Gen. Sg.) ‚Wasser‘, vgl. J. Schmidt Pl. 172 ff., Pedersen KZ. 32, 240 ff., Bartholomae PBrB. 41, 273.

Ai. *ōdatī* ‚die Quellende, Wallende‘, *ōdman-* n. das Wogen, Fluten‘, *ōdaná-m* ‚Brei in Milch gekocht‘, av. *aoδa-* m. ‚Quelle‘.

Ai. *unátti* (**u-n-ed-ti*), 3. Pl. *undáti* ‚quellt, benetzt‘; av. *vaiδi-* f. ‚Wasserlauf, Bewässerungskanal‘.

Ai. *udán(i)* Lok., *udnáḥ* Gen., *udá* Nom. Akk. Pl. ‚Wasser‘ (Nom. Akk.

Sg. *udakā-m*); vom *r*-St. abgeleitet *samudra-ḥ* ‚Meer‘, *anudra-ḥ* ‚wasserlos‘ (= gr. ἄνυδρος);

u̯dro-s ‚Wassertier‘: ai. *udrá-ḥ* ‚ein Wassertier‘ = av. *udra-* m. ‚Otter,
Fischotter‘ (= gr. ὕδρος, ahd. usw. *ottar*, vgl. auch lat. *lutra* und mit *ū*
lit. *ū́dra*, aksl. *vydra* ds.);

von einem -(*e*)*s*-St. ai. *utsa-ḥ* ‚Quelle, Brunnen‘, vgl. air. *uisce* (**udeski̯o-*)
‚Wasser‘;

arm. *get* ‚Fluß‘ (Gdf. **u̯edō*, Sandhiform zu *u̯edōr*, vgl. unten slav. *voda*;
ihr entspricht auch phryg. βεδυ ‚Wasser‘, d. i. **vedū* aus **u̯edō*, Kretschmer Einl. 225).

Gr. ὕδωρ, ὕδατος (**vδ-ṇ-τος*) ‚Wasser‘ (mit metr. Dehnung ὕδωρ); vom
r-St. abgeleitet ἄνυδρος ‚wasserlos‘, ὕδρος, ὕδρα ‚Wasserschlange‘, ἐνυδρίς f.
‚Fischotter‘, ὑδαρής, ἰδαρός ‚wässerig‘ (ἰδαλέος ds. mit Suffixtausch; ähnlich ἴλλος ‚Wasserschlange, Ichneumon‘ : ὕδρος = lak. ἐλλά : ἔδρα), ὕδερος
‚Wassersucht‘, ὑδρία ‚Wassereimer‘ (: lat. *uter*); vom *n*-St. (vgl. ὕδης
‚wässerig‘) abgeleitet Ἀλοσύδνη eig. ‚Meereswoge‘ (?), Beiname der Amphi-
trite und Thetis (Johansson Beitr. 117; ob auch ὕδνον ‚Trüffel‘ als ‚saftig‘??),
sowie wahrscheinlich Καλ-υδών, -ύδνα (-ύμνα), Καλύδνιοι, -ύμνιοι (s. Boisacq 998 a)?

es-St. τὸ ὕδος ‚Wasser‘ ist erst spät poet. Nom. Akk. zum Dat. ὕδει.
Maked. ON Ἔδεσσα aus **u̯edesi̯ā*, Kretschmer RIEt Balc. 1, 383.

Alb. *ujë* ‚Wasser‘ (nach Pedersen KZ. 34, 286; 36, 339 nicht aus **ud-
ni̯ā*, sondern aus **ud-*; oder doch aus **udō*?).

Lat. *unda* f. ‚Welle, Woge‘ (mit *n*-Infix aus dem Präsens; vgl. apr.
wundan n., *unds* m. ‚Wasser‘ und ai. *unátti*, *undáti* sowie lit. *vanduõ*,
-*eñs*, *vándeni̯*, žem. *unduo*, lett. *ūdens* m. f. ‚Wasser‘, und dazu Schulze
EN. 243, Brugmann Grdr. II² 3, 281, 283, Trautmann 337); *uter*, *utris*
‚Schlauch‘ (**udri-s* ‚*Wasserschlauch‘, vgl. gr. ὑδρία), *lutra* ‚Fischotter‘
(*l-* nach *lutum* ‚Pfütze‘).

Umbr. *utur* n. ‚Wasser‘ (= ὕδωρ), Abl. *une* (**udni*).

Air. *u*(*i*)*sce* ‚Wasser‘ (**udeski̯o-*), *odar* ‚braun‘ (**udaros*), *coin fodorne*
‚Ottern‘ (‚Wasserhunde‘).

Got. *watō* (*n*-St.), Dat. Pl. *watnam* ‚Wasser‘; aschwed. *vœtur* (œ = idg. *e*?
oder Umlaut von germ. *a* in den -*in*-Kasus, s. Bartolomae aaO.), aisl.
vatn n. (*o*-St. geworden, vgl. got. Dat. Pl. *watnam*), *vatr*, nord. Seename
Vättern; ahd. *wazzar*, as. *watar*, ags. *wœter* (**u̯odōr*) ‚Wasser‘; aisl. *otr*,
ags. *otor*, ahd. *ottar* m. ‚Otter‘, dazu FlN Otter, alt *Uterna*; mit Binnen-
nasalierung (vgl. oben zu lat. *unda*) wahrscheinlich got. *wintrus*, aisl. *vetr*,
ags. *winter*, ahd. as. *wintar* ‚Winter‘ als ‚nasse Jahreszeit‘ (Lidén PBrB.
15, 522, Falk-Torp unter *vinter*; nicht besser zu ir. *find* ‚weiß‘, s. unter
su̯eid- ‚glänzen‘);

vielleicht zu *Wasser* auch ahd. ags. *wascan*, aisl. *vaska*, nhd. *waschen*, *wusch* (**wat-sk-*); mit Dehnstufe *ē* von der Wz. aus gebildet aisl. *vātr*, ags. *wǣt*, engl. *wet* ‚naß, durchnäßt‘.

Im Germ. auch mit *þ* ags. *waðum* m. ‚Woge‘, schwundstuf. aisl. *unnr*, *uðr*, Pl. *unnir* ‚unda‘, as. *ūthia*, *ūðia*, ags. *ȳð*, ahd. *undea* ‚Woge, Welle, Flut‘, wie von einer Wzvariante **ṷet-*, die aber sonst nirgends gefunden ist; Johansson Beitr. 117 f. sieht darin das *t* des Typus ai. *yakr̥-t*.

Lit. *vanduõ* usw. (s. oben); lit. *údra*, apr. *udro* f., ostlit. *údras*, lett. *ûdris* m. ‚Fischotter‘; aksl. *vydra*, skr. *vīdra* (bsl. *ūd-* : lit. *vánd-eni*; s. zuletzt Trautmann 334 m. Lit.; zum *ū* vgl. Pedersen Ét. Lit. 54 f.);

aksl. *voda* ‚Wasser‘ (Fem. geworden wegen des Ausganges *-a*, der hier für idg. *-ō[r]*); dehnstufig aksl. *vědro* ‚κάδος, σταμνος‘ (mit *ὑδρία* in der Bed. gut stimmend, s. Meillet MSL. 14, 342, Trautmann 337);

hett. *wa-a-tar* (*wātar*) ‚Wasser‘, Gen. *úe-te-na-aš* (*e*-Stufe wie phryg. *βεδυ*, das *a* des Nom. aus *e*?). Nom. Pl. *ú-wi-ta-ar*, mit ungeklärtem Vokalismus trotz Pedersen Hitt. 167.

c) *aṷer-* ‚Wasser, Regen, Fluß‘ (*ṷēr-* : *ūr-*; zum Ablaut Persson Beitr. 604, Anm. 2).

· 1. *ṷēr-*, *ṷer-* : Ai. *vā́r*, *vā́ri* n. ‚Wasser‘, av. *vār* n. ‚Regen‘ (mit themat. Flexion iran. av. *vār* ‚regnen‘, med. ‚regnen lassen‘), ai. *vārī* f. ‚Wasser‘, av. *vairi-* m. ‚See‘;

toch. A *wär*, B *war* ‚Wasser‘;

arm. *gayr̄* ‚Sumpf, Schlamm‘ (**ṷeri̯o-*);

gr. vielleicht in *ἀρύω* ‚schöpfe‘, wenn **Fὰρ ὕ[σ]ω* (s. **aus-* ‚schöpfen‘);

alb. (nach Jokl SBAk. Wien 168 I 30, 89, 97) *vrëndë* ‚leichter Regen‘ (*nt*-Partiz.); *hur-dë* ‚Teich, Zisterne, Sumpf‘ (**ūr-*), *shure* ‚harne‘, *shurë* (postverbal) f. ‚Harn‘ (Präfix *sh* aus lat. *ex* oder idg. *sṃ + *ūr-në*; oder + gr. *οὐρέω*?);

cymr. *gwer* m. ‚Talg‘;

anord. *vari* m. ‚Flüssigkeit, Wasser‘.

2. *ūr-*, *aṷer-* : Lat. *ūrīna* ‚Harn‘ (in der Bed. durch *οὐρον* beeinflußt?), *ūrīnor*, *-ārī* ‚untertauchen‘, *ūrīnātor* ‚Taucher‘;

anord. *ūr* ‚feiner Regen‘, *ýra* ‚fein regnen‘, *ūrigr* ‚betaut‘, ags. *ūrig* ds.; vielleicht anord. *ūrr*, Gen. *ūrar* (*u*-St.), ags. *ūr*, ahd. *ūro*, *ūrohso*, lat. Lw. *ūrus* ‚Auerochs‘, schwed. mdartl. *ure* ‚stößiger Stier‘ (‚*Beträufler, Besamer‘ wie ai. *vr̥ṣan-* usw., s. unten); Wzf. *aṷer-* in thrak. FlN *Αὔρας*, gr. (Persson IF. 35, 199) *αὔρα ‚Wasser, Quell‘ in *ἄναυρος* ‚wasserlos, von Bächen‘ u. dgl. (über gr. *Θησαυρός* und *Κένταυρος* vgl. Schwyzer Gr. Gr. I 267, 444);

in FIN: ital. *Met-aurus* (Bruttium), *Pisaurus* (Umbrien), gall. *Avara* > frz. *Avre*, *Aura* > frz. *Eure*, *Aurana* > nhd. *Ohrn* (Württemb.), *Ar-auris* > frz. *Hérault*, *Vi-aurus* > frz. *Le Viaur*; apr. *Aure*, lit. *Aur-ytė*; anord. *aurigr* ‚naß', *aurr* ‚Naß, ‚Wasser', FIN *Aura*, ags. *ēar* ‚Meer';

apr. *wurs* (**ūras*) ‚Teich', *ūrin* Akk. Sg., *iuriay* Pl. fem. ‚Meer', alett. *jūri-* m., lett. *jũ'ra*, lit. *jãrės*, *jũrios* Pl. fem. ‚Meer, bes. die Ostsee' (s. oben zu lat. *ūrīna*; *j-* vermutlich Vorschlag nach J. Schmidt Pl. 204);

lit. *jaurùs* ‚moorig, sumpfig', *jáura*, *jáuras* ‚sumpfige Stelle, Moorgrund' aus **euǝr-* (s. Berneker IF. 10, 162, Trautmann 335 m. Lit.).

3. Verbum: Lit. *vérdu*, *vìrti* ‚sprudeln, wallen, kochen', *versmė* ‚Quelle', *vỹrius* ‚Strudel', *atvyrs* ‚Gegenstrom am Ufer', lett. *veřdu*, *viřt* ‚quellen, sprudeln, sieden, kochen', *atvars* ‚Wirbel', aksl. *vьrjǫ*, *vьrěti* ‚quellen, sprudeln, wallen, sieden, kochen', *vіrъ* ‚Strudel', *izvorъ* ‚Quelle', wozu mit aus ‚kochen' entwickelter Bed. ‚Hitze', lett. *wersme* ‚Glut', aksl. *varъ* ‚Hitze'. Über allfällige Zugehörigkeit von **u̯er(ǝ)nā* ‚Erle' s. dort.

4. Erweiterung *u̯er-s-* ‚Regen, Tau': ai. *varšá-* n. ‚Regen, Regenzeit, Jahr' (*varšati* ‚es regnet'), gr. *οὖρον* ‚Harn'; *ἔρση*, *ἐέρση* ‚Tau', ion. att. *οὐρέω* ‚harne' (kausativ **u̯orsei̯ō*, *ϝ-* erwiesen durch die Augmentierung *ἐούρησα*), *οὐρία* ‚ein Wasservogel'; mir. *frass* ‚Regen' ist älter *fross* (*u̯ros-tā*, trotz Pedersen KG. I 44); hett. *wa-ar-ša-aš* ‚Regen'(?) scheint ai. Lw.

u̯ṛsen- ‚semen emittens = männlich', ai. *vṛšán-* ‚männlich', m. ‚Männchen, Mann, Hengst'.

Davon abgeleitet av. *varǝšna-* ‚männlich', ai. *vŕša-*, *vṛšabhá-* ‚Stier', *vŕšṇi-* ‚männlich', m. ‚Widder' (= av. *varǝšni-* ds.), *vŕšaṇa-* m. ‚Hoden';

Specht (Dekl. 156) stellt hierher (aus germ. **wrai-njan-*) ohne s-Erweiterung ahd. *reineo* ‚Hengst', as. *wrênio* ds., ags. *wrǽne* ‚geil'; ahd. *wrenno* ‚Hengst' ist aus dem Mlat. rückentlehnt.

u̯ersē/i-: lat. *verrēs*, *-is* ‚Eber', lit. *veřšis* ‚Kalb', lett. *versis* ‚Ochs, Rind'.

Vgl. im allgemeinen Persson Wzerw. 47, 85 f., Johansson KZ. 30, 418, IF. 2, 60 ff., Persson Beitr. 604 f., 845 (auch gegen Verknüpfung von *u̯ers-* mit *ers-*). Über finn. *vesi*, St. *vete* ‚Wasser' s. Mikkola Mél. van Ginneken 137.

WP. I 252 f., 268 f., WH. I 81 f., Pokorny Urillyrier 93, 105, 159, 169, Specht Dekl. 18 f., Trautmann 20, 334, 337, Schwyzer Gr. Gr. I 519, 548, 838.

10. *au̯(e)-*, *au̯ē(i)-*, *u̯ē-* ‚wehen, blasen, hauchen', Partiz. *u̯ē-nt-*, in den slav. Sprachen vielfach vom ‚Worfeln', d. h. dem Reinigen des Getreides von der Spreu durch Werfen der Körner gegen den Wind.

I. Zur leichten Wzform $a\mu(e)$- gehören:

a. Gr. ἄος (falls nicht späte Neubildung), -ἄῆς (s. unter II *a*).

b. Mcymr. *awyđ* ‚heftiger Windstoß‘, acorn. *awit* ‚Luft‘ (*$a\mu eido$-);

c. μe-*dhro*- vermutlich in anord. *veđr* n. ‚Wind, Luft, Wetter‘, as. *we-dar* n. ‚Witterung, böses Wetter‘, ahd. *wetar* ‚Wetter, Witterung, freie Luft‘ und aksl. *vedro* ‚heiteres Wetter‘, *vedrъ* ‚heiter (vom Wetter)‘;

$\mu\breve{e}$-*d*- vielleicht in gr. ἐδανός ‚duftend‘; auf $\mu\breve{e}$-*dh*- bezieht Persson Beitr. 664 zweifelnd noch ἐθμή· ἀτμός, καπνὸς λεπτός, ἀτμή Hes.).

d. *r*-, *l*-Ableitungen: gr. αὔρα ‚Lufthauch, Luftzug‘ (setzt eine leichte Wzf. $a\mu\breve{e}$- voraus, wie ἄελλα, ἀετμόν, *Wetter*, s. unten); aber ἀήρ, Gen. ἠέρος ‚Dunst, Nebel, Luft‘ bleibt fern, s. unter μer- ‚binden, aufhängen‘.
Gr. ἄελλα, äol. αὔελλα ‚Sturm‘ (*ἄϝελ-μἄ); cymr. *awen* ‚Inspiration‘, *awel* f. ‚Wind, Hauch‘, acorn. *auhel* ‚aura‘, mcorn. *awel* ‚Wetter‘, brit. Lw. mir. *ahél* (*h* Hiatuszeichen), *aial* ‚Wind, Hauch‘. Nach Thurneysen Grammar 125 air. *oal* ‚bucca‘ aus *$a\mu el\bar{a}$.

e. $a\mu$-*et*- in gr. ἀετμόν· τὸ πνεῦμα Hes., ἄετμα· φλόξ Et. M., ἀτμός (kontrahiert aus ἀετμός) ‚Dampf, Dunst, Rauch‘, mit Tiefstufe, aber analogischer Übernahme des *ἀ*-: ἀϋτμή ‚Atem, Luftzug des Blasebalgs, des Windes, Duft, heißer Anhauch des Feuers‘, ἀϋτμήν ds.

II. Zur schweren Wzform gehören:

a. $u\bar{e}$-, $u\partial$-: Ai. *vāti*, av. *vāiti* ‚weht‘, gr. ἄησι ds., kypr. ζάει (lies ζάη mit ζ aus *dj-) Hes. (das α in ἄησι vielleicht prothetisch; von der leichten Wzform stammen gr. ἄος· πνεῦμα Hes.; ἀκραής ‚scharf wehend‘, δυσαής ‚widrig wehend‘, ὑπεραής ‚übermäßig wehend‘ mit Dehnung im Kompos.); neben dem Partiz. *$\mu\bar{e}$-nt*- ‚wehend‘ (ai. *vānt*-, gr. Akk. ἄεντα) stand *$\mu\bar{e}$-nto-s* ‚Wind‘ in lat. *ventus*, got. usw. *winds*, ahd. *wint*, cymr. *gwynt* ‚Wind‘, wozu lat. *ventilāre* ‚(*worfeln), schwingen‘, *ventilābrum* ‚Wurfschaufel‘, got. *diswinþjan* ‚Korn auseinanderwerfen‘, *winþiskaúrō* ‚Wurfschaufel‘ (germ. *þ*, woneben mit gramm. Wechsel *d* in:) ahd. *wintōn* ‚worfeln‘, *winta*, *wintscūvala* ‚Worfschaufel‘, ags. *windwian* ‚dem Winde aussetzen, worfeln‘ (engl. *winnow*); toch. A *want*, B *yente* ‚Wind‘. Über hett. *ḫu-u-wa-an-te-eš* (*ḫ(u)\mu antes̆*) ‚Winde‘ (?) s. Forrer bei Feist 565, der das Wort als ‚(eilende) Wolken‘ zu *ḫu-wa-a-i* ‚läuft, flieht‘ stellt, das auch hierher gehört; s. Couvreur Ḫ 119f., Schwyzer Gr. Gr. I 680⁴.

n-Präsens: gr. αἴνω aus *ἀϝά-ν-μω (vgl. zur Bildung Schwyzer Gr. Gr. I 694) und ἀνέω aus *ἀϝανέω ‚reinige die Körner durch Aufrütteln von der Spreu, beutle‘, ϝάναι· περιπτίσαι Hes. (überliefert γάναι· περιπτύσαι; s. auch Bechtel KZ. 46, 374); beruht auf einem solchen schwachstufigen *n*-Präs., aber in der Bed. ‚wehen‘, auch apr. *wins* ‚Luft‘, Akk. *winnen* ‚Wetter‘?

io-Präs. (oder von einer Wzf. **u̯ei-*?): ai. *vāyati* ‚weht‘, av. *fravāyeiti* ‚verlöscht‘, got. *waian waiwō*, ags. *wāwan*, ahd. *wājan*, *wāen* ‚wehen‘, aksl. *vêjǫ*, *vêjetъ* ‚wehen‘ und ‚worfeln‘ (davon russ. *vêjalo*, sloven. *vêvnica*, poln. *wiejaczka* ‚Worfschaufel, Kornschwinge‘); Nominal: lit. *vêjas* ‚Wind‘; ai. *vāyú-ḥ*, av. *vāyuš* ‚Wind, Luft‘.

Für wurzelhaften Wert des -*i*- führt man die Tonstufe **u̯ī*- in folgenden Wörtern an, die aber zum Teil auch anderen Auffassungen Raum geben: aksl. *vijalъ*, *vijalica* ‚tempestas‘, russ. *vьjálica* ‚Schneegestöber‘ (auch *vêjálica*!), *vьjuga* ‚Schneesturm‘, *zavьjátъ* ‚verschneien‘, čech. *váti* (*vьjati) ‚wehen‘ (erst slav. Entwicklungen aus vortonigem *vêj-*?); r.-ksl. *vichrъ* (**u̯ēisuro-*) ‚Wirbelwind‘ (jedenfalls zunächst zu russ. *vichatъ* ‚erschüttern, bewegen‘, *vichljatъ* ‚schleudern‘, s. Brugmann Grundr. II¹ 1049, Pedersen IF. 5, 70, und wohl als ‚wirbeln, im Kreise schwingen‘ zu **u̯eis*- ‚drehen‘); lit. *výdra*, *vidras* ‚Sturmwind‘ (s. Leskien Bild. 438; das im Lit. sehr seltene Formans -*dra* — vgl. echt lit. *vétra* ‚Sturm‘ — mahnt zur Vorsicht);

hom. ἄιον ἦτορ, θυμὸν ἄισθε, ἀΐσθων vom Aushauchen oder Auslassen der Lebenskraft (zur Bed. zuletzt Bechtel Lexil 21 f.), gr. Wz. ἀϜισ-; mcymr. *awyð* s. 82 oben.

b. **au̯ē-d-:** ahd. *wāzan*, *wiaz*, mhd. *wāzen* ‚wehen, blasen‘, *wāz* ‚Windstoß‘, lit. *vēdìnti* ‚lüften, kühlen‘; allenfalls gr. ἄζω ‚hauche‘ aus **ἀϜάδ-ι̯ω* (eher aber gr. Neuschöpfung nach anderen Verben auf -άζω); vermutlich auch (aus **au̯ə-d-ro-*) lit. *áudra* m. ‚Sturm‘, n. ‚Gewitter‘, apr. *wydra* ‚Wind‘. Über ai. *ūdhar* n. ‚Kälte‘, av. *aoδarə*, *aota* ds. vgl. Persson Beitr. 11.

c. **u̯ē-lo-** vielleicht in lat. *ēvēlātus* ‚eventilatus, unde *vēlabra*, quibus frumenta eventilantur‘ (Paul. Fest. 68, 3) und in ahd. *wāla* m. n. ‚Fächer‘ (wenn nicht aus *wē-þla, s. unten)?

d. **u̯ē-s-:** ai. *vāsa-ḥ*, *vāsaka-ḥ* ‚Wohlgeruch‘, *vāsayati* ‚füllt mit Wohlgeruch‘, *samvāsita-ḥ* ‚stinkend gemacht‘; isl. *vás* ‚aura refrigerans‘, *væsa* ‚spirare‘, ndl. *waas* ‚Reif, Duft‘, lit. *vêstu*, *vêsti* ‚sich abkühlen, kühl oder luftig werden‘, *vêsà* ‚kühle Luft, Kühle‘, *vêsus* ‚kühl, luftig‘.

e. *t*-Weiterbildungen: ai. *vāta-ḥ*, av. *vātō* ‚Wind‘, ai. *vātula-ḥ* (s. unten), gr. ἀήτης ‚Weher‘, ἀήσυρος ‚windig, luftig‘ = ai. *vātula* ‚windig‘ (auch ‚verrückt‘; dazu auch vielleicht gr. ἀήσυλος ‚freventlich‘ nach Brugmann BSGW. 1901, 94; trotz αἴσυλος ds. nicht nach Bechtel Lexil. 15 zu ai. *yátu-ḥ* ‚Spuk‘); lat. *vannus* ‚Futterschwinge‘ (aus **u̯at-nó-s*, vgl. das Demin. *vatillum* ursprüngl. ‚eine kleine Worfschaufel‘; aus dem Lat. stammt ahd. *wanna*, ags. *fann* ‚Futterschwinge‘, auch nhd. *Wanne*); anord. *vēl*, *vēli* ‚Wedel, Schweif‘ (über synkopiertes *veþla- aus *vaþila-), ahd. *wedil* ds.; ahd. *wadal* ‚Wedel‘, Adj. ‚schweifend, unstet, Bettler‘, *wadalōn* ‚schweifen‘

6*

(urgermanisch *wapla-, idg. *u̯ə-tlo-), ags. *wapol ,wandernd' *wǣdla ,Bettler, arm', *wǣdl ,Armut', *wǣdlian ,betteln, arm sein' (urgermanisch *wēpla-), woneben ahd. wallōn ,wandern, umherziehen, wallfahrten', ags. weallian ,wandern' (aus *wādlō-ja-n); ahd. wāla ,Fächer' (aus *wē-pla- oder *wē-la-, s. oben); lit. vḗtra ,Sturm, Unwetter', aksl. větrъ ,Luft, Wind', apr. wetro ,Wind'; lit. vḗtyti ,worfeln'.

Über ai. úpa-vājayati ,facht das Feuer an' (von Pāṇini als Kaus. zu vā- gefaßt) s. Wackernagel KZ. 43, 292.

Vielleicht hierher gr. ἆεθλος (s. 11. au̯ē- ,sich mühen') als ,Keuchen'?

WP. I 220f., Feist 565a, Trautmann 345, Schwyzer Gr. Gr. I 680.

11. au̯ē- (u̯e-d(h)-?) ,sich mühen, anstrengen'?

Solmsen Unters. 267f. verbindet ai. vāyati, -tē ,wird müde, wird erschöpft, ermattet' mit gr. ἆεθλος ,Mühsal, Wettkampf' (*ἄϝε-θλος), ἄεθλον, ἆθλον ,Kampf, Kampfpreis, Kampfplatz', wobei ἀ- entweder Vorschlagsvokal ist oder eine vollere Wzf. *au̯ē- neben *u̯ē- voraussetzt. Damit allenfalls vereinbar ist Zupitzas KZ. 37, 405 Vergleich der gr. Worte mit mir. feidm ,Anstrengung', fedil ,ausdauernd', air. ni·fedligedar ,non manet' (wobei formale Verhältnisse wie *mē- ,messen' : *med-, *u̯ē- ,wehen' : anord. veðr, nhd. Wetter vergleichbar wären), wozu Pedersen KG. I 110, cymr. gweddil ,remnant, leavings' (daraus mir. fuidell) stellt; hierher toch. B waimene ,schwierig'?

Doch ist die Zusammenstellung in allen ihren Gliedern ganz unsicher. Für vāyati wird ,sich anstrengen' als Gdbed. in Frage gestellt durch die Bed. ,austrocknen' von vāna ,trocken', upa-vāyati ,durch Vertrocknen ausgehen, vertrocknen', upavāta- ,trocken geworden'; und in ἆεθλος löst sich am natürlichsten -θλο- als suffixal ab, während der Dental der ir. Worte wurzelhaftes d oder dh ist, also bestenfalls recht entfernte Verwandtschaft bestünde.

WP. I 223, Van Windekens Lexique 149.

au̯eg-, u̯ōg-, aug-, ug- ,vermehren, zunehmen', mit s-Formans au̯ek-s-, auk-s-, u̯ek-s-, uk-s-.

Ai. ugrá- ,gewaltig' (Komp. Sup. ójīyas-, ójiṣṭha- ,der kräftigere, kräftigste') = av. ugra- ,stark, kräftig' (Komp. Sup. aojyah-, aojišta-).

lat. augeō, -ēre ,vermehren', auctor (= umbr. uhtur) ,Urheber usw.', auctiō ,Versteigerung', augmen(tum) ,Zuwachs' (= lit. augmuõ ,Wachstum', ai. ójmán- m. ,Kraft'), augur ,Weissager' aus *augos ,Vermehrung' (WH. I 83);

got. *aukan* (Prät. *aiauk*), *auknan* ,sich mehren', *ana-*, *bi-aukan* ,hinzufügen', ahd. *oukhōn*, as. *ōkian* ,vermehren', ags. *ēacian* ,zunehmen', *īecan* ,mehren', anord. *auka* (Prät. *jōk* und *aukađa*) ,vermehren', st. Partiz. ags. *ēacen*, as. *ōkan* ,vermehrt, schwanger';

lit. *áugu*, *áugti* (dehnstufig) ,wachse', *auginù*, *-ìnti* ,wachsen lassen, erziehen', ablautend *pa-ūgéti* ,heranwachsen', *ūgis* ,Wuchs, Jahreswuchs', lett. *aûdzêt*, *aûdzinât* ,aufziehen', apr. *auginnons* Part. Perf. Akt. ,gezogen', alett. *aukts* ,hoch' = lat. *auctus*, lett. *aûgt* ,wachsen', wie auch thrak. *Ἀλθί-παρος* ,Hohenfurt', apr. *Aucti-garbin*, *aucktai-rikijskan* ,Obrigkeit', *aucktimmien* ,Vorsteher', woneben mit dem *s* des *-es*-St. (s. unten) lit. *áukštas*, lett. *aûksts* ,hoch' (: lat. *augustus* ,erhaben'), apr. *auck-timmiskan* f. (Akk.) ,Obrigkeit', apr. *aûgus* ,geizig' (als ,mehrend'), lit. *áugumas*, lett. *aûgums* ,Wachstum';

es-St. ai. *ójas-* n. ,Kraft, Stärke', av. *aojah-*, *aogah-* (ebenso *r*-St. *aogarō*) ,Kraft, Stärke', lat. *augustus* s. oben (ebenso lit. usw. *áukštas*); dazu mit *s* im Verbum:

ai. *vákṣaṇa-m* ,Stärkung', *vakṣáyati* ,läßt wachsen', av. *vaxšaiti* ,läßt wachsen', woneben mit schwächster Wzstufe ai. *úkṣati* ,erstarkt' (Perf. *vavákṣa*), av. *uxšyeiti* ,wächst'; got. *wahsjan* ,wachsen' (= ai. *vakṣayati*, idg. Iter.-Kaus. **u̯okséi̯ō*; damit verband sich das *ō*-stufige Perf. *wōhs* zum Paradigma; s. Brugmann IF. 32, 180, 189);

gr. *ἀ(ϝ)έξω* ,mehre', *ἀέξομαι* ,wachse'; *αὔξω*, *αὐξάνω* ,vermehre, ,steigere', lat. *auxilium* ,Hilfe' (ursprüngl. Pl. *-ia* ,Verstärkungen, Hilfstruppen', N. Pl. eines *auxilis* ,zur Verstärkung dienlich');

anord. *vaxa*, *vexa* ,wachsen', ahd. *wahsan*, nhd. *wachsen*, *wuchs*, wozu z. B. got. *wahstus* ,Wachstum, Wuchs, Leibesgröße', ahd. *wa(h)smo* ,Wachstum' u. dgl.; toch. A *oksiš* ,wächst', A *okšu*, B *aukšu* ,alt'; nach Van Windekens Lexique 79 auch hierher AB *oko* ,Frucht', A *okar* ,Pflanze'; dagegen Pedersen Tochar. 227.

Hierher mit Dehnstufe *u̯ōg-*: got. *wōkrs* m. ,Zins', ags. *wōcor* f. ,Nachkommenschaft, Zins' (vgl. gr. *τόκος* in denselben Bedeutungen), ahd. *wuokhar* m. ,Ertrag des Bodens, Leibesfrucht, Nachkommenschaft, Gewinn, Zins, Wucher' (dazu steir. *wiech* ,ausgiebig, üppig, blätterreich' als Umlaut? Etwas anders Schroeder Abl. 57 f.), da in der nicht mit *s* erweiterten Wzf. *au̯eg-* die Stufe *u̯eg-* in air. *fēr*, cymr. *gwair* ,Gras' belegt ist; wohl mit derselben Ablautstufe ai. *vája-ḥ* ,Kraft, Gut, Reichtum, Wettpreis, Wettlauf', ursprüngl. ,rasche, erfolgreiche Energie', Oldenberg ZdMG. 50, 443 ff.

WP. I 22 f., WH. I 82 f., 850, Feist 67, 541, 572, Pedersen Tochar. 227.

aṷei- (əṷei-?) ‚Vogel‘.

Ai. *víḥ, véḥ* m. ‚Vogel‘ (Gen. *vḗḥ*, Akk. *vím*), av. *vīš* ds. (G. Pl. *vayąm*, auch mit themat. Kasus vom St. *vaya-*), mpers. *vāi*, *vāyandak* ‚Vogel‘, ai. *vayas-* n. ‚Geflügel, Vogel‘, *vāyasa-ḥ* ‚Vogel, Krähe‘; verbal av. *ā-vayeiti* ‚fliegt heran‘ (von Gottheiten), ai. *vēvīyatē* ‚flattert‘.

Gr. αἰετός ‚Adler‘, att. ἀετός, αἰβετός· ἀετός· Περγαῖοι Hes. (*αϜι-ετός), alb. *vi-do, vito, vidheze* ‚Taube‘;

lat. *avis* f. ‚Vogel‘ (davon *auca* ‚Vogel, bes. Gans‘; Rückbildung aus Demin. *aucella* aus **avicella;* falsch bei WH. I 79) = umbr. *avif* Akk. Pl. ‚aves‘ (*aviekate* D. Sg. ‚auspicatae‘, *aviekla* ‚augurali‘); cymr. *hwyad*, acorn. *hoet*, bret. *houad* ‚Ente‘ aus **aṷietos?* (Pedersen KG. I 55). Arm. *hav* ‚Vogel, Hahn, Henne‘ kann zwar Vorschlags-*h* haben, aber auch als **pəṷ-* zu **pōṷ-* ‚Junges‘ (slav. *pъta* ‚Vogel‘ usw.) gehören.

Im Zusammenhang damit stehen höchstwahrscheinlich die Worte für ‚Ei‘, s. unter *ōu-*.

WP. I 21, WH. 84, 850.

aṷes- ‚leuchten‘, bes. vom Tagesanbruch; **ắus-, ṷes-, us-;** (ắ)**us-ōs-** f. ‚Morgenröte‘; **aus-tero-* ‚östlich‘ (von einem Wznomen **aus-*, oder als zum *s*-Stamm gehöriges **aus-[e]s-tero-* aufzufassen? s. Brugmann II² 1, 327, wonach diese *-tero*-Bildung vielleicht erst durch Nachahmung der auf Adverbien fußenden Richtungswörter wie anord. *vestr, nor-ðr* aufgekommen ist); *auso-* ‚Gold‘.

Ai. *uṣáḥ* f. Akk. *uṣásam*, Gen. *uṣásaḥ* ‚Morgenröte‘, av. *ušấ*, Akk. *ušấɴhəm*, Gen. *ušaɴhō* ds. (*ušas-tara-* ‚östlich‘), woneben ai. Gen. Sg., Akk. Pl. *uṣáḥ*, av. Lok. Sg. *uši-[ðấ*, s. **demā-* ‚bauen‘] entweder von einem Wznomen **us-*, oder als **us-s-* zum *s*-St.; ai. *ucchấti* = av. *usaiti* (**us-skéti*) ‚leuchtet auf (vom Morgen)‘, Perf. ai. *uvấsa*, Aor. *avasran* ‚sie leuchteten‘; *uṣar-, usr* ‚Morgenröte, Morgenfrühe‘, *uṣar-búdh-* ‚früh wach‘, *usrá-* ‚morgendlich, rötlich‘, auch figürlich ‚Kuh‘, m. ‚Stier‘ (Frisk, Nominalbildung 3); **ṷes-, ṷōs-** in ai. *vasar-hán-* ‚in der Morgenfrühe schlagend‘, *vāsará-* ‚morgendlich‘, m. ‚Tag‘ (vgl. dazu auch den wurzelverwandten *r/n*-St. **ṷes-r-, ṷes-n-* ‚Frühling‘ unter besonderem Schlagwort);

gr. hom. ἠώς **(āusōs)*, Gen. ἠοῦς (ἠόος), att. (mit Akzentneuerung) ἕως, dor. ἀώς, ἀϜώρ, ablautend äol. αὔως ‚Morgenröte‘ (urgr. αυ[σ]ώς), böot. ἄα und *Alaiη* (**āaíη*); ἔγχαυρος ‚dem Morgen nahe‘, αὔριον ‚morgen‘ (**ausr-*); hom. ἦε Φοῖβε ‚morgendlich strahlender‘; ἠι-χανός ‚Hahn‘ (**ausi-* ‚in der Morgenfrühe singend‘);

lat. *aurŏra* f. ‚Morgenröte‘ (für **ausōsā*); *auster* (**aus-t(e)ro-* = germ. **austra-*) ‚Südwind‘, *austrālis* ‚südlich‘; vermutlich auch *aurum*, sabin. *ausom* ‚Gold‘ als ‚**rötlich*‘; zu lit. *áuksas* (*k* unerklärt), alit. *ausas*, apr.

ausis ‚Gold'; vielleicht toch. A *wäs* ‚Gold', aber vgl. arm. *os-ki* ‚Gold', finn. *vas-ki* ‚Kupfer'; vielleicht *Vesuvius* (anders unter *eus-* ‚brennen');

mir. *fáir* ‚Sonnenaufgang', cymr. *gwawr* ‚Morgenröte', bret. *gwere laouen* ‚Morgenstern' (*ụōsri-*, Pedersen KG. I 82);

germ. *austrō* in ags. *ēastre* ‚Frühlingsgöttin', *ēastron* Pl. ‚Ostern' = ahd. *ōst(a)ra*, *ōstarūn*; dagegen mit idg. *-t(e)ro-*, ahd. *ōstar* ‚östlich' und Adv. ‚nach Osten', nhd. *Öster-reich*, anord. *austr* n. ‚Osten' und Adv. ‚ostwärts', ags. Komp. *ēasterra* ‚östlicher', dazu *Ostrogothae*, älter *Austrogoti* als ‚die östlichen Goten'; ahd. *ōstan* ‚von Osten', ags. *ēaste* f. ‚Osten', anord. *austan* ‚von Osten her'; *ạusōs* in ags. *ēarendel* ‚Morgenstern', ahd. MN *Orendil*;

lit. *aušrà* f. ‚Morgenröte', *aũšta* ‚es tagt', lett. *ảust* ds.; lit. *auštrìnis* (*vėjas*) ‚Nordostwind', lett. *ảustra* f. ‚Morgendämmerung', *ảustrums* m. ‚Osten'; im Ablaut žem. *apýãšriai* m. ‚Morgendämmerung';

aksl. *za ustra* ‚τὸ πρωΐ' (über *utro*, *jutro* ‚Morgen' aus *aus(t)ro-* vgl. Trautmann 19, Mikkola Ursl. Gr. 179 und Berneker 462f. m. Lit., wozu Brückner KZ. 46, 212, der aus poln. *úścić* ‚glänzen' ein sl. *usto* ‚Glanz' erschließt), *ustrъ* ‚aestivus' (s. Pedersen IF. 5, 69).

Vgl. zum Ablaut J. Schmidt KZ. 25, 23 f., Hirt Abl. 134, 147, Reichelt KZ. 39, 69.

WP. I 26 f., WH. I 86, 87 f., Trautmann 19, Specht Dekl. 10, Wackernagel-Debrunner Ai. Gr. III 213 und 281 f., Kretschmer Gl. 27, 231; Leumann IF. 58, 121 ff., Schwyzer Gr. Gr. I 349, 514, 557.

aug- ‚glänzen; sehen'.

Gr. αὐγή ‚Glanz, Strahl, Tageslicht; Auge', αὐγάζω ‚strahle, erhelle; sehe', ἐρι-αυγής ‚sehr glänzend';

alb. *agój* ‚tage', *agume* ‚Morgenröte, Morgen' (s. Persson Beitr. 369); ob auch slav. *jugъ* ‚Süden' (Fick KZ. 20, 168), russ. *užinъ*, *užina*? WP. I 25.

augh-, ugh- ‚Genick'.

Charpentier KZ. 46, 42 stellt ai. *uṣṇíhā* f. ‚Genick' (nur Pl.) und gr. αὐχήν ‚Nacken, Meerenge' zusammen. In *uṣṇíhā* liegt das Deminutivsuffix *-íhā-*, gr. *-ιχα-* vor. Anzusetzen ist *ugh-s-n-íghā* das erste *gh* ist dissimilatorisch geschwunden. Dem *ugh-s-no* steht *augh-en-* in gr. αὐχήν gegenüber; hierher arm. *awj* ‚Kehle', *awji-k* ‚Halskragen'; äol. ἄμφην ‚Nacken', äol. αὔφεν ds. müssen davon getrennt werden, trotz Schwyzer Gr. Gr. I 296; über gr. δάφνη : kypr. δαύχνα ‚Lorbeer' besser WH. I 775 f. (vgl. oben S. 43 und Hoffmann Gr. Dial. II 500, Meister Gr. Dial. I 120).

WP. I 25, Adontz Mél. Boisacq 10.

au̯ig̑- ‚Grasart, Hafer'.

Lat. *avēna* ‚eine Grasart, Hafer, nur als Viehfutter gebaut' (vermutlich mit nach *arēna, terrēnus* erfolgtem Suffixtausch für **avīna* aus **au̯ig̑-snā*), lit. *avižà*, lett. (Pl. f.) *àuzas*, apr. *wyse* ‚Hafer', aksl. *ovьsъ*, russ. *ovёsъ* ‚Hafer' (*s* aus *z* wohl infolge der Auslautstellung in einem kons. Nom. **ovьsъ*), aber *αἰγίλωψ* ‚eine wilde Grasart, festuca oder dgl.' kaum als **αϝιγιλωψ* hierher. Nach Specht Dekl. 298 wäre vielmehr idg. **au̯i-* neben **au̯es-* (**au̯esnā* > *avēna*) anzusetzen.

WP. I 24, WH. I 81, Trautmann 21.

auqᵘ(h)- : uqᵘ(h)- und daneben wohl als andere Hochstufe **u̯eqᵘ(h)-** (vgl. S. 84 f. *aug- : u̯eg-*, ältest *au̯eg-*) ‚Kochtopf, Wärmepfanne'.

Lat. *aulla, aula*, vulg. *ōlla* ‚Topf, Hafen' aus **auxla*, Demin. *auxilla* (fal. *olna* im Ausgang nach *urna*); wahrscheinlich alb. *anë* f. ‚Gefäß' (aus **auqᵘnā?* Jokl. Stud. 3); ai. *ukhá-ḥ* m., *ukhā́* ‚Topf, Kochtopf'; got. *aúhns* m. (**ukᵘnós*) ‚Ofen', mit gramm. Wechsel anorw. *ogn*, aschwed. *oghn* ds.

Daneben Formen mit wohl erst einzelsprachlichem Labial: gr. *ἰπνός*, älter *ἱπνός* ‚Ofen' (nach Fick III⁴ 29 zw., Ostir WuS. 5, 217, Güntert Abl. 25 aus **u̯eqᵘ-nós*; nicht **uqᵘnós*, s. Boisacq m. Lit.), nach E. Fraenkel KZ. 63, 202 aus **ὑκ.ϝνός* durch dissimilatorischen Lautwandel?? (W. Schulze GGA. 1897, 908); bret. *offen* f. ‚Steintrog' trotz Loth RC. 43, 410 kaum aus **uppā*; ags. *ofnet* ‚kleines Gefäß', *ofen*, ahd. *ovan*, anord. *ofn* ‚Ofen' (ebenfalls auf **u̯eqᵘnos* zurückführbar; das anlautende *u̯-* bewirkte wie in *wulfa-* ‚Wolf' die Entwicklung von *-u̯-* zu *-f-*, während got. usw. *auhns* auf idg. **uqᵘ-nós* zurückführt; der Verlust des *w-* in *Ofen* muß dann allerdings aus Einfluß dieser Schwesterform **uhna-* erklärt werden). Aus der assimilierten Form aschwed. *omn*, mundartl. *umn* ‚Ofen' ist wohl apr. *wumpnis* ‚Backofen', *umnode* ‚Backhaus' entlehnt. S. Meillet MSL. 9, 137, Meringer IF. 21, 292 ff., Senn Germ. Lw.-Studien, Falk-Torp unter *ovn*, Weigand-Hirt und Kluge unter *Ofen*.

Zum Sachlichen s. Meringer aaO., Schrader Reallex. 592 f.

WP. I 24, WH. I 84, 850, Schwyzer Gr. Gr. I 258.

au-lo-s (: ēu-l-) ‚Röhre, längliche Höhlung'.

Gr. *αὐλός* m. ‚Rohrflöte, längliche Höhlung', *ἔν-αυλος* m. ‚Flußbett', *αὐλών* m. f. ‚Bergtal, Schlucht, Graben, Kanal, Meerenge'; aksl. *ulьjь*, lit. *aulỹs* und sekundär *avilỹs* ‚Bienenstock', ursprüngl. die Höhlung im Baum, in der sich der Schwarm ansiedelt, aksl. *ulica* f. ‚Gasse, Straße in geschlossenen Ortschaften (*enger Hohlweg)', lit. *aũlas* f., apr. *aulinis* ‚Stiefelschaft', apr. *aulis* ‚Schienbein'.

Arm. *ul, uli* ,Weg' und (vgl. die Bed. ,Bauch' von lat. *alvus) yli* ,schwanger' (mit Ablaut *ū*, Pedersen KZ. 39, 459; Ableitungen *ularkem* und *ylem* ,schicke')[1]);

nnorw. *aul, aule* und (mit idg. *ēu-* als Hochstufe zu *au-) jōl* ,angelica silvestris', anord. *(huann-) jōli* ,der hohle Stengel (der angelica archangelica)', beide Pflanzen heißen in Norwegen auch *sløke*, dessen Grundbed. ebenfalls ,Rohr' ist (Falk-Torp 474 und 1492 unter *jol* und dem von Schroeder zum germ. Ablaut 58 f. ebenfalls herangezogenen Schiffsnamen *jolle*).

Hierher mit lat. Umstellung von *aul-* zu *alu-* auch *alvus* m. f. ,Höhlung, Wölbung, Unterleib, Bauch', *alveus* ,längliche Vertiefung, Höhlung; Wanne, Mulde, Trog; Bienenkorb; Flußbett', obwohl Zeit und Begrenzung der Umstellung noch gänzlich unklar sind (s. Thurneysen IF. 21, 177, Sommer Hdb.[2] 78).

WP. I 25 f., WH. I 34 f., anders Banateanu REtIE 1, 122.

aụo-s ,Großvater mütterlicherseits'.

Arm. *hav*, Gen. *havu* ,Großvater', lat. *avus* ,Großvater, Ahn'; fem. lat. *avia* ,Großmutter' (s. zuletzt Leumann-Stolz[5] 204), zweifelhaft gr. *aîa* als ,Urmutter Erde' (vgl. Brugmann IF. 29, 206 ff., Schwyzer Gr. Gr. I 473; anders Jacobsohn Phil. 67, 484 f., Kretschmer Glotta 5, 307); *avītus* ,großväterlich, angestammt' ist wohl nach *marītus* gebildet, alter *i*-St. in lit. *avýnas* ,Bruder der Mutter'; *ịo*-Ableitung apr. *awis* ,Oheim', aksl. *uịь* ds. *(ujka* ,Tante'), air. *(h)áue* ,nepos', mir. *ó(a), úa* ds.; *en*-St.: got. *awō* ,Großmutter', anord. *afi* ,Großvater', *āi* ,Urgroßvater', ags. *ēam*, afries. *ēm*, ahd. *ōheim*, nhd. *Oheim, Ohm* (nach Osthoff PBrB. 13, 447 **awun-haimaz* ,der im Heim des Großvaters Lebende'), nach R. Much Germ. 205 aus **auhaim* < idg. **aụos ḱoimos* ,lieber Großvater', vgl. cymr. *tad cu* [**tatos ḱoimos*] ,Großvater'), lat. *avunculus* ,Bruder der Mutter' (wohl kosendes Deminutiv eines **avō, -ōnis*); cymr. *ewythr*, acorn. *euitor*, bret. *eontr* ,Oheim' *(*aụen-tro-)*.

Daß unser Stamm ursprünglich die Großeltern mütterlicherseits bezeichnete, wird durch die Worte für ,Oheim oder Tante mütterlicherseits' wahrscheinlich, s. Hermann GGN. 1918, 214 f.

Da arm. *hav* auch auf **pap-* zurückgehen könnte, wäre *aụos* nur nordwestidg. Ob hierher hett. *ḫu-uḫ-ḫa-aš (ḫuḫḫaš)* ,Großvater'? Lyk. **χuga* ,mütterl. Großvater' scheint eher für kleinasiatischen Ursprung zu sprechen.

WP. I 20 f., WH. 88 f., 851, Pedersen Lyk. u. Hitt. 25 f., Risch Mus. Helv. 1, 118 ff.

---

[1]) Das arm. Wort mit der Ablautstufe idg. *ă*. Ob mit derselben auch lett. *ula, ulá* ,Radnabe'? (wäre das ,röhrenförmige Loch', in dem die Achse eingefügt ist; Lidén IF. 19, 321).

aus- ‚schöpfen‘.

Gr. ἐξαύω ‚schöpfe, entnehme‘ (Simplex αὔω), ἐξαυστήρ· κρεάγρα, αὐστήρ· μέτρου ὄνομα, καταῦσαι· ἐξαντλῆσαι, καταδῦσαι, καϑαῦσαι· ἀφανίσαι (Asper nach dem einstigen Präsens *αὔω aus *αὔσω, Sommer Gr. Lautst. 2 f.) u. dgl., mit Tiefstufe *us- ἀφ-ύω, ἀφ-ύσσω (letzteres aus dem Aor. ἀφύσσαι) ‚schöpfe‘, ἀφυσμός· ἀπάντλησις Suidas und ἀρύω ‚schöpfe‘, ursprüngl. *Fαρ (: ai. vār ‚Wasser‘) *ὔ[σ]ω ‚schöpfe Wasser‘, ἀρυστήρ ‚Schöpfgefäß‘.

Anord. ausa ‚schöpfen‘, austr ‚das Schöpfen, Kielwasser‘, ndd. ūtoesen ‚ausschöpfen‘, schwäb. Öse ‚Schöpfgefäß‘.

Lat. hauriō, -īre, hausī, haustum ‚schöpfe‘, dann auch ‚schlürfe, schlinge, erdulde‘, poet. ‚verwunde‘, mit sekundärem h wie gelegentlich in humerus.

WP. I 27 f., WH. I 637, 869, W. Schulze Kl. Schr. 190 f., Schwyzer Gr. Gr. I 644⁴.

B.[1]

ba^{x}b-, bha^{x}bh-, pa^{x}p- ‚schwellen' (wie ba^{x}mb-, s. d.).

Ai. *pippala-ḥ* ‚Beere, Paradiesfeigenbaum', *pippalaka-ḥ* ‚Brustwarze'. *piplu-ḥ* ‚Mal am Körper' (wohl eig. ‚Blatter, Bläschen'); lat. *papula* ‚Blatter, Bläschen', *papilla* ds. ‚Brustwarze'; lit. *pãpas* ‚Brustwarze, Zitze', *popà* ‚Geschwür', *pupuolo* ‚dicke Knospe' (*u* kann Redukt.-St. zu *a*, oder Assimil. ans folgende *uo* sein, aber auch der Wzf. *pup-* entstammen).

Unverschoben oder Neuschöpfung schwed.-norw. mdartl. *pappe* ‚Frauenbrust', mengl. *pappe*, engl. *pap* ‚Brustwarze'; daneben *u*-Formen s. unter *p(h)ŭ-* ‚aufblasen, schwellen'.

Auch neben den unter *baba-* vereinigten Lall- und Kinderworten, wie engl. *baby*, stehen mhd. *buoben* Pl. ‚weibliche Brust', westfläm. *babbe* ‚Geschwulst' (idg. *bh* oder im Schallwort unverschobenes *b*), die von der Vorstellung der aufgeblasenen Backen aus in unseren Kreis gehören werden. WP. II 107.

baba- Schallwort, Lallwort für unartikuliertes undeutliches Reden; ebenso **bal-bal-, bar-bar-** mit vielfachen Dissimilationen.

Ai. *bababā-karōti* vom Knistern des Feuers; gr. βαβαῖ, παπαῖ ‚potztausend!' (daraus lat. *babae, papae* ds., wie *babaecalus* etwa ‚Gigerl, Stutzer' aus *βαβαίκαλος), βαβάζω ‚schwatze, rede undeutlich' (anders ist die Lautvorstellung von βαβράζω ‚zirpe'); lat. *babit* (gloss.) ‚γαυριᾷ', *babiger* (gloss.) ‚dumm'; ital. *babbo* ‚Vater' (cymr. *baban* ‚Kind' ist engl. Lw.); alb. *bebë* ‚neugeborenes Kind'; engl. *baby* ‚Kind', schwed. mdartl. *babbe* ‚Kind, kleiner Junge' (s. auch unter *bă^{x}mb-* ‚schwellen'), mhd. *bābe, bōbe* ‚Alte, Mutter' (über *buobe* ‚Knabe' s. unter *bhrātēr* ‚Bruder'); lit. *bóba*, aksl. *baba* ‚altes Weib'; serb.-ksl. *bъbl'u, bъbati* ‚stammeln', serb. *bòbоćem, bоlòtati* ‚mit den Zähnen klappern' usw.; lett. *bibināt* ‚plappern, murmeln', apr. *bebbint* ‚spotten'.

balbal- (*babal-, bambal-*, woraus *bam-b-, bal-b-* u. dgl.):

Ai. *balbalā-karōti* ‚stammelt'; bulg. *blaból'ъ, bъlból'ъ* ‚schwatze', lit. *balbãsyti* ‚plappern', serbokr. *blàbositi* ‚stammeln', russ. *bolobólitъ* ‚schwatzen, faseln', čech. *beblati* ‚stammeln'; lat. *babulus* ‚Schwätzer'; nhd. *babbeln, pappeln*, engl. *babble*, norw. *bable*, schwed. *babbla*, aisl. *babba* ‚schwatzen';

---

[1]) Fast nur Schallworte; vgl. Johansson KZ 36, 342 ff., Hirt Idg. Gr. I 214 f., Schwyzer Gr. Gr. I, 291.

lat. *balbus* ‚stammelnd, lallend', *balbūtiō* ‚stammle', ai. *balbūthá-ḥ* Name (eigentlich ‚Stammler'), čech. *blb* ‚Tölpel', *blblati, bleptati* ‚stammeln, stottern', serb. *blebètati*, lit. *blebénti* ‚plappern'; gr. βαμβαλύζω (daraus lat. *bambalō*) βαμβακύζω ‚habe Zähneklappern', βαμβαίνω ‚stammle'.

Mit *-r-:* ai. *barbara-ḥ* ‚stammelnd', Pl. Bezeichnung nichtarischer Völker (sofern hier *r* auf idg. *r* und ai. *l* in *balbalā* auf idg. *l* zurückgeht), gr. βάρβαρος ‚nicht griechisch, von unverständlicher Sprache' (woraus lat. *barbarus*) ‚βαρβαρόφωνος ‚von unverständlicher Sprache' (kaum nach Weidner Gl. 4, 303f. aus einem babylon. *barbaru* ‚Fremder'), serb. *brboljiti, brbljati* ‚plappern' (s. auch unter *bher-* ‚brummen'), lat. *baburrus* ‚stultus, ineptus', gr. βαβύρτας· ὁ παράμωρος Hes. (über lat. *burrae* s. WH. I 124).

Hierher vielleicht auch ai. *bāla-ḥ* ‚jung, kindlich, einfältig', möglicherweise auch die slav. Sippe von russ. *balákatь* ‚schwätzen', *balamútь* ‚Schwätzer, Kopfverdreher'. — Unredupl. vermutlich auch gr. βάζω ‚rede, schwatze', βάξις ‚Rede', βάσκειν· λέγειν, κακολογεῖν Hes.;

aber gr. βάσκανος ‚beschreiend, behexend; Übles nachredend, verleumderisch; neidisch', βασκαίνω ‚behexe, beneide' sind als Zauberwort durch Entlehnung aus einer nördl. Sprache, etwa Thrak. oder Illyrisch, von einem zu *bhā-* ‚sprechen' gehörigen Präsens *bha-skō* ‚spreche, bespreche' (φάσκω; dies auch in Hesychs βάσκω?) ausgegangen (Kretschmer Einl. 248f.); lat. *fascinum* ‚Beschreiung, Behexung: das männliche Glied, zunächst als Mittel gegen Behexung', *fascināre* ‚bezaubern, verhexen' sind aus dem Griech. entlehnt und nur im *f-* volksetymologisch an *fārī* usw. angeglichen.

Nach Specht Dekl. 133 hierher lat. osk. *bl-ae-sus* ‚lispelnd, lallend'; anders WH. I 107f.

WP. II 105f., WH. I 90, 94, Trautmann 24f.

badios ‚gelb, braun' (nur lat. und ir.; vielleicht aus einer, allenfalls nicht idg., Sprache Alteuropas?).

Lat. *badius* ‚kastanienbraun'; air. *buide* ‚gelb' (vgl. zum Lautl. air. *mag* ‚Feld', Gen. *muige*; gall. *Bodio-casses* wegen des *o* eher für *boduo-*, worüber unter *bhaut-* ‚schlagen'). Gr. βάδιος, βάδεος stammt aus dem Lat.

WP. II 105, WH. I 92.

baitā oder **paitā**? ‚Ziegenfell, daraus gefertigter Rock'.

Das Verhältnis von gr. βαίτη ‚Zelt oder Rock aus (Ziegen-)Fell' zu got. *paida* f. ‚Leibrock, Unterkleid', as. *pēda* ‚Rock', ags. *pād* ‚Mantel', ahd. *pfeit* ‚Hemd, hemdartiges Kleidungsstück' ist dahin entschieden, daß das germ. Wort aus dem gr. Worte entlehnt ist; aus dem Germ. wieder finn. *paita* und vielleicht alb. *petkë, petök* ‚Kleidung'; gr. *βαίτη* ist wohl thrak. Lw. Oder gehen die alb. Formen auf ein illyr. **paitā* zurück? WP. II 104, Feist 381 f., Bonfante BSL. 36, 141 f.

bak- ‚Stab als Stütze', auch ‚stechen, stoßen, schlagen'?

Lat. *baculum* ‚Stab, Stock' aus **bac-(c)lom*, älter **bak-tlom*; Spuren des -cc- im Demin. *bacillum*, wofür mehrfach *baccillum* überliefert, vgl. auch *imbēcillus* ‚(ohne Stütze) schwach, gebrechlich' aus *-baccillos*. Pisani (REtIE. 3, 53) stellt *baculum* als **bat-lo-m* zu *battuō*, das er als osk.-umbr. Lw. (aus **bakt-*) ansieht.

Gr. *βάκτρον, βακτηρία, βακτήριον* ‚Stock, Stab', *βάκται· ἰσχυροί* Hes. (Gegensatz von *imbēcillus*), wohl auch *βακόν· πεσόν* Hes.

Gr. *βάκλα· τύμπανα* (d. i. ‚Prügelstock') Hes., sonst ‚Keule, Knüttel, Stock', ist wohl aus dem Lat. entlehnt.

Mengl. *pegge*, engl. *peg* ‚Pinne, Pflock', nhd. *pegel* ‚Pfahl'; aber mnd. *pegel* ‚Zeichen an einem Gefäß für Flüssigkeiten (aus einem Ring oder kleinen Zapfen bestehend)', ags. *pœgel* m. ‚Weinkanne', engl. *pail* ‚Eimer' aus mlat. *pagella* ‚Spalte, Maßstab'.

Lit. *bàksteleti* ‚stoßen, puffen', lett. *bakstīt* ‚stochern' (oder zum Schallwort lit. *bàkst?*).

Dagegen air. *bacc* (nir. *bac*) ‚Haken, Krummstab', cymr. *bach* ‚Ecke, Haken', bret. *bac'h* ‚Hacke, Stab' (aus ‚Griff, Krücke des Stockes'), sind im Inselkeltischen oder schon im Latein erfolgte Rückbildungen aus *baculum*.

WP. II 104 f., WH. I 92.

bal-, balbal- ‚wirbeln, sich drehen'.

Ai. *balbalīti* ‚wirbelt', *balvá-* ‚schief'; gr. (in Sizilien) *βαλλίζω* ‚tanze', daraus entlehnt lat. *ballāre* ‚tanzen'.

WP. II 109, WH. 1, 95, Wackernagel Ai.-Gr. I 181.

bal-bal- s. unter *baba-*.

baˣmb- Nachahmung für dumpfe, dröhnende Schalleindrücke.

Gr. *βόμβος* m. (daraus lat. *bombus*) ‚dumpfer Ton', *βόμβυξ, -υκος* ‚Flöhe', *βομβύκια* ‚summende Insekten', *βομβύλη* ‚enghalsiges Gefäß' (als ‚glucksend'), *βομβυλιός* oder *-ύλιος* ‚Hummel' (und ‚enghalsiges Gefäß'); über *βαμβαίνω* ‚klappere mit den Zähnen; stammle, lisple' s. unter *baba-*;

alb. *bumbulit* ‚es donnert'; germ. mit durch Neuschöpfung verhinderter Lautverschiebung aisl. *bumba* ‚Trommel', dän. alt *bomme, bambe* ‚Trommel', holl. *bommen* ‚dröhnen' (vgl. auch nhd. *bum bum*; etwas ähnlich nhd.

bammeln, bimmeln ‚läuten, klingen‘); lit. *bambéti* ‚brummen‘, im Ablaut *bimpti* ds., *bimbalas, bimbilas* ‚Bremse‘; russ.-ksl. *bŭbenъ, bubonъ* ‚Trommel‘, russ. *bubnítъ* ‚schwatzen, plappern‘, poln. *bęben* ‚Trommel‘.

WP. II 107, Trautmann 26, WH. I 111.

baˣmb-, bhaˣmbh-, paˣmp-, phaˣmph- ‚schwellen‘. Lautnachahmung, von den aufgeblasenen Backen genommen, psychologisch von *baˣmb-, bhaˣmbh-* als unmittelbarer Nachahmung eines gehörten dumpfen Schalles verschieden. S. auch **baˣb-* ds.

Ai. *bimba-ḥ -m* ‚Scheibe, Kugel, Halbkugel‘, *bimbī* f. ‚momordica monadelpha‘ (eine Cucurbitacee; *bimba-m* ‚deren rote Frucht‘); gr. βέμβιξ ‚Kreisel, Wasserstrudel; Hummel‘, wozu auf Grund eines schwundstufigen βάβαξ ‚Schwätzer‘: βαβάκτης ‚ὀρχηστής‘; mit *bh* (oder *ph*): gr. πέμφιξ, -ῖγος ‚Hauch, Sturm, Tropfen, Brandblase‘, πομφός ‚Brandblase, Schildbuckel‘;

lit. *bámba* ‚Nabel‘, *bambalas* ‚Dickbauch‘, *bumbulas* ‚Knoten am Stock, im Garn‘, *bumbulas, burbulas* ‚Wasserblase‘, *bumbulỹs* ‚Steckrübe‘, *bumburas, pumpuras* ‚Knospe‘;

lett. *bamba, bumba* ‚Kugel, Ball‘, *bemberis* ‚Tannenzapfen‘; *bimbul'i* ‚Kartoffeln‘, *bumbulis, burbulis* ‚Knoten, Knorren‘, *bumburs* ‚Ball, Kugel, Kartoffel‘;

russ.-alt *bubulja*, Regentropfen‘, heute *búblikъ* (*bъbъl-ikъ) ‚Brezel, Kringel‘, klr. *búben* ‚kleiner Junge, Knirps‘, skr. *bùban* ‚Art Bohne‘, *bûbla* ‚Klumpen‘, čech. *boubel, bublina* ‚Wasserblase‘, poln. *bąbel* ‚Wasserblase‘.

Unverschobenes **baˣmb-* oder verschobenes *bhaˣmbh-* in schwed. mdartl. *bamb* ‚Wanst‘, norw. mdartl. *bamsa* ‚gierig fressen, pampfen‘, dän. (jüt.) *bams* ‚dicke Person‘, nhd. *Bams* ‚dicker Brei‘, mhd. *bemstîn* ‚die einen dicken Bauch hat‘.

Verschobenes *baˣmb-* oder unverschobenes *paˣmp-* in schwed. mdartl. *pampen* ‚aufgedunsen‘, dän. mdartl. *pampe* ‚sich brüsten, prahlen‘, norw. mdartl. *pempa seg* (*pampjan) ‚sich mit Trank füllen‘, mnd. *pampen* ‚sich stopfen‘ (nhd. *pampfen*), nhd. *pampe* ‚dicker Brei‘.

Mit Tenuis: lat. *pampinus* ‚(*Knospe, *Auge) frischer Trieb des Weinstockes, Weinranke‘; lit. *pampstù, pampaũ, pampti* ‚aufschwellen‘, *pamplỹs* ‚Dickbauch‘, *pùmpa* ‚Knauf, Teichrose‘, *pimpilas* m. ‚penis‘, lett. *pàmpt, pempt, pumpt* ‚schwellen‘, *pampali* ‚Kartoffeln‘, *pimpala* ‚das männliche Glied‘, *pumpe* ‚Buckel, Beule‘ (die *u*-Formen sind als Kontamination mit **pup-* aufzufassen);

abg. *pupъ* ‚Nabel‘, russ. *pup* ‚Nabel‘, *púpyš* ‚Knospe, Wölbung‘, poln. *pęp* ‚Zapfen‘;

aisl. *fifl* ‚Riese; Tropf, Einfaltspinsel', *fimbul-* verstärkendes Präfix, ags. *fifel* ‚Seeungetüm, Riese' (**pempelo-*), aisl. *fimbul-, fambi* ‚Erztropf'. Daneben mit ausl. germ. Tenuis dän. *fomp,* norw. mdartl. *fump, famp* ‚dicker Tölpel'.

Mit Tenuis asp. arm. *p'amp'ušt* ‚Harnblase'.

WP. II 108 f., WH. I 122, Niedermann WuS. 8, 87 f., Trautmann 26, 205.

band- ‚Tropfen'?

Ai. *bindú-ḥ* ‚Tropfen' (wahrscheinlich für **bandú-ḥ* unter Einfluß von *indu-ḥ* ‚Tropfen'), verwandt mit corn. *banne, banna,* bret. *banne* ‚Tropfen' (woraus mir. *banna, bainne* ‚Tropfen, Milch' entlehnt ist), echt irisch *buinne* ‚Hervorquellen, Flut'; illyr. FlG *Bindus* (**Bendus*), apul. *fons Bandusiae*?

WP. II 110, Petersson Heterokl. 204 f., A. Mayer Gl. 29, 69 ff.

bar-bar- s. unter *ba-ba-*.

bata- onomatopoetisch für läppisches Lallen oder Erstaunen.

Ai. *bata* Interjektion des Erstaunens ‚ach, weh', *batá-ḥ* ‚Schwächling?'; abret. *bat,* nbret. *bad* ‚Betäubung, Taumel', *bada, badaoui* ‚unbesonnen reden', *bader, badaouer* ‚Maulaffe', acorn. *badus* ‚lunaticus', gr. βατταρίζω ‚stammle', βαττολογέω ‚schwatze unnützes Zeug' (vgl. Blaß-Debrunner[7] § 40 Anhang).

WP. II 105.

bau Nachahmung des Hundegebells, Schreckwort.

Gr. βαῦ βαῖ ‚Hundegebell', βαΐζω ‚belle, schmähe', Βαυβώ ‚Schreckgespenst, Hekate', lat. *baubor, -ārī* ‚bellen'; etwas verschieden verwendet lit. *baũbti* ‚brüllen' vom Rinde, *baũbis* Rindergott als ‚Brüller', serb. *bau bau* ‚Schreckwort', *baùkati* ‚erschrecken' usw.

Gr. βαυβάω ‚schlafen' ist, wie βαυβών ‚penis', volkstümliches Deckwort.

WP. II 104, WH. I 99, W. Oehl IF. 56, 119.

bdel- ‚saugen, zullen'?

Gr. βδάλλω ‚sauge', βδέλλα ‚Blutegel'; nhd. *zullen* ‚an einem Lutschbeutel saugen', *zulp* ‚Sauglappen', ndl. *tullen* ‚saufen', nhd. *tulken* ‚saugen, in großen Zügen trinken'? Kretschmer KZ. 31, 423; sehr unsicher wegen ähnlicher germ. Worte wie norw. *tūna* ‚viel trinken' u. dgl. (s. Falk-Torp unter *tylde*). Trifft die Verbindung zu, so war der idg. Anlaut *bd-,* oder es ist gr. β- ein — vielleicht in der Kindersprache? — aus πι- = έπί verkürztes Präfix (‚be-lutschen'?).

WP. II 119.

bē, bā Nachahmung des Schaflautes.

Gr. βῆ, lat. *bēbō, -āre* ‚bäh schreien, vom Böcklein‘, *bālāre* und vla⟨t⟩ *bēlāre* ‚blöken‘, nhd. *bäh,* slav. (z. B. klr.) *békati* ‚blöken‘, lett. *bē̦, be̦ku,* *biku* Interj. ‚meckernd‘, aisl. *bekri* ‚Widder‘, schweiz. *bäckeln* von der Gemse; ähnlich air. *béiccithir* ‚brüllt‘, cymr. *beichio* ‚mugire‘, vielleicht auch ai. *bēkurā* ‚Stimme, Ton‘, alles einzelsprachliche Neubildungen.

WP. II 121, WH. I 95, 99.

bed- ‚schwellen‘??

Ai. *badva-m* ‚Trupp, Haufe; eine bestimmte hohe Zahl‘; aksl. (usw.) *bedro* ‚Schenkel‘; arm. *port (*bodro-)* ‚Nabel, Bauch, Mittelpunkt‘.

Vielleicht auch hierher schwed. mdartl. *patte* ‚Weiberbrust, Zitze‘, isl. *patti* ‚kleines Kind‘, engl. *pat* ‚kleines Klümpchen (von Butter)‘; die daneben stehenden Formen mit germ. *b-,* älter dän. *arsbatte* ‚Arschbacke‘, schwed. mdartl. *batt* ‚kleiner Haufen‘ zeigten dann dieselbe Auslaut⟨-⟩schwankung wie *b(h)eu-, b(h)ŭ-* ‚aufblasen, schwellen‘, womit die Wz. *b(h)ed-* (: *b(h)u-d-, -t-*) den Ursprung aus der Vorstellung der aufgeblasenen Backen gemeinsam hätte.

Lat. *bassus* ‚crassus, pinguis, obesus‘, roman. ‚niedrig‘, bleibt fern.

WP. II 109, WH. I 98, 477, 851, Kretschmer Gl. 22, 258 f.

1. bel- ‚ausschneiden, graben, höhlen‘??

Vielleicht arm. *pelem* ‚höhle, grabe‘, allenfalls auch mir. *belach* ‚Kluft, Paß, Weg‘ und kelt. **bolko-, -ā* in cymr. *bwlch* m. ‚Spalte‘, bret. *boulc'h* ds., mir. *bolg* f. (das *g* nach *tolg* ds.)?

WP. II 110; über nichtexistierendes ai. *bāra* ‚Öffnung‘ s. Wackernagel u. Debrunner KZ. 67, 171 f.

2. bel- ‚stark‘.

Ai. *bála-m* n. ‚Kraft, Stärke, Gewalt‘, *báliyān* ‚stärker‘, *báliṣṭha-ḥ* ‚der stärkste‘; gr. βελτίων, βέλτερος ‚besser‘, βέλτιστος, βέλτατος ‚bester‘ (das -τ- durch Umbildung von **βέλιων, *βέλιστος* nach φέρτερος usw.); lat. *dēbilis* ‚kraftlos, schwach‘; aksl. *boljьjь* ‚größer‘, *bolje* Adv. ‚magis, plus‘ und ‚melius‘. Unsicher ndl.-udd.-fries. *pal* ‚unbeweglich, fest‘.

Mit Dehnstufe ai. *bālá-ḥ* ‚jung, kindlich‘, m. ‚Knabe, Kind‘, f. ‚Mädchen‘.

WP. II 110 f., WH. I 326 f.

bend-, bn̥d-no- ‚vorspringende Spitze‘, vielleicht in folgenden kelt. und germ. Wörtern:

Mir. *benn* ‚Horn, Gipfel‘ (**bn̥d-no-* oder **bend-no-?*), *bennach* ‚spitzig‘, cymr. *bann* m. ‚Anhöhe, Gipfel, Horn (**bn̥d-no-*)‘, mbret. *ban* ‚éminence, saillie, hauteur', gall. *ande-banno- > frz. auvent ,Schutzdach' (eig. ,großes Horn'), Jud Rom. 49, 389 f., gall. dial. *lacus Bēnācus*, wenn für *Bennācus*, ,der Gehörnte' (Sirmione), aus *benno- (idg. *bend-no- oder *bn̥d-no-); west-fläm. *pint* ,Spitze', mnd. *pint* ,penis', mhd. (mnd.) *pinz* ,subula', ags. *pintel* ,penis' (engl. *pintle* auch noch ,Pflock'), norw. *pintol* ,penis', wozu wohl mit Ablaut nhd.-bair. *pfouzer, pfunzer* ,zugespitzter Knüttel'; mit den kelt. Formen entsprechendem *n*-Suffix (*penn- aus *bend-n-) and. *pin* ,paxillus', mnd. *pin, pinne* ,Pinne, Spitze, Nagel, Pflock', mhd. *pfinne* f. ,Nagel', ags. *pinn* ,Pflock, Stift', spätaisl. *pinni* m. ds., ablaut. *pann-in ostfries. *penne* = *pinne*, ndd. *pennen* ,eine Tür (mit einem Bolzen) verriegeln', ags. *on-pennian* ,öffnen', engl. *pen* ,schließen', ags. *penn* m. ,Pferch'.

Johansson KZ. 36, 347 f. (auch gegen Entlehnung von *Pinne* aus lat. *pinna*, an welcher Kluge[11] festhält).

WP. II 109 f.

1. b(e)u-, bh(e)u- schallnachahmend für dumpfe Schalleindrücke, z. B. Uhuruf, dumpfer Schlag u. a.

Npers. *būm* ,Eule'; arm. *bu, buēč* ,Eule' (ohne Lautverschiebung im Schallwort), gr. βύας m., βῦζα f. ,Uhu', βύζειν ,wie ein Uhu schreien', lat. *būbō* ,Uhu', bulg. *buh* ,Uhu', russ. *búchatь* ,dumpf und lang anhaltend schreien'; lit. *baublỹs* ,Rohrdommel', *baũbti* ,dumpf brüllen', *bubenù* ,dröhne dumpf'; lat. *būtio* ,Rohrdommel', *būteo* ,eine Falkenart'; gr. βοή ,Ruf', βοάω ,schreie' (daraus lat. *boāre* ,rufen'), βωστρέω ,rufe an, um Hilfe' (*βοϜαστρέω), scheinen von solchem *bŭ-* aus als Reimworte zu γοή, γοάω (s. Wz. *g̑ou-*) gebildet.

Mit auslautenden Gutturalen: ai. *búk-kāra-ḥ* ,Gebrüll des Löwen', *bukkati* ,bellt' (av. *bučahin-* ,der das Geheule, Gefauche an sich hat', *buxti-* ,Heulen, Fauchen'?), gr. βύκτης ,heulend'.

Vielleicht mir. *bōchna* ,Meer' (,*tosende Brandung'; Gdf. *boukaniā); lit. *bùkčius* ,Stammler', lett. *bũkšḳêt* ,dumpf schallen'; slav. *buk-* (aus hochstufigem *bouk-) in russ.-ksl. *bučati* ,dröhnen', serb. *būčēm, búkati* ,brüllen', *búčīm, búčatī* ,tosen (vom Meere)'; *būk-* in russ. usw. *byk* ,Stier'; über angebl. *bŭk-* in aksl. *bъčela, bьčela* ,Biene' (vgl. russ. *byčátь* ,summen, von Bienen') s. unten *bhei-* und WH. I 555; nasaliert poln. *bąkać* ,halblaut reden, murmeln', *bąk* ,Rohrdommel', alt ,bubō'; in der Anwendung auf dumpfen Schlag russ. *búkatь, búchatь* (*bouk-s-) ,stoßen, schlagen, daß es schallt', *buch* ,plumps!', serb. *bùhnuti* ,losbrechen', *bùšiti* ,schlagen, werfen, stürzen, mit Gepolter fallen', lit. *bukùoti*, lett. *baũkš* ,Bezeichnung eines durch starken Schlag oder Fall hervorgebrachten Schalles', vermutlich auch *buka* ‚Faustschlag‘ (auch lit. *bukùs* ‚stumpf‘ hierher als ‚durch Schlagen stumpf geworden‘?); mhd. *buc* ‚Schlag, Stoß‘ (ohne Lautver-schiebung durch stete nebenherlaufende Neuschöpfung), *puchen, buchen*, nhd. *pochen*, ndl. *beuken* ‚schlagen, stoßen‘, schwed. *boka, bauka, buka* ds. (aber auch ‚graben, wühlen‘, wie aisl. *bauka*; dies ein versch. Wort? s. auch WH. I unter *faux*), engl. *to poke* ‚stoßen, stechen‘, norw. *pok, pauk* ‚derber Knüttel‘, vielleicht mir. *būalaim* ‚schlage‘ (**bougl* . . ., oder zu *bhāu-d-* ‚schlagen‘).

WP. II 112f., WH. I 111, 119, 124, 470.

2. *b(e)u-*, *bh(e)ŭ-* ‚aufblasen, schwellen‘, Sprenglaut der aufgeblasenen Backe, wie auch *pu-*, *phu* s. d.; nebenherlaufende Urschöpfung kreuzt die lautgesetzliche Entwicklung, so daß z. B. germ. Formen mit *pu-* aus idg. *bu-*, aber auch aus unverschobenem idg. oder neuem *pu-* erklärbar sind. Aus dem Begriff der aufgeblasenen Backe entwickeln sich die Bedeutungen ‚aufschwellen, rundlich Aufgetriebenes (dann auch Eingewölbtes) verschiedenster Art‘, auch ‚anschwellen machen, stopfen‘ und ‚blasen, husten u. dgl.‘.

Ursprünglich verschieden sind die Schallwurzeln 1. *b(e)u-* für dumpfe Schalleindrücke und *bu-* ‚Lippe, Kuß‘.

Gr. βῦ ἐπὶ τοῦ μεγάλου ἐλέγετο· καὶ Σώφρων βύβα, ἀντὶ τοῦ μεστὰ καὶ πλήρη καὶ ‚μεγάλα EM; vermutlich hierher auch βουνός ‚Hügel‘ (dialektisch), βουνιάς ‚eine Rübenart‘, βουνίζω ‚häufe‘, βούνιον ‚eine Doldenpflanze‘; re-dupl. βουβών ‚inguen, Drüsen neben der Scham, bes. in krankhaft ge-schwollenem Zustande‘; nisl. *pūa* ‚blasen, atmen‘.

Redupliziert wie βύβα, βουβών auch lit. *bubsù, bubsëti* ‚Blasen auf-werfen‘ (von Wasser oder gärendem Teig), mnd. *bubbeln* ‚Blasen auf-werfen, wallen‘, schwed. *bobba* ‚Schwulst, Finne, Insekt‘, *bubba* ‚Laus‘ und ‚Trollius europaeus‘ u. dgl. (mit idg. *bh* oder mit durch Neuschöpfung verhinderter Lautverschiebung von *b*), anord. *bȳfa* (**bhūbhiōn-*) ‚großer, klumpiger Fuß‘, norw. dial. *būve, būva* ‚dicker, klotziger Mensch, Butzen-mann‘.

Mit sicherem *bh-*: ai. *bhū-ri-ḥ* ‚reichlich, viel, gewaltig‘, Komp. *bhūyas-*, *bhávīyas-*, Superl. *bhūyiṣṭha-ḥ*, av. *būiri-* ‚reichlich, völlig, vollkommen‘, Komp.-Adv. *baiyō* ‚(mehr, zeitlich =) länger, auf länger als‘, Superl. *bōištəm* ‚plurimum‘; arm. *bavel, bovel* ‚bastare‘; lit. *būrȳs* ‚Haufe (Häuser), Menge (Schafe, Vögel, auch Regen)‘, lett. *būra* ‚Haufe (Volkes)‘;

ohne *r*-Suffix: aksl. *bujь* (**bhoujo-*) ‚wild, grausam, töricht‘, russ. *bújnyj* ‚ungestüm, wild, üppig wachsend‘; ob hierher ndd. *bö, böje*, ndl. *bui* ‚Bö, Windstoß, Schauer‘?; gr. φόα· ἐξανθήματα ἐν τῷ σώματι Hes.; mit Dehn-

stufe *bhōu- gr.-ion. φωῖδες, att. φῷδες ‚Brandblasen‘; gr. φαῖσιγξ, φαῦ-
σιγξ ‚Brandblase, Blase‘ (mit Abl. ǝu neben ǒu).

Auch die Wz. bheu- ‚werden, entstehen‘ ist wohl aus ‚schwellen‘ entwickelt, vgl. die Bed. von ai. prábhūta-ḥ ‚reichlich, zahlreich‘ (: bhávati)
mit der von bhūri-ḥ.

Erweiterungen mit l sind vielleicht: ai. buri-ḥ, buli-ḥ (unbel.) ‚Hinterbacke, weibliche Scham‘ = lit. bulìs (auch bùlė, bulė̃) ‚Hinterbacken‘, gr.
βύλλά· βεβυσμένα Hes., mnd. poll ‚Kopf, Spitze, Wipfel‘ (*bulno-), mnd.
pull, poll ‚(aufgetriebene) Hülse, Schote‘, engl. pulse ‚Hülsenfrucht‘; ablautend mnd. puyl ‚Sack‘, puyla ‚Geschwulst‘; mit bh-: got. ufbauljan,
nur im Partiz. ufbaulidai ‚Aufgeblasene, Hochmütige‘, ahd. paula f. ‚Blatter‘,
ags. bȳle, ahd. pūlla, mhd. biule ‚Beule‘, anord. beyla ‚Höcker, Auswuchs‘,
aschwed. bolin, bulin ‚geschwollen‘; air. bolach ‚Beule‘ (*bhulāk-, allenfalls
bhol- zu bhel- ‚schwellen‘); arm. boil, Gen. Pl. buliç ‚Schar, Menge, Herde‘,
serb. búljiti ‚die Augen hervorstrecken, glotzen‘.

Dentalerweiterungen: gr. βύτανα· κόνδυλοι, οἱ δὲ βρύτανα Hes. (aber
βυτίνη· λάγυνος ἢ ἀμίς. Ταραντῖνοι Hes., die Quelle der germ.-rom. Sippe
von nhd. Bütte, lat. buttis ‚Faß‘, entspricht gr. πυτίνη ‚Korbflasche‘, s. pŭ-
‚aufblasen‘); hierher wohl poln. buta ‚Stolz‘, bucić się ‚prahlen‘.

Ai. budbuda-ḥ ‚Wasserblase, Blase‘, gr. βυζόν· πυκνόν, συνετόν, γαῦρον
δὲ καὶ μέγα Hes. (*budi̯o-, etwa ‚aufgebläht‘? Doch s. unten βύζην S. 101);
norw. pūte ‚Kissen‘, pūta ‚dicke Frau‘, schwed. puta ‚aufgebläht sein‘,
puta ‚Kissen‘ (dial. ‚cunnus‘; mit derselben Anwendung vielleicht gr.
βύττος· γυναικὸς αἰδοῖον Hes.), engl. to pout ‚hervorragen, die Lippen
aufstülpen, schmollen‘ (‚*schwellen‘), pout ‚eine Schellfischart, gadus
barbatus‘, ags. æle-pūte ds. (capitū, eigentlich ‚Großkopf‘), ndl. puit
‚Frosch‘;

mit germ. -d- (þ-): ndd. puddig ‚angeschwollen‘, ags. puduc ‚Geschwulst,
Warze‘, mengl. ndd. podde ‚Kröte‘ und mit noch nicht geklärter Bedeutungsentwicklung ags. pudd ‚Wassergraben‘, mengl. podel, engl. puddle,
nhd. mdartl. Pfudel ‚Schlammpfütze‘, wie auch (mit germ. t) norw. mdartl.
poyta, westf. pōt (*pauta) ‚Pfütze, Pfuhl‘; als konvexe Wölbung dazu
vielleicht ags. pott, afries. mnd. pot ‚Pott, Topf‘ (anders Kluge[11] unter
Pott); vgl. arm. poytn, Gen. putan ‚Topf, Suppentopf, Krug‘ aus *beud-n-
oder *boud-n-.

Mit germ. b-: ahd. būtil, mhd. biutel ‚Beutel, Tasche‘; isl. budda
‚Beutel, Geldbeutel‘, ags. budda ‚Mistkäfer‘, mengl. budde ‚Knospe‘ und
‚Käfer‘, budden ‚ausschlagen‘ (‚*schwellen‘), engl. bud ‚Knospe‘, to bud
‚ausschlagen‘, mnd. buddich ‚dick geschwollen‘, nndd. budde ‚Laus, Engerling; Schreckbild‘; mnd. buddelen, bod(d)elen ‚Blasen werfen, schäumen‘,

norw. mdartl. *boda* ‚brausen, brodeln, vom Wasser‘; anord. *bodi* ‚Wellen-bruch, Brandung‘; mhd. *butte*, nhd. *Hagebutte*;

daneben mit germ. -*tt*-: mnd. *botte*, ndl. *bot* ‚Knospe‘, mhd. *butze* ‚Klumpen, mucus; Kobold, Schreckgestalt‘, nhd. *Butze(n)*, *Butz* ‚Schreckgestalt, Klumpen, mucus, Schar; Kerngehäuse‘, usw., ndd. *butt* ‚plump, stumpf, grob‘, mhd. *butzen* ‚schwellen‘;

daneben mit -*t*- nach langem Vokal oder Diphthong mhd. *būzen* ‚aufschwellen, hervorragen, vorstehen (vom Bauch, den Augen)‘, ahd. *bōzo* ‚Flachsbündel‘, mhd. *bōze* ‚ds.; lächerlicher Mensch, Knabe‘;

vielleicht lit. *budělě* ‚eine Art Pilz‘, slav. *bъdъla* in čech. *bedla* ‚Blätter-schwamm‘, *bedly* Pl. ‚Schwämmchen im Munde‘; aus dem Arm. hierher :außer *poytn* (s. oben) auch *ptuł*, Gen. *ptłoy* ‚Frucht‘ und *ptuk*, Gen. *ptkan* ‚grüner Zweig, Trieb‘ und ‚papilla, mamilla‘.

Air. *buiden* ‚Schar‘, cymr. *byddin*, abret. *bodin* ds. hat wurzelhaftes ‚und gehört ebenfalls hierher.

Labialerweiterung: ags. *pyffan* ausblasen‘, engl. *puff* ‚pusten, blasen, aufgeblasen sein, norw. *puffa*, ndd. *puffen*.

Gutturalerweiterungen:

Lat. *bucca* ‚aufgeblasene, vollgestopfte Backe‘; mhd. *pfūchen*, nhd. (*p*)*fauchen* (kann auch unverschobenes idg. *p* enthalten, vgl. lit. *pūkšti* ‚keuchen, schnaufen‘); schwed. *puk* ‚Geschwulst, Knollen‘, anord. *poki* m. ‚Beutel, Sack‘, engl. *poke* ds., nhd. dial. *Pfoch* ‚Beutel‘, ags. *pohha, pocca* ‚Sack, Beutel‘, engl. *pocket* ‚Tasche‘, mndd. nndd. *pogge, pugge* ‚Frosch, Kröte; Geschwulst am Unterleib bei Kühen und Stuten‘, ags. *pocc* ‚Blatter‘, nhd. (eigentlich ndd.) *Pocke*, dial. *Pfoche* ‚Blatter‘; anord. *pūki* m. ‚Teufel‘, ags. *pūca, pūcel*, engl. *puck* ‚Kobold‘ (aus dem Germ. stammt ir. *pūca* ‚Gespenst‘, vielleicht auch letzt. *pūk'is* ‚Drache‘); hochstufig ndd. *pōk* ‚im Wuchs zurückgebliebener Mensch‘, norw. mdartl. *pauk* ‚kleiner, schwächlicher Mensch, Knabe‘ (über got. *puggs* ‚Beutel, Geldbeutel‘, anord. *pungr*, ags. *pung* ds. und *scaz-*(*p*)*fung* ‚Geldbeutel‘ s. jedoch Feist 385).

Mit germ. *b*: mengl. nengl. *big* (**bugja*-) ‚dick, groß, aufgeblasen‘; norw. mdartl. *bugge* ‚mächtiger Mann‘, mengl. *bugge* (engl. *bug*) ‚Rotzklumpen; Käfer, Wanze; Schreckgespenst‘, nhd. mdartl. *būgg(e)* ‚Nasenbutzer, Butzen am Obst, Schreckgespenst‘. Hierher vermutlich germ. **buh-* (idg. **bhuk-*) in ahd. *buhil* ‚Bühel‘, aisl. *bōla* f. ‚Beule, Schildbuckel‘ (**buhlōn-*) und **bŭk-* (idg. **bhūg-*) in schweiz. *Bücki* ‚Faß‘, engl. *buck* ‚Waschkübel‘ und aisl. *būkr* ‚Bauch, Leib‘, ags. *būc* ‚Bauch, Krug‘, ahd. *būh*, nhd. *Bauch*, dazu lett. *bugarains* ‚höckerig‘, *buga* ‚hornlose Kuh‘, *budzis* ‚Beule, unreifes Obst‘; aber lit. *baūžas* ‚hornlos‘, *bužȳs* ‚Vogelscheuche, Schreckbild‘, *būžȳs* ‚Wanze, Laus‘, *būože* ‚Keule, Nadelkopf‘ (*ūo* wohl aus *ōu*, vgl. oben S. 99

φωῖδες) können balt. *ž* als einzelsprachliches Formans enthalten und auf der unerweiterten Wurzel beruhen.

s-Erweiterung:

Gr. βυνέω (*βυνέσω, zum *v* s. Schwyzer Gr. Gr. I 692), βύω (*βύσω), βεβυσμένος, βυστός ‚vollstopfen‘, βύστρα, βύσμα ‚Pfropf‘, βύζην (βυσ-δην) ‚gedrängt, voll‘; alb. *mbush* ‚fülle an‘; mir. *būas* ‚Beutel, Tasche, Bauch‘ (*bhousto-, vgl. aisl. *beysti* ‚Schinken‘), anord. *pūss* ‚Tasche, Beutel‘, isl. *pose*, ags. *pusa, posa,* ahd. *pfoso* ‚Beutel‘; mit der ursprünglicheren Bed. ‚blasen, aufblasen, schwellen‘, aschwed. *pysa* ‚schnauben‘, mhd. *pfūsen* ‚schnauben, niesen‘, *sich pfūsen* ‚sich aufblähen‘, nhd. mdartl. *pfausen,* ags. *pos* ‚Schnupfen, Wasserfall‘, engl. *pose* ‚Schnupfen‘, mndd. *pūsten* ‚schnauben‘, *pūster* ‚Blasebalg‘, nhd. *pusten* (eigentlich ndd.) mdartl. *pfausten,* anord. *pūstr* ‚Ohrfeige‘ (wie frz. *soufflet* zu *souffler*); norw. *pūs* ‚Geschwulst‘, *poysa, pūsna* ‚anschwellen‘, schweiz. *pfūsig* ‚geschwollen‘, nhd. *Pfausback,* mit ndd. Anlaut *Pausback* (daneben *Bausback* mit germ. *b-,* s. unten); norw. mdartl. *pusling* ‚Knirps, Kobold‘, schweiz. *Pfosi* ‚Knirps, unbeholfener, blöder Mensch‘ (‚kurz und dick‘); norw. *pūs, poysa* ‚Schlammpfütze‘, anord. *pyss* ds. (in Ortsnamen).

Mit germ. *b* (= idg. *bh,* z. T. vielleicht unverschobenes oder neues *b*): ags. *bōsom* (germ. *būs-mo(n)-), ahd. *buosam,* mhd. *buosem, buosen,* nhd. *Busen,* mhd. *būs* ‚Aufgeblasenheit, schwellende Fülle‘, *būsen* ‚schwelgen‘, nhd. *bausen* ‚zechen, schwellen‘, *Baus* ‚abundantia, tumor, inflatio‘, *Bausback, Bausch* ‚anschwellendes, wulstiges Kissen, ausgestopfte Brust‘, mhd. *būsch* ‚Wulst, Bausch‘, anord. *busilkinna* ‚pausbackiges Weib‘, norw. *baus* ‚stolz, übermütig, heftig, hitzig‘, ahd. *bōsi* ‚hartherzig, schlecht‘, nhd. *böse,* mengl. *bōsten,* nengl. *to boast* ‚großsprechen, prahlen‘ (‚*sich aufblähen‘), nisl. *beysinn* ‚dick, weit und groß (von Kleidern)‘, *būstinn* ds., aisl. *beysti* ‚Schinken‘, nhd. mdartl. *Baust* ‚Wulst‘, *bauste(r)n* ‚schwellen‘, ahd. *biost,* nhd. *Biest-milch* (eigentlich ‚dicke Milch‘), ags. *bēost, bysting,* engl. *beastings, biestings* ds., norw. mdartl. *budda* (*buzdōn-) ds. (unsicherer ist, ob schwed. mdartl. *buska* ‚frisches, aufgärendes Bier‘ und das damit als *beuza- verbundene ahd. *bior,* ags. *bēor* ‚Bier‘ als das ‚Aufschäumende, Blasenwerfende‘ anzureihen sei; über andere Deutungen von Bier s. Kluge [11] und Weigand-Hirt).

Russ. *búchnutь* ‚anschwellen, quellen‘, sloven. *búhnem, búhniti* ‚anschwellen, sich aufblasen‘, *búhor* ‚Wasserblase‘, kasch. *bucha* ‚Hochmut‘ (*bauşā).

Verwandt ist wohl auch folgende Gruppe, deren Bed. ‚hervorbrausen‘ aus ‚aufschwellen‘ entwickelt sein kann: aisl. *bysia* ‚mit großer Gewalt ausströmen‘; norw. mdartl. *boysa* ‚hervorstürmen‘; schwed. *busa* ‚bestürzen, hervorstürzen‘; ostfries. *būsen* ‚gewaltsam sein, brausen, lärmen, stür-

mén' (und ,in Saus und Braus leben', vgl. oben mhd. *busen* ,schwelgen'), *bůsterig* ,stürmisch', aksl. *bystrъ* ,verschlagen', russ. *býstryj* ,schnell, scharf. sichtig; reißend von der Strömung' (**bhūs-ro-*).
WP. II 114 f., Trautmann 28, 39.

bis-(t)li- ,Galle'?
Lat. *bilis* (**bislis*, älter **bistlis*) f. ,Galle'; cymr. *bustl* m., acorn. *bistel*, bret. *bestl* (**bis-tlo-*, *-tli-*) ,Galle'; gallo-rom. **bistlos* (Wartburg).
WP. II 111, WH. I 105 f.

blat- ,plappern u. dgl. Schallbedeutungen' sowie ähnliche Schallworte schwer bestimmbaren Alters.
Lat. *blaterō, -āre* ,plappern, dumm daherschwatzen; auch vom Geschrei des Kamels, Widders, Frosches', *blatiō, -īre* ,plappern, schwätzen';
mndd. *plad(d)eren* ,schwatzen, plaudern', nndd. *pladdern* ,platschen, bespritzen', schwed. *pladder* ,loses Geschwätz', dän. *bladre* ,loses Geschwätz treiben', älter auch ,platschen', mit fehlender Lautverschiebung im Schallwort.
Ähnliche Schallworte sind ndd. *plapperen* (nhd. *plappern*), mhd. *plappen* und *blappen*, ahd. *blabizōn* ,plappern' und mndd. *plūderen* ,plappern' (mhd. *plūdern*, nhd. *plaudern*).
Vgl. mit z. T. ähnlicher Bed. *bhlěd-* ,aufsprudeln, schwatzen', *bhel-* ,schallen' und *bal-*, *bal-bal-* unter *baba-* (z. B. lit. *blebénti* mit dem nhd. *plappern* ähnlicher Bildung).
WP. II 120, WH. I 109.

blē- ,blöken'. Nachahmung des Schaflautes mit verschiedenen gutturalen Erweiterungen; im Germ. mit infolge steter Neunachahmung unterbliebener Lautverschiebung.
Gr. *βληχάομαι* ,blöken', *βληχή* ,das Blöken'; russ. (usw.) *blekati* (alt), *blekotátъ* ,blöken'; mndd. *bleken, blöken* ,blöken, bellen' (daraus nhd. *blöken*), norw. mdartl. *blækta* (**blēkatjan*) ,blöken'; alb. *bl'egërás* ds.
WP. II 120 f., WH. I 95. Vgl. auch *bhlē-* ,heulen' usw.

blou- (*bhlou-?*), **plou-** ,Floh'. Mit *k-* und *s*-Suffixen und tabuierender Umstellung und Anlautswechsel.
Mit *p*: ai. *plúši-*, arm. *lu* (**plus-*), alb. *plesht*, lat. *pūlex* (**pusl-ex*), idg. **plouk-* in ahd. *flôh*, ags. *fléah*.
Mit *b* (oder *bh*?): afgh. *vraža*, gr. *ψύλλα* (**blusьä*), balto-slav. **blusā* in lit. *blusà*, lett. *blusa*, pr. ON *Blus-kaym*, russ.-ksl. *blъcha*, skr. *bùha*, russ. *blochá*.
Meillet MSL. 22, 142, 539 f., Trautmann 35, Specht Dekl. 42 f., 203, 235.

bol- ‚Knolle, runde Schwellung‘.

Arm. *boik* ‚Radieschen‘, gr. *βολβός* ‚Zwiebel‘ (auch *βόλβιτος*, dissimiliert att. *βόλιτος* ‚Mist‘, wenn etwa ursprüngl. von Ziegen oder Pferden?), *βῶλος*, *βῶλαξ* ‚Erdscholle‘; ai. *bálba-ja-ḥ* ‚Eleusine indica, eine Grasart‘, wenn ‚aus Wurzelknollen hervorkommend‘?, lat. *bulbus* ‚Zwiebel, Bolle‘ ist aus *βολβός* entlehnt.

Redukt.-stufig oder mit Assimil. an den Vok. der 2. Silbe arm. *palar* ‚pustula, bolla‘.

WP. II 111 f., WH. I 122.

brangh-, brongh-? ‚heiser‘?

Gr. *βράγχος* ‚Heiserkeit‘, *βραγχάω* ‚bin heiser‘, air. *brong(a)ide* ‚heiser‘; aber gr. Aor. *ἔβραχε* ‚krachte‘ bleibt wohl fern.

WP. I 683 f., II 119.

breuq- ‚springen, schnellen‘.

Vielleicht vereinigen sich so gr. *βροῦκος, βρεῦκος (βραῦκος), βρύκος* ‚Heuschrecke‘ (*βροῦκος* wohl nach *βρύχω* ‚knirsche mit den Zähnen‘, und slóven. *bŕknem, bŕkniti, bŕkam, bŕkati, bŕcati* ‚mit den Füßen stoßen, ausschlagen, mit den Fingern wegschnellen‘, russ. *brykátъ* ‚mit den Hinterfüßen ausschlagen, klr. *brykáty* ‚mutwillig herumspringen, laufen‘ usw.

WP. II 119, Specht Idg. Dekl. 251 f.

bronk- ‚einschließen, einengen‘.

Got. *anapraggan* ‚bedrängen‘ zu *pranga- ‚Beengung‘ in aschwed. *prang* ‚enge Gasse‘, mengl. *prange* ‚Enge‘, engl. dial. *proug* ‚Tischgabel‘, mndd. *prangen* ‚drücken‘, *pranger* ‚Pfahl‘, mhd. *pfrengen* ‚einzwängen‘, ahd. *pfragina* ‚Schranke‘, zu lit. *brañktas* m. ‚Strangholz‘, lett. *brankti* (lit. Lw.) ‚fest anliegend‘.

WP. II 119, 677 f., Feist 43, Kluge[11] unter *Pranger*.

bu- ‚Lippe, Kuß‘, als Nachahmung des Kußlautes, Sprengung des saugenden Lippenverschlusses nach innen, also eigentlich verschieden von *bu-, bhu-* ‚aufblasen‘ mit normaler Sprengung nach außen.

Npers. *bōsīdan* ‚küssen‘; alb. *buzë* ‚Mund‘; mir. *bus, pus* ‚Lippe‘, *busóc, pusóc* ‚Kuß‘ (dazu vermutlich gall. PN *Bussumāros* und *buḍḍutton* ‚Mündchen, Kuß‘); nhd. *Buss* ‚Kuß‘, *bussen* ‚küssen‘, *Busserl, Busserl* ‚Kuß‘, engl. *buss*, schwed. (mit regelrechter Lautverschiebung) *puss* ‚Kuß‘; lit. *bučiúoti* ‚küssen‘, *buč* den Schall des Kusses malende Interjektion. poln. *buzia* ‚Mündchen, Mäulchen; Kuß‘.

WP. I 113 f., WH. II 98.

Bh.

1. bhā-, bhō-, bhə- ‚glänzen, leuchten, scheinen‘.

Ai. *bhā* (in Kompos.) ‚Schein, Licht, Glanz‘, *bhāti* ‚leuchtet, (er-)scheint‘, *bhāti-ḥ* ‚Licht‘, *bhāna-m* n. ‚das Leuchten, Erscheinung‘ (vgl. air. *bān* ‚weiß‘, ags. *bōnian* ‚polieren‘), *bhānú-ḥ* ‚Licht, Strahl, Sonne‘ (: as. *banu-t*), *bhāma-ḥ* ‚Licht, Schein‘;

av. *bā-* ‚scheinen‘ nur mit *ā-* (*avāntəm* ‚den gleichenden‘), *frā* (*fravaiti* ‚leuchtet hervor‘) und *vi-* (*vi-bā-* ‚leuchten‘, Benveniste BSL. 32, 86 f.), *vīspō-bām(y)a-* ‚allglänzend‘, *bāmya-* ‚licht, glänzend‘, *bānu-* m. ‚Licht, Strahl‘;

arm. *banam* (*bhā-n-*) ‚öffne, enthülle‘ (wenn eigentlich ‚zeige, lasse sichtbar werden‘), Aor. *ba-t'si*, vgl. gr. φαίνω und alb. *báj*;

gr. πεφήσεται ‚wird erscheinen‘, *bhə-n-* im Präsens φαίνω (*φανjω statt *φά-νω Schwyzer Gr. Gr. I 694) ‚mache sichtbar, zeige‘, φαίνομαι ‚erscheine, scheine, leuchte‘ (ἐφάνην, Aor. ἔφηνα); φανερός ‚sichtbar, offenbar, deutlich‘, φανή ‚Fackel‘; φάσις ‚Aufgang eines Gestirns‘ (s. auch unter 2. *bhā-*), φάσμα, -ατος ‚Erscheinung, Gesicht, Vorzeichen‘, vgl. πεφασμένος); ἀμφαδόν, ἀμφάδιος ‚offenbar‘ (ἀνα-φ-); φάντα· λάμποντα Hes. (zu *φαμι = ai. *bhāti*); vgl. ἀργύ-φεος, ἄργυφος ‚weißglänzend‘;

alb. geg. *báj*, tosk. *bënj* (= φαίνω) ‚mache, tue‘ (ursprüngl. wohl ‚bringe zur Erscheinung‘);

air. *bān* ‚weiß‘, *oíb* f. (*opi-bhā*) ‚Erscheinung, Schönheit‘;

as. *banut* ‚fōmes‘; ags. *bōnian* ‚polieren‘ (d. i. ‚glänzend machen‘), ndd. (und daraus nhd.) *bōnen* ‚scheuern, bohnen‘, mhd. *büenen* ‚bohnen‘ (ob got. *bandwa, -wō* ‚Zeichen‘, *bandwjan*, aisl. *benda* ‚ein Zeichen geben‘ hierher gehören — etwa als *u*-Ableitung von einem Partiz. *bhā-nt-* ‚scheinend‘ —, ist fraglich. Lit. bei Feist 79 f.);

osorb. *baju, bać so* ‚unmerklich brennen, glimmen‘, nsorb. *bajom, bajaś se* ‚glimmen, flackern‘;

toch. A *paṃ* ‚klar‘ (*bhəno-*), *pañi* ‚Schönheit‘, B *peñijo* ds. (Duchesne-Guillemin BSL. 41, 164); A *pākär*, B *päkri*, *a-pākärtse* ‚offen, deutlich‘; A *pä-tsänk*, B *pa-tsäṅk* ‚Fenster‘ (*-tsänk* usw. ‚leuchten‘), Van Windekens Lexique 78 f.; B *pate*, A *pat* (im Kompos.) ‚Erscheinung‘ (*bhā-ti-*), Pisani Rc. R. Ist. Lomb. 78, 2, 28.

s-Erweiterung *bhō-s-*: ai. *bhā́s-* n. (ved. auch zweisilbig), Instr. *bhāsā́* ‚Licht, Schein, Herrlichkeit, Macht', *subhā́s-* ‚schönen Glanz habend', *bhā́sati* ‚glänzt', *bhā́sant-* ‚glänzend', *bhā́saḥ* n. ‚Licht';

gr. *φώσκει· διαφάνει* Hes., *διαφώσκω* ‚beginne zu glänzen' sind vielleicht (aus *πι-φαύσκω*) nach *φῶς* umgebildet, ebenso *φωστήρ* ‚Glanz, Leuchte'.

Unsicher ist, ob mir. *basc* ‚rot', ags. *basu*, *baso* ‚purpurn' (**bhəs-ko-*, -*g̑o-*) anzuschließen sind, zu got. *weina-basi* ‚Weinbeere', ahd. *beri* ‚Beere', eigentlich ‚rote Beere'? Dazu der vollstufige MN ahd. *Buoso*, aisl. *Bōsi* usw.?

u̯-Erweiterung *bhā-u-*: ai. *vi-bhávā-ḥ*, *vi-bhávan-* ‚strahlend, scheinend';

gr. hom. *φάε* (**φαϜε*) ‚glänzte, erschien', *φαέθων*, -*οντος* ‚glänzend', *φαεσί-μβροτος*, Pind. *φαυσί-μβροτος* ‚für die Menschen glänzend', *φάος* (äol. *φάϜος*, pamph. *φάβος*) att. kontr. *φῶς*, Gen. *φωτός*, *φάους*, ‚Licht, Heil', wovon **φαϜεσ-νός* in lesb. *φάεννος*, ion. *φαεινός*, att. *φᾱνός* ‚glänzend', hom. *φαείνω* ‚glänze'; *πῑφαύσκω* ‚lasse leuchten; zeige; gebe kund'. Anders Specht KZ. 59, 58 f.

Ist germ. **baukna-*, in afries. *bāken* ‚Wahrzeichen, Feuersignal', as. *bōkan* ‚Zeichen, Wahrzeichen', ags. *bēacen* ‚Zeichen, Fahne', ahd. *bouhhan* ‚Zeichen' von solchem germ. **bau-* nach **taikna-* ‚Zeichen' gebildet?

WP. II 122 f., WH. I 454 f., Schwyzer Gr. Gr. I 694, 709.

2. *bhā̆-* ‚sprechen'.

Ai. wahrscheinlich in *sabhā* ‚Versammlung' (‚**colloquium*'; *bhā-* im Ai. allerdings sonst — bis auf *bhánati*, s. unten — nur in der Bed. ‚scheinen, glänzen');

arm. *ban* (**bhā-nis*), Gen. -*i* ‚Wort, Rede, Vernunft, Urteil, Sache', *bay*, Gen. *bayi* ‚Wort, Ausdruck' (**bhə-ti-s* == gr. *φάτις*); *bay* Partikel ‚inquit' (== *φησί*, auch *bam* == *φημί*, *bas* == lesb. *φαι* aus **bhāsi*);

gr. *φημί*, dor. *φᾱμί* ‚sage', *φήμη*, dor. *φάμα* ‚Kunde, Ruf, Offenbarung' (== lat. *fāma*; *ἀφήμονες· ἄρρητοι, οὐκ ὀνομαζόμενοι* Hes. und das erst bei Apuleius begegnende *affāmen* ‚Ansprache' braucht keine alte Gleichung zu sein); *φάσκω* ‚sage, sage ja, glaube' (auch *βάσκανος*, lat. *fascinum*, s. unter **baba* Schallwort); *φάτις* f. ‚Gerücht', *φάσις* ‚Sprache, Rede, Behauptung, Anzeige'; mit Ablaut *φωνή* ‚Stimme';

lat. *for*, *fārī* (aus **fa-i̯ō(r)* == ksl. *baju*, ags. *bōian*) ‚sprechen', *fācundus* ‚redegewandt', *fātum* ‚Ausspruch, Weissagung, festgesetzte Weltordnung, Geschick', *fāma* ‚Gerede, Gerücht, Überlieferung' (Denom. osk. *faamat* etwa ‚ruft'), *fābula* ‚Rede, Sage' (**bhā-dhlā*), *fās* eigentlich ‚Ausspruch, bes. göttlicher oder richterlicher; göttliches Recht', wohl aus (*ne*)*fās est* mit infinitivischem *fās* (*s*-Stamm) ‚es ist (nicht) auszusprechen (anders EM 333); dazu *diēs fāstus* ‚Spruchtag für den Prätor', *fāsti* ‚das Verzeichnis dieser Tage, Kalender'; als Ableitung von einem Partiz. *bhə-tó-s, lat. *fateor*, -*ēri*, *fassus* ‚öffentlich erklären, zugeben' = osk. *fatium* ‚fari', lat. *Fātuus*, Beiname des ‚Faunus vāticināns';

aisl. *bön*, *bən* ‚Bitte, Gebet', ags. *bæn* ‚Bitte, Fron' (*bhā-ni-s; oder mit ō-Abtönung wie gr. φωνή?); ags. *bōian* ‚prahlen' (wie lat. *jōr* aus *fājōr, slav. *bajǫ*);

russ.-serb.-ksl. *baju*, *bajati* ‚erzählen, besprechen, heilen', ksl. *basnь* ‚Fabel, Zauberspruch', aksl. *balьji*, Gen. -*ьję* ‚Arzt'.

Auf einem Präsens *bh-en- beruht ai. *bhánati* ‚spricht'; auf *bhən-u (oder auf germ. Umbildung nach *spannan*) ahd. *bannan* redupl. Verb. ‚unter Strafandrohung befehlen, verordnen, in Bann tun', ags. *bannan* redupl. Verb ‚vorladen, befehlen'; aisl. *banna* schw. Verb. ‚verbieten', wovon ahd. *ban*, Pl. *banna* ‚Gebot unter Strafandrohung' (nhd. *Bann*, *Bann wald*), ags. *gebann*, aisl. *bann* n. ‚Verbot, Bann'.

Toch. A *pā-*, *pā-ç-* ‚betteln' (Van Windekens Lexique 87 f.).

Nach Kuiper (AO. XII 262) hierher (*bhə-s-) ai. *bhiṣákti* ‚heilt', *bhiṣáj*- ‚Arzt', jav. -*biš*- ‚heilend'; über av. *bišazjāṯ* vgl. Kuiper Nasalpräs. 44 f.

WP. II 123 f., WH. I 437 f., 450, 458 f., 525 f., Schwyzer Gr. Gr. I 674 f.

bhabhā und anklingende Worte für ‚Bohne', u. zw. ‚Saubohne', vgl. zum Sachlichen Hoops Waldb. 350, 400 f., 464 f., Hehn Kltpfl.[8] 221, 570, Schrader RL.[2] 159 f.

Lat. *faba* (fal. *haba*) ‚Bohne' (dazu die PN *Fabius*, *Fabidius* usw. und die Insel *Fabāria*), russ. usw. *bobъ*, apr. *babo* ds. Wohl redupliziertes Lallwort und als ‚aufgeblasene Schote, Schwellung' mit gr. φακός m. ‚Linse': alb. *bathë* f. ‚Saubohne' (*bhakā) verwandt. Auch aisl. *baun*, ags. *bēan*, ahd. *bōna* ‚Bohne' (*Baunonia* friesische Insel bei Plinius) sind wohl durch Dissimil. von *babnā zu *baunā entstanden.

WP. II 131, WH. I 436.

bhād- ‚gut'.

Ai. *bhadrá-ḥ* ‚erfreulich, glücklich, gut', n. ‚Glück, Heil', *sú-bhadra-ḥ* ‚herrlich' = av. *hu-baðra-* ‚glücklich';

got. *batiza* ‚besser', *batista* ‚bester', aisl. *betre*, *betstr*, ags. *bet(e)ra*, *betst*, ahd. *bezzir(o)*, *bezzist*, nhd. *besser*, *best*; dazu das Adv. des Kompar. aisl. *betr*, ags. *bet* (*batiz), ahd. *baz* (*bataz, erstarrtes Neutr. ‚Nutzen'); aisl. *bati* m. ‚Verbesserung, Heil', afries. *bata* m. ‚Vorteil', mhd. *bazze* ds.; got. *gabatnan* ‚Nutzen erlangen', aisl. *batna* ‚besser werden', ags. *batian*, ahd. *bazzen* ds.; mit Ablaut got. *bōta* f. ‚Nutzen', aisl. ags. *bōt* ‚Besserung, Ersatz', ahd. *buoz(a)* f. ‚Besserung, Buße'.

WP. II 151 f., Feist 83, 103, 174, J. Weisweiler Buße (1930).

1. bhag- ‚zuteilen; als Anteil bestimmen oder (ursprüngl. medial?) als Anteil. als Portion erhalten‘.

Ai. *bhajati* ‚teilt zu‘ = av. *bag-* (*bažat̃*) ‚als Anteil bestimmt sein‘, ai. *bhaga-ḥ* ‚Gut, Glück‘, av. *baga-, baya-* n. ‚Anteil, Los, bes. günstiges‘; ai. *bhaga-ḥ* ‚Zuteiler, Herr, Beiname des Savitar und eines andern Āditya‘ = av. *baya-* ‚Herr, Gott‘, npers. *bay* ‚Gott‘ (formell auch = gr. -φάγος); urind. (Mitanni) ON *Bagarriti* (= *bhaga-rīti-* ‚Segensstrom‘), GN *Bagbartu* (= *bhaga-bhr̥t-* ‚Segenspenderin‘), kleinas. VN *Bayaδά(F)ονες* (= *bhaga-da-yon-* ‚Reichtum spendend‘), Kretschmer KZ. 55, 95, Gl. 18, 232; ai. *bhaktá-m* ‚Mahlzeit‘ = av. *baxta-* Partiz. ‚als Anteil zugewiesen‘. n. ‚bestimmter Anteil, Schicksalsbestimmung, bes. Mißgeschick‘; ai. *bhakšati* ‚genießt, verzehrt‘ = av. *baxšaiti* ‚hat oder gibt Anteil‘, Desid. ai. *bhik-šate* ‚erbittet‘;

phryg. *Βαγαῖος· Ζεὺς Φρύγιος* Hes. (vielleicht iranischen Ursprungs); oder ob zu gr. φηγός ‚Eiche‘? S. unter *bhāgó-s*;

gr. φαγεῖν ‚essen‘, σιτο-φάγος ‚Getreide essend‘, usw.; wegen gr. φαγόνες· σιαγόνες, γνάθοι Hes. vielleicht hierher (Much Zfdt Wtf. 2, 283) as. (*kinni*) *bako*, nhd. *Backe*;

slav. *bogъ* ‚Anteil‘ in aksl. *ubogъ, nebogъ* ‚arm‘, *bogatъ* ‚reich‘, aksl. *bogъ* ‚Gott‘ (urverw. oder iran. Lw.); GN *Daždi-bogъ* ‚Reichtum spendend‘;

toch. A *pāk*, B *pāke* ‚Teil‘, A *paçiṃ* ‚Schatz‘.

WP. II 127 f., W. Schulze KZ. 60, 138 = Kl. Schr. 469.

2. bhag- ‚scharf, auch vom Geschmack‘??

Kret. φάγρος ‚Wetzstein‘, ἀκόνη‘, φοξός ‚spitzköpfig‘ (aus *φαξός nach λοξός ‚schief‘?) wird von Lidén Arm.-St. 57 ff. mit arm. *bark* (könnte = φάγρος sein) ‚herb, bitter, scharf von Geschmack; heftig, zornig‘ verglichen, doch kann *bark* auch zu idg. *bhorguo-s gehören.

WP. II 128.

bhāgó-s f. ‚Buche‘.

Gr. φηγός, dor. φαγός f. ‚Eiche‘ (vgl. Specht KZ. 66, 59); lat. *fāgus* f. ‚Buche‘; gall. *bāgos* in QN *Bāgācon, Bāgono-*; ahd. *buohha* ‚Buche‘ (*bōkōn-*, vgl. *silva Bācenis* ‚Harz‘ bei Caesar und mlat. *Bōcōnia* ‚Rhön‘), aisl. *bōk* f., ags. *bōc, bēce* (*bōkjōn-*), dazu got. *bōka* f. ‚Buchstabe‘, aisl. *bōk*, ags. *bōc*, ahd. *buoh* f. n. ‚Buch‘, ahd. *buohstap* ‚Buchstabe‘, eigentlich ‚Buchenstab zum Einritzen‘.

Nisl. *beyki* n. ‚Buchenwald‘ ist (wegen *bœki* ds.) Schreibvariante von *bōki, einem späten Kollektivum zu *bōk*; ebenso ist vielleicht nisl. *beykir* ‚Küfer‘ zu erklären. Unklar ist mir aisl. *buðkr, bauðkr* ‚Medizinkasten‘, das nach Cleasby-Vigfusson 85 b ein Lw. aus mlat. *apotheka* ‚Behälter‘ sein soll?

Slav. *buza- : *bъzъ- ‚Holunder' in russ. buz m. : slov. bez, russ. dial. boz bleiben wohl fern; ebenso kurd. būz ‚eine Art Ulme', das auf älteres vūz (aus idg. *ṵigós) zurückgeht. Mhd. būche, biuche ‚Lauge', biuchen, büchen ‚in Lauge kochen oder waschen' gehört eher zur Wz. bheug(h)- ‚reinigen, fegen'.

Ein idg. Nebeneinander von bhāug- (: bhəug- : bhŭg-) und bhāg- ist äußerst unwahrscheinlich; vgl. W. Schulze KZ. 27, 428 = Kl. Schr. 55.

Vielleicht nach E. Leumann (KZ. 57, 190) zu av. baga- ‚Anteil, Los', also ‚Losbaum', da in dessen Reiser Zeichen eingeritzt wurden.

WP. II 128 f., WH. I 445 f., 863 f., E. Passler in ‚Frühgesch. u. Sprachw.' (Wien 1948).

bhăgh- ‚Schlamm, Sumpf', s. bhŏgh-.

bhāghú-s ‚Ellbogen und Unterarm'.

Ai. bāhú-ḥ m. ‚Arm, bes. Unterarm; bei Tieren Vorderfuß', av. bāzāu-š ‚Arm', Gen. bāzvō (arm. bazuk aus dem Iran.);

gr. πῆχυς, äol.-dor. πᾶχυς ‚Ellbogen, Unterarm', aisl. bōgr, Akk. Pl. bōgu ‚Arm, Schulter', ags. bōg ‚Schulter, Arm; Zweig', ahd. buog (nhd. Bug) ‚Schulter, Hüfte, Bug des Tieres';

toch. A B poke, B pauke ‚Arm'.

WP. II 130.

bhar- : bhor- : bhr̥- ‚Hervorstehendes, Borste, Spitze, Borstenähre, Grannenkorn'.

Mit vokal. Formantien:

got. baira-bagms ‚Maulbeerbaum', engl. black bear-berry ‚uva ursi', norw. bjørneber ‚rubus caesius' sind nach dem Bärennamen umgedeutetes *bara- ‚Strauch' = ‚Dornstrauch';

aus urslav. *bъrъ (*bh₀r-) stammen russ. dial. borъ, klr. bor, Gen. bru ‚Art Hirse', skr. bār ds.

Weitergebildet mit g sind:

air. bairgen f. ‚Brot' (*barigenā oder *barigona), cymr. usw. bara m. ds. (*barag-, vgl. lat. farrāgō ‚Mengfutter').

Mit Formans -ko-:

mir. barc ‚Speerschaft', cymr. barch f. ‚Speer', slav. bъrkъ in skr. brk ‚Spitze, Keim, Schnurrbart', čech. brk ‚Kiel, Schwungfeder', auch wohl russ. bérce, bérco ‚Schienbein', dial. ‚Pfahl' (Berneker 119).

Vielleicht hierher (mit Konsonantenverschärfung) *brokko- ‚Dachs', mir. brocc, cymr. mbr. broch ds., falls ursprüngl. ‚spitzschnauzig, spitzig' zu lat. (kelt.) broccus ‚mit hervorstehenden Zähnen', gall. *broccos ‚Spitze, spitzig', frz. *broche* ‚Spieß' usw. Unklar ist, inwieweit mir. *brocc* ‚Schmutz', gäl. *brocach* ‚gefleckt', cymr. *broch* ‚Zorn, Lärm, Schaum', nbr. *broc'hed* ‚böse (= gestochen)' sekundärem Bedeutungswandel zu verdanken sind oder zu verschiedenen Stämmen gehören. Auffallend ist der poln. (ven.-ill.) FlN *Brok*, der vielleicht ‚Dachsfluß' bedeutet.

WP. II 134, 163, 164, WH. I 455 f.

bharu-, -u̯o- ‚Nadelbaum, Baum, Wald'.

Aisl. *bǫrr* m. ‚Baum', ags. *bearu*, Gen. *bearwes* m. ‚Wald, Gebüsch', ahd. *bara-wāri* ‚Waldwart, Priester'; slav. **borъ* in russ.-ksl. *borъ*, Pl. *borove* ‚Fichte, Fichtenwald', skr. *bôr*, Gen. *bòra* ‚Kiefer', čech. *bor* m. ‚Kiefernwald'.

WP. II 164, Trautmann 26 f., Hoops Waldbäume 362.

Mit **s**-Erweiterung **bhares-** : **bhores-** ‚Emporstehendes, Spitze, Borste':
bhars-

Lat. *fastīgium* (**bharsti-*) ‚Spitze, Gipfel, Abdachung', hierher vielleicht *fastus, -ūs* m. ‚Hochmut, Stolz' (*tu*-Stamm), dazu *fastīdium* ‚Ekel, Überdruß, Stolz' (aus **fasti-tīdium*, zu *taedium*); s. auch Pisani Rc. R. Ist. Lomb. 76, 2, 17 f.';

air. *barr* ‚Spitze, Gipfel, Laub', cymr. corn. *bar*, bret. *barr* ds., abrit. PN *Cuno-barros* ‚stolz wie ein Schlachthund', gall. **barros* ‚Busch, Wipfel' (M.-L. 964).

bhors-

Mir. *borr* ‚stolz, geschwollen', mcymr. *burr* ds., corn. *bor* ‚fett';

ahd. *parrēn* ‚starr emporstehen', *parrunga* ‚Stolz', aisl. *barr* ‚Nadel, Nadelbaum', ags. *bœrs, bears*, mhd. *bars*, nhd. *Barsch*, ahd. *bersich* ‚Barsch'; ablaut. schwed. *agh-borre* (**borzan*, idg. **bhr̥s-*) ds.; ndd. (daraus nhd.) *barsch* (**bhors-ko-*) ‚grob, streng, rauh'; mengl. *burre, borre* ‚Klette, Rauheit in der Kehle', engl. *bur(r)* ds., dän.-schwed. *borre* ‚Klette', schwed. *sjö-borre* ‚Igel', norw. dial. *borren, byrren* ‚stolz'.

bhr̥sti-, bhor̥sti-

Ai. *bhr̥ṣṭí-ḥ* f. ‚Zacke, Spitze, Kante, Ecke' = germ. **bursti-* in aisl. *burst* f. ‚Borste, Dachfirst', ags. *byrst* f. ‚Borste', ahd. *burst, borst* m. n., *bursta* f. ‚Borste', mhd. *bürste* ‚Bürste' (aus dem Pl. von *burst* ‚Borstenmasse'); slav. **bъrstjo-* in russ. *borščъ* ‚Bärenklau', *boršč* ‚Roterübensuppe', usw.

Mit Formans **-dho-, -dhā-**:
bhrezdh-

Ags. *breord, breard* m. ‚Rand, Ufer, Fläche' (**brerdaz*), daneben *briord* (**brerdiz*), aschwed. *brœdder* ds., nschwed. *brädd*, usw.

bhrozdh-

Alb. *breth, bredhi* ‚Tanne‘; air. *brot* ‚Stachel‘, acorn. *bros,* bret. *broud* ds. vgl. mir. *brostaim* ‚stachle an‘ aus **bhros-t-* (Loth RC. 42, 70), irrig O'Rahilly Ériu 13, 169 f.; ahd. *brart* ‚Rand, Kante, Vordersteven, schwed. dial. *bradd.*

bhr₍e₎zdh-, bhr₍o₎zdh-

Mir. *brataim* ‚plündere, raube‘ (dazu *bratán* ‚Lachs‘) == cymr. *brathu* ‚stechen, beißen, durchbohren‘; **bhr₍o₎zdh-* oder **bhr̥zdh-* zu germ. **bruzd.* in ahd. *brort* ‚Rand, Kante‘, ags. *brord* m. ‚Spitze, Keim, Blatt‘, wsächs. *brerd* (**brozdi-*), ags. *bryrdan* ‚anstacheln, reizen‘, aisl. *broddr* ‚Spitze, Getreidekeim, Schneide‘, ahd. *gibrortōn* ‚einfassen‘; == baltoslav. **bruzdā-* in aksl. *br̥zda,* russ. *brozdé* ‚Zaum‘, lit. *bruzdùklis,* alt ‚Zaum‘, heute ‚Pflock, Knebel‘. Hingegen ist lit. *br̀zgilas,* apr. *bisgelan* ‚Zaum‘ wohl aus urgerm. *briʒðila-* (ags. *brigdels* ‚Zaum‘, *bregdan* ‚flechten‘) entlehnt. Anders Specht Dekl. 142.

WP. II 131 ff., WH. I 461 f., 546.

bhardhā ‚Bart‘.

Lat. *barba* ‚Bart‘ (assimil. aus **farba*);

ahd. *bart,* ags. *beard* ‚Bart‘ m., davon ahd. *barta,* as. *barda,* aisl. *barða* ‚Beil, Barte‘, weil das Eisen wie ein Bart am Stiele steht; aus dem Germ. aksl. *brady* ‚Axt, Beil‘;

aksl. *brada* ‚Bart‘, russ. *borodá* ds., auch ‚Kinn‘, skr. *bráda,* Akk. *brâdu* ‚Bart‘ usw.;

apr. *bordus* ‚Bart‘ (unklar nach Trautmann 27);

lett. *bàrda* und (s. zum *zd* unten) *bārzda,* lit. *barzdà,* Akk. *bar̃zdą* ‚Bart‘ lat. *barbātus,* aksl. *bradat₎,* lit. *barzdótas* ‚bärtig‘.

Das lit. und z. T. lett. *-zd-* ist wohl durch die Analogie der balt. Entsprechung (**barzdā*) von aksl. *brazda,* russ. *borozdá* ‚Furche‘ hervorgerufen.

Ebenso wie slav. **b₍₎r₍₎* ‚Hirse‘ (s. unter *bhar-,* ‚Borstenähre‘) wird auch idg. **bhar-dhā* ‚Bart‘ auf **bhar-* ‚Borste, emporstehen‘ beruhen, woneben erw. **bhares-* ds.

WP. II 135, WH. I 96, Specht Dekl. 87.

bharekʮ- oder bh₍e₎rekʮ- ‚vollstopfen, zusammendrängen‘.

Gr. φράσσω, φράττω (**φρακ₍₎ω* aus **bhr̥kʮ-*) ‚schließe ein, umhege, dränge zusammen‘, φρακτός ‚eingeschlossen‘, mit sekund. γ: Aor. ἐφράγην (Schwyzer Gr. Gr. I 760), φραγμός usw., epid. φάρχμα aus **φάρκσμα, δρύ-φ[ρ]ακτος ‚hölzerner Verschlag‘, dazu φύρκος· τεῖχος Hes.;

lat. *farciō*, *-ire* ‚(voll)stopfen, mästen‘, *fartus* ‚gestopft, dicht‘, vielleicht *frequ-ēns*, *-tis* ‚gedrängt voll, zahlreich, häufig‘;

mir. *barc* f. ‚Ansturm (bes. der Wellen)‘; hingegen stammt mir. *barc* f. ‚Festung‘ wohl aus gallo-rom. **bar(i)ca* ‚Holzhaus‘ (vgl. Bollelli L'It. dial. 17. 147 f.);

toch. A *prākär*, B *prākre* ‚fest‘ (Van Windekens Lexique 100).

WP. II 134f., WH. I 456f., Loth RC. 38, 303f. Zweifel bei EM 332.

bhares- ‚Gerste‘.

Lat. *far* (eig. *farr*), *farris* n. ‚Dinkel, Spelt; Schrot, Mehl‘ aus **far(o)s*, **far(e)zes* (bzw. **fars*, **fars-es*) = osk. *far*, umbr. *far*; lat. *farīna* ‚Mehl‘ (aus **farrīna*), *farreus* = umbr. *farsio*, *fasiu* ‚farrea‘; got. *bariz-eins* (= lat. *farīna*) ‚aus Gerste‘, aisl. *barr* m. ‚Korn, Gerste‘, ags. *bere* ‚Gerste‘ (**bar(a)z-*, bzw. **bar(i)z-*); aber slav. **barsina-* in aksl. *brašno* ‚Nahrung‘, skr. *brāšno* ‚Mehl‘, russ. *bórošno* ‚Roggenmehl‘, nach Jokl Miletič-Festschr. (1933) 119 ff. vielmehr zu 1. *bher-* ‚tragen‘. Vgl. auch *bhares-* S. 109.

WP. I 134, WH. I 455f., 864.

bhasko-, etwa ‚Bund, Bündel‘.

Maked. *βάσκιοι · δεσμοὶ φρυγάνων* und *βασκευταί · φασκίδες* (dies die echt gr. Lautform), *ἀγκάλαι* Hes.; vielleicht hierher gr. *φάσκωλος* ‚Ledersack‘;

lat. *fascia* ‚Binde, Band, Landstreifen‘, *fascis* ‚Bund, Bündel, Paket; das Rutenbündel mit hervorragendem Beil als Zeichen der Herrschergewalt‘;

mir. *basc* ‚Halsband‘, abrit. *bascauda* ‚eherner Spülkessel‘ (vielleicht ursprüngl. ein irdenes über einem geflochtenen korbartigen Gerippe geformtes und gebranntes Gefäß), cymr. *baich* ‚Bürde, Last‘, mbret. *bech*, nbret. *beac'h* ds.; gallo-rom. **ambi-bascia* ‚Last‘, alyonn. *ambaissi* ‚mesure pour les fagots‘ (Jud Rom. 47, 481 ff.).

WP. II 135f., WH. I 97, 459f.

bhāso- oder **bhēso-** ‚größere Raubvogelart‘.

Ai. *bhāsa-ḥ* ‚ein bestimmter Raubvogel‘; gr. hom. att. *φήνη* ‚eine Adlerart, wahrscheinlich Vultur monachus‘, aus **bhās-nā* oder **bhēs-nā*; auch **bhānā* (zu 1. *bhā-*) wäre möglich.

WP. II 135.

bhāt- : **bhət-** ‚schlagen, stoßen‘.

Lat. *fatuus* ‚blödsinnig, fade von Geschmack‘ (*vor den Kopf geschlagen, stumpf); gall. Lw. lat. *battuō*, *-ere*, jünger *battō* ‚schlagen, klopfen, stampfen‘, daraus rückentlehnt cymr. *bathu* ‚Münzen schlagen‘, vgl. auch gall. *anda-bata* ‚Blindkämpfer, Gladiator, der mit einem Helm ohne Öffnung gen kämpft‘; mit *ā*: russ. *batъ* ‚Eichenstock, Knüttel‘, skr. *bátati* ‚schlagen, klopfen‘, vielleicht auch (mit *ă*) russ. *bótatъ* ‚trampeln, schaukeln‘ usw.; vielleicht älter dän. *bad* ‚Kampf, Schade‘, mnd. *bat* ‚Schade, Unglück‘, nhd. *Blutbad*.

Unklar ist das Verhältnis zu **bhāut-* (s. unten); ist statt **bhāt-* etwa **bhyat-* anzusetzen, oder liegt eine Wz. **bhā-* mit verschiedenen Formantien zugrunde, die vielleicht in lat. *fāmex, -icis* ‚Blutunterlauf‘ (**durch* Schlag entstandene Blutgeschwulst) vorliegt?

WP. II 126 f., WH. I 46, 99, 452, 464.

1. **bhǎu-** : **bhǔ-** ‚schlagen, stoßen‘.

   a) Mit Präsens bildendem *-d-*:

   Lat. *fūstis* (**bhūd-sti-s*) ‚Stock, Knüttel‘ (= gall. *būstis* in aprov. *bust* ‚Baumstrunk‘ usw.), *fūsterna* ‚Knorrenstück‘;

   air. *bibdu* ‚schuldig, Feind‘ (**bhe-bhud-ṷōts*), mir. *búalaim* ‚schlage‘ aus **bhāud-l-*... (oder **boug-l-*... zu nhd. *pochen* oben S. 98); wohl auch air. *bodar* ‚taub, betäubt, verwirrt‘, cymr. *byddar* ‚taub‘ (**budaro-*);

   aisl. *bauta* (-*aða*) ‚schlagen, stoßen‘, ags. *bēatan* (*bēot*), ahd. *boz(z)an* (*biez* oder schw. Verb) ds., mhd. *boz, bōz, būz* m. ‚Schlag‘, nhd. *Amboß*, ags. *býtel* ‚Hammer‘, mnd. *botel* ds., mhd. *bœzel* ‚Schlägel‘, aisl. *beytill* ‚Zeugungsglied des Pferdes‘; aisl. *butr* ‚kurzes Stück eines Baumstamms‘ mit expressivem *tt*: ndd. *butt* ‚stumpf, plump‘ (dazu der Fischname *Butte*), mhd. *butze* ‚abgeschnittenes Stück, Klumpen‘, ags. *buttuc* ‚Ende, Stück Land‘, norw. dial. *butt* ‚Stumpf, Klotz‘ (auch Holzkufe). Aber ags. *byt* ‚Flasche, Tonne‘ stammt aus lat. *buttis* ‚Faß‘, ebenso cymr. *both* ‚Flasche‘;

   aisl. *beysta* ‚klopfen, schlagen‘ (**bhaud-sti-*, vgl. lat. *fūstis*); mit -*sk*-Suffix vielleicht mhd. *būsch* ‚Knüttel, Schlag‘ (**bhūd-sko-*), vielleicht verschieden von *būsch* ‚Bausch, Wulst‘, s. oben S. 101.

   b) mit *t*-Formans:

   Alb. *mbüt, mbüs* ‚ersticke, ertränke‘, skut. *müs* ‚töte‘, vgl. *përmismë* ‚niedergeschlagen‘; lat. *confūtō, -āre* ‚niederschlagen, dämpfen‘, *refūtō, -āre* ‚zurückdrängen, widerlegen‘ (mit *ū* aus nachtonigem *au*), wahrscheinlich auch *fūtuō, -ere* ‚beschlafen‘; air. *fo-botha* (**butāt*) bedroht‘, Verbaln. *fubthad*; got. *baups* ‚taub, stumm‘.

   WP. II 125 ff., WH. 1 259 f., 573 f.

2. **bhāu-** s. 1. *bhā-*.

1. **b(h)e** und **b(h)eĝh** ... ‚außer, außerhalb, ohne‘.

   Ai. *bahíḥ* (-*š*) ‚draußen, von außen, außerhalb von‘ (m. Abl.);

apr. *bhe* ‚ohne‘ (Präp. m. Akk.), lit. *bè* ‚ohne‘ (Präp. m. Gen., und Nominalpräfix), lett. *bez* ‚ohne‘ (Präp. m. Gen., und Nominalpräfix); aksl. *bez* usw. (dial. auch *be*) ‚ohne‘ (Präp. m. Gen., und Nominalpräfix). Hierher auch lit. *be* ‚noch‘ (‚*außerdem‘), *bèt* ‚sondern, aber‘ (Bildung wie *ne-t* ‚sondern‘), *bės*, lett. *bèst* ‚vielleicht, etwa‘ (**bhe + est*, Endzelin Stud. balt. 7, 32 f.). Ob hierher air. *bés* ‚vielleicht‘, vorton. aus **béis* < **bhe-esti?*
WP. II 137, Trautmann 28, Endzelin Lett. Gr. 497 f.

2. *bhĕ, bhō* Partikel bes. der Beteuerung und Hervorhebung.

Av. *ba, bāṭ, bē, bōiṭ* (letzteres, wie lit. *beî*, wohl mit Verstärkungspartikel **id*) Partikeln der Beteuerung und Hervorhebung, *bāḍa* ‚fürwahr‘ (‚ob zu ai. *baḍham*?‘ Bartholomae Wb. 953);

arm. *ba, bay* hervorhebende Partikel;

got. *ba* Konditionalpartikel (hierher *i-ba, i-bai* ‚ob denn?‘ Konj. ‚daß nicht‘, *ni-ba, ni-bai* ‚doch nicht etwa?‘, Konj. ‚wenn nicht‘, *ja-bai* ‚wenn‘, ahd. *ibu, oba*, mhd. *ob(e)* ‚wenn, ob‘ usw., s. Kluge[11] 422);

lit. *bà* ‚ja, freilich‘, *ben* ‚wenigstens, auch nur‘, ostlit. *bè* (= apr. *bhe*), *beî* (s. oben) ‚und‘, *bè, bà, bès, baũ* Fragepartikel, apr. *beggi* ‚denn‘;

aksl. (usw.) *bo* ‚denn‘, *i-bo* ‚καὶ γάρ‘, *u-bo* ‚also‘, *ne-bo-nъ* ‚etenim‘; ablautend klr. *ba* ‚ja, freilich‘, čech. poln. *ba* ‚traun, fürwahr‘.
WP. II 136, Trautmann 22 f.

bhĕ- : bhō- ‚wärmen, rösten‘.

Ahd. *baen, bājan*, nhd. *bähen* (**bhēi̯ō*) ‚durch Umschläge wärmen, Brot rösten‘, dazu mit idg. *-to*-Suffix aisl. *bað* ‚Dampfbad‘, as. *bath*, ags. *bœþ*, ahd. *bad* ‚Bad‘; dazu auch norw. dial. *bara* ‚mit warmem Wasser reinigen‘, schwed. *bara* ‚aufwärmen‘.

Davon mit *g*-Erweiterung **bhōg-**

in gr. φώγω ‚rösten, braten‘, ags. *bacan*, *bōc*, ahd. *bahhan*, aisl. *baka*, *-aða* ds., mhd. *sich becheln* ‚sich wärmen, sich sonnen‘; daneben mit intensiver Kons.-Schärfung ahd. *backan*, nhd. *backen*;

gr.-illyr. βαγαρόν· χλιαρόν; Λάκωνες Hes. (v. Blumental IF. 49, 175);

Dazu vielleicht (als ‚heißer Wunsch‘) russ. *bažítъ, bažátъ* ‚wünschen, wonach hungern‘, čech. *bažiti*, perf. *zabahnouti* ‚nach etwas verlangen‘.
WP. II 187.

bhebhru-, bhebhro- s. *bhĕr-* ‚braun‘.

1. bhedh- ‚stechen, bes. in die Erde stechen, graben‘.

Lat. *fodiō, -ere, fōdī* ‚graben‘, *fossa* ‚der Graben‘, *fodicāre* ‚wiederholt stechen‘;

gall. *bedo-* ‚Kanal, Graben' (Wartburg I 313), cymr. *bedd*, corn. *bedh*, bret. *béz* ‚Grab'; gall. *bodica ‚Brachfeld' (M.-L. 1184);

got. *badi* n. ‚Bett', ags. *bedd* ds., ahd. usw. *betti* ‚Bett, Beet', an. *bedr* m, ‚Unterdecke, Federbett' (idg. **bhodhi̯o-*), ursprüngl. ‚in den Boden ein-gewühlte Lagerstätte', vgl. nhd. *Flußbett, Beet*, engl. *bed* auch ‚Gartenbeet';

lit. *bedù, bedžiaũ, bèsti* ‚stechen, bohren, graben', *badaũ, badýti* ‚stechen, stoßen', *bãdas* ‚Hunger', *bẽdrė* f. ‚Grube', apr. *boadis* ‚Stich', *em-badusisi* ‚er steckt, sie stecken';

aksl. *bodǫ, bosti* (s-Aor. *basъ*) ‚stechen', *bodľ* m. ‚spina' (*bod-lь);

toch. A *pat-, pāt-* ‚pflügen';

vielleicht auch hitt. *pid-da-i* (kann auch *pád-da-i* gelesen werden) ‚macht ein Loch in die Erde', vgl. Pedersen Hitt. 77.

Vielleicht hierher gr. βόϑρος, βόϑυνος m. ‚Grube' ‚Schwyzer Gr. Gr. I 262, Zus. 2. Anders Petersson Heterokl. 128 ff.

Wahrscheinlich dazu kelto-germ. *bodi̯o-, -ā* ‚Kampf' in gall. PN *Ate-bo-duus, -uā, Boduo-gnātus*, air. *bodb* f. ‚Krähe, Schlachtgöttin in Gestalt einer Krähe'; aisl. *boð* f. (*baduō), Gen. *bǫðvar*, ags. *beadu* f., as. *Badu-* ahd. *Batu-* (in PN) ‚Kampf'.

WP. I 126 ff., 188, WP. I 99, 521 f., 866, Trautmann 29.

2. bhedh- ‚krümmen, beugen, drücken, plagen'.

Ai. *bádhatē* ‚drängt, drückt, plagt', Desid. *bibhatsatē* ‚scheut sich vor etwas, empfindet Ekel', *jñu-bádh-* ‚Knie beugend';

alb. *bint*, med. *bindem* ‚beuge mich', *bashkr* ‚zusammen', *bashkonj* ‚ver-einige, coeo';

got. *bida* ‚Gebet', ahd. *beta* f. ‚Bitte', got. *bidjan* (sek. *-bidan*) ‚bitten, beten', aisl. *bidja*, ags. *biddan*, ahd. *bitten*, aisl. *knē-beðr* m. ‚Kniepolster', ags. *cnēow-gebed* n. ‚Gebet' (vgl. ai. *jñu-bádh-*);

lit. *bodùs* ‚widerwärtig', *bodétis* ‚sich ekeln vor';

toch. B *peti*, A *poto* ‚Verehrung'.

WP. II 130 f., 140, 185, WH. I 461, 495, Feist 89 b; anders Kluge[12] 60.

bheg-, bheng- ‚zerschlagen, zerbrechen'.

Ai. *bhanákti*, Perf. *babháñja* ‚brechen' (erst nachträglich nach der 7. Klasse umgebildet), *bhaṅga-ḥ* ‚Bruch; Welle' (vgl. lit. *bangà* ‚Welle'), *bháñji-ḥ* ‚Brechung, Beugung, krummer Weg, Absatz, Stufe, Welle';

arm. *bekanem* ‚breche', *bek* ‚zerbrochen';

aber phryg. βεκός ‚Brot', eigentlich ‚Brocken' (?) hat unerklärtes *k*; air. *bongid, -boing* ‚bricht, erntet, siegt' Vbnom. *búain* (**bhog-ni-*), en-klitisch *-bach, -bech* (*bhogo-m), Thurneysen Grammar 447, 461; Pass. Prät. *-bocht*, vielleicht = *bocht* ‚arm'; das nasallose Prät. *buich* hat wohl sekundäres *u* (vgl. air. *mag* ‚Feld‘, Dat. *muig* < **mages*), so daß es nicht nötig ist, an **bheug(h)*- ‚biegen‘ anzuknüpfen; mcymr. *di-vwng* ‚unbeugsam‘; zur Bedeutung ‚besiegen‘ vgl. air. *maidid for nech* ‚es bricht über einen herein‘ = ‚er wird besiegt‘. Auf *o* weist auch mir. *boimm* ‚Bissen‘ aus **bhog-smṇ*; lit. *bangà* ‚Welle, Menge, Platzregen‘, *prabangà* ‚Übermaß‘, lett. *buogs* ‚dichte Menge‘, dazu lit. *bangùs* ‚rasch, heftig‘ (von Bächen und Regengüssen), *bingùs* ‚mutig‘ (von Pferden), *bengiù, bengiaũ, beñgti* ‚beenden‘, *pabangà* f. ‚Beendigung‘; pr. *pobanginnons* ‚bewegt‘; in der Bed. ‚beendigen‘ entstehen durch Ablautentgleisung Formen mit *ei, ai* (vgl. Endzelin Lett. Gr. 60) in lett. *beīgas* Pl. ‚Ende, Neige‘, lit. *pabaigà* ds., *beigiù* und *baigiù* ‚ende‘, lett. *bèidzu* ds.; da lett. *buoga* auch ‚steiniger Platz‘ bedeutet, gehört wohl auch russ. *búga* ‚überschwemmtes Waldgebiet‘ hierher; anders über *beig-* (zu *bhei-* ‚schlagen‘) Kuiper Nasalpräs. 184.

Die folgenden Formen sind wegen des Auslautes und wegen der Bedeutung fernzuhalten und wohl als Schallworte zu deuten:

germ. **bang-* ‚schlagen‘ in aisl. *banga* ‚schlagen‘, *bang* ‚Lärm‘, engl. *bang* ‚klopfen, schlagen‘, mit Ablaut mhd. mnd. *bungen* ‚trommeln‘; ndd. *bengel* ‚Knüppel, Lümmel‘ = nhd. *Bengel*, engl. dial. *bangle* ‚Knotenstock‘, anord. Beiname *bǫngull*.

Dazu mit intensiver Konsonantenschärfung:

germ. **bank-* in aschwed. *banka*, abl. *bunka* ‚schlagen, klopfen‘, obd. *bunken* ‚klopfen, stoßen‘, mnd. *bunken*, ndl. *bonken* ‚schlagen, prügeln‘.

Lett. *bungā* ‚Trommel‘, *bunga* ‚Schlag‘ stammen wohl aus dem Mnd. WP. II 149 f., WH. I 503, 541, Trautmann 26.

bhĕgh- : bhōgh- ‚streiten‘.

Gall. *bāgaudae* ‚aufständische Guerillas‘ (Suffix wie in *alauda, bascauda*), air. *bāgaid* ‚kämpft, prahlt, droht‘, *bāg* f. ‚Kampf‘, mcymr. *bwyo* (**bāgi-*) ‚schlagen‘, *kymwy* (: mir. *combāg* ds.) ‚Streit‘, *-boawc* = mir. *bāgach* ‚kriegerisch‘; falls cymr. *bai* ‚Fehler‘, *beio* ‚tadeln‘ dazu gehört, müßte es idg. **bhəgh-* enthalten;

ahd. *bāgan*, (*bāgēn*?) ‚zanken, streiten‘, aisl. *bāga*, *bǣgja* ‚adversari, resistere‘, ahd. *bāga* ‚Zank, Streit‘, as. *bāg* m. ‚Prahlerei‘, mhd. *bāc*, *-ges* m. ‚lautes Schreien, Streit‘, aisl. *bāge*, *bāgi* ‚Gegner‘, *bāgr* ‚schwierig, verdrießlich, hinderlich‘; falls die germ. Sippe nicht aus dem Kelt. entlehnt ist, ist Ablaut germ. *ē* : kelt. *ā* (idg. *ō*) anzunehmen;

lett. *buôztiês* ‚sich ärgern‘ (**bhōgh-*), Endzelin KZ. 52, 118;

russ. *bazel* ‚Schreier‘, *bazgala* ‚boshaft‘ (Scheftelowitz KZ. 54, 242);

vielleicht toch. B *pakwāre* ‚schlecht‘ (Adverb), A *pkänt* ‚Hindernis‘ (**bhəgh-*), Van Windekens Lexique 85, 96.

WP. II 130.

bheg⁅- ‚davonlaufen'.

Hindī *bhāg-* ‚fliehen';

gr. *φέβομαι, φοβέομαι* ‚fliehen, sich fürchten', *φόβος* ‚Flucht, Furcht, *φοβέω* ‚scheuche auf', *φοβερός* ‚furchterregend, furchtsam';

dehnstufig lit. *bẽgu, bẽgau, bẽgti* ‚laufen, fliehen', *bẽgas, bẽgis* m. ‚Flucht, Lauf', lett. *bễgu, bễgt* ‚fliehen', mit Ablaut kausat. *boginù, bogìnti* ‚etwas flüchten, schnell hinschaffen';

slav. **běgǫ* in russ. *běgú* (Inf. *běžátь*), klr. *bihú* (Inf. *bíčy*) ‚laufen', dazu als Neubildung aksl. *priběgnǫ, priběgnǫti* usw. ‚fliehen', sowie aksl. *běžǫ, bežati* ‚fliehen' usw.;

toch. A *pkänt (pkät)* ‚entfernt, getrennt' (Van Windekens Lexique 96), WP. II 184 f., Trautmann 29, Meillet Slave commun² 220, 235, Schwyzer Gr. Gr. I 717.

bhei- ‚Biene', mit *n-, k-* oder *t-*Erweiterung.

Die kurze Form noch in aisl. *bȳ-fluga,* alem. *bī,* bair. *beij;* daneben Formen mit *n* (kaum erst der schwachen Dekl. entnommen), wie ahd. *bini* n. ‚Biene', ablaut. *bīa* f. (**bi-ōn-* = ags. *béo,* engl. *bee*), *bīna* (nhd. dial. *Bein*); aksl. *bъčela, bьčela* ds. (**bhikelā*); cymr. *bydaf* ‚Bienenstock', apr. *bitte,* lit. *bìtė, bitìs,* lett. *bite* ‚Biene'.

Gall. **bekos* ‚Biene' (M.-L. 1014), air. *bech* m. ‚Biene', gäl. *speach* ‚Stich', cymr. *beg-eg(y)r* ‚Drohne' weichen im Vokal ab (tabuierende Entstellung?).

WP. II 184 f., WH. I 555 f., Specht Dekl. 46.

bheid- ‚spalten'.

Ai. *bhinádmi* (Partiz. *bhindánt-* = lat. *findēns, bhinná-ḥ* neben *bhittá-ḥ* = lat. *fissus*), *bhēdāmi* ‚spalte, schnitze, zerbreche usw.', *bhidyátē* ‚wird gespalten';

wahrscheinlich gr. *φείδομαι* (redupl. Aor. hom. *πεφιδέσϑαι*) ‚womit knausern, sparsam umgehn; schonen; sich einer Sache entziehen' (Gdbed. z. T. vielleicht ‚scheide mich von etwas = entziehe mich', vor allem aber ‚abzwacken, knauserig, nur wenig wovon sich abschneiden');

lat. *findō, -ere, fidī* (wohl Aor. wie ai. Opt. *bhidēyam,* ags. *bite,* ahd. *bizzi* ‚du bissest'), *fissum* ‚spalten', *fissum* n., *fissūra* f. ‚Spalt';

got. *beitan* ‚beißen', aisl. *bīta* ‚beißen; eindringen (vom Schwert u. dgl.)', as. ags. *bītan,* ahd. *bizzan* ‚beißen' (= ai. *bhēdati,* gr. *φείδομαι*); Kaus. aisl. *beita* ‚beißen lassen, weiden lassen', ags. *bǣtan* ‚zügeln, jagen', ahd. *beizen* ‚ds.', beizen'; aisl. *beizl* ‚Gebiß, Zaum' (**baitislan*), ags. *gebǣtu* N. Pl., *gebǣtel* n. ‚Gebiß'; aisl. *biti* m., ags. *bita* m. ‚Bissen', ahd. *bizzo* m., *bizza* f. ‚Bissen, Keil'; got. *baitrs* ‚bitter' (‚beißend von Geschmack'); ablautend aisl. *bitr* ‚beißend, scharf, schmerzlich', ags. *biter, bitter,* as. ahd. *bittar* ‚beißend, scharf, bitter'; aisl. *beiskr* ‚scharf, bitter' (**bait-skaz*); got.

beist ‚Sauerteig‘ (*bhei[d]-sto-); ags. *bitela* ‚beißend‘, *bitel* ‚Käfer‘, engl. *beetle*; aisl. *beit* n. ‚Schiff‘ (ursprüngl. ‚ausgehöhlter Einbaum‘ zu aisl. *bite* ‚Balken‘), ags. *bāt* m. ‚Boot‘, mengl. *bōt*, daraus entlehnt nhd. *Boot* und vielleicht aisl. *bātr* ds.; mnd. *beitel*, *bētel* ‚Meißel‘, mhd. *beizel* ‚Stachel‘ (: ai. *bhēdurá-ḥ*, *bhēdirá-ḥ* ‚Donnerkeil‘).

Daß *bheid-* Erweiterung zu *bhei(ə)-* ‚schlagen‘ sei, scheint möglich. WP. II 138 f., WH. I 500 f.

1. bheidh- ‚jemandem zureden, zwingen‘, med. ‚sich einreden lassen, vertrauen‘.

Gr. πείϑομαι ‚lasse mich überreden, folge‘ (Aor. ἐπιϑόμην, hom. πεπιϑεῖν, πιϑέσϑαι; Perf. πέποιϑα ‚vertraue‘), Akt. (sek.) πείϑω, Aor. ἔπεισα ‚überrede, überzeuge‘, πειϑώ, -οῦς ‚Überredung‘, πιστός (für *φιστος) ‚zuverlässig, treu, vertrauend‘, πίστις, -ιος, -εως ‚Treue, Vertrauen‘, hom. ἐν πείσῃ ‚in Beschwichtigung‘ (*πειϑ-σ-);

alb. *bē* f. ‚Eid, Schwur‘ (*bhoidha == aksl. *běda* ‚Not‘), ostgeg. *per-bej* ‚verfluche‘ (dazu Neubildung *besë* f. ‚Glaube, Vertrag, Treue‘);

lat. *fīdō*, *-ere*, *fīsus sum* ‚traue, vertraue‘ (*fīsus* ist *to*-Partiz.), *fīdus* ‚zuverlässig‘; *foedus* (*bhoidhos), bei Ennius *fīdus* (*bheidhos) n. ‚Bündnis‘, *fīdēs* ‚Zutrauen, Glaube‘, *Dius Fidius* ‚Schwurgott‘; umbr. *combifiatu* (*bhidhiā-) ‚cōnfīdito‘; über osk. *Fiisiais*, umbr. *Fise, Fiso, Fisovio-* s. WH. I 494;

got. *baidjan* ‚zwingen‘, aisl. *beiða*, ags. *bœdan*, ahd. *beitten* ‚drängen, fordern‘ == abg. Kausativ *běždǫ*, *běditi* ‚zwingen‘, *poběditi* ‚besiegen‘, *běda* f. ‚Not‘; hierher wohl auch got. *beidan* ‚warten‘, aisl. *bīða*, ags. *bīdan*, ahd. *bītan* ds., ‚schweiz. *beite* == ahd. *beitten*, aber in der Bedeutung ‚warten‘. Grundbed. ‚harren‘ aus ‚vertrauen‘ oder ‚sich zwingen‘.

WP. II 139 f., 185 f., WH. I 493 f.

2. bheidh- ‚binden, flechten‘, s. *bhidh-*.

bhei(ə)-, bhī- ‚schlagen‘.

Av. *byente* ‚sie bekämpfen, schlagen‘ (H. Lommel KZ. 67, 11); arm. *bir* ‚großer Stock, Keule‘ (*bhi-ro-);

gr. φῑτρός m. ‚Baumstamm, Holzscheit‘, φῑμός m. ‚Knebel, Maulkorb‘; ven. PN *φohiio·s·*, ill. VN *Βοιοί* ‚die Kämpfer‘ (: russ. *boj*), gr.-ill. ON *Βοῖον ὄρος*, VN *Βοιωτοί*, kelt.-ill. VN *Boii*; messap. βίσβην· ὀρέπανον ἀμπελοτόμων, βισβαῖα· κλαδευτήρια Hes.; lat. *perfinēs* ‚perfringās‘ Fest.;

air. *ben(a)id* ‚schlägt‘ (*bi-na-ti), *ro-bīth* ‚wurde geschlagen‘, *bīthe* ‚geschlagen‘, *fo bīth* ‚weil‘ (== ‚unterm Hieb‘), mbret. *benaff* ‚schneide‘, acymr. *etbinam* ‚laniō‘, ohne *n*-Infix abret. *bitat* ‚resecaret‘, cymr. *bidio*

‚eine Hecke beschneiden‘, *bid* ‚Dornenhecke‘, mir. *ḟid(h)b(h)a* ‚Sichel‘ acymr. *uiidimm* ‚lignismus‘, ncymr. *gwyddyf* ‚Hippe‘ = gallo-lat. *vidubium* ‚Hacke, Haue‘ (*vidu-bion* ‚Holzhaue‘), vgl. mir. PN *Faíl-be* ‚Wolfstöter‘ (*vailu-bios*); air. *binit* f. ‚Lab, Labkraut‘ (‚schneidend‘, *bi-n-antī*), mir. *bian* ‚Haut, Fell‘, air. *bíáil* ‚Beil‘, acymr. *bahell*, ncymr. *bwyell, bwyall* ds., mbret. *bouhazl* ds. (*bhii̯-li-*), air. *bēimm* n. ‚Schlag‘ (*bhei-smn̥*), corn. *bommen* ds., gall. *biliā* ‚Baumstrunk‘, frz. *bille*;

aisl. *bīldr* ‚Pfeilspitze, Aderlaßeisen‘ (*bhei-tlo-*); ahd. *bī(h)al* ‚Beil‘ (*bhei-lo-*), daher wohl germ. *bilja-* und nicht *bibla-* in ahd. ags. *bill* n., as. *bil* ‚Schwert‘, mhd. *bil, billes* ‚Steinhaue‘, nhd. *Bille* f. ‚Hacke‘, mhd. *billen* ‚(be)hauen, ahd. *bilōthi, bilidi*, nhd. *Bild*; ahd. *billa* f. ‚Sauerteig‘ mit Formans -*li*- ags. *bile* m. ‚Schnabel‘, Nebenform zu engl. *bill*;

aksl. *bijǫ* (*byǫ*) *biti* ‚schlagen‘, skr. *bījêm bīti*, russ. *byju bitъ* ds., davon mit Formans -*dhlo*-: russ.-ksl. *bilo* n. ‚Läutebrett‘, skr. *bȉlo* ‚Querholz eines Rechens‘, čech. *bidlo* ‚Stange‘, russ. *bilo* ‚Schlägel‘; *bitva* ‚Kampf, Schlag‘ (: messap. *βισβη*), aksl. *bičъ* ‚Geißel‘ (aus dem Slav. nhd. *Peitsche*); im Ablaut aksl. *u-bojь* m. ‚Mord‘, skr. *bôj*, Gen. *bôja* ‚Schlacht‘, russ. čech. *boj* ds. (: illyr. *Boii*).

WP. II 137 f., WH. I 503 f., 506, Trautmann 33, Lidén KZ. 61, 12, Karstien KZ. 65, 154 f.

S. oben unter *bheid*-.

bheig⪛- ‚glänzen‘?

Apers. *bigna-* ‚Glanz‘? in den PN *Bagā-bigna-*, *Ἀρια-βιγνης*; gr. *φοῖβος* ‚rein, glänzend‘, *φοιβάω, φοιβάζω* ‚reinige‘, *ἀφοίβαντος* ‚beschmutzt‘ (*bhoigu-o-*), *ἀφικτός, ἀφικτρός* (*bhigu-*) ‚unrein‘.

Über *Φοῖβος Ἀπόλλων* vgl. Kretschmer Gl. 15, 199.

WP. II 138, Schwyzer Gr. Gr. I 299.

ɪ. **bhel-**, balto-slav. auch **bhelə-** ‚glänzend, weiß‘, auch von weißlichen Tieren, Pflanzen und Dingen, wie Schuppen, Haut usw.; zu 1. *bhā*- im selben Verhältnis stehend, wie *stel*- zu *stā*- ‚stehen‘, *del*- ‚spalten‘ zu **dā(i)*- ‚teilen‘.

Ai. *bhālam* n. ‚Glanz, Stirn‘, *sam-bhālayati* ‚blickt‘ (dehnstufig); *balākā* ‚eine Kranichart‘ mit *b*- nach *bakáḥ* ‚eine Reiherart‘; arm. *bal* ‚Blässe, Bleichheit‘; gr. *φαλός* ‚weiß‘ Hes. *φαλύνει· λαμπρύνει* Hes., *φαλι(ϝ)ός* ‚glänzend, weiß, weißstirnig‘, *φαληρός*, dor. -*αρός* ds., *φαληρίς*, dor. -*αρίς* ‚Bläßhuhn‘, *φαλακρός* ‚kahlköpfig‘, *παμφαλάω* ‚schaue schüchtern umher‘; *βαλιός* ‚weiß, weißgefleckt‘ ist wohl illyr. Lw.;

illyr. *balta ‚Sumpf‘, daraus lat. blatea f., ‚Kotklümpchen‘, adalm. balta ‚Sumpfsee‘; ligur. *bola ‚Sumpf‘ (M.-L. 1191 b), FIN Duria Bautica (aus *Baltica), vielleicht hierher mare Balticum (ven.-ill.?) ‚Ostsee‘ (Einhard, 9. Jh.), vgl. Bonfante BSL. 37, 7 f.;

alb. balĕ ‚Stirn‘ (= apr. ballo ds.), baldsh ‚blässiges Pferd oder Ochse‘, baltĕ f., balt m. ‚Schlamm, Sumpf, Ton‘;

lat. fulica (vgl. ahd. belihha) und fulix f. ‚Bläßhuhn‘ (*bholik- mit dial. u); aber ob fēlēs, -is f. ‚Katze, Marder, Iltis‘ hierher gehört, ist wegen mēlēs, -is f. ‚Marder, Dachs‘ zweifelhaft;

kelt. belo- ‚leuchtend, weiß‘ in cymr. beleu (*bheleuo-) ‚Marder‘, air. oibell m. ‚Glut, Hitze‘ (f. ‚Funke, glühende Kohle‘) = cymr. ufel m. ‚Funke, Feuer‘ (*opi-bhelo-), mir. Bel-tene ‚Fest des 1. Mai‘ (= Leuchtfeuer), gall. GN (Apollo) Belenos, (Minerva) Belisama (Superlat.), FIN Belenā > frz. Bienne, schweiz. Biel; afrz. baille ‚Blässe‘ (daraus mbret. baill ds.) könnte auf ablaut. gall. *baljo- zurückgehen, vgl. frz. ON Bailleuil < *Baljo-ialon; gall. belsa ‚Feld‘ aus *belisā;

got. bala m. ‚Bläß‘ (von Belisars Roß), engl. dial. ball ‚Pferd mit weißer Blässe‘ (daraus cymr. bal ds.), mengl. balled, engl. bald, dän. bœldet ‚kahl‘, ahd. belihha (vgl. lat. fulica), nhd. Belche ‚Bläßhuhn‘, BergN Belchen (zum Suffix s. Brugmann Grundriß II 1, 511, Specht Dekl. 213 f.), dehnstufig aisl. bál ‚Flamme‘, ags. bœl ‚Scheiterhaufen‘ (*bhēl-).

Hingegen sind germ. *pōl- in ags. pōl, engl. pool, ahd. pfuol ‚Pfuhl‘, ablaut. ndl. peel (*pali-) ‚Morast‘, ags. pyll, engl. pill (*pulia-, älter *bljo-) wohl aus dem Ven.-Ill. entlehnt (s. oben *bolā); anders Petersson Heterokl. 205;

lit. bālas ‚weiß‘ und ‚Schneeglöckchen‘, balà f. ‚weiße Anemone‘ und m. ‚Sumpf, Moor, Pfuhl‘, balù, balaũ, bálti ‚weiß werden‘; lett. dehnstuf. bāls ‚bleich, blaß‘; apr. ballo f. ‚Stirn‘ und *balo ‚Sumpf‘ in ON;

aksl. dehnstuf. bĕlъ ‚weiß‘ (*bhēlo-), f. ‚Splint im Holze‘, poln. dial. biel f. ‚sumpfiger Wald‘, russ. dial. bil ‚Sumpf‘; ablaut. bala (*bhōlā) in russ. bala-ružina ‚Pfütze‘, klr. balka ‚Niederung‘;

lit. báltas (*bholətos), lett. balts ‚weiß‘, SeeN Baltiņa ezers;

slav. substant. neutr. Adj. *bolto- (*bholəto-) ‚Sumpf, Teich, See‘ in aksl. blato ‚See‘, skr. blāto ‚See, Kot‘, russ. bolóto ‚Sumpf‘;

lit. bá'lnas ‚weiß‘ (mit Stoßton, idg. *bholənos), balañdis ‚Taube‘, balánda ‚Melde‘, russ. lebedá, serb. lobòda ds.;

slav. *bolna f. (mit Schleifton, idg. *bholnā) in čech. slov. blána ‚Haut, Häutchen‘, russ. boloná ‚Hülle, Auswuchs an Bäumen‘, bólonь f., ‚Splint im Holze‘, ursprüngl. identisch mit čech. blana ‚Wiese‘, poln. błoń f., błonie n. ds., russ. bolonьje n. ‚tief gelegene Wiesen‘;

vielleicht toch. B palsk-, pälsk, A päl(t)sk ‚nachdenken‘ (*sehen, vgl. ai. sam-bhālayati);

ob hierher gr. φελλός (*bhel-so-), ‚Kork, Korkeiche‘, φελλεύς ‚steiniger Grund‘, ἀφελής ‚eben‘, φολίς ‚Schuppe (eines Reptils)‘?

Hierher ferner 2. bhel-; bheleg-; bhlei-, -g-, -k-; bhlendh-; bhles-; bhleu, -k-, -s-; bhleg̑o-; bhl̥ndho-; bhlᵊido-.

WP. II 175 f., WH. I 108 f., 559 f., W. Schulze Berl. Sbb. 1910, 787 = Kl. Schr. 111, Trautmann 25, 29 f., Specht Dekl. 116 f.

2. bhel- in Bezeichnungen des Bilsenkrautes, wohl mit 1. bhel- identisch.

Gall. (illyr.?) belinuntia f., βελένιον n. ‚Apollinaris‘, zum Namen des Apollo Belenos (s. oben 1.);

ags. beolone (*bhelunā), as. bilene, tiefstuf. älter dän. bylne (germ. *bul-n-), bᵊlme, schwed. bolmört, nhd. dial. bilme; aber ahd. bil(i)sa ist wohl kelt. Lw. (vgl. aprov. belsa);

slav. *belena-, *belenā in r.-ksl. belenᵼ m., russ. belená f., slav. *belnᵼ m. in slov. blᵉn, ačech. blén, tiefstuf. slav. *bᵼlnᵼ in skr. bûn.

WP. II 180, WH. I 99 f., Trautmann 30, Kretschmer Gl. 14, 97, Specht Dekl. 140.

3. bhel-, bhlē- ‚aufblasen, aufschwellen, sprudeln, strotzen‘.

Ai. bhāṇḍa- n. ‚Topf, Gefäß‘ (*bhāln-da?); nach Thieme (ZDMG. 92, 47 f.) hierher av. barᵊ-s-man- ‚Bündel von Zweigen‘, ai. bársva m. Pl. ‚Wulst, Zahnfleisch‘ (Lw. aus av. *barsman ‚Polster‘); vgl. unten ahd. bilorn.

Arm. belun ‚fruchtbar‘ (: gr. φάλης), beln-awor ds. (: gr. φαλλός), Adontz, Mél. Boisacq 9.

Gr. φαλλός, φάλης ‚penis‘ (φαλλός aus *bhl̥nós oder *bhl̥nós; vgl. air. ball, nhd. Bulle); dazu φάλλαινα (Bildung wie λύκαινα), φάλλη ‚Walfisch‘ (vgl. das wohl durch illyr. Vermittlung entlehnte lat. ballaena; auch mhd. bullich bezeichnet große Fischarten; identisch ist φάλλαινα ‚Nachtfalter‘, über ἀφελής und Zubehör s. oben Z. 1; über ὄφελος s. u. phel-; nach Persson Beitr. 299 auch φλόμος (φλόνος) ‚Königskerze, Pflanze mit dicken wolligen Blättern, als *bh(e)lo-mo-s?

Vermutlich phryg. βάμ-βαλον, βά-βαλον ‚αἰδοῖον‘ Hes., auch βαλλιόν ‚penis‘; thrak. VN Τρι-βαλλοί.

Lat. follis ‚lederner Schlauch; Windball, Ballon; Blasebalg, Geldbeutel‘ (*bhl̥nis oder *bholnis, vgl. die germ. Worte mit -ll- aus -ln-);

cymr. bâl f. ‚Erhöhung, Berggipfel‘ (*bhl̥ā);

schwundstuf. air. ball m. ‚Glied, Körperteil‘, dann ‚Teil, Ort, Fleck‘ (auch am Körper), daher vielleicht auch cymr. ball ‚Epidemie‘; cymr. balleg ‚Sack, Börse‘; ablautendes bol, boll in cymr. dyrn-fol ‚Handschuh‘, arfolli ‚schwanger werden‘, ffroen-foll ‚mit geblähten Nüstern‘ (: φαλλός); reduktionsstuf. mit Formans -ko- und einer Bed. wie ahd. bald (s. u.): nir. balc ‚stark‘, cymr. balch, bret. balc'h ‚stolz, anmaßend‘.

bhị̄- (*bhₑl-*) in aschwed. *bulin, bolin* ‚aufgeschwollen‘, *bulde, bolde, byld* ‚Anschwellung, Geschwür,; aisl. *bulr, bolr* m. ‚Baumstamm, Rumpf‘, mnd. mhd. *bole* f. ‚Planke‘ (nhd. *Bohle*); aisl. *boli* ‚Stier‘, ags. *bula* ds., *bulluc* ‚junger Stier‘, engl. *bull*, mnd. nhd. *Bulle* (als *bull-ōn* = gr. *φάλλων* von einem St. *bulla-* = φαλλό-ς); hess. *bulle* ‚vulva‘; aisl. *bolli* m. ‚Trinkschale‘ (‚*kugeliges Gefäß‘; mir. *ballán* ‚Trinkgefäß‘ wohl aus dem Nord.), ags. *bolla* m. ‚Schale‘, *hēafodbolla* ‚Hirnschale‘, afries. *strotbolla* ‚Kehlkopf‘, as. *bollo* ‚Trinkschale‘, ahd. *bolla* f. ‚Wasserblase, Fruchtbalg oder Knoten des Flachses‘,‗ mhd. *bolle* f. ‚Knospe, kugelförmiges Gefäß‘, ahd. *hirnibolla* ‚Hirnschale‘, nhd. *Bolle, Roßbollen*, mhd. *bullich, bolch* ‚großer Fisch u. a. Kabeljau‘ (vgl. *φάλλαινα*), vgl. auch ahd. *bolōn*, mhd. *boln* ‚rollen, werfen, schleudern‘ und mit der Bed. geschwollen = ‚dick, groß‘, schwed. mdartl. *bål, bol* ‚dick und groß, stark, sehr kühn‘, aisl. poet. *bolmr* ‚Bär‘; hierher wohl aisl. *bulki* ‚Schiffslast‘, schwed. dän. *bulk* ‚Buckel‘, Knollen‘;

auf ein heterokl. Paradigma (?) *bhelr̥*, Gen. *bhelnés* deutet ahd. *bilorn* m. f. ‚Zahnfleisch‘ (*bilurnō* ‚Schwellung, Wulst‘), falls nicht aus *beluznō; germ. *bel-n-* auch in hess. *bille* ‚penis‘ (: *bulle*), mnd. (*ars-)bille*, ndl. *bil* ‚Hinterbacke‘, schwed. *fotabjälle* ‚Fußballen, Zehenballen‘;

ablautend ahd. *ballo, balla*, nhd. *Ball, Ballen*, ahd. *arsbelli* m. Pl. ‚Hinterbacken‘, ags. *bealluc* m. ‚Hoden‘ (*bhol-n-*), aisl. *bǫllr* ‚Kugel, Ball, Hode‘; aisl. *bali* ‚Erhöhung entlang dem Uferrande; kleine Erhöhung auf ebenem Boden‘; mit Formans *-to-* und der Bed. ‚geschwollen‘ = ‚hochfahrend, kühn‘, got. *bal-þaba* Adv. ‚kühnlich‘, *balþei* f. ‚Kühnheit‘, aisl. *ballr* ‚furchtbar, gefährlich‘, *baldinn* ‚trotzig‘, ags. *beald* ‚kühn, dreist‘, ahd. *bald* ‚kühn, dreist, schnell‘, nhd. *bald* Adv.; dazu ags. *bealdor* ‚Fürst, Herr‘, aisl. GN *Baldr*.

Mit Abtönungsstufe *bhōl-* wohl norw. *bel* ‚brünstig, von der Sau‘ (ablautend *bala* ‚brünstig sein‘).

Wurzelform *bhlē-*:

Gr. *φλήναφος* ‚Geschwätz, schwatzhaft‘, *φλην-έω, -άω* ‚bin schwatzhaft‘; *ἐκφλαίνω* wie *φαίνω* von *bhā-*, Aor. *ἐκφλῆναι* ‚hervorsprudeln‘;

lat. *flō, flāre* ‚blasen‘ (wohl aus *bhlǝ-i̯ō*), aber *flēmina* ‚Krampfadern‘ ist wohl Lw. aus gr. *φλεγμονή*; norw. dial. *blǣma* ‚Hautbläschen‘; aschwed. *blǣmma* ds.; ahd. *blāt(t)ara*, as. *blādara* ‚Blase, Blatter‘, ags. *blǣdre* ds., Red.-St. aisl. *blaðra* ‚Bläschen, Blatter‘, ahd. usw. *blat* ‚Blatt‘; aisl. *blā-* in Zs. ‚übermäßig, sehr‘; mit vorherrschender Bed. ‚blasen‘ ahd. i̯o-Präs. *blājan, blāen* ‚blasen, blähen, aufblähen‘, ags. *blāwan* ‚blasen‘ (das *w* aus dem Perf.), ahd. *blāt*, ags. *blǣd* ‚Wehen, Hauch, Windstoß‘, aisl. *blǣr* ‚Windstoß‘; mit *-s-* got. *ufblēsan* ‚aufblasen‘, aisl. *blāsa* ‚blasen, keuchen, aufblasen; unpers.: aufschwellen‘, ahd. *blāsan* ‚blasen‘, *blāsa* ‚Blase‘, *blast*

‚Blasen, Hauch‘, ags. *blǽst*, aisl. *blāstr* (**blēstu-*) ‚Blasen, Hauch, Schnauben, Zorn‘;

lett. *blęņas* ‚Possen‘ stammt aus dem russ. Lw. *blĕdis* ‚Betrüger‘. Hierher vielleicht got. *blōþ* ‚Blut‘, s. 4. *bhel-*.

Dazu 4. *bhel-* ‚blühen‘ usw. und die Erweiterungen *bhelĝh-*, *bhlĕdh-*, *bhlegʷ-*, *bhlei-*, *bhleu-* ‚schwellen‘ usw.

WP. II 177 f., WH. I 515, 524 f.

4. *bhel-* und *bhlē-*, *bhlō-*, *bhlə-* ‚Blatt, Blüte, blühen; üppig sprießen‘, wohl aus *bhel-* ‚schwellen‘ im Sinne von ‚pflanzlicher Üppigkeit‘ und ‚Schwellung = Knospe‘.

Gr. φύλλον ‚Blatt‘ (**bhᵘljom*), lat. *folium* ds.; mir. *bileóc* ‚Blättchen‘ (aus **bile* < **bheljo-*); hierzu wohl air. *bile* n. ‚Baum‘;

bhlē-, meist *bhlō-* in: lat. *flōs, -ris* m. ‚Blume‘; *flōreō, -ēre* ‚blühen‘; osk. *Fluusaí* ‚Flōrae‘, *Fluusasiais* ‚Flōrālibus‘, sabin. *Flusare* ‚Flōrāli‘.

Mir. *bláth* m. ‚Blüte, Blume‘, cymr. *blawd*, acorn. *blodon* ‚Blüte‘ (**bhlō-t-*) mbret. (mit -*men*-Suffix) *bleuzven*, nbret. *bleuñ(v)enn* ds., mit *s*-Ableitung mhd. *bluost* ‚Blüte‘, nhd. *Blust*, ags. *blōstma*, *blōsma*, *blōstm* ‚Blume‘, an. *blōmstr* ds., ndl. *blōsen* ‚blühen‘ (= mnd. *blōsen* ‚erröten‘, s. u. *bhles-* ‚glänzen‘);

got. *blōma* m., ahd. *bluomo* m. ‚Blume‘, aisl. *blomi* m. ds., *blōm* Kollektiv ‚Blume‘;

ahd. *bluojen*, *bluowen*, as. *blōjan*, ags. *blōwan* ‚blühen‘; ahd. *bluot* f. ‚das Blühen, Blüte‘ = ags. *blēd* f. ‚Sproß, Zweig, Blume, Frucht‘; aber got. *blōþ* n., aisl. *blōð*, as. ags. *blōd*, ahd. *bluot* ‚Blut‘ wohl zu **bhel-* ‚sprudeln‘.

Mit *ē*: ags. *blǽd* m. ‚Hauch‘, n. ‚Blase‘, f. ‚Blüte‘, ahd. *blāt* ‚Blüte‘ (vgl. auch ags. *blǽd*, ahd. *blāt* ‚Leben, Hauch‘ und *bhel-* ‚aufblasen‘);

mit *ə*: ahd. *blat*, as. *blad*, ags. *blæd*, aisl. *blað* n. ‚Blatt‘; toch. A *pült* ds. WP. II 176 f., WH. I 518 f., Schwyzer Gr. Gr. I 351.

5. *bhel-*, meist mit -*ĝ*- (-*k̂*-)Suffix ‚Bohle, Balken‘: *bhₑleĝ-*, *bhₑlə-n-ĝ-*, *bheleĝ-*; *bhl̥k̂-*.

Einfaches *bhel-* in ai. *bhuríjāu* Du. ‚Arme, Deichselarme‘; gall. **balā-kon* ‚(Mauer-)Vorsprung‘, cymr. *balog* ‚Zinne‘ (M.-L. 890).

Mit Gutturalerweiterungen:

Gr. φάλαγξ, -γγος f. ‚Stamm, Balken; Schlachtreihe‘, φάλαγγαι ‚Planken‘ (wenn erst mit sekundärer Nasalübertragung aus andern Nomina auf -*γξ*, so **φαλαγ-* = ai. *bhurij-*; doch vielleicht mit *bhₑlə-ĝ-* nur parallele *ĝ*-Erw. von einem *n*-St. **bhₑlən-* aus); mit -*k-*: φάλκης m. ‚Balken Planke im Schiff‘.

Lat. *fulciō, -ire, fulsī, -tum* (*bhl̥ki̯ō) ‚stützen‘ (eig. ‚durch Balken‘);
fulcrum (*fulc-lom?*) ‚Stütze, Gestell, Ruhelager‘.

Vielleicht auch *sufflāmen* ‚Radschuh, Sperrbalken, -kette‘ (*flăg- = idg.
*bhl̥ǵ-smen);

aisl. *bialki* (*belkan-*) ‚Balken‘; ablaut. (*balkan-*): ags. *balca, bealca;*
ahd. as. *balko* ‚Balken‘; aisl. *balkr* ‚Scheidewand, Abteilung‘, *bǫlkr* ‚Abteilung‘; schwundstuf. ags. *bolca* m. ‚Laufplanke‘; aber ahd. *bloh(h)*, mhd.
bloch, nhd. (ndd.) *Block* ‚Klotz, Bohle‘ enthält idg. *u*, also aus idg. *bhluko-*
oder, falls mit germ. Konsonantenverschärfung, aus *bhlugo-*, zu mir. *blog*
‚Bruchstück‘, weiter vielleicht zu got. *bliggwan,* ahd. *bliuwan,* nhd. *bleuen*
‚schlagen‘, aus idg. *bhlei̯-ono-*; s. unter *bheleu-.*

Hingegen gehören wohl zu *bhelǵh-* ‚schwellen‘ von einer Bedeutungsvermittlung ‚dick, schwellend‘ aus:

lit. *balžiena* ‚Längsbalken an der Egge‘, *balžienas* ‚Querbalken‘, lett. *bàlziêns, bèlziêns* m. ‚Stütze‘, ostlett. *bòlgzds* m. ‚Stützenverband am flachen
Holzschlitten‘, lett. *pabàlsts* m. ‚Stütze, Griff, Handhabe am Pfluge‘, *bàlzît, pabàlstît* ‚stützen‘;

russ. mdartl. (Gouv. Olonez) *bólozno* ‚dickes Brett‘, slov. *blazína* ‚Dachbalken, Querbaum des Schlittens, Rungstock‘; kašub. *błozno* ‚das die
Schlittenkufen verbindende Querholz‘.

WP. II 181f., WH. I 559, Trautmann 25f.

6. bhel- ‚schallen, reden, brüllen, bellen‘; Schallwurzel.

Ai. *bhaṣá-ḥ* ‚bellend‘ (*bhel-s-*), *bhāṣatē* ‚redet, spricht, plaudert‘; *bhaṇḍatē* (Dhatup.) ‚spricht, höhnt, tadelt‘ (*bhel-n-dō*), *bháṇati* ‚redet, spricht‘
(*bhel-nō*) sind nach Kuiper Proto-Munda 32f. nichtidg.

aisl. *belja* ‚brüllen‘, mndl. *belen* ‚bellen‘; aisl. *bylja, bulda* ‚drohen, dröhnen‘, *bylr* ‚Windstoß‘, ags. *bylgan* ‚brüllen‘, mhd. *boln* ‚schreien, brüllen‘;
mit germ. *ll* (Konsonantenschärfung in der Schallwurzel), ahd. *bellan*
‚bellen‘, ags. *bellan* ‚brüllen, bellen, grunzen‘; ahd. *bullōn* ‚heulen (vom
Wind), bellen, brüllen‘, isl.-norw. *bulla* ‚babbeln, schwatzen‘; aisl. *bjalla,*
ags. *belle,* engl. *bell,* mnd. *belle* ‚Schelle, Glocke‘, nhd. (eigentl. ndd.) *Bellhammel* ‚Leithammel (mit Schelle)‘;
mit germ. *ld* (wohl aus einem *dh*-Präs. und vielleicht mit lit. *bildu* zu
vergleichen, da letzteres höchstwahrscheinlich idg. *dh* enthält) dän. *baldre,*
norw. mdartl. *baldra,* schwed. mdartl. *ballra* ‚lärmen‘, mnd. ndl. *balderen*
ds., dän. *buldre,* schwed. *bullsa,* mnd. ndl. *bulderen, bolderen,* mhd.
buldern, nhd. *poltern;*
apr. *billit* ‚sagen, sprechen‘, lit. *bìlstu, bilaũ, bìlti* ‚zu reden anfangen‘,
bìlu, bìloti ‚reden‘, *bilóju, -óti* ‚sagen, reden‘, *byl-aũ, -óti* ds., *bylà* ‚Rede,
Aussprache, Unterhaltung‘, lett. *bilstu, bilžu, bilst* (in Zs.) ‚reden, anreden‘,

bildêt ‚anreden‘; lett. *biļļât* (aus **biļņa*) ‚weinen‘; mit Formans -*so*- lit. *bal̃-*
sas ‚Stimme, Ton‘;
toch. AB *pāl-, pal-* ‚loben‘ (Van Windekens Lexique 89).
Hievon abgeleitet **bhlē-* ‚blöken‘.
WP. II 182, WH. I 516, Trautmann 25.

bh(e)lāg- etwa ‚schlaff, albern‘??
*bhlāg- oder **bhlōg-* in wruss. *blắhyj* ‚schlecht, häßlich‘ (daraus lett.
blāgs, lit. *blõgas* ‚kraftlos, schwach‘ entlehnt), *blažić* ‚tollen‘, grruss. *blagój*
‚starrköpfig, häßlich‘, dial. *blažnój* ‚dumm‘, poln. *błagi* ‚schlecht, nichts
wert‘; kaum zu gr. φελγύνει· ἀσυνετεῖ, ληρεῖ Hes., da das slav. Wort auf
schwere, das griech. auf leichte Basis weist; s. unter *phelg-*.
Hierher (offenbar mit expressiver Gemination) aber lat. *flaccus* ‚schlaff‘.
WP. II 183 f., 680, WH. I 507 f.

bheld- ‚pochen, schlagen‘, vielleicht ursprüngl. *d*-Präsens der Schallwurzel *bhel-*.
Aus dem Germ. wahrscheinlich dazu mnd. *bolte(n)* ‚Bolz, Pfeil‘, ahd.
bolz, nhd. *Bolz, Bolzen*, ags. *bolt* ‚Bolz, Pfeil‘, schwed. *bult* ‚Bolz‘ (**bhld-*);
vielleicht auch nhd. *Balz*, Vb. *balzen* und *bolzen*, norw. mdartl. *bolt* m.
‚männlicher Waldvogel; Kater‘, nhd. *Bolze* ‚Kater‘; norw. mdartl. *bolta*
‚poltern, vorwärtsstürmen‘, älter dän. *bolte* ‚sich rollen‘, schwed. *bulta*
‚klopfen‘, schwed. mdartl. *bultra* ‚sich wälzen, tummeln‘, norw. mdartl.
bultra ‚lärmen, tummeln‘, abl. norw. mdartl. *baltra* ‚sich wälzen, tummeln‘;
lit. *beldù, -éti* und *béldžiu, bélsti* ‚pochen, klopfen‘, ablaut. *bildu, bildéti*
‚dröhnen, poltern‘, *báldau, -yti* ‚klopfen, stark poltern‘, *baldas* ‚Stößel‘;
lett. *belzt* ‚schlagen‘ (vielleicht Kontamination von **belzu* = lit. *béldžiu*
mit *telz-* ‚schlagen‘, Mühlenbach-Endzelin Lett.-dt. Wb. 278).
WP. II 184, WH. I 560 f.

bheleg- ‚glänzen‘, Erw. von *bhel-* ds.
bhelg-: ai. *bhárgas-* n. ‚strahlender Glanz‘ (**bhelgos*); *Bhṛ́gavaḥ* Pl.
‚mythische Priester des Blitzfeuers‘; lett. *bal̃gans* ‚weißlich‘; vielleicht
hierher aksl. *blagъ* ‚gut‘, russ. (alt und mtdarl.) *bólogo* Adv. ‚gut‘, eig.
‚licht‘ (Gegensatz ‚dunkel‘: ‚böse‘); toch. AB *pälk-* ‚brennen, leuchten,
sich erhitzen‘, A *pälk*, B *pilko* ‚Blick‘, A *polkāṃts* ‚Gestirn‘ (: lit. *bal̃gans*),
B *empalkaitte* ‚nachlässig‘ (Negation + **palk-* ‚leuchten‘ neben *pälk-*);

bhleg-: gr. φλέγω ‚brenne, senge, zünde an‘, φλεγέθω ‚senge, setze in
Brand; intr. brenne, stehe in Flammen‘, φλέγμα n. ‚Brand; Entzündung;
Schleim‘, φλεγμονή f. ‚Entzündung; Leidenschaft; Brunst‘, φλεγύας· ἀετὸς
ξανθός Hes. (Adj. ‚feurig rot‘) φλόξ, φλογμός ‚Flamme‘;
lat. *flagrō, -āre* ‚flammen, lodern, brennen‘, wozu wohl *flamma* ‚Flamme‘
als **flagmā*, osk. *Flagiuí* etwa ‚Fulgurātōrī‘; neben *flāg-* (red.-stufiges

*bhlₑgró-, *bhlₑgmá oder wegen φλογμός, φλόξ eher *bhlₑgmá) steht schwund-
stufiges bhlĝ-, lat. fulg- in lat. fulgō und fulgeō, -ēre, fulsī ,blitzen, schimmern, leuchten', fulgor, -ōris ,das Blitzen, Schimmer, Glanz', fulgus, -uris
,Blitz, Schimmer', fulmen (*fulgmen) ds.;

mir. imblissiu ,Augenstern' (*ṃbhi-bhlĝ-s-, Vendryes RC. 40, 431 f.);

ahd. blecchen (*blakjan), mhd. blecken ,sichtbar werden, sehen lassen',
nhd. blecken ,die Zähne zeigen'; ahd. blecchazzen, mhd. blecken ,blitzen',
mndl. nndl. blaken ,flammen, glühen', ags. blæcern, blacern ,Leuchter',
aisl. blakra ,blinken'; hierher wohl als ,angebrannt (vgl. nd. blaken von
rußender Lampenflamme), angerußt', ags. blæc ,schwarz', n. ,Tinte', ahd.
blah ds.; nasaliertes germ. *blenk-, *blank- in mhd. nhd. blinken, mhd.
blinzen (*blinkatjan), nhd. blinzeln (daneben mit germ. g älter dän. blinge
,blinken' u. dgl., s. Falk-Torp u. blingse); ahd. blanch, mhd. blank ,blin-
kend, glänzend, weiß', nhd. blank, ags. blanca m. ,Roß' (eig. von heller
Farbe, vgl.:) aisl. blakkr ,fahl', poet. ,Roß' (,Falbe, Schimmel'), aschwed.
blakker ,fahl, falb', aber auch ,schwarz, dunkel' (aus dem Germ. entlehnt
frz. blanc, ital. bianco). Von dieser Nasalform auch pr. blingis ,Bleihe';
lit. bláᵍnytis ,sich ausnüchtern; sich aufhellen', alit. blinginti ,glänzen'.
Eine Variante auf -ĝ- vielleicht in lett. blāzt ,schimmern', blāzma (*blāĝ-
mā) ,Widerschein am Himmel'.

WP II 214f., WH. I 510 f. 865, Pedersen Toch. 162, 218, Van Windekens Lexique 17, 98, EM. 398.

Neben bheleg- steht gleichbedeutendes bherĝg-, s. dort.

bheleu- ,schlagen, durch Schlagen kraftlos machen, schwach, krank'.

Acorn. bal f., pl. -ow ,Krankheit', mbr. baluent;

got. balwa-wēsei ,κακία', balwjan ,quälen', ags. bealo ,übel, böse', aisl.
bǫl, Dat. bǫlve ,Unglück', ahd. balo, Gen. balawes ,Verderben'; got. bliggwan (*bleuyan) ,schlagen', ahd. bliuwan, nhd. bleuen ds., mengl. blowe
,Schlag', aisl. blegđe m. (*blaᵤᵤidan-) ,Keil';

abg. bolъ ,Kranker', bolěti ,krank sein'.

Über nhd. Block usw. s. unter 5. bhel-.

WP. II 189, Hirt Idg. Gr. II 150, Feist 79, 100, Specht Dekl. 133.

Daneben eine Wzf. bhlēu- : bhlǝu- : bhlū-, s. dort.

bhelĝh- ,schwellen; Balg (aufgeblasene Tierhaut), Kissen, Polster' (Erw.
von bhel- ,aufblasen' usw.).

Ai. barhíš- n. ,Streu, Opferstreu' = av. barǝziš- n. ,Polster, Kissen',
npers. bāliš ,Kissen'; ai. upa-bárhaṇa-m, upa-bárhaṇī f. ,Decke, Polster';
Ob mit Asp.-Diss. gegen das Formans -ha- hierher ai. bárjaha-ḥ ,Euter'?
ir. bolgaim ,schwelle', bolg f. ,Blase', bolg m. ,Sack, Bauch, Hülse,

Hose', mir. *bolgach* f. ‚Beule, Blase, Blatter; Pocken', *bolgamm* ‚Schluck‚ cymr. *bol, bola, boly* ‚Bauch, Sack', *bul* ‚Samenhülse' (Pl. von *boly*), bret. *bolc'h* ‚cosse de lin', vann. *pehl-en* (aus **pehl-*) ds., gall. *bulga* ‚Ledersack' (daraus ahd. *bulga* ‚lederner Wasserbehälter'); gall. *Belgae* ‚die Zornigen'; got. *balgs* m. ‚Schlauch', aisl. *belgr* m. ‚abgestreifte Tierhaut, Balg, Bauch', ahd. mhd. *balg* ‚Balg, Schlauch, Blasebalg, Schwertscheide', ags. *bielg, byl(i)g* ‚Balg, Beutel', engl. *belly* ‚Bauch', *bellows* ‚Blasebalg' (germ. **ƀalʒi-* m., vgl. apr. *balsinis*; vielleicht hat auch ai. *barhis-*, av. *barezis* idg. *-i-s-* als Erw. dieses *i*-St.);

aisl. Partiz. *bolginn* ‚geschwollen', Kaus. *belgja* ‚aufschwellen machen', as. ags. *belgan* St.-V. ‚zornig sein', ahd. *belgan* ‚aufschwellen', refl. ‚zürnen', afries. Partiz. *ovirbulgen* ‚erzürnt';

aisl. *bylgja* ‚Woge', mnd. *bulge* ds.; **bul(h)stra-* in aisl. *bolstr* m. ‚Kissen', ags. *bolster* n. ‚Polster, Kissen', ahd. *bolstar* ds., ndl. *bolster* ‚Fruchtbalg, Hülse'; apr. *balsinis* ‚Kissen' (**bholĝhi-nos*), *pobalso* ‚Pfühl', lett. *pabàlsts* m. ‚Kopfkissen' (und ‚Stütze', s. oben S. 123); slov. *blazína* ‚Kissen, Matratze, Bettpfühl; Fuß- oder Handballen' (und ‚Dachbalken, Querbaum des Schlittens, Rungstock', s. oben S. 123), skr. *blȁzina* ‚Kopfkissen, Polster, Federbett'; russ. *bólozenĭ* m. ‚Schwiele, Beule, Leichdorn, Hühnerauge' (aber russ. dial. *bólozno* ‚dickes Brett'). Hierher wohl als ven.-ill. Lw. apr. *balgnan* n., alit. *balgnas*, lit. *bálnas* ‚Sattel' (wohl aus ‚Kissen'). Weitere baltoslav. Formen s. oben S. 123.

WP. II 182 f., WH. I 122. Vgl. über gr. μολγός ‚Ledersack' Vendryes BSL. 41, 134 f.

bhen- ‚schlagen, verwunden'; auch von durch den Schlag böser Geister bewirkter Krankheit (avest.; vgl. zu diesem Aberglauben Havers IF. 25, 380 f.)

Av. *bǝnayǝn* ‚sie machen krank', *banta-* ‚erkrankt, siech'; got. *banja* ‚Schlag, Wunde, Geschwür', aisl. *ben*, ags. *benn* f., as. *beni-wunda* ‚Wunde'; aisl. *bani* m. ‚Tod; Mörder', ags. *bana*, ahd. as. *bano* ‚Totschläger, Mörder', ahd. *bano*, mhd. *bane, ban* ‚Tod, Verderben'; vielleicht auch mhd. *bane, ban* f. und m. ‚Bahn, Weg' als ‚*Durchhau durch einen Wald' oder ‚*festgeschlagener Weg'; mir. *epit* f. ‚Hippe' aus **eks-bhen-tī*; corn. *bony* ‚Axt'; aber cymr. *bon-clust* ‚Ohrfeige' enthält *bon* ‚Stock'.

Av. *bata-*, wenn ‚geschrotet, vom Getreide', könnte als **bhn-to-* verwandt sein, ist aber wegen der unsichern Bed. nur mit Vorbehalt zu nennen.

WP. II 149, Feist 80.

bhend- etwa ‚singen, schön klingen, jauchzen'.

Ai. *bhandatē* ‚empfängt jauchzenden Zuruf, wird gepriesen, glänzt', *bhándiṣṭha-ḥ* ‚am lautesten jauchzend, gellend, am besten preisend', *bhan-*

dána-ḥ ‚jauchzend‘, *bhanddnā* ‚lustiges Tönen, Jauchzen‘ (die Bedeutungen
s. T. bezweifelt); schwundstufig air. mir. *bind* ‚melodisch‘, abret. *bann*
‚canora‘.
WP. II 151 f.

bhendh- ‚binden‘.

Ai. *badhnáti*, erst später *bandhati* ‚bindet, fesselt, nimmt gefangen,
fügt zus.‘, av. *bandayaiti* ‚bindet‘, Partiz. ai. *baddhá-*, av. ap. *basta-*, ai.
bándhana- n. ‚das Binden‘, *bandhá-ḥ* m. ‚das Binden, Band‘, av. *banda-* m.
‚Bande, Fessel‘ (: aisl. as. *bant*, ahd. *bant* n., nhd. *Band*; got. *bandi*, ags.
bend f. ds.; lit. *bandà* ‚Vieh‘, s. unten); ai. *bándhu-ḥ* m. ‚Verwandter‘ (wie
πενθερός).

Gr. πεῖσμα ‚Tau, Seil‘ (aus *πενθσμα, Schwyzer Gr. Gr. I 287, vgl.
Brugmann IF. 11, 104 f., auch für πέσμα und πάσμα), πενθερός ‚Schwieger-
vater‘ (*‚durch Heirat verbunden‘); hierher nach Pedersen (REtIE. 1, 192)
auch πάσχω ‚leide‘ als ‚werde gebunden, verstrickt‘, wie auch lat. *offendō*
‚gerate ins Unglück, stoße an‘, *dēfendō* ‚löse aus der Verstrickung‘; πάθη
(spät belegt, aber alt), mit Hauchumstellung hom. att. φάτνη ‚Krippe‘
(*bhṇdh-nā; unter einer Gdbed. ‚geflochtener Korb‘ wie kelt. *benna*
‚Wagenkorb‘); thrak. βενδ- ‚binden‘ (vgl. Kretschmer Einl. 236); alb. *besë*
‚Vertrag, Glaube, Waffenstillstand‘; lat. *offendimentum*, *offendix* ‚das Kinn-
band an der Priestermütze‘; gall. *benna* ‚genus vehiculi‘, galat. Ζεὺς Βέν-
νιος, cymr. *benn* ‚Fuhrwerk‘ (daraus ags. *binn*, und durch roman. Vermittlung nhd. dial. *benne* ‚Wagenkasten‘, ndl. *ben* ‚Korb, Mulde‘; Gdf. *bhendh-
nā); mir. *buinne* ‚Band, (Arm)reif‘ (*bhondhia);

got. ags. *bindan*, aisl. *binda*, ahd. *bintan* ‚binden‘, got. *andbundnan* ‚ge-
löst werden‘, got. *bandi* usw. s. oben; lit. *beñdras* ‚Teilhaber, Genosse‘
(formantisch gr. πενθερός nahestehend), *bandà* ‚Viehherde‘ (eig. ‚das an-
gebundene Vieh‘).

Hierher auch got. *bansts* m. ‚Scheuer‘ (*bhondh-sti; vgl. in anderer Bed.
afries. *bōst* ‚eheliche Verbindung‘ aus *bhondh-stu- ‚Bindung‘; ndd. *banse*
‚Kornraum, Scheune‘, ags. *bōs*, engl. *boose* ‚Viehstall‘, ags. *bōsig* ‚Krippe‘,
aisl. *báss* m. ‚Raum zum Aufbewahren, Viehstand‘ (*band-sa-); jüt. *bende*
‚abgeteilter Raum im Viehstall‘ schließt wohl jeden Zweifel an der Verwandtschaft obiger Gruppe mit *binden* aus.
WP. II 152, WH. I 102, Feist 79, 80 f., 93.

bhengh-, bhṇgh- (Adj. bhṇĝhú-s) ‚dick, dicht, feist‘.

Ai. *bahú-* ‚dicht, reichlich, viel‘ ‚Komp. Sup. *baṁhīyas-*, *baṁhiṣṭha-* (=
gr. παχύς); *bahulá-* ‚dick, dicht, ausgedehnt, groß, reichlich, viel‘ (= gr.

παχυλῶς Adv. bei Aristot., wenn dies nicht jüngere Bildung); *bámhat͜i* (unbelegt) ‚mehrt sich‘, *bhámhayatē* ‚befestigt, stärkt‘;

av. *baẓah-* n. ‚Höhe, Tiefe‘, *baẓnu-* m. ds., bal. *bāz* ‚viel‘, *baz* ‚dicht‘, gr. παχύς ‚dick, dicht, feist‘ (Komp. πάσσων), πάχος n. ‚Dicke‘ (nach παχύς für *πέγχος == av. *baẓah-* eingetreten), πάχετος ‚dick; Dicke‘; aisl. *bingr* ‚Haufen‘, aschwed. *binge* ds., ahd. *bungo* ‚Knolle‘, nhd. *Bach-bunge*; dazu mit intens. Kons.-Schärfung aisl. *bunki* ‚verstaute Schiffs-ladung‘, norw. *bunka* (und *bunga*) ‚kleiner Haufe, Beule‘, ndl. *bonk* ‚Klum-pen‘ u. dgl.;

lett. *biezs* ‚dicht, dick‘, *biezums* ‚Dicke‘;

lat. *pinguis* ‚fett‘ ist vielleicht durch Kreuzung eines *fingu-is* == παχύς, *bahú-* mit einem zu *opīmus*, πίων gehörigen Worte entstanden;

toch. B *pkante*, *pkatte* ‚Größe‘ (Van Windekens Lexique 96);

hitt. *pa-an-ku- (panku-)* ‚all, allgemein‘.

WP. II 151, Couvreur Ḫ 177.

I. **bher-** ‚tragen, bringen‘ usw. (auch Leibesfrucht tragen; med. ‚ferri‘), auch ‚aufheben, erheben‘. Neben *bher-*, mit them. Vokal *bhere-*, steht eine schwere Basis *bherǝ : bhrē-*. Die Wz. *bher-*, die ausnahmsweise sowohl ein themat. wie ein athemat. Präsens bildet, kennt, weil durativ, im Idg. weder Aor. noch Perf.; Nominalbildungen: *bhóro-s, bhoró-s, bhorá, bhor-mo-s, bher-isto-s, bher-onti̯, bher(ǝ)-men-, bherǝ-tro-, bher-tŏr, bhr̥-ti-s, bhr̥-ti̯á.*

Ai. *bhárati* ‚trägt‘, av. *baraiti* ds. (und ‚reiten‘), apers. *barantiy* 3. Pl. ds. (== arm. *berem*, phryg. αβ-βερετ, gr. φέρω, lat. *ferō*, air. *biru*, alb. *bie*, got. *baira*, aksl. *berǫ*); ai. *bhárti* (ebenso wie gr. φέρτε, lat. *fert* alte un-them. Form), *bibhárti, bíbharti, bíbhr̥máḥ, bíbhrati* (vgl. das wohl von *πίφραμεν == bibhr̥me* ausgegangene *ἐσ-πιφράναι* ‚hineinbringen‘), them. *abibhran, bibhramāṇa-ḥ* und av. *-bibarāmi*;

Perf. *babhāra* und *jabhāra* (Kreuzung von *babhāra* mit *jahāra* von *hárti*); Partiz. ai. *bhr̥tá-ḥ*, av. *barǝte-*; Supin. ai. *bhártum*; Kaus. ai. *bhāráyati* == Iter. av. *bāraya-*;

Sup. av. *bairišta-* ‚der am besten pflegt, hegt‘ (== gr. φέριστος ‚vor-züglichster, bester‘, wohl ‚ertragreichster, fruchtbarster‘);

ai. *bhr̥tí-ḥ* ‚das Tragen, Unterhalt, Kost, Lohn‘ == av. *barǝtis* ‚das Tra-gen‘ (== lat. *fors*, got. *gabaúrþs*, arm. *bard*); ai. *bhr̥tyá* ‚Kost, Pflege‘ (vgl. got. *baúrþei*);

ai. *bhárman-* n. ‚Erhaltung, Pflege; Last‘ (== gr. φέρμα, aksl. *brěmę*), schwere Basis in *bharīman-* n. ds.; *bharítra-m* ‚Arm‘ (‚*womit man trägt‘); ai. *bhára-ḥ* ‚das Erlangen, Erbeuten, Gewinn, Beute; Bürde‘, npers. *bar* ‚Frucht‘ (== gr. φόρος, aksl. *sъ-borъ*); ai. *-bhará-ḥ* ‚tragend, bringend usw.‘, av. *-barō* ds. (== arm. *-vor*, gr. -φορος, z. B. δύσφορος == ai. *durbhara-ḥ*);

ai. *bháraṇa-m* ‚das Tragen, Bringen, Verschaffen, Unterhalten' (= Inf. got. *bairan*); ai. *bhártar-, bhartár-* ‚Träger', *prábhartar-* ‚Darbringer', av. *fra-borōtar-* ‚ein Unterpriester' (vgl. lat. *fertōr-ius,* umbr. *arsfertur*), fem. ai. *bhartrī,* av. *barǝϑrī* ‚Trägerin, Erhalterin, Mutter'; dehnstufig ai. *bhārd-ḥ* ‚Bündel, Arbeit, Last', *bhārin-* ‚tragend', *bhárman-* (n.) ‚das Bringen, Aufwartung', *bhárya-ḥ* ‚zu tragen, zu ernähren' (= ahd. *bāri* oder = *bhōrio-* in gr. φωριαμός); *ba-bhrí-ḥ* ‚tragend, getragen'.

Arm. *berem* ‚trage, bringe' (Aor. *eber* = ἔφερε, *ábharat*), *beṙn,* Gen. *beṙin* ‚Bürde, Last' (vgl. gr. φερνή ‚Mitgift'), *ber* ‚Ertrag, Frucht, Fruchtbarkeit' und ‚Bewegung, Lauf', *-ber* ‚bringend, tragend', z. B. in *lusaber* ‚lichtbringend, Morgenstern', sekundär statt *-vor,* z. B. *lusa-vor* ‚lichtbringend' (vgl. lat. *Lūci-fer,* gr. λευκο-φόρος); *bari* ‚gut', *barv-ok* ‚gut, bester'; *bard* ‚Haufe; Kompositum', dehnstuf. *bhōr-* in *buṙn* ‚Hand, Faust; Gewalt';

phryg. (κακουν) αββερετ (auch αββερεται) ‚(malum) attulit';

gr. φέρω ‚trage' (nur Präsenssystem, einmal Partiz. φερτός; Ipv. φέρτε), med. φέρομαι ‚bewege mich schnell' (ebenso ai. *bharatē,* lat. *ferri,* vgl. oben arm. *ber* und unten das Alb.), Iter. φορέω ‚trage usw.' (= alb. *mbaj*) über φέριστος ‚der Beste', Kompar. φέρτερος s. oben S. 128 und Schwyzer Gr. Gr. I 300², 535, 538; über ὄφρα s. Boisacq s. v. und S. 132;

φέρτρον, mit them. Vok. φέρετρον ‚Bahre' (lat. *feretrum* aus dem Gr.); φέρμα ‚Frucht, Feldfrucht, Leibesfrucht'; φερνή ‚Mitgift', äol. mit them. Vokal φέρενα f. ds.;

φόρος ‚Ertrag, Steuer', -φόρος ‚tragend', φορά ‚das Tragen, reichlicher Ertrag, Fülle'; ἀμφ[ιφ]ορεύς ‚Gefäß mit zwei Traghenkeln';

φόρτος ‚Bürde, Ladung, Last';

φαρέτρα ‚Köcher'; δί-φρος ‚der den Wagenlenker und den Kämpfer fassende Teil des Streitwagens'; φώρ ‚Dieb' (= lat. *fūr*), ἴσφωρες· λῃσταί, κλέπται. Λάκωνες Hes.; von φώρ abgeleitet φωράω ‚spüre dem Diebe nach', dann allgemein ‚spüre nach', φωρά ‚Hausdurchsuchung'; φωριαμός ‚Kiste zur Aufbewahrung von Kleidern' auf Grund eines *bhōrios* ‚tragbar'.

Von der schweren Basis *bh(e)rē-*(?): Fut. -φρήσω, Aor. -έφρησα, -φρῆναι (mit διᾱ- ‚durchlassen', mit εἰσ- ‚hineinlassen, hineinstecken', mit ἐκ- ‚herausbringen, herauslassen, entlassen'); paradigmatisch mit (ἐσ)-πι-φράναι (s. oben zu ai. *bibhṛmáḥ*) zusammengeschlossen.

Ligur. FlN *Porco-bera* ‚fischführend', *Gando-bera* ‚geröllführend'.

Mess. *ma-beran, beram* usw., *tabara* ‚Priesterin' (*to-bherā*), dor.-ill. βερνώμεϑα· κληρωσώμεϑα. Λάκωνες, Hes. (zu gr. φέρνη ‚Mitgift'), unsicher ἀβήρ· οἴκημα στοὰς ἔχον, Hes.

Alb. *bie* (*bherō*), 2. Pl. *biṙni* ‚bringe, trage, führe', auch ‚falle, fliege, schieße', *ber, beronje* ‚Pfeil'; kompon. *dz-bier, vdjer* usw. ‚verliere, vernichte', *ndzjer* ‚bringe heraus', *zbjer* ‚verliere'; auch *bie* in der Bed. ‚falle'

(vgl. φέϱομαι usw.), wozu *dzborë, vdorë* usw. ,Schnee‘ (Präf. *dz-* und
*bhērā eig. ,Niederfallendes, Abfall‘); Iterativ *bhoréį̄ō in tosk. *mbanj, mbaj,*
älter *mba,* geg. *mba, mbaj* ,halte an, pflege, beobachte, trage‘, nordostgeg.
auch vom Tragen trächtiger Tiere gebraucht, mit wiederhergestelltem *r*
auch *mbar, bar* ,trage, schleppe‘; Kaus. *bhōreį̄ō in griech-alb. *bonj,* pass.
bonem von der Begattung der Stuten und Kühe, eig. ,mache tragen,
mache trächtig‘, und *dzbonj* (usw.) ,jage fort, verjage, vertreibe‘ (*,mache
wegstürzen, wegfliegen‘); *mbarë* ,gut, glücklich‘, *barrë* ,Last‘ (*bhornā, vgl.
got. *barn* n. ,Kind‘); *mberat* ,schwanger‘, *bark* ,Bauch‘ usw., *bar* ,Gras,
Kraut‘ (*bhoro- ,Ertrag‘);

bir ,Sohn‘ (*bh₀r-, vgl. got. *baur* ,Sohn‘), *bijë,* griech. cal. *bilë* ,Tochter‘
mit Deminutivsuffix *-ëlë, -ëjë*);

burrë ,Mann‘ (vgl. zur Bed. ahd. *baro* ,Mann‘; alb. Gdf. *bh₀rnos, Red.-St.
neben got. *barn*); vermutlich auch *mburr* ,lobe‘, *mburem* ,prahle, bin stolz‘.

Lat. *ferō, ferre* ,tragen‘ (wie gr. φέϱω nur Präsenssystem), umbr. *fertu*
,fertō‘ usw., volsk. *ferom* ,ferre‘, marruc. *ferenter* ,feruntur‘ (vgl. von
Kompos. *ad-, afferō:* got. *atbaira; efferō:* ἐϰφέϱω, air. *as-biur*); *ferāz*
,fruchtbar‘;

ferculum ,Trage, Bahre‘, *praefericulum* ,weites Opfergefäß‘; *fertor
,der Träger‘, vorausgesetzt von *fertōrius* ,ad ferendum aptus‘ und = umbr.
ař-fertur, arsfertur ,flamen‘;

fertilis ,fruchtbar‘, päl. *fertlid* Abl. Sg.;

-fer in Kompos., sekundär statt *-for* ,tragend, bringend‘; *forda* f. ,trächtig‘
(*do-* Erw. des Adj. *bhoró-s ,tragend‘, s. WH. I 527);

für ,Dieb‘ (= gr. φώϱ, s. o.; zum lat. *ū* s. WH. I 569);

fors Nom. (= idg. *bhr̥tis), *forte* Abl. ,Zufall‘ = päl. *forte* ,fortūnae‘;
fortūna ,Zufall, Glücksfall, Glück‘ (von einem *tu-*St. *bhr̥-tu-s).

Air. 1. Sg. *biru, -biur,* 3. Sg. *berid* ,tragen‘, *as-biur* ,sage‘, *do-biur* ,gebe‘,
cymr. *cymeraf* ,nehme‘ usw.; mir. *bert* m. ,Bündel, Last‘, f. ,Tat, Plan,
Geburt‘ usw., *birit* ,Sau‘ = ai. *bháranti* ,tragend‘;

air. mir. *breth* und (eig. Dat. Akk.) *brith, breith* (Gen. *brithe* ,das Tragen,
Gebären (Verbaln. zu *biru*); Geburt; Urteil‘ (*bhr̥tā); cymr. *bryd* ,Gedanke‘
(eher *bhr̥tu- als *bhr̥ti-, s. Lewis-Pedersen 345), corn. *brys* ,Gedanke‘,
brys ,Mutterleib‘; gall. *uergo-bretus* Amtstitel, falls für *-britos;

ir. *barn* ,Richter‘, cymr. bret. *barn* ,Urteil‘ (wohl *bh₀rnos, vgl. oben
alb. *burre*; Pedersen KG. I 51 nimmt -r̥-, d. i. ₀rə, an);

air. *brāth,* gen. *-o* ,Gericht‘, cymr. *brawd* ,Urteil‘, corn. *bres* ds., bret.
breut ,plaidoyer‘, Pl. *breujou* ,les assises de la justice‘, gall. *Brātu-spantium*
ON, βϱατουδε ,ex judicio‘ (*bh₀rə-tu-); gall. *com-boros ,Zusammengetra-
genes‘, daraus mhd. *kumber* ,Schutt, Trümmerhaufen‘, nhd. *Kummer.*

Got. *bairan* ,tragen, bringen, hervorbringen, gebären‘ (*bērusjōs* ,Eltern‘);

aisl. *bera* ‚tragen, ertragen, bringen, gebären‘, ags. ahd. *beran* ‚tragen, hervorbringen, gebären‘, nhd. *gebären*;

got. aisl. ahd. as. *barn*, ags. *bearn* ‚Kind‘; got. *barms* ‚Brust‘, schwed. dän. *barm* ‚Brust, Schoß‘, aisl. *baðmr* ‚Busen‘, ahd. as. *barm* ‚Schoß‘, ags. *bearm* ds. (= gr. φορμός? s. S. 137); ahd. *baro* ‚Mann‘;

schwed. mdartl. *bjäre* (**ðeron-), *bare* (**ðaron-*) ‚(zutragendes, d. i.) glück-bringendes Zauberwesen‘; aisl. Pl. *barar, barir, bǫrur* ‚Bahre‘, ags. *bearwe*, engl. *barrow*, ostfries. *barwe*, ndl. *berrie* ‚Bahre‘;

debnstufig ahd. -*bāri*, nhd. -*bar* (z. B. *fruchtbar* = Frucht bringend, tragend), ags. *bǣre* (*wæstmbǣre* ‚fruchtbar‘), aisl. *bǣrr* ‚fähig zum Tragen, tragbar‘; ahd. as. *bāra*, ags. *bǣr* f. ‚Bahre‘ (auch aisl. *bāra*, mengl. mnd. *bāre* ‚Woge‘? vielleicht hierher als ‚die sich hebende‘, vgl. unten die Gruppe von ahd. *burian* ‚sich erheben‘);

schwachstufig got. *baúr* ‚der Geborene‘, aisl. *burr*, ags. *byre* ‚Sohn‘; got. *gabaúr* n. ‚Kollekte, φόρος‘; Steuer‘, *gabaúr* m. ‚Festgelage, Schmaus‘ (zu *gabairan* ‚zusammentragen‘), mhd. *urbor, urbar* f. n. ‚Zins von einem Grundstück‘, m. ‚Zinspflichtiger‘; ahd. *bor* f. ‚oberer Raum, Höhe‘, ahd. *in bor(e)* ‚in der Höhe, in die Höhe‘, mhd. *enbor(e)*, nhd. *empor*, ahd. *burian*, mhd. *bürn* ‚erheben‘; hierher obd. *borzen* ‚hervorstehen‘ = ags. *borettan* ‚schwingen‘ (germ. **-atjan*), dazu nhd. *Bürzel* u. *purzeln*; ahd. *giburian*, mhd. *gebürn* ‚sich ereignen, geschehen, rechtlich zufallen, gebühren‘, as. *giburian*, ags. *gebyrian*, aisl. *byrja* ‚sich gehören, ziemen, zukommen‘, aisl. *byrja* auch ‚anfangen‘, eig. *,anheben‘, ags. *byre, gebyre* m. ‚günstige Gelegenheit, Gelegenheit‘, got. *gabaúrjaba* adv. ‚gern‘, *gabaúrjōþus* ‚Wollust‘; aus dem Begriff des ‚hochgehobenen, hohen‘ entsprang der verstärkende Sinn von ahd. *bora-*, z. B. in *bora-lang* ‚sehr lang‘, woneben o-stufig as. *bar-* in *barwirdig* ‚sehr würdig‘; vermutlich auch aisl. *byrr* m., ags. *byre* ‚günstiger Wind‘, mnd. *bore-los* ‚ohne Wind‘ als ‚(das Schiff) tragend‘.

Got. *gabaúrþs* f. ‚Geburt, Abstammung, Geschlecht‘, aisl. *burðr* m. ‚Tragen, Gebären, Geburt‘, *byrð* f. ‚Geburt‘, ags. *gebyrd* f., ahd. *giburt*, as. *giburd* ‚Geburt‘, auch ‚Schicksal‘ (= ai. *bhr̥tí-ḥ*, lat. *fors*); got. *baurþei* ‚Bürde, Last‘, ahd. *burdī* f. ‚Bürde‘, **bhr̥tjōn-* : -*tīn*; aisl. *byrdr*, ags. *byrþen, byrden* ds.

Aksl. *berǫ, bъrati* (*bъrati*) ‚sammeln, nehmen‘, skr. *bĕrēm brāti* ds., russ. *berú bratъ* ds. usw. (slav. **bъrati* trat an Stelle von älterem **bъrti* nach dem Präteritalstamm bsl. **birā-*), aksl. *brěmę* ‚Last, Bürde‘, skr. *brĕme*, russ. mdartl. *berémja*, ač. *břiemě* (**bhero-men-*), aksl. *sъ-borъ* ‚Versammlung‘; ksl. *brěžda* ‚trächtig, schwanger‘, russ. *berëzaja* ‚trächtig (von der Stute)‘, skr. *brēđa* ds. von Kühen (**bhero-dįā*), im Formans ähnlich lat. *forda*; aksl. *braš̌no* ‚Speise, Nahrung‘ s. unter *bhares-* ‚Gerste‘.

Lit. *bérnas* ‚Jüngling; Knecht‘, alit. ‚Kind‘, lett. *bĕr̄ns* ‚Kind‘; wahrscheinlich lett. *bars* ‚Haufe, Menge‘.

Hierher mit Spezialisierung auf das Austragen des Samenkorns: transiti, lit. *beriù, bèriaũ, beŕti* ‚streuen‘ (vom Getreide, dann auch von Mehl, Asche usw.), lett. *beŕu, bèrt* ds., im Ablaut intransitiv lit. *byrù, bìrau, bìrti* ‚streuen, ausfallen‘, lett. *bĩrstu, biru, bĩrt* ‚ausfallen, abfallen‘, usw.

Toch. AB *pär-* ‚tragen, bringen, holen‘, vielleicht auch in A *kos-prem* ‚wieviel?‘ *ku-pre* ‚wenn‘, *täprem* ‚wenn‘, *täpär(k)* ‚jetzt‘, falls zu gr. *ὅ-φρα .. τό-φρα* ‚solange als‘ (S. 129). Über hitt. *bar-aḫ-zi* ‚jagt‘ s. Pedersen Hitt. 185.

Specht will auch (Dekl. 148), mit *i-* und *u-*Formans, ags. *bri-d, bird* ‚junger Vogel‘, germ. *brū-tis* ‚Frau, Braut‘, ai. *bhrūṇá-* ‚Embryo‘, lett. *braūna*, čech. *brnka* (*bhru-nka*) ‚Nachgeburt‘ hierherstellen. S. aber unter *bh(e)reu-* ‚quellen‘.

WP. II 153 f., WH. I 483 f., 527, 569, 865, 866, Trautmann 31, E. Hermann Stud. Balt. 3, 65 f.

2. **bher-** etwa ‚aufwallen‘, von quellendem oder siedendem Wasser (auch vom Aufbrausen beim Gähren, Kochen, sowie vom Feuer) ‚sich heftig bewegen‘; oft mit *m*-Formans; auch als schwere Basis **bherǝ- : bhr̥-, bh(e)rēi-, bh(e)rī-**. Vgl. 6. *bher-*.

Ai. *bhuráti* (*bhr̥-é-ti*) ‚bewegt sich, zuckt, zappelt, Intens. *jár-bhurīti* ds.; auch: ‚züngelt, vom Feuer‘; *bhuraṇyáti* ‚zuckt, ist unruhig; setzt in heftige Bewegung, rührt um, rührt auf‘; mit *m*-Formans ai. *bhramati, bhrāmyati* ‚irrt umher, dreht sich herum‘, *bhramá-ḥ* ‚wirbelnde Flamme, Strudel‘, *bhŕmi-ḥ* ‚beweglich; Wirbelwind‘ (s. unten aisl. *brimi* usw.); *bhúrṇi-ḥ* ‚heftig, zornig, wild, eifrig‘, dürfte als *bhr̥ni-* ebenfalls auf der schweren Basis beruhen;

hierher wohl av. *avabaraiti* ‚strömt herab‘, *uzbarǝnte* ‚sie strömen hervor(?)‘, *barǝnti ayąn* ‚an einem Tag, wo es stürmt‘.

Aus dem Gr. πορφύρω (*πορφυριω) ‚walle auf, woge auf, bin in unruhiger Bewegung‘ (: ai. *járbhurīti*); vermutlich auch φύρω ‚vermenge, bringe durcheinander‘ (wenn ursprgl. vom Durcheinanderrühren beim Kochen; Gdf. *bhǝri̯ō* mit durch den Labial bedingter *u*-Färbung des Reduktionsvokales), wozu φύρδην ‚durcheinander‘, φυρμός ‚Verwirrung‘, φυράω ‚mische, rühre durcheinander, knete, verwirre‘.

Über lig. und ven. Namen s. unten.

Alb. *burmë* ‚vollreif‘ (*gargekocht) aus *bhǝrmo-*.

Aus dem Lat. wahrscheinlich *fretum* und *fretus, -ūs* ‚Wallung des Meeres, bes. Meerenge; Brausen, Wallen, Hitze‘, *fretāle* ‚Bratpfanne‘;

fermentum, Gärungsstoff, Sauerteig‘ (: ags. *beorma*, engl. *barm*, nd. *barme*, woraus nhd. *Bärme* ‚Bierhefe‘); auch *fervēre* S. 144;

Air. *topur*, nir. *tobar* ‚Quelle‘ (*to-uks-boro-), mir. *commar* = cymr. *cymmer* ‚Zusammenfluß‘ (*kom-bero-); lig. FlN *Comberanea*; mir. *fobar* ‚Quelle, unter-

irdischer Bach' = cymr. *gofer* ,Bach', bret. *gouver* ds. (*$u[p]o$-*bero*-),
cymr. *beru* ,träufeln', mbret. *beraff* ,fließen', gall. FlN *Voberā*, frz. *Woevre*,
Voivre usw.; mit *m*-Formans kelto-lig. *aquae Bormiae*, GN *Bormō*, hisp.
ON *Bormāte*, FlN *Borma*, dak. ON *Bóρμανον*, ven. FlN *Formiō* (aber gall.
GN *Borvō* gehört zu *bhereu*- ,wallen'). Über mir. *brēo* ,Flamme' s. unten.

Ags. *beorma* m. usw. (s. oben); von einer Wzf. *bh(e)rē*- : *bh(e)rō*- :
ahd. *brādam* m. ,Hauch, Hitze', mhd. *brādem* ,Dunst', nhd. *Brodem*, ags.
brǣþ ,Dunst, Hauch, Wind' (engl. *breath*), aisl. *brāðr* ,hitzig, hastig', *brāð*
,beteertes Holz', *brāðna* ,schmelzen', intrans., ahd. *brātan*, ags. *brǣdan*
,braten'; ablaut. mnd. *brōien* ,sengen, brüten', mhd. *brüejen*, *brüen*, nhd.
brühen, ags. *brōd* f., engl. *brood* ,Brut, Zucht'; mhd. *bruot* f. ,Hitze,
Brut', ahd. *bruoten* ,brüten'; unbekannter Herkunft sind ahd. *brāto* m.
,weiches eßbares Fleisch' (*Braten* erst seit mhd. Zeit zu ,gebratenes
Fleisch' umgedeutet), nhd. *Wildpret*, anord. *brādo* ,Wade', spätlat. entlehnt *brādo* ,Schinken', ags. *brǣde* m., aisl. *brāð* ,rohes Fleisch'.

Neben der sehr fruchtbaren Wzf. *bhereu*- (s. dort) ist wohl auch
bh(e)rĕi-, *bh(e)rī̆*- anzuerkennen. Auf diese kann bezogen werden ai.
jar-bhurī-ti, gr. *$φυρι$-ω, *$πορφυρι$-ω (s. oben); mit *m*-Formantien vermutlich gr. *φριμάω*, *φριμάσσομαι* ,bewege mich unruhig, springe, schnaube';
aisl. *brimi* ,Feuer'; mengl. *brim* ,Glut', wahrscheinlich auch aisl. *brim* n.
,Brandung', ags. *brim* n. ,Meer, See'; die in *brühen*, *Brodem*, *braten* vor-
liegende Bedeutungsfärbung kehrt wieder in norw. *prim* ,eine Art aus
saurem Molken unter starkem Kochen bereiteter Käse' (auch nhd. *Brimsen-
käse*), mdartl. auch *brīm* ,ds.; auch Kruste, Bodensatz einer eingekochten
Flüssigkeit' (nhd. bair. *Brimsen*, *Brinzen* ,was sich beim Mus angebräunt
an der Pfanne festsetzt'); daneben mit formantischem -*ио*- sehr wahrscheinlich ahd. *brīo*, mhd. *brī(e)*, ags. *brīw* ,Brei' (als ,*Sud, Gekochtes'),
briwan ,kochen'; hierzu auch mir. *brēo* ,Flamme' (*$bhri$-*ио*-).

Eine *s*-Erw. vielleicht in ai. *bhréṣati* ,wankt, schwankt', norw. mdartl.
brīsa ,aufflackern, glänzen, prangen; Feuer anmachen', *brīs* ,Feuer, Flamme',
brisk ,lebhaft, munter'.

Vgl. die verwandten Wurzelformen *bhereg*- ,kochen', *bhereu*- ,wallen',
bhreus- ,schwellen', *bhrig*-, *bhrūg*- ,kochen, braten'.

WP. II 157 f., WH. I 482 f., 546, 865.

3. **bher-** ,mit einem scharfen Werkzeug bearbeiten, ritzen, schneiden, reiben,
spalten; **bhoros** ,Abschnitt, zu Planken geschnittenes Holz'.

Ai. (gramm.) *bhṛnāti*(?) ,versehrt' = npers. *burrad* ,schneidet'; av. *tiži-
bāra*- ,mit scharfer Schneide' (= arm. *bir*, vgl. auch alb. *borig(ë)*); vielleicht
hierher ai. *bhárvati* ,kaut, verzehrt' (av. *baoirya*- ,was gekaut werden muß,

fest', baourva- ,kauend') aus *bharati durch Einfluß von ai. cárvati ,zer. kaut' umgestaltet.

Arm. beran ,Mund' (ursprgl. ,Spalt, Öffnung'), -bir ,aufgrabend' in getna-. erkra-, hola-bir ,den Boden aufgrabend, durchwühlend' (*bhēro-), dazu brem (*birem) ,grabe auf, höhle aus, bohre auf', br-iç ,Hacke';

bah, Gen. -i ,Spaten' (*bhṛ-ti-, vielleicht *bhₒrti- == russ. bortъ), bor, Gen. -oy ,Schorf'.

Gr. *φάρω ,spalte, zerstückele' (φάρσαι· σχίσαι EM), φαρόω ,pflüge' (= ahd. borōn), φάρος n. ,Pflug, Pflügen (?)', m. == φάρυγξ (*bhₑros), ἄφαρος ,ungepflügt', φάραγξ ,Fels mit Klüften, Schlucht' (dazu rom. barranca ,Schlucht', M.-L. 693 a), jon. φάρος n. ,abgerissenes Stück, Teil'; hierher vielleicht φάσκος m. ,Mooszotten' als *φαρσ-κος. Eine k-Erw. in φαρκίς ,Runzel', φορκός ,runzelig' Hes.

Vielleicht hierher (IJ. 13, 157 n. 100) mak. βίρροξ· δασύ (vgl. βιρρωθῆναι· ταπεινωθῆναι Hes.), Grundbed. ,Wollzotte', gr. lesb. thess. βερρόν· δασύ, dor. βειρόν ds., βερβέριον ,ärmliches Kleid', lat. burra f. ,zottiges Gewand', bzw. ,Wolle', reburrus ,widerhaarig'.

Alb. bie (2. pl. birni, Imp. biers) ,klopfe, schlage, spiele ein Instrument; falle (schlage hin)'.

Alb. brimë ,Loch' (*bhṛ-mā), birë ds. (*bhₑra), geg. brêj, tosk. brënj ,nage, streite'; britmë ,September und Oktober' (wenn eig. ,Ernte, Herbst', auf Grund von *bhṛ-ti- ,das Schneiden'); bresë ,bittere Wurzel, Zichorie' (,bitter' == ,schneidend'; -së aus -tjā, boríg(ë)) ,Splitter, Span' (*bhēr- m. Form. -igë).

Lat. feriō, -īre ,stoßen, hauen, schlagen, stechen, treffen' (s. auch WH. I 481 zu ferentārius ,Wurfschütze, Plänkler'). Über forma ,Form, Gestalt' s. WH. I 530 f.

forō, -āre ,bohren, durchbohren' (Bed. wie ahd. borōn, aber im Ablaut verschieden; Denominativ von einem *bhorā ,das Bohren'), forāmen ,Loch'; forus, -ī ,Schiffsverdeck; Bretter, Fächer für Bienenkörbe; Sitzreihen im Theater; Spielbrett'; aber forum (alat. auch forus) ,Marktplatz' nicht als ,umplankter Raum' hierher (umbr. furo, furu ,forum'); s. unter dhu̯er-.

Mir. bern, berna f. ,Kluft, Schlitz', bernach ,zerklüftet';

wohl auch mir. bairenn ,Felsstück' (dazu bairnech ,Tellermuschel'); air. barae, mir. bara (Dat. barainn) ,Zorn', bairnech ,zornig', cymr. bar, baran ,Zorn'.

Aisl. berja (Prät. barđa) ,schlagen, stoßen', berjask ,kämpfen', bardage ,Schlacht', ahd. berjan, mhd. berjen, bern ,schlagen, klopfen, kneten', ags. bered ,niedergeschlagen' (germ. *đarjan == slav. borjǫ), afries. ber ,Angriff'; mhd. bǎr f. ,Balken, Schranke, eingehegtes Land' (: lat. forus, -um), engl. bar ,Schranke', aisl. berlings-áss ,Balken'; germ. ist wohl (anders Wartburg I 260) auch mhd. *barre* ‚Balken, Riegel‘ und die rom. Sippe von frz. *barre, barrière* usw. (-*rr*- aus -*rz*-); **baru-ha, -ga-* ‚verschnittenes Schwein‘ (vielleicht mit slav. **borv-ъ* auf einem **bhoru-s* ‚verschnittenes Tier‘ beruhend und im Ausgang um -*ha*- : -*ga*- nach **farha-* ‚porcus‘ erweitert) in: ahd. *barug, barh,* nhd. *Barg, Barch (Borg, Borch),* ags. *bearg, bearh,* engl. *barrow,* aisl. -*bǫrgr* ‚verschnittenes männliches Schwein‘ (dazu auch aisl. *val-bassi* ‚wilder Eber‘ als **barh-s-an*? s. Falk-Torp u. *basse* N.); ahd. as. *borōn,* ags. *borian,* aisl. *bora, -aða* ‚bohren‘ (s. o.); ahd. *bora* ‚Bohrer‘, ags. *bor, byres* ds.; aisl. *bora* ‚Loch‘ (*auga-, eyra-bora*).

Lit. *bãras,* lett. *bars* ‚Getreideschwaden‘; lit. *barù* (und *bariù*), *bárti* ‚schelten, schmähen‘, refl. ‚sich zanken‘, lett. *baŕu, bãru, bãrt* ‚schelten‘ (= sl. *borjǫ*), lit. *barnìs* (Akk. *baŕnį*) ‚Zank‘ (= aksl. *branь*); lit. *burnà* ‚Mund‘ = bulg. *bъrna* ‚Lippe‘ (Gdf. **bhъrna,* vgl. oben ir. *bern* und zur Bed. arm. *beran*).

Hierher mit balt. Formans *ž*: lett. *beŕzt* ‚reiben, scheuern‘, intrans. *birzt* ‚zerbröckeln‘, *bìrze* ‚Saatfurche‘; lit. *biržìs* f. ‚Ackerfurche‘.

Mit einer Grundbed. ‚kerben‘: lit. *bùrtai* Pl. ‚Los, Zauber‘ = lett. *burts* ‚Zeichen des Zauberers, Buchstabe‘, lit. *bùrti* ‚zaubern‘, lett. *buŕt* ‚zaubern‘, *buŕtains* ‚mit Kerbschnitzerei versehen‘; gr. φάρμακον ‚Heilmittel, Zaubermittel‘ (wohl nichtidg.) hat nichts damit zu tun.

Aksl. *borjǫ, brati* ‚kämpfen‘ (häufiger reflexiv), russ. *borjú, borótъ* ‚bezwingen, niederwerfen‘, refl. ‚kämpfen‘, poln. dial. *bróć się* ‚ringen‘; aksl. *branъ* ‚Streit, Kampf‘, aruss. *boronь* ‚Kampf‘, russ. *bóronъ* ‚Verbot‘, čech. *braň* ‚Waffe, Rüstung‘ u. dgl., russ. *za-bór* ‚Zaun, Plankenzaun‘ (wie lat. *forus* auf den Begriff ‚Brett‘ zurückweisend: vgl. russ. alt. *zaborolo* ‚hölzerne Stadtmauer, Gerüst‘, čech. *zábradlo* ‚Geländer, Brustwehr‘ u. dgl.); russ. *boroná* ‚Egge‘, und mit slav. -*zda*-Formans slav. **borzda* in aksl. *brazda,* russ. *borozdá* ‚Furche‘; russ. *bórov* ‚Borg, zahmer Eber‘, skr. *brâv* ‚Schafvieh‘, mdartl. ‚geschnittenes Schwein‘, slovak. *brav* ‚verschnittener Eber‘, poln. mdartl. *browek* ‚gemästeter Eber‘ (s. oben germ. **baruha*-); **bъrtъ* ‚Bohrung, Höhlung‘ (**bhъrti*-) in russ. *bortъ* ‚hohler Baum, worin sich Bienen eingenistet haben‘ usw.

Vgl. die verwandten Wurzelformen *bheredh-, bhrēi-* (*bhrēig-, -k-,* s. dort auch über *bherĝ*-), *bhreu-, bhreu- q-, -k-* ‚schneiden‘, *bhreus-* ‚zerbrechen‘, *bhъrug-* ‚Schlund‘.

WP. II 159 f., WH. I 481 f., 537, 865, 866, Trautmann 27, Mühlenbach-Endzelin 354.

4. **bher-** in Schallworten ‚brummen, summen‘ u. dgl.

Arm. *boṙ, -oy* ‚Hummel, Hornis‘, zum redupl. ai. *bambhara-ḥ* (unbel.) ‚Biene‘, *bambharãlih* (unbel.) ‚Fliege‘, *bambhã-rava-ḥ* ‚das Brüllen der

Kühe', gr. πεμφρηδών ,Art Wespe' (Bildung wie ἀνθρηδών, τενθρηδών), ähnlich auch skr. *bŭmbar* ,Hummel', klr. *bombàr* ,Maikäfer'.

Hierher wenigstens z. T. (mit gebrochener Red.) auch die bsl. Gruppe von lit. *barbéti* ,klirren', *birbiù, -iaũ, bĩrbti* ,summen', *burbiù, burbéti* ,brummen, brodeln' u. dgl.; klr. *borborósy* Pl. ,mürrische Reden', skr. *bŕblati* ,schwatzen' u. dgl., in denen freilich die Bedeutungen ,undeutlich reden, stammeln' auf die Gruppe von ai. *barbarā́ḥ* usw. (s. **baba*) zurückgehen werden.

Eine Erw. allenfalls in **bherem-* ,brummen' und in den unter *bherg-* ,brummen' behandelten Schallsippen.

WP. II 161 f., Trautmann 39 f.

5. **bher-** ,glänzend, hellbraun': *bhḗro-s, bheru-s,* vielfach von braunen Tieren; redupl. *bhe-bhru-s, bhe-bhro-s* ,braun; Biber'; *no*-Bildungen: *bhre-no-, bhro-no-* und (**bheru-s*:) *bhrou-no-, bhrū-no-* ,braun'.

Ai. *bhalla-ḥ, bhallaka-ḥ bhallū́ka-ḥ* ,Bär' (*-ll-* aus *-rl-*); ahd. *bero,* ags. *bera* ,Bär' (**bheron-*), aisl. *biǫrn* ds. (**bhernu-,* dessen *u* wie das *ŭ* von ai. *bhallū́ka-ḥ* aus dem St. **bheru-* stammen mag) == ags. *beorn* ,Krieger, Häuptling'; aisl. *bersi* ,Bär' (*s* wie in *Fuchs*: got. *fauhō, Luchs*: schwed. *lo*); ablaut. lit. *béras,* lett. *bḗrs* ,braun (von Pferden)';

gr. φάρη· νεφέλαι Hes.? (**φαρε[σ]α* oder **φάρεϝα*? Letzternfalls genau zu:) φαρύνει· λαμπρύνει Hes., φρύνη, φρῦνος ,Kröte, Frosch' (*,die braune' == ahd. *brūn*); ob φάρη als ,Wolkendecke' zu 7. *bher*-?

nep. *bhuro* ,braun' (**bhrūro-*); ahd. mhd. *brūn* ,glänzend, braun', ags. *brūn,* aisl. *brūnn* ds.; russ. mdartl. *bryné'tъ* ,weiß, grau schimmern', ablautend *brunė́'tъ* ds. (**bhrou-no-*?) und (aus **bhr-ono-, -eno-*) russ.-ksl. *brom* ,weiß; bunt (von Pferden)', russ. *bronъ* (und mdartl. *brynъ*), klr. *breníty* ,falb werden, reifen', aksl. *brъnije (brenije)* ,Kot', slov. *bŕn* ,Flußschlamm'; ai. *babhru-ḥ* ,rotbraun; große Ichneumonart', av. *bawra-, bawri-* ,Biber'; lat. *fiber, fibrī* ,Biber' (auch *feber* s. WH. I 491; wohl *i* geneuert für *e*, wie auch) kelt. (nur in Namen): **bibros, *bibrus* in gall. ON und FIN *Bibracte,* abrit. VN *Bibroci,* mir. VN *Bibraige* (**bibru-rīgion*), PN *Bibar* (**Bibrus*) neben **bebros* in gall. FIN **Bebrā,* frz. *Bièvre; Bebronnă,* frz. *Beuvronne, Brevenne* usw.; ahd. *bibar,* ags. *beofor* (ältest *bebr*), mnd. *bever,* aisl. *biōrr* ds. (urg. **bebru-*); vgl. auch nhd. FIN *Bever,* alt *Biverna;* lit. *bẽbras, bãbras, bẽbrus* ds. (dissimil. *debrùs* u. dgl.), apr. *bebrus* ds.; über lit. *brušìs* usw. ,leuciscus rutilus', apr. *brun-se* ds. s. Specht Dekl. 120; slav. **bebrъ* in poln. FIN *Biebrza,* russ. usw. *bobr* (zur *o*-Red. s. Berneker 47; daneben vielleicht **bъbrъ* in skr. *dȁbar* ,Biber' und aruss. *bebrjanъ* ,aus Biberpelz'). Vgl. noch lat. *fibrīnus* ,vom Biber', volsk. *Fibrē-*

nus Bachname, av. *bawraini-* ‚vom Biber‘; ahd. *bibarīn*, gall. *bebrinus* (Schol. Iuv.), lit. *bēbrinis* ds.;

toch. B *perne*, A *parno* ‚leuchtend‘, davon B *perne*, A *parǟṃ* ‚Würde‘. Erweiterungen unseres *bher-* scheinen *bhereĝ-*, *bherek̂-* ‚glänzen‘. Vgl. ferner *1. bhel-* mit ähnlicher Bedeutung.

WP. II 166 f., WH. I 490 f., Van Windekens Lexique 93.

6. bher- mit *g*-Erweiterungen, wovor z. T. *i-*, *u-*Vokale, ‚rösten, backen, kochen‘; von *2. bher-* ‚sich heftig bewegen, wallen, kochen‘ abgeleitet.

1. Formen ohne *-i-* oder *-u-*: **bhereĝ-**:

Ai. *bhurájanta* ‚kochend‘ (**bh,reg-*); *bhrjjáti* ‚röstet‘, *bhr̥šṭa-ḥ* ‚geröstet, gebraten‘, *bhrǎ̌šṭra-ḥ* ‚Röstpfanne‘, *bharj(j)ayati* ‚röstet, brät‘, *bharjana-ḥ* ‚röstend, bratend‘, mpers. *baršṭan* ds.; vermutlich ist **bhraž̌-* (**bh'raž̌-* in *bhurájanta*), **bharž̌-* die ar. Wurzelform und ind. *-jj* nur im Präs. **bhr̥ĝ-sk̂ō*, woraus **bhr̥(ĝ)sĝō* entstand, wie gr. μίσγω aus **μιγ-σκω*.

Lat. *fertum* ‚eine Art Opferkuchen‘, alat. *ferctum* (*firctum*, s. Ernout Él. dial. lat. 165), Partiz. eines **fergō* ‚backe‘, osk. *fertalis* ‚Zeremonien, bei denen Opferkuchen gebraucht wurden‘.

Lit. *bìrgelas* ‚einfaches Bier‘, lett. *bir̂ga* ‚Dunst, Qualm, Kohlendunst‘, apr. *aubirgo* ‚Garkoch‘, *birgakarkis* ‚ein größerer Schöpflöffel‘ (mit ven.-illyr. *g*).

2. Formen mit *i*, *ei*:

Npers. *biriš-tan* ‚braten‘, *bᵃrēzan* ‚Backofen‘, bal. *brēǰag*, *brijag* ‚braten‘, npers. *biryān* (**briĝāna-*) ‚gebraten‘, pam. (umgestellt) *wirzam* ‚röste, brate‘ u. dgl. (iran. **briǰ-*, **braiǰ-*).

Lat. *frīgō*, *-ere* ‚rösten, dörren‘, umbr. *frehtu* ‚gekocht‘.

3. Formen mit *ū*: **bhrūĝ-**:

gr. φρύγω ‚röste, dörre, brate‘, φρυκτός ‚geröstet; Feuerbrand‘, φρύγανον ‚dürres Holz‘, φρύγετρον ‚Gefäß zum Rösten von Gerste‘.

Merkwürdig ist, daß in den Schallsippen von gr. φρυγίλος ‚ein Vogel‘, lat. *frigō* ‚quietsche‘, poln. *bargiel* ‚Bergmeise‘, russ. *berglézъ* ‚Stieglitz‘ die Verteilung der Formen mit *u*, mit *i*, und ohne beides, dieselbe wie in den Worten für kochen ist.

WP. II 165 f., WH. I 486 f., 548 f.

7. bher- ‚flechten, weben‘? **bhr̥u-** ‚Gewebe‘.

Hom. φᾶρος = att. φάρος n. (**φαρϝος*) ‚Tuch, Leinwand, Hülle, Decke‘; φάραι (?)· ὑφαίνειν, πλέκειν Hes.; φορμός ‚Tragkorb, Matte‘;

lit. *burva* ‚eine Art Kleidungsstück‘, lett. *burves* Pl. ‚kleine Segel‘ (-*u̯-*

Suffix wie in gr. *φαρϝος), lett. *buras* ds., lit. *bûrê* ‚Segel‘. S. zum Vokalismus Walde Streitberg-Festschrift 176.

WP. II 164, Specht Dekl. 182.

bheredh- ‚schneiden‘, *bhr̥dho-* ‚Brett‘.

Ai. *bardhaka-ḥ* ‚abschneidend, scherend‘, m. ‚Zimmermann‘, *śata-bradh-na-ḥ* ‚100 Metallspitzen habend‘; vielleicht gr. πέρθω ‚zerstöre‘, πορθέω ‚zerstöre, verwüste‘;

bhredhos- in as. ags. *bred* ‚Brett‘, ahd. *bret* n., davon ahd. *britissa* nhd. *Pritsche;*

bhr̥dho- in got. *fōtu-baúrd* n. ‚Fußbrett‘, aisl. *bord* n. ‚Brett, Tisch‘, ags. *bord* n. ds., ahd. *bort* ds. = umbr. *forfo-* ds. in *furfant* ‚sie legen auf das Brett‘; wohl damit identisch aisl. *borð* ‚Rand, Kante, Schiffsrand‘, ahd. mhd. *bort* ds. (nhd. *Bord* aus dem Ndd.), ags. *bord* ‚Bord, Rand, Schild‘; ags. *borda* m. ‚Rand, Verzierung‘, ahd. *borto*, nhd. *Borte;*

bhordho- in aisl. *barð* ‚Rand, Kante‘, norw. dial. *bard* ds.

Aus germ. *burd-* ·stammen skr. *br̃do*, russ. *bërdo* usw. ‚Weberkamm‘ und lett. *birde* f. ‚Webergestell‘.

WP. II 163, 174, Devoto Mél. Pedersen 227 f., Meillet Slave commun² 75.

bhereg- in Schallworten ‚brummen, bellen, lärmen u. dgl.‘, vgl. *bher-* ds. sowie die bei *bhreg-* ‚brechen‘ und ‚krachen‘ begegnende Schallbedeutung.

Ags. *beorcan* St.-V., *bearkian* (*barkōn*), engl. *bark* ‚bellen‘, aisl. *berkja* ‚bellen, poltern, toben‘;

lit. (žem.) *burgéti* ‚brummen, zanken, unfreundlich sein‘, *burgèsus* ‚Brummbart‘; vermutlich auch skr. *br̃gljati* ‚murmeln, schwatzen‘, *brgalica* ‚Turteltaube‘.

Daneben ähnliches *bhereq-*: lett. *brê̦cu, brèkt* ‚schreien‘, russ. *brešú, brecháti* ‚kläffen, schreien, zanken, lügen‘, *brechnjá* ‚leeres Geschwätz‘, skr. *brèšēm, brèhati* ‚keuchen, laut husten‘ (*bhreq-s-), *brĕkćēm, brèktati* ‚schnauben‘.

Etwas verschieden wegen der helleren Schallvorstellung sind folgende Worte, die in ihrem teilweisen *i-* und *u-*Vokalismus an die bei *bher(e)ĝ-* ‚rösten‘ vorliegenden Vokalverschiedenheiten erinnern, die aus verschiedener Schallnachahmung erklärt werden:

gr. φρυγίλος ‚ein kleinerer Vogel‘ (Umstellung aus *φριγύλος: lat. *frig-?);

lat. *frigō, -ere* ‚quietschen (von kleinen Kindern)‘, *friguttiō, -ire* ‚zwitschern (von Vögeln), lispeln‘, später *fringuliō, fringultiō* ds., *frigulō, -āre* ‚schreien (von der Dohle)‘, *fring(u)illa* ‚Fink, Sperling‘;

russ. *bergléz* ‚Stieglitz‘, skr. *br̃gljez* ‚Sitta syriaca‘, čech. *brhel* ‚Pirol, Goldamsel‘, mähr. ‚Specht‘, poln. *bargiel* ‚Bergmeise‘.

Ähnliche, aber gewiß jüngere Schallworte sind lat. *merulus frindit*, lit. *briz-géti* ‚blöken, meckern, brummen‘.

WP. II 171 f., WH. I 548.

bherəĝ-, bhrēĝ- ‚glänzen, weiß‘, wozu auch der Birkenname N. Sg. *bhérəĝ-s, G. Sg. *bhₑrəĝós. Gleichwertig mit bherǝ̆k-, s. d.

ai. *bhrājatē* ‚glänzt, strahlt‘; apers. *brāzaiti* ds. (*bhrēĝō), npers. *barā-zīdan* ‚glänzen‘, *barāz* ‚Schmuck‘;

bsl. *brēsk-* aus *bhrēĝ-sk-* in lit. *brēkšta, brēško, brēkšti* ‚anbrechen (vom Tage)‘, *apýbrēškis* ‚Zeit um Tagesanbruch‘; slōv. *brᵉsk*, čech. *břesk*, poln. *brzask* ‚Morgendämmerung‘, poln. *obrzasknąć* ‚hell werden‘, *brzeszczy się* ‚es graut der Tag‘, mit Assimil. des Auslauts *-sk-* an den tönenden Wortanlaut aksl. *pobrēzgъ* ‚Dämmerung, Tagesanbruch‘, russ. *brezg*, poln. *brzazg* ds.

Mit Abtönung *bh(e)rōĝ-* wahrscheinlich schwed. *brokig* ‚bunt‘, norw. mdartl. *brōk* ‚Sälmling‘, auch wie *brōkǎ* f. ‚großgeflecktes Tier‘.

Mit Hochstufe der 1. Silbe: got. *baírhts* ‚hell, glänzend, deutlich‘, ahd. *beraht*, mhd. *berht* ‚glänzend‘ (auch in Namen ahd. *Bert-, -bert, -brecht*), ags. *beorht* ‚glänzend, strahlend‘ (engl. *bright*), aisl. *biartr* ‚licht, hell‘; cymr. *berth* ‚glänzend, schön‘, PN bret. *Berth-walart*, ir. *Flaith-bertach*; lit. *javaĩ béršt* ‚das Getreide wird weiß‘; wohl auch norw. mdartl. *bjerk* ‚sehr hell‘ (vgl. noch *berk* ‚blanke Forelle‘, schwed. *björkna* ‚Abramis blicca‘).

Reduktionsstufig alb. *barth* (*bardh-i*) ‚weiß‘ (*bhₑrəĝo-*).

Im Namen der Birke (slav. z. T. Ulme, lat. Esche):

Ai. *bhūrjá-ḥ* m. ‚eine Art Birke‘; osset. *bärz* ‚Birke‘; dak. ON *Bersovia*; lat. *farnus* ‚Esche‘ (*fár[ₐ]g-s-no-s, ursprgl. Stoffadj. ‚eschen‘, wie auch:) *frāxinus* ds. (wohl mit *a* anzusetzen, *bhₑrəĝ-s-enós*); die zwiefache Entwicklung von -ₑrə- in *farnus* und *frāxinus* wird wie bei *palma = gr. *πάλαμα, παλάμη* gegenüber *lātus = τλητός* durch alte Akzentverschiedenheit bedingt sein;

ahd. *birihha* (*bherəĝ-i̯ā), ags. *beorc, birce*, aisl. *bjǫrk* (*bherəĝn̥) ‚Birke‘; lit. *béržas* m., Pl. *béržai* ‚Birke‘, ablaut. *biržtva* f. ‚Birkenwald‘; *biřžliai* ‚Birkenzweige‘, lett. *bęřzs* m., apr. *berse* ‚Birke‘; russ. *berëza*, skr. *brëza*, ačech. *břieza* ‚Birke‘ (die alte Farbbedeutung noch in bulg. *brĕz* ‚blässig‘ = norw. *bjerk* s. o., slov. *brĕza* ‚Name einer weißgestreiften Kuh oder Ziege‘); mit Formans *-to-* (= got. *baírhts*) und Intonationswechsel slav. *berstъ* in russ. *bérest* m. ‚Ulme, Rüster‘, skr. *brìjest*, čech. *břest* ds., aber mit der Bed. ‚Birke‘ wiederum russ. *berësta* f., *berësto* n. ‚Birkenrinde‘, čech. *břesta* ‚obere Birkenrinde‘.

Ahd. *-brecht* kann, wenn diese Vokalisierung statt *-ber(h)t* nicht eine Neuerung ist, auch auf *bherek-* bezogen werden, wie an sich auch got. *bairhts*, cymr. *berth*, hitt. *parkuiš*. Die Gruppen *bhereǵ-*, *bherek-* scheinen Erweiterungen zu *bher-* ,hell, braun' zu sein. Ähnliche Erweiterung *bheleǵ-* neben *bhel-* ,glänzen'.

WP. II 170f., WH. I 458, 510f., 544, Trautmann 32, 37f., Specht Dekl. 57.

bhereǵh- ,hoch, erhaben', **bherǵhos** ,Berg', vielleicht Erweiterung von *bher-* ,(tragen,) heben' (s. dort die Gruppe von nhd. *empor*) oder von *bher-* ,hervorstehen'; **bhr̥ǵhú-s** ,hoch'; **bherǵhō** ,berge'.

Ai. Kaus. *barháyati* ,mehrt', *br̥ṁháti* ,macht feist, kräftigt, erhebt', vermutlich *barha-s, -m* ,Schwanzfeder, Schwanz eines Vogels, bes. beim Pfau'; *br̥hánt-* ,groß, hoch, erhaben, hehr', auch ,hoch, laut, von der Stimme', fem. *br̥hatī* (= ir. *Brigit*, germ. *Burgund*), av. *bərəzant-* (npers. *buland*), f. *bərəzaitī* ,hoch', im Kompositum *bərəzi-* (: *bərəzra-*), *bərəz-* ,hoch' und ,Höhe, Berg' (= npers. *burz* ds., ir. *brí*; der Nom. av. *barš* Subst. kann ar. *-ar-*, aber auch ar. *-r̥-* enthalten, Bartholomae IF. 9, 261), hochstufig av. *uz-bərəzayeni* ,ich soll aufwachsen lassen' (dazu Σατι-βαρζάνης ,Glück erhöhend', iran. **barzana-*), *barəzan-* m. *barəzah-* n. ,Höhe', *barəšnu-* m. ,Erhebung, Höhe, Himmel, Kopf', *barəzyah-* ,höher', *barəzišta-* ,der höchste, höchstgelegene'; npers. *bāl-ā* ,Höhe' (**barz-*), *burz* (s. oben);

ai. *br̥hánt-* bedeutet auch ,groß, gewaltig, dick, massenhaft' und *br̥ṁháti* ,macht feist, kräftigt, stärkt, vermehrt, fördert', *br̥háṇā* Adv. ,dicht, fest, derb, tüchtig; sehr, durchaus', *paribr̥ḍha-ḥ* ,feststehend, dicht, solid'.

Arm. *berj* ,Höhe' in *erkna-, lerna-berj* ,himmel-, berghoch' (**bherǵhos*), *barjr* ,hoch' (**bhr̥ǵhú-*), (*ham-)baṙnam* (**barjnam*, Aor. *barji*) ,hebe auf' usw.

Berg- in ON der Mittelmeerländer: thrak. Βεργούλη, maked. Βέργα, ill. *Berginium* (Bruttium: *Bergae*), lig. *Bergomum*, kelto-lig. *Bergusia*, hisp. *Bergantia* usw. Über das *p-* in kleinas. Πέργη, Πέργαμος, maked. kret. Πέργαμος Vermutungen bei Kretschmer Gl. 22, 100f., Krahe ZNF. 19, 64.

Lat. *for(c)tis*, alat. *forctus*, dial. *horctus, horctis* ,kräftig, ausdauernd, tapfer, (aus **forg-tos*, idg. **bhr̥ǵh-tos* = ai. *br̥ḍháḥ*).

Cymr. *berva* ,Haufe' (= nhd. *Berg*), acorn. bret. *bern* ds. (*-rǵh-n-*? s. Pedersen KG. I 105), gall. ON *Bergusia*, schwundstufig mir. *brí*, Akk. *brig* ,Hügel' (s. oben), cymr. *bry* ,hoch, oben', fem., cymr. corn. bret. *bre* ,Hügel', gall. *Litano-briga* u. a. ON; gall. *Brigantes*, Βρίγαντες Volksname (entweder ,die Hohen, Edlen' oder ,Höhenbewohner'; ai. *br̥hant-*), *Brigantia* ON ,Bregenz' und Name einer weiblichen Gottheit, air. *Brigit* (**bhr̥ǵhn̥ti*) ,Name einer berühmten Heiligen und überhaupt Frauenname' (auch ai. *br̥hatī* ist als Frauenname gebraucht, ebenso ahd. *Purgunt*), cymr. *braint*

‚Vorrecht, Prärogative' (eig. ‚Hoheit'), pl. *breiniau*, dazu mcymr. *breenhin*, ncymr. *brenin* ‚König', corn. *brentyn*, *bryntyn* ds. (*brigantinos).

Got. *bairgahei* ‚Berggegend', aisl. *bjarg* und *berg*, ahd. as. *berg* ‚Berg', ags. *beorh*, *beorg* ‚Höhe, Grabhügel', engl. *barrow* ‚Grabhügel' (vgl. arm. *berj*, cymr. *bera*, ai. *barha*-);

germ. *burgundī (= ai. *bṛhatī*, kelt. *brigantī, ir. *Brigit*) in *Burgund*, älteste Namensform von Bornholm (eig. ‚die Hochragende') und Name dänischer und norw. Inseln, ahd. *Purgunt* Frauenname, dazu *Burgundiōnes*, Stammesname.

Got. *baurgs* f. ‚Stadt, Turm', ahd. *burg* usw. ‚Burg' ist echt germ. Entsprechung von av. *bərəz*-, kelt. *brig*- mit der Bed. ‚befestigte Höhe als Fluchtburg'; damit ist jedoch lat. *burgus* ‚Wachtturm' zusammengefallen, das aus gr. πύργος ‚Turm' entlehnt ist, einem oriental. Kulturwort (?), das aus urart. *burgana* ‚Palast, Festung' stammt (820 v. Chr., s. Adontz REtlE 1, 465), wovon auch arm. *burgn*, aram. *burgin*, *burgon* ‚Turm' usw. herzuleiten sind. Nach Kretschmer wäre jedoch πύργος germ. Lw.

Dieser betrachtet *berĝhō ‚berge', ursprgl. angeblich ‚bringe auf einer Fluchtburg unter' als retrograde Ableitung zu *bherĝh- ‚Berg' (Gl. 22, 113); s. darüber S. 145.

Aksl. *brěgъ* ‚Ufer, Abhang', skr. *brijeg* ‚Hügel, Ufer', russ. *bēreg* ds., ist wohl kein germ. Lw., sondern eher ven.-ill. Herkunft; Brückner KZ. 46, 232, Persson Beitr. 927; das von letzterem mit *brěgъ* als echt slavischem Worte verbundene klr. *o-boṛih*, čech. *brah* ‚Heuschober' usw. gehört vielmehr zu aksl. *brěgǫ* ‚sorge' (**bewahre, berge*), wie *stogъ* : στέγω.

Mit anderer Vokalstellung *bhregh- vielleicht in ags. *brego*, *breogo* ‚Herr, Herrscher, Fürst', aisl. *bragr* ‚bester, trefflichster, vornehmster, princeps', mhd. *brogen*, sich erheben, in die Höhe richten, übermütig großtun'.

Toch. AB *pärk*- ‚sich erheben', A *pärkänt*, B *pirko* ‚das Aufstehen', A *pärkär*, B *parkre*, *pürkre* ‚lang'; vielleicht A *prākär*, B *prākre* ‚fest' (vgl. lat. *fortis*); hitt. *pár-ku-uš* (*parkus*) ‚hoch' (: arm. *barjr*).

WP. II 173 f., WH. I 124, 535 f., 853, Feist 75 f., 85 f., Trautmann 30 f., Van Windekens Lexique 90, Couvreur Ḫ 178.

bherə̂k-, bhrē̂k- ‚glänzen', gleichwertig mit *bherəĝ*-, *bhrēĝ*- ds. (s. dort, auch wegen doppeldeutiger Worte).

Ai. *bhrā́śatē* ‚flammt, leuchtet' (unbelegt);

gr. φορκόν· λευκόν, πολιόν, ῥυσόν Hes., vgl. aber S. 134;

vielleicht hierher air. *brecc* ‚gefleckt', cymr. *brych* ds., gall. PN *Briccius* (aus *bhṛk-, mit expressiver Konsonantendehnung);

unsichere Vermutungen über die Herkunft von cymr. *breuddwyd* ‚Traum', mir. *bruatar* ds. bei Pedersen Litteris 7, 18, Pokorny IF. Anzeiger 39, 12 f.; ob aus *bhroguhdh-eiti-, -*ro*-?

mhd. *brehen* ‚plötzlich und stark aufleuchten‘, aisl. *brjā, brā* (*brehōn)
‚aufleuchten‘, *braga, bragđa* ‚funkeln, flammen‘, *bragđ* ‚Augenblick‘, mit
ursprgl. bloß präs. *-dh-* auch aisl. *bregđa*, Prät. *brā* ‚schnell bewegen,
schwingen, vorwerfen‘, ags. *bregdan, brēdan* st. V. ‚schnell bewegen,
schwingen‘, engl. *braid* ‚flechten‘, *upbraid* ‚vorwerfen‘, ahd. *brettan*, mhd.
bretten ‚ziehen, zucken, weben‘ (dazu ahd. *brīdel*, ags. *brīdel*, älter *brigdel*
‚Zaum, Zügel‘);

mit Formans -*u̯o-* got. *brahv* in *in brahva augins* ‚ἐν ῥιπῇ ὀφθαλμοῦ‘, im
Augenblick‘ (vgl. aisl. *augnabragđ* n. ‚Augenblick, Zwinkern mit den
Augen‘) und dehnstufiges *bréhwa, *brēȝwā in aisl. *brā* f. ‚Wimper‘, ags.
brǣw, brēaw, brēg m. ‚Augenlid‘, as. *brāha* ‚Augenbraue‘, *slegi-brāwa*
‚Augenlid‘, ahd. *brāwa* f. ‚Braue‘, *wint-prāwa* ‚Wimper‘ (die Bed. ‚Braue‘
von **brū-* ‚Braue‘, idg. **bhrū-*, bezogen); daß trotz Schwyzer Gr. Gr. I
350, 463⁶ und Specht Dekl. 83, 162 ahd. *brāwa* nicht auf **bhrēu̯ā* zurückgehen kann, wird durch den grammat. Wechsel im Ags. bewiesen, der
eine Form mit -*ku̯-* voraussetzt (Sievers-Brunner 200).

Hierher wohl der Fischname ahd. *brahs(i)a, brahsina*, as. *bressemo*
‚Brassen‘, norw. *brasma, brasme* ds., ablaut. aisl. *brosma* ‚eine Art Dorsch‘.

Hitt. *pár-ku-iš* (*parkuiš*) ‚rein‘, *pár-ku-nu-uz-zi* (*parkunuzi*) ‚reinigt‘.

WP. II 169, Feist 76 f., 103 f., Couvreur Ḫ 327.

1. **bherem-** ‚hervorstehen, eine Spitze oder Kante bilden; Kante, Spitze‘?
bhorm-:

Aisl. *barmr* ‚Rand, Saum‘, *ey-barmr* ‚ora insulae‘, norw. dial. *barm*
‚Kante, Bräme‘ (z. B. am Segel), ndd. *barm, berme* ‚die sanfte Abdachung
des Deichfußes, Wallrand‘.

bhrem-: bhrom-:

Vielleicht lat. *frōns, frondis* f. ‚Laub‘ (**bhrom-di-*, wie *glāns* aus **glan-di-*);
an. *brum* n. ‚Blattknospen‘, ahd. *brom, brum* ds., schweiz. *brom* ‚Blüten-
knospe, junger Zweig‘, ablaut. *brāme* ds.

Auf eine Grundbed. ‚borstig, Dorn‘ geben zurück: ags. *brōm* m. ‚Ginster‘
(**bhrēmo-*), mnd. *bräm* ‚Brombeerstrauch, Ginster‘, ahd. *brāmo* m., *brāma*
f. ‚Dornstrauch, Brombeerstrauch‘, *brāmberi*, nhd. *Brombeere*, ags. *brēmel*,
engl. *bramble* (urgerm. *bramil), ablaut. mnl. *bremme*, ahd. *brimma* ‚Ginster‘
und mnd. *brēme, brumme* ds.

Mit der Bed. ‚Kante, Rand‘: mhd. *brëm* n. ‚Einfassung, Rand‘, nhd.
verbrämen, ablautend mengl. *brimme*, engl. *brim* ‚Rand‘.

WP. II 102.

2. **bherem-** ‚brummen, summen, surren‘.

Ai. *bhramará-ḥ* ‚Biene‘;

gr. φόρμιγξ, -γγος f. ‚Zither‘, wegen des Suffixes Lehnwort? Anlauts-
variante *brem- wohl in βρέμω ‚brausen, rauschen, tosen‘, βρόμος m.
‚Geräusch, Getön‘, βροντή f. ‚Donner‘ (*βρομ-τα);

lat. fremō, -ere ‚brummen, brüllen, tosen, lärmen‘; frontēsia ‚Donner-
und Blitzzeichen‘ ist Lw. aus gr. βροντήσιος (zu βροντή);

cymr. brefu ‚blöken, brüllen‘;

ahd. breman ‚brummen, brüllen‘, ags. bremman ‚brüllen‘, brymm m.
‚Flut, Meer‘, mhd. brimmen ds., ablaut. brummen ‚brummen‘ (dazu brunft
‚Brunft‘); mnd. brummen und brammen ds., ahd. as. bremo ‚Bremse‘, mhd.
breme, as. bremmia, ahd. brimisse, nhd. Breme und (aus dem Ndd.) Bremse;
poln. brzmieć ‚tönen, summen‘ (*brъm-), bulg. brъmčъ ‚summe, brumme‘,
brъmkam ds., brъmb-al, -ar, -ъr ‚Hummel, Käfer‘.

Als Erweiterungen unseres *bhrem- vielleicht hierher die lautmalenden
Worte: ai. bhṛṇga-ḥ ‚große schwarze Biene‘; poln. brzęk ‚Klang, Geklirr;
Bremse‘, russ. brjákatь ‚klirren, klappern‘, čech. brouk ‚Käfer‘; lit. brı̇̃nkterėti
‚klirrend fallen‘ usw.;

lit. brenzgu, brengsti ‚klirren, klopfen‘, ablaut. branzgu, brangsti ‚tönen‘;
slav. brezgъ in russ. brjázgi Pl. ‚leeres Geschwätz‘; russ.-ksl. brjazdati
‚tönen‘.

WP. II 202 f., WH. I 544 f., Trautmann 37.

bheres- ‚schnell‘.

Lat. festīnō, -āre ‚beeile mich, beschleunige‘, Denom. von *festiō(n)-,
-in- ‚Eile‘, Erweit. zu *festi- (aus *fersti-) in cōnfestim ‚sofort‘ (aus *com
festī ‚mit Eile‘);

mir. bras ‚schnell, stürmisch‘ (*bhrₑsto-), cymr. brys ds. (*bhṛsto-), mbret.
bresic, brezec ‚eilig‘;

lit. bruz-g-ùs ‚schnell‘, bruz-d-ùs ‚beweglich‘, daneben burz-d-ùlis ds.,
burz-dėti ‚hin und her laufen‘;

slav. *bъrzъ in aksl. brъzo Adv. ‚schnell‘, skr. br̂z ‚schnell‘, russ. borzój
‚schnell, feurig‘, daneben *bъrzdъ in wruss. bórzdo Adv. ‚schnell‘, skr.
brzdı̀ca f. ‚Schnelle im Bach‘.

Vielleicht hierher ligur. FlN Bersula, schweiz. FlN Birsig (Krahe ZONF.
9, 45).

WP. II 175, WH. I 259, 488 f., Trautmann 40, Specht Dekl. 192.

bh(e)reu- : bh(e)rū̆-, Erw. von 2. bher- ‚sich heftig bewegen, wallen, bes. vom
    Aufbrausen beim Gären, Brauen, Kochen usw.‘

    A. Ablautstufen bheru- (bhₑru-), bhrū̆-:

    Ai. bhurváṇi-ḥ ‚unruhig, wild‘, bhurván- ‚unruhige Bewegung des
Wassers‘.

Arm. *bark* ,scharf, sauer, grausam' (*barkanam* ,ich werde zornig'), da
sehr vieldeutig ist, wird von Dumézil BSL. 40, 52 als **bhr̥-g̑-* hierher
gestellt, desgleichen *berkrim* ,ich freue mich' als **bher-g̑-*; sehr unsicher!

Gr. φαρυμός· τολμηρός, θρασύς Hes. (**bh̥ru-*) und φορυτός ,Gemisch,
Kehricht, Spreu, Mist', φορύνω, φορύσσω ,knete durcheinander, vermische,
beflecke, besudle', wahrscheinlich auch φρυ-άσσομαι ,gebärde mich unge
duldig (bes. von feurigen Pferden); bin übermütig'.

Thrak. βρῦτος (s. u.).

Alb. *brum* m., *brumë* f. ,Sauerteig', *mbruj, mbrünj* ,knete'.

Lat. *ferveō, -ēre, fervō, -ĕre* ,sieden, wallen' (über *fermentum* s. 2. bher-);
dēfrŭtum ,eingekochter Most, Mostsaft' (: thrak. βρῦτος, βρῦτον, βροῦτος
,eine Art Gerstenbier'; aus thrak. **brūtiā* (gr. βρύτια), stammt illyr. *brūt*
,Weintrester', urverw. alb. *bërsí* ds., woraus serb. *bersa, bîrsa, bîrza*
Schimmel auf dem Wein; lat. *brīsa* aus dem Venet. oder Messap.).

Mir. *berbaim* ,koche, siede', cymr. *berwi*, bret. *birvi* ,sieden, wallen'
bero, berv ,gekocht', gall. GN *Borvō* (bei Heilquellen), vgl. mit anderem
Suffix *Bormŏ* oben S. 133; vielleicht auch frz. *bourbe* ,Schlamm' aus gall.
*borva ,Sprudel'; air. *bruth* ,Glut, Wut', mir. *bruith* ,kochen', *enbruith*
,Fleischbrühe' (zu *en-* ,Wasser', s. unter *peno-*), acymr. *brut* ,animus', ncymr.
brwd ,heiß' (cymmrwd ,Mörtel' aus **kom-bru-to-*, vgl. mir. *combruith* ,sieden'),
brydio ,fervere', acorn. *bredion* ,coctio' (Umlaut), abret. *brot* ,zelotypiae',
nbret. *broud* ,heiß, gärend'.

Über germ. *bru*-Formen s. unter B.

B. Ablautstufen *bhrĕu-* und (teilweise wieder) *bhrŭ-*:

Zunächst in Worten für ,Quelle' = ,Hervorsprudelndes' (r/n-St., etwa
bhrēur̥, bhrēu̯n-, bhrun-): arm. *ałbiur, ałbeur* (Gen. *ałber*) ,Quelle' (aus
*bhrēw(a)r =) gr. φρέαρ, -ατος ,Brunnen' (**φρῆϝαρ, -ατος*, hom. φρήατα,
überliefert φρείατα); mir. *tipra* f. ,Quelle' (vielleicht aus air. **tiprar*
< **to-eks-bhrēur̥*), Gen. *tiprat* (**to-eks-bhrēu̯ntos*); air. *-tiprai* ,strömt gegen…'
(**to-eks-bhrēu̯-īt*?); vom St. *bhrun-* der Kasus obliqui aus als *en*-St. urgerm.
*brunō, *brun(e)n-, got. *brunna*, ahd. *brunno*, ags. *brunna, burna* ,Brunnen'
(aisl. *brunn*), mit Metathese nhd. (ndd.) *Born*.

Mit ähnlicher Bed. russ. *brujá* ,Strömung', *bruitь* ,stark reißend strömen,
dahinfließen', wruss. *brújić* ,harnen' (diese Bed. auch in mhd. *brunnen* und
in nhd. dial. *brunzen*, bair. *brunnlen* ,harnen' von *Brunnen*), formal näch-
stens zu lit. *br(i)áujs, br(i)áutis* ,sich mit roher Gewalt vordrängen' (**bhrēu-*),
lett. *braulīgs* ,geil'; auch apr. *brewingi* ,förderlich'?

bhre-n-u- (Präsens mit Nasalinfix, vgl. nhd. *brennen*) mit Beziehung
auf züngelnde Flammen liegt vor in got. ahd. as. *brinnan*, ais. *brinna*,
ags. *beornan, birnan* ,brennen', Kaus. got. *brannjan*, aisl. *brenna*, ahd.

brennan, ags. *bærnan* ‚brennen‘, wozu u. a. ahd. *brant* ‚Brand‘, *brunst* ‚Brennen‚ Brand‘, aisl. *bruni,* ags. *bryne* ‚Brand‘, ahd. *bronado,* ags. *brunaþa* ‚Jucken, Hitze am Körper‘, schwed. *brånad* ‚Brunst‘;

bhréu̯- : bhru̯u̯- in: ahd. *briuwan,* ags. *brēowan* ‚brauen‘, aschwed. *bryggja* (aus *bryggwa)* ds.; germ. **bruđa-* in: aisl. ags. *brođ,* ahd. *prođ* ‚Brühe‘ (: *defrūtum,* air. *bruth,* thrak. βρῦτος; mhd. *brodelen,* nhd. *brodeln);* germ. **brauđa-* in: aisl. *brauđ,* ags. *brēad,* ahd. *brōt* ‚Brot‘ (von dem Gärstoff); über ahd. *wintes prūt* ‚Windsbraut‘ s. Kluge[11] 692.

WP. II 167 f., WH. I 333 f., 487.

bherĝh- ‚bergen, verwahren‘.

Got. *baírgan* ‚bergen, verwahren‘, aisl. *bjarga,* ags. *beorgan,* ahd. *bergan,* as. *gi-bergan* ‚bergen‘; ablautend ags. *byrgan* ‚begraben‘, *byrgen* (**burgiznō),* *byrgels,* as. *burgisli* ‚Begräbnis‘ und ahd. *bor(a)gēn* ‚sich wovor hüten, sich wovor in Sicherheit bringen, acht worauf haben, schonen, anvertrauen, borgen‘, ags. *borgian* ‚behüten, borgen‘. Slav. **bergǫ* in aksl. *brěgǫ, brěsti* ‚sorgen‘ in *nebrěsti* ‚vernachlässigen‘, russ. *beregú, beréčь* ‚hüten, bewahren, schonen, sparen‘, skr. älter *bržem, brijeći* ‚bewachen, bewahren, sorgen; feiern‘; ablautend klr. *oboříh,* gen. *oboróha* ‚Heuschober‘, čech. *brah* ‚Heuschober, Haufen‘, poln. *bróg* ‚Scheune, Schober‘ (daraus lit. *brãgas* ds.); schwundstufig čech. *brh* ‚Höhle, Hütte, Zelt‘; ostlit. *biřginti* ‚sparen‘.

Vielleicht hierher gallo-rom. (rhät.-ill.) *bargā* ‚gedeckte Strohhütte‘, falls aus **borgā;* Tagliavini ZrP. 46, 48 f., Bonfante BSL. 36, 141 f.

WP. II 172, Trautmann 31, Feist 76. Vgl. oben S. 141.

bhₑrug-, bhrug-, bhorg- ‚Schlund, Luftröhre‘.

Arm. *erbuc* ‚Brust, Bruststück von geschlachteten Tieren‘ (**bhrugo-);* gr. φάρυξ, *-υγος,* später (nach λάρυγξ) φάρυγξ, *-υγγος* ‚Luftröhre, Schlund‘; lat. *frūmen* n. ‚Kehlkopf, Schlund‘ (**frūg-smen);* ohne *u* aisl. *barki* ‚Hals‘ (*bhor-g-,* formell näher zu φάραγξ ‚Kluft, Abgrund‘).

Wie lit. *burnà,* arm. *beran* ‚Mund‘ (eigentl. ‚Öffnung‘) zu *bher-* ‚schneiden‘ unter einer Anschauung ‚Kluft == Schlund‘.

WP. II 171, WH. I 482, 551 f., 866, Lidén Mél. Pedersen 92, Specht Dekl. 162.

1. bhes- ‚abreiben, zerreiben, ausstreuen‘.

Ai. *bábhasti* ‚zerkaut‘, 3. Pl. *bápsati;* *bhásma-* n. ‚Asche‘; durch verbale Erweiterungen entstandene *psā(i)-, psō(i)-, psə(i)-, psī-* in ai. *psāti* ‚verzehrt‘, gr. ψάω, ψαίω ‚reibe‘, ψαίρω ds., ψαύω ‚berühre‘, ψηνός ‚kahlköpfig‘, ψῆφος f., dor. ψᾶφος ‚Kieselstein‘, ψήχω ‚reibe ab‘, ψώχω ‚zerreibe‘;

ψόλος, φέψαλος ‚Ruß, Rauch‘; ψάμμος f. ‚Sand, Strand‘ aus *ψά-
φμος, vgl. ψαφαρός ‚zerbrechlich‘ (*bhsə-bh-) und lat. sabulum ‚Sand‘ (*bhsə-
bhlo-?); mit schon idg. sporadischem Wandel des anlaut. bhs- zu s-:
gr. ἄμαθος ‚Sand‘ (= mhd. samt); durch verschiedene Kontaminationen
ἄμμος und ψάμαθος ds., dazu ψῑλός ‚kahl, bloß‘, ψιάς ‚Tropfen‘ usw.;
alb. fših, pših, mešiṅ ‚kehre aus, dresche‘;
lat. sabulum ‚Sand‘ (s. oben), womit EM. 881 arm. awaz ds. vergleicht;
mhd. samt (*samatho-) neben ahd. sant ‚Sand‘ (*samtho-, germ. sanda-,
daraus finn. santa);
toch. A päs- ‚ausgießen, besprengen‘ (?).

WP. II 189, Boisacq 48, 1074, Kluge[11] s. v. Sand, Schwyzer Gr. Gr. I
328 f., 676; Specht Dekl. 255, 325, Van Windekens Lexique 91.

2. bhes- ‚hauchen, blasen‘, wohl Schallwurzel.

Ai. bábhasti ‚bläst‘, bhástrā f. ‚Blasebalg, Schlauch‘, bhasát f. ‚Hinterteil‘, bhāṁsas n. ‚ein Teil des Unterleibs‘;
gr. ψό-χω ‚blase‘ (zum Suffix s. Hirt Idg. Gr. 3, 256), ψυχή ‚Hauch, Seele‘.
Hierher wohl ψό-χω ‚kühle ab‘ (ursprgl. durch Blasen), ψῦχος ‚Kälte‘,
ψῡχρός ‚kalt‘ usw. trotz Benveniste BSL. 33, 165 ff.; nach Schwyzer Gr.
Gr. I 329 onomatopoetisch, wie auch ψίθυρος ‚lispelnd‘.

WP. II 69, WH. I 477, Boisacq 1075, Uhlenbeck Ai. W. 186, 198.

bheu-, bheuə- (bhu̯ā-, bhu̯ē-) : bhŏu- : bhū-: ursprünglich ‚wachsen, gedeihen‘ (wohl = ‚schwellen‘), vgl. ai. prábhūta-ḥ mit ai. bhūri-ḥ usw.
unter *b(e)u-, bh(e)u- ‚aufblasen, schwellen‘, woraus ‚entstehen, werden,
sein‘, weiters ‚gewohnheitsmäßig wo sein, wohnen‘; i̯o/ī-Präsens
bhu̯-ii̯ō, bhu̯-ii̯e-si, bhu̯-ī-si usw. als Verbum ‚sein‘ suppliert oft
das Paradigma von es- ‚sein‘; erweiterte Wz. bheu̯ī-, bhu̯ēi-;
zahlreiche Nominalbildungen mit den Bed. ‚das Sein, Wesen, Wohnen,
Wohnsitz‘, wie bhŭto-, bhūtā, bhŭti-, bhŭtlo-, bhūmen-, bhūlo-,
bhūro- usw.

Ai. bhávati ‚ist, ist da, geschieht, gedeiht, wird‘ = av. bavaiti ‚wird,
entsteht; geschieht; wird sein‘, apers. bavatiy ‚wird‘; Fut. ai. bhaviṣyáti,
av. būšyeiti Partiz. būšyant- ‚der ins Dasein treten wird‘ (letztere = lit.
búsiu, ksl. byšęšteje ‚τὸ μέλλον‘, vgl. gr. φύσω); Aor. ai. ábhūt (= gr. ἔφυ)
und bhúvat, Perf. babhūva, Partiz. Perf. Akt. babhūván, f. babhūvúši
(: gr. πεφυώς, πεφυυῖα, lit. bùvo, aksl. byvati), Inf. bhávitum, Absol. bhūtvā
(vgl. lit. bútų Supinum ‚zu sein‘, apr. búton Inf.);
ai. bhūtá-ḥ, av. būta- ‚geworden, seiend, ai. bhūtá-m ‚Wesen‘ (: lit. búta
‚gewesen‘, aisl. búð f. ‚Wohnung‘, russ. bytъ ‚Wesen, Lebensart‘; mit ŭ

gr. φυτόν, air. -both ‚man war‘, both f. ‚Hütte‘, lit. bùtas ‚Haus‘); prá-bhūta-ḥ ‚reichlich, zahlreich‘, npers. Inf. būdan ‚sein‘;

ai. bhūti-ḥ, bhūtí-ḥ f. ‚Sein, Wohlsein, guter Zustand, Gedeihen‘ (av. būti- m. ‚Name eines daēva‘? = aksl. za-, po-, prě-bytъ, russ. bytъ, Inf. aksl. byti, lit. búti; mit ū gr. φύσις).

Pass. ai. bhūyate; kaus. bhāvayati ‚bringt ins Dasein; hegt und pflegt, erfrischt‘, Partiz. bhāvita-ḥ auch ‚angenehm erregt, gut gestimmt‘ (= aksl. iz-baviti ‚befreien, erlösen‘), mit ders. Dehnstufe bhāvá-ḥ ‚Sein, Werden, Zuneigung‘ (: russ. za-báva f. ‚Unterhaltung‘) neben bhavá-ḥ ‚Entstehung, Wohlfahrt, Heil‘;

bhavitram ‚Welt‘ (ablaut. mit gr. φύτλα ‚Natur, Geschlecht‘ und lit. būklà ‚Wohnung‘ usw., und mit germ. *bupla- und *bōpla-, woneben mit Formans -dhlo- čech. bydlo); bhavana-m ‚das Werden; Wohnstätte, Haus (: alb. bane, aber mir. būan ‚standhaft‘ aus *bhou-no-), ablaut. bhúvana-m ‚Wesen‘;

ai. bhū- f. ‚Erde, Welt‘, bhūmī, bhūmiḥ-, av. ap. būmi-, npers. būm ‚Erde‘, ai. bhūman- n. ‚Erde, Welt, Sein‘ (= gr. φῦμα), bhūmán- m. ‚Fülle, Menge, Reichtum‘; pra-bhú-ḥ ‚mächtig, hervorragend‘;

s-St. bhaviṣ-ṇu-ḥ ‚werdend, gedeihend‘, bhúṣati ‚macht gedeihen, stärkt‘, bhūṣayati ‚schmückt‘, bhūṣana-m ‚Amulett, Schmuck‘.

Die ī-Basis *bh(e)uī-, wie es scheint, im ai. bóbhavīti Intens. und bhávī--tva-ḥ ‚zukünftig‘; über iran. bī-Formen s. unten.

Arm. boiѕ, Gen. busoy ‚Schößling, Kraut, Pflanze‘, busanim ‚sprieße auf‘, ferner vielleicht boin, Gen. bunoi ‚Nest‘ (*bheu-no-), schwundstufig bun, Gen. bnoi ‚Stamm‘.

Thrak. ON Κασί-βουνον.

Gr. φύω (lesb. φυίω wie osk. fuia, s. unten), ‚zeuge‘ (Aor. ἔφυσα), φύομαι ‚werde, wachse‘ (vgl. Schwyzer Gr. Gr. I, 686), wohl Neubildungen zum Aor. ἔφυν ‚wurde‘, daneben (Neubildung?) ἐφύην; φυτόν ‚Gewächs, Pflanze, Kind, Geschwür‘, φυή ‚Wuchs; Natur, Charakter‘, φῦμα n. ‚Gewächs, Geschwür‘, φύσις ‚Natur‘, φῦλον n. ‚Stamm, Geschlecht, Art‘, φυλή ‚Gemeinde und von ihr gestellte Heeresabteilung‘ (: aksl. bylъ, l-Partiz. bylьje); dehnstufiges *bhō[u]lo- vielleicht in φωλεός, φωλειός ‚Schlupfwinkel, Lager wilder Tiere‘, φωλεύω ‚schlafe in einer Höhle‘, φωλίς ‚ein Seefisch, der sich im Schlamm verbirgt‘; aber aisl. bōl n. ‚Lager für Tiere und Menschen‘, ist kein von bōl (wohl aus *bōþla) ‚Wohnstätte‘ verschiedenes Wort; dazu schwundstufig schwed. mdartl. bylja, bölja ‚kleines Nest‘ aus *bulja.

Als 2. Kompos.-glied in ὑπερφυής, ὑπερ-φ[*F]ίαλος. Über φῖτυ s. unten. Illyr. VN Buni, ON Βοῦννος (: alb. bunë).

Messap. βύριον· οἴκημα, βαυρία· οἰκία Hes. (: ahd. būr);

10*

alb. *buj, bûj* (*bunjŏ) ‚wohne, übernachte‘, *burr, burrë* (*buro-) ‚Mann, Ehemann‘, *banë* ‚Wohnung, Aufenthalt, halb verfallenes Haus‘ (*bhouona-ai. *bhavanam*), *banoj* ‚wohne‘; *bun(ŏ)* ‚Sennhütte‘ (*bhunā); vielleicht auch *bŏtë* ‚Erde, Boden, Welt, Leute‘ (*bhu̯ā-tā oder *bhu̯ē-ta).

Lat. *fuı* (alat. *fūı*) ‚bin gewesen‘ aus *fū-ai, Umgestaltung des alten Aor. *fūm (== gr. ἔ-φυν, ai. *á-bhūt* ‚er war‘), *fu-tūrus* ‚künftig‘, *forem* ‚wäre‘, *fore* ‚sein werden‘, alat. Konj. *fuam, fuat* ‚sei‘ (*bhuu̯ām; vgl. lit. *bùvo* ‚war‘ aus *bhuu̯āt), daneben *-bam* (*bhu̯ām : osk. *fu-fans* ‚erant‘, air. *-bā* ‚ich war‘) in *legē-bam* usw., vgl. lat.-fal. *-bō* (aus *bhu̯ō) in *amā-bō, alat. *venī-bō, fal. *pipafp* usw. mit dem ir. *b*-Futurum (*do-rīmiub* ‚ich werde aufzählen‘ aus *to-rīm-ī-bu̯ō), Intensiv *futāvit* ‚fuit‘;

osk. *fu-fans* ‚erant‘, *fu-fens* ‚fuērunt‘, *fusid* == lat. *foret, fust* (== umbr. *fust*) ‚erit‘ und ‚fuerit‘, *fuid* Konj.-Perf. ‚fuerit‘; aber über *futír* ‚Tochter‘ s. Vetter Gl. 29, 235, 242 ff. gegen WH. I 557, 867;

umbr. *fust* ‚erit‘, *furent* ‚erunt‘ (*fuset, *fusent), *fefure* ‚fuerint‘, *futu* ‚esto‘ (*fuu̯etŏd oder *fu-tŏd).

Ein *io/ī*-Präs. zur Wz. *bhŭ- : *bhu̯-ii̯ō liegt vor in lat. *fīō, fīeri* ‚werden, entstehen, erzeugt werden‘, das *ī* statt *ĭ* von *fīs, fīt* (*bhu̯-ī-si, *bhu̯-ī-ti) bezogen; osk. *fiiet* (*bhu̯ii̯ent) ‚fiunt‘, umbr. *fito* ‚facta, bona?‘, *fuia* ‚fiat‘, *fuiest* ‚fiet‘ (*bhu-i̯ō neben *bhu̯ii̯ō wie in lesb. φυίω, s. oben);

lat. Nominalbildungen nur in *dubius* ‚zweifelnd, unsicher‘ (*du-bhu̯ii̯o-s ‚doppelgestaltig‘, vgl. umbr. *di-fue* ‚bifidum‘ < *du̯i-bhu̯ii̯om), *probus* ‚gut gedeihend, redlich‘ (*pro-bhu̯os : ai. *pra-bhū-ḥ ‚hervorragend‘), osk. *am-prufid* ‚improbē‘, *prúfatted* ‚probāvit‘, umbr. *prufe* ‚probē‘; lat. *super-bus* ‚hochmütig‘.

Über lat. *moribundus* s. Niedermann Mél. Meillet 104, Benveniste MSL. 34, 189.

Air. *baë* ‚Nutzen‘ (*bhu̯ə-i̯om), *būan* ‚standhaft, gut‘ (*bhouno-, dazu cymr. *bun* ‚Königin, Frau‘); mir. *baile* ‚Heim, Ort‘ (*bhu̯ə-lii̯o-);

air. *buith* ‚sein‘ (ursprgl. Dat. des *ā*-St. *both* < *bhuta == cymr. *bod*, corn. *bos*, bret. *bout* == air. *both* f. ‚Hütte‘, cymr. *bod* f. ‚Wohnung‘ : lit. *bùtas* ‚Haus‘; hierzu auch mir. *for-baid* ‚Grabtuch, Bahre‘), Fut. *-bīa* ‚wird sein‘ (== lat. *fiat*), Prät. 1. Sg. *bā* (*bhu̯ām), 3. Sg. *boı* (*bhŏu̯e), Pass. Prät. *-both* ‚man war‘ (*bhu-to-); das Paradigma des Verbum Subst. und der Kopula besteht aus Formen von *es-* und *bheu-*, z. B. hat die 1. Sg. Präs. Konj. air. *bēu* (*bh-esō) den Anlaut von *bheu-* bezogen;

air. *-bīu* ‚ich pflege zu sein‘, mcymr. *bydaf*, corn. *bethaf*, mbret. *bezaff* ds. (*bhu̯ii̯ō == lat. *fīō, daneben *bhu̯ī- in air. *bith*, mcymr. *bit* ‚estō‘ == lat. *fīt);

gall. PN *Vindo-bios* (*-bhu̯ii̯os), vgl. cymr. *gwyn-fyd* ‚Glück‘ (‚weiße Welt‘, *byd*), air. *su-b(a)e* ‚Freude‘ (*su-bhu̯ii̯o-), *du-b(a)e* (*du* == gr. δυς-) ‚Trauer‘;

got. *bauan* ‚wohnen, bewohnen', ald *bauan* ‚ein Leben führen', *gabauan* ‚Wohnung aufschlagen' (**bhōu̯ō*, Vokalismus wie in ai. *bhāvayati, bhāva-h*, slav. *baviti*), aisl. *būa (bjō, būinn)* ‚wohneu, instand bringeu, ausrüsten', ags. *būan* und *buw(i)an (būde, gebūen)* ‚wohnen, bebauen' (daneben ags. *bōgian*, afries. *bōgia* ‚wohnen', lautlicher Typus von got. *stōja* aus **stōwijō* und *ō* als ursprünglichen Vokal stützend), ahd. *būan (būta, gibūan)* ‚wohnen, bebauen', nhd. *bauen*; aisl. *byggja* ‚an einem Orte wohnen, bebauen, bevölkern', später ‚erbauen, bauen' (aus **buwwjan? *bewwjan?*); aisl. *bū* n. ‚Wohnort, Wirtschaft, Haushalt', ags. *bū* n. ‚Wohnung' (Pl. *by* n. vom *i*-St. **būwi-* = aisl. *bȳr* m. ‚Wohnstätte, Hof'; ähnlich lit. *būvis* ‚bleibender Aufenthalt'), ahd. *bū*, mhd. *bū*, Gen. *būwes* m., selten n. ‚Bestellung des Feldes, Wohnung, Gebäude', nhd. *Bau*;

aisl. *būð* f. ‚Wohnung, Zelt, Hütte'; aschwed. *bōþ*, mnd. *bōde*, mhd. *buode* und *būde* ‚Hütte, Gezelt', nhd. *Bude* (**bhō[u]-tā*); mnd. *bōdel* ‚Vermögen', *bōl* ‚Landgut', ags. *bold* und *botl* n. ‚Wohnung, Haus', **byldan*, engl. *to build* ‚bauen', afries. *bold* und *bōdel* ‚Haus, Hausgerät, Eigentum' (**bōþla-* aus idg. **bhō[u]tlo-* und **buþla-*, vgl. lit. *būklà* und westsl. *bydlo*), ebenso aisl. *bōl* n. ‚Wohnstätte' (s. oben auch zu *bōl* ‚Lager');

aisl. *būr* n. ‚Vorratshaus, Frauengemach', ags. *būr* m. ‚Hütte, Zimmer', ahd. *būr* m. ‚Haus, Käfig', nhd. *(Vogel-)Bauer*, wovon ahd. *nāhgibūr*, ags. *nēahgebūr*, nhd. *Nachbar*, engl. *neighbour* und ahd. *gibūr(o)*, mhd. *gebūr(e)*, dann *būr*, nhd. *Bauer* ‚rusticus';

ags. *bēo* ‚ich bin' (**bhu̯i̯ō* = lat. *fīō*, air. *-bīu*), daneben *bēom*, ahd. *bim* usw. nach **im* von **es-* ‚sein', wie ahd. *bis(t)*, ags. *bis* nach *is*.

Vielleicht got. *bagms*, ahd. *bōum*, ags. *bēam* ‚Baum' aus **bhou̯(ə)mo-* ‚φυτόν' und aisl. *bygg* n. ‚Gerste', as. Gen. Pl. *bewō* ‚Saat, Ertrag', ags. *bēow* n. ‚Gerste' (**bewwa-*) als ‚Angebautes'.

Lit. *búti* (lett. *bût*, apr. *boūt*) ‚sein', *bútų* Supin. ‚zu sein' (apr. *būton* Inf.), Partiz. *bútas* ‚gewesen', Fut. *búsiu* (lett. *bûšu*), Prät. *bùvo* ‚er war' (vgl. auch *buvó-ju, -ti* ‚zu sein pflegen' und aksl. Iter. *byvati*); Opt. apr. *bousai* ‚er sei', Prät. *bēi, be* ‚er war' (von einer mit *-ēi-* erweiterten Basis); lit. *bū̃vis* m. ‚Sein, Leben', *buvinė́ti* ‚hie und da ein Weilchen bleiben', apr. *buwinait* ‚wohnet!';

lett. *bûšana* ‚Sein, Wesen, Zustaud', apr. *bousennis* ‚Stand'; lit. *bùtas*, apr. (Akk.) *buttan* ‚Haus';

lit. *bùklas* (**būtla-*) ‚cubile, latebrae ferarum', *pabū̃klas* ‚Instrument, Gerät; Erscheinung, Gespenst', *būklà, būklė̃* ‚praesentia, Wohnung', ostlit. *búklė* ds. (s. oben; dazu *buklùs* ‚weise, schlau');

aksl. *byti* ‚werden, sein', *lo-* Partiz. *bylъ* ‚gewesen' (davon *bylьje* ‚Kraut; Heilkraut', vgl. zur Bed. φυτόν), Aor. *bě* ‚war' (**bhu̯ē-t*); Imperf. *běaše*, Fut. Partiz. ksl. *byšęšteje, bysǫšteje* ‚τὸ μέλλον, Kondiz. 3. Pl. *bǫ* (**bhu̯ā-nt*),

Partiz. *za-bъvenъ* ‚vergessen‘, neben sonstigem Partiz. **bъt* z. B. in russ. *zabytyj* ‚vergessen‘, vgl. dazu auch Subst. russ. *bytъ* ‚Wesen, Lebensart‘ u. dgl., apoln. *byto* ‚Nahrung‘, aksl. *iz-bytъkъ* ‚Überfluß, Rest‘ u. dgl., *bytьje* ‚das Dasein‘;

aksl. *zabytъ* ‚Vergessen‘, *pobytъ* ‚Sieg‘, *prěbytъ* ‚Aufenthalt‘, russ. *bytъ* ‚Wesen, Geschöpf; Tatbestand‘;

Präs. aksl. *bǫdǫ* ‚werde, γίγνομαι‘, als Fut.: ‚werde sein‘ (ob zu lat. Adj. auf *-bundus?*); Kaus. aksl. *izbaviti* ‚befreien, erlösen‘ u. dgl. (: ai. *bhāvayati*, vgl. zum Vokalismus auch got. *bauan* und aksl. *zabava* ‚Verweilen, Beschäftigung, Zeitvertreib‘); čech. *bydlo* ‚Aufenthaltsort, Wohnung‘, poln. *bydło* ‚Vieh‘ (aus **,Stand, Wohlstand, Habe‘*).

Vielleicht hierher (Pedersen Toch. 228[1]) toch. B *pyautk-*, A *pyotk-*, AB *pyutk-* ‚zustande kommen‘, med. ‚zustande bringen‘.

Von der Basis *bh(e)ʮī-*:

npers. Imp. *bī-d* ‚seid!‘; apers. Opt. *bī-yāʰ* setzt Wackernagel KZ. 46, 270 = ai. *bhū-yā-ḥ*, *-t*;

gr. φῖτυ n. ‚Keim, Sproß‘ = φίτυμα, φιτύω ‚erzeuge, säe, pflanze‘;

lit. alt. *bit(i)* ‚er war‘, auch Kondit. 1. Pl. (*sùktum-*) *bime*; lett. *biju, bija* ‚ich, er war‘ (lett. *bijā-* erweitert aus athemat. **bhʮī-*); ablaut. apr. *bēi*, s. oben;

aksl. Kondit. 2. 3. Sg. *bi* ‚wärst, wäre‘ (**bhʮī-s, *bhʮī-t*), wozu sekundär 1. Sg. *bi-mъ* mit Primärendung.

WP. II 140f., WH. I 375f., 504f., 557f., 865, 867, EM. 812f., 1004f., Trautmann 40f., Feist 83f.

Specht will (KZ. 59, 58f.) unter Heranziehung von gr. φάϝος ‚Licht, Heil‘ = ai. *bhava-* ‚Segen, Heil‘, φαε-σί-μβροτος usw. unsere Wz. als **bhaʮǝ-*, nicht als **bheʮǝ-* ansetzen. S. auch oben S. 91.

bheudh-, nasal. **bhu-n-dh-** ‚wach sein, wecken, beobachten; geweckt, geistig rege, aufmerksam sein, erkennen, oder andere dazu veranlassen (aufpassen machen, kundtun, gebieten; darbieten)‘.

Themat. Präs. in ai. *bódhati*, *bódhate* ‚erwacht, erweckt, ist wach, merkt, wird gewahr‘, av. *baoδaiti* ‚nimmt wahr‘, mit *paiti-* ‚sein Augenmerk worauf richten‘ (= gr. πεύθομαι, germ. **biuđan*, abg. *bljudǫ*); Aor. ai. *bhudánta* (= ἐπύθοντο), Perf. *bubódha*, *bubudhimá* (: germ. **bauđ, *budum*), Partiz. *buddhá-* ‚erwacht, verständig; erkannt‘ (= gr. ἄ-πυστος ‚unkundig; unbekannt‘), *buddhí-* f. ‚Einsicht, Verstand, Meinung, Absicht‘ (= av. *paiti-busti-* f. ‚das Bemerken‘, gr. πύστις ‚das Nachforschen, Fragen; Kunde, Nachricht‘); Kausativ in ai. *bōdháyati* ‚erweckt; belehrt, teilt mit‘, av. *baoδayeiti* ‚bemerkt, fühlt‘ (= abg. *buždǫ, buditi*, lit. *pasibaudyti*); Zustandsverb in ai. *budhyátē* ‚erwacht, wird gewahr; erkennt‘, av. *buiδyeiti*

‚wird gewahr‘, *frabuiðyamnō* ‚erwachend‘; ai. *boddhár-* m. ‚Kenner‘ (: gr. πευστήρ-ιος ‚fragend‘); av. *baoðah-* n. ‚Wahrnehmung, Wahrnehmungs-vermögen‘, Adj. ‚wahrnehmend‘ (: hom. *ἀ-πευθής* ‚unerforscht, unbekannt; unkundig‘); av. *zaēni-buðra-* ‚eifrig wachend‘ (: abg. *bъdrъ*, lit. *budrùs*); av. *baoiði-* ‚Wohlgeruch‘ (= ai. *bódhi-* ‚vollkommene Erkenntnis‘);

gr. πεύθομαι und πυνθάνομαι (: lit. *bundù*, air. *ad-bond-*) ‚erfahre, nehme wahr, wache‘ (πεύσομαι, ἐπυθόμην, πέπυσμαι), πευθώ ‚Kunde, Nachricht‘; πύστις, πεῦσις f. ‚Frage‘;

cymr. *bodd* (**bhudhā*) ‚freier Wille, Zustimmung‘, corn. *both* ‚Wille‘ (: aisl. *boð*), air. *buide* ‚Zufriedenheit, Dank‘; hierher auch air. *ad-bond-* ‚ansagen, verkündigen‘, *uss-bond-* ‚absagen, verweigern‘ (z. B. Verbaln. *obbad*); hochstufig air. *robud* ‚Verwarnung‘, cymr. *rhybudd* ‚Warnung‘, *rhybuddio* ‚warnen‘ (: russ. *probuditъ* ‚aufwecken‘);

got. *anabiudan* ‚befehlen, anordnen‘, *faúrbiudan* ‚verbieten‘, aisl. *bjōða* ‚bieten, anbieten, zu erkennen geben‘, ags. *bēodan*, as. *biodan*, ahd. *biotan* ‚bieten, darbieten‘, nhd. *bieten, gebieten, verbieten, Gebiet*, eigentl. ‚Befehls-bereich‘; aisl. *boð* n., ags. *gebod* n., mhd. *bot* n. ‚Gebot‘, ahd. usw. *boto* ‚Bote‘, ahd. *butil* (nhd. *Büttel*), ags. *bydel* ‚Bote, Gerichtsdiener‘; got. *biuþs, -dis* ‚Tisch‘, aisl. *bjōðr*, ags. *bēod*, ahd. *beot, piot* ‚Tisch; Schüssel‘, eig. ‚worauf angeboten wird, Servierbrett‘ (dazu auch ahd. *biutta*, nhd. *Beute* ‚Backtrog, Bienenkorb‘).

Mit *n* (vgl. Hirt Idg. Gr. II 96): got. *anabūsns* f. ‚Gebot‘ (**-bhudh-sni-*), as. *ambūsan* f. ds., ags. *bÿsen* f. ‚Beispiel, Vorbild‘, aisl. *bÿsn* n. ‚Wunder‘ (aus ‚*Warnung‘), *bÿsna* ‚vorbedeuten, warnen‘;

lit. *bundù, bùsti* ‚erwachen‘ und (ohne Nasalinfix) *budù, budéti* ‚wachen‘, *bùdinu, -inti* ‚wecken‘, *budrùs* ‚wachsam‘; Kausativ *baudžiù, baũsti* ‚strafen, züchtigen‘; refl. ‚beabsichtigen‘ (**bhoudh-i̯ō*), *baũdžiava* ‚Scharwerk, Frondienst‘, lit. *bauslȳs* ‚Befehl‘, lett. *baũslis* ‚Gebot‘, lett. *bauma, baũme* ‚Gerücht, Nachrede‘ (**bhoudh-m-*), lit. *pasibaudyti* ‚sich erheben, aufbrechen‘, *baudìnti* ‚aufmuntern, Lust zu etwas erwecken‘, apr. *etbaudints* ‚auferweckt‘.

Themat. Präs. in abg. *bljudǫ, bljusti* ‚wahren, hüten, achtgeben‘, russ. *bljudú, bljustí* ‚beobachten, wahrnehmen‘ (über slav. *-ju* aus idg. *eu* s. Meillet Slave commun² 58).

Kausativ in abg. *buždǫ, buditi* ‚wecken‘, russ. *bužú, budítъ* ds. (usw.; auch in russ. *búdenъ* ‚Werktag‘, wohl eig. ‚Wecktag‘ oder ‚Tag für Fron-dienst‘); Zustandsverb mit *ē*-Suffix in abg. *bъždǫ, bъděti* ‚wachen‘, perfektiv (mit *ne-/no*-Suffix wie in gr. πυνθ-άνο-μαι, wo *-ανο-* aus *-n̥no-*, Schwyzer Gr. Gr. I 700) *vъz-bъnǫ* ‚erwache‘ (**bhud-no-*, aus einem Aor. des Typus gr. ἐπύθετο gebildet, usw., s. Berneker 106 f., auch über skr. *bādnjı dân* ‚Christabend‘, *bādnjāk* ‚Holzscheit, das man am Weihnachtsabend ins

Feuer legt' usw.), abg. *sъ-na-bъděti* ‚φυλάττειν‘; abg. *bъdrъ* ‚προθυμος‘, willig, bereit‘, *bъždrъ* ds., russ. *bódryj* ‚munter, stark, frisch‘, skr. *bȁdar* ‚lebhaft‘.

Toch. B *paut-*, A *pot* ‚ehren‘? (Van Windekens Lexique 87).
WP. II 147 f., Feist 41, 97, Meillet Slave commun² 202 f.

1. bheug- ‚fliehen‘, nach Kretschmer (Gl. 30, 138) zu *2. bheug(h)-* (av. *baog-* in der intransitiven Bedeutung ‚sich retten‘).

Gr. φεύγω (Aor. ἔφυγον, Perf. πέφευγα) ‚fliehe‘, φυγή f. (= lat. *fuga*) ‚Flucht‘, hom. φύζα (*φυγια) ds., Akk. φύγα-δε ‚in die Flucht‘ vom Kons. Stamm *φυγ-;

vielleicht im ven. ON Φευγαρον (Westdeutschl.) ‚Fluchtburg‘;
lat. *fugiō*, *fūgī*, *-ere* ‚fliehe, enteile, verschmähe‘, *fuga* f. ‚Flucht‘;
lit. *búgstu*, *búgau*, *búgti* intr. ‚erschrecken‘, kaus. *baugínti* ‚jemd. erschrecken‘, *baugùs* ‚furchtsam‘.
WP. II 144, 146, WH. I 556 f., Kretschmer Gl. 30, 138.

2. bheug-, bheugh- ‚wegtun, reinigen, befreien‘; intrans. ‚sich retten‘.

Av. *baog-*, *bunja-* ‚lösen, retten, sich retten vor‘ (*bunjainti* ‚sie befreien, retten‘, *būjayamnō* ‚ablegend‘, *bunjayāṯ* ‚er rette‘), *būjim* Akk. ‚Reinigung‘, *qzō-buj-* ‚aus Not befreiend‘, *baoxtar-* ‚Befreier‘; pehl. paz. *bōxtan* ‚retten, erlösen‘, südbal. *bōjag* ‚öffnen, lösen, losbinden‘, als pers. Lw. arm. *bužem* ‚heile, rette, befreie‘, *boiž* ‚Heilung, Befreiung‘; pāli *paribhuñjati* ‚reinigt, kehrt aus‘; aber pāli *bhujissa-* ‚freigelassen (von früheren Sklaven)‘ = ai. *bhujiṣyà-* ‚frei, unabhängig‘ (Lex., in der Lit. als ‚nutzbar‘, Subst. ‚Diener(in)‘), zu *4. bheug-*.

Illyr. PN *Buctor*, ven. *Fuctor* (: av. *baoxtar-*), *Fugonia*, *vhuχia*, *vhouχontios*, usw.

Got. *usbaugjan* ‚ausfegen, auskehren‘, nhd. dial. *Bocht* ‚Kehricht, Mist‘; hierzu wohl auch mhd. *biuchen* ‚in Lauge kochen‘, ursprgl. ‚reinigen‘, *būche* f. ‚Lauge‘ (mit sekund. Ablaut).

Die Doppelheit germ. *gh* : ar. *g-* auch bei *bheugh-* (nhd. *biegen*) : *bheug-* (ai. *bhujati* usw.) ‚biegen‘. Wohl identisch damit.
WP. II 145, WH. I 560, Kretschmer Gl. 30, 138.

3. bheug-, bheugh- ‚biegen‘.

Ai. *bhujáti* ‚biegt, schiebt weg‘, *bhugná-ḥ* ‚gebogen‘, *bhúja-ḥ* ‚Arm‘, *bhujā* ‚Windung, Arm‘, *bhōgá-ḥ* ‚Windung einer Schlange; Ring‘ (: ahd. *boug*); *niṣ-bhuj-* ‚schieben‘, Pass. ‚sich drücken, entwischen‘;
vielleicht hierher alb. *butë* ‚weich‘ aus *bhug(h)-to-* ‚biegsam‘;
ir. *fid-bocc* ‚hölzerner Bogen‘, wohl auch *bocc* ‚tener‘ (‚*biegsam‘), nir. *bog* ‚weich‘ (aus *buggo-*), KZ. 33, 77, Fick II⁴; für abret. *buc* ‚putris‘,

pl. *bociou* ‚putres‘, nbret. *amsir poug* ‚temps mou‘, die brit. *-ch-* = ir. *-gg-* erwarten ließen, erwägt Pedersen KG. I 161 Entlehnung aus dem Ir.

Im Germ. **bheugh-*: got. *biugan*, ahd. *biogan* ‚biegen‘, aisl. Partiz. *boginn* ‚gebogen‘; ablaut. ags. *būgan* ‚sich biegen‘, mit *fram* ‚fliehen‘; Kaus. aisl. *beygja*, as. *bōgian*, ags. *biegan*, ahd. *bougen*, nhd. *beugen*; aisl. *biūgr* ‚gebogen‘, ahd. *biugo* ‚sinus‘; aisl. *bogi*, ags. *boga* (engl. *bow*), ahd. *bogo*, nhd. *Bogen* (ahd. *swibogo* ‚Schwibbogen‘ aus *swi[*bi-*]*bogo*); vielleicht dazu got. *bugjan* ‚kaufen‘, aisl. *byggia* ‚eine Frau kaufen‘, ags. *bycgan*, as. *buggian* ‚kaufen‘ (vgl. nhd. dial. ‚sich etwas beibiegen‘ = ‚erwerben, nehmen‘); dazu wohl lett. *bauga* und *baūgurs* ‚Hügel‘.

Intensivum (mit Verschärfung) germ. *bukjan im mhd. *bücken*, schweiz. *bukche*; mnd. *bucken*, afries. *buckia* ‚sich bücken‘ (Wissmann Nom. postverb. 171, 181);

WP. II 145 f., WH. I 556, Feist 96.

4. *bheug-* ‚genießen‘.

Ai. *bhuṅktē* (mit Instr., jünger Akk.) ‚genießt‘, vgl. *bhunákti*, *bhuñjati* ‚gewährt Genuß, genießt, verzehrt‘, *bubhukṣa* ‚Hunger‘, *bhóga-ḥ* ‚Genuß‘; über ai. *bhujiṣyà-* s. oben unter 2. *bheug-*;

alb. *bungë* f., *bunk*, *bungu* m. ‚(Speise)eiche‘ (als ‚Nährbaum‘, Postverbale = ‚Kostgewährer‘);

lat. *fungor* ‚verrichte, werde fertig mit‘, mit Akk., später Abl., *dēfungor* ‚bringe zu Ende, überstehe‘, *perfungor* ‚genieße ganz, verwalte zu Ende‘.

WH. I 565 f., Wackernagel Synt. I 68, Jokl L.-k. Unters. 179.

bhidh- ‚Topf, Kübel, Faß‘.

gr. *πίθος* n. ‚Faß, Weinfaß‘, *πιθάκνη*, att. *φιδάκνη* ds., lat. *fidēlia* (*fides-liā) ‚irdenes Gefäß, Topf‘; vermutlich aisl. *biđa* f. ‚Milchkübel‘, norw. *bide* n. ‚Butterfaß‘ (**bidjan-*), *bidne* n. Gefäß.

Da aus lat. *fiscus* ‚geflochtener Korb; Geldkorb, Kasse‘, *fiscina* ‚geflochtener Korb‘ (aus **bhidh-sko-*) für unsere Sippe eine Grundbed. ‚geflochtenes Gefäß‘ erschlossen werden darf, gehört sie wohl zu einer Wz. *bheidh-* ‚binden, flechten‘.

WP. II 185, WH. I 492 f., 506.

bhili-, *bhilo-* ‚ebenmäßig, angemessen, gut, freundlich‘.

Mir. *bil* (**bhi-li-*) ‚gut‘, gall. *Bili-* in PN *Bili-catus*, *Bilicius* usw., ahd. *bila-* ‚gütig‘, jünger *bili-*, *bil-* im 1. Glied von Personennamen; ags. *bile-wit* ‚einfach, unschuldig‘ = mhd. *bilewiz*, *bilwiz* ‚Kobold‘ (eigentl. ‚guter Geist‘); ahd. *bil-līch* ‚geziemend‘; Abstraktum *bilipō in as. *unbilithunga* ‚Unförmlichkeit‘, mhd. *unbilde*, *unbilede* n. ‚Unrecht, das Unbegreifliche‘, nhd. *Unbilde*, zum Adjektiv mhd. *unbil* ‚ungerecht‘, substantiviert schweiz. *Unbill*. Über nhd. *Bild* s. unter *bhei(ə)-* ‚schlagen‘, wozu R. Loewe (KZ. 51, 187 ff.) auch *Unbilde* stellen will.

Gr. φίλος ‚lieb, wert‘ usw. stellt Kretschmer (IF. 45, 267 f.) als vor-griechisch zu lyd. *bilis* ‚sein‘; dagegen Loewe aaO., der die Betonung der ersten Silbe aus dem Vokativ erklärt.

WP. II 185, Kluge[11] unter *Bild, billig, Unbill, Weichbild.*

bhlaĝ- ‚schlagen‘.

Lat. *flagrum* ‚Geißel, Peitsche‘, *flagellum* ds., mit Dehnstufe wahr-scheinlich *flāgitō, -āre* ‚zudringlich und mit Ungestüm fordern, dringend mahnen‘ (ursprgl. wohl mit Schlägen und Drohungen), *flāgitium* ‚Schand-tat, Schändlichkeit, Schande‘ (ursprgl. ‚öffentliche Züchtigung und Aus-scheltung‘; *conflages* ‚loca in quae undique cōnfluunt ventī‘ Paul Fest. 35, scheint verderbt für *conflāgēs*);

aisl. und nnorw. dial. *blaka, blakra* ‚vor und zurück schlagen, fächeln, flattern‘, aisl. *blak* ‚Schlag‘, aisl. *blekkja* (**blakjan*) ‚schlagen‘ (norw. ‚flackern‘), schwed. mdartl. *blākkta* (**blakatjan*), mndl. *blaken* ‚fächeln, flattern, schlottern‘ (im Germ. lautlicher Zusammenfall mit der Sippe von aisl. *blakra* ‚blinken‘ usw., s. u. **bheleg-* ‚glänzen‘; so ist z. B. norw. *blakra* sowohl ‚fächeln‘ als ‚glänzen‘).

Lit. *blaškaũ* und *blośkiù* (-*šk-* aus -*ĝ-sq-*) ‚hin und her, seitwärts schleu-dern, hin und her reisen, umhersausen‘.

WP. II 209, WH. I 511 f.

bhlagh-men- ‚Zauberpriester‘; ursprgl. wohl Neutrum ‚Opferhandlung‘.

Air. *brahmán-* m. ‚Zauberpriester‘, *bráhman-* n. ‚Zauberspruch, Andacht‘; messap. βλαμινι ‚Priester‘; lat. *flāmen, -inis* m. ‚Opferpriester‘ (nicht altes **-ēn*).

Wegen der zahlreichen Übereinstimmungen in der religiösen Termino-logie zwischen dem Italischen und Indoiranischen ist diese Gleichung der Erklärung von *flāmen* aus **bhlād-(s)men*, angebl. ‚Opferhandlung‘ (zu got. *blōtan* ‚verehren‘, an. *blōta*, ags. *blōtan*, ahd. *bluozan* ‚opfern‘, an. *blōt* n. ‚Opfer‘ [-*es*-St., vgl. finn. *luote* ‚Zaubergesang‘ aus urgerm. **blōtes*], ahd. *bluostar* n. ds., usw.), vorzuziehen. Vgl. auch Dumézil REtIE. 1, 377, der noch arm. *baljal* ‚streben nach‘ vergleicht.

WP. II 209, WH. I 512 f., 865 f., Feist 100 f., 580 a.

bhlē- ‚heulen, laut weinen, blöken‘.

Lat. *fleō, flēre* (**bhlēi̯ō*) ‚(be)weine‘;

lett. *blêju, blêt* ‚blöken‘;

r.-ksl. *blěju, blějati* ‚blöken‘ (daneben skr. *blějīm, blějati* ‚blöken‘ usw., mit *ě*); mhd. *blæjen* ‚blöken‘ (germ. **blējan* = lat. *fleō*); ahd. *blāzan*, nnd. *blässen*, ags. *blǣtan*, engl. *to bleat* ‚blöken‘, ags. *blagettan, blǣgettan* ‚schreien‘, ndd. *blage* n. ‚Kind‘; mhd. *blēren, blerren* ‚blöken, schreien‘,

ahd. *plärren, plären* (auch ‚weinen‘), ndl. *blaren* ‚blöken‘, engl. *to blare*
‚brüllen‘; ablautend mhd. *blärjen, blüelen* (*blōljan), dissimil. *brüelen*
‚brüllen‘; schwundstufig mhd. *bral* ‚Schrei‘, schwäb. *bralla* ‚schreien‘.
Vgl. 6. *bhel-* und die Schallwurzel *blē-*.
WP. II 120, WH. I 516.

bhlēd-, bhḷd- ‚aufsprudeln, heraussprudeln, auch von Worten‘.
   Gr. φλέδων ‚Schwätzer‘, φλεδών f. ‚Geschwätz‘; φληδῶντα· ληροῦντα
Hes.; παφλάζω ‚brodle, brause‘; hierzu auch Aor. φλαδεῖν (intrans.) ‚zerreißen‘; vgl. zur Bedeutung lat. *fragor*;
   mit Abtönungsdehnstufe *bhlōd-* air. *indlāidi* ‚prahlt, rühmt sich‘, *indla-
dud* ‚das Prahlen‘ (**ind-blād-* ‚sich aufblasen oder große Worte machen‘)
und lett. *bladu, blāzt* ‚schwatzen‘;
   schwundstufig ahd. *uz-ar-pulzit* ‚ebullit‘;
   nhd. *platzen, plätschern* sind wohl sicher jüngere Schallbildungen.
WP. II 210, 216, WH. I 515, 518.
   Zu 3. *bhel-*.

bhleg͜u- ‚sich aufblähen, schwellen‘, Erw. v. *bhel-* ‚aufblasen‘.
   Gr. φλέψ, -βός f. ‚Ader‘, φλεβάζοντες· βρύοντες Phot.; ahd. *bolca, bul-
chunna* (**bhḷgu-*) ‚bulla‘.
WP. II 215, WH. I 519 f.

1. **bhlēi- : bhləi- : bhlī-** ‚glänzen‘, auch von Narben, Erw. von *bhel-* ds.
   Germ. **blīþia-* (**bhlei-tio-* oder eher **bhlī-tio-*) ‚licht, heiter (vom Himmel,
dann von den Mienen, der Stimmung:) fröhlich‘ in got. *bleiþs* ‚gnädig,
mild‘, aisl. *blīðr* ‚mild (vom Wetter), freundlich, angenehm‘, ags. *blīþe*
‚heiter, freundlich‘, ahd. *blīdi* ‚heiter, froh, freundlich‘, as. *blīthōn*, ahd.
blīden ‚sich freuen‘.
   As. *blī* n. ‚Farbe‘, Adj. ‚farbig‘, afries. *bli(e)n* ‚Farbe‘, *bli* ‚schön‘, ags.
blēo n. ‚Farbe, Erscheinung, Form‘ (wohl **blīja-*).
   Ob germ. *bliwa ‚Blei‘ (ahd. *blio, -wes* as. *bli*, aisl. *blȳ*) ein mit lit.
blȳvas ‚lila, veilchenblau‘ sich deckendes Farbadj. mit Formans -*yo-* von
unserer Wurzel war (ein dem nhd. *blau* entsprechendes, allerdings unbe-
legtes kelt. **bliyo-* aus **bhlē-yo-* als Quelle anzunehmen, wäre denkbar),
ist strittig, aber doch das Wahrscheinlichste.
   Hierher (nach Specht Dekl. 117) russ. *bli-zná* ‚Fadenbruch im Gewebe‘,
čech. poln. *bli-zna* ‚Narbe‘; wegen der Parallelformen unter 1. *bhlēu-*
kaum mit WH. I 517 zu *bhlīg̑-*.
   Lit. *blȳvas* ‚lila, veilchenblau‘; vielleicht lit. *blaĩvas* ‚nüchtern‘ (wenn
nicht als *blaid-vas zum verwandten *bhləido-s), *blaivaūs, -ýtis* ‚sich aufklären, nüchtern werden‘; vielleicht lett. *blĩnêt* ‚lauern, blinzeln‘.

Toch. A. *plyaskeṃ* ,Meditation'?? (Van Windekens Lexique 97).
WP. II 210.

S. auch unter 1. *bhlĕu-* und *bhləido-s*.

2. **bhlei-** ,aufblasen, schwellen, strotzen, überfließen', Erw. von *bhel-* ds.

Norw. dial. *bleime*, aschwed. *blēma* ,Hautbläschen' (vgl. norw. *blœma* ds. unter *bhel-, bh(e)lē-*); dän. *blegn(e)* ,Bläschen' (**blajjinōn*), ags. *blegen* f., engl. *blain*, mnd. *bleine*, älter dän. *blen(e)*, aschwed. *blena* ,Bläschen' (**blajinōn*).

Daß gr. φλιά ,Türpfeiler, Türpfosten' eig. ,(*geschwollener =) dicker Balken' sei (Prellwitz³ und Boisacq s. v.; Gdf. **bhlĭ-i̯ā* oder *-sā*), bedürfte erst auswärtiger Bestätigung; τὰ φλιμέλια ,Blutgeschwulst' ist aus lat. *flēmina* verderbt.

bhleis-: aisl. *blīstra* ,blasen, pfeifen'? (vgl. got. *-blēsan* unter *bhel-, bh(e)l-ē-*; junge Variation mit *i* zur Nachahmung des hellen Tones?); vielleicht serb. *blīhām, blíhati* ,überschwemmen; speien; den Durchfall haben'; *blīhnēm, blíhnuti* ,anspritzen', bulg. *bličá, bliknə, blikvam* ,ergieße mich, ströme' (wenn nicht als ursl. **blychajǫ* zur *u*-Variante von gr. φλύω usw.).

bhleid- (vermutlich *d*-Präs. **bhli-d-ō*).

Gr. φλιδάω ,fließe von Feuchtigkeit über, schwelle davon auf', ἔφλιδεν· διέρρεεν Hes., φλιδάνει· διαρρεῖ Hes., διαπέφλοιδεν· διακέχυται Hes., πεφλοιδέναι· φλυκτανοῦσθαι Hes., φλοιδάω, -έω, -ιάω ,gären, brausen', ἀφλοισμός ,Schaum, Geifer' (α- = ṇ ,ἐν'); vermutlich auch φλοῖσβος ,das Branden des Meeres, das Kampfgetümmel', πολύφλοισβος θάλασσα (**φλοιδσβος*, Formans nach Schallwörtern wie κόναβος, ἄραβος?);

vielleicht hierher mir. *blāed* ,Gebrüll' (daraus cymr. *bloedd* ds.);

engl. *bloat* ,anschwellen' (**blaitōn* = φλοιδάω);

lett. *blīstu, blîdu, blízt* und *bliêžu, -du, -st* ,aufdinsen, dick werden'.

WP. II 210 f.

bhlĕig̑-, bhlīg̑- ,glänzen', Erw. von *bhlĕi-* ds., wie *bhleiq-*.

Ags. *blīcan* ,glänzen', as. *blīkan* ,glänzen', ahd. *blīhhan* st.-V. ,bleich werden', mhd. *blīchen* st.-V. ,glänzen, erröten', aisl. *blíkja, bleik* ,erscheinen, glänzen, leuchten'; aisl. *bleikr*, ags. *blāc*, ahd. *bleih* ,bleich, blaß'; ahd. *bleihha* ,Weißfisch, Plötze', norw. *bleikja* und *blika* ds.; aisl. *blik* n. ,leuchtender Glanz; Gold, Goldblech', ahd. *bleh* ,(*glänzendes) dünnes Metallplättchen', nhd. *Blech*, mnd. *blick* ds.; ags. *blike* m. (**bliki-*) ,bloßgelegte Stelle'; ahd. *blic, -ches* ,schnelles Glanzlicht, Blitz', mhd. *blic, -ckes* ,Glanz, Blick, Blitz', nhd. *Blick*, ahd. *blecchazzen* (**blekatjan*), mhd.

bliczen, nhd. *blitzen*; as. *bliksmo* ,Blitz', aschwed. *blixa* ,blinzeln', nschwed. auch ,blitzen'.

Lit. *blizgù, -ėti* ,flimmern, glänzen', *blýškiu, blyškėti* ,funkeln, schimmern, glänzen', *blykštù, blyškaũ, blýkšti* ,erbleichen', ablaut. *blaikštaûs, -ýtis* ,sich aufklären, vom Himmel'; lett. *blaiskums* ,Fleck', *meln-blaiskainš* ,dunkelgrau'.

Russ.-ksl. *blěskъ* ,Glanz' (**bhloiĝ-sko-*); ablautend aksl. *bliskъ* ,Glanz' und **blъskъ* in čech. *blesk*, Gen. alt *blъsku* ,Blitz', aksl. *blъštǫ, blъštati* glänzen', Iter. *bliscajǫ, bliscati sę*.

WP. II 211 f., EM. 398, Trautmann 34, Meillet Slave commun² 133, Specht Dekl. 144.

bhleiq- ,glänzen', Erw. von *bhlěi-* (: *bhel-*) ds., wie *bhlěiĝ-*.

Ags. *bǣlge* (**blaigiōn-*) ,Gründling'; mnl. mnd. *blei(g)* und *bleger*, nhd. *Bleihe, Blei* ,Fischnamen'; daneben mhd. *blicke* ,Cyprinus', nhd. *Blicke* (norw. dial. *blekka*, nhd. *Blecke* ,Weißfisch' von der *e-*Wz. *bhleg-?*); in anderer Bedeutungswendung (,glänzen : blicken') aisl. *blígr* ,starr und stier hinsehend', *blígja* ,hinstarren'.

Dazu russ. *blěknutъ* ,bleichen, verschießen, welken', *blěklyj* ,fahl, matt; welk', *blěkotъ* ,Gleisse, Aethusa cynapium', poln. *blaknąć* ,verschießen, verbleichen'.

WP. II 211.

bhlendh- ,fahl, rötlich'; ,undeutlich schimmern'; ,trübe sein oder machen' (auch durch Umrühren des Wassers usw.); ,irren, schlecht sehen'; ,Dämmerung'.

Ai. *bradhná-ḥ* (**bhlndh-no-*) ,rötlich, falb';

germ. **blundaz* (**bhlndh-o*) in mlat. *blundus*, ital. *biondo*, frz. *blond*, woraus mhd. *blunt*, nhd. *blond*;

got. *blinds* ,blind', aisl. *blindr* ,blind, undeutlich', as. ags. *blind*, ahd. *blint* ,blind', auch ,dunkel, trübe, nicht sichtbar'; got. *blandan sik* ,sich vermischen', aisl. *blanda* ,mischen' (*blendingr* ,Blendling'), as. ags. *blandan*, ahd. *blantan*, mhd. *blanden* ,mischen, trüben' (nhd. *Blendling* ,Mischling'); zum germ. *a* vgl. das Iterativ-Kausativ: ahd. *blendan* (**blandjan*) ,verdunkeln, blenden', ags. *blendan* ,blenden' (: *blandýtis*, aksl. *bladiti*); aisl. *blunda* ,die Augen schließen', *blundr* ,Schlummer', mengl. *blundren* ,umrühren, verwirren', neugl. *blunder* ,sich gröblich irren, tappen';

lit. *blendžiù, blę̃sti* ,schlafen; das Essen mit Mehl einrühren', lett. *blendu, blenst* ,nicht recht sehen, kurzsichtig sein, schauen'; lit. *blandaûs, -ýtis* ,die Augen niederschlagen, sich schämen', lett. *bluôdîties* ,ds.; herumschlendern', lit. *blañdas* ,Schläfrigkeit, trübes Wetter', *blandùs* ,bündig, von der Suppe (eingerührt); trübe; dunkel'; lit. *blísta, blíndo, blísti* ,dämmrig, dunkel werden; trübe werden, vom Wasser', *prýblindė* (und *prieblandä*) ,Abenddämmerung'; hierher auch *bliñdė*, *blendìs*, *blùndė* ,Salweide';

aksl. *blědǫ*, *blęsti* ,irren; πορνεύειν', *blędъ* ,Geschwätz, Possen', slov. *blъ dem*, *blésti* ,faseln, phantasieren', ačech. *blésti* (2. Sg. *bledeš*) ,faseln'; aksl. *blǫdъ* ,πορνεία', poln. *błąd* ,Irrtum', aksl. *blǫždǫ*, *blǫditi* ,irren, πορνεύειν', skr. *blúdīm*, *blúditi* ,irren, betrügen' usw.

WP. II 216, 218, Trautmann 34 f., Endzelin KZ. 52, 112, Specht Dekl. 58, 117.

Gehört wohl zu 1. *bhel-*.

bhles- ,glänzen', bisher nur im Germ. nachweisbare Erw. von *bhel-* ,glänzen'.

Mhd. *blas* ,kahl, bleich' (nhd. *blaß*) n. ,Fackel, brennende Kerze', ags. *blæse* ,Fackel, Feuer', engl. *blaze* ,Glut; weißer Stirnfleck', ahd. *blas-rŏt* ,Pferde mit einer Blässe' (lichtem Fleck auf der Stirn), mnd. *blesse* (*blasjō*) ,Blässe', aisl. **bles-* in *blesöttr* ,mit einem weißen Fleck, einer Blässe gezeichnet' und in Kompos. auf *-blesi*.

WP. II 217.

bhleu- ,aufblasen (schnauben, brüllen), schwellen, strotzen, überwallen, fließen', Erw. von *bhel-* ,(aufblasen), aufschwellen'.

Gr. φλέ(*F*)ω ,strotze, bin übervoll', Φλεύς (**Φληυς*, dehnstufig), ephes. Φλέως (**Φληϝος*) Beiname des Dionysos als Vegetationsgottes; vermutlich von der Üppigkeit des Wuchses auch att. φλέως, jon. φλοῦς ,Schilfgewächs'; φλοίω (**φλοϝϳω*) ,schwelle, strotze, bin in Blüte', ὑπέρφλοιος ,üppig wachsend' oder ,überaus saftig', Φλοῖος, Φλοία ,Beiname des Dionysos und der Kore als Vegetationsgottheiten', wohl auch φλοιός, φλόος ,Rinde, Hülse'; ablautend φλύω ,walle über, sprudle, schwatze; bin fruchtreich', ἀπο-φλύειν· ἀπερεύγεσθαι Hes. φλύος m. ,Geschwätz', φλύαξ ,Geschwätz, Possen; Possenreißer';

lit. *bliáuju*, *blióviau*, *bliáuti* ,brüllen, blöken', *blỉữrauti* ,brüllen', lett. *blàunu*, *blãvu*, *blàut* ds.; aksl. *blюjǫ*, *blьvati* ,speien, erbrechen' (beruht auf altem Präteritalstamm, vgl. lit. *blïữvo* aus idg. **bhluụā-*); dazu vielleicht auch apr. *bleusky* ,Schilf' (würde in der Bed. zu gr. φλέως stimmen!).

Mit einer *s*-Erw. nd. *blüstern* ,heftig blasen, stürmen, schnauben', engl. *bluster* ,brausen, lärmen' und skr. *bljùzgati* ,mit Geräusch strömen, dummes Zeug schwatzen'; auch skr. *blihati* usw.? (s. unter *bhlei-s-*).

Mit dentalen Formantien: mhd. *blŏdern* ,plaudern'? (eher junges Schallwort; vgl. Kluge[11] unter *plaudern*); eher schweiz. *bloder* ,große Blase usw.', *blodern* ,sprudeln, wallen', nhd. *Pluderhosen*; vielleicht skr. *blútiti* ,ungereimt, unpassend sprechen', Berneker 62; über ahd. *blāt(t)ara* ,Blase' (**blē-drŏ-*) s. S. 121;

mit -d- (ursprgl. Präsens bildend?): φλυδάω ‚fließe über, zerfließe, werde weich‘, φλυδαρός ‚matschig‘, ἐκφλυνδάνειν ‚aufbrechen, von Geschwüren‘.

g-Erweiterung *bhleugʷ- (vgl. die Wzform *bhlegʷ-):

gr. οἰνό-φλυξ ‚weintrunken‘; φλύζω ‚aufwallen, überwallen, auch mit Worten‘; φλυκτίς, φλύκταινα ‚Blase‘; aber πομ-φόλυξ ‚Brandblase, Schildbuckel‘ bleibt fern;

lat. *fluō, -ere, flūxi, flūctum, jünger flūxum ‚fließen, strömen‘, flūctus, -ūs ‚Strömung, Woge‘, flūmen (*fleugsmen) ‚strömendes Wasser, Fluß‘, conflūgēs alat. ‚Zusammenfluß zweier Gewässer‘, fluvius ‚Fluß‘ (vom Präs. fluō aus), flūstra Nom. Pl. ‚Meeresstille‘ (*flugstrom);

ob hierher (mit Nasalierung) cymr. blyngu ‚zornig werden‘, blwng ‚zornig‘, bret. blouhi ‚tadeln‘?

WP. II 213f., WH. I 519f., Trautmann 35; anders EM. 372.

1. **bhlēu-** : **bhlǝu-** : **bhlū-** ‚glänzen‘, auch von weißem Hautausschlag, Narben, Schinn usw. Ableitungen zu 1. bhel-.

Russ. blju-šč ‚Efeu‘ (Specht Dekl. 117); poln. błysk (*bhlū-sk-) ‚Blitz‘; sorb. blu-zná ‚Narbe‘, wruss. blu-zná ‚Webefehler‘; lett. blau-zgas, blau-znas, lit. blù-zganos ‚Schinn‘, lett. blū-zga ‚die sich ablösende Haut‘, blu-zga ‚kleine Teilchen, Bohrmehl‘ usw.

Specht Dekl. 117.

Vgl. die Parallelbildungen unter 1. bhlēi-.

2. **bhlēu-** : **bhlǝu-** : **bhlū-** ‚schwach, elend‘ (wohl aus ‚geschlagen‘).

Gr. φλαῦρος, φαῦλος (beide dissimil. aus *φλαῦλος) ‚geringfügig, schlecht‘; got. blaupian ‚abschaffen‘ (eigentl. ‚schwach machen‘), aisl. blaudr ‚furchtsam‘, ags. blēað ‚blöde, scheu‘, ‚mit io-Suffix as. blōdi ‚schamhaft‘, ahd. blōdi, mhd. blœde ‚zerbrechlich, zaghaft‘, nhd. blöde;

neben idg. *bhlǝu-to- steht eine d-Erweiterung in aisl. blautr ‚weichlich, furchtsam‘, ags. blēat ‚arm, elend‘, mndd. blōt, mhd. blōz ‚bloß‘, nhd. bloß (ahd. blōß mit merkwürdiger Bedeutung ‚stolz‘);

Hochstufe bhlēu- in ags. un-blēoh ‚furchtlos‘ (Suffix -ko-), mit gramm. Wechsel, aisl. bljūgr ‚verzagt‘, blygd ‚Scham‘ (*bleugiþō), ablautend ahd. blūgo Adv., mhd. blūc, bliuc ‚schüchtern‘, ahd. blūgisōn, blūchisōn ‚zweifeln‘, ags. blycgan (*blugjan) ‚erschrecken‘ (trans.); vgl. lit. blúkštu, -šti ‚schlaff werden‘.

bh(e)lēu- ist offenbar Parallelbildung zu bheleu- ‚schlagen‘.

WP. II 208f., Hirt Idg. Gr. II 150, Feist 99, Specht Dekl. 133.

bhleu-(k)-, (-s-) ‚brennen‘, Erw. von bhel- ‚glänzen‘.

*bhleu-s- in gr. περι-πεφλευσμένος πυρί ‚vom Feuer umlodert‘, ἐπέφλευσε, περιφλύω ‚versenge ringsum‘; aisl. blys n. ‚Flamme‘, ags. blȳsa m. ‚Flamme, Fackel‘, mnd. blūs ‚Fackel‘, ags. blyscon ‚erröten‘, engl. blush.

bhleu-k- in mhd. *bliehen* ‚brennend leuchten‘, ahd. *bluhhen.*

Die westslav. Formen wie čech. *blýštěti* ‚schimmern‘, *blýskati* ‚glänzen‘ (neben aksl. *blъštati* usw., s. u. *bhleiĝ-*) sind dagegen wohl Umbildung nach *lyskati*, poln. *łyskać* ‚blitzen, glänzen‘ usw. — Der Bed. nicht unmittelbar entsprechend, bzw. nur aus einer Urbed. ‚glänzen‘ zu rechtfertigen, vergleicht Trautmann GGA. 1911, 245 mit mhd. *bliehen:* lit. *blunkù, blùkti* ‚fahl werden, die Farbe verlieren‘.

WP. II 214.

bhlē-u̯o-s von lichten Farben ‚blau, gelb, blond‘, auch **bhī̆-u̯o-s, bhlē-ro-s, bhlō-ro-s,** Ableitungen von der Wz. 1. *bhel-, bhelə-.*

Lat. *flāvus* ‚goldgelb, rotgelb, blond‘, osk. *Flaviies* G. Sg. ‚Flavii‘ (aus idg. *bhī̆-*), daneben *fulvus* ‚rotgelb, braungelb‘ aus *bhl̥-u̯o-s; flōrus* ‚flāvus‘ auch PN, aus *bhlōros* = gall. *blāros* (Wartburg), mir. *blār* ‚mit weißem Stirnfleck, Fleck, Feld‘, cymr. *blawr* ‚grau‘, daneben *bhlē-ro-* in mnd. *blāre* ‚Blässe, blessige Kuh‘.

Ahd. *blāo*, nhd. *blau* (mhd. *blā* auch ‚gelb‘), ags. *blāw* oder *blǣw*, aisl. *blār* ‚blau‘ aus *bhlē-u̯o-s;* s. auch S. 155;

air. *blá* ‚gelblich?‘ ist spätes ags. Lw.? Über germ. *bliwa-* ‚Blei‘ s. unter 1. *bhlei-.*

Lit. *blāvas*, lett. *blāvs* ‚bläulich, gelb‘ sind germ. Lw.

WP. II 212, WH. I 513 f., anders EM 367.

bhleus- etwa ‚schlaff‘?

Schwed. mdartl. *bloslin* ‚schwächlich‘, norweg. *blyr* ‚mild, lau‘, *bleyra* ‚Schwächling, Feigling‘, nhd. schwäb. *blūsche(n)* ‚langsam, träge‘: lit. *apsi-blausti* ‚verzagen, traurig werden‘.

Vielleicht zu *bheleu-.*

WP. II 214.

bhləido-s ‚licht, blaß‘, zu *bhlēi-* ‚glänzen‘, von einer erw. Wzf. *bhlēi-d-.*

Aksl. *blědъ* ‚bleich, blaß‘ = ags. *blāt* ‚bleich, bleifarben‘; ahd. *bleizza* ‚Blässe‘. Vielleicht lit. *blaĩvas* ‚nüchtern‘ (wenn aus *blaid-vas;* oder von der unerw. Wz. *bhlei-*, s. d.), *blaivaũs, -ýtis* ‚nüchtern werden; sich aufklären, vom Himmel‘. Alb. *blerónj* ‚grüne‘ von einem Adj. *blerë* aus *bled-rē* (*e* = idg. *ai* oder *oi*), *blёhurë* ‚blaß, bleich‘.

Dazu wohl der illyr. PN *Blaedarus.*

WP. II 217, Trautmann 34, Specht Dekl. 197.

bhlīĝ- (: *bhlēiĝ-*) ‚schlagen, schmeißen‘, auch *bhlīĝu-* (gr. kelt.), aus einem u̯o-Präsens *bhlīĝ-u̯ō* zu deuten.

Äol. ion. φλίβω ‚drücke, quetsche‘ (über ϑλίβω s. unter *dhlas-* ‚quetschen‘); cymr. *blif* m. ‚catapult, pallista‘, *blifaidd* ‚schnell‘; lat. *fligō, -ere* ‚schlagen, anschlagen, zu Boden schlagen‘ (**bhlīgō*, oder allenfalls mit durch *flīxi*, *flīctum* veranlaßtem *ụ*-Verlust aus **fligụō*);

lett. *blaĩzît* ‚quetschen, schmettern, schlagen‘, *bliêzt* ‚schlagen‘; aksl. *blizъ, blizъ* Adv. ‚nahe‘ (eigentl. ‚anstoßend‘).

WP. II 217, WH. I 517, EM. 369. Über russ. *bliznà* s. unter 1. *bhlĕi-*.

bhlōk- ‚Woll- oder Wergflocke, Gewebe‘?

Lat. *floccus* ‚Wollfaser, Flocke‘ (**flōcos*) zu ahd. *blaha* f. ‚grobes Leintuch (bes. zu Decken oder Unterlagen)‘, nhd. *Blahe, Blache*, ält. dän. *blaa* ‚Werg, Hede‘, jetzt *blaar* (eig. Pl.), schwed. *blånor, blår* ds., aschwed. *blan, bla* ds. (germ. **blahwō-*), an. *blæja* (**blahjōn-*) ‚Laken, Bettuch‘.

WP. II 217, WH. 517 f., 866.

bhlos-q-; -g- in Schallworten.

Ir. *blosc*, Gen. *bloisc* ‚Lärm‘ (*bhlosko-*); vgl. auch *brosc* ds. unter **bhres-*; lit. *blázgu, -ěti* intr. ‚klappern‘, *blázginti* ‚klappern, rasseln‘.

WP. II 218.

bhog- ‚fließendes Wasser, Bach‘.

Mir. *búal* f. ‚fließendes Wasser‘ (**bhoglā*), *búar* m. ‚diarrhoea‘ (**bhogro-*); urgerm. **baki-*, ahd. *bah*, nhd. *Bach*, neben **bakja-* in aisl. *bekkr*, ags. *becc* m. ds.

Mit Hinblick auf ai. *bhaṅgá-ḥ*, lit. *bangà* ‚Welle‘ könnte an die Wz. *bheg-* ‚zerschlagen, zerbrechen‘ angeknüpft werden.

WP. II 149 f., 187.

bhŏgh- oder **bhăgh-** ‚Schlamm, Sumpf‘.

Mnl. *bagger* m. ‚Schlamm‘, daraus nhd. *baggern* ‚den Schlamm ausschöpfen‘; russ. *bagnó* ‚niedrige, sumpfige Stelle‘, čech. *bahno* ‚Sumpf, Morast‘, poln. *bagno* ds.

WP. II 187, Petersson Heterokl. 123 f.

bhōi-: bhəi-: bhī- (*bhii̯ə-*) ‚sich fürchten‘; **bhoidho-s** ‚fürchterlich, abscheulich‘.

Ai. *bháyatē* ‚fürchtet sich‘ (aus **bhəi̯etai* = slav. *bojetъ*), av. *bayente*, *byente* ‚sie setzen in Furcht‘, mpers. *bǣsǎnd* ‚sie sind in Angst‘ (uriran. **bai-sk-*); ai. *bibhéti* ‚fürchtet sich‘, sek. zum ursprünglichen Perf. m. Präsensbed. *bibháya* ‚hin in Furcht‘ (*bibhīyāt, bibhītana, abibhēt*, Partiz. *bibhīvān* = av. *biwivå* ‚sich fürchtend‘); ai. *bhiyaná-ḥ* ‚sich fürchtend‘; *bhí-ḥ* f., *bhīti-ḥ* f. (: lett. Inf. *bîties*) ‚Furcht‘, *bhīmá-ḥ* ‚furchtbar‘, *bhītá-ḥ*

11

‚sich fürchtend, erschrocken', *bhīrú-ḥ* ‚furchtsam, schüchtern, feige' (wenn *r* = idg. *l*, ablautend mit lit. *báilė, bailùs*); npers. *bāk* ‚Furcht' (aus **bháyaka-*); mit idg. Vereinfachung von *ai* zu *ā* vor Kons. hierher *ai. bhāma-ḥ* etwa ‚Grimm, Wut', *bhāmitá-ḥ* ‚grimmig'.

Gr. πίθηκος, πίθων m. ‚Affe' (von **πιθος* ‚häßlich', schwundstuf. **bhidh-*). Lat. *foedus* (**bhoidhos*) ‚häßlich, abscheulich, schändlich'.

Ahd. *bibēn*, as. *bibōn*, ags. *beofian*, aisl. *bifa, -aða* und *bifra* (dies im Ausgang nach **titrōn* ‚zittern' gerichtet) zu urg. **biðai-mi*; **biðōn* ist wohl erst nach dem sonstigen Nebeneinander von *-ōn-* und *-ēn-*Verba sekundär neben ein aus der Perfektform entwickeltes **biðēn* getreten.

Bsl. ursprgl. Präsens **bhəjō-*, Prät.-St. **bhiịā-*, Inf. **bhītēi*; apr. *biātwei* ‚fürchten', kausat. *pobaiint* ‚strafen'; lit. *bijaũs, bijótis* (auch nicht reflexiv) ‚sich fürchten', lett. *bîstuôs, bijuôs, bîtiês* und *bijājuôs, bijâtiês* ‚sich fürchten'. lit. *baijùs* ‚furchtbar, schrecklich, abscheulich'; *baidaũ, -ýti* ‚scheuchen', lett. *baîdu, baîdŷt* und *biêdêt* ‚schrecken', dazu lit. *baisà* ‚Schrecken' (**baid-s-ā*), *baisùs* ‚schrecklich, greulich', *baisióti* ‚beschmutzen, beschmieren' (und aksl. *běsъ* ‚Teufel', **běd-sъ*); lit. *báimė* ‚Furcht'; *báilė* ds. (*bailus* ‚furchtsam').

Aksl. *bojǫ, bojati sę* ‚sich fürchten'.

Eine Weiterbildung **bhiị-es-*, **bhīs-* in ai. *bhyásatē* ‚fürchtet sich', *udbhyása-ḥ* ‚sich fürchtend', av. Perf. *biwivāṇha* (d. i. *biwyāṇha*) ‚erregte Schrecken, war furchtbar'; ai. *bhīṣayatē* ‚schreckt', *bhíṣaṇa-ḥ* ‚Schrecken erregend';

ahd. *bīsa* ‚Nordostwind', *bisōn* ‚toll umherrennen', *bēr* ‚Eber' usw. führen auf ein germ. **bīs-*, **bīz-* ‚aufgeregt einherstürmen'; vgl. Wißmann Nom. postverb. 78.

WP. II 124f., 186, WH. I 522f., Trautmann 24, Kluge[11] unter *Biese*.

bhok- ‚flammen, brennen'?

Lat. *focus* ‚Feuerstätte, Herd'; vermutlich zu arm. *bosor* ‚rot' (‚*feurig'), *boç* ‚Flamme' (**bhok̂-s-o-*).

WP. II 186, WH. I 521.

bholo- etwa ‚Dunst, Dampf, warm aufsteigender Geruch'??

Es vereinigen sich vielleicht air. *bolad*, nir. *boladh* und *baladh* ‚Geruch' und lett. *buls, bula* ‚dunstige schwüle Luft, Höhenrauch, Dürre'; es kann idg. *bhol-* (irisch): *bhₒl-* (lett.) zugrunde liegen; vielleicht ist mit obiger Etymologie auch Peterssons Etym. Miszellen 34 Verbindung von *buls* mit arm. *bal* ‚caligo' (wenn ursprgl. ‚Dunst') kombinierbar?

WP. II 189.

bhorgᵘo-s ‚barsch, unfreundlich‘.

Arm. *bark* ‚heftig, zornig; herb, bitter, scharf von Geschmack‘ (**bhᵣgᵘos*); air. *borb, borp* ‚töricht‘; mir. *borb* (**burbo-*, idg. **bhₒrgᵘo-*) ‚roh, unwissend‘, lett. *baṙgs* ‚streng, hart, unfreundlich, unbarmherzig‘; schwed. mdartl. *bark* ‚eigensinniger unfreundlicher Mensch‘, *barkun* ‚rauh, barsch‘.

Vgl. auch 2. *bhag-*.

WP. II 188, Trautmann 27.

bhoso-s ‚nackt‘.

Ahd. *bar* ‚nackt, bloß‘ (**baza-*), nhd. *bar*, ags. *bœr*, aisl. *berr* ‚nackt, bloß‘; lit. *bãsas*, lett. *bass*, aksl. *bosъ* ‚barfuß‘; arm. *bok* ‚barfuß‘ (**bhoso-go-*).

Wie gr. *ψ-ιλός*, wahrscheinlich zu *bhes-* ‚abreiben, abscheuern‘ (und ‚zerreiben‘), also ursprgl. von kahlgewetzten Stellen, vgl. Kretschmer KZ. 31, 414.

WP. II 189, Meillet Esquisse 38, Trautmann 28.

bhoudhi- ‚Sieg‘?

Air. *búaid* n. ‚Sieg‘, abrit. FN *Boudicca* ‚die Siegreiche‘, cymr. *budd* ‚Gewinn‘, *buddig* ‚siegreich‘ (**bhoudhīko-*) = air. *búadach* ds.; agerm. GN *Baudi-hillia* ‚Siegeskämpferin‘.

WP. II 186, Gutenbrunner Germ. Göttern. 43.

bhoukᵘos ‚summendes Insekt‘.

Lat. *fūcus, -ī* m. ‚Brutbiene, Drohne‘ = ags. *béaw* m. ‚Bremse‘, ndd. *bau* ds.

WP. II 184, WH. I 555 f.

bhrag- (besser *bhrə-g-*) ‚riechen‘.

Lat. *fragrō, -āre* ‚stark riechen, duften‘, Denominativ eines **bhrəg-ro-s* ‚riechend‘; ahd. *bracko* (nhd. *Bracke*), mnd. mnl. *bracke* ‚Spürhund‘ (daraus ital. *bracco* usw.), dazu mlat. *barm-braccus* ‚Schoßhund‘; vgl. mhd. *brǣhen* ‚riechen‘ (**brē-i̯ō*); also alles zur Wz. *bhrē*, oben S. 133.

Fern bleibt gall. *brāca* ‚Hose‘; s. unter 1. *bhreĝ-* ‚brechen‘.

WP. II 192, WH. I 540, Kluge[11] unter *Bracke*.

bhrāter- ‚Angehöriger der Großfamilie, Bruder, Blutsverwandter‘.

Ai. *bhrātar-*, av. apers. *brātar-* ‚Bruder‘; osset. *ärvád* ‚Bruder, Verwandter‘; arm. *ełbair*, Gen. *ełbaur* ds.; (**bhrātēr, *bhrātrós*);

neuphryg. *βρατερε* ‚fratrī‘; mys.-phryg. *braterais* = *φράτραις*?,

gr. *φρήτηρ* (ion.)· *ἀδελφός* Hes., att. *φράτηρ*, *φράτωρ* ‚Mitglied einer *φρατρία* (Sippe, Brüderschaft)‘;

ven. *vhraterei* ‚fratrī‘;

11*

lat. *fráter* ,Bruder', osk. *fratrúm*, umbr. fratrum, *fratrom* ,fratrum' usw. (über spätes lat. *frātruēlis* s. WH. I 542);

air. *brath(a)ir* ,Bruder, Angehöriger der Großfamilie', cymr. sg. *brawd*, Pl. *brodyr*, acorn. *broder*, mbret. *breuzr*, nbret. *breur*, Pl. *breudeur* ds.; got. *brōþar*, aisl. *brōđir*, ahd. *bruoder*, ags. *brōþor* ,Bruder'; Kurzformen dazu ahd. MN *Buobo*, mhd. *buobe* ,Bube', ags. MN *Bōfa*, *Bōja* (> engl. *boy*), norw. dial. *boa* ,Bruder' usw.; ferner ahd. MN *Buole*, mhd. *buole* ,Verwandter, Geliebter', mnd. *bōle* ,Verwandter, Bruder' usw. (s. Kluge[11] unter *Bube, Buhle*);

apr. *brāti* (Vok. *brote*) ,Bruder', lit. *broterēlis*, Kurzform *brožis*, *batis*, *brólis*, lett. *b(r)ālis* ,Brüderchen', *brātarītis* ,lieber Bruder!'; aksl. *bratrъ*, *bratъ* ,Bruder', Kurzform serb. *baća*, ačech. *bát'a* ds., russ. *bátja*, *báčka* ,Vater, Priester'.

Vgl. noch ai. *bhrātrá-m* ,Bruderschaft'; gr. φράτρα, jon. φρήτρη ds.; ai. *bhrātrya-m*: gr. φρατρία, aksl. *bratrьja*, *bratьja* ds., lat. *frātria* ,Frau des Bruders'.

Toch. A *pracar* (Dual *pratri*), B *procer*.

WP. II 193, WH. I 541 f., 866, Specht KZ 62, 249, Fraenkel REtIE 2, 6 f., Risch Mus. Helv. 1, 118.

bhred(h?)- ,waten', im Bsl. auch ,plantschen, die Zeit vergeuden; Unsinn schwatzen'; **bhrod(h)o-s** ,Furt'.

Thrak. ON Βρέδαι; lig. VN *Brodionti*; vgl. gall. FIN *Bredanna*, frz. *La Brenne*, ON Βροδεντία (Bayern).

Alb. *breth*, Aor. *brodha* ,hüpfen'.

Lit. *bredù* (ostlit. *brendù*), *bridaũ*, *brìsti* ,waten', Iter. *bradaũ*, *-ýti* ,waten', *brastà*, *brastvà* ,Furt (kotige)', *bradà* ,Schlamm', *brādas* m. ,Fischfang' (= slav. *brodъ*), mit sek. Ablaut *brýdis* m. ,das Waten, Gang ins Wasser', ter. *braidaũ*, *-ýti* ,fortgesetzt umherwaten'; lett. *brìenu* (mdartl. *briedu* = ostlit. *brendù*), *bridu*, *brist*, Iter. *bradât* ,waten; mit Füßen treten; Albernes sprechen', *braslis* m. ,Furt', *brìdis* m. ,Weile, kurze Zeit'; apr. *Chucunbrast* ,des Teufels Durchfahrt'; Schwundstufe *ir* = *r̥ noch in lit. *birdà* ,nasser Kot', apr. *Birdaw*, Seename.

Russ.-ksl. *bredu*, *bresti* ,durch eine Furt waten' (tiefstufig Präs. *brъdǫ in *neprěbrъdomъ* ,nicht durchwatbar', Aor. *pribrъde*, vgl. ačech. *přebrde* ,wird durchwaten', poln. *brnąć* ,waten' aus *brъdnǫti), russ. *bredú*, *bresti* ,langsam gehen, mit dem Zugnetz fischen', *brédítъ* ,Unsinn schwatzen, phantasieren', *bred*, *bredína* ,Weide' (,da oft im Wasser stehend'), r.-ksl., russ. (usw.) *brodъ* ,Furt', iter. r.-ksl. *broditi* ,waten', russ. *brodítъ* ,langsam gehen, schleichen, umherschweifen; gären', skr. *bròditi* ,waten'.

WP. II 201 f., Trautmann 37, Mühlenbach-Endzelin 332 f.

1. bhreĝ- ‚brechen, krachen‘.

Ai. *giri-bhráj-* ‚aus den Bergen hervorbrechend‘;

lat. *frangō, -ere, frēgi* (: got. *brēkum*), *frāctum* ‚brechen, zerbrechen, beugen‘, *fragilis* ‚zerbrechlich‘ usw. (*bhrₑg-), *fragor* m. ‚das Zerbrechen, Krachen, Getöse‘; mit *ā* (nach *frāctus* usw.): *suffrāgium* ‚Abstimmung, lärmender Beifall, Zustimmung‘; *suffrāginēs* f. ‚Hinterbug der Tiere‘, eigentl. ‚Biegung, Knick‘;

mir. *braigid* ‚furzt‘, Verbaln. *braimm*, cymr. corn. *bram* m. ‚Furz‘, mir. *ɫ-air-brech* ‚Krachen‘; aber gall. *brāca* Kniehose (vgl. βράκκαι αἴγειαι διφθέραι παρὰ Κελτοῖς Hes.) ist germ. Lw., air. *brōc* ‚Hose‘ ist ags. Lw.

got. *brikan*, as. *brekan*, ags. *brecan*, ahd. *brehhan* ‚brechen‘ (lat. *frēgimus* = got. *brēkum*, uhd. *brachen*), ablaut. got. *brakja* ‚Ringkampf‘; dehnstuf. mhd. *brache* f. ‚Umbrechung des Bodens, nach der Ernte ungebrochen liegendes unbesätes Land‘, ags. *ā-brācian* ‚einpressen‘, ahd. *prahhen, brahhen*, mhd. *braechen*, nhd. *prägen* (*brēkjan*), Faktitiv zu *brechen*; reduktionsstuf. got. *gabruka* f. ‚Bruchstück, Brocken‘ (*bhrₑg-) = ags. *bryce* m. ‚das Brechen, Brocken‘, ahd. *bruh* ‚Bruch, Gekrach‘; ags. *brocian* ‚bedrängen‘, *broc* ‚Elend‘; mit Geminata ahd. *brocco* ‚Gebrochenes‘, nhd. *Brocken*;

hierher vielleicht norw. *brake* m. ‚Wacholder‘ (wie *brisk* ds. zu *bhres-* ‚bersten, krachend‘), mhd. *brake* m. f. ‚Zweig‘, engl. *brake* ‚Gestrüpp, Dorngebüsch, Farnkraut‘, ablaut. norw. *burkne* m. ‚Farnkraut‘, vgl. auch norw. *bruk* n. ‚Gebüsch‘;

eine nasal. Form in norw. dial. *brank* n. ‚Gebrechen‘, *branka* ‚beschädigen, brechen‘;

mit der Bed. ‚Lärm‘ hierher aisl. *braka* ‚krachen‘, *brak* n. ‚Krach, Lärm‘, mhd. ags. *brach* m. ds., ahd. mhd. as. *braht* ‚Lärm, Geschrei‘, mit veränderter Bed. nhd. *Pracht*; ags. *breahtm* m. ‚Wortwechsel‘, as. *brahtum* ‚Lärm, lärmende Menge‘;

germ. *brōk-* ‚Steiß‘, jünger ‚Hose‘ in ags. *brōc* Pl. ‚Gesäß‘, engl. *breech* ds., aisl. *brōk*, Pl. *brøkr* ‚Oberschenkel, Hose‘, ags. *brōc*, ahd. *bruoh*, nhd. *Bruch* ds., schweiz. *bruech* ‚Schamgegend‘; geminiert ags. usw. *braccas* ‚Hosen‘;

hierher (eher zu *bhres-*) gehören lit. *braškù, braškéti* ‚krachen, knacken‘ (*bhrₑĝ-sḱō*), lett. *brakškēt, brakstēt* ds.

Eine Parallelwurzel *bhre(n)gh-* sucht Wood (KZ. 45, 61) in ai. *br̥háti* ‚reißt, reißt aus‘, aisl. *branga* ‚Schaden‘.

Ai. *br̥gala-m* ‚Stück, Brocken‘ ist nichtidg. (Kuiper Proto-Munda 49).

WP. II 200, WH. I 113f., 539f., 541, Feist 104ff., 176, Wißmann Nom. postverb. 11, 58, 123, 181.

2. **bhreĝ-** ‚steif emporstehen‘, Erw. von *bher-* ‚emporstehen, Kante, Borste‘
usw., sucht Persson Beitr. 22 f. A. 2 in:

Ai. *bhraj-* ‚Steifheit (des Gliedes), rigor(?)‘; isl. norw. *brok* ‚steifes Gras,
Borstengras‘; ganz fragwürdig auch in aisl. *borkr* (**bhorĝu-s*), mnd. *borke,*
nhd. (eig. ndd.) *Borke* ‚rauhe, äußere Rinde‘ (von der Rauhkantigkeit?
ähnlich sei gr. φορίνη ‚harte, rauhe Haut, bes. Schweineschwarte‘ zur
unerw. Wz. *bher-* zu stellen).

Eine analoge *g*-Erw. von einer *i*-Basis **bhrei-** könnte allenfalls vorliegen
in norw. *brikja* ‚hoch emporragen, prangen, glänzen‘, *brik* ‚eine große,
den Kopf hoch tragende Frau‘, *briken* ‚frisch, lebhaft; prächtig, glänzend,
angenehm‘, *brikna* ‚Herrlichkeit, Glanz, Freude‘ (Wood KZ. 45, 66), wenn
nicht etwa ‚glänzen, hervorleuchten‘ die Grundlage dieser Bedd. ist.

Ein **bhrēi-k-** vermutlich in gr. φρίξ, -κός ‚das Schauern, Aufschaudern,
Starren‘, φρίσσω, -ττω, πέφρικα ‚emporstarren; schauern‘; cymr. bret. *brig*
‚Gipfel‘ (**bhrīko-*).

WP. II 201.

bhrēi-, bhrī- Erw. von *bher-* ‚mit scharfem Werkzeug schneiden, usw.‘;

Ai. *bhrīṇánti* ‚sie versehren‘ (Pf. *bibhrāya* Dhātup.), av. *pairibrīnənti*
‚sie schneiden ringsum‘, *brōiϑrō-taēža-* ‚scharfschneidig‘, mpers. *brīn*
‚bestimmt‘.

Thrak. (?) βριλών ‚Barbier‘.

Lat. *friō, -āre* ‚zerreiben, zerbröckeln‘, *fricō, -āre* ‚reiben, abreiben‘
(von einem **fri-co-s* ‚reibend, schabend‘), *refrīva faba* ‚geschrotete Bohne‘,
frīvolus (aus **frī-vo-s* ‚zerrieben‘), ‚zerbrechlich, wertlos, fade, nichtig‘.

Mit *frīvolus* zu vergleichen ist cymr. *briw* ‚zerbrochen; Wunde‘; *briwo*
‚zerbrechen, schädigen‘;

mit *s*-Erweiterung hierher gall.-lat. *brīsāre* ‚frangere‘, frz. *briser* usw.,
gallorom. **briscāre* ‚gerinnen‘, schweiz. *bretschi* ds. (Wartburg), air.
brissid ‚bricht‘ (vom Partiz. Perf. **bristo-*), mir. *bress* f. ‚Lärm, Kampf‘,
breissem ds., air. PN *Bres-(u)al* (**bristo-ualos*), corn. *mbret, bresel* ‚Streit‘,
bret. *bresa* ‚streiten‘, mir. *brise* ‚zerbrechlich‘, br. *bresk* ds.; vgl. die
Parallelbildungen unter 2. *bhreus-*.

Hierzu wohl auch cymr. *briwydr* ‚Kampf‘, air. *briathar* ‚Wort‘ als
*bhrei-trā ‚Streit, Wortstreit‘ (zu cymr. *briwyd* ‚zerrissen, durchlöchert‘),
vgl. lit. *bárti* ‚schelten‘, refl. ‚sich zanken‘, aksl. *brati* ‚kämpfen‘, s. 2. *bher-*.

Hierher vermutlich mndl. *brīne*, nndl. *brijn*, mengl. *brīne*, nengl. *brine*
‚Salzwasser, Salzlake‘ (vom scharfen Geschmack wie z. T. slav. *bridь*).

Aksl. *britva* ‚Rasiermesser‘, russ.-ksl. *briju, briti* ‚scheren‘, *brič̌ь* ‚Rasiermesser‘; aksl. *bridь* ‚δριμύς‘, russ.-mdartl. *bridkój* ‚scharf, kalt‘, skr. *bridak*

‚scharf, sauer'; aksl. *bruselije* ‚Scherben', russ.-ksl. *bruselije, brъselъ* ‚Scherbe' (urslav. also wahrscheinlich **brъselъ*) als **bhri-d-selo-*.

*g̃-*Erw. **bhrei-g̃-** vermutlich in lit. *brḗžiu, brḗsti* ‚kratzen', Iter. *braižaũ*, -*ýti* ds., und aisl. *brı̄k* f. ‚Brett, niedrige Bretterwand, niedrige Bank'; vgl. die mit **bhrei-g̃-* parallele *g̃-*Erw. der einf. Wz. *bher-* in lett. *beržu, berzu, berzt* ‚reiben, scheuern' und gr. φοργάνη· ἡ ἀραιότης Hes. und das auf eine *k-*Erw. **bhrei-k-* zurückführbare gr. φρίκες· χάρακες Hes.; *brḗsti* nicht besser mit idg. *b-* zu ags. *prica* ‚Punkt', mnd. *pricken*, mhd. *pfrecken* ‚stechen' usw., neben welcher mit anderem Wzlausl. norw. mdartl. *prisa* ‚stechen, reizen', *preima, preina* ‚necken, reizen' usw. (über Alter und Herkunft dieser germ. Worte steht nichts fest).

WP. II 194f., WH. 116, 549, Vendryes RC 29, 206.

bhren- ‚hervorstehen; Kante u. dgl.', wie *bher-* ds.

Ir. *braine* ‚Schiffsvorderteil; Führer; Kante, Rand', corn. *brenniat* ds. Mit Formans *t*: lat. *frōns, -tis* m., jünger f. ‚Stirn'; aisl. *brandr* ‚acroteria navium et domuum' (**bhron-tó-*); in der weiteren Bed. ‚Stock, Brett; Schwert' dagegen wohl aus **bhrondho-* zu *bherdh-* ‚schneiden'.

Mit Formans *d*: ags. *brant*, aisl. *brattr* ‚hoch, steil' (**bhrondos*), lett. *bruôdiņš* ‚Dachfirst'.

bhren-q-: germ. **branha-* in aschwed. *brā-*, nschwed. *brå-* ‚steil' in ON; aisl. *bringa* ‚Brust, Brustkorb, Brustbein bei Vögeln', nisl. *bringr* ‚kleiner Hügel'; lit. *brankà* ‚das Anschwellen', *brankšóti, branksóti* ‚starr hervorragen (von Knochen, Latten)'; ablaut. *brìnkstu, brìnkti* ‚schwellen'; slav. **brękno, *bręknǫti* in russ. *nabrjáknutъ* ‚anschwellen' usw.

bhren-g- vielleicht in aisl. *brekka* (**brinkōn*) ‚steiler Hügel', älter dän. *brink, brank* ‚steil', mengl. nengl. *brink* ‚Rand, Kante, Ufer', mnd. *brink* ‚Rand eines Ackers, Ackerrain, Anger', mndl. *brinc*, nndl. *brink* ‚Rand, Grasrand, Grasfeld'.

WP. II 203f., WH. I 551, Trautmann 36.

bhrendh- ‚aufschwellen; schwanger, Fruchtkern ansetzend'. Nur fürs Kelt., Toch. und Balt.-Slav. zu belegen.

Air. wahrscheinlich in *brenn-* (**bhrendh-nā-*) ‚hervorquellen, sprudeln', z. B. *bebarnatar* 3. Pl. Prät., mit *to-ess-*: *do-n-eprinn* ‚quillt hervor', mit *to-oss-*: *toiprinnit* ‚influunt', Kaus. mir. *bruinnid* ‚läßt hervorquellen, quillt hervor' usw.; vgl. auch Thurneysen Grammar 461;

lit. *brę́stu, bréndau, brę́sti* ‚aufquellen, reifen', Partiz. *bréndęs* ‚reif', *brįstu, brindau, brįsti* ‚quellen (z. B. von Erbsen)', *brandà* ‚Reife, Erntesegen'.

brandùs ‚körnig‘; lett. *briēstu, briēžu, briēst* ‚quellen, schwellen, reifen‘, *bruôžs* ‚dick, stark‘; apr. *pobrendints* ‚beschwert‘, *sen brendekermnen* ‚schwanger‘, d. i. ‚mit Fruchtleib‘;

slav. **brẹdъ* in ačech. *ja-bŕadek*, apoln. *ja-brząd* ‚Zweig des Weinstocks‘ (daneben ein verschied. slav. **brědъ* in kašub. *bŕod* ‚Obstbaum‘);

Beziehung zu *bher-* (*bhren-*) ‚hervorstehen‘ ist durchaus annehmbar; toch. A *pratsak*, B *pratsāk-* ‚Brust‘.

WP. II 205, Trautmann 35 f., Van Windekens Lexique 99.

bhrenk-, bhronk- ‚bringen‘.

Cymr. *he-brwng* ‚bringen, gleiten, führen‘ (**sem-bronk-*), *hebryngiad* ‚Führer‘, acorn. *hebrenchiat* ‚dux‘, mcorn. *hem-bronk* ‚wird führen‘, *hem-brynkys, hom-bronkys* ‚geführt‘, mbret. *ham-brouc*, nbr. *am-brouk* ‚führen‘; got. *briggan, brāhta*, ahd. *bringan, brāhta*, ebenso as. (wo auch *brengian*), ags. *bringan* und *breng(e)an* Prät. *brōhte* (aus **branhta*) ‚bringen‘; toch. B *praṅk-*, AB *präṅk-* ‚entfernen‘.

Angebl. aus den Wz. *bher-* und *enek̂-* kontaminiert; zuletzt E. Fraenkel KZ. 58, 286[1] f.; 63, 198.

WP. II 204, Lewis-Pedersen 40, Feist 105, Van Windekens Lexique 99.

bhre(n)k̂- ‚zu Falle kommen‘?

Ai. *bhrámśate, bhraśyate* ‚fällt, stürzt‘, Partiz. *bhraṣṭá-ḥ, bhraṁśa-ḥ* ‚Fall, Verlust‘, aber im RV. nur von nasalloser Basis *bhrāśáyan* (Kaus.), *má bhraśat* (Aor.), *áni-bhṛṣṭa-ḥ* ‚nicht erliegend‘; also *bhraṁśa-* mit ursprgl. bloß präsentischer, dann weiter gewucherter Nasalierung? oder alte Doppelformen? Air. *brēc* ‚Lüge‘ (**bhrenkā*) ist der Bed. halber nicht so sicher mit ai. *bhraṁśa-ḥ* zu vergleichen, daß es in letzterem Sinne entschiede.

Kuiper (Nasalpräs. 141 f.) setzt **bhrek̂-mi* neben **bhre-n-k̂ō* an; seine etymologischen Vergleiche sind jedoch nicht überzeugend. Zu 1. *bhreĝ-*? WP. II 204.

bhren-to-s ‚Geweihträger, Hirsch‘.

Messap. βρένδον (aus **βρέντον*) ‚ἔλαφον‘ Hes., βρέντιον ‚Hirschkopf‘ Hes., *brunda* ds., Kurzform (neben *Brenda*) zum ON *Brundisium*, älter Βρεντέσιον ‚Brindisi‘, illyr. VN Βρέντιοι; ven. FlN *Brinta* ‚Brenta‘; noch heute in ital. Berg- und Pflanzennamen (Bertoldi IF. 52, 206 f.); vgl. dazu alb. *bri, brîni* ‚Horn, Geweih‘ (**bhr̥-no-*), Plur. geg. *briena*; raetorom. *brenta* ‚Tragkorb‘;

nschwed. dial. *brind(e)*, norw. (mit *g* aus *d*) *bringe* ‚männliches Elentier‘ (**bhrentós*), ablaut. norw. *brund* ‚Männchen vom Renntier‘ (**bhr̥ntós*);

lett. *briēdis* ‚Elen, Rothirsch‘, falls aus einer idg. Nebenform **bhrendis*,
muß die Quelle von lit. *briedis*, apr. *braydis* m. ‚Elch‘ sein; ob germ. Lw.?
Vielleicht zu *bhren-* ‚hervorstehen, Kante‘; anders Specht Dekl. 120.
WP. II 205, WH. I 116 f., 551, 852, A. Mayer KZ 66, 79 ff., Krahe
Festgabe Bulle 191 f.

bhres- ‚bersten, brechen‘ und ‚krachen, prasseln‘ (wie beim Brechen).
Mir. *brosc, broscar* m. ‚Lärm‘; vgl. auch *blosc* unter *bhlos-q-*;
ahd. *brestan* ‚bersten, brechen‘, unpers. ‚mangeln, gebrechen‘, ags. *berstan*
ds., aisl. *bersta* ‚bersten, krachen‘; ahd. *brest(o)* ‚Gebrechen‘, nhd. *Gebresten*;
ahd. *brust* ‚Bruch, Nachteil‘, ags. *byrst* m. ‚Schaden‘; ahd. *brastōn* ‚prasseln‘,
aisl. *brasta* ‚lärmen, prahlen‘; ohne *-t-* norw. *bras* n. ‚das Prasseln, Reis-
holz‘; mit *-k-*: norw. *brisk* ‚Wacholder‘; mhd. *braschen* ‚krachen, schreien,
prahlen‘;
lit. *braškéti* usw., s. unter 1. *bhreĝ-*.
WP. I 206.

bhreu-, bhreu-d- m. ‚sprießen, schwellen‘.
Lat. *frutex, -icis* m. ‚Staude, Strauch, Gesträuch‘ beruht wohl auf einem
Partiz. **bhrūtós* ‚hervorgesprossen‘; air. *broth* ‚Granne, Haar‘; hierher
das *d*-Präsens: mhd. *briezen, brōz* ‚knospen, schwellen‘, ahd. mhd. *broz*
‚Knospe, Sprosse‘. Vgl. 1. *bhreu-s-* ‚schwellen‘, *bhrughno-* ‚Zweig‘.
WP. II 195, WH. I 554.

1. bhrĕu-, bhrū- Erw. von *bher-* ‚mit scharfem Werkzeug schneiden, abschaben usw.‘, bes. germ. ‚zerschlagen, brechen‘; *bhrū-no-* (*bhrou-no-*)
‚die beim Auskriechen abgestoßene Haut‘.
Ai. *bhrūṇá-m* ‚Embryo‘ (nach der gesprengten Eihaut benannt);
mhd. *briune, brūne* ‚Unterleib, weibliche Scham‘; ahd. *brōdi* ‚zerbrechlich‘ (**bhrou-tio-*), aisl. *broma* ‚Bruchstück‘ (**bhrumōn*); ein *t*-Präsens in
ags. *breoðan* ‚zerbrechen‘; wohl auf einem *d*-Präsens beruht die germ.
Sippe von ags. *brēotan* ‚zerbrechen‘, aisl. *briōta* ‚brechen‘, *broti* m. ‚Haufen
gefällter Bäume, Verhau‘, *braut* f. ‚Weg‘ (vgl. nhd. *Bahn brechen*, frz.
route aus *rupta*), *breyta* (**brautjan*) ‚ändern‘, *breyskr* ‚zerbrechlich, spröde‘;
ahd. *bruzī, bruzzī* ‚Gebrechlichkeit‘; aisl. *brytia* = ags. *bryttian* ‚teilen,
austeilen‘; aisl. *bryti* m. ‚Vorschneider, d. i. der vornehmste der Knechte;
Art Gutsverwalter‘ = agsl. *brytta* m. ‚Austeiler‘.
Zu germ. **breutan* vielleicht auch air. *fris-brudi* ‚weist zurück‘.
Lett. *braũna, braũńa* ‚Schorf, Schuppe, die beim Häuten oder Auskriechen aus Hüllen nachgelassene Haut, Eingeweide‘ (Grundbed. ‚Ab-
schabsel‘, vgl. slav. *brъsnǫti* ‚schaben, streifen‘ unter *bhreu-k̑-*);
čech. *brn-ka* (**bhrūn-*) ‚Nachgeburt‘. S. die Erw. *bhreu-k̑-*, 2. *bhreu-s-*.
WP. II 195 f., W. Schulze KZ. 50, 259 = Kl. Schr. 216.

170

2. bhrĕu-, bhrū- ‚Kante, scharfer Rand‘.

Air. *brū* ‚Rand, Ufer‘, *bruach* ds. (*brū-āko-*);
aisl. *brūn* ‚Kante‘, wovon *brȳna* ‚wetzen‘, *brȳni* ‚Wetzstein‘; ags. mhd. *brūn* ‚scharf‘ (von Waffen).
Lit. *briaunà* ‚Kante, Rand, Gesims‘ (*bhrēunā*), ablaut. mit aisl. *brūn.* Die Gruppe ist von *bher-* ‚emporstehen; Kante‘ erweitert.
WP. II 196 f., W. Schulze KZ. 50, 259 = Kl. Schr. 216.

bhreu-k̑- (-k-) ‚streichen, streifen‘, nur balto-slav., wohl Erweiterung von
1. *bhrĕu-*. Zum -k- vgl. oben S. 18 Anm.

Lit. *braukiù braukiaũ braũkti* ‚wischen, streichen; sich langsam bewegen‘; lett. *bràucu bràucu bràukt* ‚fahren‘; ablaut. lit. *brukù brukaũ brùkti* ‚Flachs schwingen, einzwängen‘, lett. *brukt* ‚abbröckeln‘, *brucināt* ‚abreiben, die Sense streichen‘; Iterat. lit. *braukýti*, lett. *braũcît* ‚streichen‘ (mit unursprüngl. Intonation) und lit. *brūkis* m. ‚Streifen, Strich‘, lett. *brūce* f. ‚Schramme, Narbe‘, dazu lit. *brùknė, bruknìs* f., lett. *brūklene* f. ‚Preiselbeere‘;
slav. *brušǫ *brusiti* (ursprgl. Iterativ) in bulg. *brúsja (brusich)* ‚abschütteln, abschlagen‘, skr. *brūsim brúsiti* ‚wetzen‘, čech. *brousiti* ds., dazu aksl. *ubrusъ* ‚Schweißtuch‘, skr. *brûs* (Gen. *brûsa*), russ. *brus* (Gen. *brúsa*; meist *brusók*) ‚Schleifstein‘; russ. usw. *brusnika* ‚Preiselbeere‘ (‚leicht abstreifbar‘); ablaut. r.-ksl. *brъsnuti* ‚schaben, rasieren‘, russ. *brosátь* (dial. *brokátь*), *brósitь* ‚werfen‘, *brósnutь* ‚Flachs riffeln‘, *bros* ‚Abfall‘ usw. im Ablaut zu bulg. *brъšъ* ‚reibe ab‘. Mit *ū* der Iterativstufe: aksl. *sъ-brysati* ‚abschaben‘, *brysalo* ‚penicillus‘.
Vielleicht hierher skr.-ksl. *brutъ* ‚Nagel‘, bulg. *brut* ds. als *bruktъ*, vgl. zur Bed. lit. *brùkti* ‚mit Gewalt hineinstecken‘, zur Form lett. *braukts* ‚Messer zum Flachsreinigen‘.
Vielleicht hierher der illyr. VN *Breuci*, PN *Breucus* und der gall. ON *Βρευχό-μαγος*, heute *Brumath* (Elsaß); dazu stellt Krahe (Gl. 17, 159) den illyr. VN *Βρευνοι : Breones* (aus *Breųones*).
Über russ. *brykátь* ‚ausschlagen‘ usw. s. Berneker 93.

WP. II 197, Trautmann 36 f., Pokorny Urillyrier 119.

1. bhreu-s- ‚schwellen; sprießen‘ (vgl. oben *bhreu-*).

Air. *brū* f., Gen. *bronn* ‚Bauch, Leib‘ (*bhrus-ō[u] : -n-os*), *brúach* ‚ventriosus‘ (*brusākos*), cymr. *bru* m. ‚venter, uterus‘ (*bhreuso-*); air. *bruinne* ‚Brust‘ (*bhrusnio-*), acymr. ncymr. *bronn* f. ‚Brust‘, bret. *bronn, bron* ds. (*bhrusnā*) in Ortsnamen auch ‚runder Hügel‘, mcymr. *brynn*, ncymr. *bryn* m. (*bhrusnio-*) ‚Hügel‘ (aus dem Kelt. stammt got. *brunjō* f. ‚(Brust)-

panzer', ahd. *brunja, brunna* ‚Brünne'); air. *brollach* ‚Busen' (**bhrus-lo-* mit Formans *-āko-*); mir. *brūasach* ‚mit starker, breiter Brust' (von **bhreus-to-* = as. *briost*).

Mhd. *briustern* ‚aufschwellen', aisl. *ā-brystur* f. Pl. ‚Biestmilch' (auch *broddr* ds. aus **bruz-da-z*), schweiz. *briescht* ds. (daneben *briesch* ds. aus **bhreus-ko-*); as. *briost* N. Pl., ags. *brēost*, aisl. *briōst* ‚Brust', schwund-stufig got. *brusts* f. Pl., ahd. *brust*, nhd. *Brust*; as. *brustian* ‚knospen' (slav. **brъstь* ‚Knospe'), nhd. *Brüs-chen* (aus dem md.) ‚Brustdrüse des Rindes', schwäb. *Brüste*, bair. *Brüsel, Briesel, Bries* ds., dän. *brissel*, schwed. *kalfbräss*, mit *k*-Suffix dän. *bryske*, engl. *brisket* ‚Brust der Tiere'.

Aisl. *briōsk* ‚Knorpel', mhd. *brüsche*, nhd. *Brausche* ‚Beule', nhd. dial. *brausche, brauschig* ‚turgidus, wulstig', *brauschen* ‚aufschwellen'.

Russ. *brjúcho* ‚Unterleib, Bauch, Wanst', dial. *brjúchnutь* ‚weichen, quellen, anschwellen', čech. alt. *břuch, břucho*, heute *břich, břicho* ‚Bauch' usw. (**bhreuso-s, -m*);

hierher auch klr. *brost* f. dial. *brost* m. ‚Knospe', bulg. *brъs(t)* m. ‚jüngere Sprossen', skr. *bṙst* m. ds., *bṙstina* ‚Laub'.

WP. II 197f., Feist 107f., 108f.

2. **bhreu-s-** ‚zerbrechen, zerschlagen, zerkrümeln u. dgl.', Erw. von 1. *bhrēu-*.

Alb. *breshën, breshër* ‚Hagel', wenn eig. ‚Körnchen, mica' (*e* = idg. *eu*); lat. *frustum* ‚ein Brocken, Stückchen, Bissen' (aus **bhrus-to-*);

air. *brūu* ‚zerschmettere, zerschlage' (**bhrūsjō*, gall. *brus-*, frz. *bruiser*), mir. *brūire, brūile* ‚Bruchstück', *bruan* ds., *bruar* ‚Bruchstücke', *brosna* (**brus-tonio-*) ‚Reisigbündel', gall. **bruskiā* ‚Gestrüpp', afrz. *broce* ds., mir. *brusc* ‚Krümchen' usw.; air. *bronnaim* ‚schädige' (**bhrusnāmi*) (Subjunktiv *robria* von **bris-* ‚brechen' entlehnt, s. unter *bhrēi-*); mcymr. *breu*, ncymr. *brau* ‚gebrechlich', mcorn. *brew* ‚gebrochen' (**bhrōuso-*); mbret. *brusun* ‚Krümchen' (**brous-t-*);

ags. *briesan* (**brausjan*), *brȳsan* (**brūsjan*) ‚zerbrechen trans., zerschlagen', engl. *bruise* ‚quetschen', wahrscheinlich auch ahd. *brōsma*, mhd. *brōsem*, *brōseme, brōsme* ‚Brosame, Krume, Bröckchen'; ags. *brosnian* ‚zerfallen'. WP. II 198f., WH. I 553.

3. **bhreus-, bhrūs-** ‚brausen, wallen, rauschen, hervorquellen oder -sprießen, sich bauschen, Büschel, Gestrüpp u. dgl.', besonders in germ. Worten; vielleicht zu 1. *bhreu-s-*; auch eine jüngere Schallvorstellung (ähnlich skr. *brújĭm, brújiti* ‚summen, von einer Menge Bienen', Berneker 89) kann mitgewirkt haben.

Mhd. *brūsen* ‚brausen', *brūs* ‚das Brausen', ndd. *brūsen*, ‚brausen, sieden; eilig sein (von Menschen); sich ausbreiten, neue Triebe machen (von Pflanzen); besprengen, bespritzen' (vgl. nhd. *Brause*) (daraus dän. *bruse* ds.), ndl. *bruisen,* früher *bruischen* ‚schäumen, brausen‘, ndd. *brüsken* ds. mhd. *brüsche* ‚Brause, Wasserbrause‘, aschwed. *brūsa* ‚einherstürmen‘ norw. mdartl. *brŏsa* ‚Sturmböe‘, aisl. *brusi* ‚Ziegenbock‘, isl. *bruskr* ‚Büschel, Besen‘, engl. *brush* ‚Bürste, Pinsel, Quast, Schwanz (des Fuchses)‘, *brush-wood* ‚Gebüsch, Gestrüpp‘, mengl. *bruschen,* engl. *to brush* ‚mit Kraft sich stürzen‘, norw. dial. *brauska, bruska* und *brausta, brusta* ‚sich Raum machen, sich gewaltsam hervordrängen‘; schwed. *bruska* ‚knistern, lärmen‘.

Mit germ. **bruska-z* ‚Gestrüpp‘, **bruskan* ‚knistern‘ (*-sk-* kann idg. *zg* sein) vergleicht man die baltoslav. Gruppen lit. *brūzgai* Pl. ‚Gestrüpp‘, *briauzgà* ‚Schwätzer‘, *bruzgù, -ėti* ‚rascheln‘, russ. *brjuzgáju, -átъ* ‚murmeln‘, *brjuzžátъ* ‚brummen, murren, knurren‘ usw.; doch sind die Verba vielleicht eine erst baltoslav. Schallbildung. Wegen der germ. Bed. ‚spritzen‘ ist vielleicht andererseits russ. *brýzgaju, -atъ* ‚spritzen, sprühen‘ usw. zu vergleichen.

WP. II 199 f., Trautmann 38.

bhroisqo-, bhrisqo- ‚herb von Geschmack‘.

Russ.-ksl. *obrězgnuti, obrъzgnuti* ‚sauer werden‘, čech. *břesk* ‚herber Geschmack‘, poln. *brzazg* ‚unangenehmer, herber Geschmack; üble Laune‘, russ. *brezgátъ* (alt *brězgati*) ‚sich ekeln‘; zunächst zu norw. *brisk* ‚bitterer Geschmack‘, *brisken* ‚bitter, herbe‘; wohl zu *bhrēi-* ‚schneiden‘ (wie mndl. *brīne* ‚Salzwasser‘).

WP. II 206.

1. **bhrū-** ‚Augenbraue‘, z. T. mit anlautendem Vokal, idg. *o-* oder *a-* (vollere Wurzelform?); nach Persson Beitr. 17 liegt ein verdunkeltes Kompositionsglied **okʮ-* ‚Auge‘ (mit Kons.-Assimilation) vor.

Ai. *bhrū́-ḥ* f., Akk. *bhrúv-am* ‚Braue‘, av. *brvat-* f. (Du.) ‚Brauen‘, npers. *ebrū, brū* ds. (Hübschmann IA. 10, 24);

gr. *ὀφρῦς, -ύος* f. ‚Braue‘, übertragen ‚erhöhter Rand, Hügelrand‘ (nach Meillet BSL 27, 129 f. mit griech. Vokalprothese?);

maked. *ἀβροῦτες* ‚ὀφρύες‘ (von Kretschmer Einl. 287 in *ἀβρούϝες* geändert; von Meillet, s. Boisacq 733 Anm. 3, wegen der anderweitig bezeugten Form *ἀβροτες* und wegen av. *brvat-* festgehalten);

mir. *brūad* Gen. Du., *brāi, brōi* Nom. Du. f. ‚Brauen‘ (zum Diphthong s. Thurneysen Grammar 199), air. *forbru* Akk. Pl. (**bhrūns* : Akk. *ὀφρῦς*), *forbrú* Gen. Pl. ‚supercilia‘; unklar sind mir. Pl. *abrait* (**abrant-es* oder **abrantī*) ‚Augenlider, Brauen‘, desgleichen mbr. *abrant* ‚Braue‘, cymr. *amrant* ‚Augenlid‘, die Specht (Dekl. 83, 162) zu lat. *fröns* ‚Stirn‘ stellen möchte; aber Vokalismus und Bedeutung weichen ab;

ags. *brū*, aisl. *brūn*, Pl. *brynn* ‚Braue‘ (kons. St., aus **bruwūn-*, vgl.
*tungūn, tungo, kontrahiert und dadurch zur flexivischen Sonderentwicklung
gelangt).

lit. *bruvis* m. ‚Braue‘, žem. auch *brūnės* Pl., apr. *wubri* f. ‚Wimper‘ (scheint
Umstellung aus **bruwi*);

abg. *brъvь* (ursprünglicher Nom. **bry*, wie *kry* : *krъvъ*), skr.-ksl. *obrъvъ*,
skr. *ȍbrva* usw. ‚Braue‘.

Eine *e*-Abl. *bhrṷē-* mit silbisch gewordenem *r* sieht Trautmann KZ. 44.
223 in lit. *birwe = bruvis*.

Toch. A *pärwān-*, B *pärwāne* (Dual) ‚Augenbrauen‘.

WP. II 206 f., Trautmann 38.

2. **bhrū-, bhrēu-** ‚Balken, Prügel‘; auch als Übergang über ein Gewässer:
  ‚Brücke‘.

Aisl. *brū* f. ‚Brücke‘; aisl. *bryggia* ‚Landungsplatz, Hafendamm‘ udd.
brügge ds., ahd. *brucca*, as. *-bruggia*, ags. *brycg* ‚Brücke‘, bair. *Bruck*
‚Bretterbank am Ofen‘, ags. *brycgian* ‚pflastern‘ (ursprgl. mit Holzprügeln),
schweiz. *brügi* (ahd. **brugī*) ‚Holzgerüst‘, *brügel* ‚Holzscheit‘, mhd. *brügel*
‚Knüttel‘, nhd. *Prügel* (‚Brücke‘ ist also ‚Balken; Knüppelweg‘);

gall. *briva* ‚Brücke‘ (**bhrēua*);

abg. *brъvъno* ‚Balken‘, skr. *bȓv* f. ‚Balken, Stegbrücke‘ (usw., s. über die
slav. Formen Berneker 92).

Unklar ist der Guttural in den germ. Formen: **brugī-* aus **bruɣī-*,
oder *k-* Suffix? S. Kluge[11] unter ‚Brücke‘ und Specht Dekl. 211[3] f., der
Zusammenhang mit 1. *bhrū-* annimmt.

WP. II 207.

bhrūg- ‚Frucht; genießen, gebrauchen‘, vielleicht ältest ‚sich Früchte zum
  Genusse abbrechen oder abstreifen‘ und dann zu **bhreu-* ‚schneiden‘
  (vgl. dort zur Bed. ai. *bhárvati* ‚kaut, verzehrt‘, auch bsl. **bhreu-ɠ-*,
  -k- ‚darüberstreifen, abbröckeln‘).

Lat. *frūx, -gis* f. ‚Frucht‘ = umbr. Akk. Pl. *frif, fri* ‚frūgēs‘, lat. *frūgī*
(Dat. *,*zum Gebrauche‘ =) ‚tauglich‘, *fruor, -i*, *frūctus* und *fruitus sum*
‚genieße‘ (aus **frūgṷor*, das für **frūgor* eingetreten ist?), *frūniscor* ‚genieße‘ (**frūg-nīscor*), *frūmentum* ‚Getreide‘, osk. *fruktatiuf* (**frūgetātiōns*)
‚frūctus‘.

Got. *brūkjan*, ahd. *brūhhan*, as. *brūkan*, ags. *brūcan* ‚brauchen‘, got.
brūks, ahd. *brūhhi*, ags. *brȳce* ‚brauchbar‘.

WP. II 208, WH. I 552 f.

bhrugh-no- ,Zweig, Stengel', vielleicht in Beziehung zu *bhreu-* ,sprießen'. Cymr. *brwyn-en* f. ,Binse', acorn. *brunnen* gl. ,juncus, scirpus', *broenn-enn* ds. (aus urk. **brugno-*); ags. *brogn(e)* f., ,Zweig, Busch', norw. dial. *brogn(e)* ,Baumzweig, Kleestengel, Himbeerstrauch'.

WP. II 208.

bhudh-m(e)n ,Boden'; einzelsprachlich teils zu **bhudh-mo-*, teils zu **bhudh-no-*, daneben mit schon idg. Metathese **bhundho-* > **bhundo-*? Ai. *budhná-ḥ* ,Grund, Boden'; av. *būnō* ds. (**bhundhno-*), daraus entlehnt arm. *bun* ds., während arm. *an-dund-k'* ,Abgrund' aus **bhundh-* assimiliert scheint. Aus uriran. **bundhas* stammt tscherem. *pundaš* ,Boden'. Gr. πυϑμήν (**φυϑ-*) m. ,Boden, Fuß eines Gefäßes', πύνδαξ m. ds. (für φύνδαξ nach πυϑμήν, Schwyzer Gr. Gr. I 71, 333).

Maked. ON Πύδνα (**bhudhnā*), dissimil. Κύδνα?

Lat. *fundus*, -*i* m. ,Boden eines Gefäßes, Grund' (**bhundhos*), *profundus* ,tief' == mir. *bond, bonn* m. ,Sohle, Grundlage, Stütze'.

Ahd. *bodam*, nhd. *Boden*, as. *bodom*, ags. **bodm* > mengl. *bothem* m. neben ags. *botm* m. > engl. *bottom* und ags. *bodan* ,Boden, Grund', an. *botn* ,Boden', ags. *bydme* ,Schiffsboden' neben *bytme, bytne* ds., aisl. *bytna* ,in einen Boden enden', mit unklarem Dentalwechsel; es scheint ein urgerm. **buþma-* zugrunde zu liegen, das wohl analogisch zu erklären ist; vgl. Petersson Heterokl. 18, Sievers-Brunner 167, Kluge[11] unter *siedeln*. Über nhd. *Bühne*, ursprgl. ,Bretterboden', angebl. aus germ. **buni*, idg. **budhniā*, s. Kluge[11] unter *Bühne*.

WP. II 190, WH. I 564f., 867, Porzig WuS. 15, 112ff. (dagegen Kretschmer Gl. 22, 116); vgl. auch Vendryes MSL. 18, 305ff.

bhūgo-s, Koseform **bhukko-s** ,Bock' (fem. auf -*ā* ,Ziege').

Zigeun. *buzni* ,Ziege'; av. *būza* m. ,Ziegenbock', npers. *buz* ,Ziege, ,Bock';

arm. *buz* ,Lamm';

mir. *bocc, pocc*, nir. *boc, poc*, cymr. *bwch*, corn. *boch*, bret. *bouc'h* ,Bock', dazu mir. *boccánach* ,Gespenst';

germ. **bukka-* (nach Pedersen Litteris 7, 23 f. aus dem Kelt. entlehnt?) in aisl. *bukkr, bokkr, bokki*, ags. *bucca*, nengl. *buck*, ahd. mhd. *boc, -ckes*, nhd. *Bock.*

Das im Konsonantismus abweichende ai. *bukka-ḥ* ,Ziegenbock' (unbelegt) ist wohl von *bukkati* ,bellt' (s. unter 1. *beu-, bu-*) beeinflußte hypochoristische Umbildung eines **bhūja-* == av. *būza-*. Auch npers. dial. *boča* ,junge Ziege', päm. *buč, büč* scheinen Ergebnis ähnlicher Umbildung zu sein.

WP. II 189f., Pedersen Litteris 7, 23 f., Martinet Gémination 182.

D.

dā- ‚flüssig, fließen‘, **dānu-** f. ‚Fluß‘.

Ai. *dā-na-* n. ‚die beim Elefanten zur Brunstzeit aus den Schläfen quellende Flüssigkeit‘, *dā-nu-* n. f. ‚jede träufelnde Flüssigkeit, Tropfen, Tau‘, av. *dā-nu-* f. ‚Fluß, Strom‘, osset. *don* ‚Wasser, Fluß‘; russ. FlN *Don*, gräcisierter skyth. FlN *Τάναϊς*; die russ. FlN *Dniepr* und *Dniestr*, alt *Dana-pris* und *Danastius* aus skyth. **Dānu apara* ‚hinterer Fluß‘ und **Dānu nazdya-* ‚vorderer Fluß‘; av. VN *Dānavō* Pl. ‚Flußanwohner‘ (im Ṛgveda zu Wasserdämonen geworden, fem. GN *Dānu-*), skyth. Nomadenvolk, auch in Griechenland, daher (?) gr. VN *Δαναοί*, ägypt. *Danuna*; mit Formans *-mo-* arm. *tamuk* ‚feucht, benetzt‘, *tamkanam* ‚ὑγραίνω, madefio‘ und vermutlich gr. *δημός* (urgr. *a* oder *η*?) ‚Fett von Tieren und Menschen‘, womit alb. *dhjamё* ‚Fett, Speck, Talg‘ in noch nicht geklärter Weise zusammenhängt; das Fett kann als das beim Braten flüssig werdende benannt sein (vgl. aksl. *loj* ‚adeps‘ : *lijati* ‚gießen‘). Hierher auch kelt. *Dānuvius* ‚Donau‘, gall. ON *Condāte* ‚Confluens‘; sechs engl. Fl *Don* (**dānu-*), cymr. FlN *Donwy* (**dānuχiā*).

Benveniste stellt zu arm. *tam-uk* noch hett. *dame(n)k-* ‚als Regen fallen‘ (BSL 33, 143).

WP. I 763, M. Förster Themse 145 f., Kretschmer Gl. 24, 1 ff., 15 ff., Mél. Pedersen 76 ff., Benveniste BSL 33, 143.

dā : **də-** und **dāi-** : **dəi** : **dī-** ‚teilen, zerschneiden, zerreißen‘, ursprgl. athemat. Wurzelpräsens; Nominalbildungen *dā-mo-s* f. ‚Volksabteilung‘, *dā-ter-* ‚Zerleger‘, *dā-tro-m* ‚Zugeteiltes‘, *dā-tu-* ‚Teil‘, *dəi-lo-* ‚Teil‘, *dī-t-* ‚Zeitabschnitt‘.

Ai. *dáti, dyáti* ‚schneidet ab, mäht, trennt, teilt‘, Partiz. *diná-ḥ, ditá-ḥ*, komponiert *ava-ttaḥ* ‚abgeschnitten‘, *díti-ḥ* ‚das Verteilen‘, *dánam* ‚das Abschneiden‘, *dāndm* n. ‚Verteilung, Teil‘, *dātu* n. ‚Teil‘, *dātár-* m. (= *δαιτρός*) ‚Schnitter‘, *dātrám* ‚Zugeteiltes‘, *dātram* n. ‚Sichel‘, npers. *dāra* ‚Gehalt‘, *dās* ‚Sichel‘; ai. *dayá* ‚Teilnahme, Mitgefühl‘ = *dáyate* (**dəi-etai*) ‚teilt, nimmt Anteil, hat Mitgefühl; zerstört‘.

gr. *δαίομαι* med. ‚teile, verteile‘ mit wohl nach Fut. *δαίσω* und den folgenden Worten bewahrtem *ι* (lautgesetzlich *δάηται* Konj. *Φ* 375 ‚wird zerstört); δαίς, -τός, δαίτη, hom. auch δαιτύς, -ύος ‚Portion, Mahl, Opfer‘ (: ai. dātu); δαιτυμών ‚Gast‘ (als ‚dem Mahle beiwohnend‘), δαιτρός ‚der Vorschneider‘ (: ai. dātár-), δαιτρόν ‚Portion‘ (: ai. dātrám; das αι dieser gr. Worte ist teils lautgesetzlich — āi, ǝi —, teils analogisch, wie im kret. Perf. δέδαισμαι zu δατέομαι, vgl. auch kret. δαῖσις ‚Teilung‘, καρποδαισταί ‚Verteiler von Früchten‘), δαίνυμι ‚bewirte‘, wohl auch δαίμων m. ‚Gott, Göttin; Geschick‘ (eigentlich ‚zuteilend; oder ‚Totengott als Leichenfresser‘, Porzig IF. 41, 169 ff., Kretschmer Gl. 14, 228 f.; über des Archilochos δαίμων ‚δαήμων‘ s. u. *dens- ‚hohe Geisteskraft‘); δαΐζω, Fut. -ξω, Aor. -ξα ‚teilen, zerschneiden, zerstören‘ (auf Grund eines *δᾰ-Fό-ς ‚zerschnitten, zerstört‘), ᾰ-δατος· ἀδιαίρετος Hes., δάνος n. ‚Zins, Wucher‘ (auf Grund eines Partiz. *dǝ-nó-s = ai. dinά-ḥ, vgl. δάνας· μερίδας);

gall. arcanto-danos ‚monetarius‘ als ‚das Silber verteilend‘.

Mit Formans -mo- : dāmos f. ‚Volk‘: gr. δῆμος, dor. δᾱμος m. ‚(Volksabteilung) Volk, Gebiet; in Athen der einzelne Gau‘, air. dām f. ‚Gefolgschaft, Schar‘, acymr. dauu ‚cliens‘, ncymr. daw, dawf ‚Schwiegersohn‘, offenbar alter fem. o-Stamm; dazu hett. da-ma-a-iš (damaïš?) ‚ein Anderer, Fremder‘, aus ‚*fremde Leute‘, ursprgl. ‚*Volk‘, Pedersen Hitt. 51 ff.

Mit Formans -lo- vielleicht aksl. dělъ ‚Teil‘ (*dǝi-lo-) (s. unter *del- ‚spalten‘); über air. fo-dālim usw. s. ebendort. Hierher gehört wohl auch got. dails ‚Teil‘, runeninschr. da[i]liþun ‚teilten‘, aisl. deill, ags. dǣl, ahd. teil m. ‚Teil‘; aisl. deila f. ‚Teilung, Zwiespalt‘, ahd. teila f. ‚Teilung‘, aisl. deila, ags. dǣlan, ahd. teilan ‚teilen‘ usw. Sie können kaum aus dem Slav., wohl aber aus dem Ven.-Illyr. stammen, da die Wzlform *dǝi- im südillyr. PN Dae-tor bezeugt ist. Eine Nebenform idg. dhǝi- neben dǝi- wäre unglaubhaft.

Mit Tiefstufe dī- : arm. ti, Gen. tioy ‚Alter, Jahre, Tage, Zeit‘ (*dī-t(i)- oder *dī-to-, *dī-tā), ahd. zīt f. (n. Isidor), as. ags. tīd, anord. tīð f. ‚Zeit, Stunde‘ (*tīþ-, idg. *dī-t-, ursprgl. ‚Zeitabschnitt‘), dazu anord. tīðr ‚üblich, häufig‘, ags. tīdan ‚vorfallen‘, anord. tīða ‚trachten, streben‘; anord. tī-na ‚zerpflücken, einzeln herausnehmen, ausscheiden, reinigen‘;

über got. til ‚passend‘ usw. s. unter 2. ad-, über got. dails unter 3. del-; hierher dagegen ahd. zila ‚Reihe, Linie‘, westfäl. tīle ‚Garbenreihe‘, nhd. Zeile, wohl aus *tīd-lá-.

p-Erweiterung dāp-, dǝp-; dǝp-no-, -ni- ‚Opfermahl‘:

ai. dāpayati ‚teilt‘; arm. taun (*dap-ni-) ‚Fest‘; gr. δάπτω (*δαπίω) ‚zerreiße, zerfleische, zerlege‘, mit Intensivredupl. δαρδάπτω ‚zerreiße, (κτήματα) verprasse‘, δαπάνη f. ‚Aufwand, besonders aus Bewirtung (: daps) erwachsender‘, δάπανος ‚verschwenderisch‘, δαπανάω ‚wende auf‘ (daraus lat. dapinō ‚tische auf‘), δαψιλός (Empedokles), δαψιλής ‚(*verschwenderisch) üppig, reichlich, freigebig'; lat. *dups* ,(*Portion) Mahl, Schmaus, bes. Opfermahl', *damnum* ,Verlust, Schaden, Nachteil, Geldbuße', *damnōsus* ,verderblich' (**dap-no-* : δαπάνη, anders Pedersen Hitt. 42); anord. *tafn* (**dap-no-*) ,Opfertier, Opfermahl', vgl. den germ. GN *Tanfana* (Tacit.), wenn aus **tafnana*, Marstrander NTS. 1, 159.

Aus dem Germ. reiht man noch vieles an, was eine Bed.-Entw. von ,zerteilen' zu ,zerreißen, zupfen, kurz betasten, kurze täppische Bewegungen machen' u. dgl. voraussetzen würde; am nächsten der Bed. von δαπανᾶν, *damnum* kommt aschw. *tappa* und *tapa* ,ein Ende machen, verlieren', aisl. *tapa* ds.; afries. *tapia* ,zupfen', ags. *tæppe* f. ,Tuchstreifen', mengl. *tappen* (engl. *tap*) ,leicht schlagen', mnd. *tappen, tāpen* (Dehnung in offener Silbe?) ,zupfen, pflücken'; anord. *tæpr* ,kaum anrührend', isl. *tæpta* (**tāpatjan*) ,eben anrühren', norw. mdartl. *tæpla* ,leicht berühren, leise treten'; aber norw. mdartl. *taap(e)* m., dän. *taabe* ,Tor, Tropf, täppischer Mensch', norw. *taapen* ,schwach, kraftlos, untauglich', *tæpe* n. ,unbedeutendes Ding', anord. *tæpiligr* ,knapp', mit anderen Labialstufen schwed. mdartl. *tabb, tabbe* ,Tölpel', *tabbet* ,einfältig', sind wohl Schallworte, ebenso wie ndd. *tappe*, schweiz. *täpe*, nhd. *Tappe* ,Pfote', sowie *tappen, täppisch* usw.; s. auch unter 1. *dhabh-*.

Ebenfalls fernzuhalten sind ahd. *zabalōn*, nhd. *zappeln*, sowie ahd. *zapfo*, nhd. *Zapfen*, ags. *tæppa* ds. (germ. **tappon-*); ebenso nur germ. Worte mit *i* und *u* (vgl. Specht Dekl. 152 f.): mengl. *tippen*, engl. *tip* ,leise anrühren, leise stoßen', nhd. *tippen*, mhd. *zipfen* ,(in kurzen Bewegungen) trippeln', anord. *tifask* ,trippeln', mhd. *zipf* ,Zipfel, Spitze', nasaliert mnd. *timpe* f. ,Zipfel, Ende', ags. *ā-timplian* ,mit Nägeln versehen'; andrerseits norw. mdartl. *tuppa*, nhd. *zupfen*, anord. *toppr* ,Haarschopf, Gipfel', ags. *topp* m. ,Spitze, Zipfel', *toppa* m. ,Faden', ahd. *zopf* ,Zopf, Haarflechte, Ende eines Dings'; mnd. *tubbe, tobbe* ,Zapfen', *tobben* ,zupfen, reißen', süddt. *zöfeln* ,zögern' (wie *zapfeln*); vielleicht hierher auch ahd. *zumpo* ,penis', mhd. *zumpf(e)*, nhd. *Zumpt*, worüber unter *dumb-*.

Hierher toch. A *tāp* ,aß', Van Windekens Lexique 187.

t-Erweiterung *də-t-* (vgl. aber das Partiz. *də-tó-s*):

gr. δατέομαι ,teile, zerreiße, verzehre' (Fut. δάσσεσθαι, Aor. hom. δάσσασθαι, att. δάσασθαι), wozu δασμός ,Teilung', δάσμα ,Anteil', δατήριος ,zerteilend' (dies sicher von **δᾰ-τήρ* : ai. *dā-tár-* ,Schnitter'), ἄδαστος ,ungeteilt'; δατέομαι ist griech. Neubildung (Schwyzer Gr. Gr. I 676) und nicht idg. **də-t-*;

got. *ungatass* ,ungeregelt' (vgl. ἄ-δαστος), mndl. *getes* ,sich fügend, passend'; ahd. *zetten* ,(verteilend) streuen, ausbreiten', nhd. *verzette(l)n*, wohl auch anord. *tedja* ‚Mist ausbreiten‘, *tað* n. ‚(*ausgebreiteter) Mist‘; ahd. *zota*, *zata* f. ‚Zotte, zusammen herabhängende Haare, Fäden oder Wolle‘ (davon *zaturra* ‚scortum‘), ags. *tœttec* (expressives *tt*) ‚Fetzen, Lumpen‘, an. *totur* ‚Fetzen‘; altdän. *tothae*, älter dän. und dän. mdartl. *tede, taade* ‚verzögern, hindern‘.

Daneben mit *u*-Vok. anord. *toddi* ‚kleines Stück‘, holl. *todde* ‚Fetzen‘, ahd. *zota, zotta* ‚Haarbüschel‘, nhd. *Zotte, Zote*; mhd. *zoten* ‚langsam gehen‘, nhd. *zotteln*, ostfries. *todden* ‚ziehen, schleppen‘ u. dgl.; über nhd. *zaudern* s. Kluge[11] 704.

toch. A *tät-k* ‚teilen, zerschneiden‘.

s-Erweiterung *d-es-*:

ai. *dásyati* ‚leidet Mangel, verschmachtet‘, *upadásyati* ‚geht aus, wird erschöpft‘;

norw. dial. *tasa* ‚ansfasern‘, schwed. dial. *tasa* ‚Wolle zupfen, Heu ausbreiten‘, ndd. *tasen* ‚pflücken, rupfen‘, nhd. *Zaser*, älter *Zasel* ‚Faser‘, norw. dial. *tase* m. ‚schwächlicher Mensch‘, *tasma* ‚ermatten‘, *tasa* ‚entkräftet werden‘; ablaut. dän. mdartl. *tœse* ‚langsam arbeiten‘, ndd. *tüsen*, schwer arbeiten‘, identisch mit norw. dän. *tœse* ‚entwirren, auffasern, aufzupfen‘; vgl. in ähnlicher Bed. norw. *tasse* ‚leise gehen‘, *taspa* ‚langsam und schleppend gehen‘, mhd. *zaspen* ‚scharren, schleppend gehen‘, ahd. *zascōn* ‚rapere‘ (eigentlich ‚schleppen‘) == nhd. dial. *zaschen, zäschen* ‚schleppen, ziehen, langsam arbeiten‘, *zäschen* f. ‚eine Schleppe am Kleide‘; über ahd. *tasca* ‚Tasche‘ s. Kluge[11] 612.

hitt. *teš̌a-* ‚sich fernhalten von‘ (3. Sg. Prät. *ti-eš-ḫa-aš*).

Daneben mit *i*-Vokalismus (idg. *di-s-* als Erweiterung zu *dī-*? Oder erst germ. Neuschöpfung?):

schwed. dial. *teisa, tesa* ‚zerpflücken‘, dän. dial. *tese* ‚zupfen (z. B. Wolle)‘, ags. *tœsan* ‚zerpflücken‘, ahd. *zeisan, zias* ‚zausen, Wolle zupfen‘; ostfries. holl. *teisteren* ‚reißen‘, ags. *tœsel*, ahd. *zeisala* ‚Kardendistel‘, norw. mdartl. *teist* ‚Weidenbrand, Haarlocke‘, mit ī norw. *tīst* ‚Faser‘, *tisl* ‚Gesträuch‘, mit ĭ mhd. *zispen* ‚schleppend gehen‘ (wie *zaspen*), wohl auch (?) ags. *teoswian* ‚plagen, verunglimpfen‘, *teoso* ‚Beleidigung, Betrug, Bosheit‘.

Endlich mit *u*-Vokalismus: norw. dial. *tosa* ‚zerfasern, zupfen‘, auch ‚pfuschen, langsam arbeiten‘, *tose* ‚hinfällige Person‘, *tos* ‚Fasern, zerfasertes Tauwerk‘, *tossa* ‚streuen, ausbreiten‘, mengl. *tōtūsen* ‚zerzausen‘, mnd. *tōsen* ‚reißen, zerren‘, ahd. *zirzūsōn* ‚zerzausen‘, mhd. *zūsach* ‚Gestrüpp‘, *zūse* f. ‚Gestrüpp, Haarlocke‘ u. dgl.; vielleicht zu lat. *dūmus* ‚Gestrüpp, dicht verwachsener hoher Strauch‘ (*dūs-mo-s*) und air. *doss* ‚Busch‘.

Über die wenigstens grundsätzlich als Erweiterungen von *dā-* ‚schneiden, spalten' auffaßbaren Wzln *del-* ‚spalten', *del-* ‚es worauf abgesehen haben', *der-* ‚spalten, schinden' s. unter eigenem Stichworte.

WP. I 763 ff., WH. I 322, 323 f., 859; Schwyzer Gr. Gr. I 676.

dāi̯u̯ēr, Gen. **daii̯u̯rés** ‚der Bruder des Gatten, Schwager'.

Ai. *dēvár-*, arm. *taigr*, gr. δᾱήρ (*δαιϝηρ), lat. *lēvir* (im Ausgang nach *vir* umgestaltet; das *l* für *d* wohl sabinisch), ahd. *zeihhur*, ags. *tācor* (vermutlich durch Kreuzung mit einer Entsprechung von lit. *láigonas* ‚Bruder der Frau'), lit. *dieverìs* (für *dievĕ = ai. *dēvár-*; alter kons. Gen. *dievers*), lett. *diēveris*, aksl. *děverь* (*i-*, *i̯o-* und kons. Stamm).

WP. I 767, WH. I 787, Specht KZ 62, 249 f., Trautmann 43.

daḱru- n. ‚Träne'.

Gr. δάκρυ, δάκρυον, δάκρῡμα ‚Träne'; daraus entlehnt altlat. *dacruma*, lat. *lacruma*, *lacrima* ds. (mit sabin. *l*?); air. *dēr* n., cymr. *deigr* (kann auf einen Pl. *dakrī der o-Dekl. zurückgehen), Pl. *dagrau*, abret. *dacr-(lon)* ‚uvidus', corn. *dagr* ‚Träne' (inselkeltisch *dakrom*, siehe Thurneysen KZ. 48, 66 f.); germ. *tāhr-* und *tagr'- : got. *tagr* n. ‚Träne', anord. *tār* n. (aus *tahr-*), ags. *tæhher*, *tēar*, *teagor* m., ahd. *zahar* m. (nhd. *Zähre* aus dem Pl.; ob im Germ. noch vom alten *u*-St. oder einem daraus geneuerten *o*-St. auszugehen sei, ist fraglich).

Idg. *daḱru ist wahrscheinlich aus *draḱru dissimiliert wegen ahd. *trahan*, as. Pl. *trahni* ‚Träne', mnd. *trān* ds. und ‚(durch Kochen aus Fett herausgepreßter Tropfen:) Tran', mhd. *traher* ds. (*-er* wohl nach *zaher* geneuert) und arm. *artasuḱ* ‚Tränen', Sg. *artausr* aus *draḱur.

Andrerseits sucht man Vermittlung mit ai. *áśru*, *áśra-m* ‚Träne', av. *asrūazan-* ‚Tränen vergießend', lit. *ašarà*, *ãšara* ‚Träne', lett. *asara* ds.; wohl bloßes Reimwort, indem *aḱro- ‚acer, scharf, acerbus' als Beiwort der Träne (‚bittere Tränen') teilweise an Stelle von *daḱru* trat, wobei es dessen *u*-Flexion übernahm? Vgl. auch Mühlenbach-Endzelin I 142 f.; s. oben S. 23 unter *aḱru.

WP. I 769, WH. I 746 f.

dāu-, dǝu-, dū̆- 1. ‚brennen', 2. ‚verletzen, quälen, vernichten, feindselig'; unsicher, ob in beiden Bed. ursprünglich identisch (etwa teils als ‚brennender Schmerz', teils ‚durch Feuer vernichten, die feindlichen Siedelungen niederbrennen'?).

Ai. *dunṓti* ‚brennt (trans.), quält', *dūná-* ‚gebrannt, gequält', Pass. *dū-yatĕ* ‚brennt' (intr.), kaus. *dāvayati* ‚verbrennt' (trans.), *dāvá-ḥ* (mit Ab-

180

lautsneuerung *davā-ḳ*) ‚Brand‘, *dū* f. ‚Leid, Schmerz‘, *doman-* ‚Brand, Qual‘ (-*ǝu-* wie in δεδαυμένος);

arm. *erkn* (zu δύη) ‚Geburtswehen‘;

gr. δαίω (*δάϜ-ιω) ‚zünde an‘, Perf. δέδηε ‚steht in Flammen‘ (: ai. *du-dāva*), Partiz. δεδαυμένος (δαῦσαι· ἐκκαῦσαι Hes., ἐκδαβῇ· ἐκκαυϑῇ· Λάκωνες Hes.), δάος n., δαΐς, -ΐδος f. ‚Fackel‘ (zum ᾷ von att. δᾴς, δᾳδός s. Schwyzer Gr. Gr. I 266), δανός ‚leicht brennbar = trocken‘ (*δασινός aus *δαϜεσ-νός), δαλός ‚brennendes Stück Holz‘ (*δαϜελός = lakon. δαβελός); δήϊος ‚feindlich‘, dor. (Trag.) δᾷος, δᾷος ‚gequält, elend‘, hom. δήϊοω ‚töte, erschlage‘ (att. δῃόω ‚ds., verwüste‘), δῃότης, -τῆτος ‚Kriegsgetümmel, Kampf‘, hom. δᾶϊ Lok. ‚in der Schlacht‘ (zum Nom. *δαῦς, idg. *dāu; Schwyzer Gr. Gr. I 578), δαϊ-κτάμενος ‚im Kampf getötet‘; wohl δύη ‚Leid‘, δυόωσι ‚sie stürzen ins Unglück‘ (ἀνϑρώπους, Od.), δυερός ‚unglücklich‘.

Über ὀδύνη (meist Pl.), äol. ἐδύνας Akk. Pl. ‚Schmerz‘, ὀδυνᾶν ‚Schmerz verursachen, betrüben‘ s. unter *ed-* ‚essen‘; vielleicht hierher δαῦκος· ϑρασύς (‚hitzig‘) Hes.

Alb. *dhunë* (*dus-n-) ‚Leid, Schmerz, Gewalt, üble Tat; Schmach, Beleidigung‘ (*dhunon* ‚schmähe‘; *dhun* ‚bitter‘, ursprgl. ‚unangenehm‘? oder wie sl. *gorьkъ* ‚bitter‘ : *gorěti* ‚brennen‘?) mit *du-s-* (vermutlich als Tiefstufe eines -*es*-St. = oder wie gr. δά(Ϝ)ος); tosk. *derë* ‚bitter‘ (*deu-no-*);

lat. vermutlich *duellum*, *bellum* ‚Krieg‘ (WH. I 100 f.), mit unklarem Suffix.

air. *dōim* ‚senge, brenne‘ (über air. *dōim* ‚besorge, übe aus‘ s. unter *deu̯(ǝ)-*), Verbalnom. *dōud* = ai. *davathu-ḳ* ‚Brand‘; *atūd* ‚anzünden‘ aus *ad-douth*, cymr. *cynneu* ‚anzünden‘ u. dgl., auch bret. *devi*, cymr. *deifio* ‚brennen‘ (mit *v* aus *w* vor *i̯*) hierher (Thurneysen KZ. 61, 253, Loth RC. 42, 58); air. Gen. *condid*, mir. *connad*, *condud* ‚Brennholz‘, cymr. *cynnud* ‚Feuerung‘, corn. *kunys*, bret. *keuneud* ‚Brennholz‘ (Pedersen KG. I 108, II 39, Gdf. etwa *kom-dauto-*); cymr. *etewyn* ‚Feuerbrand‘ (*ate-dau-ino-*), bret. Kollektiv *eteo* ds.

ahd. *zuscen* ‚brennen‘; nach φρύνη : *braun* hierher auch ags. *tosca* ‚Frosch‘, schwed. mdartl. *tosk* ds.; vielleicht (mit *eu*, s. unten) anord. *tjōn* n. ‚Schaden, Unrecht, Verhöhnung‘, ags. *tēona* m., *tēone* f. ‚Schaden‘, as. *tiono* ‚Böses, Unrecht, Feindschaft‘, wovon anord. *tȳna* ‚vernichten, verlieren‘, ags. *tīenan* ‚plagen, ärgern, verleumden‘, as. *gitiunean* ‚Unrecht tun gegen jemanden‘.[1]

Berneker IF. 10, 158 stellt hierher auch lit. *džiáuti* ‚zum Trocknen

---

[1] Trotz Osthoff IA. 1, 82 ist die Sippe von nhd. *zünden*, got. *tundnan* ‚entzündet werden‘, *tandjan* ‚zünden‘, mhd. *zinden* fernzuhalten, da deren *i* und *a* nicht wohl erst Ablautneubildung zu *u* sein wird; nach Thurneysen IA. 33, 32 als *t-andjan* zu air. *ad-and-* ‚anzünden‘.

hinlegen', lett. *žaut* ‚trocknen, räuchern' als **dēu-ti*, wie auch die alb. und germ. *eu*-Formen idg. *ēu* enthalten können; das Verhältnis dieses **dēu-* zu **dāu-* ist unklar; oder zu *djeu-* ‚Himmel'?

WP. I 767 ff., WH. I 100 f.

*dəg̑h-mó- ‚schief'.

Ai. *jihmá-* ‚schräg, schief' (urar. **žižhmá-* assim. aus **dižhmá-*), gr. *δοχμός, δόχμιος* ‚schief' (assim. aus **δαχμός?*).

WP. I 769, Schwyzer Gr. Gr. I, 302 g, 327.

de-, do- Demonstrativstamm, z. T. ich-deiktisch; Grundlage verschiedener Partikeln.

Av. *vaēsmən-da* ‚zum Haus hin';

gr. *-δε* in *ὅ-δε, ἥ-δε, τό-δε* ‚der hier' (ich-deiktisch), *ἐνϑά-δε, ἐνϑέν-δε, τεῖ-δε*, hinter Akk. der Richtung, z. B. *ὁδμον-δε, οἶκον δέ, οἶκόνδε, Ἀϑήναζε* (**Ἀϑανᾱνσ-δε*), wie av. *vaēsmən-da* (arkad. *ϑύρδα· ἔξω* Hes., Umbildung von *-δε* nach Doppelformen wie *πρόσϑε : πρόσϑα*), auch in *δε-ῦρο (δεῦτε* nachgebildeter Pl.) ‚hierher', lat. *quan-de, quam-de* ‚als wie' = osk. *pan*, umbr. *pane* ‚quam', ebenso osk. *pún*, umbr. *pon(n)e* ‚quom' (**quom-de*), lat. *in-de* ‚von da' (**im-de*), *un-de* ‚woher'; gr. *δέ* ‚aber'; gr. *δή* ‚eben, nun, gerade, gewiß', *ἥ-δη* ‚schon', *ἐπει-δή* ‚quoniam'; *δαί* hinter Fragewörtern ‚(was) denn?';

idg. **de* steckt auch im air. Artikel *in-d* (**sind-os*, idg. **sēm-de*);

ital. -**dām* in lat. *quī-dam, quon-dam*, umbr. *ne-rsa* ‚donec' (wohl erstarrter Akk. f. **ne-dām* ‚nicht die Weile'; daneben m. oder n. in:);

lat. *dum* (**dom*) ‚noch', als Konj. ‚während, indes, indem', ursprgl. demonstratives ‚dann', vgl. *etiam-dum, interdum, nōndum, agedum* (: gr. *ἄγε δή), manedum, quidum* ‚wie so?' u. dgl., dann in relativ-konjunktioneller Bed., wie auch in *dummodo, dumnē, dumtaxat*; osk. *isídum* ‚idem' ist aber in *is-id-um* zu zerlegen, wie auch in lat. *īdem, quidem, tandem, tantusdem, totidem* kein mit *dum* aus **dom* ablautendes *-dem* anzuerkennen ist; *īd-em* aus **id-em* = ai. *id-ám* ‚eben dieses', vgl. osk. *is-id-um*, wie *quid-em* aus **quid-om* = osk. *píd-um*, und infolge der Silbentrennung *i-dem* wurde *-dem* als Identitätspartikel gefühlt und wucherte weiter);

aber die Grundbedeutung von *dum* ist ‚ein Weilchen', weshalb das *u* vielleicht alt ist (vgl. *dūdum*) und *dum* zur Wz. *deuə-* gehört (EM² 288 f.).

idg. **dō* ursprgl. ‚herzu' in lat. *dō-ni-cum* (altertümlich), *dōnec* (**dō-ne-que*), seit Lukrez auch *dōnique* ‚so lange als, bis daß, bis endlich', aber auch ‚dann' (*dō-* gleichbed. mit *ad-, ar-* in umbr. *ar-ni-po* ‚quoad' aus **ad-ne-qᵘom*) und in *quandō* ‚wann' = umbr. *panupei* ‚quandoque'; air. *do, du*, acymr. *di* (= *dī*), corn. *ðe* ‚zu' aus **dū* (in gall. *du-ci* ‚und'), Thurneysen Grammar 506; ags. *tō*, as. *tō* (*te, ti*), ahd. *zuo* (*za, ze, zi*; die kürzeren Formen sind trotz Solmsen KZ. 35, 471 nicht als bereits uridg. Ablautvarianten aufzufassen), nhd. *zu* (got. *du* ‚zu‘ mit Dat. und Präverb, z. B. in *du-ginnan* ‚beginnen‘, scheint proklitische Entw. aus **tō*(?), von Brugmann II² 2, 812 als unaufgeklärt bezeichnet); alit. *do* Präp. und Präf. ‚zu‘; aksl. *da* ‚so, und, aber; daß‘ (Bed.-Entw. ‚*dazu‘ — ‚noch, und‘, woraus dann die unterordnende Anknüpfung); anders Pedersen Toch. 5. Daneben idg. **dŏ* in aksl. *do* ‚bis, zu‘.

Lit. *da-*, perfektivierendes Verbalpräfix, und lett. *da* ‚bis — zu‘, auch Verbalpräf. z. B. in *da-iet* ‚hinzugehen‘, stammen aus dem Slavischen.

en-do : alat. *endo, indu* ‚in‘, lat. nur mehr als Kompositionsglied, z. B. *indi-gena, ind-olēs*, weitergebildet in hom. τὰ ἔν-δ-ῑνα (richtig ἔνδῑνα) ‚die Eingeweide‘, mir. *inne* ‚ds.‘ (**en-d-io-*); dagegen wird air. *ind-* Präp. und Präf. ‚in‘ von Thurneysen Grammar 521 als nach *in-* umgefärbte Entsprechung von gall. *ande* betrachtet und weiter von Pedersen KG. I 450 mit got. *und* ‚bis‘, ai. *ádhi* verbunden; und gr. ἔνδο-θι ‚drinnen‘, ἔνδο-θεν ‚von innen‘ sind wie lesb. dor. ἔνδοι nach οἴκο-θι, -θεν, -ι aus ἔν-δον umgebildet, s. **dem-* ‚bauen‘; hitt. *an-da* ‚in‘ aus **en-do* (oder **n̥-do*?), Pedersen Hitt. 166. Hingegen ist das Adverbial- und Prädikatsnomenzeichen air. *in(d)*, abret. *in*, mcymr. *yn* wohl Instrumental des Artikels; s. ferner Thurneysen Grammar 239.

dē (wie *dō* wohl ein Instr. der Erstreckung) in lat. *dē* ‚von — weg, von — herab, in betreff‘, falisk. *de* (daneben osk. *dat* ‚dē‘ (für **dad*, mit *t* nach *post, pert* usw.; osk.-umbr. **dād* ist wohl Ersatz für **dē* nach *ehtrād* usw., bzw. nach dem ablativisch umgeformten Instr. *-ē(d), -ō(d)* : *ād*); als Präverb in *da[da]d* ‚dedat‘, *dadikatted* ‚dedicavit‘, umbr. *daetom* ‚delictum‘; dazu Komp. lat. *dēterior* ‚minder gut, schlechter‘, Sup. *dēterrimus, dēmum* (altlat. auch *dēmus*) ‚eben, nun, erst‘ (‚*zu unterst‘ — ‚zuletzt, endlich‘), *dēnique* ‚und nun gar, und dann, endlich‘;

air. *dī* (daneben *de* aus idg. *dě*, womit vielleicht gall. βρατου-δε ‚e judicio‘ gleichzusetzen ist), acymr. *di*, ncymr. *y, i*, corn. *the*, bret. *di* ‚von — herab, von — weg‘, auch als Privativpartikel (z. B. acymr. *di-auc* ‚segnem‘, wie lat. *dēbilis*; steigernd air. *dī-mōr* ‚sehr groß‘ wie lat. *dēmagis*).

Die Bed. ‚von — herab, von — weg‘ dieser mit gr. δή, δέ formell gleichen Partikel ist wohl erst eine gemeinsame Neuerung der Kelten und Italiker; auch der Germanen? (Holthausen KZ. 47, 308: ahd. *zādal* ‚Armut, Not‘ aus **dē-tlom*, von **dē* ‚von — weg‘, wie *wādal* ‚arm‘ : lat. *vē*?).

Zu unserem Stamme gehört auch der Ausgang folgender Adverbialgruppen: ai. *tadá* ‚dann‘, av. *taða* ‚dann‘, lit. *tadà* ‚dann‘; ai. *kadá* ‚wann?‘, av. *kadā*, jav. *kaða* ‚wann?‘, lit. *kadà* ‚wann‘; ai. *yadá* ‚wann, als‘, av. *yadā*, jav. *yaða* ‚wann‘, aksl. *jeda* ‚wann‘ (vgl. auch ai. *yadi* ‚wenn‘, apers.

yadiy, av. *yeđi, yeiđi* ‚zur Zeit als‘ und av. *yađāt* ‚woher‘); ai. *idā* ‚jetzt‘; auch die slav. Bildungen wie russ. *kudá* ‚wohin‘, aksl. *kǫdu, kǫdě* ‚woher‘, *nikъda-že* ‚nunquam‘, poln. *dokǫd* ‚wohin‘, aksl. *tǫdě* ‚von dort‘, *sǫdu* ‚von hier‘ u. dgl., die aber auch idg. *dh* enthalten könnten.

Ein verwandter St. *di* vielleicht in dem enklit. iran. Akk. av. apers. *dim* ‚ihn, sie‘, av. *dit* ‚es‘, *diš* Pl. m. f., *di* Pl. n., und apr. Akk. Sg. *din*, *dien* ‚ihn, sie‘ (usw.); vgl. aber Meillet MSL 19, 53 f.

WP. I 769 ff., WH. I 325 f., 339 f., 370 f., 694, 859, Schwyzer Gr. Gr. I 624 f.

dē̆-: *də-* und *dēi-, dī-* ‚binden‘; Partiz. Pass. *də-tó-s*; *dē-mn* ‚Band‘.

Ai. *dy-áti* (mit *ā-, ni-, sam-*) ‚bindet‘ (*dy-* Tiefstufe von *dēi-*, von der 3. Pl. *dyánti* aus, vgl. av. *ni-dyā-tąm* 3. Sg. Med. in pass. Bed. ‚es soll Einhalt getan werden‘, *-ā-* Erweiterung von der Tiefstufe *di-*, Bartholomae Airan. Wb. 761), ai. Partiz. *ditá-* ‚gebunden‘ (= gr. *δετός*), *dáman-* n. ‚Band‘ (= gr. *-δημα*), *ni-dātār-* ‚Binder‘;

gr. (hom. att.) *δέω* (**δέjω*) ‚binde‘, *δετός* ‚gebunden‘, *δετή* ‚zusammengebundene Späne als Fackel‘ (*δε-* für idg. **də-* wie *ϑετός* : *τίϑημι*), *ἀυαλλο-δετήρ* ‚Garbenbinder‘, *δέσις* ‚das Binden, Bindung‘, *δεσμός* ‚Band‘, *κρή-δε-μνον* ‚Kopfbinde‘, *δέμνια* Pl. ‚Bettgestell‘; hom. Präs. *δίδημι* ‚binde‘ ist zu *δήσω* nach *τίϑημι* : *ϑήσω* ‚neugebildet‘; *ὑπό-δημα* (vgl. ai. *dáman-*) ‚Sandale‘, *διάδημα* ‚umgeschlungenes Band, Turban, Diadem‘;

alb. *duaí* ‚Garbe‘ (über **dōn-* aus idg. **dē-n-*), *del* ‚(*Band), Sehne, Flechse, Ader‘ (idg. **dō-lo-*).

WP. I 771 f., Schwyzer Gr. Gr. I 340 f., 676, 688.

dēg- ‚packen‘?

Got. *tēkan* ‚berühren‘, mit Ablaut anord. *taka*, (engl. *take*) ‚nehmen‘; toch. B *tek-, tak-* ‚berühren‘, B *teteka* ‚sobald‘.

WP. I 786, WH. I 351, Van Windekens Lexique 138, 139 (vergleicht auch lat. *tangō*), Pedersen Toch. 207 [1].

1. **dei-, deiə-, dī-, djā-** ‚hell glänzen, schimmern, scheinen‘ (älter ‚*Strahlen werfen‘?).

Ai. *di-dē-ti* ‚scheint, leuchtet‘, 3. Pl. *dídyati*, Impf. 3. Sg. *ádidēt*, Imper. 2. Sg. *didíhí, su-dī-tí-ḫ* ‚schönen Glanz habend‘, Kaus. *dīpáyati* ‚entzündet, erhellt‘, *dīpyate* ‚flammt, strahlt, scheint‘ (über *dīvyati* s. unten), *dīái-* ‚scheinend‘ (auf Grund von *di-de-ti*); ähnliches **doi-d-o-* (gebrochene Redupl.) in anord. *teitr* ‚heiter, froh‘ (eigentl. ‚strahlend‘), ags. *tātān* ‚liebkosen‘, *tāt-* (in Namen) ‚froh‘, ahd. *zeiz* ‚zart, anmutig‘ (vgl. *heiter* sowohl ‚klar‘ als ‚froh‘; Uhlenbeck Ai. Wb. 126); vielleicht hierher auch lit. *dìaís* ‚groß‘ als ‚ansehnlich‘;

gr. hom. *δέατο* ‚videbatur‘, *δεάμην· ἐδοκίμαζον, ἐδόξαζον* Hes., arkad. Konj. *δεάτοι*, hom. Aor. *δοάσσατο* ‚erschien‘, Konj. *δοάσσεται*, gegenüber arkad. Aor. *δεά[σε]τοι* mit *o* nach *ἔδοξε*, Schwyzer Gr. Gr. I 681; hom. *δέελος* ‚sichtbar‘ (*δεϳελος*; mit metr. Dehnung *εὐδείελος*), *δῆλος* d. (aus *δέϳαλος*, woraus auch Hesychs *δίαλος*; hom. *ἀρίζηλος* ‚sehr deutlich, klar‘ (aus *δϳη-λός*);

doilo- vermutlich in ags. *sweo-tol* (aus *tāl*) ‚offenbar, deutlich, klar, und in mir. *dōel* ‚Käfer‘ (‚glänzend schwarzes Insekt‘) sowie im ir. Flußnamen *Daol* (*doilā*) als ‚die glänzende‘. Hierher wohl auch lit. *dailùs* ‚zierlich, hübsch‘, *dáilinti* ‚glätten, schmücken‘.

Mit Formans *-tlo-* vermutlich hierher das nur im Kompositum vorkommende germ. *tipla-*: zīdal-, nhd. *Zeidel-*, nd. *til-* ‚Honig‘ (‚Klarheit, Glanz — klarer Honig‘).

Gegen Pedersens Heranziehung von hett. *te-eš-ḫa-* ‚träumen‘ (Muršilis 69) s. Couvreur Ḫ 53 und oben S. 178.

u-Erweiterung: *deᵢeu-* (: *dᵢéu-, diᵤ-, dᵢu-*) leuchtender, göttlich verehrter Himmel und leuchtender Tag:

Diphth. St. Nom. *dᵢēus (diᵢēus)*, Akk. *dᵢē[ᵤ]m*, Vok. *dᵢéu*, Lok. *dᵢéᵤi* und *dᵢéu*, Dat. *diᵤéi*, Gen. *diᵤ-és, -ós; dᵢēus-pətēr* ‚Himmelvater‘.

ai. *dyáuḥ (diᵧáuḥ)* ‚Himmel‘, Akk. *dyā́m*, Lok. *dyávi, diví*, Dat. *divé*, Gen. *diváḥ* (und *dyōḥ*), Instr. Pl. *dyú-bhiḥ*;

gr. *Ζεύς* (= *dyáu-ḥ*), Akk. *Ζῆν* (= *dyā́m*), Vok. *Ζεῦ* (*dᵢéu*), Gen. *Δι(F)ός*, Dat. (Lok.) *Δι(F)í* (*Ζῆν* zog *Ζῆρα, Ζηνός, Ζηνί* nach sich; über *Ζάς* bei Pherekydes von Syros s. Schwyzer Gr. Gr. I 577[4]); der Gen. *diᵤes* in thess. *Διες-κουριάδεω*, prien. *Διες-κουρίδον* (Schwyzer Gr. Gr. I 547);

im Lat. hat sich das alte Paradigma in zwei gespalten, die den Namen des obersten Gottes und den ‚Tag‘ bezeichnen; ähnlich im Osk. und Umbr.: lat. *Iuppiter* aus *Iū-piter*, umbr. *Jupater* Vok. = *Ζεῦ πάτερ*, zum Nom. ai. *dyáuṣpitā* ‚Vater Himmel‘, *Ζεὺς πατήρ*, Dat. umbr. *Iuvepatre*, illyr. (Hes.) *Δει-πάτυρος*; lat. Gen. *Iouis* (altlat. auch *Diovis*, auch als Nom.); osk. *Diúveí* ‚Iovī‘, *iuvilam*, älter *diuvilam*, *iovilam*, *iuvilas*, *iovilae* usw., vgl. GentilN lat. *Iūlius* (*Iovilios*); lat. *Diēspiter* (wovon flamen *Diālis*) mit nach dem Akk. *d(i)ēm* geneuertem Nom. *diēs*, der in der Bed. ‚Tag‘ sonst herrschend wurde, während zur Bezeichnung des ‚Himmelsgottes‘ die Ablautstufe *dᵢoᵤ-* aus *dᵢeu-* unter dem Drucke des Vok. *dᵢeu-* durchgeführt wurde (bis auf *Diēspiter*, auch umbr. *Di, Dei* ‚divom, dive‘, kontrahiert aus *diē-*, so daß *Di(m)* = *diēm*); der alte Nom. *diūs* aus *dᵢēus* noch in dem neben *Vēdiovis, Vēiovis* stehenden *Vē-diūs* ‚altröm. Unterweltsgott‘;

in der Bed. ,Tag' lat. *diēs* s. oben (m.; als f. in der Bed. ,Termin, Frist, Zeit' vermutlich nach *nox*), doch daneben der ältere Nom. *diēus* noch in *nu-diūs tertius* ,nun ist der 3. Tag', ferner *diū* ,bei Tage' (Lok. *djēu* oder *djōu*), ,den Tag lang', daraus ,lange'. Deminutiv lat. *diēcula* ,eine kurze Frist', osk. [d]*iikúlús* ,Tage', *zicolo* m. ,Tag';

air. *die*, proklitisch *dīa* ,Tag' (aus nach dem Akk. *diiēm* geneuerten *diies*), cymr. *dydd*, corn. *deth, dyth*, bret. *deiz-* ,Tag' (ebenso); air. *in-diu* ,heute', cymr. usw. *he-ddyw* ,heute' (zunächst aus *-diiū*, das wohl == lat. *diū*).

Von der Ablautstufe *diu-* in der Bed. ,Tag';

ai. *dívā* ,am Tage', *divédivē* ,Tag für Tag' (*divám* Nom. sonst ,Himmel'), *naktáṁdivam* ,Nacht und Tag', *sudivám* ,ein schöner Tag', *sudivá-h* ,einen schönen Tag habend', arm. *tiv* ,Tag', gr. *ἔνδιος* ,mitten am Tage (erscheinend)' (auf Grund von *ἐν διϝί*, vgl. *ἐννύχιος*); lat. *dius, interdius* ,tags, untertags' (mit lat. Synkope aus dem Gen. *diiós*); *bi-, tri-duum* (*diiom* ,Zeitraum von zwei, drei Tagen';

es-St. *diies-* vorausgesetzt von ai. *divasá-ḥ* ,Tag', formell zu dak. *διεσεμα* ,Königskerze, Fackelkraut', wohl aus *diies.mā* ,Leuchtpflanze' (Detschev, Dak. Pflanzenn. 14 ff.); aber gr. *εὔδιος* (*εὔ-διϝος*) ,heiter', älter *εὐδία* ,heiteres Wetter', zu ai. *su-divám* (oben); vgl. Sommer Nominalkomp. 73 ff.

diuios in ai. *divyá-, diviá-* ,himmlisch', *divyáni* ,die himmlischen Räume', gr. *δῖος* (aus *διϝιος*, Schwyzer Gr. Gr. I 472 a) ,göttlich', lat. *dīus* ,göttlich' (verschieden von *dīvus*!), *dium* ,Himmelsraum', *sub dio*; *Diāna* aus *Diviāna*, die zur Mondgöttin *Diviā* Gehörige(?); vgl. etr. *Tiu* ,luna', *tives* ,Monate', nach Kretschmer Gl. 13, 111 f. aus ital. *diviā*, und orph. *Πανδία* ,Selene' aus *παν-διϝιά* ,Allerleuchterin'.

Ablautstufe *diu-* in ai. *dyu-mnám* ,Himmelsherrlichkeit', *dyu-mánt-* ,hell, licht', verbal *dyut-* ,leuchten' in *dyótatē*, Aor. ved. *ádyaut* ,leuchtet' (mit *t* wohl nach *śvit-* ,hell sein'); vgl. auch aksl. *dъždь* ,Regen', russ. *dožd*', ačech. *dešč*, usw., aus *dus-diu-* ,schlechtes Wetter', Trubetzkoj Z. sl. Ph. 4, 62 ff.

o-St. *déiuo-s* ,Gott, Himmlischer':

ai. *dēvá-ḥ* ,Gott' (*dēvī* ,Göttin'), av. *daēva-* ,Dämon';

lat. *deus* und *dīvus*, beides aus dem Paradigma *deiuos* (> *deos*), Gen. *deiiī* (> *dīvī*); osk. *deívaí* ,divae' (osk. *deivinais* == lat. *dīvinis*; umbr. *deueia* ,divina') osk. *deiuatud* ,iurato' == lett. *dievâtiês* ,schwören'; lat. *dīves* ,reich', eigentl. ,der unter dem Schutz der Götter Stehende', wie slav. *bogatъ*, s. Schulze KZ. 45, 190);

gall. GN *Dēvona*, PN *Dēvo-gnāta*, air. *dia*, Gen. *dē* ,Gott', acymr. *duiu-(tit)* ,Gott(heit)', mcymr. ncymr. *duw*, acorn. *duy*, bret. *doué* ,Gott';

anord. *tívar* Pl. ,Götter' (*deiuōs*) sowie anord. *Týr* (agerm. *teiwaz*) ,der Kriegsgott', ags. *Tīg*, Gen. *Tīwes* ,Mars', ahd. *Zio, Zio*;

apreuß. *deiw(a)s*, lit. *diēvas* ‚Gott‘ (*deivē* ‚Göttin, Gespenst‘ aus **deiu̯iā*, *diēvo sūnēliai* ‚Himmelssöhne‘, finn. Lw. *taiwas* ‚Himmel‘), lett. *dievs* (verbale Ableitung liegt vor in lit. *deivótis* ‚Adieu sagen‘, lett. *dievâtiês* s. oben), vgl. Trautmann 50, Mühlenbach-Endzelin I 484, 485 f. Dagegen sind aksl. *divъ* m. ‚Wunder‘, *divo*, -*ese* n. ds. (-*es*-St. wohl erst nach *čudo*, -*ese* ds.), *divьnъ* ‚wunderbar‘, nicht vom Begriff ‚Gott, Göttliches‘ ausgegangen, sondern (wie *ϑαῦμα* von *ϑεάομαι*) stellen· sich zu klr. *dyvl'ú*, *dyvýty sja* ‚schauen‘, čech. *dívam se* ‚schaue, betrachte‘, das sich zu ai. *dī-dē-ti* ‚leuchtet‘ in der Bed. verhält wie z. B. mhd. *blick* ‚Glanz, Blitz‘ und ‚Blick der Augen‘, nhd. *glänzen* : slav. *ględati* ‚schauen‘.

en-St. **deien*- (thematisch *deino*-, *dino*-) nur in der Bed. ‚Tag‘: ursprüngl. kons. noch in aksl. *dьnь*, Gen. *dьne* ‚Tag‘; ai. *dína-m* (bes. in Kompos. ‚Tag‘, lat. *nundinae* ‚der an jedem neunten Tag gehaltene Markt‘, air. *denus* ‚spatium temporis‘, *trēdenus* ‚triduum‘; alb. *gdhínj* ‚mache Tag‘ aus **di-n-i̯ō*; hochstufig lit. *dienà*, lett. *dĩena*, apr. Akk. f. *deinan* ‚Tag‘, (Mühlenbach-Endzelin I 432 f., Būga Kalba ir. S. 227 f.); got. *sinteins* ‚täglich, immerwährend‘; vielleicht hierher ahd. *len(gi)zin* ‚Lenz‘ aus **langat-tin* als ‚lange Tage habend‘.

Kretschmer führt gr. *Τιν-δαρίδαι* ‚Zeussöhne‘, etr. *Tin*, *Tinia* ‚Juppiter‘ auf ein vorgr. *Tin*- ‚Diespiter‘, bzw. ital. **Dinus* (idg. **din*- ‚Tag, Himmel‘) zurück (Gl. 13, 111; 14, 303 ff., 19, 207; s. auch Schwyzer Gr. Gr. I 65); aber die ältere Form ist *Τυνδαρίδαι!*

r-Erweiterung *dēi-ro*-, *dī-ro*- in:

germ. **tēra*- (**dēi-ro*-) und **tīra*- (**diro*-) in ahd. *zēri*, *ziari* ‚kostbar, herrlich, schön‘, *ziarī* ‚Schönheit, Zier‘, *ziarōn* ‚zieren‘, mnd. *tēr* ‚Glanz, Ruhm, Gedeihen, gute Beschaffenheit‘, *tēre* und *tīre* ‚Beschaffenheit, Art und Weise‘, ags. as. *tīr* ‚Ehre, Ruhm‘, anord. *tírr* ds.; norw. dial. *tīr* ‚Ausguck, Spähen, Leuchten, Glanz‘, *tīra* ‚gucken, funkeln‘;

dazu lit. *dyrě́ti*, *dýroti* ‚gaffen, lauern‘, *dairýtis*, lett. *daĩrîtiês* ‚umhergaffen‘, apr. *endyrītwei* (u. dgl., siehe Būga Kalba ir. s. 227 f., Mühlenbach-Endzelin I 432 f.) ‚ansehen‘ (aber bulg. *dírъ* ‚suche‘ bleibt fern, s. Berneker 201);

toch. A *tiri* ‚Art und Weise‘.

Über hitt. *šiwat*- ‚Tag‘, *šiwanni*- ‚Gott‘ (aus **di̯ēu*-?), hierogl.-hitt. *tina*- ‚Gott‘, *šijāri* ‚erscheint‘ (**di̯ā*-?) s. Pedersen Hitt. 57, 175 f.

Zu ai. *dívyati* ‚spielt, würfelt‘ (angeblich ‚wirft das Auge‘) vgl. mit anderen Ablautstufen *dyūtám* ‚Würfelspiel‘, ferner *dévanam* ‚das Spiel, Würfelspiel‘, und oben *dyótate* ‚leuchtet‘, *dyutíḥ* ‚Glanz‘, *dyumánt*- ‚hell, licht‘. Ob hierher auch av. *a-dívyeinti* ‚bemühen sich worum‘ als ‚es worauf abgesehen haben‘? Vgl. Wackernagel, Berl. Sbb. 1918, 396 f.

Daß unsere Wz. als ‚vibrierendes Licht‘ mit *deiə-* ‚eilen, wirbeln‘ ursprgl. eins gewesen sei, scheint denkbar.

WP. I 772 f., WH. I 345 f., 347, 349 f., 355, 357 f., 727, 732, 860, Schwyzer Gr. Gr. I 576 f.

2. deiə- (*di̯ā-, di̯ə-, dī-*) ‚sich schwingen, herumwirbeln (balt. und z. T. griech.); eilen, nacheilen, streben‘.

Ai. *diyati* ‚fliegt, schwebt‘; gr. δῖνος m. ‚Wirbel, Strudel; rundes Gefäß, runde Tenne‘, δίνη (Hom.), äol. δῖνα (vgl. Διννομένης, Hoffmann Gr. D. II 484) ‚Wirbel, Strudel‘, δινέω, δινεύω, äol. δίννημι ‚drehe im Wirbel oder Kreise, schwinge‘; intr. ‚drehe mich beim Tanz im Kreise‘; pass. ‚treibe mich herum, taumle umher, rolle (die Augen), wirble (vom Fluß), drehe mich tanzend umher‘, δίνω äol. δίννω ‚dresche‘,; hom. δίω ‚fliehe‘, δίομαι ‚jage weg‘ (mit auffälliger Verteilung der intr. und tr. Bed. auf Aktiv und Medium), hom. δίενται ‚sie eilen‘, δίεσθαι ‚fliehen‘, ἐνδίεσαν ‚sie hetzten‘, διερός (πούς) ‚flüchtig‘ (nach ἵετε, ἵεται : ἵενται zum thematischen δίεται analogisch δίενται statt *δίονται neugebildet?), διώκω ‚verfolge‘ (kontaminiert aus Ϝιώκω und δίεμαι, Meillet MSL. 23, 50 f., Schwyzer Gr. Gr. I 702); hom. δίζημαι (Fut. hom. διζήσομαι) ‚strebe wonach, bemühe mich worum, suche‘, nachhom. auch ‚forsche‘ (*δι-δι̯ā-μαι), woneben auf Grund von *δι̯ā-το- att. ζητέω ‚strebe wonach, lasse mir angelegen sein‘; ob hierher mit ursprgl. *di̯ə-: ζάλη ‚Sturm, heftige Bewegung, namentlich des Meeres‘, ζάλος ‚Strudel, heftige Bewegung des Wassers‘?

Vgl. über die ζ enthaltenden gr. Worte Schwyzer Gr. Gr. I 330, 833.

Air. *dian* ‚schnell‘, *dēne* ‚Schnelligkeit‘; lett. *deju, diêt* ‚tanzen‘, *diedelêt* ‚müßig gehen‘. Über lit. *dainà* ‚Volkslied‘ (zu *dejà* ‚Wehklage?‘) vgl. Mühlenbach-Endzelin I 432 mit Lit.

Ganz fraglich cymr. *dig* ‚böse‘, russ. *díkij* ‚wild‘, lit. *dýkas* ‚übermütig, mutwillig, unbeschäftigt, müßig‘, lett. *diks* ‚frei von Arbeit‘, aksl. *divьjь* ‚wild‘ (Berneker 203 f., Mühlenbach-Endzelin I 478, Trautmann 54).

Nicht hierher gr. δόναξ ‚Rohr‘ (jüngeres ion. δοῦναξ und vereinzeltes dor. δῶναξ metr. Dehnung? Schulze Qu. ep. 205, Boisacq 196), δονέω ‚schüttle‘, ἀλίδονος ‚im Meer herumgetrieben‘ und lett. *duonis, duôñi* ‚Schilf, Binsen‘.

WP. I 774 ff.

deiĝh- ‚prickeln, kitzeln‘? ‚zwickendes Insekt‘.

Arm. *tiz* ‚Zecke‘;

mir. *dega*, Akk. *degaid* (*digāt-*) ‚Hirschkäfer‘;

germ. *tikan-*, mit Intensivschärfung *tikkan-*, in ags. *ticia* m. (lies

tiica oder *ticca*), engl. *tike* und *tick* ‚Holzbock, Schaflaus‘, mnd. *Zecke*
m. f. ‚Holzbock‘, nhd. *Zecke*; daneben eine Vermittlungsform **tīkan-* in
mnd. *teke*, mhd. *Zeche*, engl. *teke* ds.;

norw. dial. *tikka*, ndd. *ticken* ‚leicht anstoßen‘, mhd. *zicken* ds.; ahd.
zechōn ‚pulsāre, necken, plänkeln‘; engl. *tickle* ‚kitzeln‘; nasaliert ags.
tinclian ds.

Ein Zusammenhang mit *dhēig-* ‚stechen‘ ist nicht nachweisbar.

WP. I 777.

deik̂- ‚zeigen‘, woraus lat. und germ. z. T. ‚mit Worten auf etwas hinweisen,
sagen‘, mehrfach auch ‚das Recht weisen, auf den Täter hinweisen,
beschuldigen‘ entwickelt; Partiz. Pass. *dik̂-tó-s*; *dik̂ā* ‚Richtung‘,
dik̂-ti- ‚Anweisung‘, *deik̂o-s* ‚Richtung‘.

Ai. *dídeṣṭi*, *diśáti*, *dēśayati* ‚zeigt, weist‘, av. *daēs-* Aor. *dōiš-* ‚zeigen‘
(*daēsayeiti*, *disyeiti*, *daēdōiśt*) ‚zeigen; jemandem etwas zuweisen, zusprechen‘, Partiz. ai. *diṣṭá-* (= lat. *dictus*); *diṣṭi-ḥ* ‚Weisung, Vorschrift‘,
av. *ādiśti-š* ‚Anweisung, Lehre‘ (= lat. *dicti-ō*, ags. *tiht* ‚Anklage‘, ahd.
in-, bi-ziht ds., nhd. *Verzicht*), ai. *diś-* f. ‚Weisung, Richtung‘, *diśā* ‚Richtung‘
(= *díxη* ‚Recht‘, woraus wohl lat. *dicis causa* ‚nur der Form wegen, zum
Schein‘), *deśá-ḥ* ‚(Richtung), Gegend‘ = an. *teigr* s. unten;

gr. *δείκνῡμι*, sekundär *δεικνύω* ‚zeige‘, kret. *προ-δίκνυτι* ‚ἐπιδείκνυσι‘,
δεῖξις ‚das Zur-Schau-Stellen‘ (mit sekundärer Hochstufe), *δίκη* s. oben,
δίκαιος, *δικάζω*, *ἄδικος*; das Perf. Med. *δέδειγμαι*, und *δεῖγμα* ‚Beweis, Beispiel‘ nicht mit idg. *g*, sondern gr. Neuerung;

lat. *dicere* ‚sagen‘, *dicāre* ‚feierlich verkünden, zusprechen, weihen‘, osk.
deikum ‚dicere‘, umbr. *teitu*, *deitu* ‚dicito‘, ablautend osk. *dicust* ‚dixerit‘,
umbr. *dersicust* ds., osk. *da-dikatted* ‚dēdicavit‘, lat. *dicō* ‚die Macht eines
Herrn über andere, Botmäßigkeit, Gerichtsbarkeit‘, *indicāre* ‚anzeigen‘,
index ‚Anzeiger, Angeber; Zeigefinger‘ (wie auch ai. *deśinī* ‚Zeigefinger‘),
iūdex ‚der das Recht Weisende‘, *vindex* (*vindicāre* = *vim dicere*), *causidicus*;
über urir. **Ekʷo-decas*, *Lugudec(c)as* (Gen. Sg.) s. unter 1. *dek̂-*.

got. *gateihan* ‚anzeigen, verkündigen‘, anord. *tēa*, jünger *tiā* ‚zeigen,
darstellen, ankündigen‘, ags. *tēon* ‚anzeigen, verkündigen‘, ahd. *zīhan* ‚an-
schuldigen, zeihen‘, wozu anord. *tīgenn* ‚(*monstratus) vornehm‘, *tīgn* f.
‚Rang; vornehmer Mann‘; ahd. *zeigōn* ‚zeigen‘, wovon *zeiga* ‚Weisung‘;
in-zīht usw. s. oben; ferner anord. *teigr* m. ‚geradliniges Wiesenstück‘
(‚*Richtung‘ = ai. *deśá-ḥ* ‚Gegend, Platz, Land‘), ablautend ags. *tīg*, *tīh*
‚Anger, Weide‘, mnd. *tī(g)* m. öffentlicher Sammelplatz eines Dorfes‘;
ahd. *zich* ‚forum‘.

. Hierher vermutlich mit der Bed. ‚Finger‘ (= ‚*Zeiger‘) und sekundär,
aber bereits alt ‚Zehe‘, ahd. *zēha*, ags. *tahe*, *tā*, anord. *tā* ‚Zehe‘ (**dóik̂ u̯ā*),

mnd. *tēwe*, nhd. und südd. *zēwe* ds. (**doik̑-u̯ā*), und das wohl aus *dicitus durch Dissimilation gegen das tonlose *t* entstandene lat. *digitus* ‚Finger, Zehe‘.

Hitt. *tek-kuš-ša-nu-mi* ‚mache erkennbar, zeige‘ hierher nach Sturtevant Lang. 6, 27 f., 227 ff.; bezweifelt der Bildung wegen von E. Forrer bei Feist 204.

Daneben idg. *doig̑-* in got. *taikns* f. ‚Zeichen, Wunder‘, *taikn* n. ds., ahd. (usw.) *zeihhan* n. ‚Zeichen‘, ags. *tǣcan*, engl. *teach* ‚lehren‘, anord. *teikna* ‚zeigen, bedeuten, bezeichnen‘, ahd. *zeihhonōn* ‚zeichnen‘, got. *taiknjan* ‚zeigen‘, ahd. *zeihinen* ds.

Aus germ. *taikna stammt finn. *taika-* ‚Vorzeichen‘.

Ob *deik̑-* und *deig̑-* aus *dei-* ‚hell glänzen‘ (auch ‚sehen‘) als ‚sehen lassen, aufblitzen lassen‘ erweitert sind?

WP. I 776 f., WH. I 348 f., 351, 860, Schwyzer Gr. Gr. I 696 f., Feist 204, 472.

1. **dek̑-** ‚nehmen, aufnehmen‘, daher ‚begrüßen, Ehre erweisen‘. Aus der Bed. ‚annehmen, gern aufnehmen‘ fließt die Bed. ‚gut passend, geeignet, sich schicken, ziemen, es jemandem recht machen; als unannehmbar darstellen, etwas einem gut scheinend machen, lehren, lernen‘; **dek̑os-** n. ‚Zierde, Ehre‘.

Ai. *daśasyáti* ‚erweist Ehre, verehrt einen Gott, ist gnädig‘ (Denomin. von **daśas-* = lat. *decus*), *daśá* f. ‚Zustand, Schicksal‘; av. *dasəm* n. ‚Habe, Vermögensstück‘; ai. Desiderat. *díkṣatē* ‚weiht sich‘, *díkṣá* ‚Weihe‘ (**di-dk̑-s-* mit sekund. *i*), *dákṣati* ‚ist tüchtig, macht es einem recht, ist gefällig‘, *dákṣa-ḥ* ‚tüchtig, geschickt‘ (aber av. *daxš-* ‚lehren, unterweisen‘, npers. *daxš* ‚Geschäft, Mühe‘ bleiben wegen des Gutturals fern), dehnstufig ai. *dāśnóti*, *dāṣṭi*, *dāśati* ‚bringt Opfer dar, erweist Ehre, gewährt‘, *dāśvás-* ‚die Götter ehrend, fromm‘; av. *dāšta-* ‚erhalten, erlangt‘ (Partiz.);

nach Frisk Etyma Armen. 25 f. hierher arm. *əncay* ‚Gabe‘ aus **ənd-tis-āti-* (urarm. *-tis-* aus **dēk̑-*); ob auch hierzu *tesanem* ‚ich sehe‘? (vgl. unten *δοκεύω*); anders Meillet Esquisse 135;

gr. (ion. äol. kret.) *δέκομαι* ‚nehme an‘, att. *δέχομαι*, athemat. hom. 3. Pl. *δέχαται* (das χ nach *δέχθω, Iufin. *δέχθαι*), Aor. *δέκτο*, Partiz. *δέγμενος*, vgl. *προτίδεγμαι· προσδέχομαι* Hes. (γμ statt χμ); das κ ist bewahrt in *δοκός* [Aufnahme]balken‘, *δοκάν· θήκην* Hes. (daraus lat. *doga* ‚Gefäß‘), *δοκάναι· αἱ στάλικες* Hes., *δεζάζω* ‚besteche‘, *δωρο-δόκος* ‚der Geschenke nimmt‘, *δεξαμενή* (Partiz. Aor.) ‚Wasserbehälter‘, *ἀρι-δείκετος* ‚ausgezeichnet‘ (ει metr. Dehnung); Nasalpräsens *δείκνυμαι (: ai.*dāśnóti*) im Partiz. *δεικνύμενος* ‚huldigend, grüßend‘, zu *δεικανόωντο* ‚sie begrüßten‘; Intensiv *δει-*

δέχαται ds., δει-δίσκομαι ‚begrüße‘ (für *δη-δέ(κ)-σκομαι nach den Präs. auf -ίσκω); δει- kann δη- (idg. ē) gelesen werden, δεικν- auch δεκν-, und δεικα- kann metr. Dehnung für δεκα- sein (Schwyzer Gr. Gr. I 648, 697); Kausativ δοκέω (= lat. doceō ‚meine, scheine‘, δοκεῖ μοι ‚es scheint mir (‚ist mir annehmbar‘); δόξα f. ‚Meinung, Ruhm‘ (*δοκ-σα), δόγμα n. ‚Beschluß‘, δόκιμος ‚ansehnlich, erprobt‘; δοκεύω ‚beobachte‘, προσ-δοκάω ‚erwarte‘; über διδάσκω s. unter 1. dens-.

alb. ndieh ‚sich befinden‘ (*dek-skō-?); ndesh ‚antreffen‘ wohl slav. Lw.? S. unter dēs-;

lat. decet, -ēre ‚es ziemt sich, ziert, paßt gut‘, decus, -oris n. ‚Zierde, Würde‘, dīgnus ‚würdig‘ (aus *dec-nos, eigentl. ‚geziert mit‘); umbr. tiçit decet‘ (s. dazu EM. 257); Kausativ doceō, -ēre ‚lehre‘ (‚lasse einen etwas annehmen‘); discō, -ere, didīcī ‚lerne‘ (aus *di-dk̑-skō);

air. dech ‚der beste‘ (= lat. decus); auch in PN Echuid (*ek̑vo-dek̑-s), Gen. Echdach, Luguid, Gen. Luigdech (urir. Lugu-deccas mit cc = k), falls nicht e für älteres i steht; dann zu deik̑- ‚zeigen‘, in der Bed. ‚befehlen‘.

Vielleicht hierher germ. *teh-u̯ōn in ags. teohhian, tiohhian ‚meinen, bestimmen‘, teohh, tiohh ‚Schar, Gesellschaft‘, tēon (*tehōn) ‚bestimmen‘, ahd. gizehōn ‚in Ordnung bringen‘, mhd. zeche ‚Anordnung, Zunft, Zeche, Gesellschaft‘, nhd. Zeche, mhd. zesem (*teksma-) ‚ununterbrochene Reihe‘, wozu vielleicht mit Dehnstufe (*tēz̑-u̯ō) got. tēwa ‚Ordnung‘, gatēwjan ‚anordnen‘; s. darüber auch unter deu̯ā- ‚sich räumlich vorwärts bewegen‘.

Unsicher aksl. dešǫ, desiti ‚finden‘, skr. dèsīm dèsiti ‚treffen‘, refl. ‚jemandem begegnen‘, čech. po-desiti und u-desiti ‚einholen, erwischen‘; ablautend russ.-ksl. dositi ‚finden, begegnen‘; s. auch unter dēs-.

Toch. A tük- ‚urteilen, entscheiden‘; zweifelhaft A tāskmāṃ (*tāksk-māṃ) ‚ähnlich‘, Van Windekens Lexique 137; Pisani Rc. R. Ist. Lomb. 76, 2, 30.

Zum es-St. ai. daśas(yáti), lat. decus stellen sich auch die Worte für ‚rechts‘ (Specht KZ. 62, 218).

deks̑- mit verschiedenen Suffixen:

Ai. dákṣina-, dakṣiṇá- ‚rechts, südlich, geschickt‘, av. dašina- ‚rechts‘, lit. dēšinas ds., dešinĕ ‚die rechte Hand‘, aksl. desnъ ‚rechts‘; gr. δεξιτερός = lat. dexter, -tra, -trum (Komp. dexterior, Superl. dextimus), osk. destrst (abgekürzt für *destrust) ‚dextra est‘, umbr. destrame ‚in dextram‘; gr. δεξιός ‚rechts, glückverkündend, geschickt, gewandt‘ (von δεξι- mit Formans -ϝo-, vgl. gall. Dexsiva dea); (das Suffix -u̯o- wohl nach *lai-u̯os, skai-u̯os ‚links‘) air. dess ‚rechts, südlich‘, cymr. deheu (*deksovo-) ds., got. taíhswa, ahd. zeso ‚rechts‘, got. taíhswō- ahd. zes(a)wa ‚die rechte Hand‘; alb. djathtë ‚rechts‘ (das von G. Meyer damit gleichgesetzte ksl. destъ ist wohl Verderbnis für desnъ, s. Berneker 187).

WP. I 782 f., WH. I 330 f., 346 f., Trautmann 53, 54, Schwyzer Gr. Gr.
I 648, 678, 684, 697, Wistrand Instrumentalis 14 ff.

2. dek̑- (: dok̑-, dēk̑-) ,reißen, zerreißen, zerfasern'.

Ai. *daśā* ,die am Ende eines Gewebes hervorragenden Zettelfäden,
Fransen'; ir. *dūal* ,Locke' (*doklo-); got. *tagl* n. ,einzelnes Haar', anord.
tagl n. ,die Haare im Pferdeschwanz', ags. *tægl* (engl. *tail*) m. ,Schwanz',
ahd. *zagel* ,Schwanz, Stachel, männliches Glied, Rute'; got. *tahjan* ,reißen,
zerren', *distahjan* ,zerstreuen', isl. *tæja*, *tāa* ,karden', norw. dial. *tæja*
(*tahjan) und *taa* (*tahōn) ,fasern, zerreißen'; anord. *tǭg*, Pl. *tǣger* und
tǭgar f. ,Faser', mhd. *zāch*, *zāhe* f. ,Docht, Lunte'; in anderer Bed.
(zerrend — ziehend, hinausziehend') norw. mdartl. *taag* ,langsam und
andauernd', mnd. *tēge*, ostfries. *tāge* ,zähe' und ahd. *zag* ,zögernd, unentschlossen, zaghaft', wozu *zagēn* ,verzagt und unentschlossen sein';

vielleicht hierher als ,woran man sich reißt' oder ,abgerissenes, rissiges
Stück', mhd. *zacke* m. f., nhd. *Zacke*, mengl. *takke* ,fibula', engl. *tack*
,Stift, kleiner Nagel', mit anderem Auslaut *tagg*, *tagge* m. ,hervorragende
Spitze, Zacke'; oder gehört *Zacke* zu lett. *degums* ,Nase, Schuhspitze'?

S. auch unter **denk̑-**.

WP. I 785.

dek̑m̥, dek̑m̥-t, dek̑u- ,zehn', Ordinale dek̑m̥mo-s, dek̑m̥to-s.

Ai. *dáśa*, av. *dasa*; arm. *tasn* (nach Meillet Esquisse 42 aus *dek̑m̥,
wie russ. (tri)dcat̯ ,30' aus (tri-)d̯seti), gr. δέκα, lat. *decem* (dēnī ,je zehn'
aus *dek-noi; PN *Decius* = osk. *Dekis*, Gen. *Dekkieis*, osk. *deketasiúí*,
Nom. Pl. *degetasiús* ,curatores decimarum' (*deken-tāsio-), umbr. *desen-(duf)*
,duo-decim', air. *deich*, cymr. *deg*, corn. bret. *dek*, got. *taíhun* (-n wie in
*sibun, niun), an. *tiu*, ags. *tien, tyn*, as. *tehan*, ahd. *zehan* (a wohl aus den
Kompositis, Brugmann II 2, 18), toch. A *śäk*, B *śak*; finn. *deksan* ,10'
ist nach Jokl Pr. ling. Baudouin de Courtenay 104 aus dem Idg. entlehnt).

Auf das Zahlsubstantiv **dek̑m̥-t(i)**, eigentl. ,Dekade', gehen zurück:
ai. *daśat-*, *daśati-* f. ,Dekade', alb. *djetë*, gr. δεκάς, -άδος (zum α s.
Schwyzer Gr. Gr. I 498, 597), got. *taíhun-tēhund* ,hundert' (eigentlich
,zehn Dekaden'), anord. *tiund* f. ds., apreuß. *dessimpts* ,zehn', lit. *dé-
šimt*, alt *dēšimtis*, lett. alt *desimt*, metath. *desmit*, alt *desmits* (vgl. *desmits*
m. f. ,Zehner'); aksl. *desętь* (kons. Stamm auf -*t*, Meillet Slave comm.² 428);

deku- wohl in lat. *decuria* ,Zehntschaft' (daraus entlehnt nhd. *Decher* m.
,zehn Stück'; spätlat. *teguria* wird durch schweiz. *Ziger* ,zehn Pfund Milch'
vorausgesetzt; wohl mit mhd. *ziger* ,Quark' identisch) = umbr. *dequrier*,
tekuries ,decuriis, Fest der Dekurien'; vgl. osk.-umbr. *dekvia-* in osk. (vía)
Dekkviarim ,(viam) Decurialem', umbr. *tekvias* ,decuvias'; dazu wohl germ.

*tigu- ‚Dekade‘ in got. *fidwor-tigjus* ‚40‘, aisl. *fjōrer-tiger*, ags. *fēower-tig*, ahd. *fior-zug* ds. Ältere Erklärungen bei WH. I 327 f. und Feist 150. S. auch unten unter *centuria* u. Kluge¹¹ unter *Decher*.

Ablautendes *(d)k̂m̥t-* (Dual), *(d)k̂ŏm̥t-* (Plur.) in den Zehnerzahlen (nur die Bildungen bis 50 sind als idg. nachweisbar; z. B. ai. *triṁśát* ‚30‘, av. *θrisąs*, arm. *ere-sun*, griech. *τριάκοντα* (aus *-κωντα*; Näheres bei Schwyzer Gr. Gr. I 592), lat. *tri-gintā* (mit unerklärtem *g*), gallo-lat. Abl. Pl. TRI-CONTIS,' air. *trīcho* (mit ī nach *trī* ‚3‘), bret. *tregont* (*tri-komt-es*), acymr. *trimuceint* (in der Endung nach *uceint* ‚20‘); s. auch unter *ụī-k̂m̥tī* ‚20‘.

Ordinale *dek̂emo-s* und *dek̂m̥-to-s*:

dek̂emo-s iu ai. *daśamá-ḥ*, av. *dasəma-*, osset. *dǟsǟm*; lat. *decimus*, davon *decumānus* ‚zum Zehnten gehörig‘, später ‚ansehnlich‘, osk. *Dekm-anniúí*, ‚*Decumaniis‘*, vgl. auch EN *Decumius*, daraus entl. etr. *tecumnal*, rücklatinisiert *Decumenus*; gall. *decametos*, air. *dechmad*, mcymr. *decvet*, corn. *degves*.

dek̂m̥-to-s in gr. *δέκατος* (s. auch Schwyzer Gr. Gr. I 595); got. *taíhunda*, anord. *tīunda*, ahd. *zehanto*, *zehendo*, ags. *teogeða*; apreuß. *dessīmts*, lit. *dešimtas*, lett. *desmitais*, älter *desimtais*; aksl. *desętъ*; toch. A *śkänt*, B *śkante*, *śkañce* (einzelsprachlich arm. *tasn-erord*, alb. *i-dhjetë*);

Hierher *k̂m̥tóm* ‚hundert‘ aus *(d)k̂m̥tóm* ‚(Zehner)dekade‘:

ai. *śatám*, av. *satəm* (daraus finn. *sata*, krimgot. *sada*);

gr. *ἑκατόν*, ark. *ἑκοτόν* (aus dissimil. *sém k̂m̥tom* ‚ein Hundert‘? Vgl. Schwyzer Gr. Gr. I 592 f.), ein kürzeres *κατον* in *τετρά-κατον* usw. (in *τετρακάτιοι τετρακόσιοι*, 400‘, ‚400heitliche‘);

lat. *centum* (dazu *ducentum*, *ducentī* ‚200‘, vgl. ai. *dvi-śatam* aus *dụik̂m̥tóm*; *trecentī* ‚300‘, *quadringentī* ‚400‘, usw.; *centēsimus* ‚der hundertste‘ nach *vīcēsimus*, *trīcēsimus* aus *ụei-*, *trī-k̂m̥t-t.mo-s*);

air. *cēt*, cymr. *cant*, bret. *kant*, corn. *cans*;

got. as. ags. *hund*, ahd. *hund* ‚100‘ (in Kompositis von 200 ab), aber an. *hund-rað* (zu got. *rapian* ‚zählen‘) ‚Großhundert‘ (‚120‘), daraus ags. *hundred*; mhd. nhd. *hundert* aus as. *hunderod*;

lit. *šimtas*, lett. *simts*;

aksl. usw. *sъto* ist kaum iran. Lw. (Meillet Slave comm.² 63);

toch. A *känt*, B *känte*.

Dazu eine *r*-Ableitung in lat. *centuria* f. ‚Hundertschaft‘ (wie *decuria*), an. *hundari*, ahd. *huntari* n. ‚Hundertschaft, Gau‘, abg. *sъtorica* ds., lit. *šimteriópas* ‚hundertartig‘, *šimtér-gis* ‚hundertjährig‘.

WP. I 785 f., WH. I 200 f., 327 ff., 859, Feist 150, 471 f., Trautmann 53, 305.

1. del- ‚zielen, berechnen, nachstellen‘, auch ‚listig schädigen‘ und ‚zählen, erzählen‘; *dolo-* ‚Abzielen, (böse) Absicht‘.

Vielleicht arm. *tol* ‚Linie, Reihe‘, *totem* ‚reihe aneinander‘;

gr. δόλος ‚List, Köder‘, δολόω ‚überliste‘, δόλων ‚kleiner Dolch der Meuchelmörder‘ (über δόλων ‚Segelstange‘ s. unter 3. *del-*);

aus dem Gr. sind entlehnt lat. *dolus* ‚List, Täuschung‘, *dolō* ‚Stockdegen, Stilett‘, osk. Akk. *dolom*, Abl. *dolud* ‚dolus‘;

anord. *tal* n. ‚Rechnung, Anzahl, Rede‘ (ags. *tǣl* n. ‚Berechnung, Reihe‘, *gital* ‚Zahl‘), davon an. *telja* ‚(er)zählen‘, ags. *tellan*, ahd. *zellen* (Fem. anord. *tala* ‚Rede, Zahl, Rechnung‘), ags. *talu* ‚Erzählung, Reihe‘, ahd. *zala* ‚Zahl, Bericht‘ (davon an. *tala* ‚reden‘, ags. *talian* ‚rechnen, bedenken, erzählen‘, ahd. *zalōn* ‚berechnen, zählen, zahlen‘); *g*-Erweiterung in engl. *talk* ‚reden‘; vom *s*-Stamm *talaz-* n.: got. *talzian* ‚belehren‘, *un-tals* ‚ungelehrig, ungehorsam‘, dazu ags. *getǣl* ‚rasch, schnell‘, as. *gital* ahd. *gizal* ‚schnell‘; mit der in *dolus* vorliegenden Bedeutungsfärbung dehnstufig anord. *tāl* f. ‚Betrug, Arglist‘, ags. *tǣl* f. ‚Tadel, Verleumdung, Spott‘, ahd. *zala* ‚Nachstellung, Gefahr‘, *zalōn* ‚wegreißen, rauben‘; schwundstufig ags. *tyllan* ‚verlocken‘ (*dḷn-).

Ursprüngliche Gleichheit mit *del-* ‚spalten‘ ist unsicher; etwa vom Abzielen des Beils auf das zu spaltende Holz oder aus der Runentechnik (Zahlzeichen als Einschnitt)?

Über *dil-* in got. *ga-tils* ‚passend‘, usw., s. unter 2. *ad-*; wohl kaum aus einer Nebenform *dai-l-* hierher. Eine Vereinigung mit *del-* versuchen Persson Wzerw. 115, Pedersen KZ. 39, 372, indem sie, von *dā-, dāi-* ‚teilen‘ ausgehend, *de-l-* und *dai-l-, dī-l-* als parallele Erweiterungen fassen. WP. I 808 f.

2. del- ‚wackeln, schwanken‘.

Ai. *dulā́* f. ‚die Schwankende‘, mit sekundärer Hochstufe ō: *dōlayatē* ‚schaukelt, schwankt‘, *-ti* ‚schwingt, wirbelt auf‘, *dōlita-* ‚schwankend, in Schwingung versetzt‘; lit. *delsti* ‚säumen, zögern‘, *dulinéti* ‚schlendern, faulenzen‘;

mit *d*-Erw. unsicher (?) ai. *duḍi-* f. ‚eine kleinere Schildkröte‘ (‚watschelnd‘), eher ags. *tealt* ‚unsicher, schwankend‘, *tealt(r)ian* ‚schwanken, wackeln, unsicher sein‘, engl. *tilt* ‚vornüberfallen‘, mndl. *touteren* ‚wanken, wackeln, schaukeln‘, norw. mdartl. *tylta* ‚leise, wie auf Zehen, treten‘, schwed. *tulta* ‚mit kleinen, unsicheren Schritten gehen, wie Kinder‘;

mit *t*-Erweiterung ahd. *zeltāri*, mhd. *zelter*, md. *zelder* ‚Paßgänger‘, nhd. *Zelter*, anord. *tjaldari* ds. (Einfluß von lat. *tolūtārius* ‚Paßgänger‘; vgl. isl. *tölta* ‚im Paß, im Schritt gehen‘ aus *talutōn*; das Verhältnis zu dem von Plinius erwähnten span. Worte *thieldones* ‚Paßgänger‘ ist un-

13

klar), anord. *tjaldr* ‚Haematopus ostralegus, Austernfischer‘ (‚der Stapfer‘),
aber eher mit *-ll-* aus *-ln-* anord. *tolla* ‚lose hangen‘, *tyllast* ‚trippeln‘.
Vgl. Falk-Torp u. *kjeld, tulle.*
WP. I 809.

3. del- (dol-), delə- ‚spalten, schnitzen, kunstvoll behauen‘.

Ai. *dǎlǎyati* ‚spaltet, macht bersten‘, *dálati* ‚birst‘ (Bed. von *phǎlati*
‚springt entzwei‘ beeinflußt, Güntert Reimw. 48), *dalitá-ḥ* ‚gespalten, aus-
einandergerissen, aufgeblüht‘, *dala-m* u. ‚Teil, Stück, Hälfte, Blatt‘, *dalí*
f. ‚Erdscholle‘; aber Prakr. *ḍālā, -ī* ‚Ast‘, wohl auch *daṇḍá-h, -m* ‚Stock,
Prügel, Strafe‘ sind nach Kuiper Proto-Munda 65, 75 nicht idg.;

arm. wohl *tal* ‚Einprägung, Eindruck, Zeichen, Vers‘, *talem* ‚präge
ein, brenne ein‘ (Scheftelowitz BB. 29, 27; *$d_{e}l$-);

gr. *δαίδαλος, δαιδάλεος* ‚künstlich gearbeitet‘, Intens. *δαι-δάλλω* ‚arbeite
kunstvoll, verziere‘ (dissimil. aus *$δαλ-δαλ-$, Schwyzer Gr. Gr. I 647),
δέλτος (ablautend kypr. *δάλτος*) ‚Schreibtafel‘ (‚Spaltholz, glatt zugehauenes
Holzbrett‘, s. Boisacq 174 m. Lit. und zur Bed. bes. Schulze KZ. 45, 235;
zur Form vgl. unten nhd. *Zelt*); vielleicht hierher *δόλων* ‚Segelstange,
kleines Segel‘ (daraus lat. *dolō* m. ‚Vordersegel‘); ganz fraglich hingegen
δαν-δαλ-ίς, δενδαλίς ‚Kuchen vom Mehl gerösteter Gerste‘, *δεν-δαλ-ίδες·
ἱεραὶ κριθαί* als ‚geschrotet‘ (= ,*gespalten‘?? Prellwitz² 104 zw.); dehnstufig *δηλέομαι* ‚zerstöre, beschädige‘ (nicht zu lat. *dēleō*); reduktionsstufig ion. *πανδάλητος* ‚vernichtet‘, *φρενο-δαλής* ‚sinnesgestört‘ Aisch.;
el. *κα-δαλήμενοι* mit el. *α* aus *η* (s. Boisacq 182; dagegen Wackernagel Gl.
14, 51); mit der Bedeutungswendung ‚(das Herz?) zerreißen, mißhandeln,
Schmerz verursachen‘ gr. *δάλλει· κακουργεῖ* Hes. (*$d_{e}l\bar{u}$), *δαλῇ· κακουργῇ
(δαλήσασθαι· λυμήρασθαι. ἀδικῆσαι, δάλαν· λύμην*); vgl. auch lett. *dēlu*
‚quälen, martern‘ und lat. *doleō* ‚empfinde Schmerz‘, *dolor* ‚Schmerz‘;

alb. *dalloj* ‚scheide, teile‘, *djal* ‚Kind, Sprößling‘ (*delno-*; vgl. mir. *del*
‚Rute‘);

lat. *dolō, -āre* ‚behauen, bearbeiten‘, *dolābra* ‚Hacke‘, dehnstufig *dōlium*
‚Faß‘ (wie ursl. *dьly* ‚Faß‘ s. unten); *doleō, dolor* s. oben (aber *dēleō* ist
wegen des Perf. *dēlēvi* wohl Neubildung von *dē-lēvi* ‚habe ausgewischt,
getilgt‘);

air. *delb* f. ‚Gestalt, Form‘, acymr. *delu*, ncymr. *delw* ‚imago, figura,
effigies‘, corn. *del* ‚wie mit Kausativablaut air. *dolb(a)id* ‚formt‘, *doilbthid*
‚figulus‘ (zu kelt. *delu̯ā, *dolu̯-*, vgl. den *ū*-St. slav. *dьly*); vielleicht air.
fo-dālim ‚discerno, sejungo‘ (usw., s. Pedersen KG. II 502 f.), acorn. *didaul*
‚expers‘ (vgl. die ai. und balt.-slav. Worte für ‚Teil‘), cymr. *gwa-ddol* ‚a
portion or dowry‘ als *o*-Formen neben *δηλέομαι* (ebensogut aber als *dā-l-*
auf *da(i)- ‚teilen‘ zu beziehen); wohl mir. *del* ‚Stab, Rute‘ (als ‚abge-

spaltenes Stück Holz'), corn. *dele* ‚antenna' (oder zu ϑάλλω idg. **dhǎl-*, dessen sicheres Zubehör allerdings nur *a*-Vokalismus zeigt?; mit Bed.-Übertragung alb. *djalë* ‚Kind, Jüngling'? s. u. *dhǎl-*);

mnd. *tol, tolle* ‚Spitze eines Zweiges, Zweig', holl. *tol* ‚Kreisel' (‚*Pflock'), mhd. *zol(l)* m., *zolle* f. ‚zylindrisches Holzstück, Klotz, Knebel', *zol* als Längenmaß ‚Zoll', *is-zolle* ‚Eiszapfen', anorw. *horntylla* ‚das die Hörner zweier im Gespann ziehender Ochsen verbindende Holzstück' (**dḷ-n-*); aber mhd. *zulle, zülle*, nhd. *Zülle* ‚Flußschiff, Kahn' ist wohl trotz Pers-son Beitr. 174 nicht echt germ., sondern Lw. aus dem Slav., s. Kluge[11] unter ‚Zülle'; weitergebildet holl. *tolk* ‚Stäbchen', schwed. *tolk* ‚Keil', mhd. *volch* ‚Klotz, Lümmel' (ob auch anord. *tǟlkn* n. ‚Fischkiemen' als ‚das Ge-spaltene'? Falk-Torp u. *tökn*); mit *-d* ndd. *talter* ‚Lumpen, Fetzen' (Holthausen Afneuere Spr. 121, 292);

mit *t*-Suffix germ. **telda-* ‚*aufgespannte Zeltstange' (: gr. δέλτος) in anord. *tiald* ‚Vorhang, Decke, Teppich, Zelt', ags. *teld* n. ‚Zelt', ahd. nhd. *zelt*, eigentlich ‚ausgespannte Decke'; dazu ahd. *zelto*, nhd. *Zelten, Zelt-kuchen*; oder besser als ‚geschrotet' (s. oben δενδαλίς) zu toch. B *tselt-*, *tiǎlt-* ‚kauen';

aus dem Germ. reiht Lidén aaO. noch aschwed. *tialdra, tiældra* ‚Grenz-mal' an (**tel-þrōn-* oder *-drōn* ‚*Stange, Pflock als Grenzzeichen'?);

lit. *dylù, dīlti* (*delù, diĩti*), lett. *dęlu, dilstu, dìlt* ‚sich abnutzen, abschleifen' (aus ‚*abhobeln'), *dēlít* ‚abnutzen, quälen'; lit. *pùs-dylis* (*mė́nuo*) ‚Mond im letzten Viertel', *delčìà* ‚abnehmender Mond', Kausat. lett. *dèldêt* ‚abnutzen, tilgen, vernichten', *diluot* ‚abschleifen';

der daraus geflossene Begriff des Glatten rechtfertigt wohl die Hinzu-stellung von lit. *délna* (bei Juszkiewicz auch *dálna*), lett. *dèlna* ‚innere flache Hand', aksl. *dlanь* ‚Handfläche', russ. alt *dolonь*, heute umgestellt *ladónь* ‚Handfläche; ebener Platz auf der Tenne, Dreschboden' (Berne-ker 208, Trautmann 51, anders Mühlenbach-Endzelin I 454);

lit. *dalìs*, ostlit. *dalià* ‚Teil, Erbteil; Almosen' (= ai. *dalí-ḥ* ‚Erdscholle'), *dalijù, dalýti* ‚teilen', lett. *dal'a* ‚Teil, Anteil', *dalît* ‚teilen', apr. *dellieis* ‚teile!', *delliks* ‚Teil' (*e* aus *a*, Trautmann Apr. 100), russ. (usw.) *dólja* ‚Teil, Anteil' (dazu aksl. *odolěti* ‚besiegen' = ‚*den besseren Teil haben, bekommen', Berneker 206). Vgl. Mühlenbach-Endzelin I 435.

Unsicher aksl. *dělъ* ‚Teil': entweder als **dělo-s* hierher, oder eher mit idg. *ai* als **dai-lo-* zur Wz. *dā(i)-* ‚teilen'; über got. *dails*, nhd. *Teil* s. oben unter *dā-, dāi-*.

Urslav. *ū*-St. **dъly*, Gen. **dъlъve* (: air. *delb* aus **delu̯ā*) in russ.-ksl. *delvi* (**dъlъvi*) Lok. Sg., N. Pl. ‚Faß', mbulg. *dъli* (**dъly*), Lok. Sg. *dъlъvi* ‚Faß', nbulg. *delva* (**dъlъva*) ‚großer tönerner Topf mit zwei Henkeln';

toch. A *tālo*, B *tallāwo* ‚unglücklich‘, Van Windekens Lexique 136 (?), eher B *tsalt-*, *tsalt-* ‚kauen‘, Pedersen Toch. Sprachg. 18 f.

Erweiterung **del-gh-, dl-egh-**; **dolgho-** usw. ‚Sichel, Schiene‘. Indo-iran. **dargha-* (**dolgho-**) wird vorausgesetzt durch das mordvin. Lw. *tarvas* ‚Sichel‘; vgl. pamirdial. *lərégū̆š* ds.;

air. *dlongid* ‚er spaltet‘, *dluige* (**dlogi̯o-*) ‚das Spalten‘, mir. *dluigim* ‚spalte‘, anord. *telgja* ‚behauen, zuschneiden‘, *talga* ‚das Schneiden, Schnitzen‘ *talgo-knīfr* ‚Schnitzmesser‘, auch anord. *tjalga* ‚dünner Zweig, langer Arm‘, ags. *telga* m. ‚Zweig, Ast‘, *telgor* m. f., *telgra* m. ‚Zweig, Schößling‘, mhd. *zelge, zelch* ‚Ast, Zweig‘, ahd. *zuelga* ‚Zweig‘ (dessen *zw-* wohl erst aus *zwīg* übernommen ist);

über lit. *dalgis*, Gen. *-io* m., lett. *dalgs*, apr. *doalgis* ‚Sense‘ s. unter *dhelg-*. **dolghā** in serb. *dlaga* ‚Brett zum Schienen gebrochener Knochen‘ poln. mdartl. *dłožka* ‚Fußboden aus Brettern‘, čech. *dláha* (*dlaha*) ‚Schiene, Fußbrett, Unterlage des Bodens‘, *dlážiti* (*dlažiti*), *dláždití* ‚pflastern, Estrich schlagen‘ (Berneker 207).

Wie für **del-* ‚es worauf abgesehen haben‘ ist auch für das damit vielleicht ursprüngl. gleiche **del-* ‚spalten‘ die Möglichkeit gegeben, daß *d-el-* eine Erweiterung von *dā[i]-* ‚teilen‘ sei.

WP. I 809 ff., WH. 364 ff., Lidén KZ. 56, 216 ff., Pedersen Toch. Sprachg. 18 f.

4. del- ‚tröpfeln‘.

Arm. *tel* ‚starker Regen‘, *telam, -em, -um* ‚pluō, irrigō‘, *tiłm* (**tełim?*), Gen. *tłmoi*;

mir. *delt* m. ‚Tau‘; auch FIN; bret. *delt* ‚feucht‘;

germ. **dol-kó-* oder **dol-gho-* in dän. schwed. norw. *talg* ‚Talg‘, ags. **tealg*, mengl. *talgh*, engl. *tallow*, nnl. *talk*, nhd. *Talg* (aus dem Ndd.); ablaut. anord. *tolgr* (**tl̥-kó-*) ds.

Petersson Heterokl. 198 f., anders Kluge[11] unter ‚Talg‘.

5. del- ‚lang‘, verbal ‚in die Länge ziehen‘, zuversichtlicher nur fürs Slav. einzuräumen, aber wohl Basis für die verbreitete Erw. **delēgh-** und **(d)longho-** (s. zuletzt Persson Beitr. 889, 903 Anm. 1).

Vielleicht hierher anord. *talma* ‚aufhalten, hindern‘, mnd. *talmen* ‚trödeln, im Reden und in der Arbeit langsam sein, dumm reden‘, norw. mdartl. *tøla* ‚zögern, warten‘, *tøle* ‚Tropf, Tor‘ (Persson Beitr. 889);

aksl. *pro-dьliti* ‚μηκῦναι‘, russ. *dlitь* ‚hinziehen, zögern‘, *dliná* f. ‚Länge‘, čech. *dle* f. ‚Länge‘, *dliti* ‚zögern‘, usw. (Berneker 252); vielleicht *vь daljь* ‚weit, fern‘ (Meillet MSL. 14, 373; Berneker 177 neben anderen Ergänzungen).

delēgh-, dl̥ghó-:

schwachstufig ai. *dírghá-* = av. *darəga-, darəya-*, apers. *darga-* ‚lang‘, hochstufig Komp. Superl. *drāghīyas-, drāghiṣṭha-* ‚länger, längst‘, av. *drājyō* Adv. ‚weiter‘, *drājištəm* Adv. ‚am längsten‘, npers. *dirāz* (eigentlich Komparativ) ‚lang‘, ai. *drāghimán-, drāghmán-* m. ‚Länge, Dauer‘, av. *drājō* n. ‚Strecke, Länge‘;

gr. *ἐνδελεχής* ‚fortdauernd‘ (‚*sich in die Länge ziehend‘), *ἐνδελεχέω* ‚dauere fort‘, *δολιχός* ‚lang‘ (zum *i* s. Schwyzer Gr. Gr. I 278, anders Specht Dekl. 126), *δόλιχος* ‚die lange Rennbahn‘;

über alb. *glatë* usw. s. unten;

lat. vermutlich *indulgeō* ‚gehe einer Sache nach, fröne ihr; bin willfährig‘ (: *ἐνδελεχής*, Gdbed. dann ‚bin langmütig jemandem gegenüber, halte geduldig aus‘) aus *en-dolgh-ejō.

cymr. *dal, dala, daly* ‚halten‘, bret. *dalc'h* ‚Besitz‘, *derc'hel* ‚halten‘ (*r* diss. aus *l*, vgl. Partiz. *dalc'het*) vermutlich mit ders. Bed.-Entw. wie nhd. ‚wonach langen‘ zu ‚lang‘ (Gdf. *dl̥l(ə)gh-; Zupitza BB. 25, 90f., Pedersen KG. I 52, 106);

got. *tulgus* ‚fest, standhaft‘ (‚*lang, ausdauernd‘), as. *tulgo* Adv. ‚sehr‘, ags. *tulge*, Komp. *tylg* ‚lieber‘, Superl. *tylgest* ‚best‘;

balt. mit unerklärtem *d*-Verlust (s. unten): lit. *ìlgas*, f. *ilgà*, lett. *il̃gs*, apr. *ilga* und *ilgi* Adv. ‚lang‘;

aksl. *dlъgъ*, serb. *dȕg*, ačech. *dlúhý*, russ. *dólgij* ‚lang‘ (= ai. *dīrghá-*), dazu serb. *dȗž* .f. ‚Länge‘; aksl. *dlъgota* ‚Länge‘ (= ai. *dirghatā*); urslav. *dlgostъ, poln. *długość* usw. ds.;

hitt. Nom. Pl. *da-lu-ga-e-eš* (*dalugaes*) ‚lang‘, *da-lu-ga-aš-ti* (*dalugasti*) n. ‚Länge‘.

(*d*)*longho-s*:

a) mpers. *drang*, npers. *dirang* ‚lang‘ (aber alb. *glatë, gjatë, gjat* ‚lang‘ zunächst aus *dlagh-t-);

b) lat. *longus*, got. *laggs*, ags. ahd. nhd. *lang* (ahd. *langēn* ‚lang werden, lang dünken, verlangen‘, usw.); aber air. usw. *long* ‚Schiff‘ scheint aus lat. (*navis*) *longa* entlehnt; wegen der zweiten Bedeutung ‚Gefäß‘ und mir. *coblach* ‚Flotte‘ (*kom-ṷo-log-* oder *-lug-*) hält jedoch Loth (RC. 43, 133 f.) das Wort für echt keltisch; vgl. auch den abrit. FlN *Λόγγος* (Ptol.) und den gall. VN *ΛΟΓΓΟ-ΣΤΑΛΗΤΕΣ* (Aude); anlaut. *dl-* bleibt sonst keltisch erhalten. In der Gruppe b) wird eine bereits gemeinsame westidg. Vereinfachung vorliegen, die mit dem *d*-Verlust von balt. *ilgas* zusammenhängen dürfte. Vgl. auch Specht Dekl. 126.

WP. I 812f., WH. I 694f., 820f., Trautmann 55, Pedersen Hitt. 34f.

dem-, dema- ‚bauen‘, ursprgl. wohl ‚zusammenfügen‘; Wurzelnomen dĕm-, dŏm-, dm-, dm̥-, davon abgeleitet domo-, domu- ‚Haus‘.

Gr. δέμω ‚baue‘, von der schweren Basis Partiz. Perf. Pass. δεδμημένος, dor. (Pindar) νεόδματος ‚neugebaut‘, δέμας n. ‚Körperbau, Gestalt‘ (μεσόδμη, att. inschr. -μνη ‚der die Mitte des Gebäudes überspannende Querbalken‘, doch könnte η [α] auch Suffix sein).

Die Bedeutung ‚fügen, passen‘ in got. ga-timan, as. teman, ahd. zeman ‚geziemen, passen‘, wozu dehnstufig got. ga-tēmiba Adv. ‚ziemend‘, mnd. be-tāme ‚passend‘, ahd. gi-zāmi ‚geziemend‘ und tiefstufiges Abstrakt ahd. zumft, mhd. zumft, zunft ‚Schicklichkeit, Regel, Verein, Zunft‘ (*dm̥-ti-) = mir. dēt ‚Veranlagung‘ (air. dētlae ‚kühn‘), mcymr. dant ‚Temperament, Charakter‘ (meist Plur. deint), Grundform *dm̥-to-, Loth RC 46, 252f. Vgl. mcymr. cynnefin ‚vertraut‘ (*kom-dam-īno-).

ro-St. aisl. timbr ‚Bauholz‘, as. timbar, ags. timber ‚Bauholz, Gebäude‘, ahd. zimbar ‚Bauholz, Gebäude, Wohnung, Zimmer‘, wovon got. timrjan ‚erbauen‘, anord. timbra, ahd. zimberen und zimbarōn ‚erbauen, zimmern‘.

Wurzelnomen dĕm-, dŏm-, dm-, dm̥- ‚Haus‘.

Ai. pátir dán ‚Hausherr‘, av. də̄ng patōiš ‚des Gebieters (*Herrn des Hauses)‘ mit Gen. *dem-s, wie auch gr. δεσ-πότης ‚Herr‘.(s. Risch IF 59, 12, Schwyzer Gr. Gr. I 547 f.), ai. dám-pati-ḥ ‚Gebieter‘ (jüngere Zusammenrückung aus *dán pati- [= av. də̄ng pati-], weniger wahrscheinlich mit *dam als ‚Herr im Hause‘);

av. Lok. dąm, dąmi ‚im Hause‘, Lok. Pl. dāhv-ā, Nom. -dā̊ aus urar. *-dā̊ in uši-dā̊ Name eines Gebirges (‚sein Haus bei der Morgenröte habend‘), wozu wohl av. ha-dəmōi Lok. ‚im selben Haus‘;

arm. tun Nom. Akk. ‚Haus‘ (*dŏm), Instr. tamb (*dm̥-bhi), wonach Gen. Dat. tan;

gr. ἔν-δον Lok., ursprgl. ‚innen im Hause‘ (auch umgebildet zu ἔνδο-θι, -θεν, ἔνδοι), vielleicht auch δῶ (*dŏ[m]) als Nom. Akk. Sg. n. oder Lok.; δῶμα, δώματος ursprgl. Akk. Sg. mask. *dŏm-m̥ mit Überführung ins Neutr. nach στρῶμα u. dgl.; Ableitung Δμία, Μνία, Δαμία (‚Hausherrin‘); als 1. Kompositionsglied in δάμ-αρ ‚Ehefrau‘ (*dəm-r̥t ‚des Hauses waltend‘), δάπεδον ‚Fußboden (ursprgl. des Hauses)‘ aus *dm̥-pedom (ζάπεδον daraus nach dem Nebeneinander von δα- und ζα- als Intensivpräfix; so vielleicht auch ion. ζάχορος ‚Tempeldiener, -in‘ für *δά-χορος) = schwed. tomt, aisl. topt ‚Platz für Gebäude‘ in norw. Mdarten ‚Lehmboden‘ (germ. *tumfetiz, idg. *dm̥-ped-), vgl. auch lit. dim-stis ‚Hof, Gut; Hofraum‘ (2. Glied *sto-s zu *stā- ‚stehen‘).

o-St. domo-s: ai. dáma-ḥ ‚Haus, Bau‘, gr. δόμος ‚Haus‘ (δομή ‚τεῖχος usw.‘? Hes.), οἰκο-δόμος (*-δομός) ‚Baumeister‘, lat. Lok. domī ‚zu Hause‘ (= ai. dámē ‚im Hause, zu Hause‘), dominus ‚Herr‘ aus *domo-no-s.

u-St. *domu-s* (Brugmann Grdr. II² 1, 180 vermutet einen adv. Lok. *domā* als Ausgangspunkt): lat. *domus, -ūs* f. ‚Haus‘ (daraus ist mir. *dom-, dam-liacc* ‚domus lapidum‘, *aur-dam* ‚prodomus‘ zugleich mit der Sache übernommen); aksl. *domъ* m. ‚Haus‘, russ. *dóma* ‚zu Hause‘ (*domō[u]); *domovъ: aruss. *domovъ* ‚nach Hause‘; vorausgesetzt auch durch ai. *dámū-nas-* ‚Hausgenosse‘ und arm. *tanu-tēr* ‚Hausherr‘;

ein St. *dmōu- in ion. δμώς, Gen. δμωός ‚Kriegsgefangener, Knecht‘, δμῳή ‚Magd‘, kret. μνῴα f. ‚leibeigene Bevölkerung‘;

ar. *dm-āna- in av. *domāna-, *nmāna- n. ‚Haus‘, auch ai. *māna-ḥ ‚Gebäude, Wohnung‘;

lit. *nāmas*, Pl. *namaī* ‚Haus, Wohnung‘ ist aus *damas dissimiliert, in Kompositis wie *namū-darỹs* ‚Hausbauer‘, s. WH. I 861.

Air. *damnae* ‚Material‘, cymr. *defnydd*, mbret. *daffnez* kann ursprgl. ‚Bauholz‘ bedeutet haben.

Toch. B *tem-*, A *tam-*, AB *täm- ‚erzeugen, geboren werden‘ und B *tsam-, AB *tsäm-*, A *sam-, *säm-*, vielleicht nach Pedersen Toch. Sprachg. 21⁷ hierher; dazu auch B *c(o)mel*, A *cmol* (*cmelu) Geburt, Van Windekens Lexique 51.

Eine alte Abzweigung unserer Wz. ist *demā- ‚zähmen‘, ursprgl. wohl ‚ans Haus fesseln, domestizieren‘.

WP. I 786 ff.; WH. I 367, 369 f., Schwyzer Gr. Gr. I 480, 524, 547 f., 625, Trautmann 44.

(demə-), *domə-, dₒmə- ‚zähmen, bändigen‘; Partiz. Pass. *dṃ̥-tó-s, *dₒmə-tó-s; *domo-s und *dₒmo-s ‚zahmes Tier, zahm‘, *dₒmio-s ‚junger, zu zähmender Stier‘, *domə-tor- ‚Bezwinger‘, *domə-tu- ‚Bändigung‘.

Ai. *damyáti ‚ist zahm; zähmt‘ (*dṃ̥-ieti),. *dāntá- ‚gebändigt‘ (*dṃ̥-tós); Kaus. *damáyati ‚bändigt, bezwingt‘ (*domeio), Partiz. *damita-; *damitár-* ‚Bändiger‘; *damitvā ‚Bändigung‘, *damāyáti ‚bändigt‘ (*domā-io = lat. *domo*); *damá-ḥ ‚bändigend‘, *dáma-ḥ ‚Bändigung‘;

osset. *domun ‚zähmen‘, npers. *dām ‚zahmes Tier‘; nach Pisani Crest. Indeur.² 113 hierher (als *dṃ̥-so-s) *dāsá-ḥ ‚Feind, Nicht-Arier‘, eigentl. ‚Sklave‘, aber wegen der Stammbildung unglaubhaft;

gr. δάμνᾱμι, ion. -ημι, Aor. ἐ-δάμα(σ)σα (für *ε-δέμασα) ‚bändige‘, vielfach sekund. umgestaltet, wie δαμνάω usw., πανδαμάτωρ ‚Allbezwinger‘, dor. δμᾱτός ‚gebändigt‘ (*dṃ̥-tós), hom. ἄδμητος und ἀδμής, -ῆτος ‚ungebändigt, unverheiratet‘, ion. Perf. δέδμημαι, δμητήρ ‚Bändiger‘, δμῆσις ‚Bändigung, Zähmung‘;

Formen mit Wurzelvokal *o fehlen dem Gr.;

lat. *domū* (*domā-ịō* = *damāyáti*), *domās* (*domā-si* = ahd. *zamōs*) ‚bändige, zähme‘, Perf. *domuī* (aus *domə-ŋ̣ai*), Partiz. *domitus* (nach *domuī* und *domitor* aus *dmātos*, idg. *dm̥-to-s* umgebildet), *domitor* ‚Bezähmer‘ (= ai. *damitár-*); *domitus, -ūs* m. ‚Bändigung‘ (vgl. ai. *damitvā*);

air. *damnaim* ‚binde (fest), bändige (Pferde)‘, Verbalnom. *damnad* und *domnad* (wohl = gr. *δάμνημι*); lautliche Vermischung mit *damnaim* aus lat. *damnō*, der wohl auch das unlenierte *m* des Partiz. *dammainti* entsprungen ist; air. *dam-* ‚sich fügen, erleiden, gewähren‘ (z. B. *daimid* ‚gesteht zu‘ wohl = ai. *dāmyáti*, komponiert *ni-daim* ‚non patitur‘; Perf. *dāmair* aus Dehnst. *dōm-*), mit *ad-* ‚gestehen‘ (z. B. 3. Pl. *ataimet*), mit *fo-* ‚erleiden‘ (z. B. 1. Sg. *fo-daimim*), cymr. *addef*, bret. *añsav* ‚gestehen‘, acymr. *ni cein guodeimisauch* Gl. ‚non bene passae‘, ncymr. *go-ddef* ‚leiden, erlauben‘, corn. *gothaf* ‚ertragen‘, bret. *gouzañv, gouzav* ds. (aber cymr. *dofi* ‚zähmen‘, acymr. *dometic* ‚gezähmt‘, *ar-domaul* ‚gelehrig‘, cymr. *dōf*, bret. *doff* ‚zahm‘ stammen aus lat. *domāre*, so daß einheimische Formen mit *o* dem Kelt. fehlten);

got. *ga-tamjan*, anord. *temja*, ags. *temian*, mnd. *temmen*, ahd. *zemmen* ‚zähmen‘ (Kaus. *doméịō* = ai. *damáyati*); ahd. *zamōn* ds. (= lat. *domā-rẹ*), anord. *tamr*, ags. *tam*, ahd. *zam* ‚zahm‘ (unklar, ob Rückbildung aus dem Verbum, oder ob die pass. Bed. aus ‚Zähmung = Gezähmtes‘ erwachsen ist, so daß in geschichtlichem Zusammenhang mit ai. *dáma-ḥ* ‚Bändigung‘).

Wegen ai. *damya-* ‚zu zähmen‘ und ‚junger Stier, der noch gezähmt werden soll‘ und wegen gr. *δαμάλης* einerseits ‚bezwingend, bändigend‘ (*Ἔρως*, Anakreon), andrerseits ‚junger (noch zu zähmender) Stier‘, wozu *δαμάλη* ‚junge Kuh‘, *δάμαλις* ‚ds.‘; auch ‚junges Mädchen‘, *δάμαλος* ‚Kalb‘, ist wohl alb. *dëntë, dhëntë*, geg. *dhȇnt* ‚Kleinvieh, Schafe‘ (*dem-tā* oder *dem-to-s*, bzw. *dom-tā, -to-s*), dem ‚Rind, junger Stier‘ (= ai. *damya-*), sowie auch gall. GN *Damona* f. und air. *dam* ‚Ochse‘ (*damos*), *dam allaid* ‚Hirsch‘ (‚*wilder Ochse‘), sowie cymr. *dafad*, acorn. *dauat*, bret. *dañvat* ‚Schaf‘ (dann = gr. *ἀ-δάματος*) anzureihen (ursprgl. Bezeichnungen gezähmter Horntiere); lat. *damma* oder *dama* ist wohl aus dem Kelt. oder anderswoher entlehnt; unklar ist ags. *dā* f. ‚Reh‘ (daraus acorn. *da* ‚dama‘), engl. *doe*, alem. *tē* ds., vgl. Holthausen Altengl. etym. Wb. 68; aus afrz. *daim* ‚Damhirsch‘ stammt bret. *dem* ds.; germ. Lehnformen s. bei Falk-Torp u. *daadyr* m. Lit.; entsprechend niederösterr. *zamer, zamerl* ‚junger Ochs‘ (Much ZfdA. 42, 167; vorgerm. *a* oder *o*?).

Hitt. *da-ma-aš-zi* ‚bedrängt‘, Prät. 3. Pl. *ta-ma-aš-šir*, Pedersen Hitt. 95 f.

WP. I 788 f., WH. I 367 f., 861, Meillet BSL. 33, 110.

demel- ‚Wurm‘?

Epidaur. *ᵭεμελέας* f. Akk. Pl., *ᵭεμβλεῖς· βᵭέλλαι* Hes.;
vielleicht alb. *dhemjë* ‚Raupe‘ (kann für **dhemljë* stehen), *dhëmize, dhimizë*
‚Fleischmade‘.

WP. I 790.

denk- ‚beißen‘.

Ai. *dáśati* ‚beißt‘ (**dṇkéti*), Perf. *dadáṃśa* (danach auch ein Präs. *dáṃśati*),
Kaus. *daṃśáyate* ‚macht beißen‘, *dáṃśa-ḥ* ‚Biß, Bremse‘, *daṃśana-m* ‚das
Beißen‘, *daṃṣṭra-ḥ, dáṃstrā* ‚Spitzzahn, Fangzahn‘ = av. *tiži-dạstra-* ‚mit
scharfem Gebiß, Gezähn‘ (für *-dạstra-* s. Bartholomae Airan. Wb. 653);
gr. *ᵭάκνω* ‚beiße‘ (**dṇk-nō*), Aor. *ἔᵭακον* (= Impf. ai. *áᵭaśam*), wozu
Fut. *ᵭήξομαι* (aber ion. *ᵭάξεται*), Perf. *ᵭέᵭηγμαι, ᵭεᵭηχώς* (sowie *ᵭῆγμα*
‚Biß‘) mit Ablautneubildung (Schwyzer Gr. Gr. I 770); *ᵭακετόν, τὸ ᵭάκος*
‚beißendes Tier‘; dazu wohl *ᵭᵭάξ* ‚mit den Zähnen beißend‘, vielleicht
ursprgl. ‚Zahn‘ oder ‚Biß‘ (Liddell-Scott, anders Schwyzer Gr. Gr. I 620,
723), wohl Kreuzung von **ᵭάξ* ‚beißend‘ mit *ᵭᵭούς*, davon abgeleitet *ᵭᵭάξω*
(*ᵭᵭάξω* mit Assimil. des *o* an das *α*), *ᵭᵭαχέω* usw. ‚kratze, jucke‘, *ᵭᵭαγμός*
‚Kratzen‘;
alb. geg. *danë* (**donk-nā*), tosk. *darë* ‚Zange‘;
ahd. *zangar* ‚beißend, scharf‘, mnd. *tanger* ‚ds., bissig, kräftig, frisch‘;
anord. *tǫng* (Gen. *tengr* und *tangar*), ags. *tang, tange*, ahd. *zanga* ‚Zange‘
(**donḱā*), d. i. ‚die zusammenbeißende‘; mit weiterer Verschiebung zu
‚zusammenkneifen, zusammendrücken‘, wohl as. *bitengi* ‚nahe an einen
rührend‘, ags. *getang* ds., *getenge* ‚nahe anliegend, bedrängend‘, ahd.
gizengi ‚reichend bis, nahe rührend an‘, Adv. *gizango*, wozu anord.
tengja (**tangjan*) ‚verbinden‘, ags. *tengan* ‚angreifen, drängen, vorwärts-
streben‘, *getengan* ‚haften machen, fügen‘ (ags. *intinga* m. ‚matter‘, *sam-
tinges* ‚at once‘, *getingan*, st. V., ‚drücken an‘ nach Fick III⁴ 152 Neubildung?); daneben im gramm. Wechsel germ. **tanhu-* ‚fest anliegend, an-
hängend, zähe‘ in ags. *tōh* ‚zähe‘; mnd. *tā* ‚festhaltend‘, ahd. *zāhi*, nhd. *zäh*;
anord. *tā* n. ‚festgestampfter Platz vor dem Hause‘ (finn. Lw. *tanhua* ‚Pferch‘);
vielleicht ursprünglich verschieden von der Wz. **dĕk-* ‚zerreißen‘, obwohl
*denḱ- vielleicht als nasalierte Form zu **dĕk* und ‚beißen‘ als ‚mit den
Zähnen zerreißen‘ gefaßt werden könnte.

WP. I 790 f.

1. dens- ‚hohe Geisteskraft, weiser Ratschluß‘; verbal: ‚lehren, lernen‘;
Nominalbildungen **densos-** n., **dṇs-ró-s, dṇs-mó-s.**

densos n.: ai. *dáṁsas-* n. ‚Wunderkraft, kluge Tat‘ = av. *daṇhah-*
‚Geschicklichkeit, Gewandtheit‘ (dazu ai. *daṁsu-* ‚wunderkräftig‘, *daṁ-
sişṭha-* ‚sehr wunderkräftig‘ = av. *dąhišta-* ‚sehr weise, der weiseste‘);

ai. *puruddáṁsas-* ‚reich an Wundertaten‘ (= gr. *πολυδήνεα· πολύβουλη*
Hes.), *dáṁsana-m, daṁsánā* ‚Wunderkraft‘; im Griech. nach tiefstufigen
Formen mit **δα[σ]-* = **dṇs-* zu **δάνσος* umvokalisiert: hom. *δήνεα* N. Pl.
‚Ratschläge, Anschläge‘, Sg. *δῆνος* bei Hesych, (dor.) *ἀδανές (-α)· ἀπρο-
νόητον* Hes. = (ion.) *ἀδηνής· ἄκακος*, Adv. *ἀδηνέως* Chios.

dṇs-ró-s ‚verständig, hochweise‘ : ai. *dasrá-* ‚wundertätig‘ = av. *daṇra-*
‚geschickt‘; unsicher gr. *δάειρα* Beiname der Persephone, etwa ‚die
wissende oder wunderkräftige‘; *δαΐφρων* ‚klugen Sinn habend‘ verhielt
sich als **δα[σ]ί-φρων* zu ai. *das-rá-* wie *κυδι-άνειρα* zu *κυδ-ρό-ς*, wenn es
nicht ursprünglich allein ‚den Sinn auf den Kampf gerichtet‘ bedeutet hat
(vgl. *δαΐ-κτάμενος* ‚in der Schlacht getötet‘, *ἐν δαΐ* ‚in der Schlacht‘; s.
zuletzt Bechtel Lexil. 92) und erst, nachdem diese Bedeutung vergessen
war, durch mißverständlichen Anschluß an *δαῆναι*, s. unten, im Sinne von
‚klug‘ zur Verwendung kam.

dṇs-mo- : ai. *dasmá-* ‚wunderkräftig (von Göttern)‘ = av. *dahma-* ‚in
religiösen Fragen wissend, eingeweiht‘.

Verbale Formen: z. T. redupliziert ‚schaffe Wissen, lehre‘:

av. *dīdaiŋhē* ‚ich werde unterwiesen‘ (dazu hochstufig *dṇstvā* f. ‚Lehre,
Dogma‘);

vielleicht gr. *δέδαε* Aor. ‚lehrte‘, Aor. Pass. *δαῆναι, δαήμεναι* ‚lernen‘,
Partiz. Perf. *δεδαώς* ‚gelehrt, kundig‘, *δεδάασθαι* π 316 ‚ausforschen‘,
ἀδαής (Soph.) ‚unkundig, worin unerfahren‘; dazu *δαήμων* (Hom.) ‚verständig‘, *ἀδαήμων* ‚unkundig, worin unerfahren‘, *δαήμεναι· ἔμπειροι γοναῖκες*
Hes. Bei Archilochos frg. 3, 4 ist *δαίμων* (?) ‚erfahren‘ unklar. Debrunner
Mél. Boisacq 1, 251 ff. hat gezeigt, daß *διδάσκω* ‚lehre, unterrichte‘ zu
δέδαε und nicht zu lat. *discō* (s. oben unter *dek̑-*) gehört. Daß auch *δα-*
(als **dṇs-*) zu unserer Wz. zu stellen sei, ließe sich am besten dadurch
erklären, daß man annimmt, aus *διδάσκω* (**δι-δασ-σκω*) sei irrtümlich eine
Wurzel **δα-* abstrahiert worden (M. Scheller briefl.);

vgl. zuletzt Schwyzer Gr. Gr. I 307 und s. unter 2. *dens-*.
WP. I 793.

2. *dens-* ‚dicht‘.

Gr. *δασύς* ‚dicht‘ : lat. *dēnsus* ds.; der direkten Herleitung aus **dṇsús*
widerspricht nicht die Erklärung von **δάω* aus **dṇsö* (s. oben unter
1. *dens-*); allerdings sind die von W. Schulze (Kl. Schr. 116 f.) angeführten
Beispiele von -σ- aus idg. -ṇs- nicht durchaus beweisend. Andererseits
kann *δαυλός* ‚dicht bewachsen‘ auf *δα-υλός* (: *ὕλη*) zurückgehen, aber
δασκόν· δασύ usw. wird kaum durch Abstraktion zu *δά-σκιος* ‚schattenreich‘
(**διά-σκιος*) gebildet sein. Meillet MSL. 22, 63 will das σ in *δασύς* als

expressive Geminata σσ erklären (?). Über den phok. ON *Δαυλίς* s. WH.
I 468.

Über alb. *dënt* ‚mache dicht‘, usw. s. unter 3. *dhen-*.

Lat. *dēnseō, -ēre* (Perf. *dēnsī* nur bei Charisius Gr.-Lat. I 262, 4) ‚dicht
machen‘, Denominativ von *dēnsus* ‚dicht‘ (*densos* oder *dṇsos*, event.
dénsṇos).

Hitt. *dassuš* (Dat. Sg. *ta-aš-šu-u-i*) ‚stark‘.

WP. I 793 f., WH. I 341 f., Schwyzer Gr. Gr. I 307.

deph- ‚stampfen, stoßen, kneten‘.

Arm. *top'el* (-em, -eçi) ‚schlagen‘; gr. *δέφω* ‚knete, walke‘, argiv. *δειφιασταί*
‚Walker‘, mit s-Erw. *δέψω* (Aor. Partiz. *δειψήσας*) ‚knete; gerbe‘ (daraus
lat. *depsō*), *δέψα* ‚gegerbte Haut‘; *διφθέρα* ‚Leder‘ (*διψτέρα*); serb. *dẹpîm,
dẹpiti* ‚stoßen, schlagen‘, poln. *deptać* ‚treten‘.

WP. I 786, WH. I 342, Schwyzer Gr. Gr. I 298, 351.

1. der- (: *dōr-, dₑr-*) oder *dŏr-* : *dₑr-* ‚Spanne der Hand‘.

Gr. *δῶρον* ‚Handfläche, Spanne der Hand‘ (Längenmaß), *ὀρθόδωρον* ‚der
Abstand von der Handwurzel zur Fingerspitze‘, hom. *ἑκκαιδεκάδωρος*
‚16 Spannen lang‘, tiefstufig ark. Akk. *δάριν· σπιθαμήν* Hes. (lak. *δάρειρ*
Hes. ist Fehlschreibung für *δάρις*, Schwyzer Gr. Gr. I 506);

alb. *dorë* ‚Hand‘ aus *dōrom (M. La Piana IF. 58, 98);

aisl. *tarra* ‚ausbreiten‘, *terra* ds.

Nur unter einem Ansatz *du̯er-* : *dur-* oder *du̯ōr* : *dur-* lautlich zu
rechtfertigen wäre Vergleich mit kelt. *dur-no-* in air. *dorn* ‚Faust, Hand‘,
cymr. *dwrn* ‚Hand‘, *dyrnod* (mcymr. *dyrnaut*) ‚Ohrfeige‘, *dyrnaid* (mcymr.
dyrneit) ‚Handvoll‘, bret. *dorn* ‚Hand‘, *dournek* ‚wer große Hände hat‘;
doch stehen diese Worte auch in der Bedeutungsfärbung ‚geballte
Hand, Faust, Faustschlag‘ so weit von der gr. ab, daß sie eine Vereinigung mit ihnen nicht heischen.

Für kelt. *durno-* erwägt man andrerseits Verwandtschaft mit lett. *dùre,
dûris* ‚Faust‘; dieses ist zu lett. *dùru, dûru, dûrt* ‚stechen, stoßen‘ zu
stellen (vgl. *pugnus : pungo*); ob so auch kelt. *dur-no-*? Vgl. Mühlenbach-
Endzelin I 529 und s. unter 4. *der-*.

WP. I 794 f.

2. (der-), redupl. *der-der-, dr̥dₒr-*, gebrochen redupl. *dor-d-, dr̥-d-* ‚murren,
brummen, plaudern‘; Schallwort.

Ai. *dardurá-ḥ* ‚Frosch, Flöte‘; air. *deirdrethar* ‚tobt‘, PN *Deirdriu* f.
(*der-der-i̯ū); bulg. *dърdóri̥* ‚schwatze‘; murre‘, serb. *drdljati* ‚plappern‘,
sloven. *drdráti* ‚klappern, schnarren‘;

mit gebrochener Reduplikation: gr. *δάρδα· μέλισσα* Hes., ir. *dord* ‚Baß‚ *fo-dord* ‚Brummen, Baß‘, *an-dord* ‚helle Stimme‘ (‚Nicht-Baß‘), cymr. *dwrdd* ‚Lärm‘ (cymr. *twrdd* ‚Lärm‘ hat das *t-* von *twrf* ds. übernommen), air. *dordaid* ‚brüllt‘ (vom Hirsch); lit. *dardéti*, lett. *dardêt, dãrdêt* ‚knarren‘; toch. A *tsärt-* ‚klagen, weinen‘ (Pedersen Toch. Sprachg. 19), mit sekundärer Palatalisation *śert-* (Van Windekens Lexique 145).

Die kelt., tochar. und baltoslav. Worte könnten auch zu 3. *dher-* gehören.

WP. I 795, Mühlenbach-Endzelin I 447.

3. **(der-), drā-, dreb-, drem-, dreu-** ‚laufen, treten, trippeln‘.

drā-:

Ai. *dráti* ‚läuft, eilt‘, Intens. *dáridrāti* ‚schweift umher, ist arm‘, *dári-dra-* ‚umherschweifend, bettelhaft‘;

gr. *ἀπο-διδράσκω* ‚laufe weg‘, Fut. *δράσομαι*, Aor. *ἔδραν*; *δρασμός*, ion. *δρησμός* ‚Flucht‘, *ἄδραστος* ‚nicht zu entfliehen suchend‘, *δραπέτης* ‚Flüchtling‘, *δραπετεύω* ‚laufe davon, reiße aus‘ (vgl. zum *-π-* ai. Kaus. *drāpayati* ‚bringt zum laufen‘, Aor. *adidrapat* [unbelegt] ‚lief‘);

ahd. *zittarōm* (*di-drā-mi*) ‚zittere‘, aisl. *titra* ‚zittern, zwinkern‘ (ursprünglich etwa ‚unruhig trippeln, zappeln‘);

vielleicht hierher slav. *dropy* ‚Trappe‘ (Machek ZslPh. 17, 260), poln. čech. *drop*, älter *drop(i)a* usw., daraus mhd. *trap(pe)*, *trapgans*.

dreb-:

Lit. *drebù, -ėti* ‚zittern, beben‘;

poln. (usw.) *drabina* ‚Leiter‘;

ags. *treppan* (*trapjan*) ‚treten‘, mnd. ndl. *trappen* ‚stampfen‘, ndd. *trippen*, nhd. (nd.) *trappeln, trippeln*, mhd. (nd.) *treppe, trappe* f., nhd. *Treppe*, ags. *træppe* f. ‚Falle‘, nhd. *Trappel*, ostfries. *trappe, trap* ‚Falle, Fußbrett‘;

durch emphatische Nasalierung, wie in nhd. *patschen — pantschen*, *ficken — fiencken* (s. W. Wissmann Nom. Postverb. 160 ff., ZdA. 76, 1 ff.) erklären sich:

got. *ana-trimpan* ‚herantreten, bedrängen‘, mnd. *trampen* ‚stampfen‘, mhd. (ndd.) *trampeln* ‚derb auftreten‘, engl. *tramp, trample* ‚treten‘, mhd. *trumpfen* ‚laufen, trollen‘.

drem-:

Ai. *drámati* ‚läuft‘, Intens. *dandramyatē* ‚läuft hin und her‘;

gr. Aor. *ἔδραμον*, Perf. *δέδρομα* ‚laufen‘, *δρόμος* ‚Lauf‘;

ags. *trem, trym* ‚Fußtapfe‘, an. *tramr* ‚Unhold‘ (s. oben), mhd. *tremen* ‚schwanken‘, dän. *trimle* ‚rollen, purzeln‘, schwed. mdartl. *trumla* ds., mhd. *trame* ‚Sprosse einer Leiter, Treppe‘;

hierher wohl die nhd. FIN *Dramme* (Göttingen), *Dremse* (Magdeburg), aus *Dromiā und *Dromisā (wohl norcillyr.), dazu poln. (illyr.) *Drama* (Schlesien), bulg. *Dramatica* (thrak.); s. Vasmer ZslPh. 5, 367, Pokorny Urillyrier 3, 37, 127;

unsicherer ist Woods KZ. 45, 62 Anreihung von serb *dr̥mati* ‚schütteln‘, *dr̥mnuti* ‚erschüttern, erbeben lassen‘, sloven. *dr̥mati* ‚schütteln, rütteln‘, *dr̥amiti* ‚aus dem Schlaf rütteln‘, *drampati* ‚unsanft rütteln‘, čech. *dr̥mlati* ‚fitzen, wirren; die Lippen bewegen, als ob man sauge‘, *dr̥moliti* ‚kurze Schritte machen‘ (dies in der Bed. gut passend; ‚schütteln‘ aus ‚mit dem Fuße austoßen‘?), *dr̥motiti* ‚plaudern‘ (wohl Bedeutungskreuzung mit der Schallwurzel 2. *der-der-*, s. dort).

dreu- (z. T. mit *ū* als Tiefstufe, wohl auf Grund von **dreu̯āˣ-*), FIN (Partiz.) dr(o)u(u̯)entī/i̯ā:

Ai. *drávati* ‚läuft, auch zerfließt‘, FIN *Dravantī*, *drutá-* ‚eilend‘, av. *drāvaya-* ‚laufen‘ (von daēvischen Wesen), *draoman-* n. ‚Angriff, Ansturm‘, *aēšmō-drūt(a)-* ‚von Aēšma her anlaufend, zum Angriff entsendet‘ (sehr unsicher ai. *dráviṇa-m*, *dráviṇas-* n. ‚Gut, Vermögen‘, av. *draonah-* n. ‚bei der Besitzverteilung zufallendes Gut, Vermögensanteil‘ etwa als ‚fahrendes Gut‘?);

illyr.-pannon. FIN *Dravos* (**dro̯o̯o-s*), daraus serbokr. *Dráva*, vgl. apoln. *Drawa* (illyr. Lw.); idg. **dro̯u̯ent-* ‚eilend‘ > illyr. **drau̯ent-* (: oben ai. *Dravantī*), daraus dial. **trau̯ent-* im FIN *Tⱬáertⱬ-* (Bruttium) > ital. *Trionto*; idg. **dru̯u̯ent-*, illyr. **druent-* im poln. FIN *Drⱬⱬca*, nhd. *Drewenz*; ital. **truent-* im FIN *Truentus* (Picenum);

gall. FIN (aus dem Nordillyr.?) *Druentia* (frz. *la Drance*, *Drouance*, *Durance*, schweiz. *la Dranse*); *Drutos, frz. *le Drot*; *Drutà*, frz. *la Droude*; lit. Seename *Drùv-intas (wruss. *Dryvⱬiaty*); apreuß. Bach *Drawe*.

Auf **dreu-**, Partiz. **dru-to-* beruht vielleicht (s. Osthoff Par. I 372 f. Anm.) got. *trudan* ‚treten‘, anord. *troða*, *traⱪ* ds.; ags. *tredan*, ahd. *tretan* ‚treten‘ (bei Osthoffs Anschauung Ablautneubildung), ahd. *trata* ‚Tritt, Spur, Weg, Trift‘, as. *trada* ‚Tritt, Spur‘, ags. *trod* n., *trodu* f. ‚Spur, Weg‘ (engl. *trade* ‚Handel‘ ist nord. Lw.), ahd. *trota*, mhd. *trotte* f. ‚Weinpresse‘, Intens. ahd. *trottōn* ‚treten‘; nhd. dial. *trotteln* ‚langsam gehen‘.

Hierher auch die germ. Wz. **tru-s-* in ostfries. *trüseln* ‚taumeln, stolpern, unsicher oder wankend gehen‘, *trüsel* ‚Taumel, Schwindel‘, ndl. *treuzelen* ‚trendeln; trödeln‘, westfäl. *trüseln*, *trusseln* ‚langsam rollen‘, mhd. *trollen* (*truzlōn) ‚sich in kurzen Schritten laufend fortbewegen‘, nhd. *trollen*, schwed. mdartl. *trösale* ‚Kobold‘, norw. mdartl. *trusal* ‚Tor, Narr‘, *trusk* ‚verzagter und beschränkter Mensch‘, sowie (als **truzlá-*) anord. *troll* n. ‚Unhold‘, mhd. *trol*, *trolle* m. ‚Kobold, Tölpel, ungeschlachter Mensch‘ (vgl. unser *Trampel* in gleicher Bed.; die Wandalen nannten die Goten

Τροὐλους, Loewe AfdA. 27, 107); in gleicher Weise stcht neben germ. *tre-m-* (s. unten) anord. *tramr* ‚Unhold‘.

Im Germ. außerdem mit *i*-Vokalismus mnd. *triseln*, westfäl. *trisseln* ‚rollen, taumeln‘, holl. *trillen* ‚zittern‘ (woraus ital. *trillare* ‚beben, Triller schlagen‘) usw. Gegen Verbindung von ai. *dráváti* mit av. *dvaraiti* ‚geht‘ s. unter *dheu-, *dheuer- ‚stieben‘.

WP. I 795 ff., Krahe IF. 58, 151 f., Feist 45.

4. **der-**, schwere Basis *derə*-, *drē*- ‚schinden, die Haut abziehen, abspalten, spalten‘.

Ai. *dar*- ‚bersten machen, spalten, sprengen‘, Präs. der leichten Basis *dárši, adar, dárt, n*-Präs. der schweren Basis *drṇáti* ‚zerspringt, birst‘, Opt. *drṇīyāt*, Perf. *dadára*, Partiz. *dṛta*-, von der schweren Basis *dīrṇá*-. Kaus. *dārayati*, Intens. *dardirat, dárdarti* (vgl. av. *darədar*- ‚spalten‘; čech. *drdám, drdati* ‚rupfen, abrupfen‘), *dardarīti* ‚zerspaltet‘, *dara-ḥ* m., *dart* f. ‚Loch in der Erde, Höhle‘ (: gr. *δορός* ‚Schlauch‘, lett. *nuõdaras* ‚Abfall von Bast‘, ksl. *razdorъ*), *dṛti-ḥ* m. ‚Balg, Schlauch‘ (= gr. *δάρσις*, got. *gataúrþs*, russ. *dertь*), *darmán*- m. ‚Zerbrecher‘ (: gr. *δέρμα* n.), woneben von der schweren Basis *dārīman*- ‚Zerstörung‘; -*dāri*- ‚zerspaltend‘ (= gr. *δῆρις*), *dāra*- m. ‚Riß, Spalte, Loch‘, *dāraka*- ‚zerreißend, zerspaltend‘, *darī*- in *dardarī-ti, dari-man*- mit *ī* für *i* = *ə* (vgl. Wackernagel Ai. Gr. I 20), kaum nach Persson Beitr. 779 von der *i*-Basis; npers. Inf. *dirīðan, darīðan*, jüd.-pers. *darīn-išn*;

av. *darədar*- (s. oben) ‚spalten‘, Inf. *dərənąm* (: ai. *drṇáti*), Iter. *dāraya*-, Partiz. *dərətō* (= ai. *dṛtá*-);

arm. *teŕem* ‚häute ab, schinde, mache schwielig‘ (wegen *ŕ* wohl zur Wzf. *der-s-, Persson Beitr. 779 Anm. 1); unsicher arm. *tar* ‚fremd (es Land)‘, *tara*- ‚außer, ohne, fern‘, *taray* Aor. ‚nahm Reißaus‘ (Persson Beitr. 778 a 2);

gr. *δέρω* ‚häute ab, schinde‘, *i̯o*-Präs. *δείρω* ds. (wie lit. *derù* neben *diriù*), Aor. Pass. *ἐδάρην*, Partiz. *δρατός, δαρτός* (= ai. *dṛtá*-); *δορός* ‚Schlauch‘ (= ai. *dara*-, lett. *nuõ-daras*); *δάρσις* ‚das Abhäuten‘ (= ai. *dṛti*-), woneben mit (geneuerter) Hochstufe att. *δέρρις, -εως* ‚Haut, ledernes Kleid, Decke‘; *δέρτρον*, diss. *δέτρον* ‚Haut im Körperinnern‘; *δέρας, -ατος* n. ‚Fell‘ (schwere Basis?), *δέρος* n., *δέρμα* n., *δορά* ‚Fell‘; dehnstufig *δῆρις, -ιος* (poet.) ‚Streit, Kampf‘ (= ai. -*dāri*-); hierher wohl auch *δαρ-δαίνω* ‚beschmutze‘ statt *δαρ-δαίρω (: ai. *dár-dar-ti*)?

cymr. corn. bret. *darn* ‚Stück, Teil‘ (= ai. *dīrṇá*-);

got. *dis-taíran* (= gr. *δέρω*) ‚auseinanderreißen‘, *ga-taíran* ‚zerreißen, zerstören‘, ags. *teran* ‚zerreißen‘, ahd. *zeran, fir-zeran* ‚zerreißen, zerstören‘; mhd. (*ver*)*zern*, nhd. (*ver*)*zehren* ‚verzehren, verbrauchen‘, mengl., mnd.

terren ‚zanken‘, add. *terren, tarren* ‚reizen, necken‘, ahd. *zerren* ‚zerren‘; got. intrans. *dis-, ga-taúrnan* ‚zerreißen‘ (: ai. *dr̥ṇáti*), holl. *tornen* ‚sich auftrennen‘, vgl. nominal ags. as. *torn*, ahd. *zorn* ‚Zorn, Streit, heftiger Unwille‘ und in ursprünglichster Bed. holl. *torn* ‚Spaltung, Scheidung‘ (= ai. *dírṇá-*, cymr. *darn*; auch ai. *dírṇá-* heißt außer ‚gespalten‘ auch ‚verwirrt, in Verzweiflung befindlich‘); woneben hochstufig anord. *tjǫrn* f. (*dernā), *tjarn* n. (*dernom) ‚kleiner See‘, ursprgl. wohl ‚Wasserloch‘ (vgl. ai. *dara-, darī* ‚Loch in der Erde‘); zu *ga-taúrnan* trat kausatives (iteratives) *gatarnjan* ‚berauben‘ (aber ahd. *uozurnen* ‚verachten‘ ist Denom. von *uo-zorn*); got. *gataúra* m. ‚Riß‘, *gataúrþs* f. ‚Zerstörung‘ (= ai. *dr̥tí-*, gr. *δάρσις*); anord. *torð-* in Kompositis, ags. *tord* n. ‚Kot‘ (*dr̥-tóm ‚Abscheidung‘, vgl. lett. *dàrstu, dìrst* ‚cacare‘, *dìṛsa* ‚der Hintere‘, Mühlenbach-Endzelin I 470, und von einer Gutturalerweiterung mhd. *zurch, zürch* m. ‚Tierexkremente‘);

daneben von der schweren Basis anord. *trōð* n. ‚Latten, Unterlage aus Stangen‘ (*drō-to-m), mhd. *truoder* f. ‚Latte, Stange, daraus gefertigtes Gestell‘; ahd. *trŭda* ‚Franse‘ (nhd. *Troddel*), mhd. *trŏdel* (für *trādel) ‚Holzfiber‘;

eigentlich zu *der-(e)u-* (s. unten) mit Nasalinfix gehören *dr̥-nu̯-ō in mhd. *trünne* f. ‚laufende Schar, Zug, Schwarm; Woge‘, ahd. *abe-trunnig, ab-trunne* ‚abtrünnig,‘ *ant-trunno* ‚Flüchtling‘, und *dren-u̯ō in *trinnan* ‚sich absondern‘, mhd. *trinnen, trann* ‚sich trennen von, fortlaufen‘, nhd. *entrinnen* (*ent-trinnen), Kaus. germ. *trannu̯an in mhd. *trennen* ‚schneiden‘, nhd. *trennen*, holl. (mit Umstellung) *tarnen, tornen* ‚trennen‘ (letztere jedenfalls unmittelbarer aus *der-* ‚spalten‘ zu gewinnen; das *nn* von germ. *trennan aus -nu̯-); sicher hierher schwed. mdartl. *trinna, trenta* ‚gespaltener Zaunständer‘, ferner mit der Bed. ‚abgespaltenes Stammstück als Scheibe, Rad‘ ahd. *trennila* ‚Kugel‘, *trennilōn* ‚rollen‘, mnd. *trint, trent* ‚kreisrund‘, *trent* m. ‚Rundung, ringsumfassende Linie‘, ags. *trinde* f. (oder *trinda* m.) ‚runder Klumpen‘, mhd. *trindel, trendel* ‚Kugel, Kreisel‘ u. dgl.

Mit gebrochener Redupl. oder formantischem *-d-* (vgl. gr. *δαρδαίνω* und čech. *drdati*) und aus indiso. ‚reißen, unfreundlich zerren‘ erklärbarer Bed. wohl hierher germ. *trat-, *trut- in ags. *teart* ‚streng, scharf, bitter‘, mndl. *torten*, holl. *tarten* ‚reizen, herausfordern, trotzen‘, mnd. *trot* ‚Trotz‘, mhd. *traz, truz, -tzes* ‚Widersetzlichkeit, Feindseligkeit, Trotz‘, nhd. *Trotz, Trutz, trotzen*, bair. *tratzen* ‚necken‘; mit der Bed.-Entw. ‚zerfasert — ‚dünn, fein, zart‘ vielleicht (?) mnd. *tertel, tertlik* ‚fein, zierlich, verzärtelt‘, dän. *tœrtet* ‚zimperlich‘ (vielleicht auch norw. mdartl. *tert, tart* ‚kleiner Lachs‘, *terta* ‚kleine Spielkugel‘); ahd. nhd. *zart* (letzteres aus *dor-tō-, vgl. mpers. *dart* ‚geplagt‘, npers. *derd* ‚Schmerz‘ Wood KZ. 45, 70);

lit. *diriù* (: *δείρω*), žem. *derù* (: *δέρω*), *dìrti* ‚schinden, Rasen oder Torf abstechen' (schwere Basis gegenüber ai. *dḟṭi-*, gr. *δάρσις*, got. *gataúrþs*), *nudìrtas*, geschunden', lett. *nuõdara* ,Stange mit bekappten Ästen; Schnitte Brot', Pl. *-as* ,Abfälle, bes. von Bast' (: Mühlenbach-Endzelin II 772, ai. *dara-*, gr. *δορός*), lit. *dernà* ,Brett, Bohle'; mit *u*-farbiger Tiefstufenform lit. *durìù, dùrti* ,stechen' (Prät. *dùriau*) = serb. *ù-drim* (*ù-drìti*) ,schlagen' (russ. *u-dyrítь* ,schlagen' mit Iterativstufe zu *dъr-*, vgl. lit. *dùriau*, Berneker 179 f.). Dagegen sind lit. *duṝnas* ,rasend, dumm', lett. *duṝns* aus dem Slav. entlehnt; vgl. Mühlenbach-Endzelin I 519.

Slav. **derŏ* und **diriŏ* in aksl. *derǫ, dьrati* ,reißen, schinden' und **dъrǫ* (serb. *zàdrēm*, čech. *dru*); *u-darjǫ, u-dariti* ,schlagen' (**dŏr-*, vgl. **dĕr-* in gr. *δῆρις*), mit Iterativstufe *raz-dirati* ,zerreißen', serb. *ìz-dirati* ,sich ab-mühen (sich schinden); Reißaus nehmen' (dazu aksl. *dira* ,Riß'; s. Ber-neker 201, wo auch über die Bed.-Entw. der wohl verwandten Sippe serb. *dira* ,Weg, den ein Heer gezogen ist oder zieht', bulg. *dira* ,Spur eines Menschen oder Tieres, oder von Rädern', *dírъ* ,suche, spüre, verfolge'); über *dъr-* in serb. *ù-drim* s. oben;

Nomina: mit *ě*-Stufe sloven. *u-dêr* ,Schlag', mit *ŏ*-Stufe aksl. *razdorъ* ,Riß, Spaltung' (= ai. *dara-*, gr. *δορός*, lett. *nuõ-daras*), serb. *ù-dorac* ,Angriff', mit Schwundstufe (idg. **dṝto-*): serb. ksl. *raz-dъrtъ* ,zerrissen', klr. *dértyj* ,gerissen, geschunden' (= ai. *dṝta-*); idg. **dṝti-*: russ. *dertъ* ,Überbleibsel von geschrotetem Getreide, Kleie; Rodeland' (= ai. *dṝti-* usw.); russ. (usw.) *dërnъ* ,Rasen' (: ai. *dīrṇá-* usw., Bed. wie in lit. *dìrti* ,Rasen ab-stechen'); russ. *dermó* ,Lumpenzeug, Untaugliches, Kehricht, Schmutz' (**Abfall beim Spalten, Abschälen), *dërkij* ,rasch, geschwinde', *dranъ* f. ,Dachschindel, Latte', *drjanъ* = ,dermó', *dráka* ,Schlägerei', *drač* ,Nagel-zieher', *o-dríny* Pl. ,Spreu' usw.

Mit *l-* erweitert lit. *nu-dìrlioti* ,die Haut abziehen', serb. *dṝljām, dṝljati* ,eggen', *dṝljîm, dṝljiti* ,entblößen' (Berneker 255);

toch. AB *tsär-* ,trennen', *tsrorye* ,Spalt, Riß' (Pedersen Toch. Sprachg. 19).

d(e)rī- (: **derēi-?*) nur spärlich belegt (s. bes. Persson Beitr. 779 f.):

Gr. *δρῑ-μύς* ,(schneidend, zerspaltend) durchdringend, scharf, herb, bitter' (wohl nach *ὀξύς* umgebildet aus **δρῑ-μός* oder *-σμός*), lett. *drìsme* ,Riß, Schramme', vielleicht (wenn nicht Ablautsentgleisung zu lit. *dreskiù* auf Grund von dessen Tiefstufe *drisk-*) aus lett. *drìksna* (**drìskna*) ,Schramme', *dratska* ,Zerreißer', vgl. Mühlenbach-Endzelin I 488 f., 500;

fern bleibt *δρῖλος* ,Blutegel, Penis', eigentl. ,Schwellender', zu *δριάουσαν· θάλλουσαν* Hes. (M. Scheller briefl.).

Mit *u*-Formans von der leichten (*der-eu-*) und schweren Basis (*derə-u-, dṝ-u-*) ,zerreißen, (das Land) umbrechen, aufreißen, ernten': *dorə-u̯ā̆*: *dṝ-u̯ā̆* ,Getreideart', **deru-, de-dru-** usw. ,zerrissene Haut'.

Mpers. *drūn, drūdan* ,ernten';

über germ. Formen mit Nasalinfix s. oben S. 207;

hierher anord. *trjōna* f. (**dreu-n-ōn-*) ‚Rüssel des Schweins‘ (‚aufreißend, wühlend‘), *tryni* n. ds., mhd. *triel* (**dreu-lo-*) m. ‚Schnauze, Maul, Mund, Lippe‘, norw. mdartl. *mūle-trjosk, -trusk* (**dreu-sko-*) ‚Pferdemaul‘ (Falk-Torp u. *tryne*). Wegen der Bed. unsicherer ist Falk-Torps Anreihung unter *trøg* und *trygle* von anord. *trauða* ‚mangeln, zu kurz kommen, im Stich lassen‘, *trauðla* Adv. ‚kaum‘, *trauðr* ‚verdrossen‘ und — mit *g*-Erweiterung — ags. *trūcian* ‚fehlen, ermangeln, zu kurz kommen‘ (nengl. dial. *to truck* ‚to fail‘, mnd. *trüggelen* ‚betteln, betrügen‘);

lett. *drugt* ‚sich mindern, zusammensinken‘ (ir. *droch*, cymr. *drwg* ‚karg, schlecht‘ von einer *k*-Erw.?, Mühlenbach-Endzelin I 505).

ai. *dūrvā* ‚Hirsegras‘ (*dī̆-u̯ā*);

vgl. gr. delph. *δαϱάτα* f., thess. *δάϱατος* m. ‚Brot‘ (**dr̥ə-*), maked. *δϱάμις* ds.; gall. (lat.) *dravoca* ‚Lolch‘ (**drə-u̯-*); bret. *draok, dreok*, cymr. *drewg* ds. sind aus dem Roman. entlehnt (Kleinhans bei Wartburg III 158);

mndl. *tarwe, terwe*, holl. *tarwe* ‚Weizen‘, engl. *tare* ‚Unkraut, Lolch, Wicke‘ (germ. **taru̯ō*, idg. **doru̯ā*);

lit. *dìrva* ‚Acker‘ (**dī̆-u̯ā*, mit Intonationswechsel der *ā*-Stämme), eigentl. ‚Aufgelockertes‘, *dirvónas* ‚ehemaliges, jetzt als Wiese benutztes Ackerland‘ (vgl. zur Bed. russ. mdartl. *dor* ‚Neubruch, Rodland‘, *rózdert* ‚urbar gemachtes Land‘), lett. *druva* ‚der bestellte Acker, Saatfeld‘ (Mühlenbach-Endzelin I 470, 505), russ. (s. Berneker 186) *derévnja* ‚Dorf (ohne Kirche); Landgut‘, mdartl. ‚Stück Feld‘, *páset derévnju* ‚bestellt das Feld‘;

mit der Bed. ‚Hautausschlag‘ (‚sich absplitternde Hautschuppen, rissige Haut‘):

ai. *dar-dru-* m. ‚Art Hautausschlag‘, *dar-dú-* m. (unbelegt), *da-drú-* m., *da-dru-ka-* m. ‚Aussatz‘;

lat. *derbita* f. ‚Flechte‘ ist Lw. aus gall. **dervēta* (vgl. auch mir. *deir*, air. **der* aus **dera* ‚Flechte‘), zu cymr. *tarwyden, tarwden* (Pl. *tarwed*) (neben *darwyden* durch Einfluß der Präfixgruppe *t-ar-*, Pedersen KG. I 495), mbret. *dervoeden*, nbret. *deroueden* ‚Flechtenübel‘ (**deru-eit-*);

germ. **te-tru-* in ags. *teter* ‚Ausschlag‘, ahd. *zittaroh* (**de-dru-ko-s* = ai. *dadruka-*), nhd. *Zitterich* ‚Ausschlag‘;

lit. *dedervinė* ‚flechtenartiger Ausschlag‘ (Trautmann 47, Mühlenbach-Endzelin I 450; vgl. in ähnlicher Bed. von der Wzf. **der-* čech. *o-dra*, Pl. *o-dry* ‚Friesel, -n‘, poln. *o-dra* ‚Masern‘, von der *g*-Erweiterung bulg. *drigna-se* ‚reibe mich, jucke mich, werde krätzig‘);

dereg-:

Mndl. *treken* st. V. ‚ziehen‘ und ‚schaudern‘, ahd. *trehhan* ‚schieben, stoßen, stoßweise ziehen, scharren, scharrend verdecken‘, **trakjan* in mnd. *trecken* ‚ziehen (tr. intr.)‘, ags. *trœglian* ‚to pluck‘, womit wegen der gleichen

14

Vokalstellung vielleicht lett. *dragât* ‚zerren, reißen, erschüttern, schütteln‘ *draguls* ‚Fieberschauer‘, *dräga* ‚eine starke zornige Person, die viel leistet und viel verlangt‘ zu verbinden ist; lett. *drigelts, drigants,* lit. *drigäntas* ‚Hengst‘ sind Lw. aus poln. *drygant*; vgl. Būga Kalba ir s. 128, Mühlen-bach-Endzelin I 498.

deregh- (s. Persson Wzerw. 26, Berneker 254 und 212 m. Lit.):

Ags. *tiergan* (germ. **targjan*) ‚necken, reizen‘, mnd. *tergen, targen* ‚zerren, reizen‘, holl. *tergen,* nhd. *zergen* ‚ziehen, zerren, ärgern‘, schwed. mdartl. *targa* ‚mit den Zähnen oder einem schneidenden Werkzeug zerren‘, norw. mdartl. *terga* ‚necken‘; lit. *dìrginu, dìrginti* ‚(den Hahn des Gewehres) spannen‘; russ. *dĕrgatь* ‚zupfen, ziehen, reißen‘ (usw.), *sú-doroga* ‚Krampf‘.

derek-:

Δρέκανον Name eines Vorgebirges in Kos (wie *Δρέπανον* mehrfach als Name von Vorgebirgen, Bugge BB. 18, 189), *δόρκαι· κονίδες, δερκύλλειν· αἱμοποτεῖν* (eigentlich ‚die Haut aufreißen‘ wie gleichbed. *δερμύλλειν*) Hes.; gr. *δόρπος* m., *δόρπον* n. ‚Abendessen‘ (**dork+yo-*Formans)

= alb. *darkë* ‚Abendessen, Abend‘ (unklar die Ablautverhältnisse in *drekë* ‚Mittagessen‘; vgl. Persson Beitr. 859 [1]); vielleicht zum (nordillyr.?) ON *Δρακούινα* (leg. *Δαρκούινα*?) in Württemberg, als ‚Ort zum Rasten‘;

sloven. *dŕkam, dŕčem, dŕkati* ‚gleiten, glitschen, auf dem Eise schleifen; rennen, Trab laufen‘ (wohl aus ‚Reißaus nehmen‘), čech. *drkati* ‚stoßen, holpern‘, bulg. *dŭrcam, drŭcm* ‚ziehe, riffle Flachs, Hanf‘ (Berneker 255, Persson Beitr. 85, 359).

deres-:

Arm. *teřem* (s. oben unter *der-*);

mir. *dorr* ‚Zorn‘, *dorrach* ‚rauh, grob‘ (s. Persson Beitr. 779 Anm. 1);

vermutlich ags. *teors,* ahd. *zers* ‚penis‘, norw. *ters* ‚Nagel‘; auch anord. *tjasna* f. ‚Art Nagel‘ aus **tersnōn-*?, norw. *trase* ‚Lappen, Lumpen‘, *trasast* ‚zerfasert werden‘, *tras* ‚Reisig‘, *trask* ‚Abfall, Plunder‘;

sloven. *drásati* ‚auflösen, trennen‘, čech. *drásati* ‚kratzen, ritzen, streifen‘, *drasta, drásta* ‚Splitter, Fetzen; Gewand‘, *draslavý* ‚rauh, holprig‘, tief-stufig *drsen* ‚rauh‘, *drsnatý* ‚holprig‘ (vgl. oben mir. *dorr*).

dre-sk:

lit. *su-dryskù, -driskaũ, -drìksti* ‚zerreißen‘, *dreskiù, dréskiaũ, -drėksti* ‚reißen‘, *draskaũ, draskýti* iter. ‚zerreißen‘, lett. *draskât* ds., *draska* ‚Lumpen‘, lit. *drėkstìně lentà* ‚gerissene Latte, dünn gespaltenes Holz‘ (Leskien Abl. 325, Berneker 220, 224).

bulg. *dráskam, dráštъ* (**draščǫ*) ‚kratze, scharre; liege an, sorge um‘, perfektiv *drásnъ* (**drasknǫ*); *dráska* ‚Kratzer, Riß‘; čech. alt *z-dřies-kati* und (mit Assimilation des Auslauts an den tönenden Anlaut) *z-dřiez-*

ḱati ,zerbrechen', *dřieska, dřiezha* ,Splitter, Span', heute *dřizha* ,Span'; poln. *drzazga* ,Splitter';

Mit formantischem *-p-*:

drep-, drop-:

Ai. *drapi-ḥ* m. ,Mantel, Kleid', *drapsá-ḥ* m. ,Banner(?)' (= av. *drafša-* ,Fahne. Banner'), lit. *drāpanos* f. Pl. ,Weißzeug, Kleider', lett. *drāna* (wohl *drāp-nā*) ,Zeug, Tuch'; gallorom. *drappus* ,Tuch' (PN *Drappō, Drappus, Drappes, Drapōnus*) ist wohl ven.-ill. Lw.; der · *a*-Vokal aus idg. *o* oder, wie das *-pp-*, expressiv;

gr. *δρέπω* ,breche ab, schneide ab, pflücke', *δρεπάνη, δρέπανον* ,Sichel', auch *δράπανον* (daraus alb. *drapën* ds.), das durch Assimilation von *δρεπάνη* zu *δραπάνη* zu erklären ist; ɔ-stufig *δρώπτω· διακόπτω* Hes. (= serb. *drápljēm*), *δρῶπαξ, -κος* ,Pechpflaster, um Haare auszuziehen', *δρωπακίζω* ,reiße Haare aus'; anord. *trof* n. Pl. ,Fransen', *trefr* f. Pl. ds., *treffja* ,zerfasern', mhd. *trabe* f. ,Franse';

drōp- in russ. *drjápa-ju, -tь* (mit unklarem *ja*), dial. *drápatь, drapátь* ,kratzen, reißen', serb. *drāpām, drápljēm, drápati* ,zerreißen, abnutzen; kratzen', poln. *drapać* ,kratzen, schaben, reiben, fliehen';

drp-, slav. *dwp-* in bulg. *dьrpam*, perfektiv *drьpnь* ,reiße, ziehe, schleppe', serb. *dř̥pām, dř̥pati* und *dř̥pīm, dř̥piti* ,reißen';

bsl. *dreb-, drob-* ,Fetzen, Kleider' in lett. *drēbe* f. ,Zeug, Kleid, Wäsche', lit. *dróbė* f. ,Leinwand', *drãbanas* m. ,Lumpen, Fetzen', *drabùžis, drobùžis* m. ,Kleid'; osorb. *draby* m. Pl. ,Kleiderzeug', čech.-mähr. *zdraby* m. Pl. ,Lumpen, Fetzen' haben wohl durch Einfluß der Wz. *drob-* (s. unter *dhrebh-*) ,zerschneiden, zerstückeln' *-b-* statt *-p-*;

drip-:

Gall. (ven.-ill.) PN *Drippia, Drippōnius* (vgl. oben *Drappus* usw.);

bulg. *drípa* ,Lappen, Fetzen', sloven. *drîpam (drîpljem), drîpati* ,zerreißen, Durchfall haben', čech. *dřípa* ,Fetzen', *ařípati* ,reißen, zerreißen';

drup-:

Gr. *δρύπτω* ,zerkratze', *ἀποδρύπτω, -δρύφω* (mit sekundärem φ statt π, s. Persson Beitr. 859) ,kratze ab, schinde die Haut ab', *δρυφή* ,das Zerkratzen, Abstreifen', *δρυπίς* ,eine Dornenart'.

Zum Wechsel von *a : i : u* in ,mots populaires' vgl. Wissmann Nomina postverbalia 162 ff.

WP. I 797 ff., WH. I 342 f., 373, 861, Trautmann 51 f.

derbh- ,winden, zusammendrehen', *dorbhó-s* ,Zusammengedrehtes, Grasbüschel, Rasen'.

Ai. *dr̥bháti* ,verknüpft, flickt zusammen, windet', Partiz. *sándr̥bdha-* ,zusammengebüschelt', *dr̥bdhi-* f. ,Windung, Verkettung', av. *dərəwδa-* n.

‚Muskelbündel‘, Pl. ‚Muskelfleisch‘, ai. *darbhá-* m. ‚Grasbüschel‘, Gras-, *darbhaṇa-* n. ‚Geflecht‘;

arm. *tɔ̀rn* ‚σχοινίον, funiculus, laqueus‘ (**dorbh-n-*);

gr. δάρκη ‚Korb‘ ist aus **δάρφη* und ταρκη ds. kontaminiert (Güntert IF. 45, 347);

ags. *tearflian* (**tarbalōn*) ‚sich rollen‘, ahd. *zerben*, prät. *zarptu* refl. ‚sich drehen, sich umdrehen‘; *e*-stufig mhd. *zirben* schw. V. ‚sich im Kreise drehen, wirbeln‘, nhd. mdartl. schweiz. *zirbeln* ds., nhd. *Zirbeldrüse*, *Zirbelwind* (wohl auch *Zirbel* ‚pinus cembra‘, s. unter *deru-*); schwach-stufig ags. *torfian* ‚werfen, steinigen‘ (vgl. *drehen* : engl. *throw*), wie anord. *tyrfa* ‚mit Rasen bedecken‘, anord. *torf* n. ‚Torf‘, *torfa* f. ‚Torfscholle‘, ags. *turf* f. ‚Torf, Rasen‘, ahd. *zurba, zurf* f. ‚Rasen‘ (nhd. *Torf* aus dem Ndd.); ags. *ge-tyrfan* ‚to strike, afflict‘;

wruss. *dórob* ‚Korb, Schachtel‘, russ. alt *u-dorobъ* f. ‚Topf‘, dial. *ú-doroba* ‚schlechter Topf‘ (‚*mit Lehm bestrichener Flechtwerktopf‘), wruss. *dorób'ić* ‚krümmen, biegen‘; schwachstufig **dъrba* in russ. *derbá* ‚Rodeland, Neubruch‘, *derbováть* ‚vom Moos, vom Rasen säubern; den Anwuchs aus-roden‘, *derbítъ* ‚rupfen, zupfen, raufen‘, serb. *drbácati* ‚kratzen, scharren‘, čech. *drbám* und *drbu, drbati* ‚kratzen, reiben; prügeln‘, mit Hochstufe russ. *derébitъ* ‚zupfen, reißen‘ (vielleicht hat sich in letztere Sippe eine *bh*-Erw. von *der-* ‚schinden‘, slav. *derǫ dъrati* eingemischt). S. Berneker 211, 254 mit Lit.

WP. I 808.

der(ep)- ‚sehen‘?

Ai. *dárpana-* m. ‚Spiegel‘; gr. δρωπάζειν, δρώπτειν ‚sehen‘ (mit Dehn-stufe der 2. Silbe??). Vgl. auch δράω ‚sehe‘ und *derk̂-* ‚sehen‘.

WP. I 803; zum Formans -*ep*- vgl. Kuiper Nasalpräs. 60 f.

derə-, drā- ‚arbeiten‘.

Gr. δράω (**δράιω*) ‚mache, tue‘, Konj. δρῶ, äol. 3. Pl. δραῖσι, Aor. att. ἔδρασα, hom. δρηστήρ ‚Arbeiter, Diener‘, δράμα ‚Handlung‘, δράνος · ἔργον, πράξις ... δύναμις Hes., ἀδρανής ‚untätig, unwirksam, schwach‘, hom. ὀλιγοδρανέων ‚nur wenig zu tun vermögend, ohnmächtig‘; hom. und ion. (s. Bechtel Lexil. 104) δραίνω ‚tue‘;

lit. *dar(i)aũ, darýti*, lett. *darît* ‚tun, machen‘; trotz Mühlenbach-Endzelin s. v. *darît* nicht zu lit. *derëti* ‚brauchbar sein‘, lett. *derêt* ‚verabreden, dingen‘ usw., da die Bedeutung zu stark abweicht.

WP. I 803, Specht KZ. 62, 110, Schwyzer Gr. Gr. I 675[7], 694.

dergh- ‚fassen‘.

Arm. *trçak* ‚Reisigbündel‘ (wohl aus **turç-ak*, **turç-* aus **dorgh-so-*; Petersson KZ. 47, 265);

gr. δράσσομαι, att. δράττομαι ‚fasse an‘, δραγδὴν ‚ergreifend‘, δράγμα ‚Handvoll, Garbe‘, δραγμεύω ‚binde Garben‘, δραχμή, ark. el. δραχμά, gortyn. δαρχνά (d. i. δαρχνά; s. auch Boisacq 109) ‚Drachme‘ (‚*Handvoll Metallstäbe, ὀβολοί‘), δράξ, -κός f. ‚Hand‘, Pl. δάρκες· δέσμαι Hes.;

mir. dremm, nir. dream ‚Schar, Abteilung von Menschen‘ (*dṛgh-smo-), bret. dramm ‚Bündel, Garbe‘ (falsche Rückbildung zum Pl. dremmen);

ahd. zarga ‚Seiteneinfassung eines Raumes, Rand‘, anord. targa f. ‚Schild‘, ags. targe f. (nord. Lw.) ‚kleiner Schild‘ (eigentlich ‚Schildrand‘), -elsäss. (s. Sütterlin IF. 29, 126) (käs-)zorg m. ‚Gefäß, Napf auf drei niederen Füßen‘ (= gr. δραχ-);

WP. I 807 f.

derk̂- ‚blicken‘, punktuell, weshalb im Ai. und wesentlich im Ir. mit einem kursiven Präsens anderer Wz. suppletivistisch verbunden.

Ai. [Präs. ist páśyati] Perf. dadárśa ‚habe gesehen‘, Aor. adarśat, adrākṣit (ádrāk), Partiz. dṛṣṭá-, kaus. darśáyati ‚macht sehen‘; av. darəs-‚erblicken‘, Perf. dādarəsa, Partiz. dərəšta-; ai. dṛ́ś- f. ‚Anblick‘, ahardṛ́ś- ‚den Tag schauend‘, upa-dṛ́ś- f. ‚Anblick‘, dṛ́ṣṭi- f. ‚Anblick‘, av. aibīdərəšti-ds. (Gen. Sg. darštōiš), ai. darśatá- ‚sichtbar, ansehnlich‘, av. darəsa- m. ‚Erblicken, Anblicken, Blick‘;

gr. δέρκομαι ‚blicke, halte die Augen offen, lebe‘, δέδορκα, ἔδρακον, δέρξις ‚das Sehen‘ (mit geneuerter Hochstufe gegenüber ai. dṛ́ṣṭi-), δέργμα ‚Anblick‘, δεργμός ‚Blick, Blicken‘, δυσ-δέρκετος ‚schwer zu erblicken‘ (= ai. darçata-), ὑπόδρα Adv. ‚von unten aufblickend‘ (*-δρακ = ai. dṛ́ç-, oder aus *-δρακ-τ), δράκος n. ‚Auge‘, δράκων, -οντος ‚Drache, Schlange‘ (vom bannenden, lähmenden Blick), fem. δράκαινα;

alb. dritë ‚Licht‘ (*dṛk-tā);

nach Bonfante (RIGI. 19, 174) hierher umbr. terkantur ‚videant‘ (d. h. ‚provideant‘);

air. [Präs. ad-cīu] ad-con-darc ‚habe gesehen‘ (usw., s. Pedersen KG. II 487 f.; Präs. adrodarcar ‚kann gesehen werden‘), derc ‚Auge‘, air-dirc ‚berühmt‘, bret. derc'h ‚Anblick‘, abret. erderc ‚evidentis‘, tiefstufig ir. drech f. (*dṛkā) ‚Gesicht‘, cymr. drycl. m. (*dṛksos) ‚Anblick, Spiegel‘, cymr. drem, trem, bret. dremm ‚Gesicht‘ (*dṛk-smā), air. an-dracht ‚taeter, dunkel‘ (an- neg. + *drecht = alb. dritë);

got. ga-tarhjan ‚kennzeichnen‘ (= ai. darśáyati); germ. *torʒa- ‚Anblick‘ (= ai. dṛ́ś-) in norw. ON Torget, Torghatten usw., idg. to-Suffix in germ. *turhta- : ags. torht, as. toroht, ahd. zorakt, jünger zorft ‚hell, deutlich‘. WP. I 806 f.

Vielleicht mit derep- (oben S. 212) entfernt verwandt.

deru-, dóru-, dr(e)u-, drou-; dreu̯ə : drū- ‚Baum‘, wahrscheinlich ursprgl.
und eigentlich ‚Eiche‘, siehe zur genauern Begriffsbestimmung Osthoff
Par. I 169f., Hoops Waldb. 117f.; dazu Worte für verschiedene Holz-
geräte sowie für ‚kernholzartig hart, fest, treu‘; Specht (KZ. 65, 198f.,
66, 58f.) geht jedoch von einem substantivierten Neutrum eines
Adjektivs *dóru ‚das Harte‘ aus, woraus erst ‚Baum‘ und ‚Eiche‘;
dóru n., Gen. dreu-s, dru-nó-s; Ableitungen: deru̯o-, dreu̯o-,
dru-mó-s, dru-nó-s, druu̯-ó-s, drū-tó-s.

Ai. dáru n. ‚Holz‘ (Gen. dróḥ, drúṇaḥ, Instr. drúṇā, Lok. dáruṇi,
dravya- ‚vom Baum‘), drú- n. m. ‚Holz, Holzgerät‘, m.-‚Baum, Ast‘, av.
dāuru ‚Baumstamm, Holzstück, Waffe aus Holz, etwa Keule‘ (Gen. draoš),
ai. dāruṇá- ‚hart, rauh, streng‘ (eigentlich ‚hart wie Holz, klotzig‘), dru-
in Kompositis wie dru-pāda- ‚klotzfüßig‘, dru-ghnī ‚Holzaxt‘ (-schlägerin),
su-drú-ḥ ‚gutes Holz‘; dhruvá- ‚fest, bleibend‘ (dh- durch volksetym. Anschluß
an dhar- ‚halten, stützen‘ = av. dr(u)vō, apers. duruva ‚gesund, heil‘
vgl. aksl. sъ-dravъ); av. drvaēna- ‚hölzern‘, ai. druváya-ḥ ‚hölzernes Gefäß,
Holzkasten der Trommel‘, drǎṇa-m ‚Bogen, Schwert‘ (unbelegt; mit a
npers. durūna, baluči drīn ‚Regenbogen‘), druṇī ‚Wassereimer‘, dró- am
‚hölzerner Trog, Kufe‘; drumá-ḥ ‚Baum‘ (vgl. unten ὁρυμός);

ai. dárvi-ḥ, darvi ‚(hölzerner) Löffel‘;

arm. tram ‚fest‘ (*drǔrāmo, Pedersen KZ. 40, 208); wohl auch (Lidén
Arm. St. 66) targal ‚Löffel‘ aus *dṛu̯- oder *deru̯-.

Gr. δόρυ ‚Baumstamm, Holz, Speer‘ (Gen. hom. δουρός, trag. δορός aus
*δορϝός, δούρατος, att. δόρατος aus *δορϝṇτος, dessen ṇ mit ai. drúṇaḥ
vergleichbar ist);

kret. δορά (*δορϝά) ‚Balken‘ (= lit. lett. darva);

sizil. ἀσχέδωρος ‚Eber‘ (nach Kretschmer KZ. 36, 267 f. *ἀν-σχε-δορϝος
oder -δωρϝος ‚dem Speere standhaltend‘), ark. dor. δωρι-κλῆς, dor. böot.
Δωρί-μαχος u. dgl., Δωριεύς ‚Dorer‘ (von Δωρίς ‚Waldland‘); δρῦς, δρυός
‚Eiche, Baum‘ (aus dem n. *dru oder *deru, *doru g. *druu̯ós nach andern
Baumnamen zum Fem. geworden; infolge der Einsilbigkeit Nominativ-
dehnung), ἀκρό-δρυα ‚Fruchtbäume‘, δρυ-τόμος ‚Holzhacker‘, δρύϊνος ‚von
der Eiche, von Eichenholz‘, Δρυάς ‚Baumnymphe‘, γεράνδρυον ‚alter Baumstamm‘, ἄδρυα· πλοῖα μονόξυλα· Κύπριοι Hes. (*sṃ-, Lit. bei Boisacq s. v.),
ἔνδρυον· καρδία δένδρου Hes.

Hom. δρῦμά n. Pl. ‚Wald‘, nachhom. δρῡμός ds. (letzteres mit erst nach
δρῦς geneuerter Länge); δένδρεον ‚Baum‘ (Hom.; daraus att. δένδρον), aus
redupl. *δεν(= δερ)-δρεϝον, Demin. δενδρύφιον; vgl. Schwyzer Gr. Gr. I 583;
δροϝ- in arg. δροόν· ἰσχυρόν. Ἀργεῖοι Hes., ἔνδροια· καρδία δένδρου καὶ
τὸ μέσον Hes., Δροῦθος (*Δροϝ-υθος), δροίτη ‚hölzerne Wanne, Trog, Sarg‘
(wohl aus *δροϝῖτα, vgl. zuletzt Schwyzer KZ. 62, 199 ff., anders Specht

Dekl. 139); δοῖτρον· πύελον σκάφην Hes. (diss. aus *δροϝιτρον), woneben
*dṛṇio- in δραιόν· μάκτραν. πύελον Hes.

PN *Δρύτων : lit. *Drūktenis*, apr. *Druteine* (E. Fraenkel, Pauly-Wissowa
16, 1633);

im Vokalismus noch nicht sicher erklärt δρίος ‚Gebüsch, Dickicht‘;
maked. δάρυλλος f. ‚Eiche‘ Hes. (*dₑru-, vgl. air. *daur*); aber δρίς· δύναμις
Hes., lies δϝίς (Schwyzer Gr. Gr. I 495[3]);

alb. *dru* f. ‚Holz, Baum, Stange‘ (*druu̯ā, vgl. aksl. *drъva* n. pl. ‚Holz‘);
drush-k (es-St.) ‚Eiche‘; ablaut. *drū- in *dri-zë* ‚Baum‘, *drüni* ‚Holzriegel‘;

thrak. καλαμίν-δαρ ‚Platane‘, ON Δάρανδος, Τάραντος (*dar-ant-) ‚Eich-
stätt‘, Ζινδρουμα, Δινδρύμη ‚Zeushain‘, VN 'Ο-δρύ-σ-αι, Δρόσοι, *Dru-geri*
(*dru-* ‚Wald‘);

aus dem Lat. vielleicht *dūrus* ‚hart; abgehärtet, kräftig; derb, roh, rauh,
streng, gefühllos‘ (aber über *dūrāre* ‚ausdauern, dauern‘ s. unten S. 220),
wenn nach Osthoff 111 f. als ‚baumstark, fest wie (Eichen)holz‘ dissimiliert
aus *drū-ro-s (*dreu-ro-s?);

aber daß lat. *larix* ‚Lärchenbaum‘, Lw. aus einer idg. Alpensprache,
idg. *dₑrik-s sei, ist wegen des *l* schwer denkbar;

air. *deruce* (gg), Gen. *dercon* ‚glans‘, cymr. *derwen* ‚Eiche‘ (Pl. *derw*),
bret. *deruenn* ds., gall. Ortsname *Dervus* (‚Eichenwald‘), abrit. *Derventiō*,
Ortsname, VN *Dervāci* u. dgl.; air. *derb* ‚sicher‘; reduktionsstufig air.
daur, Gen. *daro* ‚Eiche‘ (*dₑru-), auch *dair*, Gen. *darach* ds. (*dₑri-), air.
daurde und *dairde* ‚eichen‘; abgeleitet gall. *d(a)rullia ‚Eiche‘ (Wartburg III 50); maked. δάρυλλος f. ‚Eiche‘; schwundstufig *dru- im Ver-
stärkungswörtchen (? anders Thurneysen ZcPh. 16, 277: ‚Eichen-‘: *dru-
in galat. δρυ-ναίμετον ‚heiliger Eichenhain‘), z. B. gall. *Dru-talos* (‚*mit
großer Stirn‘), *Druides, Druidae* Pl., air. *drūi* ‚Druide‘ (‚der hochweise‘,
*dru-u̯id-), air. *dron* ‚fest‘ (*drunos, vgl. ai. *dru-ṇa-m, dāru-ṇá-, dró-ṇa-m),
mit Gutturalerweiterung (vgl. unten nhd. *Trog*) mir. *drochta* ‚(*hölzernes)
Faß, Tonne, Kufe‘, *drochat* ‚Brücke‘; hierher auch gallorom. *drūtos*
‚kräftig, üppig (: lit. *drūtas)‘, gr. PN Δρύτων, air. *drūth* ‚närrisch‘ (: aisl.
trūðr ‚Gaukler‘?), cymr. *drud* ‚närrisch, tapfer‘ (das cymr. *u* stammt aus
den roman. Entsprechungen);

deru̯- in germ. *Tervingī, Matrib(us) Alatervīs*, anord. *tjara* (*deru̯ōn-),
finn. Lw. *terva*, ags. *teoru* n., *tierwe* f., *-a* m. ‚Teer, Harz‘ (*deru̯i̯o-), mnd.
tere ‚Teer‘ (nhd. *Teer*); anord. *tyrvi, tyri* ‚Kienholz‘, *tyrr* ‚Föhre‘ (unsicher mhd. *zirwe, zirbel* ‚Pinus Cembra‘, da vielleicht eher zu mhd.
zirbel ‚Wirbel‘, wegen der runden Zapfen);

dreu̯- in got. *triu* n. ‚Holz, Baum‘, anord. *trē*, ags. *trēow* (engl. *tree*), as.
trio ‚Baum, Balken‘; in übtr. Bed. ‚fest — fest vertrauend‘ (wie gr. ἰσχυρός
‚fest‘: ἰσχυρίζομαι ‚zeige mich fest, verlasse mich worauf, vertraue‘), got.

triggws (*treyyaz) ‚treu‘, ahd. *gi-triuwi* ‚treu‘, an. *tryggr* ‚treu, zuverlässig, sorglos‘, got. *triggwa* ‚Bund, Bündnis‘, ags. *trēow* ‚Glaube, Treue, Wahrheit‘, ahd. *triuwa*, nhd. *Treue*, vgl. mit ders. Bed., aber andern Ablautstufen anord. *trū* f. ‚religiöser Glaube, Versicherung‘, ags. *trūwa* m., mnd. *trūwe* f. ds., ahd. *trūwa*, aisl. *trū* f., neben *trūr* ‚treu‘; abgeleitet anord. *trūa* ‚trauen, für wahr halten‘ ⸗ got. *trauan*, und ags. *trūwian*, as. *trūōn*, ahd. *trū(w)ēn* ‚trauen‘ (vgl. n. apr. *druwis*); ähnlich anord. *traustr* ‚stark, fest‘, *traust* n. ‚Zuversicht, Vertrauen, worauf man sich verlassen kann‘, ahd. *trōst* ‚Vertrauen, Trost‘ (*droust-), got. *trausti* ‚Vertrag, Bündnis‘, ablautend engl. *trust* ‚Vertrauen‘ (mengl. *trūst*), mlat. *trustis* ‚Treue‘ in den afränk. Gesetzen, mhd. *getrüste* ‚Schar‘ (die *st*-Bildung ist alt wegen npers. *durušt* ‚hart, stark‘, *durust* ‚gesund, ganz‘; norw. *trysja* ‚den Boden säubern‘, ags. *trūs* ‚Reisig‘, engl. *trouse*, aisl. *tros* ‚Abfälle‘, got. *ufar-trusnjan* ‚überstreuen‘.

**drou-* in ags. *trīg*, engl. *tray* ‚flacher Trog, Schüssel‘, aschwed. *trō* ‚ein bestimmtes Maßgefäß‘ (*trauja-, vgl. oben *ὁροίτη*), anord. *treyju-sǫdull* (auch *trūju-sǫdoll*) ‚eine Art trogförmiger Sattel‘;

**drū-* in aisl. *trūðr* ‚Gaukler‘, ags. *trūd* ‚Spaßmacher, Trompeter‘ (: gallorom. *drūto-s, usw.)?,

**dru-* in ags. *trum* ‚fest, kräftig, gesund‘ (*dru-mo-s), mit *k*-Erweiterung, bzw. Formans -*ko-* (vgl. oben mir. *drochta*, *drochat*), ahd. nhd. *trog*, ags. *trog*, *troh* (m.), anord. *trog* (n.) ‚Trog‘ und ahd. *truha* ‚Truhe‘, norw. mdartl. *trygje* n. ‚eine Art Saum- oder Packsattel‘, *tryŋja* ‚eine Art Fischkorb‘, ahd. *trucka* ‚Kiste‘, nd. *trügge* ‚Trog‘ und mit der ursprünglicheren Bed. ‚Baum, Holz‘ ahd. *hart-trugil* ‚Hartriegel‘;

bsl. **derya-* n. ‚Baum‘ in aksl. *drévo* (Gen. *drěva*, auch *drěvese*), skr. dial. *drēvo (drijevo)*, sloven. *drẹvô*, ačech. *dřěvo*, russ. *dérevo*, klr. *dérevo* ‚Baum‘; dazu als ursprüngl. Kollektiv lit. *dervà* (Akk. *dẽrvą*) f. ‚Kienspan; Pech, Teer, harziges Holz‘; ablaut. lett. *dar̃va* ‚Teer‘, apr. im ON *Derwayn*; dehustuf. **dōry-įā-* in lett. *dùore* f. ‚Holzgefäß, Bienenstock im Baum‘; **su-dorya-* ‚gesund‘ in aksl. *sъdravъ*, čech. *zdráv (zdravý)*, russ. *zdoróv* (f. *zdoróva*) ‚gesund‘, vgl. av. *dr(u)vō*, apers. *duruva* ds.

balt. **dreyįā-* f. ‚Waldbienenstock‘, substantiv. Adjekt. (ai. *dravya-* ‚zum Baum gehörig‘) : lit. *drěvė* und *drevě* ‚Höhlung im Baum‘, lett. *dreve* ds.; im Ablaut lit. *dravìs* f., lett. *drava* f. ‚Waldbienenstock‘, dazu apr. *drawine* f. ‚Beute, Bienenfaß‘ und lit. *dravě* ‚Loch im Baum‘; weiterhin im Ablaut ostlit. *drėvė* und *drově* f. ds., lett. *drava* ‚Höhlung im Bienenstock‘;

urslav. **druya-* Nom. Pl. ‚Holz‘ in aksl. *drъva*, russ. *drová*, poln. *drwa* (Gen. *drew*); **druyina-* n. ‚Holz‘ in klr. *drovno*, slovz. *drēvnə*;

slav. *drъmъ in russ. *drom* ‚Urwald, Dickicht‘, usw. (⸗ ai. *drumá-ḥ*, gr. *δρυμός*, adjekt. ags. *trum*);

lit. *su-drus* ‚üppig, fett (bes. vom Wuchs der Pflanzen)‘ (= ai. *su-drú-ḥ* ‚gutes Holz‘);

balt. *drūta-* ‚stark‘ (= gallorom. *drūto-s, gr. PN *Δρύτων*) in lit. *drútas, driútas* ‚stark, dick‘, apr. im PN *Drutenne*, ON *Druthayn, Druthelauken*; gehört zu apr. *druwis* m. ‚Glaube‘, *druwi* f., *druwīt* ‚glauben‘ (*druwēti: ahd. *trūen*), *na-po-druwīsnan* ‚Vertrauen, Hoffnung‘. Neben lit. *drútas* auch *drúktas*; s. unter 2. *dher-*.

Im Ablaut hierher aksl. *drevlje* ‚prius, primum‘, ačech. *dŕéve*, russ. *drévle* ‚vor alters‘; Adverbium eines Komparativs oder Positivs.

hitt. *ta-ru* ‚Baum, Holz‘, Dat. *ta-ru-ú-i*;

hierher auch wohl toch. AB *or* ‚Holz‘ (falsche Abstraktion aus *tod dor*, K. Schneider IF. 57, 203).

WP. I 804ff., WH. I 374, 384ff., 765f., Trautmann 52f., 56, 60f., Schwyzer Gr. Gr. I 463, 518, Specht Dekl. 29, 54, 139.

des-, dēs- ‚finden, nachspüren‘.

Gr. *δήω* ‚werde finden‘ (futur. gebrauchtes Präsens), *ἔδηεν· εὗρεν* Hes.; alb. *ndesh* ‚antreffen‘, *ndieh* (*des-skō) ‚befinde mich‘; vielleicht auch aksl. *dešǫ, desiti* ‚finden‘, ablaut. russ.-ksl. *dositi* (*udositi*) ‚finden, begegnen‘, falls nicht zu *dek̂-*; hingegen ist ai. *abhi-dāsati* ‚feindet an, befehdet‘ eher Denomin. von *dāsá-ḥ* ‚Sklave, Feind‘.

Über alb. *ndesh* s. auch oben S. 190.

WP. I 783, 814, Trautmann 54, Schwyzer Gr. Gr. I 780.

ı. deu- ‚einsinken, eindringen, hineinschlüpfen‘.

Ai. *upa-du-* ‚*ἐνδύεσθαι*, anziehen‘;

auf Grund eines -(*e*)*s*-Stammes scheint hierherzugehören: ai. *doṣá*, jünger *dóṣa-ḥ* ‚Abend, Dunkel‘, av. *daošatara-, daošastara-* ‚gegen Abend gelegen, westlich‘, npers. *dōš* ‚die letztvergangene Nacht‘;

gr. *δείελος* (richtiger *δειελός*) ‚Abend‘ (metr. Dehnung für *δεελός aus *δευσελός?* ursprgl. Adj. ‚abendlich‘, wie noch in hom. *δειελòν ἦμαρ*); gr. *δύω* (att. *υ*, ep. *ῦ*), trans. ‚versenke, tauche ein, hülle ein‘ (nur in Kompositis: *καταδύω* ‚versenke‘), intrans. (beim Simplex nur im Partiz. *δύων*; Aor. *ἔδυν*) ‚tauche hinein, dringe ein (z. B. *αἰθέρα, ἐς πόντον*), schlüpfe hinein, ziehe an (Kleider, Waffen; so auch *ἐνδύω, ἀποδύω, περιδύω*), gehe unter (von Sonne und Gestirnen, eigentlich ins Meer tauchen)‘, ebenso med. *δύομαι* und *δύνω* (hom. *δύσετο* ist altes Augmenttempus zum Futurum, Schwyzer Gr. Gr. I 788); *ἁλιβδύω*, Kallimachos ‚senke ins Meer‘ (*β* unklar, s. Boisacq s. v.; Präp. *[a]p[o]?); *δύπτω* ‚tauche ein‘ (nach *βύπτω); *ἄδυτον* ‚Ort, wo man nicht eintreten darf‘, *δύσις* ‚das Untertauchen, Schlupfwinkel, Untergang von Sonne und Gestirnen‘, *πρòς ἠλίου δύσιν* ‚gegen Abend‘, *ὄνυμαι* Pl. ‚Untergang von Sonne und Gestirnen‘; unklar *ἀμφίδυμος, δίδυμος* ‚doppelt‘ s. Schwyzer Gr. Gr. I 589; nach Frisk Indog. 16 f. hierher auch *ὄνυη* ‚Schrein‘.

WP. I 777 f., WH. I 3, 682.

2. (*deu-* oder *dou-*) : *du-* etwa ‚(religiös) verehren, gewähren, verehrungs-würdig, mächtig‘.

Ai. *dúvas-* n. ‚Gabe, Ehrerweisung‘, *duvasyáti* ‚ehrt, verehrt, erkennt an, belohnt‘, *duvasyú-, duvōyú-* ‚verehrend, ehrerbietig‘; altlat. *duenos,* dann *duonos,* klass. *bonus* ‚gut‘ (Adv. *bene,* Demin. *bellus* [**dụenelos*] ‚hübsch, niedlich‘), wohl = air. *den* ‚tüchtig, stark‘, Subst. ‚Schutz‘; lat. *beō, -āre* ‚beglücken, erquicken‘, *beātus* ‚selig, glücklich‘ (**dụ-éįō,* Partiz. **dụ-enos*); dazu as. *twīthōn* ‚gewähren‘, mnd. *twīden* ‚willfahren, gewähren‘, ags. *langtwīdig* ‚längst gewährt‘, mhd. *zwīden* ‚gewähren‘, md. *getwēdic* ‚zahm, willfährig‘ (**dụ-ei-to-*; Wood Mod. Phil. 4, 499);

nach EM² 114 vielleicht noch hierher gr. *δύ-ρα-μαι* ‚habe Macht‘.

Vielleicht auch hierher germ. **taujan* ‚machen‘ (aus ‚*mächtig sein‘) in got. *taujan, tawida* ‚machen‘, urnord. *tawidō* ‚ich machte, verfertigte‘, ahd. *zouuitun* ‚exercebant (cyclopes ferrum)‘, mhd. *zouwen, zöuwen* ‚fertig-machen, zubereiten‘, mnd. *touwen* ‚zubereiten, gerben‘, wozu ags. *getawa* ‚instrumenta‘ (davon wieder (*ge*)*tawian* ‚zurichten‘, engl. *taw* ‚weißgerben‘) und (mit ursprünglicherer Präfixbetonung im Nomen) ags. *geatwe* f. Pl. ‚Rüstung, Schmuck, Waffen‘ = anord. *gǫtvar* f. Pl. ds., afries. *touw, tow* ‚Werkzeug, Tau‘, nfries. *touw* ‚die groben Teile des Haufes, Werg‘, mnd. *touwe* ‚Werkzeug, Webstuhl‘, *touwe, tou* ‚Tau‘ (daraus nhd. *Tau*), ahd. *gizawa* ‚supellex‘ (aber auch ‚gelingen‘, s. oben), mhd. *gezöuwe* n. ‚Gerät‘ (daraus mit bair.-dial. Lautgebung mhd. *zawe*), nhd. *Gezähe* (s. über diese Formen Psilander KZ. 45, 281 f.).

Dazu mit *ē* (Psilander aaO. erklärt auch **taujan* durch urgerm. Kürzung aus **tēwjan*) vielleicht got. *tēwa* ‚Ordnung, Reihe‘, *gatēwjan* ‚anordnen‘, ahd. *zāwa* ‚Färbung, Farbe, tinctura‘, langobard. *zāwa* ‚Reihe, Abteilung von bestimmter Anzahl, adunatio‘, ags. *œl-tǣwe* ‚omnino bonus, sanus‘ (über eventuelle Entstehung von germ. **tēwā* aus **téჳ-wā* s. unter **dek-* ‚nehmen‘; dann wäre es natürlich von *taujan* zu trennen); mit *ō* got. *taui,* Gen. *tōjis* ‚Handlung‘, *ubiltōjis* ‚Übeltäter‘, anord. *tō* n. ‚ungereinigte Wolle oder Lein, Zwirnstoff‘ = ags. *tōw* ‚das Spinnen, Weben‘ in *tōw-hūs* ‚Spinnerei‘, *tōw-cræft* ‚Tüchtigkeit im Spinnen und Weben‘, engl. *tow* ‚die groben Teile des Hanfes, Werg‘; mit *l*-Suffix anord. *tōl* n. ‚Werkzeug‘, ags. *tōl* n. ds. (**tōwula-*), verbal nur anord. *tēja, tỹja* ‚nutzen, frommen‘, eigentlich ‚aus-richten‘, Denominativ zu **tōwja-* nach Psilander aaO., während Falk-Torp u. *toie* darin zu got. *tiuhan* gehöriges **tauhjan, *tiuhjan* sucht.

Thurneysen stellt (KZ. 61, 253; 62, 273) got. *taujan* zu air. *doíd* ‚übt aus, besorgt‘; daß dies aber mit *doíd* ‚zündet an‘ identisch sei und die Bed. ‚tun‘ sich aus ‚Feuer anzünden‘ entwickelt habe, scheint mir wenig wahrscheinlich.

Über andere Deutungen von *taujan* s. Feist 474 f.

WP. I 778, WH. I 111, 324 f., 852.

3. **deu-, deu̯ə-, du̯ā-, dū-** 1. ‚sich räumlich vorwärts bewegen, vordringen, sich entfernen‘, daraus später 2. ‚zeitliche Erstreckung‘; vielleicht auch **deu-s-** ‚aufhören‘; **dū-ro-s** ‚lang, weit entfernt‘.

1. Ai. *dū-rá·ḥ* ‚entfernt, weit‘ (meist örtlich, doch auch zeitlich), av. *dūraš*, apers. *duraiy* ‚fern, fernhin‘, av. *dūrāt* ‚von fern, fern, fernhin, weit hinweg‘, Komp. Sup. ai. *dávīyas-, dáviṣṭha-* ‚entfernter, -est‘; ved. *duvás-* ‚vordringend, hinausstrebend‘, transitiv av. *duye* ‚jage fort‘, *avi-fra-ðavaite* ‚reißt mit sich fort (vom Wasser)‘; ai. *dūtá-ḥ*, av. *dūta-* ‚Bote, Abgesandter‘; vielleicht hierher ai. *doṣa-ḥ* m. ‚Mangel, Fehler‘ (*deu-s-o-*);

gr. dor. att. *δέω*, äol. hom. *δεύω* (nicht *δευσ-, sondern *δεϝ-) ‚ermangle, fehle, entbehre‘, Aor. *ἐδέησα, ἐδεύησα*; unpers. *δεῖ, δεύει*, Partiz. *τὸ δέον*, att. *τὸ δοῦν* ‚das Nötige‘; Medium *δέομαι*, hom. *δεύομαι* ‚ermangle‘ usw., hom. ‚bleibe hinter etwas zurück, stehe nach‘, att. ‚bitte, begehre‘; *ἐπιδεής*, hom. *ἐπιδευής* ‚bedürftig, ermangelnd‘, *δέημα* ‚Bitte‘; dazu *δεύτερος* ‚im Abstand folgend, der zweite‘, dazu Superl. hom. *δεύτατος*.

Vielleicht dazu mit -s-Erweiterung (s. weiter oben ai. *doṣa-ḥ*) germ. *tiuzōn in ags. *tēorian* ‚aufhören, ermatten‘ (*zurückbleiben), engl. *tire* ‚ermüden‘.

Vgl. ferner md. *zūwen* (stark. V.) ‚sich voranbewegen, wegziehen, sich dahinbegeben‘, ahd. *zawen* ‚vonstatten gehen, gelingen‘, mhd. *zouwen* ‚eilen, etwas beeilen, vonstatten gehen, gelingen‘, *zouwe* f. ‚Eile‘.

2. Apers. *duvaištam* Adv. ‚diutissime‘, av. *dbōištəm* Adj. ‚longissimum‘ (zeitlich); über ai. *dvitā*, av. *daibita*, apers. *duvitā-paranam* s. unter *du̯ōu* ‚zwei‘;

arm. *tevem* ‚dauere, halte aus, halte stand, bleibe‘, *tev* ‚Ausdauer, Dauer‘, *i tev* ‚lange Zeit hindurch‘, *tok* ‚Dauer, Ausdauer‘ (*teuo-ko-, *touo-ko-), ablaut. *erkar* ‚lange‘ (zeitlich) aus *du̯ā-ro- (= gr. *δηρόν*), *erkain* ‚longus‘ (räumlich);

gr. *δήν* (el. dor. *δάν* Hes.) ‚lange, lange her‘ (*δϝάν), *δοάν* (*δοϝάν) ‚lang‘ (Akkusative von *δϝα, *δοϝα ‚Dauer‘), *δηρόν*, dor. *δᾱρόν* ‚lange dauernd‘ (*δϝᾱ-ρόν), *δηθά* ‚lange‘, davon *δηθύνειν* ‚zögern, lange verweilen‘, *δαόν· πολυχρόνιον* Hes. (*δϝᾱ-ιον); über *δᾱρόν* vgl. Schwyzer Gr. Gr. I 482, 7;

lat. *dū-dum* ‚lange schon, längst, vor geraumer Zeit‘ (zur Form siehe WH. I 378). Hierher auch (trotz WH. I 386) *dūrāre* ‚ausdauern‘ wegen air. *cundrad* ‚Vertrag‘ (*con-dūrad*); aber cymr. *cynnired* ‚Bewegung‘ bleibt trotz Vendryes (BSL. 38, 115 f.) fern; hierher auch lat. *dum*, ursprüngl. ‚ein Weilchen‘, s. oben S. 181;

dehnstufig air. *doë* (*dōu̯i̯o-*) ‚langsam‘;

aksl. *davě* ‚einstmals‘, *davьnъ* ‚antiquus‘, russ. *davnó* ‚längst‘, usw.; hitt. *tu-u-wa* (*duwa*) ‚weit, fort‘, *tu-u-wa-la* (Nom. Pl.) ‚entfernt‘ aus *du̯ǎ-lo-*, Benveniste BSL. 33, 143.

WP. I 778 ff., WH. I 378 f., 861, Schwyzer Gr. Gr. I 348, 595, 685.

deuk- ‚ziehen‘.

Gr. *δαι-δύσσεσθαι· ἕλκεσθαι* Hes. (*δαι-δυκ-ι̯ω* mit Intensivreduplikation wie *παι-φάσσω*). Dazu vielleicht auch *δεύκει· φροντίζει* Hes., wozu hom. *ἀδευκής* ‚rücksichtslos‘; unklar ist *Πολυδεύκης* ‚der vielsorgende‘ (aber *Δευκαλίων* ist aus *Δευκαλίων* dissimiliert, Bechtel), und mit Tiefstufe *ἐνδυκέως* ‚eifrig, sorgfältig‘. Die Bed. ‚sorgen, Rücksicht nehmen‘ erwuchs aus ‚ziehen‘ etwa über ‚aufziehen‘; ähnlich bedeutet anord. *tjōa* (*teuhōn*) ‚helfen‘ (s. Falk-Torp 1315 f.). Etwas andere geistige Wendung zeigt lat. *dūcere* als ‚berechnen, schätzen‘, wobei z. B. *aliquem poena dignum dūcere* ursprüngl. meinte ‚einen als strafwürdig aus der Menge hervorziehen und dadurch als solchen darstellen‘.

Alb. *nduk* ‚rupfe, reiße die Haare aus‘, dial. auch ‚sauge aus‘.

Mcymr. *dygaf* ‚bringe‘ (*dukami*); über air. *to-ucc-* (*cc* = *gg*) ‚bringen‘ s. unter *euk-*.

Lat. *dūcō* (altlat. *doucō*), *-ere*, *dūxī*, *dūctum* ‚ziehen, schleppen; führen (mit sich ziehen)‘ = got. *tiuhan*, ahd. *ziohan*, as. *tiohan*, ags. *tēon* ‚ziehen‘ (anord. nur im Partiz. *toginn*).

Verbale Komposita: *ab-dūcō* = got. *af-tiuhan*, *ad-dūcō* = got. *at-tiuhan*, *con-dūcō* = got. *ga-tiuhan*, usw.

Wurzelnomen: lat. *dux, ducis* m. f. ‚Führer‘ (davon *ēducāre* ‚aufziehen, erziehen‘; sprachgeschichtlicher Zusammenhang mit dem formal gleichen anord. *toga*, ahd. *zogōn* ‚ziehen‘ besteht nicht), *trādux* ‚(herübergeführte) Weinranke‘. Ist as. usw. *heritogo*, ahd. *herizogo* ‚Heerführer‘, nhd. *Herzog* Nachbildung von *στρατηγός*? Vgl. Feist 479.

*ti-*St.: lat. *ductim* ‚ziehend, in vollen Zügen‘, spät *ducti-ō* ‚Führung‘ (daneben *tu-*St. *ductus, -ūs* ‚Führung, Leitung‘) = nhd. *Zucht* (s. unten).

Bes. reiche Formenentwicklung im Germ., so: Iterativ-Kaus. anord. *teygia* ‚ziehen, hinausziehen‘ = ags. *tiegan* ‚ziehen‘ (*taugian*); ahd. *zuckan*, *zucchen*, mhd. *zucken, zücken* ‚schnell ziehen, entreißen, zucken‘ (mit intensiver Konsonantendehnung; davon mhd. *zuc*, Gen. *zuckes* m. ‚Zucken,

Ruck'); anord. *tog* n. ‚das Ziehen, Seil', mhd. *zoc*, Gen. *zoges* m. ‚Zug', wovon anord. *toga*, *-ađa* ‚ziehen', ags. *togian*, engl. *tow* ‚ziehen', ahd. *zogōn*, mhd. *zogen* ‚ziehen (tr., intr.), reißen, zerren', vgl. oben lat. *(ē)-ducare*; ags. *tyge* m. *i*-St. ‚Ziehen', ahd. *zug*, nhd. *Zug* (**tugi-*); ahd. *zugil*, *zuhil*, mhd. *zugil*, nhd. *Zügel*, anord. *tygill* m. ‚Band, Riemen', ags. *tygel* ‚Strang';· anord. *taug* f. ‚Strick', ags. *tēag* f. ‚Band, Fessel, Gehege' (davon ags. *tīegan* ‚binden', engl. *tie*); mit Tiefstufe anord. *tog* n. ‚Tau'; anord. *taumr* m. ‚Seil, Zügel', ags. *tēam* m. ‚Gespann Zugochsen, Gebären, Nachkommenschaft' (davon *tīeman* ‚sich vermehren, schwanger sein', engl. *teem*), ndl. *toom* ‚Brut', afries. *tām* ‚Nachkommenschaft', as. *tōm* ‚lorum', ahd. mhd. *zoum* m. ‚Seil, Riemen, Zügel', nhd. ‚Zaum' (germ. **tauma-* aus **tauȝ-má-*); ahd. *giziugōn* ‚bezeugen, erweisen' (eigentlich ‚zur Gerichtsverhandlung gezogen werden'), ¦mhd. *geziugen* ‚durch Zeugnis beweisen', nhd. *(be)zeugen, Zeuge*, mnd. *betügen* ‚bezeugen, beweisen', *getūch* n. ‚Zeugnis'; ferner mit der Bed. ‚producere, großziehen, erzeugen' ahd. *giziug* (**teugiz*) ‚Zeug, Gerät, Ausrüstung', nhd. *Zeug*, mnd. *tūch* (*-g-*) n. ‚Zeug, Gerät' und ‚Zeugungsglied', mhd. *ziugen*, nhd. *zeugen*; got. *ustaúhts* ‚Vollendung', ahd. mhd. *zuht* f. ‚Ziehen, Zug, Erziehung, Zucht, Nachkommenschaft', nhd. *Zucht* (== lat. *ductus* s. oben); davon nhd. *züchtig, züchtigen*, ags. *tyht* m. ‚Erziehung, Zucht', afries. *tucht, tocht* ‚Zeugungsfähigkeit'.

Bes. wegen *Zucht* ‚Nachkommenschaft', bair. auch ‚Zuchtschwein' u. dgl. zieht man ahd. *zōha*, mnd. *tōle* (**tōhila*), nhd. schwäb. *zauche* ‚Hündin', neuisl. *tōa* ‚Füchsin' zu unserer Wz.; doch vgl. mhd. *zūpe* ‚Hündin', ¯norw. dial. *tobbe* ‚Stute, kleines weibliches Wesen' und germ. **tikō* und **tibō* ‚Hündin'.

Eine einfachere Wzf. **deu-* ‚ziehen' vielleicht in anord. *tjǫdr* n. (**deutrom*) ‚Spannseil, Bindeseil' = mengl. *teder, teþer* ds., ahd. *zeotar* ‚Deichsel', nhd. bair. *Zieter* ‚Vorderdeichsel' (auch ags. *tūdor, tuddor* n. ‚Nachkommenschaft'?); aber ai. *đōrakam* ‚Strick, Riemen' ist dravid. Lw. (Kuiper Proto-Munda 131).

WP. I 780 f., WH. I 377 f., 861.

deup- (: *kteup-*?) ‚dumpfer Schall, etwa wie von einem Schlag'; Schallwurzel.

Gr. hom. δοῦπος ‚dumpfes Geräusch, Getöse; Schall der Fußtritte'; δουπέω ‚gebe einen dumpfen oder rasselnden Ton von mir'; der in hom. ἐγδούπησαν, ἐρίγδουπος ‚laut donnernd' (μασίγδουπον· ... μεγαλόηχον Hes.) zutage tretende ursprüngliche Anlaut γδ- ist vielleicht mit κτύπος ‚Schlag' neben τύπος parallel oder ihm nachgebildet, so daß über sein Alter keine Sicherheit zu erlangen ist; nach Schwyzer wäre (γ)δουπέω Intensiv zu schwachstufigem κτυπ-; serb. *dŭpīm, dŭpiti* ‚mit Getöse schlagen', sloven.

dûpam (*dupljem*) *dúpati* ‚auf etwas Hohles schlagen, dumpf rauschen‘ *dupotáti*, bulg. *dŭp'ъ* ‚gebe einem Roß die Sporen‘, lett. *dupêtiês* ‚dumpf schallen‘ (bsl. *d-* aus *gd-*? oder älter als gr. *γϑ-*?);

nach Van Windekens Lexique 138 hierher toch. A *tüp-* ‚ertönen lassen, verkünden‘ (**tup-*) im Infin. *tpässi*, Partiz. Pass. *cacpu*.

WP. I 781 f., Endzelin KZ. 44, 58, Mühlenbach-Endzelin I 518, Schwyzer Gr. Gr. I 718³.

dəĝh-mó̱-s ‚schief‘?

Ai. *jihmá-h* ‚schräg, schief‘ (urar. **źiźhmá-* assimil. aus **diźhmá-*), gr. *δόχμιος*, *δοχμός* ‚schief‘ (assimil. aus **δαχμός*).

Pedersen KZ. 36, 78, WP. I 769. Andere Möglichkeiten s. unter *gei-* ‚drehen, biegen‘.

digh- ‚Ziege‘.

Gr.-thrak. *δίζα· αἴξ. Λάκωνες* (**dighia*), vgl. den thrak. PN *Διζα-τελμις* (wie *'Εβρου-τελμις* zu *ἔβρος· τράγος* Hes.); ahd. *ziga* ‚Ziege‘, mit hypokorist. Konsonantenschärfung ags. *ticcen*, ahd. *zickī*, *zickīn* ‚Zicklein‘ (aber über nhd. *Zecke* s. oben unter *deiĝh-*); hierher vielleicht norw. dial. *tikka* ‚Schaf‘ (event. Kreuzung von schwed. dial. *takka* ‚Schaf‘ mit einer nord. Entsprechung von *Zicklein*), *tiksa* ‚Schaf, Hündin‘, *tikla* ‚junges Schaf oder Kuh‘, sowie anord. *tík* f. ‚Hündin‘ = mnd. *tīke* ds.

Arm. *tik* ‚Schlauch aus Tierfell‘ wird von Lidén (Arm. Stud. 10 f., Don. nat. Sydow 53¹) als ursprgl. ‚Ziegenfell‘ hierhergestellt, müßte jedoch auf **dig-* zurückgehen (tabuistische Entstellung?).

WP. I 814, WH. I 632, 868. Nach Risch (briefl.) vielleicht ursprüngl. Lockruf.

dīp-ro-, dīp-erā̆ ‚Opfertier, Vieh‘.

Arm. *tvar* ‚Schafbock, Herde von Großvieh‘ (**tivar < *dīperā̆*); got. *tibr* ‚Opfergabe‘ (verbessert aus *aibr*), ahd. *zebar* ‚Opfertier‘, ags. *tifer*, *tiber* ds., spätmhd. *ungezïbere*, *unzïver*, nhd. *Ungeziefer* eig. ‚unreines, nicht zum Opfern taugliches Tier‘. Afrz. (*a*)*toivre* ‚Zugtier‘ stammt aus dem Germ.

WP. I 765, WH. I 323, Feist 19 b, 477 a.

dl̥kú-(?) ‚süß‘.

Gr. *γλυκύς*, *γλυκερός* ‚süß‘, *γλυκκόν· γλυκύ*, *γλύκκα· ἡ γλυκύτης* Hes. (*-κκ-* aus *-κu̯-*), *γλεῦκος* (spät) ‚Most‘ (Ablautneubildung); *γλ* aus *δλ* wegen des folg. *κ*; *-λυ-* aus *-λα-* nach dem folg. *υ*; über späte *δεῦκος* ‚Most‘, *δευκής* ‚süß‘ s. WH. I 380;

lat. *dulcis* ‚süß, lieblich, sanft‘ (aus **dl̥ku̯i-s*).

WP. I 816, WH. I 380.

dŋg̑hū, dŋg̑hu̯ā ‚Zunge'; oft durch Anlautswechsel und Umstellungen umgestaltet.

Ai. *jihvā* f., av. *hizvā* ds. (vorar. **g̑iǵhu̯ā* aus **daǵhu̯ā* mit *i* von *lih-* ‚lecken' oder von *jih-* ‚abwärts wenden'; iran. **sizvā* wohl durch Sonorendissimilation); daneben *ū*-Stamm in ai. *juhū* f. ‚Zunge, Löffel' (mit *u* nach *juhóti* ‚ins Feuer gießen', anders Wackernagel-Debrunner III 192), av. *hizū* m. ds.; mit *-ōn-* für *-ā* apers. *hizbāna-*, mpers. *huzvān* ds., nordar. *biśān* m. ‚Zunge, Rede' (**viźhvān* nach E. Leumann Nordar. Spr. 127 f.);

arm. *lezu*, Gen. *lezvi* setzt im-Ausgang das *-ghu̯ā* von **dŋg̑hu̯ā* fort, die erste Silbe wohl von *leiĝh-* ‚lecken' beeinflußt;

alat. *dingua*, lat. *lingua* (mit *l-* von *lingere*); osk. *fangvam* (Vetter Serta Hofilleriaua 153;

air. *teng* (*ā*-Stamm) und *tengae*, Gen. *tengad* mit *t-* nach *tongid* ‚schwört'; aber air. *ligur* ‚Zunge' zu lat. *ligurriō*; unklar ist mcymr. *tafawt*, cymr. *tafod*, acorn. *tauot*, mbret. *teaut*, bret. *teod*, wozu corn. *tava*, mbret. *taffhaff*, bret. *tañva* ‚kosten' (kelt. **tamāto-*?);

got. *tuggō* f., an. as. *tunga*, ags. *tunge*, ahd. *zunga*, mit *-ōn-* statt *-ā*; als Ablautneubildung vielleicht hierher anord. *tangi* ‚Griffstück der Klinge', mnd. *tange* ‚Sandrücken zwischen zwei Sümpfen';

bsl. *inžū-* m. in apr. *insuwis*; lit. *liežùvis* (nach *liẽżti* ‚lecken'); aksl. *językъ*, skr. *jèzik*, poln. *język*, russ. *jazýk*; zum Schwund des anlaut. *d-* s. J. Schmidt, Krit. 77;

toch. A *käntu*, Gen. *käntwis*, B *käntwo*, Obl. *käntwa sa* (**kantwa*, umgestellt aus **tankwa*, idg. **dŋg̑hu̯ā*).

WP. I 1792, WH. I 806 f., Trautmann 104, Specht Dekl. 83, Havers Sprachtabu 123 f.

dō- : *dǝ-*, auch *dō-u-* : *dǝu-* : *du-* ‚geben' (perfektiv), Aoristwurzel mit sekundärem Präsens *di-dō-mi*. Nominalbildungen: *dō-no-m, dō-ro-m, dō-ti-s, dǝ-ti-s* ‚Gabe', *dō-tēr-* ‚Geber', Partiz. *dō-to-s, dǝ-to-s, -d-to-s*, Infinitiv *dō-men-ai, dō-u̯en-ai.*

Ai. *dá-dā-ti* (Aor. *á-dā-m*, Opt. *dēyāŗı*, Fut. *dāsyáti*, Aor. Med. *ádita* = gr. ἔδοτο, Inf. *dámane* : gr. δόμεναι, vgl. lat. *daminī*, falls ursprüngl. Infinitiv) ‚gibt' (pāli *dinna* zu einem Präs. **di-dā-ti*), av. *dadāiti* ds., apers. Imp. *dadātuv* ‚er soll geben'; Wurzelnomen ai. *dá[s] dstu* ‚dator estu'; Infin. *dātum* (: lat. Supin. *datum*); Partiz. *ditá-ḥ* (unbelegt), sekundär *dattá-ḥ*, schwundstuf. in *ā-t-tá-ḥ, prá-t-ta-ḥ* ‚hingegeben', ablaut. in *tvā-dāta-ḥ* ‚von dir gegeben', av. *dāta-*; zum Fut. ai. *dāsyāmi* (: lit. *dúosiu*) s. Schwyzer Gr. Gr. I 788[11];

arm. *ta-m* ‚dō', *ta-mk'* ‚damus' (**dǝ-i̯e-mi*), Aor. *etu* (= *á-dā-m*, idg. **e-dō-m*);

gr. δί-δω-μι ‚gebe‘, Aor. ἔδωκα, Opt. δοίην (*doiįēm), Fut. δώσω, Aor. Med. ἔδοτο, Partiz. δοτός, Infin. hom. δόμεναι und hom. thess. usw. δόμεν (suffixloser Lokativ);

ven. *zoto* ‚dedit‘ == gr. ἔδοτο; zonasto ‚dōnāvit‘ vielleicht aus *dōnā-s-to von einem denom. *dōnāįō (*dōno-m : lat. dōnum); mess. *pi-do* (*dō-t : ai. a-dāt);

alb. *da-shë* Aor. ‚ich gab‘ (*də-sṃ);

lat. dō, dās, dat, dămus (*də-mós), dătis, dănt (sekundär für *dent aus *(di)-dṇ-ti), alat. danunt; dedī, dătum, dăre ‚gebe, gewähre‘, refl. ‚begebe mich‘ (dăs mit ā nach stā- für *dō == lit. duõ, dúo-k [Specht KZ. 55, 182], gr. hom. δί-δω-θι);

vest. di-de-t ‚dat‘, päl. di-da ‚det‘, umbr. dirsa, dersa, teřa ‚det‘ (*didāt), teřtu, dirstu, titu ‚dato‘ (*di-de-tōd), teřte ‚datur‘ (*di-da-ter), a-teřa-fust ‚circumtulerit‘ (*am-de-da-fos-t); osk. da[da]d ‚dedat‘ (*dăd(-dī)-dăd), dadīd ‚dederit‘ (*dăd(-de)-dīd), di-de-st ‚dabit‘, dedet, umbr. dede ‚dedit‘ (== lat. dǒ-d-īt, alt dedet), umbr. teřust, dirsust ‚dederit‘ (*dedust), usw.; fal. porded ‚porrexit‘ (*por(-de)-ded);

redupl. Präsens ital. *di-dō(?) in lat. reddō (reddidī, redditum, redděre) ‚gebe zurück‘ aus *re-d(i)-dō(?) ist angeblich themat. Umgestaltung von *di-dō-mi; andere Komposita sind dē-dō, dī-dō, ō-dō, prō-dō, trā-dō und ven-dō;

Partiz. lat. dătus ‚gegeben‘ == falisk. datu ‚datum‘, vest. data ‚data‘, päl. datas ‚datas‘ (: gr. δοτός); Supin. datum (: ai. Infin. dătum);

hierher vielleicht trotz WH. I 193 lat. ce-dō ‚gib her!‘ Pl. cette aus *ce-dəte (: gr. δότε);

lit. dúomi (heute sekundär dúodu, lett. duôdu, neugebildet zum alit. Ipv. duodi aus *dō-dhi-, ostlit. dúomu), 2. Sg. dúosi, 3. Sg. dúost(i) ‚gibt‘, apr. dāst ds., beruhen nach Kořínek Listy filol. 65, 445 und Szemerényi Et. Slav. Roum. 1, 7 ff. (vgl. E. Fraenkel Balt. Sprachw. 11 f.) nicht auf alter Reduplikation (angebl. *dō-də-mi, bsl. *dōdmi, 3. Sg. *dō-də-ti, bsl. *dōdti > *dōsti), sondern auf unreduplizierter athemat. Flexion (*dōmi, Pl. *dəmós); lit. dúosti, abg. dastъ sind Nachahmungen von lit. ésti ‚ißt‘ usw., die neben lit. *ě́(d)mi, abg. jamъ (aus *ēd-m-) liegen, wo das d der Wurzel als suffixal empfunden wurde; zum Fut. lit. dúosiu s. oben S. 223.

Dasselbe würde gelten von aksl. damь ‚ich werde geben‘, 3. Pl. dadętъ (nach jadętъ usw.); aksl. dažda ‚Gabe‘ ist Analogiebildung nach *ědja ‚Essen‘, wo das d wiederum als Formans betrachtet wurde.

Infin. lit. dúoti, lett. duôt, apr. dāt (*dō-ti-) == aksl. dati, serb. dȁti, russ. datь.

Zum Prät. lit. daviaũ, lett. devu ‚gab‘ s. unten.

Partiz. *dŏ-na- in aksl. prĕ-danь, serb. dân, čech. dán, klr. dányj ,gegeben'; *dŏ-ta- ds. in apr. dāts, lit. dúotas, lett. duôts; einzelsprachl. Neuerungen sind serb. dial. dât, čech. dátý; dazu lit. duotina ,mannbar', russ.-ksl. podatьnь, russ. podátnyj ,freigebig'; Supin. *dŏtun ,zu geben' in apr. daton (Infin.); lit. dúotų, aksl. otьdatь, sloven. dat; vgl. slav. *datь-kъ in sloven. dodātek, poln. dodatek, russ. dodátok ,Zugabe';

hitt. dā- ,nehmen', 1. Sg. da-aḫ-ḫi (daḫḫi), 3. Sg. da-a-i (dāi), wird von Pedersen (Muršilis 68) und Kretschmer (Glotta 19, 207) hierher gestellt (,geben' — ,für sich geben' — ,nehmen'); dagegen Couvreur Ḫ 206 ff.

Nominalbildungen: ai. dắtar-, dātár- ,Geber', gr. δώτωρ, δωτήρ ds., schwachstufig δοτήρ, δότειρα, lat. dător, datrīx. — Ai. dātrá-, av. dāθra- n. ,Geschenk'.

*dŏ-tel- in aksl. dateljь (*dŏ-tel-i̯u-) ,Geber', čech. udatel ,Angeber', russ. dátelь ,Geber'.

Ai. *dāti- ,Schenkung, Gabe' in dāti-vāra- ,gern verteilend, freigebig', havya-dāti- ,die Opfergabe besorgend, das Darbringen des Opfers', av. daiti- ,Geben, Schenken, Gewährung', gr. δῶτις Hes. (und kons. St. *dŏ-t- in δώς) ,Gabe', Δωσί-θεος, -φρων, lat. dŏs, -tis ,Mitgift', lit. Inf. dúoti; slav. *datь ,Gabe' (z. B. in aksl. blagodatь ,χάρις', russ. pódatь ,Steuer'), Inf. dati; schwachstufig ai. diti-ḥ, gr. δόσις ,Gabe', lat. dati-ō, -tiōnis (alt *-tīnes) ,das Schenken' (Suffix wie in gr. δωτίνη ,Gabe'); mit Vokalschwund in Enklise lat. bhága-tti- ,Glücksgabe'.

Ai. dăna- n. ,Geschenk' (substantiviertes -no-Partiz.) = lat. dŏnum, osk. usw. dunum ds. (duunated ,dŏnāvit'); cymr. dawn ds., air. dān m. ,donum, ars, ingenium (Begabung)', vgl. slav. *danъ-kъ in serb. dânak ,Abgabe, Steuer' usw. und den -ni-St. aksl. danь ,Abgabe, Zoll', lit. duōnis ,Gabe'; schwachstufig alb. dhёnё ,gegeben', f. ,Gabe, Abgabe', geg. dhánё;

gr. δῶρον ,Geschenk' (-ro- in pass. Geltung, vgl. z. B. clā-ru-s), aksl. darъ ,Gabe' (m. wie *danъkъ), arm. tur ds.;

ai. dāyá- ,gebend', dāyá- m. ,Geschenk', apreuß. dāian Akk. ,Gabe', serb. prŏ-daja ,Verkauf' (usw., Berneker 176).

Als 2. Kompositionsglied ai. -dā- z. B. in aśvadā- ,Rosse schenkend', slav. mit Überführung in die o-Dekl., z. B. russ. dial. pó-dy Pl. ,Abgaben, Steuern', serb. prî-d ,Draufgabe beim Tausch'; lit. priẽdas ,Zugabe, Zulage'.

dŏ-u- liegt vor in ai. dāvánē ,zu geben' (auch Perf. dadáu ,habe gegeben'), av. dāvōi ,zu geben', kypr. δυϝάνοι ,er möge geben', Inf. δοϝεναι (über ark. Partiz. ἀπυ-δόας s. Schwyzer Gr. Gr. I 745 f.), kontrahiert hom.-att. δοῦναι;

lat. duim, duîs usw. ,dem, dēs', Fut. II -duŏ, enthalten einen Aoriststamm *du- aus *doų-; duim ist aus Optat. *-doųîm in den Kompositis entstanden (prŏ-duint aus *prŏ-doųint, usw.), dann auch bei Kompositis

von *dhē- : per-duim, usw. Zum ital. Optativ *doụim trat wohl erst sekundär im Umbr. und Fal. ein Präsens *doụiō in fal. doviad ‚möge gewähren‘
(es scheint daher lat. duam usw. in Kompositis geschwächtes *doviām zu
sein), umbr. pur-dovitu, pur-tuvitu, -tuetu ‚porricito‘, purtuvies
‚porricies‘, umbr. purditom (*-d(o)ụitom) ‚porrectum‘, purtiius (*d(o)ụiụi)
‚porrexeris‘, purtifile ,*porricibilem‘, aus synkopiertem *por-d[o]ụi- mit
Wandel von dụ zu d; in purdovitu Imper. wurde die Synkope durch den
Indik. *pór-dovit gehindert;

lit. daviaū ‚ich gab‘, dovanà f. ‚Gabe‘, lett. dâvana f. ‚Gabe‘, Iterativ
dâvât, dâvinât ‚anbieten, schenken‘, aksl. -davati ‚verteilen‘ (eine der
Musterformen für die Iterative auf -vati).

Über as. twithōn ‚gewähren‘ usw. s. unter 2. deu- ‚freundlich gewähren‘.

WP. I 814 ff., WH. I 266, 360 ff., 371 f., 861, Schwyzer Gr. Gr. I 686,
722, 741, 794, 806 ff., Trautmann 56 ff.

dous- ‚Arm‘.

Ai. dóṣ- n. (m.), Gen. doṣṇáḥ ‚Vorderarm, Arm, unterer Teil des Vorder-
fußes bei Tieren‘, av. daoš- m. ‚Oberarm, Schulter‘, npers. dōš ‚Schulter‘;
air. doš (*dous-ṇt-s), Gen. doat ‚Arm‘; lett. pa-duse (tiefstufig) ‚Achselhöhle; Busen des Kleides‘; sloven. pâzduha, pâzdiha neben pâzuha, pâziha
‚Achselhöhle‘, und mit demselben d-Verlust (ein Erklärungsversuch bei
Berneker 233 f.) abg. usw. pazucha ‚κόλπος‘.

WP. I 782, Trautmann 64.

drē- : drə-, erweitert dr-ĕm- ‚schlafen‘.

Ai. drâti, drâya-ti, -tĕ ‚schläft‘, ni-drâ ‚Schlaf‘; dazu tiefstufig ni-drita-ḥ
‚schlafend, eingeschlafen‘;

arm. tartam ‚langsam, schläfrig‘ (*der-d-, Pedersen KZ. 39, 416);

gr. hom. Aor. ἔδραϑον (*e-dr-dh-om), jünger ἔδαρϑον ‚schlief‘, sekundär
καταδαρϑάνω ‚schlafe ein‘;

lat. dormiō ‚schlafe, schlummere‘ (*dṛm-ịō);

slav. *drĕmịō ‚schlummere‘ in ksl. dremlju drĕmati ‚schlummern‘, serb.
drȉjemljêm drijȅmati ‚Schlaflust haben‘, usw.

Über die formalen Verhältnisse s. EM. 284, zur -em-Erweiterung auch
Pedersen Groupement 22.

WP. I 821, WH. I 372, Trautmann 60.

dreĝh- ‚unwillig, verdrossen‘, oder vielleicht ursprünglicher ‚schlaff, zähe
sein‘?

Got. trigo ‚Trauer, Widerwille‘, anord. tregi m. ‚Trauer, Hindernis‘,
tregr ‚unwillig, ungeneigt‘, treginn ‚betrübt‘, ags. trega m. ‚Trauer, Leiden‘,

as. *trego* m. ‚Schmerz‘, *tregan* (nur Inf.) mit Dat. ‚leid sein‘, mndl. *tregen* ‚den Mut verlieren‘, anord. *trega* = ags. *tregian* ‚betrüben‘; vgl. mit einer wohl alten konkreten Bed. ‚zähe, zähe haftend‘ norw. mdartl. *treg* auch ‚ausdauernd, fest‘, *trege* ‚zähe Faser, Sehne, harte Haut‘, schwed. *trägen* ‚unermüdlich‘; dehnstufig ahd. *trāgi* ‚träge, langsam, verdrossen‘, as. *trāg* ‚schlecht‘, ags. *trāg* f. ‚Leiden, Übel‘, as. ahd. *trāgī* f. ‚Trägheit, Verdruß‘; lit. *dryž-tù*, *drìžaū*, *drìžti* ‚matt, schlaff werden‘ (Būga Kalba ir. s. 219), *drìžinti* ‚schlaff machen‘; zum lit. *ri* vgl. Hirt Idg. Gr. II 83.

WP. I 821 f., Persson Beitr. 46 f.

dumb- (*-bh?*) ‚penis, Schwanz‘, vielleicht eigentlich ‚Stab‘.

Av. *duma-* m. ‚Schwanz‘, npers. *dum*, *dumb* (*dum(h)ma-*), ahd. *zumpfo* ‚penis‘, mhd. *zumpf(e)*, *zumpfelîn* (Sütterlin IF. 4, 93); dazu vielleicht av. *dumna-* n. ‚Hand (?)‘ (*dumbna-*), s. Scheftelowitz IF. 33, 142 mit zahlreichen Parallelen für die Bed.-Entw. ‚Stange, Stab — penis, Schwanz‘ und ‚Stab — Arm, Hand‘. Wohl zu mnd. *timpe* ‚Spitze, Gipfel‘, ags. *ātimplian* ‚mit Nägeln versehen‘, nasal. Form von germ. *tippa* ‚Zipfel‘ in engl. *tip* ‚Spitze‘, mhd. *zipf(el)*; germ. *tuppa-* ‚Zopf‘ in anord. *toppr* ds., ags. *topp* m. ‚Gipfel‘, mhd. *zopf* ‚Zopf, Ende eines Dinges‘, mit *bb*: mnd. *tobbe*, *tubbe* ‚Zapfen‘, vgl. lett. *duba* ‚aufgestellte Garbe‘; germ. *tappan* ‚Zapfen‘ in ags. *tæppa* m. (engl. *tap*), mnd. *tappe* m., ahd. *zapho*, mhd. *zapfe* m. Offenbar ‚mot populaire‘ mit intensiver Konsonantenschärfung, Nasalierung und Vokalwechsel *a* : *i* : *u*; vgl. oben S. 221 *drop-* : *drip-* : *drup-*. S. auch oben S. 177.

WP. I 816, Fick III 155, 164, 168, Petersson Heterokl. 70 f.

dus- ‚übel, miß-‘ als 1. Kompositionsglied.

Ai. *duṣ-*, *dur-*, av. *duš-*, *duž-* ‚miß-, übel‘, arm. *t-* ‚un-‘, gr. δυσ- ‚miß-, übel‘, lat. in *difficilis* ‚schwierig‘, air. *do-*, *du-* ds. (lenierend nach dem Vorbild von *so-*, *su-*), got. *tuz-* (in *tuz-wērjan* ‚zweifeln‘), anord. ags. *tor-*, ahd. *zur-* ‚un-‘, slav. in abg. *dъždь* (*duz-djus* ‚schlechter Himmel‘ =) ‚Regen‘, russ. *dožd'*, poln. *deszcz*, ačech. *déšč*, Gen. *dščě* und analogisch *deště*. Zusammenhang mit *deus-* ‚ermangeln‘ ist sehr wahrscheinlich.

Erst ind. aus *duṣ-* entwickelt ist *dúṣyati* ‚verdirbt, wird schlecht‘, *duṣṭa-* ‚verdorben, schlecht‘, *dūṣáyati* ‚verdirbt, versehrt‘.

WP. I 816, E. Fraenkel Mél. Pedersen 453.

du̯ei- ‚fürchten‘.

Av. *dvaēϑā* ‚Bedrohung‘;

arm. *erknᵪim* ‚ich fürchte‘, *erkiul* ‚Furcht‘ (Anlaut wie in *erku* ‚zwei‘ : *du̯ōu* Meillet MSL. 8, 235);

15*

gr. hom. δείδω ‚fürchte‘ (*δέ-δϜοι-α), Plur. δείδιμεν (d. i. δέδϜιμεν), att. δέδιμεν (danach der neue Sg. hom. δείδια, d. i. δέδϜια, att. δέδια), Aor. hom. ἔδδεισεν (d. i. ἔδϜεισεν), hom. δίε ‚fürchtete‘; aus *δεδϜοια umgebildet Perf. hom. δείδοικα, att. δέδοικα, kret. δεδϜοικώς Hes. (Hs. δεδροικώς), dazu δεδείκελος Hes. ‚furchtsam‘; zu δεδίσκομαι (nachhom.) ‚schrecke‘ (*δε-δϜι-σκο-μαι) wurde sekundäres δειδίξομαι gebildet, wovon erst att. δεδίττομαι, hom. δειδίσσομαι; hom. δειδήμων ‚furchtsam‘ (*δεδϜειήμων); δέος n. ‚Furcht‘ (*δϜειος), θεουδής ‚gottesfürchtig‘ (*θεο-δϜεής), δεῖμα n., δειμός m. ‚Furcht‘, δεινός ‚schrecklich‘, δειλός ‚furchtsam, feig; unglücklich, beklagenswert‘ (*δϜειελός); διερός ‚zu fürchten‘ (*δϜι-ερος);

lat. dīrus ‚grausig, grauenvoll, unheilvoll‘ (von Servius zu Aen. III 235 auch als sabin. und umbr. Wort angeführt, so daß di- statt bi- aus *dṷi- als mundartliche Lautentwicklung), mit Formans -ro- ‚wovor man sich fürchtet‘, wie clā-rus ‚hörbar‘.

s-Erweiterung in ai. dvéṣṭi ‚haßt, feindet an‘, dviṣṭá- ‚verhaßt‘, dvéṣa- m., dvéṣas- n. ‚Haß‘, av. dvaēš-, ṭbaēš- ‚anfeinden, kränken‘, Partiz. ṭbišta-dvaēšah-, ṭbaēšah- ‚Anfeindung‘, mpers. bēš ‚Leid, Unheil‘, wohl zu dṷis- S. 232.

WP. I 816 f., WH. I 353 f., Schwyzer Gr. Gr. I 710⁵, 769, 774. Nach Benveniste (briefl.) gehört die Wz. als ‚bin im Zweifel‘ zum folgenden dṷei- ‚zwei‘.

dṷō̆(u) m. ‚zwei‘ (Satzdoppelform dṷṷ̄ou), dṷai f. n., daneben dṷei-, dṷoi-, dṷi-; vgl. die Zusammenfassung bei Brugmann II² 2, 6—82 passim.

1. Ai. m. dváu, dvá (ved. auch duváu, duvá) = av. dva m., ai. f. n. dvé (ved. auch duvé) = av. baē f. und n. ‚zwei‘;

Instr. Dat. Abl. ai. d(u)vábhyām (mit geneuertem ā), av. dvaēibya (mit altem i-Diphthong, wie lit. dviẽm usw.), Gen. Sg. ai. d(u)váyoḥ; bei Zusammenrückung ai. d(u)vā-: d(u)vā-daṣa ‚12‘ (= gr. δώδεκα);

arm. erku ‚zwei‘ (= ai. dvá);

gr. hom. δύ(Ϝ)ω (*δϜω in δώ-δεκα), Gen. Dat. ion. att. δυοῖν, woneben unflektiert hom. att. dor. usw. δύ(Ϝ)ο (zur Form s. Schwyzer Gr. Gr. I 588 f.; zum Ansatz eines idg. *dṷō s. Meillet BSL. 21, 273, auf Grund von arm. erko-tasan 12, lat. duo-dēnī, ai. dva-ká- ‚je zwei zusammen‘, die sich aber nach Zusammensetzungen mit o-Stämmen im ersten Gliede gerichtet haben können, sowie von got. anord. as. ags. afries. wi-t ‚wir zwei‘, anord. it, as. ags. git ‚ihr zwei‘);

alb. dü m., düj f. ‚zwei‘ (*duṷō, bzw. *duṷai);

lat. duo (aus *duṷŏ), f. duae (Neubildg.), umbr. (nur mit plur. Flexion) dur Nom. m. ‚duo‘ (*duŏs, *duṷr), desen-duf Akk. m. (12), duir ‚duobus‘, tuva Akk. n.;

air. *dāu, dō* Nom. Akk. m. (= ai. *dváu*), vor Subst. *dā* (proklitische Form), fem. *di* (= ai. *dvḗ*), neutr. *dā n-* ‚zwei‘, acymr. bret. masc. *dou*, fem. cymr. *dwy* (usw.); gall. VN *Vo-corii, Vo-contii* (vgl. *Tri-corii*) mit **u-* neben *du-*; vgl. Thurneysen Gr. 182;

got. m. *twai*, f. *twōs*, n. *twa*, anord. *tueir* m., *tuēr* f., *tuau* n., ags. *tū* m., *tuā* f. (= ai. *dvḗ*); ahd. *zwēne* m., *zwā, zwō* f., *zwei* n. usw. (ahd. *cweio* ‚zu zweien‘ ein Lok. Du. = lit. *dviejau, dviejaus*);

lit. *dù* m. (aus **dvúo* = ai. *dvā*), *dvì* f. (= ai. *dvḗ*); lett. *divi* m. f. (aus **duwi* f. n.), apr. *dwai* m. f.; aksl. *dъva* m., *dъvě* f. n.;

toch. A m. *wu*, f. *we*, B m. f. *wi* (Neubildung); vgl. oben gall. *vo-*; hitt. *ta-a-an* (*tān*) ‚zweitens, zweiter‘, *ta-a-i-u-ga-aš* (*tāyugaš*) ‚zwei Jahre alt‘ (: lit. *dveigŷs* ‚zweijähriges Tier‘?).

Über das erste Glied von *eíkosi, vīgintī* usw. (alte Dissimilation aus **duī-, *duei-dkmtī*??) s. *ui-kmtī* ‚zwanzig‘.

Im Kompositum idg. *dui-* und daraus unter unklaren Bedingungen entwickeltes *di-*: ai. *dvi-* (z. B. *dvi-pád-* ‚zweifüßig‘), av. *bi-* (z. B. *bi-māhya-* ‚zwei Monate dauernd‘), arm. *erki* (*erkeam* ‚zweijährig‘), gr. *δι-* (z. B. *δί-πους*; da *δίφρος* ‚Wagenstuhl, Sessel‘ eher *δι-*, nicht *δϜι-φρος* war, ist, wenn nicht etwa dissimilatorischer Verlust des *ϝ* gegen den folgenden Labial *φ* vorliegt, auch für sonstiges *δι-* Entstehung aus idg. **dui-* zu erwägen), alat. *dui-*, lat. *bi-* (z. B. *dui-dens, bidens*; über Formen wie *diennium* s. WH. I unter *biennium*, Sommer Hdb.[3] 223; umbr. *di-fue* ‚bifidum‘ wohl lautgesetzlich aus *dui-*), anord. *tve-* (auch *tvi-*, s. u.), ags. *twi-*, ahd. *zwi-* (z. B. ags. *twi-fēte* ‚zweifüßig‘, ahd. *zwi-houbit* ‚zweiköpfig‘), lit. *dvi-* (z. B. *dvì-gubas* ‚zweifach‘, apr. *dwi-gubbus*).

Ital. *du-* in lat. *du-bius, -plus, -plex, -pondius, -centī*, umbr. *tuplak* Akk. Sg. n. ‚duplex‘, *du-pursus* ‚bipedibus‘ ist Neuerung nach dem als *du-* gefühlten Stamme von *duo*; ebenso ist *du-* in umbr. *duti* ‚iterum‘, pāli *dutiyam* ‚zum zweiten Male‘ zu erklären; über lett. *du-celes* ‚zweiräderiger Wagen‘ vgl. Trautmann 125, Mühlenbach-Endzelin I 509, Endzelin Lett. Gr. 358.

Hochstufiges *duei-* in Kompositis ist zuzugeben fürs Kelt. (z. B. air. *dē-riad* ‚bigae‘, *díabul* ‚zweifach‘, cymr. *dwy-flwydd* ‚biennis‘; air. *dias* ‚Zweiheit von Personen‘ wohl aus **dueio-stho-*) und fürs Germ. (z. B. anord. *tuī-faldr* ‚zweifach‘ neben *tuēfaldr*; got. *tweifla-*, wohl n., ahd. *zwīfal* n. neben gr. *δι-πλός*, lat. *duplus*).

duoi- in ags. *getwǣfan, twǣman* ‚trennen, schneiden‘ < **twaifjan, *twaimjan*; vielleicht auch fürs Ar. (av. *baᵊrᵊzufraϑah-* ‚zwei Finger breit‘, *dvaēpa-* n. ‚Insel‘? oder eher aus *duaii-*, wie wohl ai. *dvēdhā* ‚zweifach, in zwei Teile‘, vgl. *dvīpá-* ‚Insel‘ oben S. 51); vielleicht phryg. GN *Δoίας*, Gen. *-αντος* (**duoi-n̥t*) ‚Zwilling‘.

Slav. *dvo-, dvu-, dvě-* in Kompositis s. Berneker 247.

2. Ordinale: ai. *dvitīya-,* av. *bitya-, dabitya-,* apers. *duvitiya-* ‚zweiter‘; u. *duti* ‚iterum‘ (wohl Ersatz für **diti* aus **dyitjom* nach *du-,* s. o.); arm. *erkir, erkrord* ‚zweiter‘; alb. *i-dûte;* alles junge Neubildungen.

3. Multiplikativadverb: *dụis* ‚zweimal‘: ai. *dvíḥ* (ved. auch *duvíḥ),* av. *biš,* gr. *δίς,* alat. *dụis,* lat. *bis,* mhd. *zwir* ‚zweimal‘ (aber nir. *fo-dì* = ai. n. *dvě,* Pedersen KG. I 301, II 127), germ. myth. PN *Tuisto* ‚Zwitter‘; durch *ụ-*Formans erweitert av. *bižvaṭ,* anord. *tysuar, tuisuar,* ahd. *zwiro, zwiror (zwiron, zwiront),* mit lautlichem? *z-*Schwund ags. *twiwa, twiga, twia, tuwa, twie,* afries. *twia, twera,* as. *twio* (zu diesen Formen zuletzt Loewe KZ. 47, 98—108, der im Formans an ai. *kṛtvas* ‚male‘ erinnert); davon mit Formans *-ko-* ahd. *zwisk,* as. *twisk* ‚zweifach‘ (s. u.), wohl auch arm. *erkiçs* ‚zweimal‘;

mit *l-*Formans ags. *twislian* ‚zweiteilen‘, *twisla* ‚Zusammenfluß zweier Ströme‘, nhd. *Zwiesel* ‚Gabelzweig‘ (vielleicht enger zu **dụis* in der Bed. ‚entzwei‘, s. u.);

mit *t-*Formans ai. *dvitá* ‚zweifach, doppelt‘ (davon *dváitá-m* ‚Dualität‘), ap. *duvitáparnam* ‚in zwei Linien‘, gthav. *daibitá* ‚wieder(?)‘.

4. Multiplikativa: gr. *διπλός, διπλόος,* lat. *duplus,* umbr. *dupla* ‚duplas‘, air. *díabul (*dụei-plo-;* siehe auch oben got. *tweifls),* wozu vielleicht av. *bifra-* n. ‚Vergleich, Ähnlichkeit‘ (: Wz. *pel-* ‚falten‘, vgl. mit *t-*Erweiterung:)

gr. *διπλάσιος (*plt-io-),* ion. *διπλήσιος* ‚mit beiden Händen geschwungen‘, ahd. *zwifalt* ds.

Gr. *δίπλαξ,* lat. *duplex,* umbr. *tuplak* n. ‚duplex‘ (: Wz. *plãk-* ‚flach, breit‘); von Adv. z. B. *duvi-dhā, dvě-dhā* (wohl **dvaji-dhā,* da in den ältesten Texten dreisilbig zu lesen) ‚zweifach, in zwei Teile‘, womit der Ausgang von air. *dšde* ‚Zweiheit von Sachen‘ zusammenzuhängen scheint, sowie der von ahd. *twědi* ‚halb‘, ags. *twǣde* ‚zwei Drittel‘, ahd. *zwitaran* ‚Mischling‘, nhd. *Zwitter.*

Gr. *δίχα* ‚zweifach, in zwei Teile geteilt‘ (nachhom. *διχῇ, διχοῦ),* woneben (durch Kreuzung mit **δι-ϑά* zu ai. *dvidhā)* hom. *διχϑά, δίχα‘,* davon ion. *διξός* ‚zweifach‘ (**διχϑιός* oder **δικσός),* und *δισσός,* att. *διττός* ds. (**διχιός,* Schwyzer Gr. Gr. I 598, 840); über hitt. *dak-ša-an* ‚Halbteil‘ s. Pedersen Hitt. 141.

Hierher auch alb. *degě* ‚Zweig, Ast, Gebüsch‘ (**dụoi-ghā);*

ahd. *zwīg* ‚Zweig‘ (**dụei-gho-),* ags. *twig* ‚Zweig‘ (**dụi-gho-);* as. *tōg(o),* mnd. *tōch,* ahd. *zuog(o)* ‚Zweig‘ sind nach Formen des Kardinales mit *twō-* umgebildet;

lit. *dveigỹs* m. ‚zweijähriges Tier‘, serb. *dvìzāk* ‚zweijähriger Widder‘, alt *dviz* ‚zweijährig‘ (: hitt. *dāyugas,* s. oben).

5. Kollektiva: ai. *dvayá-* ‚doppelt‘ (*dvayá-m* ‚doppeltes Wesen, Falschheit‘, nachved. ‚Paar‘), Dat. f. *dvayyái* = hom. ἐν δοιῇι; *dvandvám* ‚Paar‘ (aus ved. *duvá-duvá* ‚bini‘);

gr. hom. δοιώ, δοιοί ‚doppelt, zwei‘ (mit Bewahrung des -ϝ- durch Einfluß von *ỏϝοῖ[ϝ]ιν), ἐν δοιῇ ‚im Zweifel‘ (ir. *dias* aus *dueio-stho-?);

got. Gen. Pl. *twaddjē* (vgl. mit anderer Endung ai. Gen. Dual *dváyos*, lit. Gen. *dviejų̃*), anord. *tueggia*, ahd. *zweiio*, ags. m. *twǣgen*, f. *twā*, n. *tū* ‚zwei‘ (s. darüber Sievers-Brunner 264), Nom. Akk. Pl. ahd. *zwei* (*dueiā*), woneben aus idg. *dueio-* ahd. mhd. *zwī*, g. *zwīes* m. n. ‚Zweig‘ (der *n*-St. anord. *tȳja* ‚Zweifel‘ vermutlich aus Nom. *tvīja*, Gen. *tȳju* ausgeglichen); bsl. *dueia-* und *duuaia-* in lit. *dvejì*, f. *dvėjos* ‚zwei‘ (das substantivische n. Sg. in *dvėja tiek* ‚zweimal soviel‘);

aksl. *d(v)voji* Adj. ‚zweifach, zwei‘, *d(v)voje* n. Subst. ‚zwei Dinge‘ (davon Ableitungen wie russ. *dvojnój* ‚doppelt‘, *dvójni* ‚Zwillinge‘, *dvójka* ‚Paar‘, *dvojník* ‚zweidrähtiger Faden‘, *dvoítь* ‚in zwei Teile teilen, zwei Fäden zu einem zusammendrehen‘, usw., s. Berneker 247).

Mit *-no-* (z. T. auf Grund von *duis*):

arm. *krkin* ‚doppelt‘ aus *(r)ki-rki-no-*, idg. *dui-duis-no-*(?) (L. Mariès RÉtIE. 1, 445);

lat. *bīnī* ‚je zwei‘ (distributiv) und ‚zwei‘ (kollektiv) aus *duis-no-* (= germ. *twiz-na-*);

germ. *twi-na-* in ahd. *zwinal*, *zwenel* ‚gemellus‘, *zwiniling* m., mhd. *zwinilin* n. ‚Zwilling‘, *twai-na-* in as. *twēne* ‚zwei‘, ahd. *zwēne* ds. (mit *ē* statt *ei* nach *zwē* = got. *twai*, das es ersetzt hat), ahd. *zwein-zug*, as. *twēn-tig*, ags. *twēn-tig* ‚20‘ (‚Doppelzehn‘); germ. *twiz-na-* in anord. *tvennr*, *tvinnr* ‚zweifach‘, Pl. *tvenner* ‚zwei zusammengehörige‘ (*tvinna* ‚verdoppeln‘), ahd. *zwirnōn*, *-ōn* ‚zweifach zusammendrehen‘, mhd. *zwirn*, mnd. *twern* ‚doppelt zusammengedrehter Faden‘ wohl = ags. *twīn*, holl. *twijn* ‚Zwirn, Leinen‘ (ags. *getwinne* ‚bini‘, *getwinnas* ‚Zwillinge‘ ist dann auf *twi-nja-* zurückzuführen). Daneben auf Grund eines *twiha-*, idg. *duei-ko-*, got. *tweihnai* ‚zwei‘, ags. Dat. *twēonum*, *betwēonum*, engl. *between* ‚zwischen‘; lit. m. Pl. *dvynaì*, russ. *dvójni* ‚Zwillinge‘.

Mit *-ko-*:

ai. *dviká-* ‚aus zweien bestehend, zweifach‘ (*dvaká-* ‚paarweise verbunden‘ nach *ēkaká-*);

ahd. *zwe(h)o*, as. *twe(h)o*, ags. *twēo* m. ‚Zweifel‘, ags. *be-twih*, *-tweoh* ‚zwischen‘, *mid unc twīh* ‚zwischen uns beiden‘ (vgl. oben got. *tweih-nai*); von *duis-* aus: ahd. *zwisk*, as. *twisk* ‚zweifach‘, Pl. ‚beide‘ Dat. Pl. ahd. (*undar, en*) *zwiskēn*, nhd. *zwischen*; dazu ags. *getwisa* m., as. *gitwiso*, mhd. *zwiselinc* ‚Zwilling‘.

Mit *du̯is-* ‚zweimal‘ identisch ist *du̯is-* ‚entzwei, auseinander‘ in got. *twis-standan* ‚sich trennen‘ und den Ableitungen anord. *tvistra* ‚trennen‘, mnd. afries. *twist*, mhd. *zwist* ‚Zwist (Entzweiung)‘ und mengl. *twist* = anord. *kvistr* ‚Zweig‘ (wie auch bair. *zwist*), ferner anord. *kvīsl* f. ‚gespaltener Zweig oder Werkzeug, Arm eines Flusses‘ (dies mit idg. *ei̯*); ferner anord. *tvis-var* ‚zweimal‘, *tvistr* ‚zwiespaltig, traurig‘ (= ai. *dviṣṭha-* ‚zweideutig‘, gr. *δίστος* in *διστάζω* ‚zweifle‘, idg. *du̯i(s)-sto-* : Wz. *stā-*, allenfalls *du̯is-to-* mit formantischem *-to-*), ags. *twisla* ‚Arm eines Flusses‘, *twislian* ‚zwei-teilen‘, ahd. *zwisila*, nhd. *Zwiesel* ‚gabelförmiger Gegenstand, Zweig‘, mhd. *zwisel* ‚doppelt‘; hierher sehr wahrscheinlich ar. *dviṣ-* ‚hassen‘ (s. unter *du̯ei̯-* ‚fürchten‘).

6. Idg. Nebenform *dis-* in lat. *dis-*, as. afries. *te-*, *ti-*, ags. *te-*, ahd. *zi-*, *ze-* (jünger *zir-* durch Verquickung von *zi-* und *ir-*) ‚zer-‘, got. *dis-* ‚auseinan-der‘ (wohl aus dem Lat. entlehnt, kaum vortonig aus *tis- = lat. *dis-*), alb. *tsh-* z. B. in *tshk'ep* ‚auftrennen‘, gr. *διά* (d. i. nach *μετά* aufgefülltes *δι[σ]ά*), z. B. *δια-σχίζω* : lat. *discindo*, ‚durch‘ (*mitten entzwei‘), als Präf. auch ‚durch und durch‘ = ‚sehr‘ (äol. *ζα-*).

WP. I 817 ff., WH. I 104 ff., 354 f., 381 ff., 860, 861, Feist 484 ff., Traut-mann 64, Schwyzer Gr. Gr. I 588 f., Wackernagel-Debrunner Ai. Gr. III, 342 f.

Dh.

1. **dhăbh-** ‚staunen, betreten, sprachlos sein‘, nasaliert **dhamb(h)-**; vermutlich als ‚geschlagen, betroffen sein‘ aus einer Grundbed. ‚schlagen‘.

Gr. τάφος n. ‚Staunen, Verwunderung‘, Perf. ep. ion. τέθηπα, Partiz. Aor. ταφών ‚erstaunen‘, θώπτω, θωπεύω (‚staune an =) schmeichle‘ (s. Boisacq s. v. θώψ), nasaliert θάμβος u. ‚Staunen, Verwunderung, Schrecken‘, θαμβέω ‚staune, erstaune, erschrecke‘; zum β vgl. Schwyzer Gr. Gr. I 333, 833;

got. *afdōbn* ‚verstumme!‘.

Unter Voraussetzung einer Grundbed. ‚schlagen‘ kann folgende germ. Sippe angereiht werden: anord. *dafla* ‚im Wasser plätschern‘, norw. dial. *dabba* ‚stampfen, festklopfen‘, anord. *an(d)dūfa* ‚ein Boot gegen Wind und Strom festhalten‘, mengl. *dabben*, nengl. *dab* ‚leise schlagen‘, ostfries. *dafen* ‚schlagen, klopfen, stoßen‘, mhd. *beteben* ‚hinfahren über, drücken‘, ndd. *bedebbert* ‚betreten, verlegen‘, nhd. *tappen*, *Tapp* ‚Klaps‘, mhd. *tāpe* ‚Pfote‘ (germ. *ē*, aber nicht für Feststellung des idg. Vokalismus zu verwerten), mndl. *dabben* ‚tappen, plätschern‘ u. dgl. Doch s. auch Persson IF. 35, 202 f., der mehrere dieser Worte samt mhd. *tappe* ‚ungeschickter, täppischer Mensch‘ usw. auf eine germ. Wz. *dabb-*, *dēb(b)-*, *dab-*, *dap-* ‚dick, klumpig‘ bezieht, woraus ‚plump, dumm, tölpelhaft‘, unter Vergleich mit lett. *depis* Schimpfwort, etwa ‚Tölpel‘, *depe* ‚Kröte‘ (‚die plumpe‘), *depsis* ‚kleiner, fetter Knabe‘ und germ. Worten, wie schwed. mdartl. *dabb* ‚zäher Klumpen von Schleim‘, *dave* ‚Lache, Pfütze‘ (: an. *dafla* ‚plätschern‘?) usw. (lett. *dep-* sei vielleicht eine Wechselform zu **dheb-* in aksl. *debelъ* ‚dick‘ usw., vgl. Mühlenbach-Endzelin I 455); es ist mit Zusammenschluß verschiedener Wortsippen im Germ. zu rechnen (s. auch unter *dāi-*, *dāp-* ‚teilen‘);

nach Endzelin (KZ. 51, 290) stellt sich engl. *dab* zu lit. *dóbiu*, *dóbti* ‚zu Tode prügeln‘, lett. *dābiu*, *dābt* ‚schlagen‘.

WP. I 824.

2. **dhabh-** ‚passend fügen, passend‘; **dhabh-ro-s** ds.

Arm. *darbin* ‚Schmied‘ (**dhabh-ino-*);

lat. *faber*, *fabrī* ‚Handwerker, Künstler‘, Adj. ‚künstlerisch, geschickt‘, Adv. *fabrē* ‚geschickt‘, *affabrē* ‚kunstgerecht‘, Gegensatz *infabrē*, *fabrica* ‚Geschicklichkeit, Werkstätte‘ (pälign. *faber* ist lat. Lw.); vielleicht hierher lat. (Plaut.) *effāfilātus* ‚entblößt‘, Denom. von **fāfilla*, **Fügung‘ (*f* dial.?);

got. *ga-daban* ‚sich ereignen, eintreffen‘, Perf. *gadōb* ‚πρέπει‘, Adj. *gadōf ist* ‚es ist passend, schicklich‘ == ags. *gedēfe* ‚passend, mild‘ (**ga-dōbja*)‚ *gedafen* ‚geziemend‘, *gedafnian* ‚passend, schicklich sein‘ == anord. *dafna* ‚tüchtig, stark werden, gedeihen‘, ags. *gedœfte* ‚passend, mild‘, *gedœftan* ‚ordnen‘;

aksl. *dobrъ* ‚ἀγαϑός, καλός‘ (== arm. *darbin*, lat. *faber*), *dobjъ, doblji* ‚ἄριστος, δόκιμος‘, *doba* (alter *r/n*-Stamm) ‚das Passen, Zutreffen, Gelegenheit‘, *podoba* ‚Zier, Anständigkeit‘, *u-dobьnъ* ‚leicht‘, *u-dobь* Adv. ‚leicht‘ lit. *dabà* ‚Eigenschaft‘, *dabìnti* ‚schmücken‘, *dabnùs* ‚zierlich‘ usw. WP. I 824 f., Trautmann 42 f., WH. I 436 f., 863.

dhā̆l- ‚blühen, grünen‘.

Arm. *dalar* ‚grün, frisch‘;

gr. ϑάλλω ‚grüne, blühe, gedeihe‘, Perf. τέϑηλα, dor. τέϑαλα, wovon Präs. ϑηλέω, dor. ϑαλέω ds., ϑάλος n. ‚junger Sproß‘, ἐριϑηλής ‚üppig sprießend‘ εὐϑαλής, dor. εὐϑαλής ‚üppig sprießend oder blühend‘, ϑαλλός ‚junger Sproß, junger Zweig‘, ϑαλία ‚Blüte, blühendes Wohlergehen, bes. Pl. festliche Freude, Festgelage‘.

Alb. *dal* (**dalnō*), Aor. *dola* (**dal-*) ‚gehe hervor, sprosse, entspringe, reiche hin‘, Partiz. *dalë* (**dalno-*) usw. (über *djalë* ‚Kind, Jüngling‘ s. unter 3. *del-*).

Da das Alb. nur ursprünglichem *d*-Vokalismus sich fügt und daher auch im Griech. die Stufe *a* nicht als Ablautsneubildung zu *ă* aufzufassen ist, das an sich aus *l̥* entwickelt sein könnte, sind bestenfalls auf eine Parallelwz. **dhel-* zu beziehen:

vielleicht arm. *del* ‚Arznei‘ (falls aus **Kraut);

cymr. *dail* ‚Blätter‘ (analogischer Sg. *dalen*), acorn. *delen* ‚Blatt‘ usw. (*i*-Umlaut von *o*), mir. *duille* (**dolinjā*) Kollekt. f. ‚Blätter‘, gall. πομπέδουλα ‚quinque folium‘ (Dioskor.) : leg. **pimpe-dola*.

Sachlich unbefriedigend ist Anreihung von germ. **dilja* in ags. *dile*, as. *dilli*, ahd. *tilli, dilli* ‚Dill, eine stark riechende Doldenpflanze‘, ablautend ags. *dyle*, älter dän. *dylle*, nhd. mdartl. *tülle* ds., mit anderer Bed. anord. *dylla* ‚Sonchus arvensis L., Gänsedistel‘; wenigstens sehr unsicher die von ahd. *tola* ‚racemus‘, *toldo* m. ‚Wipfel oder Krone einer Pflanze‘, nhd. *Dolde*.

Eine in der Bed. abliegende Sippe ist die von ags. *deall* ‚berühmt‘, s. *dhel-* ‚leuchten‘.

WP. I 825 f., Schwyzer Gr. Gr. I 302, 703, 714, 720, WH. I 524.

dhanu- oder **dhonu-** ‚eine Baumbezeichnung‘ (?).

Ai. *dhánvan-* n., *dhánu-* m., *dhánuṣ-* n. ‚Bogen‘, *dhanvana-* m. ‚ein bestimmter Fruchtbaum‘ : ahd. *tanna* ‚Tanne, Eiche‘ (**danwō*), mhd. *tanne*, and. *dennia* ‚Tanne‘.

WP. I 825.

dhau- ‚würgen, drücken, pressen‘.

Av. *dvaidi* 1. Du. Präs. Med. ‚wir bedrängen‘, *davᵃs-činā* (kann für *duvᵃs-* stehen) ‚obwohl sich dazu drängend‘; phryg. *δάος*‘ . . . *ὑπὸ Φρυγῶν λύκος* Hes. (davon der Volksname *Δᾶοι, Dā-ci*), lyd. *Καν-δαύλης* (*κυν-άγχης* ‚Hundswürger‘), vgl. *Καν-δάων*, Name des thrak. Kriegsgottes, illyr. ON *Can-davia; dhauno-s* ‚Wolf‘ als ‚Würger‘ im lat. GN *Faunus* (zu gr. *θαῦρον· θηρίον* Hes.) == illyr. *Daunus* (davon VN *Δαύνιοι*, Bewohner der apul. Landschaft *Daunia;* vgl. thrak. *Δαύνιον τεῖχος*); gr. *Ζεὺς Θαύλιος* d. i. ‚Würger‘ (thessal.; s. auch Fick KZ. 44, 339), mit Ablaut gr. *θώς, θω(ϝ)ός* ‚Schakal‘ (d. i. ‚Würger‘);

got. *af-dauíþs* ‚ἐσκυλμένος, geplagt‘;

aksl. *davljǫ, daviti* ‚sticken, würgen‘, russ. *davítь* ‚drücken, pressen, würgen, zerquetschen‘, *dávka* ‚Gedränge‘.

WP. I 823, WH. I 468.

Über *dhāu-* ‚staunen‘ s. u. *dheịǝ-*.

1. *dhē-*, redupl. *dhē-dh(ē)-* Lallwort der Kindersprache für ältere Familienglieder.

Gr. *θεῖος* ‚Onkel‘, *θεία* ‚Tante‘ (**θη-ος, θη-α*), *τήθη* ‚Großmutter‘ (aus **θη-θη*), ital. (venet.) *dǝda* ‚Tante‘(?), gr. *τηθίς* ‚Tante‘ (dazu GN *Θέτις*); illyr. *deda* ‚Amme‘ (Krahe IF. 55, 121 f.), also wohl ursprüngl. zur Wz. *dhē(i)-* ‚säugen‘; lit. *dė́dė, dė́dis* ‚Oheim‘ (aber *diẽdas* ‚Greis‘ aus wr. *dzéd* ds.), aksl. *dědъ* ‚Großvater‘; ähnlich nhd. *deite, teite,* schweiz. *düddi* ‚Vater, Greis‘, russ. *djádja* ‚Onkel‘.

WP. I 826, Trautmann 47, Schwyzer Gr. Gr. I 193.

2. *dhē-* ‚setzen, stellen, legen‘; Nominalbildungen: -*dhē-, dh-i-, -dh-o-; dhē-k-ā; dhē-li-, dhē-lo-; dhē-men-, dhē-mi-, dhǝ-mi-, dhō-mo-, dhǝ-mo-; dhe-dh-mo-; dhē-no-; dhē-tel-; dhē-tĕr-, dhǝ-tĕr-; dhē-to-, dhǝ-to-, dhē-tu-.*

Ai. *dádhāti*, av. *daδāiti* ‚er setzt‘, apers. Impf. Sg. *adadā* ‚er hat eingerichtet‘, ai. Aor. *á-dha-m* ‚ich setzte‘, Med. 3. Sg. *á-dhita* (== gr. *ἔθετο*); to-Partiz. ai. *hitá-ḥ* (-*dhitá-ḥ* in ved. Kompositis) ‚gesetzt‘ (== lat. *con-ditus, ab-ditus, crēditus,* wohl auch gr. *θετός* ‚gesetzt, bestimmt‘), mit Vollstufe av. apers. *dāta-* (== lit. *dė́tas* ‚gesetzt‘, apr. *sen-ditans* Akk. Pl. f. ‚gefaltet‘, auch gr. *θητόν· βωμόν* Hes., eig. ‚Aufgestelltes, Aufsatz‘); Inf. ai. *dhā́-tum* (== lit. *dė́tų* Supin., aksl. *dětъ* ‚zu setzen‘: lat. [spät] *conditus, -ūs* m. ‚Gründung‘, Supin. -*um, -ū,* vgl. auch ai. *dhā́tu-ḥ* m. ‚Bestandteil, Satz‘, av. *vīδātu-* n. ‚Begründung, feste Fügung‘); *ịo-*Präs. ai. *dhāyatē* ‚setzt für sich‘ (== lett. *dēju, dêt* ‚Eier legen‘, *dēju dêt* ‚zusammenlöten‘, aksl. *dėjǫ* ‚lege‘, ačech. *dėju* ‚tue, mache‘); Perf. ai. *dadhāu, dadhimá,* av. 3. Sg. *daδa* (: gr. *τέθε-μαι,* lat. -*didī,* osk. *prú-ffed,* ahd. *teta* usw.).

Arm. *ed* Aor. ‚er setzte' (= ai. *á-dhāt*; 1. Sg. *edi*, 2. Sg. *edir*), Präs. *dnem* ‚ich setze' (*dinem, idg. **dhē-no-*, vgl. russ. *dẽnu* ‚setze, stelle, lege', skr. *djẽnēm* ‚tue, stelle, lege');

phryg. *εδαες* ‚posuit' (*e-dhə-es-t? eher = hitt. *da-a-iš*);

gr. *τίθημι* ‚setze' (Aor. *ἔθηκα* — s. unten —, *ἔθεμεν*, *ἔθετο*, Fut. *θήσω*, Partiz. *θετός*);

messap. *hi-pa-des* ‚posuit' (*ghi-po-dhēs-t, J. B. Hofmann KZ. 63, 267);

lat. *abdere* ‚wegtun, verstecken, *ἀποτιθέναι*', *con-dere* ‚gründen, einlegen; bergen, bedecken' (dazu *Cōnsus* [**kom-d-to-*] Gott des Ackerbaues), *perdere* ‚vernichten', *crēdere* ‚glauben, vertrauen' (s. u. **kered-* ‚Herz'); über Einmischung von zu *dare* gehörigen Formen s. WH. I 362; Perf. *condidī* usw., osk. *prú-ffed* ‚posuit' (**-fefed*).

Mit einer *k*-Erw. lat. *faciō, -ere, fēcī* (: *ἔθηκα*), *factum* ‚tun, machen', osk. *fakiiad*, umbr. *façia* ‚faciat', *fakurent* Fut. II ‚fecerint', praen. (Manios-Inschrift) *FheFhaked* ‚fecit', osk. *fefacit* Konj. Perf. ‚fecerit', *fefacust* Fut. II ‚fecerit';

mit **fēk-* umbr. *feitu, fetu* ‚facito':

facilis ‚(tunlich) leicht', umbr. *façefele* ds.; *faciēs* ‚Aussehen, Erscheinung, Antlitz', *facinus, ponti-fex, arti-fex bene-ficus* u. dgl.; zur Bed. von *interficiō* ‚töte' (‚*lasse verschwinden') vgl. ai. *antar-hita-ḥ* ‚verschwunden'.

Dieselbe *k*-Erw. außer in gr. *ἔθηκα* auch in *θήκη* ‚Behältnis', ai. *dhā-kā-ḥ* ‚Behälter' und phryg. *αδ-δακετ* ‚afficit', Med. *αδ-δακετορ*; ven. *vhaχsθο* ‚fēcit' (*fak-s-to, das *f* wohl aus dem Ital.); hitt. *dak-ki-eš-zi (dakkeszi)* ‚macht, stellt hin' (: lat. *facessō*), *dak-šu-ul (daksul)* ‚freundlich' (: alat. *facul*); vielleicht toch. A *tākā* ‚ich wurde', B *takāwā* ds. (anders Pedersen Toch. 194);

gall. *dede* ‚posuit'; vgl. lat. *con-, ab-, crē-didī*, ahd. *teta* ‚ich tat'; air. *-tarti* ‚gibt' (*to-ro-ad-dīt aus *dhē-t), Perf. *do-rat* (*to-ro-ad-dat aus *dhə-t), Thurneysen Gr. 35;

ahd. *tōm, tuom*, as. *tōn*, ags. *dōm* ‚tue', Inf. ahd. *tuon*, as. ags. *dōn* (*dhō-m) ‚tun', Prät. ahd. *teta* ‚ich tat' (2. Sg. *tāti*, Pl. *tātu-m*; nach dem Typus got. *sētum* umgebildet), as. *deda* (2. Sg. *dedōs*, 3. Pl. *dādun, dedun*), ags. *dyde* < *dudi* (s. oben zu ai. *dadhāu*); Part. Perf. Pass. ahd. *gi-tān*, ags. *dōn* ‚getan' aus **dhē-no-* = aksl. *o-dēnъ* ‚umgelegt, bekleidet';

in der Endung des schwachen Präter. (got. *salbō-dēdun* usw.) pflegt man meist die Wurzel *dhē-* zu suchen, hingegen in got. *kunþa* ‚erkannte', das idg. *-t-* enthalten muß, eine andere Bildung anzunehmen. Vgl. Hirt, Idg. Gr. IV, 99, Sverdrup NTS. 2, 55 ff., Marstrander, NTS. 4, 424 f., Specht KZ. 62, 69 ff., Kretschmer Sbb. Wien, 225. Bd., 2. Abh., 6 f.

lit. *dēti* ‚legen, stellen', Präs. 2. Pl. alt *deste* (*dhe-dh-te), Sg. *demì, desie-s, dest(i)* (vgl. Būga Kalba ir s. 158, 213), neugebildet *dedù*; lett. *dêt* (s. oben);

aksl. *dĕti* ‚legen‘ (auch ‚sagen‘), Präs. *dĕždǫ* (**dedi̯ō*) und *dĕjǫ* (s. oben); *dĕjǫ, dĕjati* ‚legen, verrichten‘; *-va-*Iterativ aksl. *o-dĕvati* ‚(umtun), bekleiden‘, russ. *dĕvátь* ‚hinlegen, tun, setzen‘;

dazu wohl lit. *dėviù, dėvéti* ‚Kleider anhaben‘; ein formantisches *u̯* auch in gr. **ϑοϜαχος* und (assim.) **ϑαϜαχος*, vgl. *ϑοάζω* ‚sitze‘, ion. *ϑῶχος* (hom. *ϑόωχος* für *ϑό[Ϝ]αχος* geschrieben) ‚Sitz‘, *ϑάβαχον· ϑᾶχον ἢ ϑρόνον* Hes., att. auch *ϑᾶχος* ds., hom. *ϑαάσσω* ‚sitze‘, att. poet. *ϑάσσω* ds. (s. zur gr. Gruppe Hechtel Lexil. 161 f., Boisacq 335); vgl. auch thrak. *-dava* ‚Siedlung‘ aus *dhēu̯ā* oder **dhəu̯ā*; wohl Umbildung nach dem Nebeneinander **dō-*: **dou-* ‚geben‘;

hitt. *da-a-i* (*dāi*) ‚setzt, legt‘, 1. Sg. *te-eḫ-ḫi* (*teḫḫi*), 3. Pl. *ti-an-zi* (Pedersen Hitt. 91, 112 f., 166), Prät. 3. Sg. *da-a-iš*; vielleicht auch *dak-ki-eš-zi* (s. oben);

toch. A *tā-, tüs-, tas-*, B *tes-* ‚legen‘ (**dhē-s-* Pedersen Toch. 186 f.); lyk. *ta-* ‚legen‘ (Pedersen, Lyk. und Hitt. 30 f.).

Wurzelnomina (in Zusammensetzungen): z. B. ai. *vayō-dhá-ḥ* ‚Lebenskraft verleihend‘, *saṁ-dhá* f. ‚Übereinkunft, Versprechen‘ (: lit. *arkli-dė* ‚Pferdestall‘), *saṁ-dh-á-m* ‚Vereinigung‘ (: lit. *sam-das*), *ratna-dh-á-ḥ* ‚Schätze verleihend‘, *ni-dh-í-ḥ* m. ‚Behälter, Schatz‘, *sam-dh-í-ḥ* m. ‚Vereinigung, Bündnis, Sandhi‘, av. *gao-dí-* ‚Milchbehälter‘; lit. *samdas* ‚Miete, Pacht‘, *iñdas* ‚Gefäß‘, *nuodaī* ‚Gift‘, (alt) *núodžia* ‚Schuld, Vergehen‘, *pādis* ‚der Henne unterlegtes Ei‘, apr. *umnode* ‚Backhaus‘, lit. *pelùdė*, lett. *peluda* ‚Spreubehälter‘, aksl. *obь-do* n. ‚ϑησαυρός‘, *sǫ-dъ* ‚χρίσις, κρῖμα‘; vgl. Berneker 193 ff., Trautmann 47 f.; ob so auch aisl. *oddr*, ags. *ord*, ahd. *ort* ‚Spitze‘ als **ud-dh-o-s* ‚emporgerichtet‘?

Nominalbildungen:

Ai. *dhátar-* m. ‚Anstifter, Gründer‘, *dhātár-* ‚Schöpfer‘ (vgl. auch aksl. *dĕtelь* ‚Täter‘), gr. *ϑετήρ*, lat. *con-ditor* ‚Gründer, Stifter‘;

vgl. **dhə-tlo-* in air. *dál*, acymr. *datl*, ncymr. *dadl*, abret. *dadl* ‚Versammlung‘, nbret. *dael* ‚contestation, querelle‘ (vgl. zur Bed. phryg. *δουμος*);

*dhə-ti- in ai. *-dhiti-ḥ* f. ‚das Stellen‘, *dēvá-hiti-ḥ* ‚Göttersatzung‘, gr. *ϑέσις* f. ‚Satzung, Ordnung‘, lat. *con-diti-ō* f. ‚Gründung‘; **dhē-ti-s* in av. *ni-ḍaiti-* f. ‚das Niederlegen, Ablegen, Verbergen‘, got. *gadēds* ‚Tat, Lage‘, aisl. *dāð* ‚Tüchtigkeit, Tat‘, ags. *dǣd*, ahd. *tāt* ‚Tat‘, lit. *dėtis* ‚Last‘, Pl. *dėtys* ‚Lege des Huhns, der Gans‘, aksl. *blago-dĕtь* ‚χάρις, Gnade, Dank‘; **dhə-t-* im thrak. ON *Δάτος*, alb. *dhatë* (**dhə-tā*) ‚Stätte‘; **dhō-t-* in av. *dami-dā-t* ‚der die Kreatur erschafft‘, lat. *sacer-dōs* ‚Priester‘ (**sacro-dhōt-s*).

Ai. *dhána-m* ‚Behälter‘, el. *συνϑῆναι* (?) ‚Vertrag‘, ahd. Partiz. *gitān*, ags. *dōn* ‚getan‘, aksl. *o-dĕnь* ‚(umgetan), bekleidet‘; ai. *dhána-m* ‚Einsatz, Preis im Wettkampf usw.', *nidhánam* ‚das Sichfestsetzen, Aufenthalt usw.', *gōdhana-m* ‚Rinderbesitz', av. *gao-ðana-* n. ‚Milchgefäß'.

Ai. *dháman-* n. ‚Satzung, Gesetz, Wohnstätte, Schar usw.', av. *dāman-*, *dąman-* n. ‚Stätte, Geschöpf', gr. *ἀνά-ϑημα* ‚das Aufgestellte, Weihgeschenk', *ἐπί-ϑημα* ‚das Daraufgestellte oder -gesetzte: Deckel; Bildsäule auf einem Grabe', *ϑημών* m. ‚Haufe'; *εὐϑήμων* ‚wohl in Ordnung haltend'; thrak. Pflanzenname *κοα-δάμα· ποταμογείτων* (Dioskor.) aus *kʋa-dhēmn̥ ,Wasser-siedlung', ON *Uscu-dama*; sekundär (nach *ϑέσις*) gr. *ϑέμα* n. ‚hinterlegtes Geld, aufgestellte Behauptung, Satz; Stammform (Gramm.)', vgl. auch Inf. *ϑέμεναι*; av. *dāmi-* f. ‚Schöpfung', Adj. (auch fem.) ‚schaffend, Schöpfer'; gr. *ϑέμις*, Gen. ursprüngl. *ϑέμιστος* ‚*die fest und unverbrüchlich stehende' als Göttinname, dann ‚Recht, Gesetz, Sitte', *ϑέμεϑλα* Pl. ‚die Grundlagen eines Gebäudes; das Tiefste, Innerste', *ϑεμέλιοι λίϑοι* ‚die Grundsteine', hom. *ϑεμείλια* (*ει* metr. Dehnung) ‚Grundlage, Grund';

tiefstufig: *ϑαμά* ‚*in Haufen; häufig, oft', *ϑαμινός* ‚häufig, gehäuft', hom. *ϑαμέες*, femin. *ϑαμειαί* Pl. ‚gehäuft, dicht gedrängt' (von *ϑαμύς), *ϑάμνος* ‚Dickicht, Gebüsch, Strauch'; auf ein *dhə-mo- ‚Niederlassung, Wohnstätte' (vgl. *ϑαιμός· οἰκία, σπόρος, φυτεία* Hes. [*dhəmi̯o-], auch ai. *dhāman-* ‚Wohnstätte') oder ‚Haufe, Schar (der Diener)' bezieht man vielleicht mit Recht auch lat. *famulus* ‚Diener', *familia* ‚Hausgenossenschaft', osk. *famel* ‚famulus', *famelo* ‚familia', umbr. *fameřias* ‚familia';

ō-stufig gr. *ϑωμός* ‚Haufe, Schober'; phryg. *δουμος* ‚σύνοδος, σύγκλητος, συμβίωσις'. lat. *ab-dōmen* ‚Unterleib' als ‚pars abdita', vgl. ahd. *intuoma* ‚exta' (wäre lat. *indōmen*), mnd. *ingedōme*, bayr. *ingetum* ds., got. *dōms* m. ‚Urteil, Ruhm' (*dōmjan* ‚urteilen'; aus dem Germ. russ. *dúma* ‚Gedanke, Sorge; Ratsversammlung' usw., s. Berneker 237), ags. *dōm* ‚Meinung, Sinn, Urteil, Gericht', ahd. *tuom* ‚Urteil, Tat, Sitte, Zustand', lit. *domė̃, domesỹs* ‚Aufmerksamkeit, Richten des Gedankens und Willens auf etwas', auch lit. *domė̃* ‚Mal, Zustand; ausgedachter Grund' usw., *dėmétis* == *dométis* ‚sich merken, die Aufmerksamkeit worauf richten'.

Aisl. *dǽll* ‚facilis' (*dhē-li-s*); vgl. uruord. *dalidun* ‚sie machten' (Prät. von germ. *dēlian*), lit. *pa-dėlỹs* ‚der Henne unterlegtes Ei', *priedė̃lė, priedė̃lis* ‚Beilage', abg. *dělo* n. ‚Werk', wozu (s. Berneker 195f., Trautmann 48) aksl. *dělja, dělьma* m. Gen. ‚wegen', lit. *dė̃l, deĩ, dŭliai*, lett. *dēl'* mit Gen. ‚wegen, um willen'.

An vereinzelten Bildungen vgl. noch gr. *τεϑμός* (Pind.), *ϑεϑμός* (lak. usw.), *ϑεσμός* (att.) ‚Satzung' nach Thurneysen (KZ. 51, 57) zu air. *dedm*, cymr. *deddf* (*dhe-dh-mā*) ds. (anders Schwyzer Gr. Gr. I 492[12]); *ϑωή*, att. *ϑωιά* ‚Strafe'. Sehr unsicher wird auf eine *s*-Erw. bezogen aisl. *des* (*dasjō*) ‚Heustock, Heudieme' (Lw. aus dem Air.?), air. *dais* (*dasti-*)

‚Haufen, Heudieme', womit E. Lewy (KZ. 52, 310) vielmehr osset. *dasun* ‚aufhäufen' vergleicht.

WP. I 826 ff., WH. I 266, 362 f., 439 ff., 863, Trautmann 47 ff., Schwyzer Gr. Gr. I 492, 686, 722, 725, 741, Pedersen Hitt. 141 ff., 192.

3. dhē-, dhə- ‚hinschwinden'?

Lat. *famēs* f. ‚Hunger', *ad fatim, affatim* ‚ad lassitudinem, zur Genüge', *fatīgō* ‚hetze ab, ermüde', *fatīscō, -or* ‚gehe auseinander; ermatte'; air. *ded-* (Präs. *ru-deda*, Fut. Plur. *dedait*, Prät. *con-ro-deda*) ‚evanescere, tabescere'; ags. *demm* ‚Schaden' (*dhə-mi-s*);

mit *-s* anord. *dasi* ‚träge' (germ. *dǎs-*), mhd. *dǣsic* ‚still, verschlossen, dumm', ablautend norw. dial. *dase* ‚schlappe Person', dän. *dase* ‚faul sein'; anord. *dǣsa(sk)* ‚verschmachten, verkommen', *dasask* ‚verkommen, schlechter werden'; mengl. *dasen* ‚betäuben' (engl. *daze*), *dasewen* ‚dunkel sein'.

In allen Gliedern etwas zweifelhafte Verbindung. Über air. *de-d(a)*. vgl. Pedersen KG. II 504 f. (von einem Perf. *dhe-doṷe* aus zu got. *diwans* ‚sterblich'? s. *dheu-* ‚hinschwinden', wo auch über air. *dīth*, arm. *di*). Die germ. Sippe endlich erinnert z. T. an die unter *dheṷes-* ‚stieben' besprochene von ndd. *dösig* und könnte nicht bloß in der *s*-Erw., sondern auch in der Bed. sich z. T. nach dieser gerichtet haben; immerhin ist mit einer alten Verwandtschaft von anord. *dǣsask* usw. und ir. *-deda* zu rechnen.

WP. I 829, WH. I 451.

dheb- ‚dick, fest, gedrungen'.

Ahd. *tapfar* ‚gravis, gravidus; schwer, gewichtig', mhd. *tapfer* ‚fest, gedrungen, voll, gewichtig, bedeutend', spät ‚tapfer (fest im Kampfe)', ahd. *tapfare* ‚mole', *tapfarī* f. ‚moles', mnd. *dapper* ‚schwer, gewichtig, gewaltig', ndl. *dapper* ‚tapfer; viel', norw. *daper* ‚trächtig', anord. *dapr* ‚schwer, schwermütig, düster, traurig'.

Vielleicht an. *dammr*, nhd. *Damm*, mhd. *tam* ds., got. *faúrdammjan* ‚verdämmen, hindern', als *dhobmó-* hierher?

Aksl. *debelъ* ‚dick', russ. mdartl. *debělyj* ‚wohlbeleibt, stark, fest', abl. *dobólyj* ‚stark, kräftig' (usw., s. Berneker 182); apr. *debīkan* ‚groß'; vielleicht auch lett. *dabl'š* u. *dâbls* ‚üppig', *dabl'i audzis* ‚üppig gewachsen', *dabl'īgs* ‚üppig' (Berneker aaO.; nach Mühlenbach-Endzelin I 428 sind jedoch die lett. Wörter wahrscheinlich mit aksl. *dobrъ* zu verbinden);

toch. A *tsopats* ‚groß', *tāppo* ‚Mut', *tpār* ‚hoch', B *tappre, tāpr-* ds., Pedersen Toch. 243, Toch. Sprachg. 23, 27, 29, Van Windekens Lex. 135, 148. Zweifelhaft.

WP. I 850, WH. I 437.

dhebh-, dhebh-eu- ‚beschädigen, verkürzen, betrügen‘, die nasalierten Formen (*dhembh-) sind als proportionale Neubildungen nach n-haltigen Wurzeln zu verstehen.

Ai. dabhnóti ‚beschädigt, versehrt, betrügt, Pass. nimmt Schaden‘ (*dhebh-n-éu-ti), Perf. dadábha und (geneuert) dadámbha, Partiz. Perf. Pass. dabdhá- und (von der Wurzelform auf -u:) á-dbhu-ta- Adj. ‚wunderbar‘, eigentlich ‚*der Täuschung unzugänglich, unantastbar‘; dambháyati ‚macht zuschanden‘ (dambhá-ḥ ‚Betrug‘), Desid. dipsati (= av. diwž-, s. unten), dabhrá- ‚wenig, gering, dürftig‘;

av. dab- ‚betrügen, um etwas bringen‘: davąiϑyå̃ G. Sg. f. ‚der betrügenden‘, davayeinti N. Sg. f. ‚die betrügende‘, dabǝnaotā̆ 2. Pl. Präs. (ar. *dbhanau̯-mi, idg. *dbh-en-eu-mi), Inf. diwžaidyāi (ohne desiderative Bed. mehr, aber = ai. dipsa-ti), Partiz. Perf. Pass. dapta- (Neuerung); dǝbavayaṭ ‚er soll betören‘ (Wzf. *dbheu-), a-dǝbaoman- n. ‚Betörung‘; osset. davịn ‚stehlen‘; hitt. te-ip-nu- ‚gering achten‘, Pedersen Hitt. 144.

Dazu sehr wahrscheinlich gr. ἀτέμβω ‚beschädige, beraube, verkürze (ϑυμόν), verwirre, täusche‘, Pass. ‚bin beraubt‘, mit ἀ- wohl aus *ἀ-, *sm̥- und mit demselben Konsonantenverhältnis wie zwischen πύνδαξ : ai. budh-ná-ḥ. WP. I 850 f., Kuiper Nasalpräs. 147, Schwyzer Gr. Gr. I 333.

dheguh- ‚brennen‘; Nominalbildungen dhŏguho-s, dheguh-ro-s.

Ai. dáhati, av. dažaiti ‚brennt‘ (= lit. degù, aksl. žegǫ, alb. djek), Partiz. ai. dagdhá-ḥ (= lit. dègtas), Kaus. dāháyati; dā́ha-ḥ ‚Brand, Hitze‘, nidaghá-ḥ ‚Hitze, Sommer‘, npers. dāy ‚Brandmal‘ (dazu spätgr. δάγαλος, -ις ‚rotbraunes Pferd‘?); av. daxša- m. ‚Brand‘;

gr. ϑέπτανος· ἁπτόμενος Hes. (‚angezündet‘; = lit. dègtinas ‚wer oder was zu verbrennen ist‘), τέφρα ‚Asche‘ (*dheguhra);

alb. djek ‚verbrenne, brenne an‘, Kaus. dhez, n-dez ‚zünde an‘ (Gdf. *dhoguhéi̯ō = lat. foveō);

lat. foveō, -ēre ‚wärmen, hegen, pflegen‘, fŏculum ‚Feuerpfanne‘ (*fou̯eclom), fōmentum ‚ein erwärmender Umschlag‘ (*fou̯ementom), fōmes, -itis ‚Zunder‘ (*fou̯emet-, Bedeut. wie lett. daglis), favilla ‚Asche, bes. noch glühende‘ (wahrscheinlich aus *dhoguh-lo-lā); favōnius ‚der laue Westwind‘ (aus *fovōnios); febris ‚Fieber‘ (*dheguhro-; nach Leumann Gnom. 9, 226 ff. die i-Flexion nach sitis);

Mir. daig (Gen. dega) ‚Feuer, Schmerz‘ (aus *degi-); über mbret. deuiff, nbret. devi, cymr. deifio ‚brennen‘ s. unter *dāu-,brennen‘; cymr. de ‚brennend‘; go-ddaith ‚Brand‘ (aus *-dekto-); aber air. ded-ól ‚Morgengrauen‘ nach Marstrander Dict. Ir. Lang. I 213 eigentlich ‚Abschiedstrunk, letzter Trunk‘; nir. dogha ‚Klette‘ (: lit. dagys s. unten);

über got. dags ‚Tag‘ usw. s. unter *āĝher- S. 7;

lit. *degù*, *dègti* ‚brennen‘ (trans. und intrans.), *dègtas* ‚gebrannt‘, *dègtinas* ‚was zu verbrennen ist‘, *degtinė* f. ‚Branntwein‘, ablautend *dagỹs*, *dãgis* ‚Distel‘ (lett. *dadzis*); *dãgas* ‚das Brennen; Sommerhitze; Ernte‘, *dagà* ‚Ernte‘, apr. *dagis* ‚Sommer‘; lit. *dãglas*, ‚brandfarben‘, *dēglas*, ‚schwarzscheckig‘; lett. *daglas* f. Pl. ‚Brandfleck‘, *daglis* ‚Zunder‘; lit. *nuodégulis* ‚Feuerbrand‘, *dēgis* ‚Brandwunde‘; ablaut. *atúo-dogiai* (?) m. Pl. ‚Sommerweizen‘; sloven. *dégniti* ‚brennen, wärmen‘, čech. alt *dehna* ‚Teufel‘, ablaut. *dahněti* ‚brennen‘; russ. *dëgotъ* ‚Teer‘ (aus ‚*harzreiches Holz‘), wie lit. *degùtas* ‚Birkenteer‘; mit Assimil. (?) von **degǫ* zu **gegǫ*: aksl. *žegǫ*, *žešti* ‚brennen‘, ablaut. russ. *iz-gága* ‚Sodbrennen‘ (s. Meillet MSL. 14, 334 f., anders Brugmann II² 3, 120).

Toch. B *teki* ‚Krankheit‘ (= ir. *daig*); A *tsäk-*, B *tsak-* ‚brennen‘, das *ts* nach dem ablaut. *tsak-* (**dhēguh-*) ‚glänzen, glühen‘; AB *cok* ‚Lampe‘ (aus ‚Kienfackel‘) : bsl. **degut-* ‚Teer‘ (s. oben).

WP. I 849 f., WH. I 466 f., 469, 471 f., 864, Trautmann 49, Pedersen Toch. Sprachg. 23.

dhē(i)- (daneben *dh-ei-*?) ‚saugen, säugen‘ (: *dhǝi-*, *dhī̆-* und *dhō-*, *dhǝ-*) s. bes. Schulze KZ. 27, 425 = Kl. Schr. 363. Nominalbildungen: *dhē-lā* ‚Mutterbrust‘, *dhi-lo-* ‚Zitze‘, *dhē-lu-* ‚säugend‘, *dhǝi-l-* ds., *dhei-nā* ‚trächtig‘, *dhē-nā* ‚Fruchtertrag‘, *dhedhn-* ‚(saure) Milch‘.

Ai. *dhāya-ḥ* ‚ernährend, pflegend‘, *dhāyas-* n. ‚das Saugen‘, *dhāyú-* ‚durstig‘, *dhātave* ‚zu saugen‘, Fut. *dhāsyati*, Aor. *ádhāt* ‚er sog‘, *su-dhā* ‚Saft, Nektar‘, *dhātrī* ‚Amme, Mutter‘, *dhēnú-* f. ‚milchend‘ = av. *daēnu-* ‚Weibchen von vierfüßigen Tieren‘, ai. *dhēnā* ‚Milchkuh‘, ablaut. *dhītá-* ‚gesogen‘, Perf. Plur. 1. 3. *da-dhi-má* (*i* = *ə*), *da-dh-úḥ*; redupl. Nomen *da-dh-an-*, Nom. *dá-dh-i*, Gen. *dadhnás* ‚saure Milch‘ (: apr. *dadan*, alb. *djathë*);

vom Stamme *dhǝi-*: *dháyati* ‚saugt‘ (**dhǝ́jeti* : Kaus. **dhoi-éje-ti* in slav. *dojiti*, got. *daddjan*) und *dhinóti* ‚nährt‘;

arm. *diem* ‚sauge‘ (*i* = idg. *ē* oder eher *ī̆*, so daß = anord. *dīa*), *stn-di* ‚(Brust saugend =) Säugling‘, *dal* aus *dail* ‚Biestmilch‘ (*dhǝi-li-*), *dayeak* ‚Amme‘ (von **dayi-* = idg. *dhǝ-ti-*);

gr. *θήσατο* ‚er sog‘, *θῆσθαι* ‚melken‘, *θῆνιον* ‚Milch‘, *τιθήνη* ‚Amme‘ (Kurzform *τίτθη* u. dgl., worüber anders Falk-Torp u. *taate*), *γαλαθηνός* ‚Milch saugend‘, *τι-θασός* ‚zahm, kultiviert‘;

alb. *djathë* ‚Käse‘ ursprüngl. ‚aus saurer Milch gemachter Quark‘ (: ai. *dádhi*), gr.-alb. *dithë* ‚Käse‘;

lat. *fēmina* ‚Frau‘ (‚*die säugende‘); über *fēlix*, *fecundus* s. unten;

air. *dīnu* ‚Lamm‘, *dīth* ‚suxit‘ (*ī* = idg. *ə* oder *ī*), *denaid* ‚er saugt‘ (**di-na-ti*), bret. *denaff* ‚sauge‘, cymr. *dynu* ‚saugen‘;

16

got. *daddjan* = aschwed. *dæggja* ‚säugen' (urgerm. **dajjan*, vgl. ai. *dháyati*, aksl. *dojǫ*; das germ. **dajj-* ist regulär aus **dhoi-eie-* entstanden), aschwed. *dīa*, dän. norw. *die* ‚saugen', mhd. *dīen*, *tīen* ‚säugen; die Brust geben' (vgl. o. arm. *diem*), hochstufig ahd. *tāen*, Präs. *tāju* (= lett. *dêju* ‚sauge'), westfäl. *däierrn* ‚ein Kalb mit Milch auffüttern' (Holthausen);

lett. *dêju*, *dêt* ‚saugen', *at-diene*, *at-dienîte* ‚eine Kuh, welche im zweiten Jahr kalbt', lit. *dienì* f. ‚trächtig' (= ai. *dhēnú-*), *dienà* ds. (= ai. *dhēnā* ‚Kuh'), apr. *dadan* ‚Milch' (= ai. *dadhan-*); aksl. *dojǫ* ‚säuge' (ai. *dháyati*), *doilica* ‚Amme', mit *ě* (= idg. *ē* oder *ei*) *děti* f. ‚Kinder', *děva*, *děvica* ‚Mädchen, Jungfrau' (verschoben aus ‚*Weib' = ‚die säugende', s. Berneker 197).

Mit *l*-Formantien: Ai. *dhārú-* ‚saugend' = gr. *θῆλυς* ‚nährend (ἐρδη), säugend, weiblich' (fem. *θήλεια* und *θῆλυς*), *θηλώ*, *θηλαμών* ‚Amme', *θηλάζω* ‚säuge, sauge', *θηλή* ‚Mutterbrust', alb. *dele* ‚Schaf' (**dhǝil-n-*), *delmě* ds., *dhallě* ‚saure Milch', illyr. *dalm-* ‚Schaf' in ON *Δάλμιον*, *Δελμίνιον*, VN *Dalmatae*, *Delmatae*, messap. PN Gen. m. *dalmaihi*, fem. PN *dalmaθoa*; lat. *fēlō*, *-āre* ‚säugen', *fīlius* ‚Sohn' (‚*Säugling', aus **fēlios*) = umbr. *feliuf*, *filiu* ‚lactantes'; mir. *del* ‚Zitze' (**dhĭ-lo-*), *delech* ‚Milchkuh', dän. *dæl* ‚Milchdrüsen oder Euter bei der Sau', schwed. mdartl. *del* m. ‚Zitze', ahd. *tila* f. ‚weibliche Brust', ags. *delu* f. ‚Brustwarze, Zitze', anord. *dilkr* ‚Lamm, Junges'; lett. *dêls* ‚Sohn', *dêle* ‚Blutegel', lit. *dělě* ds., *pirmdělě* ‚die zum ersten Male geboren hat', *pirmdělys* ‚was gerade geboren worden ist'; lett. *dîle* ‚saugendes Kalb', *dilît* ‚säugen'.

Ob gr. *θῶσθαι* (**θωμεσθαι*) ‚schmausen', *θοίνη* ‚Schmaus' (aus **θωι-να*?) mit Abtönung hierher gehöre, ist fraglich; ob *θῶσαι* und (dor.) *θᾶξαι* ‚μεθύσαι' als **θοιαχ-σαι* auf eine leichte Wz. **dhǒi-* (ebenso dann *θοίνη*; auch *θῶσθαι* kann *θοια-σθαι* sein) weisen?

Lat. *fēlix* ‚fruchtbar, glücklich' zu *fēlāre* geht auf ein fem. Subst. **fēli-c-* ‚die säugende = fruchtbare' zurück, nach Specht (KZ. 62, 237) aus **fēlui-k-s*, Femin. zu ai. *dhārú-*, gr. *θῆλυς*; lat. *fēcundus* ‚fruchtbar', *fētus*, *-ūs* ‚das Zeugen, Gebären', *fēta* ‚schwanger, trächtig', auch ‚was geboren hat', *effēta* ‚durch vieles Gebären geschwächt', *fēnus*, *-oris* ‚Ertrag, Zinsen, Wucher', vielleicht auch *fēnum* ‚Heu' (als ‚Ertrag') erklären sich aus einer Sonderanwendung von *dhēi-* ‚säugen' für ‚fruchtbar sein';

dazu aber nicht **dhōnā-* ‚Getreide' : ai. *dhānāḫ* f. Pl. ‚Getreidekörner', *dhānyá-* n. ‚Getreide', np. *dāna* ‚Korn', av. *dānō-karša-* ‚eine Ameisenart', d. i. ‚Körner (= Ameiseneier) schleppend', toch. B *tano* ‚Getreide' und lit. *dúona*, lett. *duõna* f. ‚Brot' (ursprüngl. ‚Getreide', alit. ‚Ausgedinge'); dor.-illyr. (kret.) *δηαί* ... αἱ κριθαί EM., *δητται*· αἱ ἐπτισμέναι κριθαί (**dhē-k-ịā-*) Hes.; anders Jokl bei WH. I 475;

s. auch oben 1. *dhē-*, *dhē-dhǝ-*.

WP. I 829ff., WH. I 474ff., 864, Trautmann 51.

dheiə- : dhiā- : dhi- ‚sehen, schauen‘.

Ai. *ádīdhēt* ‚er schaute‘, Pl. *dīdhimaḥ*, Med. *didhyē*, *ádīdhīta*, Konj. *dīdhayat* (vielleicht zum Präs. umgewandeltes Perf., vgl. Perf. *dīdhaya*); *dhyā-ti*, *dhyá-ya-ti* (i̯o-Präs.) ‚schaut im Geiste, d. i. denkt, sinnt‘, Partiz. *dhya-tá-* und *dhī-tá-*, *dhyā́* ‚das Denken, Sinnen‘, *dhya-tar-* ‚Denker‘, *dhyā-na-* n. ‚das Sinnen, Nachdenken‘, *dhyāman-* n. (Gr.) ‚Gedanke‘; *dhī-ḥ*, Akk. *dhíy-am* ‚Gedanke, Vorstellung, Einsicht, Verstand, religiöses Nachdenken, Andacht‘, *dhī-tí-* ‚Wahrnehmung, Gedanke, Andacht‘, *dhíra-* ‚sehend, klug, weise, geschickt‘, *avadhīrayati* ‚verschmäht (despicit), weist zurück; verachtet‘, prakr. *herai* ‚sieht‘; s-Bildung ai. *dhiyasānd-* ‚aufmerksam, achtsam‘; vermutlich auch *dhiṣáṇa-* wenn ‚verständig, klug‘, *dhiṣaṇyant-* wenn ‚aufmerksam, andächtig‘, *dhiṣā́* Instr. Adv. wenn ‚mit Andacht, Eifer oder Lust‘, doch vgl. andererseits das zu lat. *fēstus*, *fānum*, idg. *dhēs-* ‚religiös‘ gehörige *dhíṣṇya-* ‚andächtig‘;

av. *dā(y)-* ‚sehen‘, z. B. *ā-dídā̆ti* ‚betrachtet‘, *daiδyantō* Nom. Pl. Partiz. ‚die sehenden‘ (usw., s. Bartholomae Airan. Wb. 724); Partiz. *paiti-dīta-* ‚erblickt‘, *-dīti-* f. ‚das Erblicken‘, *dāϑa-* ‚einsichtig, klug‘ (dehnstufig wie *-dīdā̆ti*), *-dā(y)-*, *-dī-* f. als 2. Kompositionsglied ‚Sehen, Blick; Einsicht, Absicht‘; *-dāman-* ‚Absicht‘; *daēman-* n. ‚Auge, Augapfel; Blick‘, *dōiϑra-* n. ‚Auge‘, *daēnā* ‚Religion‘ und ‚inneres Wesen, geistiges Ich‘; npers. *dīdan* ‚sehen‘, *dīm* ‚Gesicht, Wange‘;

gr. *σῆμα*, dor. *σᾶμα* ‚Zeichen, Kennzeichen, Merkmal usw.‘ (*dhiā-mn̥ = ai. *dhyāman-*; Lit. bei Boisacq s. v., vgl. Schwyzer Gr. Gr. I 322; nach E. Leumann [Abh. Kunde d. Morgenl. 20, 1, S. 96] vielmehr zu sakisch *ttāma* ‚Zeichen‘), *σημαίνω* ‚mache durch ein Zeichen kenntlich usw.‘;

alb. *diturë* ‚Weisheit, Gelehrsamkeit‘, *dinak* ‚listig‘.

Auf ein bedeutungsgleiches *dhāu- geht zurück:

Gr. *ϑαῦμα* ‚was Bewunderung, Staunen erregt; Bewunderung, Staunen‘ (*dhau-mn̥) *ϑαυμάζω* ‚erstaune, verwundere mich, bewundere‘, woneben mit Abtönung *ϑῶ(υ)μα*; vgl. böot. *Θώμων*, dor. *Θωμάντας* (Lit. bei Boisacq u. *ϑαῦμα*; über *ϑῆβος· ϑαῦμα* Hes. wohl *ϑῆϝος*, s. Boisacq u. *ϑάμβος* m. Lit.); att. *ϑέα* ‚das Anschauen, Anblick; Schauspiel‘ aus *ϑαϝα, vgl. syrak. *ϑάα*, ion. *ϑηέομαι*, dor. *ϑαέομαι* ‚betrachte‘ (att. *ϑεάομαι* nach *ϑέα* umgebildet), usw., s. Boisacq u. *ϑέα* und *ϑεωρός* (zu letzterem noch Ehrlich KZ. 40, 354 Anm. 1). Außergr. Entsprechungen fehlen.

WP. I 831 f., Schwyzer Gr. Gr. I 349, 523.

dhēig⁽ʷ⁾- : dhōig⁽ʷ⁾- : dhīg⁽ʷ⁾- ‚stechen, stecken, festsetzen‘.

Lat. *fīgō*, *-ere* ‚heften, anheften; festsetzen; hineinstecken‘ (urlat. *i*, vgl. *fīgier* S. C. Bacch.), alat. *fīvō*, umbr. *fiktu* ‚figito‘, *afiktu* ‚infigito‘; wahr-

16*

scheinlich dazu als ‚festgestecktes‘ auch *fīnis* ‚Grenze, Ziel, Ende‘ (= lit. *dýgsnis* ‚Stich‘), vgl. *fīniō, -īre* auch ‚festsetzen, bestimmen‘;

ags. *dīc* ‚Abzugsgraben, Kanal‘, ndd. *dīk*, aisl. *dīk(i)n*, mhd. *tīch*, woraus nhd. *Deich, Teich*, eigentlich ‚Ausstich‘.

lit. *dýgstu, dýgti*, lett. *dîgt* ‚keimen‘ (eigentlich ‚hervorstechen‘, lit. *dygùs* ‚spitzig, stachelig‘), dazu *dygiù, dygēti* ‚stechenden Schmerz empfinden‘ *dyglỹs* ‚Dorn‘, *dỹgē* ‚Stachelbeere‘, apr. *digno* ‚Schwertgriff‘ (wie nhd. *Heft* ‚Schwertgriff‘, d. h. ‚worin die Klinge eingeheftet ist, zu *heften*); hochstufig lit. *diegiu, diegti*, lett. *dìegt* ‚stechen‘, lit. *diegas* ‚Keim‘, apr. *deicktas* ‚Stätte‘, ursprüngl. ‚Punkt, Stich‘; mit *ōi*: lit. *dáigas* ‚Keim, Setzling‘, *dáiktas* ‚Punkt; Sache‘, *daigìnti* ‚keimen machen‘;

WP. I 832 f., WH. I 495 f., 865; Trautmann 49 f.

dheig̑h- ‚Lehm kneten und damit mauern oder bestreichen (Mauer, Wall, Töpferei; dann auch von anderweitigem Bilden); auch vom Teigkneten (Bäckerei)‘; **dhig̑h-lo-s** ‚Former‘; **dheig̑ho-s, dhoig̑ho-s** ‚Gebilde, Wall‘; s. zum Sachlichen Meringer IF. 17, 147.

Ai. *dēhmi* ‚bestreiche, verkitte‘ (3. Sg. *dēgdhi* statt **dēdhi*), ebenso Partiz. *digdhá-, dēha-* m. n. ‚Körper‘, *dēhī* f. ‚Wall, Damm, Aufwurf‘, av. *pairidaēzayeiti* ‚mauert ringsum‘ (== ai. Kaus. *dēhayatī*) *uzdišta* 3. Sg. Med. ‚hat (einen Damm) errichtet‘, Partiz. *uz-dišta-, uz-daēza-* m. ‚Aufhäufung, Wall‘, *pairi-daēza-* m. ‚Umfriedigung‘ (daraus gr. *παράδεισος*), apers. *didā* ‚Festung‘ (aus **dizā-*, Wurzelnom. auf *-ā*), npers. *diz, dēz* ds.;

arm. *dizanem* (Aor. 3. Sg. *edēz*) ‚häufe auf‘, *dizanim* ‚häufe mich auf‘, *dēz* ‚Haufe‘;

thrak. *-δίζος, -δίζα* ‚Burg‘ (: apers. *didā* oder **dhig̑h-i̯ā*); auch *δέξιον*, ON *Δείξας, Burto-dexion, Burtu-dizos; Διγγιον* (: lat. *fingō*); pannon. VN *An-dizetes* ‚Burganwohner‘;

gr. *τεῖχος* n., *τοῖχος* m. (formell == ai. *dēha-*) ‚Mauer, Wand‘; *Θιγγάνω*, Aor. *Θιγεῖν* ‚mit der Hand berühren‘ (Bed. wie lat. *fingere* auch ‚streichelnd betasten‘, Media *g* bereits ursprachlich aus der nasalierten Präsensform);

lat. *fingō, -ere, finxi, fictum* ‚eine Masse gestalten, bilden, formen; erdichten; streichelnd betasten‘, *figulus* ‚Töpfer‘ (: germ. **dizulaz*), *fīlum* (**figslom*) ‚Gestalt‘, *effigiēs* ‚(plastisches) Abbild‘, *figūra* ‚Bildung, Gestalt, Figur‘, *fictiō* ‚das Bilden, Formen; Bildung, Gestaltung, Erdichtung‘, *fictilis* ‚aus Ton gebildet, irden, tönern‘ (zum lat. *g* statt *h* s. Leumann Lat. Gr. 133; nach letzterem stammt aus Formen wie *fictus* auch das *k* von altfalisk. *fifiked* ‚finxit‘, osk. *fifikus* etwa ‚du wirst ausgedacht haben‘); wahrscheinlich umbr. *fikla, ficlam* ‚fitillam, libum‘, lat. *fītilla* ‚Opferbrei, Opfermus‘ (mit dial. *t* aus *ct*); osk. *feíhúss* ‚muros‘ (**dheigho-*);

über lat. *filum* (identisch mit *filum* ‚Faden‘?) vgl. WH. I 497, andererseits EM² 360;

air. *digen* ‚fest‘ (‚*festgeknetet, kompakt‘); air. *kom-uks-ding-* ‚bauen, errichten‘ in 1. Sg. *cunutgim*, 3. Sg. *conutuinc* usw. und vielleicht auch *dingid, for-ding* ‚unterdrückt‘, s. unter 1. *dhengh-* ‚drücken, bedecken‘ usw.;

got. *þamma digandin* ‚dem Knetenden‘, *kasa digana* ‚Tongefäße‘, *gadigis* (Konjektur für *gadikis* ‚πλάσμα, Gebilde‘, *es*-St., ähnlich τεῖχος); *daigs* m. ‚Teig‘ (*dhoiĝhos*), anord. *deig* (n.), ags. *dāg*, ahd. *teig* ds.; anord. *digr* ‚dick, wohlbeleibt‘ (Bed. wie ir. *digen*), got. *digrei* ‚Dichtheit, Menge‘, mhd. *tiger, tigere* Adv. ‚völlig‘, norw. mdartl. *digna* ‚dick werden‘, *diga* ‚dicke, weiche Masse‘ neben mnd. norw. *diger*; ahd. *tegal*, anord. *digull* ‚Schmelztopf, Tiegel‘ scheint ein echt germ. Wort (*diʒ . . laʒ*) zu sein, das aber in der Bed. das lat. *tēgula* (aus τήγανον) aufgesogen hat;

lit. *diežti, dýžti* ‚schinden, auspeitschen‘ (‚*durchkneten, einem eine herunterschmieren‘), lett. *diezêt* ‚aufschwatzen, anbieten‘ (‚*anschmieren‘); aruss. *děža*, klr. *diža* usw. ‚Teigmulde, Backdose‘ (*dhoiĝh-i̯-ā*; Berneker 198, Mühlenbach-Endzelin I 487).

Eine umgestellte Form (*ĝheidh-*) ist wahrscheinlich lit. *žiedžiù, žiẽsti* ‚formen‘, alit. *puod-židys* ‚Töpfer‘, aksl. *ziždǫ, zьdati* ‚bauen‘, *zьdъ, zidъ* ‚Mauer, Wand‘ (Būga Kalba ir s. 184 f.);

toch. A *tseke ṣi peke ṣi* ‚figūra sīve pictura‘ (W. Schulze Kl. Schr. 257 f., idg. *dhoiĝhos*).

Eine Parallelwz. *dheig-* sucht Wood Mod. Phil. 4, 490 f. in mhd. *tichen* ‚schaffen usw.‘; ags. *diht(i)an* ‚dictare‘, ahd. *tihtōn* ‚erfinden und schaffen; dichten‘ stammen aus spätlat. *dictāre*.

WP. I 833 f., WH. I 501 f. 507.

1. **dhel-, dholo-** ‚Wölbung‘ und ‚Höhlung‘ (aus ‚Biegung‘).

Gr. ϑόλος f. ‚Kuppel, Kuppeldach, rundes Gebäude (Schwitzbad)‘; sizil. ϑολία, lak. (Hes.) σαλία ‚runder Sommerhut‘, ϑάλαμος m. ‚im Inneren des Hauses gelegenes Gemach, Schlafzimmer, Vorratskammer‘, ϑαλάμη ‚Höhle, Lager von Tieren‘, ὀφ-ϑαλμός ‚Auge‘ (*ὀπσ-ϑαλμός* ‚*Augenhöhle‘);

cymr. *dol* f. ‚Tal‘, bret. *Dol* in ON;

anord. *dalr* ‚Bogen‘; got. *dals* m. oder *dal* n. ‚Tal, Grube‘, as. *dal*, ags. *dæl*, ahd. *tal* n. ‚Tal‘, anord. *dalr* m. ‚Tal‘; got. *dalaþ* ‚abwärts‘, *dalaþa* ‚unten‘, *dalaþrō* ‚von unten‘ (hierher als *Daliþernōz* ‚Talbewohner‘ die *Daliterni* des Avienus, Alpengermanen im Wallis, nach R. Much, Germanist. Forschungen, Wien 1925), afries. *tō dele* ‚herab‘, as. *tō dale*, mnd. *dale*, mnd. *dal* ‚herab, nieder‘, mhd. *ze tal* ds.; ags. *dell*, mhd. *telle* f. ‚Schlucht‘ (*daljō*); ablautend anord. *dǿll* m. ‚Talbewohner‘ (*dōlja-*), norw. dial. *døl* ‚kleines Tal, längere rinnenförmige Vertiefung‘ (*dōljō*) = ahd. *tuolla*, mhd. *tüele* ‚kleines Tal, Vertiefung‘, mnl. *doel* ‚Graben‘; anord. *darla* ‚Rinne‘ (**dɛljō*), *dæld* ‚kleines Tal‘ (**dɛliđō*); ndd. *dole* ‚kleine Grube‘ mhd. *tol(e)* f. ‚Abzugsgraben‘ (ahd. *dola* ‚Rinne, Graben, Röhre‘ wohl eigentlich ndd.), ahd. *tulli*, mhd. *tülle*, ndd. *dölle* ‚kurze Röhre‘ (auch ndd. *dal* bedeutet ‚Röhre‘);

aksl. (usw.) *dolъ* ‚Loch, Grube, Tal‘, *dolu* ‚hinunter‘, *dolě* ‚unten‘.

WP. I 864 f., Loth RC. 42, 86.

2. *dhel-* ‚leuchten, hell‘.

Vielleicht arm. *delin*, Gen. *delnoy* ‚gelb, fahl, bleich‘ (**dheleno-*); mir. *dellrad* ‚Glanz‘; ags. *deall* ‚stolz, kühn, berühmt‘, anord. GN *Heim-dallr*; *Mar-dǫll* ‚Beiname der Lichtgöttin Freyja‘, *Dellingr* ‚Vater des Tages‘, mhd. *ge-telle* ‚hübsch, artig‘ (?).

WP. I 865.

3. *dhel-* ‚zittern, trippeln‘??

Arm. *dołam* ‚zittere‘; norw. und schwed. dial. *dilla* ‚schwingen, schlenkern‘, norw. dial. *dalla*, *dulla* ‚trippeln‘, nd. *dallen* ‚schlendern‘, norw. *dilte* ‚traben, trippeln‘, *dalte* ds.

Unsicher; s. Falk-Torp unter *dilte* Nachtrag.

WP. I 865.

dhelbh- ‚graben, aushöhlen; herausschlagen; Stock, Stange (ursprüngl. als Werkzeug zum Graben); Röhrenknochen (gehöhlt? oder als Grabwerkzeug benannt?)‘. Nur german. und baltoslav.

Ahd. *bi-telban*, *-telpan* (Partiz. *bitolban*) ‚begraben‘, as. *bi-delban* ds., mndd. ndl. *delven*, ags. *delfan* ‚graben, begraben‘, fläm. *delv* ‚Schlucht, Graben‘; dazu schweiz. *tülpen* ‚schlagen, prügeln‘, tirol. *dalfer* ‚Ohrfeige, Schlag‘, ndd. *dölben* ‚schlagen‘;

bsl. **dilbō* ‚grabe ein, höhle aus‘: in lit. *délba* und *dálba* f. ‚Brechstange‘, lett. *dìlba* f., *dìlbis* m. ‚Röhrenknochen, Schienbein‘, *delbs* ‚Oberarm, Ellenbogen‘, *dalbs* m., *dalba* f. ‚Fischerstange, Heugabel‘; vielleicht lit. *nu-dilbinti* ‚die Augen niederschlagen‘;

slav. **dьlbǫ*, **delti* in skr. *dúbēm*, *dúpsti* ‚aushöhlen‘, *dùbok* ‚tief‘, usw. (ablaut. **delti* in skr. dial. *dlisti* ‚meißeln‘, vgl. *dlijèto* ‚Meißel‘); čech. *dlubu*, *dlubati* ‚höhlen, stochern‘, ablaut. **dolb-* in čech. *dlabati* ‚meißeln‘, *dlab* ‚Fuge‘ (= lett. *dàlbs*), aruss. *nadolobъ* m., *nadolba* f. ‚Stadtumzäunung‘; **dolb-to-* ‚Meißel, spitzes Eisen‘ in apr. *dalptan* ‚Durchschlag‘, slav. **dolto* ‚Meißel‘ in bulg. *dlató*, russ.-ksl. *dlato*, russ. *dolotó* ds.

WP. I 866 f., Trautmann 54, Mühlenbach-Endzelin I 434.

dhelg- ‚stechen, Nadel‘.

Air. *delg* n. (*es*-St.) ‚Dorn, Tuchnadel‘, corn. *delc* (d. i. *delch*) ‚monile‘, meymr. *dala, dal* ‚Biß, Stich‘;

anord. *dālkr* ‚Nadel, um den Mantel über der rechten Achsel zu befestigen; spina dorsalis piscium; Dolch, Messer‘, ags. *dalc* m. ‚Spange‘ (nhd. *Dolch*, älter *Tolch*, ndd. *dolk*, nach Mikkola BB. 25, 74 die Quelle von čech. poln. *tulich*, sloven. *tolih*, ist zwar zunächst aus lat. *dolō* ‚Stockdegen‘ entlehnt, aber vielleicht nach einem germ. Worte wie ags. *dalc* umgebildet);

lit. *dilgùs* ‚stechend, brennend‘, *dìlgė, dilgėlė̃* f. ‚Nessel‘, *dìlgstu, dìlgti* ‚von Nesseln verbrannt werden‘; *dalgis* ‚Sense‘ hierher, nicht zu S. 196!

Hierher vielleicht lat. *falx* ‚Sichel, Sense, Gartenmesser‘, nach Niedermann Essais 17 ff. rückläufige Ableitung aus *falcula*, das er aus einem ligur. (?) **dalkla* (**dhal-tla*) ableitet, ebenso wie sizil. Ζάγκλη, Δανκλὲ ‚Messina‘ (: δρέπανον). Man kann aber ebensogut von **dhalg-tlā* ausgehen; wenn in jenem ital. Dialekt idg. *l* zu *al* geworden wäre, ließe sich auch der *a*-Vokal erklären. Spätlat. *daculum* ‚Sichel‘ könnte die ligur. Entsprechung dazu sein. Dagegen Terracini Arch. Glott. Ital. 20, 5 f., 30 f.

WP. I 865 f.

dhelgh-, dhelg- (?) ‚schlagen‘??

Ags. *dolg* n., ahd. *tolc, tolg, dolg* n. ‚Wunde‘ (‚*Schlag‘), anord. *dolg* n. ‚Feindschaft‘, *dolgr* ‚Feind‘, *dylgja* ‚Feindschaft‘, wozu wohl add. *dalgen, daljen* ‚schlagen‘ (entlehnt norw. mdartl. *dalga* ds.), nhd. (hess.-nassauisch, ostpreuß.) *dalgen, talken* ‚prügeln, schlagen‘, mhd. *talgen* ‚kneten‘. Nach Havers KZ. 43, 231, IF. 28, 190 ff. wäre auch für gr. θέλγω ‚bezaubere, betöre usw.‘, θέλκτωρ, θελκτήρ, θελκτήριος ‚bezaubernd, verlockend‘, θέλξις ‚Bezauberung‘ (idg. **dhelg-* neben **dhelgh-*?) die Grundbed. ‚Bezauberung durch Schlag‘ wahrscheinlich, so wie auch die Τελχῖνες, Θελγῖνες durch einen Schlag die Gesundheit der Menschen schädigende Dämonen und zugleich Schmiede waren. Alles ganz unsicher. Eher könnte noch toch. A *talke* n., B *telki* ‚Opfer‘ dazugehören.

WP. I 866.

dhem-, dhemə- ‚stieben, rauchen (Rauch, Dunst, Nebel; nebelgrau, rauchfarben = düster, dunkel), wehen, blasen (hauchen = riechen)‘;
        dhengu̯o-, dhengu̯ī- ‚neblig‘.

Ai. *dhámati* ‚bläst‘ (*dhami-syati, ·tá-* und *dhmātá-*, Pass. *dhamyatē* und *dhmāyátē*), av. *daδmainya-* ‚sich aufblasend, blähend, von Fröschen‘, npers. *damīdan* ‚blasen, wehen‘, *dam* ‚Atem, Atemzug‘, osset. *dumun, dimin* ‚rauchen; wehen, blasen‘;

gr. θέμερος, σεμνός‘, θεμερῶπις ‚ernst, finster blickend‘ (: ahd. *timber* ‚finster‘);

mir. *dem* ‚schwarz, dunkel';

norw. *daam* (**dhēmo-*) ‚dunkel', *daame* m. ‚Wolkenschleier', *daam* m. ‚Geschmack, Geruch' == anord. *dāmr* ‚Geschmack';

mit Gutt.-Erw.: *dhenguo-, dhenguī-* ‚neblig' in anord. *dǫkk* f. ‚Vertiefung in der Landschaft' == lett. *danga* (**dhonguā*) ‚kotige Pfütze, morastiges Land, Meeresschlamm', ferner anord. *døkkr*, afries. *diunk* ‚dunkel' (germ. **denkva-*); tiefstufig as. *dunkar*, ahd. *tunkal*, nhd. *dunkel* (ursprüngl. und mit der Bed. ‚neblig — feucht' norw. und schwed. mdartl. *dunken* ‚feucht, dumpfig, schwül', engl. *dank*, mdartl. *dunk* ‚feucht'); dazu cymr. *dew* m. (**dhenguo-*) ‚Nebel, Rauch, Schwüle' usw., *deweint* ‚Dunkelheit' (irrig Loth RC 42, 85; 43, 398 f.), hitt. *da-an-ku-i-iš* (*dankuiš*) ‚finster, schwarz' (Benveniste BSL. 33, 142);

anord. *dy* ‚Schlamm, Kot, Morast' aus **dhṇkio-*, vgl. mit gramm. Wechsel dän. *dyng* ‚naß, feucht', schwed. mdartl. *dungen* ‚feucht';

mit germ. *-p-*: mhd. *dimpfen, dampf* ‚dampfen, rauchen', ahd. mhd. *dampf* m. ‚Dampf, Rauch', mnd. engl. *damp* ‚Dampf, feuchter Nebel', ndd. *dumpig* ‚dumpf, feucht, moderig', nhd. *dumpfig, dumpf* (auch == verwirrt, gestoben); kaus. ahd. *dempfen, tempfen*, mhd. *dempfen* ‚durch Dampf ersticken, dämpfen';

mit germ. *-b-*: schwed. dial. *dimba* st. V. ‚dampfen, rauchen, stieben', *dimba* ‚Dampf', norw. *damb* n. ‚Staub', anord. *dumba* ‚Staub, Staubwolke' (daneben mit *-mm-* anord. *dimmr* ‚dunkel', afries. ags. *dimm* ds., norw. mdartl. *dimma, dumma* ‚Unklarheit in der Luft, Nebeldecke', schwed. *dimma* ‚dünner Nebel'), ahd. *timber*, mhd. *timber, timmer* ‚dunkel, finster, schwarz';

inwieweit die *s*-Formen schwed. mdartl. *stimma, stimba* ‚dampfen', norw. mdartl. *stamma, stamba* ‚stinken' einen idg. Hintergrund haben oder nur nach dem Nebeneinander von ahd. *toum* : ags. *stēam*, dt. *toben* : *stieben* (s. unter *dheu-, dheu-bh-* ‚stieben') neugeschaffen sind, ist fraglich;

lit. *dumiù, dùmti* ‚blasen, wehen', *apdùmti* ‚mit Sand oder Schnee betragen (vom Wind)', *dùmplės* ‚Blasebalg', *dùmpiu, dùmpti* ‚blase' (wohl mit *p*-Erw.), apr. *dumsle* ‚Harnblase';

aksl. *dъmǫ, dǫti* ‚blasen' (zum bsl. Vokalismus s. Berneker 244 f. m. Lit., Meillet Slave comm.² 63 f., 164, Trautmann 63).

WP. I 851 f.

(dhembh-), dhṃbh- ‚graben'; nur griech. und armen.

Arm. *damban* ‚Grab, Gruft; Grabmal', *dambaran* ds.;

gr. ϑάπτω (**dhṃbh-i̯ō*), Aor. Pass. ἐτάφην ‚bestatte, begrabe', ἄϑαπτος ‚unbegraben', τάφος m. ‚Leichenbestattung, Leichenfeier; Grab, Grabhügel',

ταφή ‚Bestattung, Grab‘, τάφρος (*dhṃbh-ro-s) f. ‚Graben‘; aber apr. dambo
f. ‚Grund‘ ist in daubo (S. 268) zu bessern.
WP. I 852.

1. **dhen-** ‚laufen, rennen; fließen‘.

Ai. dhanáyati ‚rennt, läuft, setzt in Bewegung‘, npers. danīdan ‚eilen,
laufen‘, ai. dhánvatī] ‚rennt, läuft, fließt‘, apers. danuvatiy ‚fließt‘, ai.
dhánutar- ‚rennend, fließend‘;

messap. Flurname ardannoa (*ar-dhonu̯-ā) ‚die am Wasser gelegene‘ (?),
apul. ON Ardaneae = Herdonia (Krahe Gl. 17, 102);

lat. wahrscheinlich fōns, -tis ‚Quelle‘; vielleicht Kreuzung des to-St.
*fontos und ti-St. *fentis (*dhn̥-ti-);

toch. AB tsän ‚fließen‘, B tseñe ‚flot‘, tsnam ‚écoulement‘.
WP. I 852, Couvreur BSL. 41, 165.

2. **dhen-** ‚Fläche der Hand, des Erdbodens, faches Brett‘, **dhenr** ‚flache
Bodensenkung‘.

Ai. dhánuṣ- n., dhánvan- m. n. ‚trockenes Land, Festland, Strand, dürres
Land, Wüste‘, dhánu-, dhanū- f. ‚Sandbank, Gestade, Insel‘;

gr. θέναρ n. ‚Handfläche, Fußsohle, auch von der Fläche des Meeres
oder von der Vertiefung im Altar zur Aufnahme der Opfergaben‘, ὀπι-
σθέναρ ‚Handrücken‘ (*ὀπισθοθέναρ), ahd. tenar m., tenra f. (*denarū-),
mhd. tener m. ‚flache Hand‘, Curtius⁵ 255 (samt ai. dhánuṣ-, s. u.).

Dazu vlat. danea ‚area‘ (Reichenauer Gl.), ahd. tenni n., mhd. tenne
m. f. n., nhd. Tenne ‚geebneter Lehm- oder Bretterboden als Dreschplatz,
Hausflur, Boden, Platz, Fläche überhaupt‘, ndl. denne ‚area, pavimentum;
tabulatum‘; als ‚tennenartig glatt getretener Ort oder Ort, wo das Gras
durch Daraufliegen niedergelegt ist, dadurch entstandene Vertiefung‘ läßt
sich auch verstehen mecklenb. denn ‚Lagerstätte, niedergetretene Stelle
im Korn‘, mnd. denne ‚Niederung‘ (und ‚Waldtal‘ s. u.), mndl. denne ‚Lager
wilder Tiere‘ (und ‚Waldtal‘, s. u.), dan ‚wüster, von Buschwerk umgebener
Platz, Platz überhaupt, Land, Landschaft; Schlupfwinkel des Wildes‘ (und
‚Waldtal‘, s. u.), ags. denn ‚Höhle, Wildlager‘; nengl. den ‚Höhle, Grube‘,
ofries. dann(e) ‚Beet, Gartenbeet, Ackerbeet‘.

Über lit. dēnis m. ‚Deckbrett eines Kahns‘, lett. denis ds. (germ. Lw.?)
s. Trautmann 51, Mühlenbach-Endzelin I 455.
WP. I 853.

3. **dhen-** ‚schlagen, stoßen‘.

Nur in Erweiterungen (fast ausschließlich germ.):

d-Erw.: anord. detta st. V. ‚schwer und hart niederfallen, aufschlagen‘
(*dintan, vgl. norw. dial. datta [*dantōn] ‚klopfen‘: denta ‚kleine Stöße

geben'), nfries. *dintje* ,leicht schüttern', norw. *deise* ,taumelnd fallen, gleiten
(aus:) ndd. *dei(n)sen* (**dantisōn*) ,zurücktaumeln, auskneifen'; ostfries. *duns*
,Fall' (*s* aus -*dt*- oder -*ds*-), anord. *dyntr*, ags. *dynt* m. (= anord. *dyttr*)
engl. *dint* ,Schlag, Stoß';

alb. *g-dhent* ,behaue Holz, hoble, prügle', geg. *dhend, dhênn* ,haue ans,
schneide'.

Gutt.-Erw.: anord. *danga* (**dangōn*) ,prügeln': aschwed. *diunga* st. V.
,schlagen', mengl. *dingen* ,schlagen, stoßen', nengl. *ding* (skand. Lw.),
mhd. *tingelen* ,klopfen, hämmern', norw. *dingle* (und *dangle*) ,baumeln';
Kaus. anord. *dengja*, ags. *dengan*, mhd. *tengen* (*tengelen*) ,schlagen, klopfen,
hämmern (nhd. *dengeln*)'; ahd. *tangal* m. ,Hammer'.

Labial-Erw.: schwed. *dimpa* (*damp*) ,schnell und schwer fallen', ndd.
dumpen ,schlagen, stoßen', engl. dial. *dump* ,schwer schlagen'.

WP. I 853 f.

1. *dhengh-* ,drücken, krümmen, bedecken, worauf liegen'.

Air. *dingid, for-ding* ,unterdrückt' (s. auch *dheigh-*); vgl. Pedersen KG.
II 506;

lit. *dengiù, deñgti* ,decken', *dangà* ,Decke', *dangùs* ,Himmel', dazu *diñgti*
,verschwinden' (aus ,*bedeckt werden'), slav. **dǫga* ,Bogen' (: lit. *dangà*)
in russ. *dugá* ,Bogen', alt ,Regenbogen', bulg. *dъgá*, serb. *dúga*, poln.
dial. *dęga* ds., wohl zu:

aisl. *dyngia* ,Misthaufen, Haus in der Erde, wo die Frauen Handarbeiten
verrichteten', ags. *dynge*, ahd. *tunga* ,Düngung', as. *dung*, .ahd. *tung*, mhd.
tunc ,unterirdisches Gemach, wo die Frauen webten' (ursprüngl. zum Schutz
gegen die Kälte mit Dünger eingedeckte Winterhäuser', ags. *dung* ,Ge-
fängnis', ahd. *tungen* ,bedrücken, düngen', ags. engl. *dung* ,Dünger', nhd.
Dung, Dünger.

WP. I 791 f., 854, Trautmann 44 f.

2. *dhengh-* ,erreichen, fest zugreifen, fest, kräftig, schnell'.

Ai. *daghnǒti* (Aor. *dhak, daghyāḥ* usw.) ,reicht bis an, erreicht', -*daghná-*
,bis an etwas reichend' (**dhn̥gh-*);

gr. ταχύς ,schnell', Kompar. θάσσων (**dhn̥gh-*);

air. *daingen* ,fest, stark' = cymr. *dengyn* ds. (**dangino-* oder **dengino-*);
slav. *dęgъ : dǫgъ* ,Stärke, Kraft, Gelingen' in russ.-ksl. *djagъ* ,Zugriemen',
russ. *djága* ,Ledergurt', *djáglyj* ,kräftig, gesund', *djágnutь* ,wachsen, stark
werden'; ablaut. abulg. *ne-dǫgъ* ,Krankheit' (aber russ. *dúžij* ,stark,
kräftig' gehört vielmehr zu *dheugh-*, unten S. 271); der Bedeutung nach
hat wohl eine Vermischung mit slav. *tęg-* ,ziehen, spannen' stattgefunden
(Brückner KZ. 42, 342 f.).

WP. I 791 f., Berneker 190, 217 f.

1. dher-, dherə- in kons. Erweiterungen ‚trüber Bodensatz einer Flüssigkeit, auch allgemeiner von Schmutz, Widerlichkeit, von quatschigem Wetter, von trüben Farbentönen usw.; verbal: Bodensatz und Schlamm aufrühren, trüben‘. Ursprüngl. eins mit *dher-* ‚Unrat, cacare‘?

a. dherə-gh-:

Gr. ϑράσσω, att. ϑράττω (Perf. hom. τέτρηχα intr.) ‚verwirre, beunruhige‘, ταραχή ‚Verwirrung‘, ταράσσω, att. -ττω ‚verwirre‘ (*dhₘₑₐgh-i̯ō : lit. *dirgti* s. unten); τραχύς, ion. τρηχύς ‚rauh, uneben‘ (wohl ursprüngl. von Schmutzkrusten; -ρᾱ- hier aus sog. ṛ, d. i. *dhₘₑₐghú-s); τάρχη· τάραξις Hes. (Vokalstufe wie σπαργή : lit. *sprógti*);

lat. *fracēs* f. ‚Ölhefe‘, *fracēre* ‚ranzig sein‘ aus *dhrₑgh-; das *c* ist wohl von *faecēs*, *floccēs* bezogen, da *dherk-* sonst nur baltisch bezeugt ist; in der Bed. ‚Bodensatz, Hefe‘: alb. *drā* f., geg. *drá-ni* ‚Bodensatz des Öls, von ausgelassener Butter; Weinstein‘ (Grundform *draë* aus *dragā, *dhₘₑₐghā);

anord. *dregg* f., Pl. *dreggiar* ‚Hefe‘ (daraus engl. *dregs*);

alit. *dragės* (*dhₘₑₐghiās) Pl., apr. *dragios* Pl. ‚Hefe‘, lett. (Endzelin KZ. 44, 65) *dradži* ‚Überbleibsel von gekochtem Fett‘; slav. *droska* aus *dhₘₑₐgh-skā in mbulg. *droštija* Pl. n. ‚Hefe‘, klr. *drišči* ds., sonst assimiliert zu *troska* (sloven. *trȯska* ‚Bodensatz, Hefe‘) und meist *drozga* (aksl. *droždъję* Pl. f. ‚τρυγία, Hefe‘ usw.; s. Berneker 228);

hierher auch gallorom. *drasica* ‚Darrmalz‘ (M.-L. 2767), das irgendwie aus älterem *drascī (= slav. *droskā) oder *drazgā (= slav. *drozgā) umgestaltet sein wird;

mit *st*-Formans: ahd. (*trast*, Pl.:) *trestir* ‚was von ausgepreßten Früchten übrigbleibt, Bodensatz, Trestern‘, ags. *dærst(e)*, *dræst* f. ‚Bodensatz, Hefe‘ (germ. *draχsta-*, Sverdrup IF. 35, 154), *drōs* ds.;

mit *sn*-Formans: ags. *drōsne* f., *drōsna* m. ‚Hefe, Schmutz‘; ahd. *druosana*, *truosana* ‚Hefe, Bodensatz‘;

hierher wohl lit. *dérgia* (*dérgti*) ‚es ist schlechtes Wetter‘, *dárgana*, *dárga* ‚quatschiges, schlechtes Wetter‘ (Stoßton, vgl. die gr. Wurzelformen und lit. *drégnas*, *drégnùs* ‚feucht‘); dazu aruss. *padoroga* wohl ‚Unwetter‘, sloven. *sǫ-draga*, *-drag*, *-drga* ‚kleinkörniger Hagel; gefrorene Schneeklümpchen, Graupeln‘; lit. *dargùs* ‚garstig, schmutzig‘; alit. *dérgesis* ‚unflätiger Mensch‘, alit. *dergėti* ‚hassen‘, lett. *defdzêtiês* ‚zanken, streiten‘ (Mühlenbach-Endzelin I 456 m. Lit.), apr. *dergē* ‚sie hassen‘; lit. *dérgti* ‚schmutzig werden, beschmutzen‘, *dar̃gti* ‚beschimpfen‘, *dárga* f. ‚regnerisches Wetter, Besudelung, Beschimpfung‘;

b. dherg- in: mir. *derg* ‚rot‘; mhd. *terken* ‚besudeln‘, ahd. *tarchannen*, *terchinen* ‚(verdunkeln) verbergen, verstecken‘, mnd. *dork* ‚Kielwasser-

raum', ags. *deorc* ,dunkelfarbig', engl. *dark*; ags. *þeorcung* ,Dämmerung'
wohl mit *ā* nach *ðéostor* ,dunkel', *geðuxod* ,dunkel'.

c. **dherk-** in: lit. *deřkti* ,garstig machen, besudeln', *darkýti* ,schmähen,
schimpfen, entstellen', *darkùs* ,garstig', apr. *erdēřkts* ,vergiftet', lett. *dàrks*
dàrci (**darkis*) ,Schecke'· Mühlenbach-Endzelin I 448 (s. die Sippe bei
Leskien Abl. 361); oder zu mhd. *zurch* ,Kot', *zürchen* ,cacare'? Zupitza
Gutt. 170 unter Betonung des Intonationsunterschiedes von *deřkti* gegenüber *déŕgesis* usw.;

hierher wohl toch. AB *tärkär* ,Wolke' (Frisk Indog. 24);

WP. I 854 ff.

d. **dherǝbh-** : **dhrābh-** : **dhrǝbh-**.
Unsicher av. *ðriwi-* (**dhrǝbhi-*) ,Flecken, Muttermal';
mir. *drab* ,Treber, Hefe' (**dhrǝbho-*), *drabar-slūag* ,gemeines Volk';
aisl. *draf*, engl. *draff* ,Berme, Hefe', mnd. *draf*, ahd. *trebir* Pl. ,Treber',
anord. *drafli* m. ,frischer Käse', *drafna* ,sich auflösen', norw. *drevja* ,weiche
Masse'; geminiert nl. *drabbe* ,Berme, Bodensatz', ndd. *drabbe* ,Schlamm';
schwed. *dröv* n. ,Bodensatz' (**dhrābho-*), ags. *dröf*, ahd. *truobi* ,trübe',
got. *dröbjan*, ahd. *truoben* ,trüben, verwirren', ags. *drēfan* ,aufrühren,
trüben' (dasselbe Bed.-Verh. wie zwischen gr. ταράσσω und anord. *dreggiar*).

Eine nasalierte Form mit balt. *u* als Tiefstufenvokal einer zweisilbigen
Basis (mitbedingt durch den Nasal *m*?) scheint lit. **drumb-* in lit. *drumstas*
(kann für **drumpstas* stehen) ,Bodensatz', *drumstùs* ,trübe', *drumsčiù*,
druksti ,trüben' (Schleifton durch die schwere Gruppe *mpst* bedingt?).
WP. I 854 f., WH. I 538 f., Schwyzer Gr. Gr. I 715.

2. **dher-, dherǝ-** ,halten, festhalten, stützen'.

Ai. *dhar-* ,halten, tragen, stützen, erhalten, aufrecht halten' (Präs. meist
dhāráyati; Perf. *dadhāra, dadhrḗ*; *dhr̥tá-*; *dhā́rtum*) Pass. ,zurückgehalten
werden, fest sein, sich ruhig verhalten', av. *dar-* ,halten, festhalten, zurückhalten'; woran festhalten, es beobachten (ein Gesetz); fest im Ge-
dächtnis halten; mit den Sinnen auffassen, vernehmen; sich aufhalten,
weilen' (*dārayeiti* usw., Partiz. *darǝta-*), ap. *dārayāmiy* ,halte', npers. Inf.
dāštan, osset. Inf. *darun, daryn*;

ai. *dhárana-* ,tragend, erhaltend', *dharúna-* ,haltend, stützend'; n. Grundlage, Stütze', *dhárana-* ,haltend'; n. das Halten, Zurückhalten' = av. *dārana-*
n. ,Mittel zum Zurückhalten', ai. *dhartár-* und *dháritar-* m. ,Halter',
dharitrī ,Trägerin', *dhartrá-* n. ,Halt, Stütze' = av. *darǝϑra-* n. ,das
Festhalten, Begreifen', ai. *dhárma-* (= lat. *firmus*) m. ,Satzung, Sitte, Recht,
Gesetz', *dharmán-* m. ,Halter', *dhárman-* n. ,Halt, Stütze, Gesetz, Brauch',
dhárīmani Lok. ,nach der Satzung, nach Brauch', *dhāraka-* ,haltend; m.
Behälter', *dhr̥ti-* f. ,das Festhalten, Entschlossenheit', *dr̥-dhr-á-* ,festhaltend',

sá-dhrí (oder *sadhrīm*) Adv. ‚auf ein Ziel hinhaltend, einem Ziele zu‘, *sadhríy-aṅc-* ‚nach einem Ziele hin gerichtet, vereint, zusammen‘; *didhīrśā* ‚die Absicht zu stützen‘, av. *dīdarəšatā* ‚er schickt sich an‘; über ai. *dhīra-* ‚fest‘ s. Wackernagel Ai. Gr. I 25;

arm. vielleicht *dadar* (redupl.) ‚Aufenthalt, Ruhe‘ (‚*Einhalten‘, vgl. die ar. Bed. ‚weilen, sich ruhig verhalten‘), *dadarem* ‚nehme ab (vom Wind)‘, vgl. u. ags. *darian* ‚latere‘, ndl. *bedaren* ‚ruhig werden (vom Wind, Wetter)‘; gr. mit der Bed. ‚sich aufstützen, aufstemmen‘ (von der schweren Wurzel.) ϑρᾶνος m. ‚Bank, Schemel‘, hom. (ion.) ϑρῆνυς, -νος ‚Schemel, Ruderbank‘, ion. ϑρῆνυξ, böot. ϑρᾶνυξ, -νκος ‚Stuhl‘ (setzen ein urgr. *ϑρανο- voraus, das -ρα- aus - r̥-, d. i. -̥rə- enthalten wird), ion. Inf. Aor. ϑρήσασϑαι ‚sich setzen‘ (urgr. ϑρᾱ-); auf Grund der them. Wurzelf. *dherē-: ϑρό-νος m. ‚Sessel‘; kypr. lak. ϑόρ-ναξ· ὑποπόδιον Hes.; mit der Bed. ‚durch die Sinne festhalten, beobachten‘ und ‚ein Herkommen, einen religiösen Gebrauch festhalten‘, ἀ-ϑερές· ἀρόητον, ἀνόσιον Hes. (vgl. unten lit. *derēti* ‚brauchbar sein‘), ἐνϑρεῖν· φυλάσσειν Hes. (von der them. Wurzelf. *dhere-; dagegen von *dhᵢrə-:) ϑρήσκω· νοῶ Hes. (ion.), ϑράσκειν (ᾱ)· ἀναμιμνήσκειν Hes., ion. ϑρησκηΐη, koine ϑρησκεία ‚Gottesdienst‘, ϑρῆσκος ‚religiös, fromm‘, ϑρησκεύω ‚beobachte gottesdienstliche Gebräuche‘.

Ist ἀϑρέω ‚sehe scharf an‘ bis auf die Tiefstufe η der Präp. *en (oder ᾳ- = *sm̥-?) mit ἐνϑρεῖν nächst zu vergleichen? (Lit. bei Boisacq s. v.) Wahrscheinlich hierher ἀϑρόος, ἀϑρόος ‚konzentriert, zusammengedrängt, versammelt‘ (vgl. zur Bed. ai. *sadhryaṅc-*; Lit. bei Boisacq s. v., dazu Brugmann IF. 38, 135 f.).

Mit. ai. *dharaka-* ‚Behälter‘ wird von manchen ϑώρᾱξ, -ᾱκος ‚Brustharnisch; Rumpf; vagina‘ verglichen.

Lat. *frē-tus* ‚worauf gestützt, vertrauend‘, umbr. *frite* ‚frētū, fidūciā‘, lat. *frēnum* ‚Gebiß, Zaum‘ und ‚Zügel‘, wenn ursprüngl. ‚Halter‘ (stünde zu gr. ϑρᾶνος wie *plē-nus* zu ai. *pūr-ṇá-*); mit einer Bed. ‚festhaltend, fest: fast‘ vielleicht *ferē* ‚beinahe‘, *fermē* (*ferīmēd*, Sup.) ‚ganz annäherungsweise, beinahe‘, sowie *firmus* ‚stark, fest, dauerhaft‘ (mit dial. *i*).

Acymr. *emdrit* ‚ordentlich‘, cymr. *dryd* ‚sparsam‘ (*dhr̥to-).

Ags. *darian* ‚latere‘ (‚*sich zusammen-, zurückhalten‘ oder ‚zuhalten, daß man etwas nicht sieht‘), ndl. *bedaren* ‚ruhig werden (vom Wind, Wetter)‘, dazu as. *derni* ‚verborgen‘, ags. *dierne* ‚verborgen, heimlich‘, ahd. *tarni* ‚latens‘, *tarnen*, mhd. *tarnen* ‚zudecken, verbergen‘, nhd. *Tarn-kappe*.

Lit. *deriù, derḗti* ‚dingen (*festmachen), kaufen‘, *derù, derḗti* ‚brauchbar sein‘, Kaus. *daráu, darýti* ‚machen, tun‘, *dorà* f. ‚Brauchbares‘, lett. *deru, derêt* ‚dingen, sich verdingen, verabreden‘, Kaus. *darît* ‚machen, sich machen, entstehen‘;

vielleicht mit Formans -*go*- : lett. *dàrgs* ‚teuer, kostbar‘, aksl. *dragъ* ds., russ. *dórog*, skr. *drâg* ds.;

hitt. *tar-aḫ-zi* (*tarḫzi*) ‚kann, besiegt‘ (**dhī̆-*?) gehört eher zu 4. *ter-.*

Gutturalerweiterungen:

dheregh- ‚halten, festhalten; fest‘:

Av. *dražaite*, Inf. *drājaṇhe* ‚halten, an sich halten, führen‘, *upadar-žuvainti* ‚sie halten durch = setzen durch, bringen fertig‘, wozu ai. *-dhṛk* (nur Nom.) in Kompositis ‚tragend‘; diese Form (**dhṛgh-s*) zeugt für Anlaut *dh-* der ar. und daher wohl auch slav. Sippe;

aksl. *drъžǫ*, *drъžati* ‚halten, innehaben‘ (usw., s. Berneker 258); russ. *drogá* ‚Wagenbaum, Verbindungsstange der Vorder- und Hinterachse des Wagens‘, Dem. *dróžki* Pl. ‚leichter, kurzer Wagen‘, daher nhd. *Droschke*. Als nasalierte Formen dazu av. *drənjaiti* ‚festigt, kräftigt, bestärkt‘, *ā-drənjayeiti* ‚setzt fest‘, Desiderativ *didrayžaite* ‚sucht für sich zu sichern‘, Partiz. *draxta-*; auch av. *drənjayeiti*, *dādrājōiš*, Partiz. *draxta-* ‚auswendig lernen, memorierend Gebete murmeln‘ (vgl. ksl. *tvrъditi* ‚festmachen‘, russ. *tverdítь* ‚auswendig lernen‘); mir. *dringid* ‚er ersteigt‘, *dreimm* ‚Erklimmen‘ (‚*sich festhaltend klettern‘); kymr. *dringo* ‚steigen, klettern‘; anord. *drangr* ‚hoher Fels‘, *dreingr* (**drangja-*) ‚dicker Stock, Säule‘ (und übertr. ‚junger Mann‘), aksl. *drǫgъ* ‚Stange, Schlagbaum‘; anders Specht Dekl. 139.

dheregʰ- ‚festhalten, fest‘:

ai. *dṛhyati*, *dṛṃhati* (*dṛṃháti*) ‚macht fest‘, Partiz. *dṛḍhá-* ‚fest‘, *drahyát-* ‚tüchtig‘, av. *darəzayeiti* ‚bindet fest, fesselt‘, Desid. *didarəžaiti*, *darəza-* m. ‚das Befestigen, Binden, Fassen, Greifen‘, *dərəz-* f. ‚Bande, Fessel‘, *dərəzra-* ‚fest‘, wohl auch npers. *darz* ‚Naht‘ und ähnliche iran. Wörter für ‚Faden nähen‘;

thrak. GN *Darzales*;

wahrscheinlich lit. *diržas* ‚Riemen‘, *diřžmas* ‚stark‘, apr. *dīrstlan* ‚kräftig, stattlich‘, *dirž-tù*, *diřšti* ‚zäh, hart werden‘;

lit. *daržas* ‚Garten‘, lett. *dàrz* ‚Garten, Hof, Einfriedigung‘ kaum aus **žařdas* (vgl. lit. *žařdis* ‚Roßgarten‘, *žárdas* ‚Hürde‘) umgestellt (anders Mühlenbach-Endzelin I 448 f.), sondern zu *diřžas* (oben) und ahd. *zarge*, mhd. *zarge* f. ‚Seiteneinfassung eines Raumes, Rand‘;

slav. **dьrzъ* ‚kühn, verwegen‘ in aksl. *drazъ*, sloven. *dř̥z*, čech. *drzý*, russ. *dérzkij* ds. und aksl. *drъznǫ*, *drъznǫti* ‚sich erkühnen, wagen‘, russ. *derznútь* usw.

dhereugh-:

awnord. *driúgr* ‚aushaltend, stark, voll‘, *driúgum* ‚sehr‘, aschw. *drȳgher* ‚ansehnlich, stark, groß‘, nordfries. *dreegh* ‚fest, ausdauernd‘ (aber zu

1. *dhreugh-* gehören ags. *drȳge* ‚trocken‘, *drēahnian* ‚austrocknen, seihen, — mit *h* statt *g*? —, anord. *draugr* ‚verdorrter Baumstamm‘, ahd. *truchan* ‚trocken‘);

hierher als ‚aushalten‘ und ‚zusammenhalten — sich scharen‘ got. *driugan* ‚Kriegsdienste tun‘ (ags. *drēogan* ‚aushalten, ausführen‘), ags. *gedrēag* ‚Schar‘, ahd. *truht* f. ‚Trupp, Schar‘, as. *druht-*, ags. *dryht*, anord. *drótt* f. ‚Gefolge‘, got. *drauhti-witōþ* ‚(*Kriegsgesetz =) Kriegsdienst‘, *gadraúhts* ‚Krieger‘, anord. *dróttinn* ‚Fürst, Herr‘, ags. *dryhten*, ahd. *truhtīn* ‚Herr‘ (Suffix wie in lat. *dominus*), ahd. *truȥt* (**druhsti-*) ‚Kriegerschar‘;

lit. *draũgas* ‚Reisegefährte‘, aksl. *drūgъ* ‚Gefährte, anderer usw.‘, *družina* ‚συστρατιῶται‘;

apr. *drūktai* Adv. ‚fest‘, *podrūktinai* ‚ich bestätige‘, lit. žem. *drúktas*, *driúktas* ‚dick, umfangreich, stark‘;

air. *drong* ‚Schar‘, abret. *drogn* ‚coetus‘, *drog* ‚factio‘ sind, wie spätlat. *drungus* ‚Trupp‘ aus dem Germ. entlehnt (s. unter 1. *trenq-*).

WP. I 856 ff., WH. 505 f., 536, Trautmann 45, 59 f.

3. **dher-, dhereu-, dhrēn-** Schallwurzel ‚murren, brummen, dröhnen‘.

Gr. *θόρυβος* ‚wirrer Lärm‘, *θορυβέω* ‚lärme, verwirre‘, *τονθορύζω* ‚murre, murmle‘, *τονθρύς· φωνή* Hes.; *θρῦλος* m. ‚Gemurmel, Lärm‘, *θρυλέω* ‚murmle, schwatze‘; *θρέομαι* (*-ϝ-) ‚schreie laut‘, *τερθρεία* ‚leeres Geschwätz, Spitzfindigkeit‘, *τερθρεύομαι* ‚mache leeres Geschwätz‘ (s. Boisacq s. v.), *θρόος, θροῦς* ‚lautes Rufen‘, *θροέω* ‚schreie, lasse laut werden‘;

as. *drōm*, ags. *drēam* m. ‚frohes Lärmen, Jubel‘ (anders Kluge KZ. 26, 70: als ‚*Schar‘, **drauχma-*, zu got. *draúhts*); ags. *dora* m. ‚Hummel‘ (**duran-*), engl. *dorr* ‚Maikäfer‘;

redupl. lett. *duñduris* ‚große Bremse, Wespe‘, *deñderis* (?) ‚weinender Knabe‘ (Mühlenbach-Endzelin I 455).

Auch für kelt. und balt.-slav. Worte, die unter *der-* ‚murren‘ genannt sind, kommt idg. Anlaut *dh-* in Frage.

dhrēn-:

ai. *dhráṇati* ‚tönt‘ (Dhātup.);

gr. *θρῆνος* m. ‚Totenklage, Klagelied‘, *θρηνέω* ‚wehklage‘, *θρῶναξ· κηφήν* (Drohne) Hes., *τεν-θρήνη* ‚Horniß‘, *ἀν-θρήνη* (*ἀνθο-θρήνη) ‚Waldbiene‘; as. *dreno*, ahd. *treno* ‚Drohne‘, dehnstufig as. *drān* ds., auch ags. *drān* *drǣn* f. ‚Drohne‘; schwachstufig got. *drunjus* ‚Schall‘, norw. *dryn* n. ‚leises Brüllen‘, *drynja* ‚leise brüllen‘, nd. *drönen* ‚Lärm machen, langsam und eintönig reden‘ (daraus nhd. *dröhnen*).

Eine Anlautdublette liegt vielleicht in lit. *trãnas*, aksl. *trǫtъ, *trǫdъ ‚Drohne‘ vor; vgl. Trautmann 326.

s-Erw. in mir. *drēsacht* ‚knarrendes oder quietschendes Geräusch‘, gall. lat. *drēnsō, -āre* ‚schreien (vom Schwan)‘, ndd. *drunsen* ‚leise brüllen‘ ndl. *drenzeln* ‚winseln‘, hess. *drensen* ‚ächzen‘, nhd. dial. *trensen* ‚langgezogen brüllen‘ (von Kühen).

Eine Gutt.-Erw. wohl in arm. *dṙnčim* ‚Horn blasen, tuten‘ (**dhrēnk-*) und air. *drēcht* ‚Lied, Geschichte‘ (**dhrenktā*), urslav. **drǫkъ* (**dhṛnk-*) in sloven. *drok* ‚Stößel‘ usw.;

vielleicht toch. A *tränk-*, B *treṅk-* ‚sprechen‘.

WP. I 860 f., WH. I 374, Mladenov Mél. Pedersen 95 ff.

4. (*dher-*:) **dhor-** : **dhₑr-** ‚springen, bespringen‘.

Ai. *dhā́rā* ‚Strom, Strahl, Tropfen, Same‘;

gr. (ion.) ϑορός, ϑορή ‚männlicher Same‘, ϑορίσκεσϑαι ‚Samen in sich aufnehmen‘, dichterisch ϑρῴσκω, att. ϑρῴσκω, Fut. ϑοροῦμαι, Aor. ἔϑορον ‚springen‘, ϑρωσμός ‚Vorsprung, Anhöhe‘ (ϑρω- aus **dhₑrə-*, das wegen des *o* der übrigen Formen zu **dhₒre-, dhₒrə-, ϑρω-* entwickelt ist);

von einer Basis *dhereu-*: ϑόρνυμαι, ϑορνύομαι ‚bespringen‘ (ορ wohl äolisch statt αρ aus ṛ) vgl. ϑαρνεύει· ὀχεύει. σπείρει. φυτεύει Hes., ϑάρνυσϑαι· ὀχεύειν Hes.; ϑοῦρος ‚stürmisch, ungestüm‘ wohl aus **ϑορϝος* (Bechtel Lexil. 167);

mir. *dar-* ‚bespringen‘, Impf. *no-daired*, Prät. *ro-dart*, Verbalnom. *dair*, Gen. *dára*, myth. PN *Dáire* (**dhāri̯o-s*), der ‚Mädchen‘, cymr. -*deriɡ* ‚brünstig‘.

WP. I 861, WH. I 528, Schwyzer Gr. Gr. I 696, 708.

5. **dher-, dhrei-d-** ‚Unrat, cacāre‘ (ob verwandt mit 1. *dher-* ‚trüber Bodensatz‘ und 4. *dher-*?).

Lat. *foria* Pl. ‚Durchfall‘ (bei Varro von Schweinen), *foriō, -īre* ‚cacāre‘; gr. δαρδαίνει· μολύνει (**dhṛ-d-*) Hes., nach Fick KZ. 44, 339 makedonisch, entweder aus ϑαρ-ϑ- mit gebrochener Red. oder aus ϑαρ-δ- mit demselben formantischen -*d-* wie die *i*-Erw. *dhr-ei-d-*; sehr zweifelhaft; lit. *der-k-iù der̃kti* ‚besudle mit Unflat, leere den After‘.

dhr-ei-d-:

anord. *drīta* (*dreit*), ags. *drītan*, mndl. ndd. *drîten*, ahd. *trīzan* ‚cacāre‘, *o*-stufig anord. *dreita* ‚facere cacāre‘, schwundstufig mengl. nengl. *dirt* (aus **drit*), aisl. *drit*, fläm. *drits, trets* ‚Dreck, Kot‘, westfäl. *driət* ‚Schiß‘; russ. dial. *dristátъ* ‚Durchfall haben‘, bulg. *driskam, drístъ* ‚habe Durchfall‘, serb. *drȉskati, drȉćkati*, čech. *dřístati* ds. (slav. **drisk-, *drist-* aus **dhreid-sk-, -(s)t-*, Berneker 224).

WP. I 861 f., WH. I 527 f.

dherāgh- ‚ziehen, am Boden schleifen‘, gleichbed. mit *trāgh-* (s. d.).

Anord. *draga*, got. u. ags. *dragan*, engl. *draw* ‚ziehen‘, anord. *drag* n. ‚Unterlage eines gezogenen Gegenstandes‘, norw. *drag* ‚Luftzug, Wellenschlag, Wasserlauf, Zugseil‘, dial. *droc* f. (**dragō*) ‚kurzer Schlitten, Weg(spur) eines Tieres, Tal‘, anord. *āregill* ‚Band‘, *drōg* f. ‚Streifen‘, aschwed. *dregh* ‚Schlitten‘, ags. *drǣge* f. ‚Schleppnetz‘, mnd. *dragge*, nnd. auch *dregge* ‚Bootsanker‘, engl. *dredge* ds.; ablautend norw. *dorg* f. (**durgō*, idg. **dhŗghā*) ‚Angelschnur, die man hinter dem Boot herzieht‘; mit der Bed. ‚tragen‘ (aus ‚schleppen‘, s. Berneker 212), ahd. *tragan* ‚tragen‘, *sik (gi)tragon* ‚sich betragen‘.

Wohl hierher sl. **dārgā* in: serb.-ksl. *draga* ‚Tal‘, russ. *doróga* ‚Weg, Reise‘, dial. ‚Angel‘, serb. *drâga* ‚Tal‘, poln. *droga* ‚Weg, Straße, Reise‘, russ. *dorǒžitь* ‚aushöhlen‘, čech. *drǎžiti* ‚einen Falz oder eine Furche machen, aushöhlen‘; vielleicht auch čech. *z-drúhati se* ‚sich weigern‘, poln. *wz-dragać się* ‚sich sträuben, nicht daran wollen‘ (als ‚hinziehen‘) und aksl. *podragъ* ‚Saum, Rand eines Kleides‘ u. dgl. (anders unter *dergh-* ‚fassen‘).

Lat. *trahō* ‚ziehe‘, *traha* ‚Schleife‘, *trāgum* ‚Schleppnetz‘, *trāgula* ‚ds., kleine Schleife‘ können durch Spirantendissimilation (**drago* zu **dragō*) auf *dhrāgh-* zurückgehen, aber auch idg. *t-* haben (: air. *traig* ‚Fuß‘ usw., s. *trāgh-*).

WP. I 862, Trautmann 45.

dherbh- (**dherǝbh-*?) ‚arbeiten‘.

Arm. *derbuk* ‚rough, stiff, rude‘;

ags. *deorfan* st. V. ‚arbeiten; umkommen‘, *gedeorf* n. ‚Arbeit, Mühsal‘, afries. *for-derva*, mnd. *vor-derven*, mhd. *verderben* ‚umkommen‘, auch Kaus. ‚verderben‘;

lit. *dìrbu*, *dìrbti* ‚arbeiten‘, *dárbas* ‚Arbeit‘, *darbùs* ‚arbeitsam‘.

WP. I 863, II 631, Kluge[11] 101, 649.

dherebh- ‚gerinnen, gerinnen machen, ballen, dickflüssig‘.

Ai. *drapsá-ḥ* m. ‚Tropfen‘??;

gr. τρέφεσθαι, τετροφέναι ‚gerinnen, fest sein‘, τρέφω, dor. τράφω ‚mache gerinnen (γάλα; τυρόν), nähre (*mache dick, feist), erziehe‘ (θρέψω, ἔθρεψα), τροφός ‚nährend‘, f. ‚Amme‘, θρέμμα ‚das Genährte, Pflegling, Kind, Zuchtvieh‘, τρόφις ‚feist, stark, groß‘, τροφαλίς, -ίδος ‚frischer Käse, geronnene Milch‘, ταρφύς ‚dicht‘, τάρφεα Pl. n. ‚Dickicht‘, τραφερή (γῆ) ‚festes Land‘;

nasaliert und mit idg. *b* (idg. Artikulationsschwankung in nasaler Umgebung) θρόμβος ‚geronnene Masse (von Milch, Blut usw.)‘, θρομβόομαι ‚gerinne‘, θρομβεῖον ‚Klümpchen‘;

17

as. *derbi* (**darbia*) ‚kräftig, böse‘, afries. mnd. *derve* ‚derb, geradezu‘ (verschieden von ahd. *derb* ‚ungesäuert‘ = anord. *þjarfr*), ablaut. anord. *djarfr* ‚mutig, kühn‘ (die ältere Bed. noch in norw. dial. *dirna* aus **dirfna* ‚zunehmen, wieder zu Kräften kommen‘); anord. *dirfa* ‚ermutigen‘; nasaliert wohl anord. *dramb* ‚Übermut‘ (**dick sein), nisl. *drambr* ‚Knoten im Holz‘; anord. *drumbr* ‚Klotz‘, mnd. *drummel* ‚gedrungene Person‘. WP. I 876.

dheregh- mit Formans -(e)s- und -no- in Namen beerentragender strauchiger Pflanzen, bes. auch von solchen Dornsträuchern, woraus z. T. ‚Dorn‘? Zweifelhafte Gleichung.

Ai. *drākṣā* ‚Weintraube‘;

gallorom. **dragenos* ‚Dorn‘, air. *draigen* m. ‚Schlehdorn‘, cymr. *draen* m., nbret. *dréan* ‚Dornstrauch‘ (kelt. **drageno-* aus **dhreĝh-*);

vielleicht auch ahd. *tirn-pauma* ‚cornea silva‘, *tyrn, dirnbaum* ‚cornus‘, nhd. dial. *di(e)rle, dirnlein* ‚Kornelkirsche‘, schweiz. *tierli*, falls nicht aus dem Slav. in sehr alter Zeit entlehnt;

lit. *drĭgnés* Pl., lett. *driĝenes* ‚schwarzes Bilsenkraut‘ (vgl. Mühlenbach-Endzelin I 498), falls nicht aus dem Slav. entlehnt;

russ. *déren, derén* ‚Hartriegel, Kornelkirsche‘, skr. *drĭjen*, čech. *dřĭn* ds., poln. (alt) *drzon* ‚Berberitze‘, kaschub. *dřòn* ‚Dornen‘, polab. *dren* ‚Dorn‘.

Germ.-sl. Grundf. kann **dherghno-* sein und stünde dem freilich in seiner Bed. ‚Schößling, Zweig‘, Pl. ‚junges Gebüsch‘ erheblich andersgefärbten gr. τρέχνος (Hes., anthol.), τέρχνος (Maximus), kypr. τὰ τέρχνιϳα sehr nahe.

WP. I 862 f., Pedersen KG. I 97, M.-L. 2762.

dhereĝh- (*dhṛĝh-nā-*) ‚drehen, winden, wenden‘ (auch ‚spinnen, nähen‘).

Npers. *darz, darza* ‚Naht‘, *darzmān, darznān* ‚Faden‘, *darzan* ‚Nadel‘, pehl. *darzīk* ‚Schneider‘;

arm. *dařnam* (**darjnam), Aor. *darjay* ‚sich wenden, sich drehen, sich kehren; zurückkehren‘, *dař̌n* ‚bitter, herbe‘ (vgl. οἶνος τρέπεται u. dgl.), *darj* ‚Wendung, Umkehr, Rückkehr‘, Kaus. *darjuçanem* ‚verto, averto, converto, reddo‘;

alb. *dreth* (St. **dredh-*), Aor. *drodha* ‚umdrehen, zusammendrehen, zwirnen, spinnen‘, alb.-skutar. *nnrizë* ‚Windel‘ (*n-dred-zë*); nach Pedersen Hitt. 123, 125, Toch. Sprachg. 20 hierher hitt. *tar-na-aḫ-ḫi* ‚ich stecke ein, lasse hinein‘, toch. A *tärnā-, tärk-*, Prät. A *cärk*, B *carka* ‚lassen, entlassen‘(?).

WP. I 863, Lidén Arm. St. 101 ff., Meillet Esquisse² 111, Kuiper Nasalpräs. 151.

dhers- ‚wagen, kühn sein‘, älter ‚angreifen, losgehen‘ (auch mit -*i*-, -*u*-erweitert).

Ai. *dhṛṣ-ṇó-ti, dhárṣ-ati* ‚ist dreist, mutig, wagt‘, *dhṛṣú-* (Gramm.), *dhṛṣat* ‚herzhaft‘ (= av. *darəšaṭ*), *dhṛṣṇú-* ‚kühn, tapfer, mutig, dreist, frech‘, *dhṛṣṭá-* ‚keck, frech‘, *dhṛṣita-* ‚kühn, mutig‘, *dādhṛṣi-* ‚beherzt, kühn‘, mit Objekt *dharṣayati* ‚wagt sich an, vergreift sich, bewältigt‘, *dharṣaṇa-* n. ‚Angriff, Mißhandlung‘, *dharṣaka-* ‚angreifend, über etwas herfallend‘; av. *darśam* Adv. ‚heftig, sehr‘, *darśi-, darśyu-, darśita-* ‚kühn‘, apers. *adarš-nauš* ‚er wagte‘, *dādarši-* EN;

gr. lesb. *ϑέρσος* n. ‚Mut, Kühnheit‘ (hom. *Θερσίτης* ‚Frechling‘), mit aus dem Adj. verschleppter Tiefstufe ion. altatt. *ϑάρσος* (att. *ϑάρρος*) ds., att. *ϑράσος* n. ‚Mut, Kühnheit; Verwegenheit, Frechheit‘, *ϑαρσέω, ϑαρρέω* ‚bin mutig‘, *ϑαρσύς* (rhod. *Θαρσύβιος*, ther. *Θhαρύμαqhος*), *ϑρασύς* ‚kühn, mutig; verwegen, frech‘ (= ai. *dhṛṣú-*) lesb. Adv. *ϑροσέως, ϑάρσυνος* ‚mutig, getrost, vertrauend‘ (**ϑαρσο-συνος*);

lat. *infestus* ‚feindlich‘, *infestāre* ‚feindlich behandeln, angreifen‘ und *manifestus* ‚handgreiflich, auf der Tat ertappt; offenkundig‘ (**dhers-to-*); got. *ga-dars* (: ai. Perf. *dadhárṣa* ‚hat sich erkühnt‘), Inf. *gadaúrsan*, ‚ich wage‘, as. *gidurran*, ags. *dear, durran*, ahd. *(gi)tar, (gi)turran* ‚wagen‘, ahd. *giturst*, ags. *gedyrst* f. ‚Kühnheit, Verwegenheit‘ (= ai. *dṛṣṭí-ḥ* ‚Kühnheit‘);

lit. nasaliert lit. *dręsù* ‚wage‘ (**dhrensō*), *drįstù, drį̃sti (dhṛns-)* ‚wagen‘, *drąsà (*dhrons-)* ‚Dreistigkeit‘, *drąsùs* = lett. *drùoss* ‚mutig‘ (**dhrons-*; alit. noch *drįsùs* und *dransnìaus*); ohne Nasalierung apr. *dīrstlan* ‚stattlich‘ und *dyrsos* ‚tüchtig‘ (**dirsu-*);

hierher vielleicht toch. A *tsär* ‚rauh‘, *tsraṣi* ‚stark‘, B *tsirauñe* ‚Stärke‘.

WP. I 864, WH. I 698 f., Trautmann 60, Van Windekens Lexique 147.

dhēs-, dhəs- in religiösen Begriffen.

Arm. *di-k̇* ‚Götter‘ (Pl. **dhēses*); lat. *fēriae* (alat. *fēsiae*) ‚Tage, an denen keine Geschäfte vorgenommen wurden, Feiertage‘, *fēstus* ‚festlich, feierlich, ursprüngl. von den der religiösen Feier gewidmeten Tagen‘, osk. *fíísnam* Akk. ‚templum‘, umbr. *fesnaf-e* ‚in fanum‘; tiefstufig lat. *fānum* (**fas-no-m*) ‚heiliger, den Göttern geweihter Ort‘ und ai. *dhiṣṇya-* ‚andächtig, fromm, heilig‘ (unsicherer *dhiṣaṇyant-* u. dgl., s. unter *dheiə-* ‚sehen‘); über gr. *ϑεός* ‚Gott‘ s. unter *dheyes-*, über lat. *fās, fāstus* oben S. 105 f.

WP. I 867, WH. I 453, 3 f.; EM² 333, 347 f.

1. dheu- ‚laufen, rinnen‘.

Ai. *dhávatē* ‚rennt, rinnt‘, dehnstufig *dhávati* ds., *dhāutí-ḥ* f. ‚Quelle, Bach‘; mpers. *dawīdan* ‚laufen, eilen‘, pām. *dav-* ‚laufen, rennen‘;

gr. *ϑέω*, ep. auch *ϑείω*, Fut. *ϑεύσομαι* ‚laufen‘; lak. *σῇ· τρέχε* Hes.; *ϑοός* ‚schnell‘, *βοη-ϑόος* ‚auf einen Anruf schnell zur Hand, helfend‘, dazu *βοηϑέω* (statt *βοηϑοέω*) ‚helfe‘, *ϑοάζω* ‚versetze in schnelle Bewegung; bewege mich schnell‘;

gr.-illyr. *ὀυάν· κρήνην* Hes.;

anord. *dǫgg*, Gen. *dǫgguar* (*dawwō*), ags. *dēaw*, as. *dau*, ahd. *tou*, nhd. *Tau* (*dawwa*-);

unsicher mir. *dǒe* ‚Meer‘ (*dheuiā*) als ‚das heftig Bewegte‘;

hierher wohl *dhu-ro-* im thrak. FlN *Ά-ϑύρας* (*n̥-dhu-r-*) und in zahlreichen ven.-illyr. FlN, so illyr. *Duria* (Ungarn), nhd. *Tyra, Thur*, älter *Dura* (Elsaß, Schweiz), oberital. *Dora, Doria*, frz. *Dore, Doire, Doron*, iber. *Durius, Turia* usw. (Pokorny Urill. 2, 10, 79, 105, 113, 127, 145, 160, 165, 169 f.);

nach Rozwadowski (Rev. Slav. 6, 58 ff.) hierher der FlN *Düna*, westslav. *Dvina* (*dhu̯einā*), als finn. *väinä* ‚breiter Fluß‘, estn. *väin(a)* ‚Sund‘, syrj. ʾ*dyn* ‚Mündung‘ entlehnt.

WP. I 834.

2. dheu-, dhu̯-ēi- ‚hinschwinden, bewußtlos werden, sterben‘.

Got. *diwans* (*dhéu̯-ono-*) ‚sterblich‘, ablaut. ahd. *touwen*, as. *dōian* ‚sterben‘, anord. *deyja, dō* (*dōw*), *dāinn* ‚sterben‘; got. *dauþs* ‚tot‘, auch *af-dauiþs* ‚geplagt‘, ahd. *tōt*, ags. *dēad*, anord. *dauðr* ‚tot‘; got. *dauþus* ‚Tod‘, ahd. *tōd*, ags. *dēaþ*, anord. *dauð-r, -ar* und *dauðe* ‚Tod‘;

air. *duine* (*dhu-n-i̯o-*), Pl. *dōini* (*dheu̯en-i̯o-*), cymr. *dyn*, corn. bret. *den* ‚Mensch‘ (‚Sterblicher‘, Brugmann ZfceltPh. 3, 595 ff.); s. auch unter *ǵhðem-*;

vielleicht lat. *fūnus* (*fōnus?*) n. ‚Leichenbegängnis, Bestattung‘, falls aus *dheu̯(e)-nos* ‚auf den Tod bezügliche Erweisung‘; formell jedoch genau = air. n. *s*-Stamm *dūn* ‚Festung‘, wohl ursprüngl. ‚Burghügel‘ (s. unter 4. *dheu-* S. 263);

nach Marstrander Prés. à nasale inf. 15¹ hierher air. *-deda* ‚schwindet dahin‘ aus *dhe-dhu̯-ā-t*; vgl. auch oben unter 3. *dhē-*;

im Germ. auch die Bed. ‚fühllos, ohnmächtig werden‘, awnord. *dá* (*dawa*) ‚Bewußtlosigkeit, Ohnmacht‘, Prät. *dō* auch ‚wurde gefühllos‘ (von Gliedern), aschwed. *dāna* ‚in Ohnmacht fallen‘, norw. *daana* ‚steif, lahm werden (von Gliedern), in Ohnmacht fallen‘ (Ableit. vom Partiz. *dāinn*), isl. *doði* ‚Gefühllosigkeit‘, *doðna* ‚gefühllos werden‘, got. *usdauþs* ‚im-piger, eifrig‘, ahd. *tawalōn* ‚hinschwinden, hinsterben‘, ndl. *dauwel* ‚träges Weib‘; ferner anord. *dá* auch ‚Entzückung der Seele‘ (‚*Betäubung*‘), *dá* (*dawēn*) ‚bewundern‘; anord. *dan* f. ‚Tod‘.

Erweiterung *dhu̯-ēi-* : *dhu̯-ī-* in:

arm. *di*, Gen. *dioy* ,Leiche, Leichnam', air. *dith* (*dhu̯itu-*) ,Ende, Tod'; ags. *dwīnan* (st. V.) ,abnehmen, schwinden', neben dem *nōn*-Verb anord. *dwīna* und *dwena* ds.; ags. *dwǣscan* ,auslöschen' (*dwaiskjan*), lit. *dvìsti* ,erlöschen' (Būga bei Endzelin KZ. 52, 123).

WP. I 835, WH. I 451, 568.

3. dheu- ,blank, glänzen'.

Ai. *dhavalá-* ,glänzend weiß', *dhávati* ,macht blank, reinigt, spült', av. *fraδavata* ,rieb sich (reinigend) ab';

gr. *θοός* ... *λαμπρός, θοῶσαι* ... *λαμπρῦναι* Hes., *ὀδόντες λευκὰ θέοντες* Ps.-Hsd., *θαλέιον· καθαρόν. καὶ θωλέον* Hes. (Kontr. aus *θοϜαλέος*).

WP. I 835, Schulze KZ. 29, 260 f. = Kl. Schr. 369.

4. dheu-, dheu̯ə- (vermutlich: *dhu̯ē-*, vgl. die Erw. *dhu̯ē-k-, dhu̯ē-s-*) ,stieben, wirbeln, bes. von Staub, Rauch, Dampf; wehen, blasen, Hauch, Atem; daher dampfen, ausdünsten, riechen, stinken; stürmen, in heftiger, wallender Bewegung sein, auch seelisch; in heftige, wirbelnde Bewegung versetzen, schütteln'; Nominalbildungen: *dhū-li-, dhū-mo-*.

Mit *m*-Formantien:

Ai. *dhūmá-ḥ* m. ,Rauch, Dampf', *dhūmāyati* ,raucht, dampft' = lat. *fūmāre*, formell auch = ahd. *tūmōn* ,sich im Kreise drehen';

gr. *θῡμός* ,Gemütswallung, Leidenschaft, Mut' (*θῡμιάω* noch rein sinnlich ,rauche, räuchere'; *θῡμάλ-ωψ* ,Kohlenmeiler', *θῡμικός* ,leidenschaftlich', *θῡμαίνω* ,zürne' usw.);

lat. *fūmus* ,Rauch, Dampf, Qualm, Brodem' (*fūmāre* s. oben); lit. *dúmai* Pl. ,Rauch', lett. *dũmi* Pl., apr. *dumis* ds.; aksl. *dymъ* ,Rauch';

mit *ū*: mir. *dumacha* Pl. ,Nebel' (nir. *dumhach* aus *dhumuko-* ,neblig, dunkel'); gr. *θῦμος, -ον* ,Thymian' (starkriechende Pflanze wie auch *θύμβρα, θύμβρον* ,Satureja thymbra L.' s. Boisacq m. Lit.; nach Niedermann Gl. 19, 14 zu russ. *dubrávka, dubróvka* ,Potentilla Tormentilla', das nach Berneker 215 zu aksl. *dǫmbъ* ,Eiche' [s. unten S. 264] gehört).

Lat. *fimus* ,Mist, Dünger' (als *dhu̯-i-mos* auf Grund von *suffio, -īre* erwachsen);

mit idg. *ou*: ahd. *toum* ,Dampf, Dunst, Duft', as. *dōmian* ,dampfen'.

Dazu Farbenadjektive der Bed. ,rauchfarben, nebelgrau, düster': ai. *dhūmrá-* ,rauchfarben, grau, braunrot, trüb (auch vom Verstand)', *dhūmala-* ,rauchfarben, braunrot';

lit. *dum̃blas* ,Schlamm, Moor auf dem Grund eines Teiches', lett. *dubļi* ,Schlamm, Kot' (vermutlich = ai. *dhūnra-*; vgl. aber unten S. 268 und

Mühlenbach-Endzelin I 509), lett. *dūmal'š* ‚dunkelfarbig, braun‘, *dūmaiņs*
‚rauchfarben‘, *dumjš*, fem. *dumja* ‚dunkelbraun, fahl, trüb (von den Augen)‘
dumm‘, *dumūksnis* ‚Sumpf‘, *dumbra zeme* ‚schwarzes Moorland‘, *dumbrs*,
dumbrs ‚Quelle, Moor, Morast‘ (vgl. Mühlenbach-Endzelin I 514; ausführlich
über solche Moorbezeichnungen nach der Farbe Schulze Kl. Schr. 114);

vgl. mit dem Farbnamensuffix *-no-*: lett. *dûņi, dùņas* Pl. ‚Schlamm‘,
mit *-ko-*, bzw. von der Wurzelerw. mit *-k-*: lett. *dùksne, dùkste* ‚Sumpf,
Pfuhl, Morast‘: *dūkans* ‚Schweißfuchs, dunkelfarbig‘;

mit *-g-*: lett. *duga* ‚zäher Schleim, der auf dem Wasser schwimmt‘,
dugains ûdens ‚unreines Wasser‘, d. *uguns* ‚dunkle, getrübte Flamme‘,
dungans ‚Schweißfuchs‘ (wenn letzteres nicht aus **dumgans*, vgl. *ba͂lgans*
‚weißlich‘, *salgans* ‚süßlich‘);

mit *-t-* toch. B *tute* ‚gelb‘?

Mit *l*-Formantien:

Ai. *dhūli-, dhūlī* f. ‚Staub, staubiger Erdboden, Blütenstaub‘, *dhūlikā*
‚Nebel‘, alb. *dëlënjë* ‚Wacholder‘ (als ‚Räucherholz‘, aus **dhūlinįo-*), lat.
fūlīgo ‚Ruß‘, mir. *dúil* ‚Wunsch, Begehr‘ (*Gemütswallung, wie *θυμός*),
lit. *dūlis* m. ‚Räucherwerk zum Forttreiben der Bienen‘, *dùlkė* ‚Stäubchen‘,
lett. *dūlājs, dūlėjs* ‚mehr rauchende als brennende Fackel zum Honigaus-
nehmen‘; lit. *dulsvas* ‚rauchfarben, mausgrau‘; ablautend russ. *dúlo* ‚Mündung (eines Gewehrs, einer Kanone‘), *dúlce* ‚Mundstück eines Blasinstru-
ments‘ (usw., s. Berneker 237; erst slav. Ableitungen von *dutí* ‚blasen‘).

Verba und einzelsprachliche Nominalbildungen:

ai. *dhūnóti (dhunóti, dhuváti)* ‚schüttelt, bewegt hin und her, facht an‘,
Fut. *dhaviṣyati*, Perf. *dudhāva*, Pass. *dhūyáte*, Partiz. *dhutá-ḥ, dhūtá-ḥ*
‚geschüttelt‘, mpers. *dīt* ‚Rauch‘; ai. *dhunāti* ‚bewegt sich hin und her,
schüttelt‘, Partiz. *dhūnāna-, dhūni-* f. ‚das Schütteln‘, *dhūnayati* ‚bewegt
hin und her, schüttelt‘, *dhavitram* n. ‚Fächer, Wedel‘, *dhavitavyà-* ‚anzu-
fächeln‘; av. *dvaidi* ‚wir beide bedrängen‘? (*du-vaidi); Kuiper Nasalpräs.
53 stellt hierher ai. *dhvajati* (Dhp. 7, 44), av. *dvažaiti* ‚flattert‘ (dazu ai.
dhvajá-ḥ ‚Fahne‘) aus **dhu-eg-* (?);

arm. *de-dev-im* ‚schwanke, schaukle‘ (vgl. das ebenfalls redupl. Intensiv
dhvajá-ḥ ai. *dō-dhavīti*);

gr. *θύω* (*ἔθυσα*), lesb. *θυίω* ‚stürme einher, brause, tobe, rauche‘ (*dhu-įō,
υ aus *θύσω, ἔθυσα*, wie auch *ū* im ai. Pass. *dhūyáte* und anord. *dyja*
‚schütteln‘ Neubildung ist; in der Bed. ‚rase‘ vielleicht aus **dhusįō*, s.
dheṷes-), *θυάω, θυάζω* ds., *θύελλα* ‚Sturm‘ (s. S. 269 unter *dheṷes-*), ep. *θόρω*
‚fahre einher, stürme daher‘ (**θυνϜω*), *θυνέω* ds. (**θυνέϜω*), *θῦνος· πόλε-*
μος, ὁρμή, δρόμος Hes. Mit der Bed. ‚rauchen (Rauchopfer), riechen‘:
θύω (*θύσω*), *τέθυκα* ‚opfere‘, *θυσία* ‚Opfer‘, *θῦμα* ‚Opfertier‘, *θύος* n.
‚Räucherwerk (daher lat. *tūs*), Opfergabe, Opfer‘ (davon *θυεία* ‚Mörser‘?

s. Boisacq m. Lit.), *ϑύεις, ϑυήεις* ‚von Opferdampf oder Räucherwerk duftend‘, *ϑύον* ‚ein Baum, dessen Holz wegen seines Wohlgeruches verbrannt wurde‘, *ϑυία, ϑύα* ‚Thuya‘, *ϑυηλή* ‚Opfergabe‘ (: ion. *ϑυαλήματα* : att. *ϑυλήματα*, **ϑύϜα-* : **ϑυ-*, s. Bechtel Lex. 168 f., Boisacq s. v.), *ϑϋμέλη* ‚Opferstätte, Altar‘.

Auf Grund der Bed. ‚(zusammen)wirbeln‘ *ϑίς, ϑινός* ‚Sandhaufen, bes. Düne, Gestade, Sandbank, Haufen überhaupt‘, aus **ϑϜ-ῑν*, gebildet wie *ακτίν-, γλωχίν-, δελφίν-, ὠδίν-*, vgl. gr. *ϑίλα* ‚Haufen‘ (Hes.), zur Bed. unten nhd. *Düne*; kaum mit Schwyzer Gr. Gr. I 570² zu ai. *dhiṣṇya-* ‚auf einen Erdaufwurf aufgesetzt‘;

alb. geg. *dëj*, tosk. *dënj* ‚berausche‘, Med. ‚schwinde dahin, schmelze‘ (**deunįō*, vgl. got. *dauns* ‚Dunst‘), *dêjet* ‚fließt, schmilzt‘;

lat. *suf-fiō, -fīre* ‚räuchern‘ (*suffīmentum* ‚Räucherwerk‘; über *fīmus* s. oben) aus **-dhṷ-ịọ̄*, wie *fīo* ‚werde‘ aus **bhṷ-ịọ̄, foeteo, -ĕre* ‚übel riechen, stinken‘ auf Grund eines Partiz. **dhṷ-oị-to-s* (wie *pūteō* von **pūtos*);

hierher (als **Aufgeschüttetes*) gall., urir. *Δοῦνον*, latin. *dūnum*, air. n. *s*-St. *dūn* (: lat. *fūnus*, s. S. 260) ‚Burg‘ (**Hügel*), acymr. *din* (ncymr. *dinas*) ds.; air. *dú(a)ĕ*, arch. *dóĕ* ‚Wall‘ (**dhōuįo-*); air. *dumae* m. ‚Hügel‘, gall. GN *Dumiatis*; auch air. *dé* f. Gen. *dïad* ‚Rauch‘, mir. *dethach* ds. (**dhuịịat-*);

ags. *dūn* m. f. ‚Höhe, Berg‘, engl. *down* ‚Sandhügel, Düne‘, mnl. *dūne*, mnd. *dǖne*, daraus nhd. *Düne*; vgl. zur Bedeutung klr. *vý-dma* ‚Düne‘ zu slav. *dъmǫ* ‚blase‘; hingegen ist germ. **tū-na-* ‚Zaun, eingehegter Platz‘ (aisl. ags. *tūn* ds., ‚Stadt‘, nhd. *Zaun*) wohl kelt. Lw.;

anord. *dӯja* ‚schütteln‘ s. oben;

got. *dauns* f. ‚Geruch, Dunst‘ (**dhou-ni*), anord. *daunn* m. ‚Gestank‘ (vgl. alb. *dej*; über ahd. nhd. *dunst* s. unter der Wurzelform **dheṷes-*); anord. *dūnn* m. ‚Daune (daraus mnd. *dūne*, wovon wieder nhd. *Daune*; vgl. mndl. *donst* ‚Daunen, Staubmehl‘ == dt. *Dunst*; s. Falk-Torp u. *dun*); as. *dununga* ‚deliramentum‘ (*ŭ* oder *ū*?); aisl. *dūni* ‚Feuer‘;

lit. *dujà* f. ‚Stäubchen‘, *dujė* ‚Daune‘; *dvȳlas* ‚schwarz, schwarzköpfig, vom Rinde‘, ablaut. *dùlas* ‚fahlgrau‘;

slav. **dujǫ, *duti* (z. B. russ. *dúju, dutь*) ‚blasen, wehen‘, ablautend **dyjǫ* in sloven. *dîjem, dîti* ‚wehen, duften, leise atmen‘; aksl. *dunǫ dunǫti* (**dhoun-*) ‚blasen‘ (ablautend mit ai. *dhū̆-nóti, -nā́ti*, gr. *ϑύνω*);

toch. A *twe*, B *tweye* ‚Staub‘.

Vgl. noch das vielleicht ursprungsgleiche **dheu-* ‚laufen, rinnen‘.

Wurzelerweiterungen:

*1. bh-*Erw.: *dheubh-* ‚stieben, rauchen; neblig, verdunkelt, auch vom Geist und den Sinnen‘.

Gr. τύφω (θῦψαι, τύφῆναι) ‚Rauch, Dampf, Qualm machen; langsam verbrennen, sengen; Pass. rauchen, qualmen, glimmen‘, m. τῦφος ‚Rauch, Dampf, Qualm; Benebelung, Torheit, dummer Stolz‘, τετυφῶσθαι ‚töricht, aufgeblasen, hoffärtig sein‘, τυφῶς, -ῶ oder -ῶνος ‚Wirbelwind, Ungewitter‘, τυφεδών, -όνος ‚verheerender Brand‘, τυφεδανός, τυφογέρων ‚geistesschwacher Alter‘; τυφλός ‚blind, dunkel, blöde‘, τυφλόω ‚blende‘, τυφλώψ ‚blind‘, τυφλώσσω ‚werde blind‘.

Air. *dub* (*dhubhu-) ‚schwarz‘, acymr. *dub* (*dheubh-), ncymr. *du*, acorn. *duw*, mcorn. *du*, bret. *dù* ‚schwarz‘, gall. *Dubis* ‚Le Doubs‘, d. i. ‚Schwarzwasser‘; wohl auch mir. *dobur* ‚Wasser‘, cymr. *dwfr*, corn. *dour* (d. i. *dowr*), bret. *dour* (d. i. *dur*) ds., gall. *Uerno-dubrum* Flußname (‚Erlenwasser‘) sind nach derselben Anschauung benannt; vielleicht sind aber die kelt. Worte mit idg. *b* anzusetzen und gehören zu *dheub-* ‚tief‘ (unten S. 268), da ‚tief‘ und ‚schwarz‘ leicht identisch sein können. So kann der pomerell. FlN *Dbra* (*dъbra) ebensogut mit lett. *dubra*, ksl. *dъbrь* identisch sein.

Got. *daufs* (-*b*-) ‚taub, verstockt‘, anord. *daufr* ‚taub, träge‘, ags. *dēaf* ‚taub‘, ahd. *toup* (-*b*-) ‚taub, stumpfsinnig, unsinnig‘, anord. *deyfa*, mhd. *touben* ‚betäuben, kraftlos machen‘, ablautend nd. *duff* ‚schwül (Luft), matt (Farbe), gedämpft (Laut)‘, ndl. *dof*, mhd. *top* ‚unsinnig, töricht, verrückt‘, ō-Verb: ahd. *tobon*, as. *dovōn* ‚wahnsinnig sein‘, ags. *dofian* ‚rasen‘, ē-Verb: ahd. *tobēn*, nhd. *toben*, sowie (als Partiz. eines st. V.) anord. *dofinn* ‚stumpf, schlaff, halbtot‘, wozu *dofna* ‚schlaff, schal werden‘; anord. *dupt* n. ‚Staub‘, norw. *duft*, *dyft* f. ds., mhd. *tuft*, *duft* ‚Dunst, Nebel, Tau, Reif‘, ahd. *tuft* ‚Frost‘, nhd. *Duft* ‚feiner Geruch‘ (oder zur Wurzelf. *dheup-*, s. unten); got. (*hraiwa-*)*dūbō*, anord. *dūfa*, ags. *dūfe*, ahd. *tūba* ‚Taube‘ (nach der dunkeln Farbe).

Nasaliert got. *dumbs*, anord. *dumbr*, ags. *dumb* ‚stumm‘, ahd. *tumb* ‚stumm, dumm, unverständlich‘, as. *dumb* ‚einfältig‘. Doch scheint ein *dhu-m-bhos ‚dunkel‘ auch durchs Slav. gestützt zu werden (s. unten).

Vielleicht (Berneker 215) aksl. *dǫbъ* ‚Eiche, dann Baum überhaupt‘ als ‚Baum mit dunkelm Kernholz‘ wie lat. *rōbur*. Dagegen kann bei lett. *dumbra zeme* ‚schwarzes Moorland‘ usw. *b* Einschublaut zwischen *m* und *r* sein, s. oben, ebenso bei lit. *dumblas* ‚Schlamm‘ (mhd. *tümpfel*, nhd. *Tümpel*, Prellwitz KZ. 42, 387, vielmehr zu nhd. *tief*, mnd. *dumpelen* ‚untertauchen‘, s. Schulze SBpr.Ak. 1910, 791 = Kl. Schr. 114).

Daneben **dhūp-** in: ai. *dhūpa-* m. ‚Rauch, Räucherwerk‘, ahd. *tūvar*, *tūbar* ‚wahnsinnig‘ (auch in *Duft*? s. unten).

2. **dh**-Erw.: **dheu-dh-** ‚durcheinanderwirbeln, schütteln, verwirren‘.

Ai. *dódhat-* ‚erschütternd, ungestüm, tobend‘, *dúdhi-*, *dudhra-* ‚ungestüm‘, wohl auch *dúdhita-* (Beiwort von *tamas* ‚Finsternis‘) etwa ‚verworren, dicht‘;

gr. ϑύσσεται· τινάσσεται Hes. (*ϑυϑιεται), ϑύσανος ‚Troddel‘, hom.
ϑυσανόεις ‚mit Troddeln oder Fransen behangen‘ von *ϑυϑια (*dhudhia
= lett. duša ‚Bündel‘), τευϑίς, τεῦϑος, τευϑός ‚Tintenfisch‘ (‚das Wasser
trübend, verwirrend‘);

germ. *dud-, geminiert *dutt- und *dudd-: dän. dude, älter dudde
‚Taumellolch‘ (aber über isl. doðna ‚gefühllos werden‘ s. oben S. 260),
nd. dudendop, -kop ‚schläfriger Mensch‘, afries. dud ‚Betäubung‘, norw.
dudra ‚zittern‘, ags. dydrian ‚täuschen‘; mit -dd-: engl. dial. dudder ‚verwirren‘, dodder ‚zittern, wackeln‘, engl. dodder ‚briza media, Zittergras‘;
mit -tt-: mndl. dotten, dutten ‚verrückt sein‘, mnd. vordutten ‚verwirren‘,
mhd. vertutzen, betützen ‚betäubt werden, außer Fassung geraten‘, isl.
dotta ‚vor Müdigkeit nicken‘;

ähnlich, auf Grund von *dhuedh-: ostfries. dwatje ‚albernes Mädchen‘,
dwatsk ‚einfältig, verschroben‘, jütisch dvot ‚an der Drehkrankheit leidend‘.

Mit dem Begriff des wirren Gerankes schwed. dodra, mhd. toter m.
‚Dotterkraut, cuscuta‘, mengl. doder, nengl. dodder ‚Flachsseide‘, ndl.
(vlas)-doddre ds. Nach Falk-Torp u. dodder wäre das Wort als Bezeichnung für gewisse Pflanzen mit gelben Blüten auf den Eidotter übertragen:
as. dodro, ahd. totoro, ags. dydring ‚Ei-dotter‘ (-ing beweise die Ableitung
von Pflanzennamen); eher ist dafür ‚Klumpen‘ = ‚dicke Masse‘ im Gegensatz zum zerfließenden Eiweiß die vermittelnde Bed. gewesen (Persson)
oder vgl. norw. dudra ‚zittern‘ das elastische Zittern dieses gallertartig
wippenden Kerns; vgl. aisl. doðr-kvisa ‚ein Vogel‘.

3. k-Erw.: dhuēk-, dhŭk- und dheuk-:

Ai. dhukṣatē, dhukṣayati mit sam- ‚facht (bläst) das Feuer an, zündet
an, belebt‘, dhūka- m. (unbelegt) ‚Wind‘;

lit. dvėkti, dvėkúoti, dvėkterėti ‚atmen, keuchen‘, dvõkti ‚stinken‘, dvãkas
‚Hauch, Atem‘, dùksas ‚Seufzer‘, dūkstù, dūkti ‚rasend werden, rasen‘,
dūkis ‚Raserei‘, lett. dùcu, dùkt ‚brausen, tosen‘, ducu, ducêt it. ‚brausen‘,
dūku (*dunku), duku, dukt ‚matt werden‘; Farbbezeichnungen wie lett.
dūkans ‚dunkelfarbig‘ (s. oben) schlagen vermutlich die Brücke zu:

ahd. tugot ‚variatur‘, tougan ‚dunkel, verborgen, geheimnisvoll, wunderbar‘, n. ‚Geheimnis, Wundertat‘, as. dōgalnussi ‚Geheimnis, Schlupfwinkel‘,
ags. dēagol, diegle ‚heimlich‘, ahd. tougal ‚dunkel, verborgen, geheim‘;
auch ags. dēag f. ‚Farbe, fucus‘, dēagian ‚färben‘, engl. dye.

4. l-Erw.: dh(e)uel- (vgl. dazu oben die l-Nomina wie ai. dhūli-) ‚auf-
wirbeln, trüben (Wasser, den Verstand); trübe, dunkel, geistig schwach‘.

Gr. ϑολός ‚Schlamm, Schmutz, bes. von trübem Wasser, der dunkle
Saft des Tintenfisches‘ (= got. dwals), Adj. ‚trübe‘, ϑολόω ‚trübe‘, ϑολερός
‚schlammig, trübe, verfinstert; verwirrt, betört‘;

Δύαλος, Name des Dionysos bei den Paionen (Hes.) ‚der Rasende‘, illyr. *Δευάδαι· οἱ Σάτ[υρ]οι ὑπ᾽ Ἰλλυριῶν* (Hes.);

air. *dall* ‚blind‘, *clūas-dall* ‚taub‘ (‚gehörblind‘), cymr. corn. bret. *dall* ‚blind‘ (über **dyallos* < **dullos* aus **dhulno-s*);

got. *dwals* ‚einfältig‘, anord. *dvala* f. ‚Zögerung‘; ablautend as. ags. *dol* ‚albern, töricht‘, ahd. *tol, tulisc* ‚töricht, unsinnig‘, nhd. *toll*, engl. *dull* ‚dumm, fade, matt (auch von Farben)‘, anord. *dul* f. ‚Verhehlen, Einbildung, Hochmut‘, *dylja* ‚verneinen, verhehlen‘ und andererseits anord. *dōlskr* (**dwōliska-*) ‚töricht‘; as. *fardwelan* st. V. ‚versäumen‘, afries. *dwilith* ‚irrt‘; ags. Partiz. *gedwolen* ‚verkehrt, irrig‘, ahd. *gitwelan* ‚betäubt sein, säumen‘, anord. *dulinn* ‚eingebildet‘; Kaus. anord. *dvelja* ‚aufhalten, verzögern‘, as. *bidwellian* ‚aufhalten, hindern‘, ags. *dwelian* ‚irreführen‘, ahd. **twaljan, twallen*, mhd. *twel(l)en* ‚aufhalten, verzögern‘; anord. *dvǫl* f. ‚Verzögerung‘, ags. *dwala* m. ‚Verirrung‘, ahd. *gitwolo* ‚Betörung, Ketzerei‘; got. *dwalmōn* ‚töricht, wahnsinnig sein‘, ags. *dwolma*, as. *dwalm* ‚Betäubung‘, ahd. *twalm* ‚Betäubung, betäubender Dunst, Qualm‘, ·anord. *dylminn* ‚gedankenlos, leichtsinnig‘, dän. *dulme* ‚schlummern‘.

5. *n*-Erw.: **dhyen(ə)**- ‚stieben, heftig bewegt sein; wirbelnder Rauch, Nebel, Wolke; benebelt == dunkel, auch von der Verdunkelung des Bewußtseins, dem Sterben‘.

Ai. *ádhvanīt* ‚er erlosch, schwand‘ (vom Zorn, eigentlich ‚verdunstete, zerstob‘), Kaus. *dhvănayati* ‚verdunkelt‘, Partiz. *dhvāntá-* ‚dunkel‘, n. ‚Dunkel‘;

av. *dvan*- mit Präverbien ‚fliegen‘ (*apa-dvąsaiti* ‚macht sich auf zum Davonfliegen‘, *upa-dvąsaiti* ‚kommt herzugeflogen‘, Kaus. *us-dvąnayaṱ* ‚er lasse in die Höhe fliegen‘); *dvąnman*- n. ‚Wolke‘, *aipi-dvąnara-* ‚wolkig, neblig‘, *dunman*- ‚Nebel, Wolke‘;

gr. *θάνατος* ‚Tod‘, *θνητός* ‚sterblich‘ (**dhunatos* und **dhuntós*), dor. *θνάσκω* ‚sterbe‘, nach den Präs. auf *-ισκω* umgebildet att. *ἀποθνήσκω* (*-θανοῦμαι, -θανεῖν*), lesb. *θναίσκω* ds. (Schwyzer Gr. Gr. I 362, 709, 770);

lett. *dvans, dvanums* ‚Dunst, Dampf‘, *dviñga* ‚Dunst, Kohlendampf‘ (Mühlenbach-Endzelin I 546).

6. *r*-Erw.: **dheyer-** (**dhyer-, dheur-**) ‚wirbeln, stürmen, eilen; Wirbel == Schwindel, Torheit‘.

Ai. (unbelegt) *dhōraṇa-* n. ‚Trab‘, *dhōrati* ‚trabt‘ (== sl. *dur-*, s. unten); vielleicht *dhurá* Adv. ‚gewaltsam‘; *dhāṭi* ‚Überfall, nächtlicher Überfall‘, wenn mind. Entw. aus **dhvartī* ‚Heransturmen‘;

vielleicht gr. *ἀ-θύρω* (**ἀ- == ŋ̥* ‚in‘ + **θυρίω*) ‚spiele, belustige mich‘, *ἄθυρμα* ‚Spiel, Spielzeug; Schmuck, Putzsachen‘ (wenn ‚spielen‘ aus ‚springen‘);

lit. *padùrmai* Adv. ‚mit Ungestüm, stürmisch‘, apr. *dùrai* Nom. Pl. ‚scheu‘;

russ. *durь* ‚Torheit, Albernheit, Eigensinn‘, *durě̃tь* ‚den Verstand verlieren‘, *durítь* ‚Possen treiben‘, *durčk* ‚Narr‘, *dúra* ‚Närrin‘, *durnój* ‚schlecht, häßlich, übel‘, dial. ‚unvernünftig, wütend‘, *durníca* ‚Bilsenkraut, Taumellolch‘, klr. *dur*, *dura* ‚Betäubung, Taumel, Narrheit‘, serb. *dûrîm*, *dúriti se* ‚aufbrausen‘ usw.;

toch. A *taur*, B *tor* ‚Staub‘?

WP. I 835 ff.; WH. I 499 f., 561 f., 571 f., 865; Trautmann 62 f., Schwyzer Gr. Gr. I 686, 696, 703.

dheu-b-, dheu-p- ‚tief, hohl‘, **dhumb-** ‚Erdvertiefung‘ (mit Wasser gefüllt).

Formen auf -b:

gr. βυθός, ion. βυσσός m. ‚Tiefe (des Meeres)‘, wohl umgestellt aus **dhub-*; nach Jokl (Eberts RL. 13, 286 f.) hierher die thrak. ON Δόβηρος (**dhubēr-*), Δέβρη (**dheubrā*);

illyr. δύβρις· θάλασσα (Kretschmer Gl. 22, 216), auch in den tosk. FlN *Tubra*, *Drove* usw. (Pokorny Urillyrier 99);

air. *domain*, *fu-dumain*, cymr. *dwfn*, corn. *down*, bret. *doun* (d. i. *dun*) ‚tief‘ (**dhubni-*), gall. *dubno-*, *dumno-* ‚Welt‘ (*Dubno-rīx* eig. ‚Weltkönig‘). air. *domun* ds., acymr. *annwf(y)n*, ncymr. *annwn* ‚das Götter- und Totenreich‘ (**an-dubno-* eig. ‚Un-, Außenwelt‘ wie aisl. *ūt-garðr*); s. auch unten S. 268 slav. **dъbno*;

got. *diups*, aisl. *diūpr*, ags. *dēop*, as. *diop*, ahd. *tiof* ‚tief‘; got. *daupjan*, ags. *diepan*, as. *dōpian*, ahd. *toufen* ‚taufen‘ (eig. ‚untertauchen‘), aisl. *deypa* ‚tauchen‘; mit -pp-: norw. *duppa* ‚untertauchen‘ und die j-Bildung, ags. *dyppan* ‚tauchen; taufen‘, ndd. *düppen*, ahd. *tupfen* ‚lavare‘; mit gemin. Spirans faer. *duffa* ‚schaukeln‘ (vom Kahn); mit gemin. Media norw. *dubba* ‚sich bücken‘, *dobbe* ‚sumpfiges Land‘ (vgl. Wissmann Nom. postverb. 170, 186); nasaliert norw. *dump* m. ‚Vertiefung in der Erde‘, dän. dial. *dump* ‚Höhlung, Niederung‘, engl. *dump* ‚tiefes, mit Wasser gefülltes Loch‘, ahd. *tum(p)filo* ‚Strudel‘, mhd. *tümpfel*, nhd. (aus dem Ndd.) *Tümpel* ‚tiefe Stelle im fließenden oder stehenden Wasser; Lache‘, engl. *dimple* ‚Wangengrübchen‘, ndl. *domp(el)en* ‚tauchen, versenken‘;

lit. *dubùs* ‚tief, hohl‘, dazu die FlN *Dùbė*, *Dubingà* und *Dubýsa* (= cymr. FlN *Dyfi* aus **Dubīsā*, Pokorny Urillyrier 46 f.), *dùgnas* ‚Boden‘ (wohl wegen lett. *dibens* aus **dubnas* = slav. **dъbno*, gall. *dubno-*; s. die Lit. bei Berneker 245 f.); auch der FlN wruss. *Dubna* (= lett. *Dybnòja*) ‚der tiefe Fluß‘ und die apr. ON *Dum(p)nis*, *Dumna* zeigen noch *bn*; *dumbù*, *dùbti* ‚hohl werden, einsinken‘, *daubà*, *dauburỹs* ‚Schlucht‘, *dúobti* ‚aushöhlen‘, *duobė̃* ‚Höhle‘ (lett. *duôbs*, *duôbjš* ‚tief, hohl‘, *dùobe* ‚Grube,

Grab' mit *uo* aus *ōu?*), *dubuō, -cūs* ,Becken', *duburŷs, dūburŷs, dubuŕkis*
,Grube voll Wasser, Loch, Tümpel', nas. *dumburŷs* ,tiefes, mit Wasser
gefülltes Loch', *dumblas* ,Schlamm, Morast' (doch s. oben S. 261); lett.
dubẹns (neben *dibẹus*) ,Grund, Boden' (vgl. Mühlenbach-Endzelin I 465
u. 509), *dubt* ,hohl werden, einsinken', *dubl'i* Pl. m. ,Kot, Morast'; apr.
padaubis ,Tal' und *daubo* f. ,Grund' (vgl. oben S. 249);

abg. *dъbrъ* (und daraus *dъbrъ*) ,φάραγξ' ,Schlucht' (: lett. *dubra* ,Pfütze');
ksl. *dъno* (*dъbno*) ,Grund, Boden'; über den FlN pomerell. *Dbra* s. S. 264.

Formen auf *-p* :

ahd. *tobal*, mhd. *tobel* ,enges Tal', nhd. *Tobel*; aschwed. *dūva* wohl st. V.
,tauchen', aisl. *dūfa* ,niederdrücken', *dŷfa, deyfa* ,tauchen', ags. *diefan,*
dūfan ds., engl. *dive*, mnd. *bedūven* ,überschüttet, bedeckt werden', *bedoven*
,niedergesunken';

slav. **dupa* f. in sloven. *dúpa* ,Erdhöhle', čech. *doupa* ,Loch', abg.
dupina ,Höhle', mbg. russ.-ksl. *dupl'ъ* ,hohl, leicht', russ. *dupló* n. ,Höh-
lung im Baumstamm', skr. *dȕpe*, Gen. *-eta* ,Hinterer', *dúplja* ,Baumhöhle',
alt *dupan* ,Höhle' usw.; ablaut. poln. *dziupło* n., *dziupla* f. ,Baumloch' usw.
Ob hierher als **dheu-g-*: germ. **dū̆-k-*, **du-kk-* ,tauchen, sich *ducken*'?
WP. I 847 f., WH. I 565, 867, Trautmann 45 f.

dheubh-, dhubh- ,Pflock, Keil; schlagen'? unsicher, da fast nur germ.

Gr. τέφοι· σφῆνες Hes.

Deminutiv mhd. *tübel*, mnd. *dövel* ,Klotz, Pflock, Zapfen, Nagel' (nhd.
Döbel, Dübel mit md. Anlaut), ahd. *tubila, -i* ,Zapfen', engl. *dowel-pin*
,Pflock, Stift'; mnd. *dövicke*, ndl. *deuvik* ,Zapfen'; schwed. norw. *dubb*
,Pflock', tirol. *tuppe* ,großes Stück Holz', mnd. *dob(b)el*, mhd. *top(p)el*
,Würfel'. Daneben germ. Worte der Bed. ,schlagen' : ostfries. *dufen, duven*
,stoßen', ndl. *dof* ,Stoß, Ruderschlag', aisl. *dubba*, ags. *dubbian* ,zum Ritter
schlagen', ostfries. *dubben* ,stoßen'; da es auch ein germ. **daƀ-* ,schlagen'
gibt (s. u. *dhābh-* ,staunen'), könnte **duƀ-* eine (vielleicht unter Beihilfe der
Worte für ,Pflock, Zapfen' zustande gekommene) jüngere Variante sein.
WP. I 848.

dheu̯es-, dhu̯ēs-, dheus-, dhū̆s- ,stieben, stäuben, wirbeln (nebeln, regnen,
Dunst, Staub; aufs seelische Gebiet angewendet: gestoben, verwirrt
sein, betäubt, dösig, albern), stürmen (vom Wind und aufgeregtem
Wesen), blasen, wehen, hauchen, keuchen (Hauch, Atem, Geist, Gespenst, animal; riechen, Geruch)'. Erweiterung von 4. *dheu̯-*; auch
Ausdrücke für ,dunkle Farben' scheinen als ,nebelgrau, staubfarben'
angereiht werden zu sollen.

Ai. *dhvaṁsati* ,zerstiebt, zerfällt, geht zugrunde', Partiz. *dhvastá-,*
Kaus. *dhvaṁsáyati, dhvasáyati* ,bestäubt, vernichtet', *dhvasmán-* m. ,Ver-

dunkelung', *dhvasirá-* ‚bestäubt, besprengt', *dhvasrá-* ‚bestaubt, unkenntlich', *dhvásti-* f. ‚das Zerstäuben' (= ahd. *tunist, dun(i)st* ‚Wind, Sturm, Hauch, Dunst', ags. afries. *dūst* ‚Staub'), *dhūsara-* ‚staubfarbig'; zur Bildung (*dhu̯-és-mi*, Konj. *dhéu̯-s-ō* neben *dhu-n-és-mi*, Konj. *dhu̯-én-s-ō*) vgl. Kuiper Nasalpräs. 41;

gr. ϑύω (ϑυίω) ‚blase, stürme, woge, rauche, opfere' als *dhū-i̯ō* (υ aus ϑύσω, ἔϑυσα) zur einf. Wz. *dheu̯-* (s. S. 262), vielleicht aber in der Bed. ‚rase' aus *dhūs-i̯ō*, wie ϑυῖα f. ‚Bacchantin', ϑυιάς ds. (ϑυάζω ‚bin von bacchischem Taumel erfaßt') wohl aus *dhūs-i̯a* wegen ϑυστάδες· Βάκχαι Hes. und ϑύσϑλα ‚von den ϑυῖαι getragene Gegenstände', ϑυστήριος Beiname des Bacchus;

lat. *furō -ere* ‚rasen, wüten' kann *dhuso̅* sein, so daß *Furiae* = gr. ϑυῖαι; vgl. auch v. Blumenthal IF. 49, 172 zu ϑύσμαιναι· Βάκχαι; ἐχϑύσσῃ· ἱππεύσῃ Hes.; aber ϑύελλα ‚Sturm, Windsbraut' wohl Femininisierung eines *ϑυελος* ‚stürmend, rasend', wohl aus *ϑυϝελος*; ϑυμός ‚Zorn' ist = ϑυμός ‚anima' und nicht wegen lett. *dusmas* ‚Zorn' auf eine verschiedene Grundform *ϑυσμός* zurückzuführen; vgl. Mühlenbach-Endzelin I 521;

Ablautform *dhu̯es-* in hom. ϑέειον und ϑέϊον (mit metr. Dehnung zu ϑήϊον), att. ϑεῖον ‚Schwefeldampf, Schwefel' (*ϑϝεσ-(s)ιον?).

Vielleicht hierher ϑεός ‚Gott' wegen lit. *dvasià* ‚Geist', mhd. *getwās* ‚Gespenst' und Formen wie gr. ϑεό-φατος ‚von Gott gesprochen', ϑεσπέσιος, ϑέσπις ‚göttlich' als *ϑϝεσός* aus *dhu̯esos* nach Hirt Indog. Gr. I 195, Pisani REtIE. 1, 220 ff., Schwyzer Gr. Gr. I 450, 458, WH. I 102; Lit. bei Feist 122;

alb. *dash* ‚Widder, Schaf' (*Tier), nach Jokl (L.-k. Unters. 240) aus *dhu̯osi̯-*;

lat. vielleicht *furō*, s. oben; *fimbria* f. ‚Tierzotte, Franse' vielleicht aus *dhu̯ensri̯ā*; mit der Ablautform *dhu̯ēs-* : *februō, -āre* ‚reinigen, religiös sühnen' von *februum* ‚Reinigungsmittel' (sabin. nach Varro), wie auch *Februārius* ‚Reinigungsmonat', auf Grund von *dhu̯es-ro-* ‚räuchernd'; *fērālis* ‚zu den Unterirdischen, den Toten gehörig' wahrscheinlich auch hierher;

ob *bēstia, bēllua* ‚wildes Tier, Ungeheuer' als *dhu̯estiā, *dhu̯ēslou̯ā* hierher gehören, ist des Anlauts wegen trotz WH. I 102 äußerst zweifelhaft;

gallorom. *dūsius* ‚daemon immundus, incubus', daraus lad. eng. *dischöl*, nhd. westfäl. *dūs*, bask. *tusuri* ‚Teufel'; vgl. Pedersen Ét. celt. 1, 171; air. *dāsacht* ‚Wut', *dāistir immum* ‚ich werde rasend' (*dhu̯ōs-t-*, ablaut. mit ags. *dwǣs* usw.); air. *dōē* ‚träge', vielleicht als *dhousio-* zu nhd. *dōsig*; ags. *dwǣs* ‚dumm, töricht', mnd. *dwās* ds., mhd. *twās, dwās* m. ‚Tor, Narr, Bösewicht', *getwās* n. ‚Gespenst; Torheit' (vgl. zur ersteren Bed. mhd. *tuster* n. ‚Gespenst'; zur Dehnstufe air. *dāsaid*); ablaut. ags. *dysig* ‚albern', engl. *dizzy* ‚schwindelig', mnd. *dūsich* ‚betäubt, schwindelig', nd.

düsig, dösig, ahd. *tusic* ‚hebes‘, mnd. *düsen, dosen* ‚gedankenlos dahingehen‘, engl. *doze* ‚duseln‘, nhd. (ndd.) *Dusel* (in der Bed. ‚leichter Rausch‘ vgl. nhd. mdartl. *dusen* ‚zechen‘ und mhd. *tüsen* ‚lärmen, sausen‘);

dazu: norw. *düsa* ‚duseln‘, anord. *düsa* ‚sich still verhalten‘, *düs* ‚Windstille‘, *düra* ‚schlafen‘, mhd. *türmen* ‚schwindlig sein, taumeln‘ usw.;

mit germ. *au:* mhd. *dösen* ‚sich still verhalten, schlummern‘, *töre* ‚irrsinnig, Narr‘, nhd. *Tor, töricht,* mnd. *döre* m. ‚Tor, Geisteskranker‘;

mit der Bed. ‚stäuben, verstäuben, zerstreuen‘: mhd. *tœsen, dœsen* ‚zerstreuen‘, *verdœsen* ‚vernichten‘ (aus **dausjan*), norw. mdartl. *deysa* ‚aufhäufen‘, wohl ursprüngl. von ‚Staub- und Abfallhaufen‘, unter welcher Mittelbed. auch anord. *dys* f. ‚aus Steinen aufgeworfener Grabhügel‘, norw. mdartl. *dussa* ‚ungeordneter Haufe‘ angereiht werden kann;

mit der Bed. ‚stieben, Staubregen u. dgl.‘: norw. *duskregn* ‚Staubregen‘, *duska, dysja* ‚fein regnen, rieseln‘, engl. *dusk* ‚trübe‘, nhd. bair. *dusel* ‚Staubregen‘; westgerm. **dunstu-* ‚Ausdünstung‘ (s. oben S. 263) in ahd. *tun(i)st* ‚Wind, Sturm‘, mhd. *tunst* ‚Dunst‘, ags. afries. *düst* n. ‚Staub‘ (anord. *dust* n. ‚Staub‘ ist mnd. Lw.), dän. *dyst* ‚Mehlstaub‘, mnd. nnd. *dust* m. ‚Staub, Spreu, Hülse‘;

mit der Bed. ‚atmen — animal‘: got. *dius* n. ‚wildes Tier‘ (**dheus-*), anord. *dȳr* n. ‚Vierfüßler, wildes Tier‘, ahd. *tior* ‚Tier‘, ags. *dēor* ‚wildes Tier‘, Adj. ‚heftig, wild, tapfer‘;

lit. *dvesiù, dvėsiaũ, dvėsti* ‚atmen, den Geist aushauchen, verenden‘, lett. *dvēsele* f. ‚Atem, Seele, Leben‘, ablaut. (**dhuos-*), lit. *dvasas* m., *dvasià* f., Gen. *dväsios* ‚Geist‘, ‚Atem‘, lett. *dvaša* ‚Atem, Hauch, Geruch‘ (: russ. *dvochatь,* idg. **dhu̯os-*); schwundstuf. (**dhūs-*), lit. *dùsas* ‚Seufzer‘ und ‚Dunst‘ (= klr. *doch*), *düstù, dùsti* ‚außer Atem kommen‘, lett. *dust* ‚keuchen‘, *dusmas* ‚Zorn‘, lit. *dūsiù, düsėti* ‚schwer aufatmen, seufzen, keuchen‘, *düsauti* ds.; lit. *daũsos* f. Pl. (**dhous-*) ‚die obere Luft, Paradies‘, *dausìnti* ‚lüften‘;

russ. *dvóchatь, dvochátь* ‚keuchen‘ (s. oben); aksl. (*vъs*)*dъchnǫti* ‚aufatmen, aufseufzen‘, klr. *doch* ‚Hauch‘ (**dъchъ*), aksl. *dychajǫ, dyšǫ, dychati* ‚atmen, hauchen, wehen‘, *duchъ* (: lit. *daũsos*) ‚Hauch, Atem, Geist‘, *duša* ‚Atem, Seele‘ (**dhousi̯ā*), *dušǫ, duchati* ‚hauchen, blasen, vom Wind‘ usw.

Worte für düstere Farben (‚staubfarbig, nebelgrau‘):

Ai. *dhūsara-* ‚staubfarbig‘ (s. oben); lat. *fuscus* ‚dunkelbraun, schwarzgelb, schwärzlich‘ (**dhus-qo-*), *furvus* ‚tiefschwarz, finster‘ (**dhus-u̯o-*), ags. *dox* (**dosc*) ‚dunkel‘, engl. *dusk* ‚trübe; Zwielicht‘ (= lat. *fuscus;* vgl. auch norw. *dusmen* ‚neblig‘), mit Formans *-no-* ags. *dunn* (kelt. Lw.?), as. *dun* ‚spadix‘, anord. *dunna* ‚anas boschas‘, as. *dosan,* ags. *dosen* ‚kastanienbraun‘, ahd. *dosan, tusin* ‚gilvus‘ (westgerm. Lw. ist lat. *dosinus* ‚aschgrau'); mir. *donn* ‚dunkel', cymr. *dwnn* ‚subfuscus, aquilus', gall. PN *Donnos* usw. (*dhu̯osnos).

WP. I 843 f., WH. I 102, 386, 472 f., 570 ff., Trautmann 64 f.

dheugh- ‚berühren (sich gut treffen), drücken, ausdrücken, melken, reichlich spenden'.

Indo-iran. *dhaugh- ‚melken' in ai. *duháti*, athem. *dógdhi* ‚melkt, milcht', die Wunschkuh *Kāma-duh(ā)* ‚die reichlich Spendende' (= gr. *Τύχη*), pers. *dōγ*, *dōxtän* usw., apers. *han-duga* ‚Proklamation' (vgl. lat. *pro-mulgāre*); gr. *τυγχάνω* (*τεύξομαι, ἔτυχον, ἐτύχησα, τετύχηκα*) ‚treffen, antreffen, zufällig begegnen; ein Ziel oder einen Zweck erreichen; intr. sich vorfinden, gerade wobei sein, zufallen', *τύχη* ‚Gelingen, Glückszufall, Schicksal, Los', Göttin *Τύχη* (wohl ursprüngl. eine Wunschkuh?); *τεύχω* (*τεύξω*, Aor. *ἔτευξα*, hom. *τετυκεῖν*, Med. *τετύκοντο, τετυκέσθαι* — mit sek. *k* —, Perf. *τετευχώς, τέτυκται, τετεύχαται*) ‚tauglich herrichten, verfertigen, herstellen, veranlassen, hervorbringen', *τιτύσκομαι* ‚mache zurecht, ziele', *τεῦχος* n. ‚alles Gemachte, Gerät, Geschirr, Zeug, bes. Rüstung, Rüstzeug, Waffen; Schiffsgerät; Geschirr, Gefäß';

ir. *dūan* ‚Gedicht' (*dhughnā), *dūal* ‚passend' (*dhughlo-);

aisl. Inf. *duga*, Präs. *dugi*, Prät. *dugða* ‚von Nutzen sein, taugen, glücken', Präteritopräsens got. *daug*, ags. *déag*, as. *dōg*, ahd. *toug* ‚es taugt, nützt', Kaus. mnd. *dögen* ‚aushalten', as. *ā-dōgian* ‚ds., ordnen', ags. *gedīegan* ‚ertragen, überstehen'; ahd. *tuht* ‚Tüchtigkeit, Kraft', mhd. *tühtec*, nhd. *tüchtig* == ags. *dyhtig* ‚kräftig' (über got. *dauhts* ‚Gastmahl' s. Feist 116);

lit. *daũg* ‚viel', *dáuginti* ‚mehren'; russ. *dúžij* usw. ‚kräftig'.

WP. I 847, Benveniste BSL. 30, 73 f., Pisani REtIE. 1, 238 ff.

dhlas- oder **dhels-** (: **dhl̥s-**) ‚quetschen, drücken'?.

Ai. *dhr̥ṣád-* ‚Mahlstein';

gr. *θλάω* ‚zerquetsche, zermalme' (idg. *dhlas-ō oder *dhl̥sō), *ἐθλάσθην*, *θλαστός*;

čech. *dlasmati* ‚drücken' (*dhlās-mo- oder *dhols-mo-);

φλάω ‚θλάω' ist Kreuzung von *θλάω* mit *φλίβω*, wie andrerseits *φλίβω* durch Kreuzung mit *θλάω* auch zu *θλίβω* umgestaltet ist.

WP. I 877, Schwyzer Gr. Gr. I 676.

dhl̥gh- ‚Schuld, Verpflichtung'.

Air. *dligim* ‚habe worauf Anspruch, verdiene', mcymr. *dlyu*, mit epenthet. Vokal *dylyu* ‚debere', corn. *dylly* ds., mbret. *dellit* ds., air. *dliged* n. ‚Pflicht, Gesetz, Recht' (*dhl̥ghito-m), cymr. *dled*, *dyled*, mc. *d(y)lyet* f. ‚Pflicht', daneben *dlit* ‚Verdienst' (*dhl̥ghi̯tā); got. *dulgs* ‚Schuld' (an Geld);

aksl. *dlьgъ* ‚Schuld‘, russ. *dolg*, skr. *dûg* (Gen. *dûga*), poln. *dług*, čech. *dluh* ds.

Got. *dulgs* und die slav. Worte sind wohl urverwandt.

WP. I 868, Trautmann 55.

dhō- ‚schärfen‘.

Ai. *dhắra* ‚Schneide, Schärfe, Klinge‘, av. *dārā* f. ds., *tižidāra-* ‚mit scharfer Schneide‘, gr. θοός ‚scharf, spitz‘, ἔθόωσα ‚ich schärfte, spitzte‘ (*θο-Fός ṇo-Partiz., wie z. B. *θα-Fός ‚zerschnitten‘ in δαΐζω; für *dhə- zum o vgl. θοτός : θω-).

Ob hierher auf Grund eines *dhə-ro- ‚gespitzt‘ (: ai. *dhā-rā*) auch ags. *daroð* m. ‚Spieß, Wurfspieß‘, ahd. *tart* m. ‚Spieß‘, anord. *darrað-r* m., *darr* n. ‚Spieß‘? Und allenfalls dazu als ‚mit einem Spieße verwunden‘ weiter die germ. Sippe von as. ags. *derian* ‚verletzen, kränken‘, ahd. *terren* neben *tarōn*, *-ēn* ‚schaden, verletzen‘, ags. *daru* f. ‚Schade, Verletzung‘, ahd. *tara* f. ‚Verletzung‘?

WP. I 867 f.

dhō[u]- : **dhū-** ‚Strick‘??

Gr. θῶμι(γ)ξ, -ιγγος f. ‚Strick, Schnur, Band, Sehne des Bogens‘ (setzt *θω-μο- oder -μα voraus), lat. *fūnis* ‚Seil, Strick, Tau‘; Ablaut ō[u]- : ū-, wenn lat. *ū* nicht allenfalls dial. Entw. aus ō; nach J. Duchesne-Guillemin (BSL. 41, 178) angeblich hierher toch. AB *tsu-*, B *tsaw* ‚sich vereinigen‘(??).

WP. I 868, WH. 567 f. Vgl. auch Petersson Heterokl. 169 f.

dhrebh- ‚zerbrechen, zermalmen‘.

Got. *gadraban* ‚aushauen, λατομεῖν‘; anord. *draf* n., ags. *dræf* n. ‚Abfall‘, anord. *drafna* ‚sich in kleine Teile auflösen‘, *blōþ-drefjar* m. ‚Blutflecken‘;

aksl. *drobljǫ*, *drobiti* ‚zerreiben, zerbrechen‘, russ. *drobь* f. ‚Bruch, Bruchstück‘, russ.-ksl. *drobьnъ*, bulg. *dróben* ‚klein, gering‘, woneben mit Ablaut e : bulg. *drében* ds., *dreb* ‚Abfall von Wolle, beim Flachsriffeln; Leber‘, russ. *drébezg* ‚Scherben, Trümmer‘; Fick BB. 2, 199, Berneker 225—226 (m. weiterer Lit.).

Mit got. *hlaiw*, *þatei was gadraban us staina* vergleicht Hoffmann BB. 18, 288 τράφος· τάφος Hes., so daß die Anwendung unserer Wurzel auf das Herausbrechen von Steinen alt wäre.

Eine ähnliche Wz. **dhreb-** in:

Anord. *drepa* ‚stechen, stoßen, töten‘, ags. *drepan* ‚erschlagen, treffen‘, mnd. *drepen* ‚treffen, kämpfen‘, ahd. *treffan* ‚treffen, berühren‘, anord. *drep* n. ‚Schlag‘, ags. *gedrep* ds., mhd. *tref* m. n. ‚Streich, Schlag, Treff,

Zusammentreffen', ags. *drepe* m. (**drapi-*) ‚Totschlag', anord. *drāp* n. ds.; vermutlich als *kvǣđi drepit stefjum*: anord. *drāpa* f. ‚ein aus mehreren, durch sog. *stef* unterschiedenen Teilen bestehendes Gedicht; gewöhnlich ein Lobgesang'.

WP. I 875 f.

dhreĝ- ‚ziehen; dahinziehen, gleiten, streifen', gleichbedeutend mit *trāgh-* (s. dort).

Ai. *dhrájati* ‚streicht, gleitet dahin', *prá-dhrajati* ‚eilt', *dhrájas-* n., *dhrajati-* f. ‚das Streichen, Zug', *dhráj-* etwa ‚Zugkraft', *dhráji-*, *dhráji-* f. ‚Zug, Trieb';

anord. *drāk* f. ‚Streifen' (: ai. *dráj-*); nasaliert dazu vielleicht got. *drigkan*, aisl. *drekka*, ags. *drincan*, ahd. *trinkan* ‚trinken' (‚einen guten Zug machen, ducere pocula');

lit. *drežóti* ‚glattstreichen', *drýžas*, *druožě* ‚streifig', auch (?) lit. *drė́ž-iu*, *-ti* ‚reißen', *nudrėžti* ‚herunterreißen' (Juškević 346); dazu wohl *dróžti* ‚schnitzen, schlagen, gehen' usw., lett. *drāzt* ds.; s. unter 1. *dregh-*;

Lett. *dragât* ‚zerren' dagegen vermutlich zu mndl. *trecken* ‚ziehen', s. 4. *der-* (*dergh-*, *dreg-*) ‚schinden' und Mühlenbach-Endzelin I 488 m. Lit. WP. I 874.

1. *dhregh-* ‚laufen'.

Arm. *durgn*, Gen. *drgan* ‚Töpferscheibe' (nach Meillet BSL. 36, 122 aus **dhrgh-*);

gr. τρέχω (dor. τράχω), Fut. ἀποθρέξομαι, θρέξω ‚laufen', τροχός (: air. *droch*) ‚Rad', τρόχος ‚Lauf', τρόχις ‚Läufer, Bote', τροχίλος ‚Strandläufer'; kaum τράχηλος ‚Nacken, Hals'?? Pedersen IF. 5, 56, Zup. KZ. 36, 57; air. *droch* ‚Rad' (**drogo-n*);

auf Palatal wiese hingegen lett. *drãzu*, *drãzu*, *drãzt* ‚schnell laufen', lit. *padrózti* ds., die aber mindestens ebensogut als eine Variante auf Palatal neben *dheragh-* ‚ziehen' gelten könnten. Doch sind sowohl lit. (*pa*)*drózti* als auch lett. *drãzt* ‚schnell laufen' identisch mit lit. *drózti*, lett. *drāzt* ‚schnitzen' (s. *dhreĝ-*). Die Grundbedeutung ist ‚schnitzen'. Alle zahlreichen anderen Bedeutungen sind durch burschikose Verwendung zu erklären.

WP. I 874 f.

2. *dhregh-* ‚quälen, reizen'. ·

Ai. *drághatē* (Dhātup.) ‚quält, plagt, müht sich';
osset. *äw-därzin* ‚reizen' (E. Lewy KZ. 52, 306);
ags. *dracu* f. ‚Plage, Qual', *dreccan* ‚reizen, plagen' (? mit expressivem *k* ?);
aksl. *raz-dražǫ*, *-dražiti* ‚zum Zorn reizen', serb. *drâžīm*, *drážiti* ‚reizen';

18

ein *ni*-Abstraktum *drazmъ* ‚Reizung‘ liegt russ. *draznítь* ‚reizen, necken‘ zugrunde, *z* statt *ž* nach dem gleichbedeutenden Formans *-znъ*.

Auch eine Wurzel *dhrāgh-* oder *dhrēgh-* : *dhrōgh-* : *dhrəgh-* wäre möglich.

WP. 1 875.

dhreibh- ‚treiben, stoßen‘ usw.

Got. *dreiban* ‚treiben, stoßen‘, anord. *drīfa* ‚gezogen kommen, ziehen, strömen‘ usw., ags. *drīfan* ‚treiben, jagen, stürzen‘, as. *drīban* ‚bewegt werden, vertreiben‘, ahd. *trīban* ‚pellere, expellere‘ (schwundstuf. schw. Verb *tribōn* ‚agitare‘, *uolntribōn* ‚peragere‘); anord. *drift* f. ‚Treiben, Schneewehe‘, *drif* n. ‚was durch die Luft treibt, Gestöber‘, ags. *drif* n. ‚Treiben, Trift, Getriebenes‘, *drāf* f. ‚Treiben, Trift, Herde‘, mhd. *trift* ds., nhd. *Trift* ‚Viehweide, Herde‘;

lit. *drimbù*, *drìbti* ‚langsam niedertropfen‘, *snĩegas drimba* ‚der Schnee fällt dicht‘ (= anord. *þá drīfr snœr*); von *drib-* aus, das sowohl der *i-* wie der *e*-Reihe angehören kann, ist Übertritt in die *e*-Reihe erfolgt: *drebiù*, *drèbti* ‚mit Dickflüssigem werfen, klecksen‘.

WP. I 872, 876, Wissmann Nom. postverb. 68 f., Specht KZ. 68, 41.

dhreu- mit kons. Erweiterungen ‚zerbrechen, zerbröckeln‘; damit sind wohl aus intransitivem ‚abbröckeln‘ erklärbare Worte für ‚herabfallen, herabtröpfeln‘ zu verbinden.

1. **dhreus-, dhrēu-s-:**

Gr. θραύω (τέθραυσμαι, ἐθραύσθην) ‚zerbreche, zermalme‘, θραυστός, θραυλός (*θραυσ-λός), θραῦρος (Hes.) ‚zerbrechlich‘, θραῦμα, θραῦσμα ‚Bruchstück, Wunde‘, θραίνωσω (Lyk.), συνεθραύωται (Eur.) ‚zerschmettern‘ (weist auf *θραυ[σ]-ανός, s. Boisacq s. v. m. Lit.); θρυλίχθη (Hom.), θρυλίξας (Lyk.) ‚brechen, zerschmettern‘, θρυλεῖ ταράσσει· ὀχλεῖ Hes. (*θρῦλος aus *θρυσ-λο-; gr. -αυ- und -υ- sind als Reduktionsstufe und Schwundstufe eines *dhreus-* zu verstehen, woneben *dhreu-*; s. Bechtel KZ. 46, 164);

cymr. *dryll* ‚Bruchstück‘ (*dhrus-li̯o-), gallorom. Pl. *drullia* ‚Abfälle‘ (Kleinhans bei Wartburg III 163);

got. *drauhsnōs* f. Pl. ‚Brocken, Brosamen‘; wohl als Umstellung aus *dhrūs-kna* mit balt. *druska* nächst verknüpfbar; Einmischung eines zu nhd. *trocken*, ags. *drēahnian* — s. 2. *dher-, dhreugh-* ‚halten‘ — gehörigen Wortes würde allenfalls die überlieferten Formen als wirklich gesprochene zu betrachten gestatten; aber vgl. daneben got. *drausnōs* ds.;

got. *driusan* ‚fallen, herabfallen‘, as. *driosan*, ags. *drēosan* ‚fallen‘, norw. dial. *drysia* ‚herabrieseln‘; Kaus. got. *gadrausjan* ‚niederwerfen‘, ahd.

trören ‚tröpfeln, triefen machen, abwerfen'; dazu als ‚zusammenfallen, einknicken' mit lautsymbolisch gedehnter Schwundstufe: ags. *drūsian* ‚träge sein (vor Alter)', engl. *drowse* ‚schläfern'; ahd. *trūrēn* ‚niedergeschlagen sein, trauern; die Augen senken', mhd. *trūrec* ‚traurig'; ags. ablautend *drēorig* ‚betrübt'; anord. *dreyri* m. (**drauzan-*) ‚das aus der Wunde triefende Blut', as. *drōr* m. ‚Blut' (ags. ablautend *drēor* m. ds.), mhd. *trōr* m. ‚Tau, Regen, Blut';

lett. *druska* ‚Krümel', lit. *druskà* ‚Salz' (*Krümel), apr. *druskins* ‚Ohrenschmalz' (überliefert *dmskins*); dazu hsl. **druzga* ‚kleines Stück' in lit. *drùzgas* ds., sloven. *drûzgati* ‚zerdrücken', usw.

Labialerweiterungen:

dhreubh-: gr. *θρύπτω* (*ἐτρύφην*) ‚zerreiben, zerbröckeln; entkräften, verweichlichen, hinfällig machen', *θρύμμα* und *τρύφος* n. ‚Bruchstück', *τρυφή* ‚Weichlichkeit, Üppigkeit', *τρυφερός* ‚weichlich' (s. auch Boisacq s. v. *θρύπτω*);

lett. *drubaža* ‚Trumm', *drubazas* ‚Holzsplitter'.

dhreup-: as. *drūbōn, drūvōn* ‚betrübt sein'; lett. *drupu, drupt* ‚zerfallen, in Trümmer gehen', *draûpît* ‚zerbröckeln'; vgl. Mühlenbach-Endzelin I 505.

dhreub-: anord. *driūpa*, as. *driopan*, ags. *drēopan*, ahd. *triofan* ‚triefen, tropfen', o-stufig schw. Verb, ags. *drēapian* ‚destillare', e-stufig *drēopian* ds., anord. *drūpa* (**-ēn*) ‚überhangen, herabhangen, sich bücken', anord. *dropi* m. ‚Tropfen', ags. *dropa*, as. *dropo* ds.; Intens. ags. *dryppan, droppian*, ahd. *tropfōn* ‚tropfen', *tropfo* ‚Tropfen'; aisl. *dreypa*, ags. *driepan* ‚träufeln'; air. *drucht* ‚Tropfen' (**dhruptu-s*).

WP. I 872f., WH. I 553f., Wissmann Nom. postverb. 21, 104, 136, 140f., 182, Trautmann 61f., Kluge[11] s. v. *Trauer*.

1. dhreugh- ‚zittern, (sich) schütteln, einschrumpfen'.

Ags. *drȳge* ‚trocken' usw., s. oben S. 254f. unter *dhereugh-*;

lit *drugȳs* ‚Fieber; Schmetterling', lett. *drudzis* ‚kaltes Fieber; Fieber', *drudzinât* ‚nach Futter wiehern' (‚*sich schütteln'), vielleicht apr. *drogis* ‚Rohr' (wenn für *drugis*, s. Trautmann Apr. 323 m. Lit., Mühlenbach-Endzelin I 502); vielleicht lett. *drugt* ‚zusammensinken, sich mindern', Berneker 231 zw; s. auch unten S. 279;

poln. *drżę, drżeć* ‚zittern', alt auch ‚fiebern', *drgać*, perf. *drgnąć* ‚zittern, beben; zappeln, zucken', russ. *drožú, -átь*, perf. *drógnutь* ‚zittern, beben' (usw., s. Berneker 231). Zweisilbige Wurzelform **dhereugh-* oder **dhereng-* vermutet man in gr. *τοιθορύσσειν· σείειν* Hes., *τοιθορύκτρια· ἡ τοὺς σεισμοὺς ποιοῦσα* Hes. und *τανθαρύζω, τανθαλίζω* ds. Hes.

WP. I 873f., Berneker 231.

18*

2. dhreugh- ,trügen, listig schädigen', **dhrougho-s** ,Täuscher, Schädiger'.

Ai. *drúhyati* ,sucht zu schaden, tut zuleide' (Fut. *dhrōkṣyáti*, Partiz. *drugdhá-*), apers. Imperf. *adurujīya* (= ai. *adruhyat*) ,log', av. *druža̋ti* ,lügt, betrügt', ai. *drṓgha-*, *drṓha-* m. ,Beleidigung, Beschädigung, Verrat', av. *draoga-* ,lügnerisch', m. ,Lüge, Trug', apers. *drauga-* ,lügnerisch', ai. *drúh-* ,schädigend', f. ,Beschädigung, Unholdin, Gespenst', m. ,Unhold', av. *druj-* f. ,Lüge, Trug; Verkörperung der Lüge';

mir. *aur-ddraeh* (nachtonig aus **druag* = ai. *drṓgha-*) ,Gespenst';

as. *bidriogan*, ahd. *triogan* ,trügen', anord. *draugr* m. ,Gespenst', schwundstufig as. *gidrog* n. ,Trugbild', mndl. *gedroch* ds., ahd. *gitrog* n. ,Betrug, teuflisches Blendwerk'; anord. *draumr*, ahd. *troum*, as. *drōm*, engl. *dream* ,Traum' (germ. **drau(y)ma-* ,Trugbild').

Idg. *dhreugh-* ist sehr wahrscheinlich verwandt mit *dhu̯er-* ,durch Täuschung zu Falle bringen', indem zur Schwundstufe **dhru-gh-* aus **dhu̯r-gh-* sich neue Hochstufen idg. **dhreugh-*, **dhrough-* einstellten. Mit dem erweiternden *gh* wäre das von nhd. *Zwerg* identisch, wenn dieses Wort nicht auf ein verschiedenes idg. *dhu̯ergh-* ,zwerghaft, verkrüppelt' (s. dort) zurückgeht.

WP. I 874.

dhrigh- (oder **dhreikh-**) ,Haar, Borste'.

Gr. *θρίξ*, *τριχός* f. ,Haar, Borste', davon *θρίσσα*, att. *θρίττα* f., ein Fisch mit feinen Gräten', *τριχίας*, *τριχίς* ds.;

mir. *gairb-driuch* (**drigu-* oder **driku-*) ,Borste' (*garb* ,rauh');

aus gr. *θρίσσα* stammt wohl ital.-lombard. *trissa* ,Lota lota'; daraus wohl ebenfalls schweiz. *Trische* (11. Jh. *trisca*);

falls bsl. **draika-* ,lang gestreckt' als **dhroiko-* hierher gehört, also lit. *driēkti* ,ausdehnen, ausziehen (einen Faden)', *drỹkti* ,in langen Fäden herabhängen', slovak. *driek* m. ,Stamm', *driečny* ,stämmig', abg. *drъkolь* ,Stange', usw., könnte unsere Wurzel als **dhreikh-* angesetzt werden.

WP. I 876, Jud BullGlPat. Suisse Rom. 11, 8², Trautmann 58f., Berneker 223, 232.

dhrono- ,bunt'?

Für gr. *θρόνα* Pl. ,Blumenverzierungen in Gewändern (bei den alexandrin. Dichtern für *φάρμακα*, Zauber-, Heilkräuter gebraucht), bunte Gewänder, bunte Tiere' erschließen Hoffmann BB. 15, 86, Lidén Stud. 67f. eine Grundbed. ,bunt'. Unter dieser Grundbed. vergleicht Lidén aaO. alb. *drë-ri*, geg. *drę-ni-* m. ,Hirsch' (Tiere aus dem Hirsch- und Rehgeschlecht sind häufig als ,gesprenkelt, bunt' benannt), wofür eine illyr. Gdf. **drani-* (idg. *dhroni-*) durch die wohl illyr. Hesychglosse *αρανις· ἔλαφος* (*A-* verschrieben für *Δ-*) geboten wird.

Stokes Mél. Kern [RC 24, 217] vermutet für ϑρόνα als eigentliche Bed. ‚Stickerei' wegen mir. *druine* ds.
WP. I 876 f., WH. I 374.

dhug(h)əter- ‚Tochter'; Guttural wie bei **eg(h)om* ‚ich', s. dort.
Ai. *duhitár-* (*duhitā́*), av. *dugədar-*, *duγδar-* (aus **dughter-*), npers. *duxtar*, *duxt*, arm. (mit *s* aus *k* nach *u*) *dustr*, Gen. *dster*, gr. ϑυγάτηρ (Akzentverschiebung wie in μήτηρ, aber noch ϑυγατέρα wie μητέρα), osk. *futir*, Dat. *fu(u)trei* (Vetter Gl. 29, 242), got. *daúhtar*, anord. *dōttir* (run. Nom. Pl. *dohtriz*), ahd. *tohter*, lit. *duktė̃*, -*ers*, apr. *duckti*, aksl. *dъ̀šti*, -*ere*, toch. A *ckācar*, B *tkācer* ‚Tochter'.
WP. I 868, WH. I 557.

dhuen-, *dhun-* ‚dröhnen, tönen'.
Ai. *dhvánati* ‚tönt, rauscht', *dhvani-* m. ‚Laut, Hall, Donner, Wort', *dhvaná-* m. ‚Laut, ein bestimmter Wind', *dhvanita-* n. ‚Ton, Hall, Donner', *dhúni-* ‚rauschend, brausend, tosend', *dhundyati* ‚rauscht';
anord. *dynr* m. ‚Gedröhne', ags. *dyne* n. ds., engl. *din*, ahd. *tuni* ds.; anord. *dynia* (Prät. *dunda*) ‚dröhnen, lärmen', ags. *dynnan*, as. *dunnian* mhd. *tünen* ‚dröhnen'; germ. Erweiterungen davon scheinen anord. *dynkr* ‚Lärm, Schlag', mengl. *dunchen*, engl. *dunch* ‚puffen' und ndd. *dunsen* ‚dröhnen, stampfen', schwed. dial. *dunsc* ‚krachen, schlagen'.
Einmischung neuerlicher Schallnachahmungen kommt für die germ. Worte ebenso wie für lit. *dundė́ti* ‚heftig pochen, dröhnen' in Frage.
WP. I 869.

dhuer-, *dhuerə-* ‚durch Täuschung, Hinterlist zu Fall bringen, schädigen' (: *dhuῑr-* : *dhru-*).
Ai. *dhvárati* ‚beschädigt', Partiz. *dhrutá-*, -*dhrut* (und -*dhvr̥t*), *dhrúti-* f. ‚Täuschung, Verführung', **dhvará-* ‚trügend' in *dhvarás-* f. (Nom. -*áḥ*) ‚eine Art weiblicher Dämonen'; *dhū́rvati* ‚bringt durch Täuschung zu Fall, beschädigt' ('Tiefstufe einer schweren Basis *dhuerə-*), *dhúrta-ḥ* ‚betrügerisch', m. ‚Betrüger', *dhūrti-* f. ‚listige Beschädigung';
lat. *fraus*, -*dis* f. ‚Betrug, hinterlistige Täuschung, Schaden, Strafe', *frausus sum* (Plaut.), umbr. *frosetom* ‚fraudātum', lat. *frūstra* (jünger *frūstrā*) ‚irrtümlich, vergeblich', davon *frūstror*, -*āri* ‚täusche, hintergehe' gehören wohl als *d*-Erweiterung unserer Wurzel hierher (s. darüber unter *dhreugh-*); unklar ist nur das *a* (mot populaire? EM 382; unglaubhaft WH. I 543);
hierher wohl hitt. *du-wa-ar-na-aḫ-ḫu-un* (*dwarnaḫḫun?*) ‚ich brach'.
WP. I 869 f., 874, WH. I 543 f.

dhu̯ĕr-, dhu̯ŏr-, dhur-, dhur̥- ‚Tür‘: neben diesem kons. St., der ursprüngl. ein Plurale und Duale tantum war (s. u.), stehen zum Teil wohl schon ursprachli he *-o-* und *-ā-*Erweiterungen teils mit zu vermutender kollektiver Bed., teils (als Neutrum) in der Stellung als 2. Kompositionsglieder.

Ai. Nom Pl. *dvārah̥*, Akk. Pl. *duráh̥*, *dúrah̥*, Nom. Du. *dvárā(u)* ‚Tür‘ (Verlust der Aspiration ursprüngl. in den *bh*-Kasus durch Einfluß von *dvau* ‚zwei‘), *durōn̥á-* n. ‚Wohnung, Heimat‘ (*-no-*Ableitung vom .Lok. Du. ar. *dhurău); *o*-St. *dvāram* n. (jung) ‚Tür‘ in Kompo-itis *śatáduran.* ‚mit 100 Türen verschlossener Ort‘; av. Akk. Sg. *dvarǝm*, Lok. *dvarǝ* ‚Tor, Hof‘, apers. *duvarayā* ‚am Tore‘;

arm. Pl. *dur-k̔*, Akk. *z-durs* (**-n̥s*) ‚Tür‘, *i durs* ‚hinaus, draußen‘, Sg. *duṙn*, Gen. *dran* ‚Tür, Tor, Hof‘ (die *n*-Dekl. vom Akk. Sg. auf *-m* ausgegangen), *dr-and* ‚Türpfosten, Türschwelle‘ (*dhur + *anǝtā, s. dort);

gr. vermutlich vom kons. St. noch *θύρδα· ἔξω* Ἀρκάδες Hes.; *θύραζε* ‚hinaus‘ (d. i. *θύρασ-δε*, entweder ai. *durah̥*, arm. *durs* oder vom *ā*-St. *θύρᾱ*, so daß aus *-ᾱς* über *-ᾰς*), als 1. Kompositionsglied vielleicht *θυραυλέω* ‚habe meinen Aufenthalt an (vor) der Türe, lagere im Freien‘ von *θύρ-αυλος* (kann aber auch von *θύρα* ausgegangen sein), sehr altertümlich *θαιρός* ‚der drehbare Türpfosten‘ (auch ‚Wagenachse, Eckpfosten des Wagenkastens‘ aus **dhur̥-i̯o-*);

o-St. in *πρόθυρον* ‚Raum vor der Tür, Vorraum des Hauses‘ (: ai. *śatádura-* n.);

ā-St. *θύρᾱ* ‚Tür‘ (hom. meist Pl.), att. *θύρᾱσι* ‚draußen‘, hom. *θύρη-θι*, *-φι*; vgl. noch *θύριον* ‚Türchen‘ (: ai. *dúr(i)ya-* ‚zur Tür oder zum Haus gehörig‘), *θυρίς, -ίδος* ‚Fenster‘ (eig. ‚Türchen‘) *θύρετρον* ‚Tür‘, *θυρεός* ‚Türstein‘; großer langer Schil ‘, *θυρών* ‚Vorhalle, Vorraum im Haus‘ (: got. *daúrōns* f. Pl. ‚zweiflügliges Tor‘, doch kaum in geschichtlichem Zusammenhang damit);

alb. *derë* f. ‚Tür‘, Pl. *düer* (kons. St. **dhu̯ŏr-*);

lat. Plur. *forēs* f. ‚zweiflüglige Tür‘ (alter kons. St. **dhu̯or-* zum *i*-St. umgebildet); der Sg. *foris, -is* ist sekundär; *ā*-St. in *forās* ‚hinaus‘, *forīs* ‚draußen, außerhalb‘ (der Vokal nach *forēs*); dazu *forum* ‚n. ‚Vorhof des Grabes, Marktplatz, Bretterkasten für die Trauben‘; umbr. *furo*, *furu*, ‚*forum*‘; über lat. *forus* s. oben S. 134;

cymr. abret. corn. *dor* f. ‚Tür‘ (*dhurā oder **dhu̯orā*); letztere Vokalstufe sicher in air. *dorus* n. ‚Tür‘, *in-dorus* ‚vor‘ aus kelt. **du̯orestu-*; damit lautlich nicht vereinbar cymr. *drws* ‚Tür‘, von Thurneysen IA. 33, 25 zu mir. *drut, druit* ‚schließen‘, nir. *druidim* ‚ich schließe‘ aus **druzd-* gestellt); *o*-St. gall. *doro* ‚ostium‘, *Duro-*, *-durum* in ON, air. *dor* m. ds.; acorn. *darat*, mcorn. *daras* ‚Tür‘, bret. Pl. *dorojou*, dial. *doredou* (Loth

RC 20, 355) aus *dhuorato-; vgl. gall. *doraton ‚Gittertür‘ in gallorom. *doratia (oder *duratia?), Kleinhans bei Wartburg III 139; unklar ist gall. dvorico (Holder I 1390), GN?;

ahd. turi, anfränk. duri ‚Tür‘, anord. dyrr ‚Türöffnung‘, fem. Pl. (Nom. Pl. *dhur-es); ags. duru ds. (Akk. Pl. *dhur-ŋs, germ. *durunz, der auch ahd. Dat. Pl. tur-un, -on nach sich zog); o-St. got. daúr n., ahd. tor, as. dor, dur, ags. dor n. ‚Tor‘ (*dhurom); got. daurōns s. oben (: ϑυρών); aisl. for-dyri n. ‚Vorraum‘;

lit. durìs Akk. Pl. dùrų Gen. Pl., dial. und alt dùres Nom. Pl. (dann i-Flexion: Nom. Pl. dùrys), lett. duris, dùrvis, apr. dauris f. Pl. ‚Tür‘ (au Fehler); hingegen braucht lit. dvāras ‚Gutshof‘ wegen dvérti ‚sich öffnen‘ (also dùrys ‚Tür‘ aus ‚*Öffnung‘?) nicht unbedingt poln. Lw. zu sein; aksl. dvьri ‚Tür‘ (*Akk. Pl. auf -ŋs; Wurzelst. dhur- aus den schwachen Kasus mit Kons.-Endung z. B. Lok. *dvьrchъ); o-St. aksl. dvorъ ‚Hof‘; toch. B twere ‚Türe‘.

WP. I 870f., WH. I 529f., Trautmann 63, EM 377f., Schwyzer Gr. Gr. I 625[1].

dhuergh- : drugh- ‚zwerghaft, verkrüppelt‘?

Bartholomae IF. 12, 131 Anm. verbindet av. drva- (d. i. druyva-), das unter anderen Benennungen körperlicher Gebrechen aufgezählt ist und vielleicht ‚zwerghaft, verkrüppelt‘ bedeutet, mit anord. dvergr, ags. dweorg, engl. dwarf, mnd. dwerch, nnd. dwarf, ahd. twerc, mhd. twerc, -ges, nhd. Zwerg, wozu tiefstufig *durgi in anord. dyrgja ‚Zwergin‘, ndd. dorf; nach Krogmann (KZ. 62, 143) dazu lett. drugt ‚zusammensinken‘ (s. oben 1. dhreugh-).

Für das germ. Wort käme andernfalls die Deutung als ‚Trugwesen‘ in Betracht, zu ai. dhvarás- ‚eine Art weiblicher Dämonen‘, Wz. dhuer- ‚durch Täuschung zu Fall bringen‘; es wäre von dhuer- dann mit demselben -gh abgeleitet, das auch in der Wurzelf. dhreu-gh- begegnet (dhuer-gh- : dhurgh- : dhrugh-, dhreugh-); auch letzterer entstammen Bezeichnungen für koboldartige Trugwesen.

WP. I 871f.

E.

1. ĕ, ŏ adnominale und adverbale Partikel, etwa ,nahe bei, zusammen mit‘, außerhalb des Arischen und teilweise auch schon in diesem in der Bed. verblassend, im Germ. zum Sinne ,unter, nach, hinterher, zurück, wieder, weg‘ gelangt. Verwandt mit dem Pron.-St. *e-, o-,* entweder als dessen Ausgangspunkt oder, was bes. für die langvokalischen ē, ō naheliegt, als eine Instrumentalbildung davon.

Ai. *ā,* av. apers. *ā* ,an, hinzu‘, z. B. *ā-gam-* ,herankommen‘, als Postposition mit Akk. ,zu — hin‘, mit Lok. ,auf, in, zu — hin‘, mit Abl. ,von — weg‘; mit ai. *ā-dā* ,empfangen‘, *ā-da-* ,empfangend; in Besitz bekommend‘ vgl. ai. *dāyādá-* m. ,Erbempfänger‘ (*dāyá-* ,Erbteil‘), gr. χηρωστής ,wer ledig gewordenen Besitz (τὸ χῆρον) zu eigener Nutzung oder zur Verwaltung bekommen hat‘ (*-ω-δτᾱ, vgl. ai. Partiz. *ā-t-ta-ḥ* ,empfangen‘), lat. *hērēs* ,Erbe‘ (*hēro- = χῆρο- + ē-d-* ,empfangend‘). In adj. Kompositis hat ar. *ā* den Begriff der Annäherung, z. B. ai. *ā-nīla-* ,schwärzlich‘ (ebenso wohl gr. ὠ-χρός ,blaß, gelblich‘, wohl auch ἠ-βαιός neben βαιός ,wenig‘, und slav. *ja-* s. unten). Über av. *a-* unsicherer Zugehörigkeit in Nominalzusammensetzungen s. Reichelt Av. Elementarbuch 270;

arm. in *y-o-gn* ,viel‘ aus Präp. *i + *o-gᵘhon-* oder *o-gᵘhno-* (zu ai. *ā-handá-* ,schwellend, üppig‘ s. *gᵘhen-* ,schwellen‘);

gr. ὀ- wohl in ὀ-κέλλω ,treibe an‘ (s. *qel-* ,treiben‘), ὀ-τρύνω (s. *tᵘer-* ,eilen‘), ὀφέλλω, ὀλόπτω (s. *lep-* ,schälen‘), ὄαρ ,Gattin‘ (s. *ar-* ,fügen‘, oben S. 56), ὀ-νίνημι (s. *nā-* ,helfen‘), ὄ-πατρος ,vom selben Vater abstammend‘, ὄ-τριχες ἵπποι ,von ähnlicher Mähne‘ u. dgl., ὄζος ,Begleiter, Diener‘ (*o-zdos* eig. ,Mitgänger‘, zu Wz. *sed-,* wie auch idg. *ozdos,* gr. ὄζος ,Ast‘ als ,ansitzendes Stämmchen‘, vgl. ὄ-σχη, ὄ-σχος ,Zweig‘ zu ἔχειν, ἐχεῖν), ὄ-τλος (s. *tel-* ,tragen‘), ὄ-φελος, ὄ-ψον, ὄ-βριμος (s. u. *gᵘer-* ,schwer‘), vielleicht auch in οἶμα und andern unter *eis-* ,sich heftig bewegen‘ besprochenen Worten; nach Schwyzer Gr. Gr. I 433 liegt jedoch in ὄπατρος äol. ὀ- statt ἁ (*sm̥-) vor, nach Risch (briefl.) auch in ὄαρ, ὄτριχες und ὄζος ,Begleiter‘;

gr. ἐ- wohl in ἐϑέλω neben ϑέλω; ἐ-γείρω ,wecke auf‘;

gr. ω in χηρωστής (s. oben);

gr. η wohl in ἠ-βαιός (s. oben);

ē:ō in ahd. *āmaht* ,deliquium, Ohnmacht‘, *āteilo* ,expers‘, ags. in ǣwēde

‚unbekleidet‘, ahd. *amād* : *uomād* ‚Nachmahd‘, *āwahst* : *uowahst* ‚incrementum‘, ‚Hinterkopf‘, ags. *ōgengel* ‚der (zurückgehende) Querriegel‘, *ōleccan* ‚schmeicheln‘ aus **ō-lukjan*; *ō* angehängt im Akk. Sg. der pron. Dekl., z. B. got. *ƕanō-h*, *ƕarjatō-h*, *þana* usw.

Im Slav. **ĕ* oder **ō*, farblos in einigen Kompositis, wie skr.-ksl. *ja-skudŭ* neben ksl. *skǫdŭ* ‚häßlich‘ (s. Berneker 441); *ĕ* hinter dem Lok. und mit diesem verwachsen im Typus abg. *kamen-e* und lit. *rañkoj-e* ‚in der Hand‘.
WP. I 95 f., WH. 388, 642, Specht KZ. 62, 56, Hirt Indog. Gr. IV 54, Schwyzer Gr. Gr. I 434, 648³, 722¹.

2. *ĕ*, *ō* Ausrufpartikel, daher auch Vokativpartikel.

Ai. *ā* hervorhebend hinter Adverbien und Nomina: ‚oh!‘;

gr. *ἦ* ‚he!‘, auch hervorhebend und fragend ‚wirklich!?‘ *ἦ ἦ σιώπα*, lesb. *ἦ μάν* usw., auch in *ἤ-τοι*, *ἐπει-ή*, *ἦ(F)ὲ* ‚oder‘, *ἤ-δη*; wohl auch lak. tar. *ἐγών-η*, wonach hom. *τύνη* usw.;

lat. *eh* ‚ei, he!‘, *ē-castor* ‚beim Kastor‘, *edepŏl* ‚beim Pollux‘, *ēdī* (**ē deive*), usw.;

ahd. *ihh-ā* ‚ich (gerade)‘, ndd. *iəkə*, urnord. *hait-ik-a*, wohl auch ahd. *nein-ā* ‚nein‘ u. dgl.;

lit. *ē*, *ė̃*, lett. *e*, *ē*, Rufpartikeln;

über slav. *e-* in Ausrufen s. unten S. 283;

s. ferner unter *ehem*.
WP. I 99, WH. I 1, 389, 396, Schwyzer Gr. Gr. I 606.

3. *e-*, *ei-*, *i-*, fem. *ī-*, paradigmatisch verbundene Pronominalstämme ‚der, er‘ (*e*, *i* wohl ursprünglich Demonstrativpartikel). Zu *i-* gesellt sich der Relativstamm *i̯o-*. Zusammenfassende Darstellungen bieten bes. Brugmann Dem. 32 ff., BSGW. 60, 41 ff., Grundr. II² 2, 324 ff., Pedersen Pron. dém. 311 ff.

A. Kasuell verwendete Formen:

ai. *ayám* ‚er‘ = gthav. *ayə̄m*, jav. *aēm* (nach *ahám* ‚ich‘ erweitertes ar. **ai* = idg. **ei*; idg. **ei* vom St. *e-*, wie **qᵘo-i* vom St. *kᵘo-*, nicht Hochstufe zu *i-*); ai. *idám* ‚id‘ (ohne die sekundäre *-am*-Erweiterung ai. *ít*, av. *iṭ* als hervorhebende Partikel), ai. *iyám* (erweitert aus **i-*) = av. *im* (d. i. *iyəm*), apers. *iyam* ‚sie,‘ ea‘, Akk. Sg. m. ai. *imám* (erweitert aus **im*) = apers. *imam* (darnach f. *imām* usw.), Gen. m. n. *asyá*, *ásya* = av. *ahe*, fem. ai. *asyáḥ* = av. *aiṅhå*, Dat. m. n. *asmāí*, *ásmāi* = av. *ahmāi*, Gen. Pl. m. n. *ēṣā́m* = av. *aēṣąm*, Dat. Abl. Pl. m. ai. *ēbhyáḥ* = av. *aēibyō* usw.; gthav. *aš[-čīṭ]*, *š* je einmal n. Sg. m.; vom St. *ā-* Pl. fem. Gen. ai. *āsā́m* = av. *åŋhąm*, Dat. Abl. *ābhyáḥ* = av. *åbyō* usw.

Kypr. *ἴν* ‚eum, eam‘ (scheint auch in *μίν*, *νίν* verbaut, s. Schwyzer Gr.

Gr. I 608¹); hierher lesb. thess. hom. *ἴα* (**ἰϳə*) ‚una‘ (ursprünglich ‚gerade die, nur die‘), hom. *ἴῆς*, *ἰῇ*, danach auch n. hom. *ἰῷ*?; anders Schwyzer Gr. Gr. I 588 (**s[m]ϳᾱs*).

lat. *is*, *id* Nom. Sg. m. (alt auch *īs*, inschr. *eis*, *eis-dem*, entweder mit -*s* ausgestattetes idg. **ei* = ai. *ay-ám*, wie man auch für umbr. *er-e* und bestimmter für ir. (*h*)*ē* ‚er‘ eine solche Grundf. **ei-s* erwägt, oder Umbildung von *is* nach *eius*, *e*(*i*)*ι*); Akk. altlat. *im* (= gr. *ἴν*) und *em*, gedoppelt *emem* ‚eundem‘ (vom Parallelst. *e-*?) = Adv. *em* ‚tum‘ und **im* in *inter-im* ‚unterdessen‘, *in-de* ‚von da‘, Dat. Abl. Pl. *ibus* (: ai. *ēbhyáḥ*); osk. *iz-ic* ‚is‘, *idic*, *idik* ‚id‘ (das Anhängsel -*ik*, -*ic* ist selber das adverbiell erstarrte n. **id* + **ke*), osk. *is-id-um* ‚idem‘ und *esidum* ds., umbr. *er-e* ‚is‘ *ers-e* *et-e* ‚id‘, umbr. Dat. Sg. *esmei*, *esmik*, Gen. Pl. osk. *eisun-k*, umbr. *esom* (= ai. *ēṣ́ām*); daraus wurde ein St. **eiso-* außer in Nom.-Akk.-Formen gefolgert, z. B. osk. *eizois* ‚iis‘, umbr. *eru-ku* ‚cum eo‘, doch ist immerhin mit einem alten n. **ed* zu rechnen, vgl. lat. *ecce* ‚da! sieh da!‘ (wohl aus **ed-ke*) = osk. *ekk-um* (**ed-ke-um*) ‚item‘, und vielleicht Akk. *mēd*, *tēd*, *sēd*, wenn aus **mē*, **tē*, **sē* + *ed*, wenngleich dies nur mehr adverbiell erstarrtes **ed* voraussetzt;

ital. *eo-*, *eā*, im Osk.-Umbr. nur in den Nom. (außer Sg. m. n.) und Akk., im Lat. auf fast alle Casus obliqui ausgedehnt (nur *eius* aus **esϳo-s*, danach Dat. *ei* steht abseits), z. B. lat. *ea*, *eam*, osk. *iúk*, *ioc* ‚ea‘, *ionc* ‚eum‘, u. *eam* ‚eam‘, sind von der dem ai. Nom. *ay-ám* entsprechenden Form **e*(*i*)*om* ausgegangen, die wegen ihres Ausganges -*om* als Akk. empfunden wurde und *eam* usw. nach sich zog; *iam* bei Varro l. l. 5, 166 und 8, 44 wohl Schreibfehler für *eam*. — Aus dem Lat. hierher *ipse* aus **is-pse* (wegen alat. fem. *eapse*), *is-te* (aber *ille* erst danach umgebildetes *ollus*), vgl. umbr. *estu* ‚istum, ista‘;

air. *ē* (*hē*) ‚er‘ (wohl **ei-s*), s. oben; *ed* (*hed*) ‚es‘ (aus **id-ā* = got. *ita*, womit formell identisch ai. *idā* ‚jetzt‘; aber lit. *tadù* ‚dann‘ erfordert wegen ostlit. *tadù* einen Auslaut auf Nasal); Nom. Pl. *ē* (*hē*) m. f. n. = mkymr. *wy* (*hwynt-wy*) wohl wenigstens zum Teil aus idg. **ei* (Näheres bei Thurneysen Gr. 283), Akk. Sg. bret. *en* ‚ihn, es‘ (infigiert), cymr. *e* (ebenso), ir. -*a* n- (ebenso), -*i* (suffigiert hinter Verben; hinter Präp. teils ebenso, z. B. *airi* aus **ari-en* ‚auf ihn‘, teils nur mehr als Mouillierung nachwirkend, z. B. *foir* aus **ụor-en*), Gen. Sg. **esϳo*, f. **esϳās* ‚eius‘, proklit. *a*, älter z. T. noch *e*, *œ*; cymr. **eiđ-* nach dem Vorbild der konjugierten Präpositionen zu mcymr. *eidaw*, f. *eidi* differenziert, womit identisch air. *a* ‚sein‘ (len.) und ‚ihr‘ (geminierend), cymr. corn. *y*, bret. *e*, usw.; über air. betontes *āi*, *ae* ‚eius‘ und Dat. Pl. -*ib* s. Thurneysen Gr. 285;

got. *is* ‚er‘, Akk. *in-a*, neutr. *it-a* (s. o.) ‚es‘ (dazu neugebildete Pluralformen: got. *eis* aus **eϳ-es*, Akk. *ins*, Dat. *im*, ahd. as. *im*), ahd. *er*, *ir*, Akk.

in-an, in; n. *iz*; as. *in-a*, n. *it*; anord. Relativpartikel *es, er*, run. *eR*; vom St. *e-*: Gen. Sg. got. m. *is*, f. *izos*, ahd. m. n. *es(is)*, f. *ira(iru)*, as. *es(is)*, *era(ira)*; Gen. Pl. got. *ize, izo*, as. ahd. *iro*; Dat. Sg. f. got. *izai*, ahd. (mit anderer Endung) *iru*; m. n. got. *imma*, ahd. *imu, imo*, as. *imu*; vom St. *ī-* got. Akk. *ija* (ahd. *sia* usw. mit *s*-Vorschlag nach dem Nom. *sī*), wonach neugebildete Pluralformen, got. Nom. Akk. *ijōs* (ahd. *sio*);

lit. *jìs* ‚er‘, Akk. *jį̃* (zum anl. *j-* s. Brugmann Grundr. II² 2, 331), fem. *jì*, Akk. *ją̃* (*jōs, jaī* usw.);

aber aksl. Akk. Sg. f. *jǫ*, Nom. Akk. Pl. f. *ję* (über die weiteren Kasus s. Brugmann aaO.), Akk. Sg. m. -*(j)ь* in *vidity-jь* ‚videt eum‘, *vьn̂-ь* ‚in eum‘ usw. (über weiteres slav. Zubehör, z. B. *jakъ* ‚qualis‘, *jelikъ* ‚quantus‘, s. Berneker 416 f.) eher aus idg. *i̯o-*;

nach Pedersen Hitt. 58 f. soll das Pron. -*aš* ‚er‘ usw. ein *o* im Ablaut zu idg. *esi̯o* usw. enthalten (?); vom Stamm *i-* hat sich vielleicht das n. *it* ‚es‘ in der Verbindung *netta* ‚und es dir‘ (**nu-it-ta*) erhalten (Friedrich Heth. Elem. I 27); vgl. hierogl. hitt. *is* ‚dieser‘, Akk. *jan*.

II. Relativstamm *i̯o-*:

ai. *yás, yā, yád*, av. *yō*, gr. *ὅς, ἥ, ὅ* ‚welcher‘, phryg. *ιος (νι)* ‚wer immer‘, slav. *i̯a-* in *i-že*, f. *ja-že* usw., balt. u. slav. in der Bestimmtheitsform des Adjektivs, z. B. lit. *geràs-is*, apr. *pirmann-ien, -in*, aksl. *dobry-jь* (s. Berneker 416 f., Trautmann 105 f.). Zweifelhaftes (lit. *jeī* ‚wenn‘, got. *jabai* ‚wenn‘) s. bei Brugmann II² 2, 347 f. (Lit.); Keltisches bei Pedersen KG. II 235, Thurneysen Gr. 323, doch kann cymr. *a* nicht dazu gehören.

Komparativ ai. *yatard-*, av. *yatāra-*, gr. (kret. gort.) *ὅτερος* ‚welcher von beiden‘; vgl. ai. *yāvat*, gr. *ἕως*, dor. *ᾱ̔ς* (**ᾱ̔Fος*) ‚solange als‘, ai. *yād* ‚insofern, wie‘ = gr. *ὡς* ‚wie‘; s. Schwyzer Gr. Gr. I 528, 614 f.

C. Partikeln und Adverbia:

Über die adnominale und adverbale Partikel *ē̆, ŏ* s. oben S. 280 f.

e-, ē- Augment (‚*dann, damals‘) ai. *a-* (auch *ā-*, z. B. *ā-vr̥ṇak*), av. *a-*, arm. *e-* (z. B. *e-lik* = *ē-liπε*), gr. *ε-* (auch *ἠ-*, z. B. hom. *ἠFείδη*).

e- in ai. *a-sáu* ‚jener‘ (neben av. *hāu*), *a-dáḥ* ‚jenes; dort‘, *a-dyá, a-dyā́* ‚heute‘ (Stammkomposition?), *d-ha* ‚sicher, ja‘;

arm. *e-t'e* (neben *t'e*) ‚daß, wenn‘;

gr. *ἐ-χϑές, ἐ-κεῖ, ἐ-κεῖνος* (neben *κεῖνος*);

osk. *e-tanto*, umbr. *e-tantu* ‚tanta‘, osk. päl. *e-co* ‚hic‘, osk. *exo-* (**e-ke-so*) ‚hic‘;

aksl. *(j)e-se* ‚ecce‘ (neben *se* ds.), aruss. *ose*, russ. *é-to* ‚da, dahier‘, *é-tot* ‚der hier, dieser‘ (neben *tot* ‚jener‘); serb. bulg. *e-to* ‚da‘ (usw., s. Berneker 259 f.);

unsicherer got. *i-bai, i-ba* Fragepartikel, ahd. *ibu, oba,* as. anord. *ef* ,ob‘ und ,wenn‘, ags. *gif,* engl. *if* ds.;

über **eno-* in gr. *ἔνη* usw. siehe besonderes Stichwort.

Zu *e-* auch die Komparativbildung av. *atāra-* ,dieser, der von beiden‘, ds., alb. *jät(ĕ)rĕ* ,anderer‘, umbr. *etro-* ,anderer‘, lat. in *cäterus* ,der andere oder übrige‘, aksl. *eterъ, jeterъ* ,irgendwer‘, Pl. *jeteri(ji)* ,einige‘, nsorb. *wótery.*

ed (Nom. Akk. Sg. n.): über lat. *ecce, mēd* s. oben; av. *aṭ* zur Hervorhebung des vorhergehenden Wortes (wie *iṭ,* s. unten; Bartholomae Altiran. Wb. 67); wohl auch in aksl. *jed-inъ, -ьnъ* ,einer‘ als ,*gerade, nur einer‘; ob auch ksl. *jede, kyjь* ,quidam‘ aus gedoppeltem **ed-ed* oder nach *idъ* im Ausgang gerichtetem **ed?* (Berneker 261, bestritten von Brückner KZ. 45, 302, vgl. Meillet Slave comm.² 444.)

ēd und *ōd* (Abl.): ai. *āt* ,darauf; und; (im Nachsatz) so‘, av. *āaṭ* ,darauf, dann; und; aber;‘ denn‘, ostlit. *õ* ,und aber‘ (aksl. *i* ,und‘ ist eher **ei*), lit. *õ* ,und, aber‘ = aksl. *a* ,aber‘.

ei (Lok.): gr. *εἰ,* **so, wenn‘ (*εἰ-τα* ,dann‘, *εἴ-θε* ,möchte doch!‘, *ἐπ-εί* (vgl. el. *ἐπ-ή*) ,da‘, *ἔπ-ειτα;* daneben dial. *αἰ,* Lok. des f. St. *α,* und *ἠ* Instr. ,wenn‘; aksl. *i* ,und, auch‘ (vgl. *ti* ,und‘ vom St. **to-;* von Brückner KZ. 46, 203 dagegen = lit. *teĩ* gesetzt), got. *-ei* Relativpartikel (vgl. *þei* vom St. **to-* in gleicher Geltung), z. B. *sa-ei* ,welcher‘, nach Junker KZ. 43, 348 auch die arm. Abl.-Endung *-ē.* Siehe auch unten *ī-.*

em (alat. *em,* s. oben S. 282) liegt vor in gr. *ἔνθα* ,da, dahin, damals‘, rel. ,wo, wohin, woher‘, *ἔνθεν* ,von da, von wo‘ usw. (Schwyzer Gr. Gr. I 628); über air. *and* s. oben S. 37 und vgl. kypr. *ἄνδα· αὕτη.*

e-tos: ai. *á-taḥ* ,von hier‘ (s. unter *eti*).

i: wahrscheinlich im Lok. auf idg. *-i;* ferner die Grundlage der Komparativbildung **i-tero-:* ai. *i-tara-* ,der andere‘ (neuiran. Entsprechungen bei Bartholomae IF. 38, 26 f.);

lat. *iterum* ,zum andern, zum zweiten Male‘; ferner in ai. *i-va* ,wie‘ (vgl. oben *ἠ-Fε* ,wie‘); in gr. *ἰ-δέ* ,und‘ (vgl. *ἠ-δέ*).

i-dha und *i-dhe:*

ai. *i-há,* prākr. *idha,* av. *iδa* ,hier‘;

gr. *ἰθαγενής* ,(*hier geboren‘, daher:) eingeboren, rechtmäßig geboren‘ (über *ἰθαιγενής* s. Schwyzer Gr. Gr. I 448);

lat. *ibī* ,da, dort‘ (die Lautentwicklung *dh* zu *f, b* nach *ubī;* im Auslaut nach den Lokativen der o-St. gerichtet), umbr. *ife* ,ibi, eō‘, *ifont* ,ibīdem‘ (die ar. und ital. Formen könnten an sich auch *-dhe* enthalten, vgl. ai. *ku-ha* = aksl. *kъ-de* ,wo‘, *sъ-de* ,hier‘ und Schwyzer Gr. Gr. I 627⁴);

mcymr. *yd̦*, *y* ncymr. *ydd* Verbalpartikel, corn. *yz*, *yth-*, bret. *ez-?* (s. Pedersen KG. II 234, Lewis-Pedersen 243, Thurneysen Gr. 324 f.); dazu auch air. infigiertes -*id*- aus **id(ə)e* oder **id(h)i*.

i-t(h)-: ai. *itthá*, *itthád* ‚hier, dort‘, av. *iþǎ* ‚so‘, ai. *itthám* ‚so‘ und mit -*t*- (-*tə* oder -*ti?*) ai. *iti* ‚so‘; lat. *ita* ‚so‘, *item* ‚ebenso, ebenfalls‘, umbr. *itek* ‚ita‘, mcymr. Präverb *yt-*, ncymr. *yd-*, z. B. in *yr yd-wyf* ‚ich bin‘; lit. dial. *it* ‚durchaus; wie‘, *ìt*, *ȳt* ‚ganz, sehr‘, lett. *it*, *itin* ‚recht, eben‘

i (betont zur Verstärkung eines deiktischen Wortes, unbetont hinter einem relativ gebrauchten Wort):

ai. *i* (auch *īm*), av. *ī* hervorhebend nachgestellt, nach Relativ in ved. *yad-ī*;

gr. οὑτοσ-ί, -ἰν (= ai. *īm?* oder erst jüngere Erw. von -*í?*), ἐκεινοσ-ί, el. τo-*ί*;

umbr. wohl in *po-ei* ‚qui‘ (usw.), lat. in *utī* (aus **uta-ī*);

air. (*h*)*ī* deiktische Partikel und Stützpartikel vor Relativsätzen;

got. -*ei* Relativpartikel in *sa-ei*, *iz-ei*, *ik-ei* hingegen wohl idg. **ei*, s. oben; aksl. verstärkend in *to-i* (s. Berneker 416), aksl. *e-i* ‚ja, wahrlich‘ (? Berneker 296).

Auch im 1. Gliede von ai. *i-dṛ́ç-* ‚so aussehend, so geartet‘, lit. *ý-pačiai* ‚besonders‘, *y-patùs* ‚einsam, allein, abgesondert, eigentümlich‘.

Zweifelhaft, ob aus idg. **ei* oder *ī*: ags. *ídæges* ‚desselben Tages‘, *isídes* ‚zu gleicher Zeit‘, *ilca* (**i-līca*) ‚derselbe‘, womit vielleicht anord. *ī da̦* ‚heute‘ (obwohl als Präp. *ī* gefühlt) und die darnach gebildeten *ī gǣr* ‚gestern‘, *ī fjǫrd* ‚πέρυσι‘ zusammenhängen;

unklar ist *ǎi* (Lok. fem. in adverbieller Erstarrung) in ai. *ǎi-śámaḥ* adv. ‚heuer‘, Bed. ‚gerade an dém — demselben‘ wie gr. *ἰῷ ἤματι*, s. Schulze KZ. 42, 96 = Kl. Schr. 539⁶, Holthausen KZ. 47, 310, Junker KZ. 43, 438 f., der mit dem ai. Worte auch arm. *aižn* aus **ai žam* vereinigt. Dasselbe **ǎi* in Verbindung mit den Pron.-St. **k̑o-*, **to-*, **no-* enthalten die arm. Demonstrativa *ai-s*, *ai-d*, *ai-n* (Junker aaO.); vgl. Benveniste Origines 129 ff., Schwyzer Gr. Gr. I 548 f.

i̯ā̆m (= Akk. Sg. f.): lat. *iam* ‚jetzt, bereits, schon‘, got. *ja*, ahd. *jǎ* ‚ja‘; mit der Endung des Lok. Sg. auf **-ou*- der *u*-Stämme: **i̯ou*, **i̯u* ‚schon‘ (von Kretschmer KZ. 31, 466 dagegen zu **i̯eu-* ‚jung‘ gestellt): lit. *jaũ* ‚schon‘, lett. *jàu*, aksl. *ju* ‚schon‘, schwundstufig got. ahd. as. ags. *ju* ‚schon‘ (die Bildung hätte Vergleichbares an got. *þau*, *pau-h*, ags. *þea-h*, ai. *tú* ‚aber‘ zum St. **to-*).

i̯ā̆i (= Lok. Sg. f.): got. *jai* ‚fürwahr‘, nhd. *jě* (*jeh*), umbr. *ie* etwa ‚iam‘ in *ie-pru*, *ie-pi*; aber cymr. *ie* (zweisilbig) ‚ja‘ aus mcymr. *i-ef* ‚dies (ist) es‘.

D. Zusammensetzungen und Ableitungen (soweit nicht oben eingereiht):

ai. *ē-śá, ē-śā, ē-tát*, av. *aēša-, aēta-* ‚der da' (*ei-so, -to-*, während arm. *aiḏ* aus *āi-to-*, s. oben; osk. umbr. *eiso-, ero-* dagegen aus dem Gen. Pl. *eisōm*) (m)arm. *i-sa, i-ta, i-na* Demin. aus *ei-ḱo-, -to-, -no-* (Junker KZ. 43, 346 f.);

ai. *ē-vá, ē-vá-m* ‚so', wozu mit der Bedeutungs-Entw. ‚gerade só, gerade dér — nur dér — der allein, der eine';

av. *aēva-*, apers. *aiva-* ‚ein, einzig, allein', gr. οἶος, kypr. οἶƑος ‚allein' (idg. *oiu̯e, *oiu̯os); s. auch oben S. 75.

oi-nos: ai. *ē-na-* ‚er' (kann auch *ei-no-* sein);

arm. *-in* der Identitätsadverbia *andrēn* ‚ebendort', *astēn* ‚ebenhier', vielleicht auch der Identitätspronomina *so-in* ‚derselbe hier', *do-in* ‚derselbe da', *no-in* ‚derselbe dort' (‚gerade der, ein und derselbe'; *oino-s* zunächst zu *ēn*, noch in der Bedeutung ‚Gott', d. h. ‚der eine', und in *so-in* usw. zu *-in* geschwächt. Junker KZ. 43, 342; für *so-in* erwägt er auch *ḱo- + ēnos*); anders Meillet Esquisse 88;

gr. οἶνος, οἴνη ‚eins auf dem Würfel';

lat. *ūnus*, alt *oinos*;

air. *ōen* ‚ein'; cymr. bret. corn. *un* ‚ein (auch unbestimmter Artikel)'; got. *ains*, ahd. *ein*, anord. *einn* (hierher gehört altnord. *einka* ‚besonders' und weiter *ekkja* ‚Witwe', *ekkill* ‚Witwer');

apr. *ains* (f. *ainā*) ‚ein', ablaut. lit. *ýnas* und *ìnas* ‚recht, wirklich'; daneben mit präfig. Partikel (?):

lit. *vìenas*, lett. *viêns* ‚ein' (wegen lit. *vičveĩnelis* ‚ganz allein' aus *einos*), ablaut. lett. *viņš* ‚er' (*vinias*); vgl. skr. *ìn* aus *ēino-*); s. Trautmann 3, Endzelin Lett. Gr. 356, 381 f.

aksl. *inъ* ‚unus' und ‚alius', *ino-rogъ* ‚Einhorn', *vъ inъ* ‚in einem fort, immer', *inokъ* ‚solus' (= got. *ainaha* ‚einzig', lat. *ūnicus*. anord. *einga*, ags. *anga*, ahd. *einac*, as. *ēnag*, nhd. *einig*), woneben aksl. *jed-inъ* (zum 1. Glied, wohl idg. *ed*, s. oben) ‚ein'. woraus durch Kürzung in längeren Flexionsformen z. B. *jednogo* (geschrieben *jedьnogo*). russ. *odinъ, odnogo*.

Mit Formans *-ko-* (wie ai. *dviká* ‚aus zweien bestehend') ai. *ēka-* ‚unus', *ēkatíya* ‚der eine', urind. (im hitt. Text) *aika-vartana* ‚eine Drehung' (Kretschmer KZ. 55, 93); über lat. *ūnicus*, got. *ainaha*, aksl. *inokъ* s. oben.

Mit Formans *-go-* got. *ainakls* ‚alleinstehend' (auch oben anord. *einka* usw.), ksl. *inogъ* ‚μόνιος, γρύψ'; s. Feist 22 f.

Entsprechende Zusammenrückungen mit *e-* (z. B. ai. *asáu*) und *āi-* (ai. *āiśámaḥ*, arm. *ain* usw.) s. oben.

WP. I 95 ff., WH I 368 f., 399 f., 409, 671, 720 ff., 869, Trautmann 3, 65, 72, 105, Schwyzer Gr. Gr. I 548, 588, 608, 613 f., 628 f., 651.

(ebhi?) : obhi : bhi ‚auf — zu‘, auf etwas hin und es überwältigend‘.

Ai. abhí- Präfix ‚auf — zu‘, abhí Präp. mit Akk. ‚zu‘, gthav. aibī, jav. aiwi, avi, aoi, apers. abiy als P-äfix ‚zu, be-‘, als Präp. m. Akk. ‚zu — hin‘, mit Lok. ‚über, in betreff von‘ (im Ar. abhi liegt auch zum Teil *ṃbhi vor, s. oben S. 34);

lat. ob scheint nur in der Funktion, nicht aber den Lauten nach teilweise Nachfolger von idg. obhi (s. unter epi);

got. bi, ahd. usw. bi, bī ‚auf — hin (got.), in Beziehung auf, über‘ mit Akk.; ‚an, bei‘ mit Dat. (Lok.), auch mit Instr., Präfix ‚be-‘, s. auch unter ambhi, oben S. 34, das im Auslaut dasselbe Element enthält;

aksl. obъ, obъ als Präverb ‚um-, be-‘ in obъ-stojati oder obъ-stojati ‚umringen‘, in Kompositis, wie obъdo n. ‚Schatz‘, in Ableitungen, wie obъѣtъ, russ.-ksl. obъѣъ ‚gemeinsam‘ (*obhi-tio-); verstärkte Form obi- im russ -ksl. obichoditi ‚umhergehen‘; die Form o, ob enthält altes *op- (lit. ap), s. unter epi.

WP. I 124, Trautmann 1, Meillet Slave comm.² 155 f.

ed- ‚essen‘; ursprüngl. athematisch, aber meist thematisch geworden; Nominalformen: ed-ono-, ed-men-, ed-yen/-uy ‚Essen, Speise‘; Partiz. Perf. Pass. ēd·to- (?), ēdio- ‚eßbar, Speise‘; ēdo-, ēdā, ‚Speise‘; edont-, dont-, dn̥t- ‚Zahn‘.

Ai. athem. Präs. 1. Sg. ád-mi, 3. Sg. át-ti ‚ißt‘, Perf. ādimá (: lat. ēdimus, got. etum); themat. im Medium ada-sva;

av. 3. Sg. Konj. aδāiti;

arm. utem ‚esse‘, themat. (*ōd-);

gr. hom. Infin. ἔδμεναι, Fut. (alter Konj.) ἔδ-ο-μαι, Imper. ursprüngl. *ἔσθι (: ai. addhí), danach sekundär ἐσθίω (ἔσθω) ‚esse‘; sekundär themat. ἔδω (nach Partiz. ἔδοντ- und der danach aufgekommenen 3. Pl. ἔδονσι), Perf. hom. ἐδ-ηδ-ώς, ἐδήδαται (nach πέπο-ται), att. ἐδήδοκα;

lat. edō, ēs, ēst usw. ‚essen‘ (Länge des ē entweder alt oder nach der sog. Lachmannschen Regel zu erklären; ob alt im Partiz. ēsus und Supinum ēs(s)um?); Perf. ēdī; osk. Infin. edum, über umbr. ezariaf s. unten S. 288;

air. Konj. ci·ni estar ‚obgleich er nicht ißt‘ (*ed-s-tro), Fut. iss- (*i-ed-s-), Perf. do fūaid (*de-u(p)o-od-e), Partiz. esse ‚gegessen‘ (*ed-tio-); cymr. ys ‚ißt‘ (*ed-ti);

got. themat. itan (Perf. 1. Pl. ētum, ahd. āzum usw.: alat. ēdimus), anord. eta, as. ags.. etan, engl. eat, afries. ita, ahd. ezzan ‚essen‘ (= ai. ádanam ‚Futter‘, gr. ἐδανόν ‚Speise‘); mit Präfix fra- (*pro-): got. fra-itan ‚aufzehren‘, ags. fretan ‚nagen‘, ahd. frezzan ‚fressen‘; kaus. got. fra-atjan; anord. etia ‚verzehren lassen‘, ags. ettan ‚grasen lassen‘, ahd. azzen, ezzen

,zu essen geben, abweiden lassen‘, nhd. *ätzen,* eigentlich ,eine scharfe Flüssigkeit sich einfressen lassen‘;

bsl. *ēd-mi* in:

lit. *ėdu, ėdžiau, ėsti* (alt. *ė[d]mi,* 3. Sg. *ėst*) ,essen, fressen‘, Supin. *ėsty;* lett. *ẹ̃mu* (älter *ẹ̃mi*) und *êdu, êst* ds., Supin. *êstu;* apr. *īst, īstwei* ,essen‘; aksl. *jamь* (*ěmь*), 3. Sg. *jastъ* (*ěstъ,* idg. *ēd-ti*), 3. Pl. *jadętъ* (idg. *ēdnti*), Infin. *jasti* (alt *ěsti*), Supin. *jastъ,* ačech. *jěst;*

lit. Partiz. *ėdęs,* apr. *īduns,* aksl. *jadъ* ,gegessen habend‘;

hitt. *et-* ,essen‘, Imper. *e-it (et),* 1. Sg. Präs. *e-it-mi (etmi),* 3. Pl. *a-da-an-zi (adanzi);* das erste *a* durch Assimilation?, s. Friedrich IF. 41, 371; anders Pedersen Hitt. 128;

in Kompositis: gr. ᾰ̓ρι-στον (*-d-tom*) ,Frühstück‘; mit Dehnung im Kompositum δειπνηστός ,Essenszeit‘, δορπηστός ,Zeit des Abendessens, Abend‘ (vgl. auch hom. ὠμηστής ,Rohes essend‘: ai. *āmād-* ds.); gr. ἐδεστός, -τέος ist aus *ἐστός, *ἐστέος nach ἔδομαι ausgestaltet (wie ἐδεσϑῆναι aus *ἐσϑῆναι).

Nominalbildungen:

1. Dehnstufig:

ēdio-, ēdiā: in ai. *ādyá-* ,genießbar‘ (*ādyāna-* ,gefräßig‘ ist von *adyu-ḷ* ,Essen‘ abgeleitet);

anord. *ǣtr* ,eßbar‘ (vgl. auch got. *afētja* m. ,übermäßiger Fresser‘);

lit. *ėdžios* f. Pl. ,Raufe‘, *ėdžià* ,Fresser‘ (ursprüngl. ,Fraß‘), *ėdis* m. ,Speise‘, *mės-ėdis* ,Fleischfresser‘; apr. *īdis* m. ,Essen‘; russ. *jėzá* ,Essen, Speise‘ (u. dgl.; s. Berneker 271 f.);

über lat. *inēdia* ,Fasten‘ s. WH. 393.

ēdo-, ēdā: in anord. *āt* n. ,Fressen, Speise‘ (auch *āta* f. ,Fressen, Nahrung‘), ags. *ǣt* n., as. *āt* n., ahd. *āz* n. ,Speise‘ (vgl. auch got. *uzēta* m. ,Krippe‘), lit. *ėda* f. ,das Essen‘ (= anord. *āta*), lett. *êdas* f. Pl. ,Fraß‘, apr. *īdai* f. Nom. Sg. ,das Essen‘, aksl. *obědъ* ,Mahlzeit‘ (vielleicht auch *jadъ* ,Gift‘, s. Berneker 271 f.), russ. *jėdá* f. ,Frühstück, Speise‘.

ēdi-: in aksl. *jadъ* ,Speise‘, *medv-ědъ* ,Bär‘ (Honigesser, vgl. ai. *madhvad-* ds.).

ēd-to-: in lit. *ėstas* ,gegessen‘, apr. Subst. Dat. Sg. *īstai* ,Essen‘, mbg. *jasto* ,Portion Speise‘, usw.

ēdes-: in lit. *ėdesis* ,Speise‘, *ėskà* f. ,Appetit‘, alt ,Fraß, Aas‘ = lat. *ēsca* (*ēd-s-kā*) ,Speise, Fraß, Aas‘, lett. *ēška* ,Vielfraß‘; ahd. as. *ās* ,Fleisch eines toten Körpers, Köder, Aas‘, ags. *ǣs* ,Aas‘ (*ēd-s-om*); aksl. *jasli* Pl. m. ,Krippe‘ (*ēd-s-li-*); wenn umbr. *ezariaf* ,escas‘ bedeutet, kann es vielleicht aus *ēdes-āsio-* erklärt werden; anders über lit. *ėskà* EM² 295.

Mit *ō:* gr. ὠδίς f., Pl. ὠδῖνες ,Geburtswehen‘, ὠδίνω ,bin in Wehen‘ (Frisk Etyma Armen. 13); ἐδ-ωδ-ή ,Speise‘ (vgl. ἐδηδώς); dazu lit. *úodas,* lett. *uôds* m. ,Mücke' (Schulze KZ. 43, 41 = Kl. Schr. 627; von Zubatý AfslPh. 16, 407, Brugmann Grundr. I² 337 zu wruss. *wadzen* ,oestrus' gestellt).

2. Normalstufig, z. B.:

ai. *ádman*- n. ,Speise' (: *ἔδμεναι*); *-advan*- ,essend';

arm. *erkn* ,Geburtsschmerz' (*edуōn), *erk* ,Plage' (*edуo-?);

hom. *εἶδαρ, -ατος* n. ,Nahrung' (d. i. *ἔδϝαρ*, vgl. *ἔδαρ· βρῶμα* Hes.), *ἐδητύς, ἔδεσμα* ,Speise';

lat. *prandium* ,Frühstück' (*pram-ediom?*), *edulus* ,Esser' (s. auch WH. I unter *acrēdula, ficedula* und *monēdula*), *edūlis* ,eßbar' (darf wegen des von Fick III⁴ 24, Falk-Torp unter *jœtte* als *eᵗuna*- ,Vielfresser' oder ,Menschenfresser' unserer Wurzelf. angereihten anord. *jǫtunn* ,Riese', ags. *eoten* ,Gigant', älter ndd. *eteninne* ,Hexe' ein alter *u*-St. *edu*- angenommen werden?);

3. *ŏ*-stufig: *ὀδύνη* (äol. aber *ἔδυνα*) ,Schmerz' (vgl. lat. *cūrae edācēs*), *ὀδύρομαι* ,empfinde Schmerz' usw. (beeinflußt von *μύρομαι* ,weine').

edont-, dont-, dṇt- ,Zahn', wahrscheinlich altes Partizip Präs.

Ai. *dán* m., Akk. *dántam* (*dont-), Gen. *datáḥ* (= lat. *dentis*) ,Zahn' (sekundär *dánta-ḥ* m.); av. *dantan-* m. ds., *dātā* f. ds.;

arm. *atamn*, Gen. *-man* ,Zahn' (*ₑdṇt-mṇ);

gr. (ion. att.) *ὀδών, -όντος* ,Zahn' (att. *ὀδούς* Neubildung nach (*δι*)*δούς*), äol. *ἔδοντες* (*ὀδόντ*- assimiliert aus *ἐδόντ-?), *νωδός* ,zahnlos' für *νωδων nach *στράβων : στραβός* u. dgl.;

lat. *dens, -tis* m. (*dṇt-s); osk. *dunte*[*s*] ist Ablat. ,dentibus';

air. *dēt* n., cymr. bret. *dant*, corn. *dans* ,Zahn' (*dṇt-);

ahd. *zand,* ags. *tōđ* (Dat. Sg., Nom. Pl. *tēđ*, kons. St.), anord. *tǫnn* (Nom. Pl. *teđr, tennr,* kons. St.); schwundstufig (aus den schwachen Kasus), got. *tunþus* (aus dem Akk. *tunþu* = lat. *dentem*) ,Zahn' (Ableitung ags. *tūsc* ,Fangzahn' aus *tunþ-ska-*);

lit. *dantìs*, Gen. Pl. *dantū̃* (dial. auch *dančiū̃*) ,Zahn';

slav. wohl in poln. *dzięgna* ,Mundfäule, Entzündung des Zahnfleisches' (*dęt-gna*, s. Berneker 190).

Formen mit *e*-Stufe stehen demnach nicht fest; anord. *tindr* ,Spitze, Felsspitze', mhd. *zint, -des* ,Zacke, Zinke', ags. *tind* m. ds., ahd. *zinna* (*tindja) ,Zinne', ahd. *zinko* (*tint-kō) ,Zinke' gehören zu air. *dind* ,Hügel, Höhe', phryg. *Δίνδυμος* Bergname, illyr. VN *Δίνδαροι*.

WP. I 118 ff., WH. I 340 f.

1. *edh-* ,spitz', *edh-lo-s* ,stechend'.

Lat. *ebulus, -ī* f. und *-um* n. ,Niederholunder, Attich';

ablaut. (mit *k*-Suffix) gall. und gallorom. *odocos* ,Attich';

ahd. *attuh, attah,* as. *aduk* ,Attich' (aus dem Kelt. entlehnt);

19

bsl. *edlā- und *edli- f. ‚Tanne‘ in

apr. addle (*edle), lit. ėglė (daraus dial. āglė), lett. egle ds. (sekundär ŏ-St.; -g- aus -d-);

hierzu wohl Iterat. lit. adýti ‚sticken‘, lett. adît ‚stricken‘, vgl. lit. ãdata ‚Nähnadel‘;

ksl. usw. jela (*edlā), russ. jelь, ačech. jedl usw. (*edli-). WH. I 14, 388 f., Trautmann 66. Ob zum Folgenden?

2. edh- ‚Zaunstecken, Zaun aus Pfählen‘.

Unsicher gr. ὄστριμον ‚Stall, Hürde‘ (*odh-tro-)??.

Ags. eodor m. ‚Hecke, Zaun, Wohnung; Fürst‘ (ablaut. mnd. ader ‚Zaun-pfahl‘), ahd. etar, nhd. Etter ‚Zaun, Rand‘ (ob dazu bair. ester, schweiz. ester ‚Falltor‘?), aisl. jǫdur-r, jadar-r ‚Rand, obere Zaunstange‘, vielleicht ags. edisk m. ‚eingezäunte Weide‘, bair. ʿiss(e) ‚umfriedete Wiese‘ (*edh-siā?), abg. odrъ ‚Bett‘, odrina ‚Stall‘, russ. odr ‚Brettergerüst‘, čech. odr ‚Pfahl‘, skr. odar, odrina ‚rankender Weinstock‘.

WP. I 121.

eg- ‚Mangel‘.

Lat. egeō, -ēre ‚dürftig sein, Mangel haben, darben‘, egestās ‚Mangel, Dürftigkeit‘, egēnus (*egesnos) ‚Mangel habend, dürftig‘. Hierzu auch osk. egmo f. ‚res‘ (zur Bedeutungsentwicklung vgl. gr. χρή : χρῆμα);

anord. ekla ‚Mangel‘, ekla ‚kaum‘, ahd. ekorōdo ‚bloß, nur‘, ekrōdi, eccherode ‚dünn, schwach‘.

WP. I 114 f., WH. I 394 f.

ēĝ-, ōĝ-, əĝ- ‚sprechen, sagen‘.

Arm. asem ‚sage‘, wenn s statt c (= idg. ĝ) durch die Stellung in der 3. Sg. *as aus *ast = *əĝt begründet ist; Verhaln. ar̄-ac ‚adagium‘;

gr. ἦ ‚er sprach‘ (einzige hom. Form; aus *ēg-t), wozu sich nachhom. 1. Sg. Imperf. ἦν, 1. 3. Sg. Präs. ἠμί, ἠσί (dor. ἠτί) als Neubildungen nach (ἔ)φη : (ἔ)φην, φημί, φησί gesellten. Perf. ἄν-ωγα ‚befehle‘ (ursprüngl. ‚ich sage an‘(?), ἀνά wie in ἀνακαλεῖν ‚laut rufen‘ u. dgl.), präsentisch um-gebildet ἀνώγω; über ἤχανεν· εἶπεν s. EM² 30 und Liddell-Scott s. v.;

lat. ai(i)ō ‚sage ja, spreche, behaupte‘ (*agiō), der prophetische Gott Aius Locūtius, adagiō, -ōnis, später adagium ‚Sprichwort‘, prōdigium ‚Vorzeichen‘ (‚Vorhersagung‘); axāmenta ‚carmina Saliaria‘ (über anxāre ‚vocare, nomi-nare‘ s. WH. I 44);

osk. angetuzet ‚proposuerint, jusserint‘, wenn aus *an-agituzet (von einem Frequentativ *agitō) ‚in-dixerint‘ synkopiert; umbr. aiu (*agiā) ‚oracula‘; vielleicht auch açetus ‚respondentibus‘;

ai. *áha, áttha* ‚sprach, sprachst‘, um dessentwillen die Wurzel. früher als **āĝh-* angesetzt wurde, ist wegen av. *ā́ǧa* ‚sprach‘, Präs. *ā́ǧaya-*, *aǧaya-* auf eine verschiedene Wurzel *adh-* zurückzuführen (Güntert Reinw. 84).

WP. I 114, WH. I 24 f., Schwyzer Gr. Gr. I 678; anders EM² 30.

eǧ-, eĝ(h)om, eĝō ‚ich‘; *-ĝh-* neben *-ĝ-* ist nur fürs Ai. gesichert, also wohl sekundär nach Dat. *máhyam*;

Ai. *ahám*, av. *azm̥*, apers. *adam* (**eĝ(h)om*);

arm. *es* (aus **ec*, idg. *eĝ* vor kons. Anlaut);

gr. *ἐγώ*, *ἐγών*, böot. *ἰώ*, *ἰών*; lat. *egō* wie gr. *ἐγώ* aus **egom* geneuert, etwa indem **ἐγὸν φέρω* ein *ἐγὼ φέρω*, *egṓ ferō* nach sich zog, und **ἐγὼν* nach **ἔδων* ‚gab‘ usw. sich richtete (über lat. *egomet* s. WH. I 396)? fal. *eko*, *ego*; wohl auch osk. *ίύ* ‚ego?‘; s. zuletzt Kretschmer Gl. 21, 100, Sommer IF. 38, 171 ff.;

venet. *eχo* ‚ich‘ (vgl. *meχo* ‚mich‘);

got. *ik*, ahd. *ih* (*ihh-a* ‚egomet‘ mit der Partikel *-a*), as. *ic*, urnord. *ek*, *ik*, anord. *ek* und enklitisch urnord. *-ika* (**eĝom*), wgerm. auch **ik* (Dehnung nach **tū*) in ags. *īc*, nhd. fränk. *aich*, anord. auch *ēk* (urgerm. **éka*‟, woraus proklitisch *ek*, *ik*, enklitisch **ka*);

lit. *àš*, alt *eš*, lett. *es*, apr. *es*, *as* (**eĝ*);

aksl. *azъ* (ganz selten *jazъ*) aus **eĝhom?*, nsloven. russ. poln. *ja* (zur Erklärung des anl. Vokals s. zuletzt WH. I 862, Meillet Slave comm.² 452);

toch. *ñuk* ‚ego‘ nach Petersen Lang. 11, 204?;

hitt. *ú-uk* (*uk*) mit *u* nach *am-mu-uk* ‚me, mihi‘, sekundär ‚egō‘, das wiederum das *u* von der 2. Sg. *tu-uk* ‚te, tibi‘ bezogen hat.

Idg. *eĝ(h)om* ist vermutlich nach J. Schmidt (KZ. 36, 405) Neutrum; daß dieses eigentlich ‚(meine) Hierheit‘ bedeutet und sich aus dem Pron.-St. *e-* und einer der unter **ghe*, **gho* besprochenen Partikeln entwickelt habe, ist erwägenswert.

WP. I 115 f., WH. I 395 f., 862; Schwyzer Gr. Gr. I 209, 602, 604², Trautmann 72, Pedersen Hitt. 73 f.

eĝhero- ‚Landsee‘?

Der Vergleich von bsl. **ežera-* n. ‚Landsee‘ in apr. *assaran* n. ‚See‘, lit. *ēžeras* m. (daraus dial. auch *ā́žeras*), lett. *ezers* m., aksl. *(j)ezero*, russ. *ózero* ds., mit:

balt. **ežĭa* f. ‚Grenzstreifen‘ in apr. *asy*, lit. *ežė̃*, lett. *eža*; slav. **ĕžь* m. in serb.-ksl. *jazъ* ‚Kanal‘, ačech. *jěz* ‚Wasserwehr‘, aruss. *ězъ*, russ. *jaz* ‚Fischzaun‘, ist unsicher, ebenso der mit dem

pannon. VN *'Οσεριάτες* am Plattensee (wegen des *σ* müßte er thrak. sein), und mit:

gr. *Ἀχέρων, -οντος,* Fl. der Unterwelt (davon *Ἀχερουσία λίμνη* und *ἀχερωῖς* ‚Weißpappel‘), dessen *α* (statt *ε* oder *o*) allerdings von *ἄχος* ‚Angst‘ stammen könnte;

die bsl. Formen könnten zwar vielleicht auch auf **ažera-* zurückgehen, in welchem Falle man ein idg. **aĝhero-* ansetzen könnte.

WP. I 184¹, Trautmann 73, Kretschmer Gl. 14, 98, Jokl Eberts Reallex. 6, 39.

eĝhi- ‚Igel‘, wohl Kurzform zu *eĝhi-no-s* ‚zur Schlange gehörig, Schlangenfresser‘ (s. oben S. 44).

Arm. *ozni* ‚Igel‘;

phryg. *εζις* ‚Igel‘;

gr. *ἐχῖνος* ‚Igel‘;

ahd. *igil,* mhd. *igel,* mnd. *egel,* ags. *igil, igl, il* ‚Igel‘, anord. *igull* ‚Seeigel‘ (mit *ī* ahd. auch *īgil,* bei Luther *Eigel,* anord. auch *īgull*);

lit. *ežỹs,* lett. *ezis* ‚Igel‘;

ksl. *ježь (*eĝhįos)* ds. (dazu russ. *ježevíka, ožína* ‚Brombeere‘, *ožíka* ‚Binse‘ usw., s. Berneker 267).

Hierher wohl folgende balt.-slav. Bezeichnungen des Barsches (stacheliger Fisch):

apr. *assegis* m. ‚Barsch‘, lit. *ežgỹs, ežegỹs, egžlỹs,* alit. *ēkšlis, jēkšlis* ‚Kaulbarsch‘;

dehustußig slav. **ežgь,* daraus **ĕždžь,* čech. *ježdík* ‚Barsch‘, poln. *jaždž, jaszcz* (auch *jazgarz*) ‚Kaulbarsch‘; Grundf. etwa **ĕĝh(e)-g(h)įos* ‚igelartig‘.

WP. I 115, Trautmann 73, Schwyzer Gr. Gr. 491².

eĝhs (eĝhz) ‚aus‘, Aspirata erwiesen durch gr. *ἔσχατος.*

Gr. *ἐξ* (dial. *ἐς,* vor Kons. *ἐκ, ἐγ*) ‚aus‘, Präfix und Präp. m. Ablativ, (Genetiv) und (ark.-kypr., pamph.) Dativ; ion. att. *ἐκτός* ‚außerhalb‘ (nach *ἐντός* mit *τ* für *ϑ,* vgl.:) lokr. *ἐχϑός* (aus *ἐκσ + τος* Schwyzer Gr. Gr. I 326) epidaur. zu *ἔχϑω, ἔχϑοι* umgebildet, *ἔσχατος* ‚der äußerste, letzte‘ (beruht auf **ἐσχο-* aus **eĝzgho-,* älter **eĝhs-ko-*), weniger sicher *ἐχϑρός* ‚Feind, verhaßt‘, ursprüngl. ‚Landflüchtiger‘ oder ‚Fremder‘ aus **eĝhstros,* wozu nach *αἰσχ-ρός : -ίων, -ιστος, -ος* weiter *ἐχϑίων, ἔχϑιστος, ἔχϑος,* auch *ἔχϑεσϑαι, ἀπεχϑάνομαι, ἀπεχϑαίρω* usw. geschaffen wurden;

lat. *ex* (daraus *ē* vor *b, d-, g-, l-, m-* usw., *ec* vor *f*) ‚aus‘, Präfix und Präp. m. Abl., osk.-umbr. (über **exs*) *ē-,* z. B. osk. *ehpeilatas set* ‚*expilatae sunt,* sind aufgestellt‘, umbr. *ehe-turstahmu* ‚exterminato‘; lat. *exterus* ‚außen befindlich‘ (*exterior, extrēmus, externus, extrā, extimus*), die wegen des auf **ek-t-* weisenden osk. *ehtrad* ‚extra‘, umbr. *ap ehtre* ‚*ab extrim‘, air. echtar,* cymr. *eithyr* ‚extra‘, acymr. *heitham,* ncymr. *eithaf* (: *extimus*) ihr *x* erst aus *ex* wiederhergestellt haben;

air. *ess-*, vortonig *ass-*, *a*, cymr. *eh-*, gall. *ex-* (z. B. in *Ecobnus* ‚furcht-los' : air. *essamain*, mcymr. *ehofyn*), vor Kons. *ec-*, Präfix und (ir.) Präp. m. Dat.(-Abl.);

apr. *esse*, *assa*, *assœ* (mit einer unklaren Erweiterung), *es-teinu* ‚von nun an', mit schwierigem *i*: lit. *iž*, *iš*, lett. *iz*, *is*, apr. *is*, aksl. *iz*, *izъ*, *is* ‚aus', Präfix und Präp. m. Abl.(-Gen.), wohl auch z. T. echtem Gen.; nach Meillet Slave comm.[2] 155, 505 reduktionsstufiges bsl. **iž* (?); s. auch Endzelin Lett. Gr. 33, über lett. *iz* 507.

WH. I 423 stellt auch arm. Präverb *y-* (z. B. *y-aŕnem* ‚erhebe mich': lat. *ex-orior*) und die Präp. mit Abl. *i* ‚von' hierher (unsicher); ebenso zweifelhaft ist Meillets (MSL. 18, 409) Erklärung der toch. A-Postposition *-ṣ* ‚von wegen' aus **-kṣ*.

Über verbale Komposita in mehreren Sprachen, wie z. B. gr. ἐκ-φέρω, lat. *ef-ferō* ‚trage heraus', air. *as-biur* ‚sage' (**eks-bherō*), gr. ἔξ-ειμι, lat. *ex-eō* ‚gehe heraus', lit. *iš-eiti*, aksl. *iz-iti* ds. usw., s. WH. I 423 f.

WP. I 116 f., WH. I 423 ff., Trautmann 105, Schwyzer Gr. Gr. I 326.

egnis : *ognis* m. ‚Feuer'.

Ai. *agni-ḥ* m. ‚Feuer' (== hitt. *Agnis*, Hrozný ZA. 38, 185, nach Laroche, Recherches sur les noms des dieux hittites 119, von den Churritern über-nommen);

lat. *ignis*, *-is* m. ‚Feuer, Flamme, Licht, Glut' (**egnis*);

lit. *ugnìs* f. (alit. auch m., Specht KZ. 59, 278[3]), lett. *uguns* m. f. ds.; das *u* stammt von aschwed. *ughn* ‚Ofen';

aksl. *ognь* m. ‚Feuer' (**ognis*; *i*-St.; sekundär *ĭo*-St.), čech. *oheň* (*ohně*), russ. *ogónь* (*ognjá*); über čech. *výheň* f. ‚Rauchloch, Esse', skr. *vìganj* m. ‚Schmiede', mit ganz unklarem Anlaut, s. Meillet Slave comm.[2] 85, zuletzt J. Holub Stručný slovník etym. jazyka českoslov. 341.

WP. I 323, WH. I 676, Trautmann 334 f.

ehem, **eheu**, **eho** Ausrufe, meist unabhängige Neubildungen.

Ved. *áha*, ai. *ahahā̆*, *ahḗ*, *ahō̆*, *haṃhō* usw.;

lat. *ehem*, *hem* (Schallnachahmung des verlegenen Räusperns), *eheu*, *heu* (: ai. *ahō*) ‚ach, oh!', *eho* ‚heda!';

nhd. *hem*, *hum*, *hm* (: lat. *hem*); vgl. nhd. *aha*, *oho!*;

für ai. *ah-*, lat. *eh-* könnte man idg. **eĝh-* ansetzen.

WP. I 115, WH. I 396 und oben S. 281 *ē̆*, *ŏ*.

1. *ei-* ‚gehen', erweitert **ei-dh-**, **ei-gh-**, **i-tā-** und *i̯-ā-*, *i̯-ē-* : *i̯ō-* : *i̯ə-*; Nominal-bildungen *i-to-*, *oi-u̯o-*, *oi-to-* und *i-ter*, Gen. *i-ten-os* ‚Weg'.

Ai. *émi*, *éti*, *imáḥ*, *yánti* ‚gehen', av. *aēiti*, *yeinti*, apers. *aitiy* ‚geht', themat. Med. ai. *áya-tē* usw. (das scheinbar dehnstufige ai. *ā́iti*, av. *āiti* ‚adit' ist **ā-aiti*, mit Präf. *ā*);

gr. hom. *εἶμι* ‚werde gehen‘, *εἶ* (**eisi*), *εἶσι* (dor. *εἶτι*), Pl. *ἴμεν*, *ἴτε*, *ἴασι* (Neubildung für **ἴεσι* statt *hεσι*, **hεντι*, idg. **i̯-enti*, ai. *yánti*); Impf. att. *ἤια* (Neubildung für **ἤα* = ai. *áyam*); Konj. *ἴω* (statt **ἔω*, idg. **ei̯ō*, ai. 3. Sg. *áyat*); Opt. *εἴη* (statt **ἴη*, idg. **ii̯ēt*, ai. *iyắt*), Imper. *ἔξ-ει* (lat. *ī*, lit. *εῖ-k*), *ἴϑι* (ai. *ihí*, hitt. *i-i-t*);

lat. *eō* ‚gehe‘ (**ei-ō* für athemat. **ei-mi*), *īs*, *it*, Pl. *īmus*, *ītis* (Neubildung wie lit. *ei-mè*), *eunt* (**ei̯-onti* für altes **i̯-enti*), Imper. *ī* (**ei*), Part. Präs. *iēns* statt **i̯ēns* = ai. *yán*, Gen. *yat-áh* (**i̯-n̥t-es*, vgl. gr. Ἐπίασσα), alit. *ent-* (statt **jent-*); Perf. *īī* (**ii̯-ai* : ai. *iy-áy-a*), sekundär *īvī*;

päl. *eite* = rte, umbr. *etu* = Itō (*ampr-ehtu*, *apretu* ‚amb-Itō‘, *en-etu* = in-Itō), *etu-tu* ‚euntō‘, *eest*, *est* ‚ibit‘ (**ei-seti*), *ier* ‚itum sit‘ (weist auf ein Perf. **ied*), usw.; osk. *eituns* (*set*) ‚itūrī sunt‘ (**ei-tōn-es*);

cymr. *wyf* ‚bin‘, eigentlich ‚ich gehe‘ 2. Sg. *wyt* (anders über *wyt* Stern ZfceltPh. 3, 394 Anm.);

got. *iddja* ‚ich ging‘ wohl = lat. *īī*, ai. *iy-áy-a*; s. die Lit. bei Feist 288; ags. *ēode* ‚ging‘ ist unerklärt;

apr. *ēit* ‚geht‘, *ēisei* ‚du gehst‘, *perēimai* ‚wir kommen‘, Inf. *perēit*; alit. *eĩmi*, *eĩsi*, *eĩti*, Pl. *eimè*, *eitè*, und *einì*, *eisì*, *eĩt(i)*, Pl. *eĩme*, *eĩte*; Dual *eivà*, *eità*, Prät. *ėjaũ*, Inf. *eĩti*; Supin. *eĩtų* (= ai. *étum* Inf.); lett. *eĩmu* (älter **eĩmi*), *iẽmu* (sekundär *eju*, **ietu*, lit. dial. *eitù* usw.); Inf. *iêt*, *iêt*; Supin. *iẽtu*;

aksl. Inf. *iti* (= lit. *eĩti*), Präs. *idǫ*, Aor. *idъ*, neugebildet zum Imper. **i-dhi* > **idъ* > *idi*, wie auch lit. *eidu* ‚ich gehe‘ zum Imper. **eidi*;

toch. A *ymäs* ‚wir gehen‘, B *yam* ‚er geht‘, gewöhnlich *no*-Präs. *yanem* ‚sie gehen‘, usw.;

hitt. Ipv. *i-it (it)* ‚geh!‘ (= gr. *ἴ-ϑι*), medial *e-ḫu* ‚komm!‘; *pa-a-i-mi* (*paimi*, mit Präverb **pe*-) ‚ich gehe weg‘, 3. Pl. *pa-an-zi* (**-i̯-enti*, ai. *yánti*), usw.; s. Pedersen Hitt. 129 f.;

unklar ist die idg. Grundform des medialen *i-ja-at-ta-ri* (*ijattari*) ‚geht, marschiert‘; vgl. Couvreur Ḫ 101;

-i̯-o- ‚gehend‘ als 2. Kompositionsglied in gr. πεζός u. a., s. W. Schulze LEN. 435[3].

t-Bildungen: ai. *ití-* f. ‚Gang, Wandel‘, *ityá* ‚Gang‘, *dur-itá-* (av. *duž-ita-*) ‚schwer zugänglich‘, *prātar-ítvan-* ‚früh ausgehend oder -kommend‘, *itvará-* ‚gehend‘, *vītá-* (**vi-ita-*) s. unten; *éta-* ‚eilend‘; Infin. *étum*;

gr. ἁμαξ-ιτός ‚für Wagen fahrbar‘, ἰταμός, ἴτης ‚(draufgängerisch =) keck, verwegen‘, εἰσ-ιτήρια ‚Antrittsopfer‘; *o*-stufig οἶτος ‚Menschengeschick, Schicksal‘? (vgl. ‚Gang der Welt‘, s. anders oben S. 11);

lat. *exitium*, *initium* (: fem. ai. *ityá*); *itiō* ‚das Gehen‘ (: ai. *ití-*); *iter*, *itineris* n. ‚Weg‘ (vgl. toch. A *ytār* f., B *ytārye* f. ‚Weg‘, hitt. *i-tar*, Gen.

innas ‚Gehen‘, air. *ethar* m. ‚Fährboo:‘), ursprüngl. r/n-St.; com es, -*itis* ‚Begleiter‘; *itus*, -*us* m. ‚Gang‘, woneben hochstufiges **ei-tu-s* wohl als Grundlage von osk. *eituam, eitiuram* ‚pecuniam‘ (vgl. zur Bed. ‚Eingang, Einkünfte, reditus, εἴσοδος‘ oder ‚fahrende Habe‘);

air. Pass. *ethae* ‚itum est‘, *ethaid* ‚geht‘, *ad-etha* (*-*it-āt*) ‚ergreift‘; vielleicht air. *ōeth* ‚Eid‘, acymr. *an-utonou*, mcymr. *an-udon* ‚Meineid‘ == got. *aiþs*, anord. *eiðr*, ags. *āþ*, as. *ēth*, ahd. *eid* ‚Eid‘ (formell == gr. οἶτος, Bedeutung etwa aus ‚Eidgang, Vortreten zur Eidesleistung‘ entwickelt, vgl. schwed. *ed-gång*?, s. aber oben S. 11.);

asächs. *frēthi* ‚abtrünnig, flüchtig‘, ahd. *freidi* ‚flüchtig, kühn, verwegen‘ (aus **fra-iþya-*, **pro-itios* ‚der Fortgegangene‘, vgl. ai. *prēti-* f. ‚Weggehen, Flucht‘, dazu *prētya* ‚nach dem Tode, jenseits‘); wahrscheinlich anord. *vīdr* ‚geräumig, weit, ausgedehnt‘, ags. as. *wīd*, ahd. *wīt*, nhd. *weit* aus **ui-itos* ‚auseinander gegangen‘ (vgl. ai. *vītá-* ‚vergangen, geschwunden, fehlend, ohne‘, *vīta-bhaya-* ‚furchtlos‘, *vīti-* f. ‚weggehen, sich entfernen, sich absondern‘ und lat. *vītāre*, s. unten).

Iterativ *i-tā-* in gr. ἰτητέον, ἰτητικός el. ἐπ-αν-ιτᾱκώρ, lat. *itō*, -*āre*, air. *ethaid* ‚geht‘, umbr. (mit sekundärer Hochstufe wohl nach *eitu, eite*) *etatu, etato* ‚itate, itatote‘; unklar gr. φοιτάω ‚gehe hin und her‘ (*itáō* mit Präfix *φοι, zu got. ahd. *bi-*??), lat. *vītāre* ‚meiden‘ == ‚jemandem (bei Plaut. m. Dativ) aus dem Wege gehen‘; unsicher, ob hierher lat. *ūtor* (alat. *oetor, oitile*) ‚gebrauchen‘, päl. *oisa aetate* ‚nach genutztem, genossenem Leben‘, osk. *úíttiuf* ‚Nutznießung‘, mit Präf. *o-*, ursprünglich ‚sich heranmachen, sich womit befassen‘ (*úíttiuf* noch deutlich mit lat. *itiö* sich deckend; noch klarzustellen bleibt, ob das Präs. aus **o-itārī* in die Weise der Wurzelverba übergeführt sei);

ob οἴσω ‚werde tragen‘ als ‚an etwas herangehen‘ oder ‚mit etwas gehen‘ wie *ūtor* auf **o + *it-* beruht? Nach Schwyzer Gr. Gr. I 752⁹ eher aus **oi-s-*; vgl. unten οἴχομαι.

dh-Bildungen:

gr. ἴθμα n. ‚Gang‘, εἰσιθμη ‚Eingang‘; zweifelhafter ἰσθμός, att. inschr. Ἰσθμός ‚schmaler Zugang, Landzunge, Landenge; Hals‘ (Grundf. **iahdhmos*? wenigstens wäre der Weg des Eindringens von σ in älteres **ἴθμος* nicht klar); vgl. Schwyzer Gr. Gr. I 492¹²;

anord. *eið* ‚Landenge‘;

lit. Instr. *eidine* ‚im Paßgang‘ (von Pferden), aksl. *idǫ* ‚gehe‘ (s. oben).

m-Bildung:

ai. *éma-* m. ‚Gang‘ (aber gr. οἶμος, οἴμος ‚Gang‘ zu ἐείσατο, s. μει-,ἴεμαι‘); lit. *eismė* ‚Gang, Steige‘ mit lit. -*sm*-Suffix.

u̯-Bildung:

ai. *éva-* m. ‚Lauf, Gang, Gewohnheit, Sitte‘; ai. *dur-éva-* ‚von schlechter

Art, böse'; ahd. *ēwa* (**oiµā*) f. ,Gesetz, Norm, Bündnis, Ehe', as. *ēu*, *ēo* m., ags. *ǣw*, *ǣ* f. ,Gesetz, heiliger Brauch, Ehe' (für Gleichheit mit *ēua* ,Ewigkeit' plädiert Weigand-Hirt s. v.); vgl. auch got. *hⁱaiwa* ,wie' (wenn aus **qᵘōiµos* aus **qᵘo-oiµos*; so auch gr. *ποῖος* u. dgl.?, s. unter *qᵘo*); *e*-stufig lit. *pėreiva*, *pėreivis* ,Landstreicher', nach Specht KZ. 65, 48 aus einem Adj. **ejŭs*, zu ved. *upāyú-* ,herankommend'.

l-Bildung wahrscheinlich im Intensivum as. *ilian*, ahd. *illan* ,eilen, sich beeifern' (aus **ijilian*; **eịeliō*, Bildung wie lat. *sepeliō*); allenfalls, doch sehr unsicher, norw. dial. *eil* f. ,rinnenförmige Vertiefung', schwed. dial. *ela* ds., lit. *eilė* ,Reihe, Furche', lett. *ailis* ,Fach, Reihe'.

gh-Erweiterung in:

arm. *ēj* ,Abstieg', *ijanem* (Aor. *ēj*) ,herabsteigen', *ijavank* Pl. ,Gasthaus', *ijavor* ,Gast';

gr. *εἴχεται· οἴχεται* Hes., *οἴχομαι* ,gehe (fort), bin fort', *οἰχνέω* ,gehe, komme', vielleicht auch *ἴχνος*, *ἴχνιον* ,Fußspur' (als ,Tritt');

air. *ōegi*, Gen. *-ed* ,Gast';

lit. *eigà* f. ,Gang'.

ịā- in:

ai. *yā́ti* ,geht, fährt', av. *yāiti* ds., ai. *yāna-ḥ* m. ,Bahn', n. ,Gang ,Vehikel', av. *yāh-* n. ,Krise, Entscheidung' (*s*-St.);

gr. *'Επ-ίασσα* ,*ἐπιοῦσα*' (mit *-nt*-Suffix), Beiname der Demeter (: ai. *yatí* ,die gehende');

lat. *Jānus* ,altital. Gott der Türen und des Jahresanfangs', *jānua* ,Türe'; air. *ā* ,Achse, Wagen' (idg. **ịā*), *āth* ,Furt' (**ịā-tu-s*; brit. Zubehör vermutet Pedersen KG. I 322f.);

lit. *jóju*, *jóti*, lett. *jâju*, *jât* ,reiten', lit. *jódyti* ,fortgesetzt reiten';

aksl. *jadǫ*, *jachati* (*s*-Erw. **ịā-s-*) ,fahren, vehi', Part. Pass. *prě-javъ*, *jazda* ,das Fahren, Reiten', *jato* ,agmen' (s. zu den slav. Formen Berneker 441f., v. d. Osten-Sacken IF. 33, 205, Brückner KZ. 45, 52, Persson Beitr. 348f.); dazu die slav. FlN *Jana* (Nowgorod), *Janka* (Wilna), *Jana* (Bulgarien), nhd. *Jahna* (Sachsen); s. Rozwadowski RSl. 6, 64.

Vielleicht auch hierher lett. *Jāņis* (mit dem christl. Johannes zusammengeworfen) als Beherrscher der Himmelspforte; vgl. darüber E. Fraenkel Balt. Sprachwiss. 134;

toch. A *yā* ,er ging', B *yatsi* ,gehen', mit *p*-Erw. *yopsa* ,er trat ein', usw. (Pedersen Toch. 231); vgl. ai. *yāpáyati* ,läßt gelangen zu'.

ịē- in *ịēro-* : *ịōro-* : *ịəro-* ,Jahr, Sommer':

ai. *paryāríṇī-* (*pari-yaríṇī-*) ,nach einem Jahr erst kalbend' (?);

av. *yārə* n. ,Jahr';

gr. *ὥρα* ,Jahreszeit, Tageszeit, Stunde, rechte Zeit', *ὧρος* ,Zeit, Jahr';

vielleicht lat. *hornus* ‚heurig‘, wenn auf *hōjōrō ‚in diesem Jahre‘ beruhend, vgl. ahd. *hiuru* ‚heuer‘ aus *hiu jāru;

urkelt. *jara (*jərā), cymr. bret. *iar* ‚Henne‘, gall. PN *Iarilla*, mir. *eir-īn* ‚Huhn‘ (air. *air-īn); falsch O'Rahilly Eriu 13, 148 f.;

got. *jēr*, anord. *ār*, ags. *geār*, as. ahd. *jār* n. ‚Jahr‘;

russ.-ksl. *jara* ‚Frühling‘, russ. *jarъ* ‚Sommerkorn‘ (usw., s. Berneker 446, davon Ableitungen für einjährige Tiere, z. B. russ. *járec* ‚einjähriger Biber‘, *járka* ‚Schaflamm‘, bulg. *járka* ‚junges Huhn‘);

dagegen gewiß hierher mhd. *jân* ‚Reihe, Gang‘, nhd. *Jahn* ‚Gang, Reihe gemähten Getreides‘, schwed. mundartl. *ån* ds.

WP. I 102 ff., WH. I 406 ff., 658 f., 668 f., 723, Schwyzer Gr. Gr. I 674.

2. ĕi Ausrufpartikel.

Ai. *ē* ‚Ausruf der Anrede, des Sichbesinnens‘ usw.; *ai* ds., *ayi* vor dem Vokativ;

av. *āi* vor dem Vokativ; können auch zu *ai*, oben S. 10, gehören;

gr. *εἶα* (**ei!* + a) ‚wohlan!‘ (daneben *εἶεν*);

lat. *ei*, *hei* ‚ach!‘ davon, *ēiulō* ‚schreie auf‘, *oi-ei* ‚oh weh!‘;

air. *(h)ē* ‚Ausruf der Freude und des Schmerzes‘;

ahd. *ī*; mhd. nhd. *ei* sind daraus nicht lautlich entwickelt;

lit. *eĩ* ‚Ausruf der Warnung‘, lett. *ei* ‚hei!‘;

skr. *ēj*, poln. russ. *ej* ‚ei!‘.

WH. I 396 f., Trautmann 67.

3. ei- Farbadjektiv ‚rötlich, bunt‘, erweitert (e)*i-u̯o-*, (e)*i-u̯ā* ‚Eibe‘ usw.; nur indisch: *ei-to-* ‚bunt‘, fem. *ei-nī*, von bunten Tieren.

Arm. *aigi* ‚Weinstock‘ (**oiu̯iịā*);

gr. *οἴη*, *ὄη*, *ὄα* ‚Sperbaum, Vogelbeerbaum‘ (**oiu̯ā*) =

lat. *ūva* ‚Traube‘;

gall. *ivo-*, urir. *iu̯a-*, air. *ēo* m., cymr. *y_wen* m., acorn. *hiuin*, bret. *ivin* m. ‚Eibe‘;

ahd. *īwa*, mhd. *īwe*, mnl. *ijf*, nhd. *Eibe* f., ags. *īw* m., aisl. *ȳr* ‚Eibe‘ (**eiu̯o-*), nach dem rotbraunen Holz benannt;

daneben **ei-ko-* in ahd. *īgo*, as. Pl. *īchas*, schweiz. *īche*, *īge*, ags. *īh*, *ēoh* ‚Eibe‘;

lit. *ievà*, *jievà* f., lett. (mit abweichender Intonation) *iēva* ‚Faulbaum‘ (**eiu̯ā*), apr. *iuwis* ‚Eibe‘ (**iu̯a-*), nach dem rotbraunen Holz benannt;

russ.-ksl. *iva*, skr. *íva* (= lett. *iēva*), russ. *íva* ‚Weide‘, ačech. *jíva* ‚Eibe, Salweide‘;

ai. *éta-* ‚schimmernd, bunt‘, m. ‚Roß, Vogel, Antilope‘ usw., urind. PN (14. Jh.) *Aita-ggama* ‚auf einem Widder reitend‘ (Kretschmer KZ. 55, 93),

f. *ĕnī*, dazu (mit *ṇ* für *n* nach *hariṇī*, dem Femin. zu *harita* ‚gelblich‘ vgl. auch *hariṇá-* ‚Gazelle‘): *ĕṇa-* m. ‚Antilopenart‘ (Schulze Kl. Schr. 123). WP. I 105 f., 165, Trautmann 68, Kluge[12] s. v. *Eibe*, Specht Dekl. 63, 205.

4. *ei-* : *oi-* ‚Stange‘, dann ‚Deichsel‘, erweitert durch *s-* oder *l-*, *n-*, *r*-Stamm; *o̯i-es-* : *īs-* : *ois-* ‚Deichsel‘.

Ai. *īṣá* ‚Deichsel‘;

gr. *οἰήιον* ‚Steuerruder‘, att. *οἶαξ*, *-κος* ds.; gr. *οἶ[σ]ᾱ* entspricht: balt. **aisā* als Quelle von finn. wotj. (usw.) *aisa* ‚Stange der Gabeldeichsel‘;

ei-el- in lit. *ielekstis* f. ‚Deichselstange‘, lett. *ieluksi*, ablaut. *ílkss*, *ilkmis* ds.; lit. *ailė* ‚Stange‘, žem. *áilis* ‚clava‘, lett. *ailis* ‚Stange‘;

ei-en- in lit. *íena* f. ‚Deichselstange‘;

oi-er- in aisl. ags. *ār* ‚Ruderstange‘, die nach Ausweis der Lw. finn. *airo* und lett. *airis*, *aire*, lit. *vairas* ‚Ruder‘ auf urgerm. **airō* beruhen;

oi-es- auch in sloven. skr. čech. *oje* ‚Deichsel‘ (Gen. sloven. *ojese*).

WP. I 167, Lidén Studien 60 ff., Specht Dekl. 101.

eibh- (: *oibh-*), *i̯ebh-* ‚futuere‘, wohl mit tabuierender Umstellung des Anlauts.

Ai. *yábhati* ‚futuit‘;

gr. *οἴφω*, *οἰφέω* ‚futuō‘; *οἰφόλης* ‚unzüchtig‘;

dor.-illyr. mythischer PN *Οἴβαλος* ‚γενέθλιος‘;

vielleicht germ. **aibō* ‚Familie, pagus‘ in langob. *-aib* (*Ant-aib*, *Burgund-aib*), ahd. *-eiba* (*Weter-eiba*, *Wingart-eiba*);

slav. **i̯ebō* ‚futuō‘ in russ. *jebú*, *jetí*, skr. *jèbêm*, *jèbati* (mit neugebildetem Infinitiv), usw.

WP. I 198, Specht KZ. 59, 121[2], Schwyzer Gr. Gr. I 722[1] (sieht in gr. *ȏ-* ein Präverb *e*, *o*, oben S. 280).

eig-, *oig-* ‚laut jammern, kläglich bitten‘.

Gr. *οἶκτος* ‚das Bejammern, Erbarmen‘, *οἰκτρός* ‚kläglich, erbärmlich, elendiglich‘, *οἰκτίρω* (äol. *οἰκτίρρω*) ‚bemitleiden, beklagen‘;

dazu Verbum **eigi̯ō* in mir. *éigid* ‚schreit‘, *éigem* f. ‚Schrei‘, *to*-Bildung in *īachtaid* ‚stöhnt, schreit‘;

got. *aihtrōn* ‚sich erbitten, erbetteln‘ (Denominativ eines dem gr. *οἰκτρός* entsprechenden Nomen agentis oder eher des Neutrums **oiktrom*).

WP. I 105 f.

ēik- ‚zu eigen haben, vermögen‘.

Ai. *íše*, *íṣṭe* (*ī* ursprüngl. Perfektreduplikation) ‚hat zu eigen, besitzt, beherrscht‘, *īśvará-* ‚vermögend, imstande; m. Gebieter‘; av. *iše* ‚ist Herr über', *išvan-* ,vermögend', *išti-* ,Gut, Reichtum' (germ. *aihti-*), *aeša-* ,Vermögen, Habe'.

Hierzu got. *aigan* (*aih, aigum,* sekund. Prät. *aihta*) ,haben, besitzen', altn. *eiga* (*ā, eigom, ātta*), ags. *āgan,* afries. *āga,* asächs. *ēgan,* ahd. *eigan* ds.; Partiz. *aigana-, aigina-* in der Bedeutung ,eigen' und substantiv. n. ,Eigentum' : altn. *eiginn* ,eigen(tümlich)', ags. *āgen* (engl. *own*), afries. *eyin, ein,* asächs. *ēgan,* ahd. *eigan* usw. ds., got. *aigin* n. ,Eigentum', altn. *eigin,* ags. *ǣgen* usw. ds. Hiervon abgeleitet ist *aiganōn* : anord. *eigna, -aða* ,zueignen'; ags. *āgnian* ,zu eigen machen, besitzen', weiter ahd. *eiginēn* ,zu eigen machen, aneignen' usw.

*ti-*Abstr. germ. *aihti* : got. *aihts* ,Eigentum', altn. *ǣtt, ātt* in der abstrakteren Bedeutung ,Geschlecht'; auch ,Himmelsgegend'; ags. *ǣht,* ahd. *ēht* ,Besitz, Eigentum'. Vgl. weiter altn. *eign* f. ,Eigentum an Grund und Boden' (*aig-ni-*);

urgerm. *aihtēr* ,Besitzer' ist aus lapp. *āitâr* ds. zu erschließen (: ai. *ıšitar-* ds.);

nach Pedersen Groupement 30 f. hierher toch. B *aik-, aiš-* ,wissen'. WP. I 105, Feist 20.

1. *eis-* ,(sich) heftig, ungestüm, schnell bewegen; antreiben = anregen, erquicken; auch vom Entsenden, Schleudern von Geschossen, Pfeilen'; Nominalbildungen: *isəro-s* ,kräftig, heilig', FlN Wort (*e*)*isā, oisā* usw., *ois-mo-* ,Ansturm, Zorn', *ois-tro-* ,Wut'.

Ai. *işņáti, işyati* ,setzt in Bewegung, schwingt, schnellt (spritzt aus), treibt an; eilt, drängt vorwärts', *ēşati* ,gleitet' (*ēşá-* ,eilend', *ēşa-* ,das Hineilen'), *işaṭē* ,enteilt' (Adv. *işḍt* ,annähernd'), *işaṇat* ,er trieb an', *işaṇyáti* ,treibt an, regt an', *işaydti* ,ist frisch, rege, kräftig; erfrischt, belebt', *iş-* f. ,Erquickung, Labung' (auch in *iş-kŗti-* ,Heilung'), *işirá-* (: *ἱαρός, Isara*) ,stark, regsam';

av. *aēš-* ,(sich) in eilige Bewegung setzen' (Präs. St. *iša-, išya-, aēšaya-,* apers. *aišaya-*), av. *aēšma-* m. ,Zorn';

gr. dor. *ἱαρός* (: ai. *işirá-*), att. *ἱερός* (*ṛ* : *er,* Schwyzer Gr. Gr. I 482), lesb. ion. *ἶρος* (*isros*) ,kräftig, rüstig'; weiter gr. *ἱνάω, ἱνέω* (wenn mit *ι* zu lesen, so daß aus *ἱσν-άω, -έω* herleitbar) ,entsende, leere aus; gieße aus', Med. ,entleere mich' (vgl. ai. *işņáti*); *δίω, δίομαι* (*δίσσατο, ἀνωιστός, ἀν-ωιστί, ὠίσθην, διοθείς*) ,meine, komme mit meinen Gedanken worauf, verfalle worauf', bei Hom. mit *ι* entweder durch metr. Dehnung aus *δ-ἱ[σ]-ω* oder aus *δ-ι[σ]ιō,* nachhom. *οἶμαι* (aus *οίομαι*);

mit ablaut. *οἰ*:

οἶμα ,stürmischer Angriff, Andrang', *οἰμάω* ,stürme los', beides von Raubvögeln, wie ved. *ēşati* auch vom Losschießen des Raubvogels auf

sein Nest (gr. Grundf. *οἶσμα, vgl. av. aēśma-); hierher auch noch
οἶστρος ‚Wut und die sie durch ihren Stich erregende Bremse‘, nächst
verwandt mit lit. aistrà ‚heftige Leidenschaft‘, aistrùs ‚leidenschaftlich‘
(nicht besser oben S. 12); in ähnlicher Bed. ἰστνάζει· ὀργίζεται;

ob gr. ἰάομαι ‚heile‘, ἰατρός ‚Arzt‘ hierher gehören, ist zweifelhaft; die
att. Formen ohne Asper sprechen eher gegen intervok. -s- und das i
gegen anlaut. ei-; bei einem Kulturwort wäre fremder Ursprung nicht
verwunderlich; Theander (Eranos 21, 31 ff.) geht von dem heiligen Rufe
iá aus, was auch die schwankende Quantität des i (die Heilgötter ᾿Ιασώ,
᾿Ιησώ f., ᾿Ιάσων, ᾿Ιήσων m. usw., vielleicht auch der Stammesname ᾿Ιά(ϝ)ονες,
vgl. Schwyzer Gr. Gr. I 80, als iá-Rufer) erklären würde;

ἰαίνω ‚wärme‘ hat ĭ und braucht trotz Schwyzer Gr. Gr. I 681, 694,
700 nicht dazu zu gehören; s. oben S. 11 und W. Schulze Qu. ep. 381 ff.;
nach Wissmann Nomina postverb. 203 soll ἰάομαι die lautsymbolisch ge-
dehnte Schwundstufe der Wz. eis- darstellen, brauchte also der Quantitäts-
differenz wegen nicht von ἰαίνω getrennt zu werden;

lat. īra, Plaut. eira (*eisā) ‚Zorn‘;

vielleicht hierher gall. Isarno- PN, isarno-dori ‚ferrei ostii‘, air. ïarn,
mir. īarann n., cymr. haiarn (erfordert ī-), acorn. hoern, bret. houarn
‚Eisen‘ als das ‚starke Metall‘ im Gegensatz zur weicheren Bronze;

germ. *īsarnan n., got. eisarn, ahd. as. anord. īsarn ‚Eisen‘ ist wegen
des ī- vielleicht aus ven.-illyr. *eisarnon vor dem germ. Wandel von ei zu
ī entlehnt; vgl. den ven. FlN ᾿Ισάρας, später Īsarcus, nhd. Eisack (Tirol);
dazu der urir. PN I(s)aros, air. Īür, balkanillyr. iser, messap. isareti
(Krahe IF. 46, 184 f.);

ferner vielleicht das kelt.-ligur.-ven.-illyr.-balt. FlN Wort Is- im kelt.
FlN Isara, nhd. Isar, Iser, frz. Isère; *Isiā, frz. Oise; *Isurā, engl. Ure,
usw. (Pokorny Urillyrier 114 f., 161);

die nhd. FlN Ill, Illach, Iller können auch auf vorgerm. *Is-l- zurückgehen und mit den lett. FlN Isline, Islīcis, wruss. Isla (kann wegen des
-sl- nicht echt slav. sein) usw. verglichen werden; der Name der Iller:
*Illurā kann mit dem VN der Illyrii verglichen werden;

die Vollstufe *Eis- außer in Īsarcus noch in vielen balt. FlN: *Eisiā,
lit. Iesià, *Eislā, lit. Ieslā, lit. Eisra, usw. (Būga RSl. 6, 9 f., Rozwadowski RSl. 6, 47); hingegen führt Būga wruss. Istra, lett. SeeN Istra,
lit. FlN Isra, apr. Instrutis ‚Inster‘ und thrak. ῎Ιστρος auf *Instr-
zurück; bisher hatte man ῎Ιστρος aus *Is-ro-s erklärt;

auf *ois- gehen zurück wruss. Jesa (urlit. *aisā), lit. Aĩsė; unklar ist,
ob trotz des Anlauts Αἴσαρος (Bruttium), ven. Aesontius > Isonzo, umbr.
Aesis, Aesinus hierher gestellt werden dürfen;

anord. *eisa* (*ois-*) ‚einherstürmen‘, norw. FIN *Eisand*, wozu ags. *ofost*, as. *obast* ‚Eile, Eifer‘ aus **ob-aist-*;

hierher auch ai. *íṣu-*, av. *išu-* m. ‚Pfeil‘; gr. *ïóς* ds. aus **isu-os*, vgl. zur Bed. *οἰστός*;

etrusk. *aesar* ‚Gott‘, ital. **aiso-*, **aisi-* ds. sind fern zu halten und kaum mit gr. *ἱερός* gleichzusetzen.

WP. I 106 f., WH. I 717 f., Schwyzer Gr. Gr. I 282, 482⁵, 491, 679⁷, 681, 694, 700, 823.

2. *ei-s-*, *ei-n-* ‚Eis, Frost‘.

Av. *isu-* ‚eisig‘, *aēxa-* n. ‚Kälte‘, pāmir. *iš* ‚Kälte‘, osset. *yex*, *ix* ‚Eis‘, afghan. *asai* ‚Frost‘ (ob aus Inchoativbildung **is-sk̑-*?; anders Specht Dekl. 18, 201, 234);

anord. *íss*, Pl. *íssar* m. ‚Eis‘, ags. *īs* n., as. ahd. mhd. *īs* n. ‚Eis‘;

bsl. **inia-* m. und **iniia-* m. ‚Reif‘ in ksl. *inej*, *inij* ‚Schneegestöber‘, russ. *inej* m. und ačech. *jínie* n. ‚Reif‘, lit. *ýnis* m. (auch fem. *i*-St.).

WP. I 108, Trautmann 104.

ek̑u̯o-s ‚Pferd‘.

Ai. *áśva-ḥ*, av. *aspa-* apers. *asa-* ‚Pferd‘; über osset. *yäfs* s. unten;

gr. *ἵππος* ds. m. f. (ursprüngl. ohne Asper: *῎Αλκ-ιππος* usw.);

thrak. PN *Βετέσπιος*, *Οὐτάσπιος*, *Autesbis*, *Esbenus*, lyk. *Καxασβος*; über lyk. *esbe-di* ‚Reiterei‘ (phryg. Lw.?) s. Pedersen Lyk. und Hitt. 51, 67 (**ek̑u̯io-m*?);

lat. *equus* (vgl. die osk. Namen *Epius*, *Epidius*, *Epetinus*, doch s. Schulze EN 220⁴, 355);

air. *ech*, gall. *epo-* (in *Eporēdia*, *Epona* ‚muliōnum dea‘, usw.), cymr. corn. *ebol* ‚Fohlen‘ (**epālo-*);

ags. *eoh* m., anord. *iōr* ‚Pferd‘, as. in *ehu-skalk* ‚Pferdeknecht‘, got. in *aíhva-tundi* ‚Dornstrauch‘ (‚*Roßzahn‘); ·

toch. A *yuk*, Gen. *yukes*, B *yakwe* ‚Pferd‘ mit prothet. *y* (wie in osset. *jäfs*, neuind. dial. *yāsp* ds.); daraus entlehnt türk. usw. *jük* ‚Pferdelast‘, woraus russ. *juk* ‚Saumlast‘ usw.

Über lat. *asinus*, *hinnus*, gr. *ὄνος* usw. s. WH. I 72 f., 647, 849.

Moviertes fem. ai. *áśvā*, av. *aspā-*, lat. *equa*, altlit. *ašvà*, *ešva* ‚Stute‘ (die Bildung hält Meillet BSL. 29, LXIV mit Recht für einzelsprachlich, Lommel Idg. Fem. 30 f. für bereits ursprachlich);

ai. *áśv(i)ya-*, av. *aspya-*, gr. *ἵππιος* ‚equinus‘; lat. *equīnus* ‚vom Pferde‘, apr. *aswinan* n. ‚Pferdemilch‘, lit. *ašvíenis* m. ‚Hengst‘, vgl. auch die FIN *Ašvinė*, *Ašvà*; gr. *ἱππότ-ης* ‚Reiter‘ : lat. *eques*, *-itis* m. ds. (letzteres aus **equot-*).

Das gr. Wort könnte wegen tarent. epid. ἴκκος illyr. Lw. sein; vgl. pannon. PN *Ecco, Eppo*, maked. PN ᾿Επό-κιλλος, den Erbauer des trojan. Pferdes ᾿Επειός, den VN ᾿Επειοί im illyr. Elis, usw. (Krahe Festgabe Bulle 203 ff.); weder der Asper noch das ι lassen sich aus dem Gr. erklären, doch wäre die verschiedene Behandlung von *ḱŭ-* im Gr. nicht verwunderlich, da auch die Labiovelare dialektisch verschieden behandelt werden (Risch briefl.).

WP. I 113, WH. I 412 f., 862, Trautmann 72, Schwyzer Gr. Gr. I 68, 301, 351, 499.

1. **el-, ol-, ₑl-,** Farbwurzel mit der Bedeutung ‚rot, braun‘, bildet Tier- und Baumnamen, meist *i-, u-* und *n-* (auch *m-*) Stämme, seltener von der bloßen Wurzel, die dann mit *g* oder *ḱ* erweitert erscheint. Im Namen des Schwanes und anderer Seevögel ist die Bedeutung ‚weiß, glänzend‘, wie in den mit *al-bho-* ‚weiß‘ gebildeten Namen (oben S. 30 f.), also sind beide Wurzeln wohl ursprünglich identisch.

A. Adjektiva:

ai. *aruṇá-ḥ* ‚rötlich, goldgelb‘, *aruṣá-ḥ* ‚feuerfarben‘, av. *auruša-* ‚weiß‘; germ. **elwa-* ‚braun, gelb‘ in ahd. *elo (elawēr)*, mhd. *el (elwer)*; vgl. auch die gall. VN *Helvii, Helvetii*, vielleicht auch schweiz. FlN *Ilfis* (**Elvisi̯ā*).

B. **el-** in Baumnamen für ‚Erle‘, ‚Ulme‘ und ‚Wacholder‘:

1. ‚Erle, Eller.‘

Lat. *alnus* ‚Erle, Eller‘ (aus **alsnos* oder **alenos*; das anlautende *al* geht auf älteres *ₑl-* zurück);

maked. (illyr. ?) ἄλιζα (**ₑlisā*) ‚Weißpappel‘;

nach Bertoldi (ZfceltPh. 17, 184 ff.) steckt ein vorgall. **alisā* ‚Erle‘ in vielen ON und FlN; daneben die später herrschende Bedeutung ‚Elsbeere‘ in **alisia*, frz. *alise*, nhd. *Else*; illyr.-ligur. Ursprung wird durch häufiges Vorkommen auf Corsica (FlN *Aliso, Alistro* usw., *alzo* ‚Erle‘) erwiesen; vgl. gall. ON *Alisia*, FlN *Alisontia*, frz. *Aussonce, Auzance*, nhd. *Elsenz*, usw.;

für das Got. ist nach Ausweis des span. *aliso* ‚Erle‘ ein **alisa* ‚Erle‘ anzusetzen; ahd. *elira* und mit Metathese *erila*, nhd. *Eller, Erle*, mndd. *elre (*alizō)*, *else (*alisō)*, ndl. *els* ds., altn. *elri* n., *elrir* m.; *alr, ǫlr (*aluz-)* ds., ags. *alor* ds.; das idg. *e* der Wz. wird nach aisl. *jǫlstr (*elustrā)* ‚Erle‘ und *ilstri* ‚Weide, Salix pentandra‘ (**elis-tr-i̯o-*; mhd. dial. *hilster, halster* ds. mit sekund. *h*, wie schwed. *(h)ilster*) sichergestellt; eine adj. Bildung ist ahd. *erlin* ‚aus Erle‘; vielleicht auch ags. *ellen, ellern*, engl. *elder* ‚Holunder‘ zu vergleichen;

zu vergleichen ist ferner lit. *alksnis, elksnis*, lett. *àlksnis*, ostlett. *èlksnis*, ostlit. *alìksnis*, apr. *alskande* (Hs. *abskande*) ‚Erle, Eller‘, doch wird man verschiedene Grundformen *alsnia, *elsnia (mit Ablaut) und *alisnia an-zusetzen haben (Trautmann Bsl. Wb. 6, doch vgl. v. d. Osten-Sacken IF. 33, 192). Das Suffix von apr. alskande erinnert nach Trautmann an slav. *jagneds ‚Schwarzpappel‘;

auch das Slavische zeigt alten e/o-Ablaut; auf slav. *jelъcha (*elisā) gehen zurück: abg. jelъcha ‚Erle‘, bulg. (j)elhá ds.; auf slav. *olъcha (*olisā): poln. olcha, russ. ólъcha ‚Erle‘ (dial. auch ёlcha, elócha, volъcha); slav. *jelъša, bzw. *olъša liegt vor in skr. dial. jélša (vgl. jèlàšje ‚Erlengebüsch‘ aus *jelъšъje), sloven. jélša, dial. ólša, jólša ds., russ. dial. olъša, olъšína, elъšína und lešína (vgl. Pedersen KZ. 38, 310, 317).

Als abgeleitetes Adj. erscheint balt.-slav. *al(i)seina- : lit. alksnьnis, ostlit. alìksninis, abg. jelъšinъ (vgl. ahd. erlīn).

2. ‚Ulme‘: elem-.

Lat. ulmus ‚Ulme, Rüster‘ geht auf idg. *ol-mo-s oder auf schwund-stufiges *ḷ-mó-s zurück; Vollstufe (aber s. S. 309) in mir. lem ‚Ulme‘ (*lemos). Hinzu stellt man gall. Lemo-, Limo- usw.; cymr. llwyf ‚Ulme‘ fällt aus dem Rahmen heraus, da es auf Grund der Grundform *leimā wohl zu ēlei- ‚biegen‘ (S. 309) gestellt werden muß.

Vgl. weiter ahd. ёlmboum ‚Ulme‘, altn. almr (mit o-Stufe), mnd. ags. elm ds.; nhd. Ulme, mhd. ulmboum soll aus dem Lat. stammen (Kluge), was durchaus nicht sicher ist, denn vgl. ags. ulmtréow, mnd. olm, so daß möglicherweise das Germ. alle drei Abl.-Stufen enthält; russ. ílim, G. il'ma usw. stammt aus dem Germ.

3. Wacholder und andere Nadelbäume: el-eu-, el-en-.

Arm. elevin, Gen. elevni ‚Zeder‘;

vielleicht gr. ἐλάτη ‚Fichte, Rottanne‘ (*el-n̥-tā);

lit. ёglius m. (für *ёlus nach ēglė ‚Tanne‘) ‚Wacholder‘, lett. pa-egle f. ds.; slav. *elovъcъ ‚Wacholder‘ in čech. jalovec, russ. jálovec ds., daneben n-Formans in wruss. jel-en-ec usw.

C. el- in Tiernamen:

1. ‚Hirsch und ähnliche Tiere.‘

a. mit k̂-Formans (germ. slav. olk̂is):

Ahd. ёlho, ёlaho ‚Elch, Elentier‘, ags. eolh, engl. elk ds.; mit o-Abtönung (*olk̂is) anord. elgr ds.; aus einer anfangs betonten Form germ. *álχis stammt lat. alcēs, alcē f. und gr. ἄλκη f. ‚Elch‘; russ. losъ, čech. los, poln. łoś, osorb. łos ‚Elch‘ (aus *olk̂is); schwundstufig: ai. ŕ̥śa-ḥ ŕ̥śya-ḥ ‚Antilopenbock‘, pam. rus ‚wildes Bergschaf‘.

b. Stamm el-en-, el-n̥- (elənī ‚Hirschkuh‘); schwundstufig l-ön-:
Arm. ełn, Gen. ełin ‚Hirsch‘;
gr. ἔλαφος m. f. ‚Hirsch‘ (*eln̥-bho-s), ἐλλός ‚junger Hirsch‘ (*elno-s);

cymr. *elain* ‚Hirschkuh' (**elənī* = abg. *alъni, lani* ds.), air. *elit* ‚Reh‘ (**elṇ-tī*) vielleicht auch mir. *ell* f. ‚Herde' (**elna*); ablaut. **lon-* in gall. *lon* m. ‚Elentier'; gall. MonatsN *Elembiu* (: gr. Ἐλαφηβολιών);

lit. *élnis* und *élnias*, alit. *ellenis* m. ‚Hirsch' (daraus mhd. *elent*, nhd. *Elen*), lett. *alnis* ‚Elch';

aksl. *(j)elenъ* ‚Hirsch' (alter Kons.-Stamm), russ. *olénъ* usw.

Femin. **elənī-* und **alənī-* ‚Hirschkuh' in:

lit. *élnė* und *álnė* ds., apr. *alne* ‚Tier';

abg. *alъni, lani* ‚Hirschkuh' (= cymr. *elain*), russ. (mit Übergang in die ī̆-Dekl.) *lanъ,* čech. *laní* usw.;

dazu weiter sehr wahrscheinlich als **l-on-bho-s* (mit demselben Suffix wie ἔλαφος) auch got. *lamb* ‚Schaf', anord. *lamb* ‚Lamm, Schaf', ahd. *lamb* ‚Lamm' (großenteils neutr. -*es*-St., was gemeingerm. Neuerung nach *Kalb* scheint);

Als Umstellung aus **elen-* faßt Niedermann IA. 18, 78 f. gr. ἔνελος νεβρός Hes.; daraus entlehnt lat. (*h*)*inuleus*.

2. Wasservögel: *el-, ol-,* mit Gutturalerweiterung oder *r-* und *u-*Stamm.

Gr. 1. *ἐλέα* f. ‚ein kleiner Sumpfvogel' (zu ἕλος n. ‚Sumpf'?); 2. *ἐλώριος* ‚rotfüßiger Stelzenläufer' (nicht ganz gesichertes Wort, leg. *ἐρῳδιός*?);

lat. *olor* ‚Schwan' (**elōr*);

air. *elae* (**eloᵤio-*) ds., mit *k-*Suffix acorn. *elerhc*, cymr. *alarch* (*a-* aus *e-,* s. Pedersen KG. I 40);

älter schwed. und schwed. mdartl. *alle, al(l)a, al(l)* (finn. Lw. *allo*), schwed. schriftsprachlich *alfågel* ‚fuligula glacialis', norw. mdartl. *hav-al, -ella*; mit idg. *g-*Ableitung: anord. *alka* ‚Alca torda, Pinguin'; *alka* könnte auch zur Schallwz. *el-, ol-* ‚schreien' (S. 306) gehören;

da idg. -*k(o)-* ein in Tiernamen häufiges Suffix ist (oben corn. *elerhc*), darf vielleicht auch angereiht werden: gr. *ἀλκυών* ‚Eisvogel' (lat. *alcēdo* scheint daraus umgebildet), schweiz. *wīss-elg* und *birch-ilge* von verschiedenen Entenarten.

3. Iltis?

Vielleicht hierher der 1. Bestandteil von ahd. *illi(n)tīso,* nhd. *Iltis* und ahd. *elledīso* (nhd. dial. *elledeis*), ndd. *üllek* ‚Iltis', wenn aus **illit-wīso* (zu nhd. *Wiesel*); germ. **ella-* aus **el-na-,* wegen der rotgelben Haare; anders sieht Kluge[11] darin ahd. *ellenti* (aus *elilenti,* s. oben S. 25) ‚fremd'.

WP. I 151 f., 154 f., WH. I 28, 31, Specht Dekl. 37, 58 f., 116, Trautmann 6, 68 f., Pokorny Urillyrier 137 f.

2. *el-* ‚ruhen'??

Nach Persson Wortf. 743 wird eine idg. Wz. *el-* ‚ruhen' und Base **elē-* mit folgenden Beispielen verteidigt: ai. *iláyati* ‚steht still, kommt zur Ruhe' (*iḷáyati* soll fehlerhafte Schreibung sein), *an-ilaya-ḥ* ‚ruhelos, rastlos‘, wozu wohl ai. *alasás* ‚träge, müde, stumpf‘ (zum *s*-Stamm **alas-* ‚Müdigkeit‘ wie *rajasás* : *rájas*-; nach Uhlenbeck Wb. 15 gehört jedoch *alasá-ḥ* als *a-lasa-* ‚nicht munter‘ zu *lásati*, s. *las-* ‚gierig‘), lit. *alsà* ‚Müdigkeit‘, *ilstù*, *ìlsti* ‚müde werden‘, *ilsiúos*, *ilsė́tis* ‚ruhen‘, *ãt-ilsis* ‚Ausruhen‘. Die zweisilbige Basis zeige gr. ἐλινύω ‚ruhe, raste, bin unwirksam, zögere, höre auf‘. Die gesamte Konstruktion ist sehr zweifelhaft; vgl. über ἐλινύω 2. *lei-* ‚sich ducken‘ und *lēi-* ‚nachlassen‘.

WP. I 152.

3. *el-* : *ol-* ‚modrig sein, faulen‘(?).

Eine Wz. mit verschiedenen Wurzeldeterminativen.

Ohne kons. Erweiterung scheint die Wurzel schwundstufig vorzuliegen in norw. *ul* ‚verschimmelt‘, dial. auch ‚von Ekel erfüllt‘, schwed. *ul* ‚ranzig‘ usw., holl. *uilig* ‚verfault‘ (von Holz); abgeleitete Verba sind norw. schw. *ula*, altn. norw. schw. *ulna*. Ob ai. *āla-* n., *ālaka-* (**ōl-n̥-ko-*) ‚Gift‘ hierher gehört, bleibt zweifelhaft.

Gutturalerweiterung liegt vor in:

ai. *r̥jīṣá-ḥ* ‚klebrig, glatt, schlüpfrig‘, lat. *alga* f. ‚Seegras, Seetang‘ aus **l̥gā* (vgl. ags. *wōs* ‚Schlamm, Feuchtigkeit‘: engl. *woos* ‚Meergras‘) und sehr zahlreichen germ., bes. skand.-isl. Formen, wie: norw. dial. *ulka* ‚eitern, ekeln‘, refl. ‚anfangen zu faulen‘, *ulka* ‚Schimmel, anhaftender Schleim; widerwärtiges, unreinliches Weib‘, usw. Hierzu auch dän. *ulk* ‚cottus‘, norw. *ulk* ‚Froschfisch‘, weiter norw. dial. *olga* ‚ekeln, Übelkeit empfinden‘, *elgja* ‚sich erbrechen wollen‘ usw., isl. auch *ōla* (**alhiaⁿ*); norw. dial. *alka* ‚sudeln, sauen‘, ndd. *alken* ‚in unreinen Sachen rühren, in Schmutz treten‘; *-sk* zeigen dän. dial. *alske* ‚sudeln‘, ndd. *alschen*, fries. *alsk*, *älsk* ‚unrein, verdorben‘ usw.

Daß lat. *ulva* (**oleu̯ā*) ‚Schilfgras, Seegras‘ hierzu gehört, ist sehr wahrscheinlich; lit. *álksna* ‚Lache‘ kann auf **olg-snā* zurückgehen.

Dentalerweiterung erscheint in:

arm. *ałt* (**ḷd-*) ‚Schmutz, Unreinigkeit‘, *ałtiur*, *ełtiur* (u. *elteur*) ‚feuchte Niederung‘. Dazu altnord. *ŭldna* ‚schimmeln‘, ahd. *oltar* ‚Schmutzkrume‘, wohl auch anord. *ȳlda* ‚Moderduft‘.

m-Formantien finden sich in:

norw. dial. *ulma* ‚schimmeln‘, ndd. ostfries. *olm*, *ulm* ‚Fäulnis, bes. im Holz‘, mnd. *ulmich* ‚von Fäulnis angefressen‘, mhd. *ulmic* ds.; lit. *el̃mės*, *almens* ‚die aus der Leiche fließende Flüssigkeit‘.

bh-Erweiterung liegt in arm. *ałb* ‚Dreck‘ vor.

WP. I 152 f., WH. I 28 f., Petersson Heterokl. 165 f.

4. el-, ol- Schallwurzel.

Arm. *almuk* ,Lärm, Aufruhr usw.' (**lmo-*), *alaut'-k̑* ,Flehen', *olb* ,Klage', *olok̑* ,inständige Bitte';

gr. *ὄλολυς* ,Heuler, weibischer Mensch', *ὀλολυγή* ,Klagegeschrei', *ὀλοφυδνός* ,jammernd', *ὀλοφύρομαι* ,jammere'; vielleicht auch *ἔλεγος* n. ,Klagelied', *ἔλεος* m., später n. ,Mitleid';

asl. *jalmr* ,Lärm', *jalma* ,strepere, stridēre, crepare', norw. mdartl. *jalm, jelm* ,Schall', schwed. mdartl. *jalm* ,Schrei, Mißlaut'; norw. mdartl. *alka* ,Händel anfangen', ostfries. *ulken* ,Unwesen treiben, schreien, spotten, höhnen' (nhd. *ulken*), schwed. dial. *alken* ,zu knurren anfangen';

lit. *nualdéti* ,erschallen', *algóti* ,zusammenrufen, nennen';

vielleicht gehören auch die Namen für Wasservögel von einer Wz. *el-, ol-* hierher (doch s. S. 304); etwas verschieden ist der Gefühlswert von *ul-*. WP. I 153 f., Pisani Armen. 8 f.

5. el-, ol- ,vernichten, verderben'??

Arm. *elełn*, Gen. *elełan* ,Unglück'; *olorm* ,unglücklich';

gr. *ὄλλυμι* ,verderbe' (**ολ-νυ-μι*), Fut. *ὀλέσω*, Perf. *ὀλώλεκα* (älter intrans. *ὄλωλα*) usw., nach Schwyzer Gr. Gr. I 747 *ὀλ-* statt **ἐλ-* nach dem Kausat. **ὀλέω*; *ὀλέκω* ,vernichte', *ὄλεθρος* m. ,Verderben';

nach Loth (RC 40, 371) hierher mbret. *el-boet* ,Hunger' (zu *boet* ,Nahrung'), bret. (Vannes) *ol-buid* ,Nahrungsmangel', *ol-argant* ,Geldmangel' usw., vielleicht auch air. *el-tes* ,lauwarm' (*tes* ,Hitze');

über lat. *aboleō* s. WH. I 4 f.; ob *el-* den Wurzeln *elg-, elk-* zugrunde liegt?

eventuell hitt. *hu-ul-la-a-i* ,er besiegt, vernichtet', Couvreur Ḫ 134 f., anders Hendriksen, Laryngaltheorie 27, 47.

WP. I 159 f., Schwyzer Gr. Gr. I 361, 363, 696, 747, Petersson Heterokl. 159.

6. el-, elə- : lā-; el-eu-(dh-) ,treiben, in Bewegung setzen; sich bewegen, gehen'.

Arm. *elanim* ,ich werde', Aor. 1. Sg. *elē* (**elei*), 2. Sg. *eler*, 3. Sg. *eleu-*, *elanem* ,ich steige hinauf, komme heraus', 3. Sg. Aor. *el*; dazu *eluzi* ,j'ai fait monter' (**el-ou-ghe-*), danach *eluzanem* ,je fais sortir';

gr. *ἐλα-* im Imper. koisch *ἐλάτω*, Fut. *ἐλᾶντι* (**ἐλαοντι*), Aor. *ἐλάσαντες* und poet. *ἐλάω* ,treibe'; suppletiv zu *ἄγω* (s. unten kelt. *el-*), Fut. att. *ἐλῶ*, Aor. *ἤλασα*; meist *ἐλαύνω* ,treibe, fahre' (von einem Nomen **ἐλα-υν-ος*, Brugmann Grundriß II, 1, 321);

mit *dh*-Erweiterung ,kommen': Aor. *ἤλθον* (aus *ἤλυθον*), daraus dor. usw. *ἦνθον*; Perf. hom. *εἰλήλουθα*, att. *ἐλήλυθα*; Fut. ion. *ἐλεύσομαι*; über Perf. *ἐλήλυμεν* (**elu-*), Adjekt. *προσ-ήλυτος* ,einer, der kommt', *ἔπηλυς, -υδος* ds., s. Schwyzer Gr. Gr. I 704², 769⁷;

man stellt noch hierher *lállō* ‚schicke, werfe‘ (*$*i\,l\text{-}io$), Aor. hom. *ī̆λα*, dor. *ĭαλα* (Schwyzer Gr. Gr. I 648, 717); aber ai. *íyarti* ‚er erregt‘ gehört eher zu 1. *er*-;

air. *luid* ‚ging‘ (**ludh-e*), 3. Pl. *lotar* (**ludh-ont-r̥*); wie im Gr. wird im Kelt. *ag̑*- ‚treiben‘ durch *el*- suppliert, womit aber zum Teil auch die Wurzel *pel*- ‚pellō‘ (s. dort) zusammengefallen ist, so gewiß im air. Fut. *eblaid* ‚wird treiben‘ (aus **pi-plā-s-e-ti*), Fut. sek. *di-eblad* ‚würde entreißen‘; *el*- erscheint im Brit. nur im Konjunktiv: Präs. 1. Sg. mcymr. *el(h)wyf*, 3. Sg. *el*, Corn. 1. Sg. *yllyf*, 3. Sg. *ello*, mbr. 3. Sg. *me a y-el* ‚ich werde gehen‘ (das *y* ist hiatustilgend; *lh* und *ll* gehen auf *l* + intervok. *s* zurück); vielleicht hierher die gall. FlN *Elaver* > *Elaris* > frz. *Allier* (**elə-yer*-: *•elə-yen*-, s. oben *ἐλαύνω*) und *Elantia* > nhd. *Elz*;

vielleicht dazu als *no*-Partizip (??) ags. *lane*, *-u* f. ‚Gasse, Weg‘, anord. *lǫn* ‚Häuserreihe‘, usw. Über anord. *elta* ‚drücken, verfolgen, forttreiben‘ (**alatjan*?) s. Falk-Torp m. Nachtr.

WP. I 155 f., Meillet BSL. 26, 6 f., Schwyzer Gr. Gr. I 213, 507, 521⁴, 681 f.

7. el-, elə-, mit *-k*-Erweiterung *elk-, elək-* ‚hungrig, schlecht‘ (?).

Air. *elc* ‚böse‘ (aber *olc* ds., Gen. *uilc* setzt **ulko*- voraus!); über lat. *ulciscor* s. unter *elkos*-;

vielleicht anord. *illr* ‚böse‘ (**elhila*-);

lit. *álkti*, lett. *alkt* (daneben *s-alkt*) ‚hungern‘ (**olək*-), apr. *alkīns*, lit. *álkanas* ‚nüchtern‘;

aksl. *lačǫ* und *alъčǫ*, *lakati* und *alъkati*, sloven. *lákati* ‚hungern‘, čech. *lakati* ‚verlangen‘, wo der Stamm slav. **ôlka* aus dem Präter. stammt; dazu die Adjektiva aksl. *lačьnъ*, *alъčьnъ*, čech. *lačný* ‚hungrig‘ und aksl. *lakomъ* ‚hungrig‘, čech. *lakomý* ‚gierig‘ usw.

WP. I 159 f., Trautmann 6 f.

8. el-, elēi-, lēi- ‚biegen‘; *olīnā* ‚Ellenbogen‘.

A. Hierher stellen sich zunächst Bezeichnungen für ‚Ellenbogen‘ und ‚Elle‘:

Gr. *ὠλένη* ‚Ellenbogen‘, *ὠλήν*, *-ένος* ds.; *ὠλέκρανον* (aus *ὠλενο-κρανον* durch Ferndissimilation, vgl. Brugmann Ber. d. sächs. Ges. d. W. 1901, 31 ff.) ‚Ellenbogenkopf‘; *ὦλλον· τὴν τοῦ βραχίονος καμπήν* Hes.;

lat. *ulna* (aus **olinā*) ‚Ellenbogenknochen, der ganze Arm‘;

air. *uilenn* ‚Winkel‘, mir. *uillind* ‚Ellenbogen, Winkel‘ (*-ll-* aus *-ln-* der synkopierten Kasus, vgl. Pedersen KG. II 59), cymr. *elin*, acorn. *elin*, bret. *ilin* ‚Ellenbogen‘ (**olīnā*);

den gleichen langen Mittelvokal zeigt das Got.: *aleina* ‚Elle‘, doch haben die übrigen germ. Formen kurzen Mittelvokal: ags. *eln* (engl. *ell*), ahd. *elina,* mhd. *elline, elne,* nhd. *Elle;* das Altnord. zeigt Formenbuntheit; aisl. selten *alen* (anorw. auch *alun*) mit erhaltenem Mittelvokalt, sonst *ęln, eln (ęln, āln);*

einfache Wurzel **ŏlě-* in ai. *aratní-ḥ* m. ‚Ellenbogen‘, av. *arǝϑna-* ds. frd. *rāϑni-* ‚Elle‘, apers. *arašniš* ds.;

in alb. *lërë* geg. *lans* ‚Arm vom Ellenbogen bis zur Hand‘ (**lend;* doch vgl. Pedersen KZ. 33, 544) fehlt der anlaut. Vokal.

B. Die gleiche Wz. steckt weiterhin in: ai. *āṇí-ḥ* m. ‚Achsennagel, Beinteil über dem Knie‘ (**ārni-,* idg. **ēlni-* oder **ōlni-*), *arāla-ḥ* ‚gebogen‘, ártui ‚Bogenende‘, wohl auch in *alaka-* ‚Haarlocke‘, vielleicht in *āla-valam* ‚Vertiefung um die Wurzel eines Baumes, um das für den Baum bestimmte Wasser einzufangen‘;

arm. *oln* (Gen. *olin*) ‚Rückenwirbel, Rückgrat, Schulter‘, *ulu* ‚Rückgrat, Schulter‘ (aus idg. **olen,* bzw. **ōlen*); weiter arm. *aleln* (Gen. *alełan*) ‚Bogen, Regenbogen‘, *il* (Gen. *iloy*) ‚ātraxtos, Spindel, Spille‘ (**ēlo-*), *ilik* ds.; cymr. *olwyn* (**oleinā*) ‚Rad‘;

germ. ablaut. **luni-* in ahd. as. mhd. *lun* ‚Achsennagel, Lünse‘, nhd. *Lonnagel,* vgl. ahd. *luning* ‚Lünse‘, ags. *lyni-bor* ‚Bohrer‘, woneben eine s-Ableitung ags. *lynis,* asächs. *lunisa,* mnd. *lüns(e),* nhd. *Lünse;*

lit. *luñis* ‚Achsennagel‘ (Specht Dekl. 100, 125, 163);

abg. *lanita* ‚Wange‘ (**olnita*).

C. Weiterbildung **ĕl-ĕq-:**

1. In Bezeichnungen für Ellenbogen, Arm, gelegentlich auch andere Körperteile:

Arm. *oloḱ* ‚Schienbein, Bein‘ (**eloq-* oder **oloq-*);

gr. [*ălξ καὶ*] *ălaξ· πῆχυς, Ἀϑαμάνων* Hes.;

lit. *úolektis* f., lett. *uôlekts* ‚Elle‘ (ursprüngl. kons. St. **ōlekt-*);

apr. *woaltis, woltis* ‚Elle, Unterarm‘ (**ōlkt-*); lit. *alkúnė, elkúnė* f., apr. *alkunis* ‚Ellenbogen‘, lett. *ełks* n. *ełkuons* ds., abg. *lakъtь,* russ. *lókotь* ‚Elle‘ (**olkъ-tъ*); russ. dial. *alъčik* (?) ‚talus‘.

2. Gr. *λοξός* ‚verbogen, verrenkt, schräg‘ (mir. *losc* ‚lahm‘), *λέχριος* ‚schief, quer‘ (**λεχσ-ριος*), *λέχρις* ‚quer‘, *λικριφίς* ‚quer‘ (diss. aus **λιχριφίς,* Saussure MSL. 7, 91, Hirt IF. 12, 226; das *i* der 1. Silbe wohl eher aus *ε* assimiliert als mit *ι* = *ε,* wie allerdings :) *λικροί* Hes. neben *λεκροί* ‚die Zinken des Hirschgeweihs‘, *λίξ, λίγξ· πλάγιος* Hes., als ‚Einbiegung, Mulde‘, *λέκος* n., *λέκις, λεκάνη* ‚Mulde, Schüssel‘;

cymr. *llechwedd* ‚Abhang, Neige‘, gall. *Lexovii, Lixovii* VN; mir. *losc* ‚lahm‘;

lat. *licinus* ‚krummgehörnt‘ (aus **lecinos*), *lanx, -cis* ‚Schüssel‘ (wohl auch *lacus* usw., s. **laqu-*);

ganz fragwürdig ist die Deutung von abg. *lono* ‚Busen, Schoß‘ usw.

aus *loq̑-s-no- ‚Einbiegung‘, ebenso die von bulg. lónec usw. ‚Topf‘ aus loq̑-s-no- (s. Berneker 732).

D. Zu lēi- ‚biegen‘ gehören auch:

Vielleicht got. undarleija ‚unterster, geringster‘;

lett. leja ‚Tal, Niederung‘, lejš ‚niedrig gelegen‘.

1. Mit m-Suffixen:

vermutlich gr. λειμών ‚Wiese‘ (‚*Niederung, Einbuchtung‘), λιμήν ‚Hafen‘, thess. ‚Markt‘ (‚*Bucht‘), λίμνη ‚See, Teich‘ (‚*Vertiefung, eingebogene Niederung‘);

cymr. llwyf ‚Ulme‘ (*lei-mā), nir. ON Liamhain (zu *liamh ds.), vielleicht schwundstufig mir. lem ds. (*limo-), nir. ON Leamhain (falls nicht aus *lemo-, s. unter 1. el-);

lat. līmus ‚schief‘, līmus ‚der schräg mit Purpur besetzte Schurz der Opferdiener‘, līmes -itis ‚Querweg, Rain, Grenzlinie zwischen Äckern‘, osk. líímítúm ‚līmitum‘, līmen ‚Türschwelle‘ (‚*Querbalken‘);

anord. limr (u-St.) f. ‚Glied, dünner Zweig‘ (‚*biegsam‘), lim f. ds., lim n. ‚die feinen Zweige, die das Laub tragen‘, ags. lim n. ‚Glied, Zweig‘, hochstufig anord. līmi m. ‚Reisbund, Besen‘ (lit. liemuõ m. ‚Baumstamm, Körperstatur‘, ursprüngl. ‚Rundholz, Rundung‘?).

2. Mit r-Suffix: vielleicht alb. klir-ĕ ‚Tal‘ aus Präf. kë + li-r.

3. Mit t-Suffixen:

lat. lituus ‚Krummstab der Auguren; krummes Signalhorn im Kriege, Zinke‘ (auf einem *li-tu-s ‚Krümmung‘ beruhend);

got. lipus ‚Glied‘, anord. liðr (u-St.) ‚Gelenk, Glied, Krümmung, Bucht‘, ags. lið, lioðu- m., as. lith ‚Gelenk, Glied‘, ahd. lid, mhd. lit, lides m. n. ‚ds., Teil, Stück‘ (s-St.), wozu anord. liða ‚beugen‘, ags. ālidian ‚zergliedern, trennen‘, ahd. lidōn ‚in Stücke schneiden‘ sowie anord. liðugr ‚(gelenkig) leicht beweglich, frei, ungehindert‘, mhd. ledec ‚ledig, frei, unbehindert‘; toch. AB lit- ‚fortgehen, herabfallen‘.

E. Gutturalerweiterungen:

Lat. oblīquus ‚seitwärts gerichtet, schräg, schief‘ (-u̯o- kann Suffix sein, vgl. curvus), līquis ds. (wohl mit i), līcium ‚Eintragsfaden beim Weben, überhaupt jeder Faden des Gewebes, dieses selbst; Gurt um den Unterleib‘ (‚*Querfaden‘), līxulae ‚Kringeln‘;

vielleicht cymr. llwyg (*lei-ko-) ‚störrisches Pferd‘, bret. loeg-rin ‚einen schief ansehen‘ (Loth RC 42, 370 f.).

WP. I 156 ff., WH. I 744, 761, 798.

ēl- ‚Streifen‘?

Ai. āli-, ālī f. ‚Streifen, Strich‘ könnte zu gr. ὀλίγγη ‚Krähenfüße unter den Augen‘ (*ōlin-g-ā) gehören; hierher könnte man auch aisl. āll (idg.

*ēlo-) ‚Rinne oder Furche im Fluß, tiefes Tal zwischen Felsen, Furche oder Streifen längs des Rückens von Tieren' stellen; vgl. aisl. *alöttr* ‚gestreift', norw. dial. *aal* = aisl. *āll* und nhd. *Aal* ‚Streifen im Stoff'; nhd. *Aalstreif, -strich* ‚Streifen auf dem Rücken von Tieren' könnte jedoch zu nhd. *Aal* ‚anguilla' gehören, wobei umgekehrt die Möglichkeit der Benennung des Aales nach seiner langgestreckten Gestalt möglich wäre.

WP. I 155, Specht Dekl. 213.

ēlā ‚Ahle'.

Ai. *ā́rā* ‚Ahle', ahd. *āla* f., mhd. *āle* ds. (germ. *ēlō) ags. *ǣl*; ablaut. altnord. *alr* m. ‚Ahle, Pfriem', > neugl. *awl* neben ahd. *alansa, alunsa* ‚Ahle'.

Aus got. *ēla stammt apr. *ylo,* woraus lit. *ýla* ‚Pfriem', lett. *īlens* ds.

WP. I 156, Vasmer bei Senn Germ. Lw.-Stud. 47.

elg- ‚armselig, dürftig'.

Arm. *alkalk* ‚armselig, dürftig, gering, schlecht'; ahd. *ilki* ‚Hunger'; lit. *elgtis* ‚betteln', *elgeta* ‚Bettler' (Lidén Arm. St. 99 f.); Verwandtschaft mit *elk- ‚hungrig; schlecht' ist aber ganz fraglich; s. dort.

WP. I 160.

elk-, elək- ‚hungrig, schlecht' (?) s. oben S. 307.

elkos- n. ‚Geschwür'.

Ai. *árśas-* n. ‚Hämorrhoiden';

gr. ἕλκος n. ‚Wunde, bes. eiternde Wunde, Geschwür' (Spir. asper nach ἕλκω), ἕλκανα· τραύματα Hes., ἑλκαίνω ‚bin verwundet';

lat. *ulcus, -eris* ‚Geschwür' (*elkos); zu lat. *ulcus* wohl auch *ulciscor, ultus sum* ‚für jemanden oder etwas Rache nehmen, sich an jemandem rächen' als ‚schwären, gegen jemanden Eiter, Groll ansammeln'.

Letzteres wird dagegen von Pedersen KG. I 126 unwahrscheinlich zu air. *olc, elc* ‚malus' gestellt, s. *elk- ‚hungrig; schlecht'.

WP. I 160.

em-, ₑm- ‚nehmen'; ursprünglich athematisches Präsens.

Lat. *emō, -ere, ēmī* (lit. *ėmiaũ), emptum* (= lit. *imtas,* apr. *imtā* f., abg. *jętъ*) ‚nehmen (nur in Kompositis), kaufen', osk. *pert-emest* ‚perimet', *pert-emust* ‚peremerit', *per-emust* ‚perceperit' (zum Perf. *emed), *pert-umum* ‚perimere' (assil. aus *pertemom); umbr. *emantu(r)* ‚accipiantur' *emps* ‚emptus';

air. *em-* in *ar-fo-em-* ‚nehmen, empfangen', Verbaln. *airitiu* (: lat. *emptiō* lit. *iš-imtìs* ‚Ausnahme'), *dī-em-* ‚schützen', usw.;

lit. *imù,* Prät. *ėmiaũ, ìmti* ‚nehmen', ostlit. Präs. *jemù,* apr. *imt* ds.; lett. *jemu, jemu, jemt* und *jemt,* daneben *ńemu, ńemu, ńemt* (wohl durch

Kontamination einer Entsprechung von got. *niman* ,nehmen' entstanden,
Endzelin, Lett. Gr. 564);

aksl. *imǫ* (*ъmǫ*, vgl. *vъz-ъmǫ* ,nehme weg', usw.) *jęti* ,nehmen' (perfektiv),
daneben imperfektiv: *jemlǫ*, *imati* ds., und als ,haben': Zustandsverb
imamь, *imějǫ*, *iměti* (**ṃā-*, **ṃē-*);

neben idg. *em-* stehen die Reimwurzeln *jem-* und *nem-*, wohl ursprünglich verschieden und nur sekundär gelegentlich angeglichen;

hitt. *u-e-mi-ja-mi* (*u-emijami*??) ,ich fasse, finde', Pedersen Hitt. 82[1], 135.

WP. I 124f., WH. I 400ff., 862; Trautmann 103f., Meillet Slave commun[2]
80, 203f., EM[2] 300f.

embhi-, empi- ,Stechmücke, Biene'? Mit tabuierendem Wechsel *bh*:*p*?

Gr. *ἐμπίς, -ίδος* ,Stechmücke';

ahd. *imbi* (ältester Beleg *impi pīano*), mhd. *imbe* (**embi-o-*) ,Bienen-
schwarm, Bienenstock', erst spät-mhd. ,Biene', nhd. *Imme*, ablautend ags.
imbe (**umbia*) ,Bienenschwarm'.

WP. I 125, WH. I 57.

ɪ. **en** ,in' (: **ṇ*; slav. auch **on*?); *eni, n(e)i*; vielleicht auch *ṇdhi* (Ausgang
wie *epi, obhi* usw. vielleicht mit dem Lok. auf *-i* verwandt, wenn
nicht gar nach ihm geschaffen).

Ai. in *ánika-* n. ,Angesicht' (= av. ˙*ainika-* ds.) aus **eni-₀qʷ-*;

*ni- in ai. *ni-já-* ,eingeboren, innewohnend, beständig, eigen', av. *ni-zanta-*
,eingeboren, ingenuus', ai. *ni-tya-* ,beständig, eigen' = gall. *Nitio-broges*,
VN (Gegensatz zu *Allo-broges*) = got. *niþjis* ,Verwandter', anord. *niðr*
,Verwandter', ags. *niddas* Pl. ,Männer, Menschen', auch im Verbalpräf.
ar. *ni-* ,hinein', z. B. ai. *nigam-*, av. *nigam-* ,in einen Zustand gelangen';

arm. *i* (vor Vokal *y* und *n-*) aus **in*, älter **en* ,in', adnominal m. Lok.
und Akk.;

gr. *ἐν*, dial. *ἰν* und (poet.) *ἔνι, ἐνί* (so hom. stets als Postposition; att.
nur mehr *ἔνι* als Prädikat = *ἔνεστι*) ,in', adnominal mit Dat. (= Lok.),
Gen. und in einem Teil des Gebietes auch noch mit Akk. (,wohin'), in
letzterer Geltung anderwärts nach *ἐξ* zu *ἐνς* (att. *εἰς*; danach *εἴσω* wie
ἔξω erweitert, antekons. daraus *ἐς*); tiefstufig *ἀ-* (*ṇ*) z. B. in *ἀ-λέγω* usw.;

über das strittige *ἔστε, ἔντε* ,bis' s. Schwyzer Gr. Gr. I 629f.;

maked. *ἰν*;

messap. *in*;

alb. *inj* ,bis' (**enị*);

lat. *in*, ältest *en*; osk. *en*, umbr. *en-* (*en-dendu* ,intendito'), Postposition
osk. -*en*, umbr. -*em*, -*e*, adnom. mit Dat. (= Lok.), Akk. und Gen. (des
Bereiches);

air. *in-* ‚in‘ ‚adnominal m. Dat. und Akk.; nasalierend), *in-* (lenierend‚
aus **eni*, vgl. *ingen* aus urir. *ini-gena* ‚Tochter‘; vermengt mit *ind-* = gall.
ande-, s. Thurneysen Grammar 531 f., Pedersen KG. I 45), acymr. *abret.* en,
in ‚in‘, corn. bret. *en*, ncymr. *yn-*, gall. *essedon* (**en-sedon*) ‚Streitwagen‘,
embrekton ‚eingetauchter Bissen‘ (s. unter *mereq-*);

got. *in* ‚in‘, adnom. m. Dat., Akk., Gen.; ahd. as. ags. *in*, anord. ɪ ‚in‘,
adnom. m. Dat. und Akk., aus **eni* (über Ableitungen wie got. ‚inn
‚hinein‘, *inna, innana*, wohl aus **eni-n-*, s. Brugmann IF. 33, 304 f.);

apr. *en* ‚in‘, adnom. m. Dat. und Akk., lett. *ie-* (nur Präfix); tiefstufig
*ṇ in lit. į̃ (älter und heute dial. *in, int*) ‚in‘, adnom. m. Lok. und Akk.;

aksl. *on-* (*on-ušta* ‚Schuhwerk‘, *ǫ-dolь* ‚Tal‘), schwundstuf. *vьn-, vь* ‚in‘,
adnom. m. Lok. und Akk.;

toch. AB *y-, yn-*, B *in-* (nur Präfix).

ṇ-dhi: ai. *ádhi* ‚über, auf‘, apers. *adiy* ‚in‘; gall. Intensivpräfix *Ande-*
(PN *Ande-roudus* ‚der sehr rote‘), cymr. *an(ne)-* in *anne-l* ‚Vorrichtung‘
= air. *inde-l* (**ṇdhi-l-om*), cymr. *an-daw* ‚lauschen‘ (zu *taw* ‚schweigend‘);
air. *ind-* (teils aus **indi-*, teils aus sekundärem **indo-*) in *ind-reth* ‚Ein-
fall‘ (**indi-reto-*), *indnaide* (s. weiter unten), usw. Pedersen (KG. I 45)
will auch got. *und* ‚bis zu‘ hierher stellen; s. über andere Möglichkeiten
oben S. 50 und S. 181.

(e)nero- ‚innerlich‘: arm. **nero-* ‚das Innere‘, vorausgesetzt von *ner-*
‚intra, hinein‘, *nerks* ‚innen‘, *nerkoy* ‚drinnen‘; vielleicht gr. ἕνεροι als ‚die
drinnen‘, nämlich in der Erde; oder besser Hypostase aus οἱ ἐν ἔρᾳ?

ni-, nei- ‚nieder‘, Komparativ *nitero-* ‚nieder‘ (im Gegensatz zu ‚oberer‘):
ai. *ní*, av. *nī* ‚nieder(wärts)‘, ai. *nitarām* ‚unterwärts‘, av. *nitəma-* ‚der
unterste‘;

arm. *ni-, n-* ‚nieder‘;

kelt. **nē* aus **nei* in air. *ar-nĕut-sa, in-nĕut-sa* ‚ich erwarte‘, (urir.
*-nē-sedū), Verbaln. *indn(a)ide* (**indo-nē-sodjon*) und in *ar-neigdet* ‚sie
beten‘ (**ari-nē-gedont*); vgl. anders Bergin Ériu 10, 111;

ahd. *nidar*, as. *nithar*, ags. *niþer*, aisl. *niðr* ‚niederwärts‘, ahd. *nidana*,
as. *nithana* ‚unten‘, ags. *neoðan, niþan* ‚herunter, unter‘, aisl. *neðana* ‚von
unten her‘, Präp. mit Akk. ‚unterhalb‘, as. *nithe* Adv. ‚unten‘, ahd. *nida*
Präp. mit Dat. und Akk. ‚unterhalb, unter‘;

abg. *nizъ* ‚hinab, hinunter‘ (Bildung wie *prě-zъ* usw.);

im Kompositum:

ai. *nīpa-* ‚tiefliegend‘ (*ni + ap-* ‚Wasser‘);

*ni-ₐkʷ- als ‚die Augen niederhaltend‘ in:

ai. *nīcá* ‚abwärts‘ (vgl. *nyañc-* ‚nach unten gerichtet‘);

abg. *nici* ‚pronus‘, *poniknqti, ničati* ‚pronum esse,; Wackernagel-Debrunner Ai. Gr. III 230 f., Trautmann 198 f.

mit Formans -*ĝo*-:

gr. *νειός* f. ‚Feld, Flur‘ (‚*Niederung‘), *νείατος, νέατος* ‚der unterste‘, *νειόθεν* ‚von unten‘, *νειόθι* ‚unterhalb‘, *νείαιρα γαστήρ* ‚der untere Teil des Bauches‘, *νήιστα· ἔσχατα, κατώτατα* Hes., theb. *Νηῖτται πύλαι* (η scheint für ᾱ aus *ei* vor pal. Vokal zu stehen);

abg. *ñiva* ‚Acker‘ (‚*Niederung‘), sk:. *njĭva* (woher das *j*?), čech. russ. *niva* ds. (*nēiu̯ā f.);

schwundstufig ags. *neowol, nĕol, niñol* ‚pronus‘ aus *niwol, mnd. *nigel* ‚niedrig‘;

hierher wohl auch mit Vollstufe lit. *néivoti* ‚quälen‘, lett. *niēvât* ‚verächtlich behandeln, schmähen, niederdrücken‘ (auch got. *naiw ‚ἐνεῖχεν‘ Marc. VI 19?).

Vgl. idg. *ni-zdos* ‚Nest‘ unter *sed*- ‚sitzen‘. Als ‚heruntermachen‘ (wie lett. *niēvât*) beruhen wohl auch *neid*- ‚ὄνειδος‘, *neit*- ‚befeinden‘ *neiq*- (s. dort), auf unserem *nei*-, *ni*-.

enter, n̥ter ‚zwischen—hinein‘, *en-tero*- ‚innerlich‘:

ai. *antár*, av. *antarǝ*, apers. *antar* ‚zwischen‘, adnom. mit Lok., Instr., Akk., Gen.; ai. *ántara*- ‚innerlich‘, av. *antara*- ‚innerer‘, Superl. ai. *ántama*- ‚der nächste‘ (nicht zu *ánti, ánta*-), av. *antǝma*- ‚der innerste, vertrauteste, intimus‘; ai. *antrá*-, auch mit Vr̥ddhi *āntrá*- n. ‚Eingeweide‘;

arm. *ǝnder-k̑* Pl. ‚Eingeweide‘ (gr. Lw.? s. Hübschmann Arm. Gr. I 447 f.); gr. *ἔντερον*, meist Pl. ‚Eingeweide‘;

alb. *nder* ‚zwischen, in‘, ferner *ndje*ᵣ, *ngjer* usw. ‚bis‘ (*entero*-);

lat. *enter, inter* ‚zwischen‘, adnom. m. Akk. (erstarrt m. Gen. *interviaᵴ, interdius*), *intrō, intrā, intrin-secus, interus* ‚innerlich‘, *interior, intimus, intestīnus* (s. unten), osk. *Entraí* ‚*Internae‘, tiefstufig, osk. *anter* ‚inter‘, umbr. *anter, ander* ‚während‘, adnom. m. Lok. und Akk.;

air. *eter, etir, etar* ‚zwischen‘, adnom. m. Akk., corn. *ynter, yntre*, bret. *entre* (der Endvokal nach *tre*-, *dre* = cymr. *trwy*), acymr. *ithr* ‚inter‘; gall. *inter ambes* ‚inter rīvōs‘;

ahd. *untar* usw. ‚unter = zwischen‘ = osk. *anter* (verschieden von germ. *under*, ahd. usw. *untar* ‚unterhalb‘ aus *n̥dher*, lat. *infrā*); vgl. got. *undaúrni-mats* ‚Zwischen-mahl‘ = ‚Frühstück‘, anord. *undorn* n. ‚Vormittag (um 9 Uhr)‘, as. *undorn*, ags. *undern* ‚Mittag‘, ahd. *untorn* ‚Mittag, Mittagessen‘ (*n*-Suffix wie in lat. *internus*); hochstufig wie gr. *ἔντερα* usw. anord. *iðrar* Pl. ‚Eingeweide‘ (aus *innrar, *inþerōz), *innre, iðre* ‚der innere‘ (wenn diese nicht spez. nord. -*ro*-Ableitungen von *inn* = got. *inn* ‚hinein‘, s. oben, sind);

slav. *ętro in aksl. jątro ‚Leber‘, ablaut. ętroba ‚χοιλία‘, ętrь ‚εἴσω‘.
über hitt. antūrijas ‚interior‘, andurza ‚drinnen‘ s. Lohmann I. F. 51, 320 f.
entós ‚(von) innen‘ (vgl. ai. i-táḥ ‚von hier‘, lat. caelitus usw.):

gr. ἐντός ‚innen‘, wovon ἔντοσ-θεν, -θι und weiter ἐντόσθια, ἐντοσθίδια ‚Eingeweide‘ (oder letztere mit aus ἔντοσθε verschlepptem θ für *ἐντοστια, vgl. ai. antastya- n. ‚Eingeweide‘, Fick I⁴ 363, Vendryès Rev. ét. gr. 23, 1910, 74);

lat. intus ‚von drinnen; innen‘, davon mit analoger Umgestaltung intestīnus; mnd. nhd. dial. inser ‚eßbare innere Teile von Tieren‘, anord. īstr n., īstra f., ‚das die Eingeweide umgebende Fett‘ (*en-s-tro-);

apr. instran ‚Fett‘, lett. ȋstri Pl. ‚Nieren‘ (*en-s-tro-); lett. ìekša ‚Inneres‘, Pl. ‚Eingeweide‘ (*en-t-iā), alit. inscios ‚Herz‘, lit. įščios ‚Eingeweide‘ (*en-s-tio-).

Über die Zusammenrückung lat. endo, indu, wozu gr. τὰ ἔνδινα, air. inne ‚Eingeweide‘, s. oben S. 182 — Über gr. ἔν-δον ‚*im Haus‘ (wozu ἔνδο-θεν, -θι, lesb. dor. ἔνδοι nach οἴχο-θεν, -θι, οἴχοι) s. dem- ‚bauen‘.

WP. I 125 ff., II 335 f., WH. I 687 f., 694, 708 f., 711 f., 870, Trautmann 69 f., 198 f. W. Schulze Kl. Schr. 70 ff.

2. en- ‚Jahr‘.

Gr. ἔνος ‚Jahr‘ Hes., unsicher, ob m. oder n., δί-ενος ‚zweijährig‘, τετραένης, -ες ‚vierjährig‘, hom. Akk. Sg. ἦνιν, Akk. Pl. ἰνῆς ‚jährig‘, πρητ-ήν ‚einjähriges Lamm‘ (zu dor. πρᾶτος aus *pr̥̄tos?); ἐν-ιαυτός ‚Jahr‘ (zu ἰαύειν: ‚wenn das Jahr ruht, Jahreswende‘??).

Tiefstufe -n- in:

got. fram fair-n-in jēra, as. fer-n-un gêre, mhd. verne ‚im vorigen Jahre‘; lit. pér-n-ai ‚im vorigen Jahre‘, lett. pẽrns ‚vorjährig‘;

russ. dial., čech. lo-ni (*ol-ni) ‚letztjährig‘.

Specht Dekl. 16 stellt dazu das Pron. en in gr. ἔνη ‚jener (Tag oder jenes Jahr‘?).

Schwyzer Gr. Gr. I 424 mit Anm. 5, Feist 140 f., Specht Dekl. 15 f.

ēn ‚siehe da!‘.

Gr. ἤν, ἠήν, lat. ēn ‚siehe da!‘
WP. I 127, WH. I 403 f.

1. (enebh-), embh-, ombh-, nŏbh- (nēbh-?), m̥bh- ‚Nabel‘, mehrfach mit l-Formantien.

Ai. nábhya- n. ‚Nabe‘, nā́bhi- f. ‚Nabel, Nabe, Verwandtschaft‘, nābhīla- n. (unbelegt) ‚Schamgegend, Nabelvertiefung‘; av. nabā-nazdišta- ‚der verwandtschaftlich nächststehende‘, daneben mit ar. ph: av. nāfō, npers. nāf ‚Nabel‘;

gr. ὀμφαλός (Nom. Pl. auch ὄμφαλες) ‚Nabel, Schildbuckel‘, wohl auch ὄμφακες ‚die unreifen Weinbeeren oder Oliven oder andere Früchte‘ (als nabelartig vorgestülpte Knöpfchen), ὀμφακίς ‚der Kelch der Eichel‘;

lat. *umbilīcus* ‚Nabel‘, *umbō, -ōnis* ‚Schildbuckel‘;

air. *imbliu* ‚Nabel‘ (**embilōn-*), mir. *imlecan* ds. (ein Versuch zur Suffix-erklärung bei Pedersen KG. I 495);

ahd. *naba*, ags. *nafu*, aisl. *nǫf* ‚Radnabe‘ (auch in ahd. *naba-gēr*, ags. *nafu-gār*, aisl. *nafarr* ‚grober Bohrer‘), ahd. *nabalo*, ags. *nafela*, aisl. *nafli* ‚Nabel‘; dazu nach Lidén KZ. 61, 17 ahd. *amban, ambon*, m. (*o*-St.) ‚Wanst‘, as. *ámbón* ‚abdomina‘, Nom. Akk. Pl. eines m. *on*-St. (germ. **amban-*, idg. **ombhon-*);

apr. *nabis* ‚Nabe, Nabel‘, lett. *naba* ‚Nabel‘.

Vielleicht hierher ags. *umbor* ‚kleines Kind‘, auch der ital. VN *Umbri* (**m̥bh-*), anderer Ablaut im germ. VN *Ambrones* (**ombh-*) anders Kretschmer Gl. 21, 116 f.

WP. I 130, EM 1122, Specht Dekl. 100.

2. (*enebh-*): *nebh-, embh-, m̥bh-* (Kontaminationsform *nembh-*); z. T. *emb-, omb-* aus *embh-, ombh-* ‚feucht, Wasser‘, daraus ‚Dampf, Durst, Nebel, Wolke‘.

nebhos-: ai. *nábhas-* n. ‚Nebel, Dunst, Gewölk, Luftraum, Himmel‘, daneben Wurzelflexion im dehnstuf. f. Plur. *nábhāḥ* (?); av. *nabah-* n. Pl. ‚Luftraum, Himmel‘;

gr. νέφος, -ους n. ‚Wolke, Nebel‘ (Denom. primärer Form ξυννέφει ‚es umzieht sich‘, ξυννένοφε ‚es ist wolkig‘);

auch (s. u. *nem-* ‚biegen‘) air. *nem* (n. *es*-St.), nir. *neamh*, cymr. corn. *nef* ‚Himmel‘;

abg. *nebo, -ese* n. ‚Himmel‘, zum *i*-St. umgebildet in lit. *debesìs* f. und m. ‚Wolke‘ (aber alter konson. Pl., z. B. Gen. Pl. *debesų̃*! *d* für *n* durch Einfluß von *dangùs* ‚Himmel‘);

hitt. *ne-pi-iš* (*nebis*) n. ‚Himmel‘ Gen. *nebisas*;

mit *l*-Formans (*nebhelā*):

gr. νεφέλη ‚Wolke, Nebel‘, = lat. *nebula* ‚Dunst, Nebel‘, Wolke‘;

aber air. *nēl* m., Gen. *niuil* ‚Wolke, Nebel‘ nicht aus **nebhlo-*, sondern Lehnwort aus cymr. *niwl, nifwl*, ncorn. *niul* ds. (die wiederum nach Loth RC 20, 346 f. Lw. aus spätlat. **nibulus* für *nūbilus*);

ahd. *nebul* m. ‚Nebel‘, as. *neƀal* ‚Nebel, Dunkel‘, ags. *nifol* ds., aisl. *nifl-heimr* u. dgl., *njōl* ‚Dunkelheit, Nacht‘ (germ. **neƀla-* und **niƀula-* aus *-lo-*; aisl. *nifl-* aus **niƀila-*);

unsicher ai. *nabhanú-* m., *nabhanú-* f., wahrscheinlich ‚Quelle‘; av. *aiwi-*

naptīm asti ‚er (befeuchtet =) besudelt mit Blut‘, *napta-* ‚feucht‘ (**nab-ta-*),
npers. *neft* ‚Naphtha‘;

vielleicht hierher lat. *Neptūnus* ‚Gott der Quellen und Flüsse, dann des
Meeres‘ aus **nebh-tu-s*; des -*p*- im skyth. FIN *Naparis*, apers. Quell N
Νάπας stammt aus iran. *apa-* ‚Wasser, Quelle‘ (Brandenstein, OLZ 1940,
435 ff.).

ṃbh-(ro-):

ai. *abhrá-* m. ‚trübes Wetter, Gewölk‘, n. ‚Wolke, Luftraum‘ (**ṃbhros*),
av. *awra-* n. ‚Wolke‘; fern bleibt wegen der Bedeutung gr. *ἀφρός* ‚Schaum‘
(Meillet BSL 31, 51);

in die *i*-Dekl. übergetreten lat. *imber, imbris* ‚Regenguß‘ = osk. *Anafríss*,
wohl ‚imbribus‘.

Hierher auch die Flußnamen gall. **Ambrā*, mcymr. *Amir, Amyr* sowie
nhd. *Amper* und *Ammer* (kelt. **Ambrā*), *Emmer* (kelt. **Ambriā*); dazu auch
engl. *Ambër*; frz. *Ambre, Ambrole*; span. *Ambron, Ambror*; ital. *Ambra,
Ambria, Ambro, Ambrio* usw., letztere sind bestimmt ven.-illyrisch; vgl.
ohne formantisches *r* gall. *inter ambes* ‚inter rivos‘, *ambe* ‚rivo‘, abrit.
Amboglanna ‚Ufer des Stromes‘, sowie arm. *amb* und (mit idg. *b*) *amp*
‚Wolke‘.

emb(h)- : *omb(h)-*:

ai. *ámbhas-* n. ‚Regenwasser‘; *ambu* n. ‚Wasser‘, gr. *ὄμβρος* m. ‚Regen‘
(zum *b* vgl. oben arm. *amp* und Schwyzer Gr. Gr. I 333); hierher auch lak.
ὀμφά ‚Geruch, Hauch‘, arkad. *εὔομφος* ‚wohlriechend‘, usw.

nembh-:

pehl. *namb, nam*, npers. *nem* ‚feucht, Feuchtigkeit‘, pehl. *nambītan* ‚befeuchten‘;

lat. *nimbus* ‚Sturzregen, Platzregen; Sturmwolke, Regenwolke‘.

WP. I 131, WH. I 681, II 151 f., Specht Dekl. 16f.

eneĝ-, neĝ-, enĝ-, ṇĝ- ‚reichen, erreichen, erlangen‘ und (nur Gr. Bsl.)
‚tragen‘; *onĝo-s* ‚Tracht, Anteil‘.

Ai. *aśnóti*, av. *ašnaoiti* (**ṇĝ-neu-*) ‚gelangt hin zu etwas, erreicht‘, Perf.
ai. *ānáṃśa* (idg. **ōn-onĝe* = air. *ro-ānaic*);

ai. *náśati*, av. -*nasaiti* (**neĝ-*, ursprüngl. wohl athematisch, vgl. 2. Sg.
nakṣi usw.), ai. *nákṣati* ‚erreicht, erlangt‘, Desid. *ánakṣati* ‚sucht zu erreichen, strebt zu‘, *áṃśa-ḥ* m. ‚Anteil‘, av. *ǫsa-* ‚Partei‘, ai. *náṃśa-ḥ* m.
‚Erlangung‘, -*naṃśana-* (Kreuzung von *aṃś-* und *naś-*);

arm. *hasi* ‚bin angekommen‘, danach *hasanem* ‚komme zu etwas, komme
an‘; nach Pisani Armen. 5 hierher *hunj-ḱ, hnjo-ç* ‚Ernte‘ (**onĝos*);

gr. (**ēneĝ-) *δι-ηνεκής* ‚durch eine Strecke hindurchreichend = ununter-
brochen‘ (dor. und att. *διᾱνεκής* aus **δια-ηνεκής?*, anders Boisacq s. v.),

ποδ-ηνεκής ‚bis zu den Füßen herabreichend‘, *δουρ-ηνεκής* ‚einen Speerwurf weit‘ = ‚so weit man mit einem geschleuderten Speere reicht‘ oder pass. ‚vom Speer erreicht‘, wie *κεντρ-ηνεκής* ‚vom Stachel (erreicht =) angetrieben‘; Pass. Aor. *ἠνέχθην* ‚wurde getragen‘, Perf. *κατ-ήνοκα* Hes., *ἐν-ήνοχα* (*ἐν*- ist darin wohl Reduplikation; ebenso im Med. *ἐν-ήνεγμαι*, zu dem sich als 3. Sg. *ἐν-ήνεγκται* statt *ἐν-ήνεκται gesellte, nach dem Aor. *ἐνεγκεῖν*); **enk̑*- im red. Aor. *ἐν-εγκ-εῖν* (**enk̑-enk̑*-) ‚tragen‘; s. unten hitt. *ḫenkzi*; **onk̑*- in *ὄγκος* ‚Tracht, Last‘ (= ai. *áṃśa-ḥ*, bsl. *naša-); *ἤνεικα* dagegen zur Wz. *seik- ‚langen‘, s. dort und Boisacq 251 f. m. Lit.; durch Kreuzung mit ihm wurde *ἤνεγκον* zu *ἤνεγκα, ἤνειγκα*;

lat. *nactus* (und *nanctus*) *sum, nancisci* (arch. auch *nanciō, -īre*) ‚erlangen‘ (*-a-* = ‚ so daß *nactus* = germ. *nuh-ta-; die Nasalierung des Präs. ist wohl sekundär (Kuiper Nasalpräs. 163);

air. *ro-icc* ‚erreicht‘, *do-icc* ‚kommt‘, *air-icc*- ‚finden‘, *con-icc*- ‚können‘ usw.; wohl in die themat. Konjugation übergeführtes dehnstufiges **ēnk̑-ti*, woraus *īnk-, *īnc-, *icc*-; Verbalnomina *ríchtu, tíchtu*; s-Konj. *-í* aus *ēnkst; Perf. *ro-ānaic* (s. oben); s-Prät. *du-uicc* (**onk̑-i-s-t*) ‚hat gebracht‘ usw. s. unten S. 347; Schwundstufe *n̑k*- in cymr. *di-anc* ‚entfliehen‘, *cyfranc* (*kom-ro-anko-) = air. *comracc* ‚Zusammentreffen‘; nach Loth RC 40, 353 . ir. *oc*, cymr. *wnc*, *wng* ‚bei‘ aus **onk̑o*- ‚Nachbarschaft‘?; dazu mcymr. *ech-wng* ‚Vertreibung‘; nach Vendryes (MSL 13, 394) hierher auch der gall. VN *Selva-nectes (latinis. *Silvanectes*) ‚qui ont obtenu propriété‘, zu air. *selb* ‚Besitz‘;

got. *ganah* (Prät.-Präs.) ‚es reicht = genügt‘, Inf. *ganaúhan* (über germ. *nuh- s. oben), ahd. *ginah*, ags. *gensaá* ds.; got. *binaúhan ‚erlaubt sein‘, got. *ganaúha* m., ahd. (usw.) *ginuht* f. ‚Genüge‘; ō-stufig: got. *ganōhs* ‚genug, viel‘, ags. *genōh, genōg*, anord. (*g*)*nōgr*, ahd. *ginuog* ‚genug‘ usw.; ē-stufig, wie es scheint, anord. *nā* ‚nahekommen, erreichen, bekommen‘, ags. (*ge*)*nǣgan* ‚sich jemandem nähern, anreden, angreifen‘;

über got. *nēƕ* Adv. ‚nahe, nahe an‘, *nēƕa* ds., as. *nāh*, ags. *nēah* ‚nah‘, Präp. ‚nahebei‘, ahd. *nāh* Adj. ‚nahe‘, Adv.-Präp. ‚nahe‘, nhd. *nach* s. oben S. 40; man stellt auch alb. *nes, nes-ër* ‚Morgen‘ (**nŏk̑*-) dazu, ebenso lett. *nāku, nāki* ‚kommen‘, lit. *pranókti* ‚überholen‘, *nókti* ‚reifen‘, die aber idg. *ā* voraussetzen; vgl. Mühlenbach-Endzelin, Lett.-D. Wb. II 698;

über das von Jokl SBWienAk. 168, I 36 mit *pranókti* verglichene alb. *kë-nak* ‚befriedigen, vergnügen‘ s. denselben IA. 35, 36;

bsl. *nešŏ ‚trage‘ (vgl. ai. *naśati*) in:

lit. *nešù, nešiaũ, nèšti*; lett. *nesu, nešu, nest*; dazu Iterativum lett. *nēsât*, lit. *nšiai* = lett. *nši* m. Pl. ‚Tracht Wasser‘, lit. *naštà*, lett. *nasta* f. ‚Last‘;

aksl. *nesǫ, nesti*, Iterativum *nositi* usw.,

bsl. *naša- m. ‚das Tragen, der Träger‘ (= ai. aṁśa-ḥ, gr. ὄχκος) in lit. už-našai Pl. ‚ausgeschenktes Bier‘, dehnstufig sč-nošai m. Pl. ‚angeschwemmtes Geröll‘;

ksl. po-nosъ ‚Neid‘, russ. za-nós ‚Schneegestöber‘, usw.;

hitt. *nenéǩ-ti, Pl. *nenǩ-énti, daraus ni-ik-zi (nikzi) ‚erhebt sich‘, 3. Pl. und ni-in-kán-zi, ni-ni-ik-zi (ninikzi) ‚hebt‘, 3. Pl. ni-ni-(in-)kán-zi (Pedersen Hitt. 147);

ḫi-in-ik-zi (ḫenkzi) ‚teilt zu‘ stellt sich zu ἤνεγκον; über na-ak-ki-iš (nakis) ‚schwer‘, s. Pedersen Hitt. 147, 194;

über toch. A eṃts-, B eñk- ‚nehmen, fassen‘, s. Meillet MSL 18, 28, Pedersen Tochar. 236 und Anm. 1;

Kuiper Nasalpräs. 50 f. zerlegt en-eǩ- ‚tragen‘, das er als Erweiterung von en- (s. S. 321 unter enos-) ds. auffaßt; ebenda weitere Vermutungen über en-eǩ- ‚erreichen‘.

WP. I 128 f., Kuiper Nasalpräs. 50 f., EM² 652, Trautmann 198, Schwyzer Gr. Gr. 647, 744, 766.

ĕneu, ĕnu ‚ohne‘.

Gr. (Lokat.?) ἄνευ, ἄνευθε(ν) ‚ohne‘; dor. ἄνευν, el. ἄνευς, meg. ἄνις (nach χωρίς gebildet);

aus *ṇneu-, got. inu ‚ohne‘;

mit Dehnstufe: ai. ānu-ṣák, av. ānu-šak ‚der Reihe nach‘ (zu ai. anu-sac- ‚folgen‘, Wz. sekʷ-); altnord. ān, ōn, afries. ōni, as. āno, ahd. ānu, āno, āna, mhd. āne, ān, nhd. ohne aus *ēnu.

Nicht ganz sicher ist das nur von Gramm. belegte ai. anō ‚nicht‘ (= gr. ἄνευ) heranzuziehen, auch osset. ünä ‚ohne‘; Verwandtschaft mit lat. sine usw. (Meillet BSL. 30, Nr. 89, 81) mag bestehen, doch keineswegs sicher. WP. I 127 f., Feist 295, WH. I 677.

e-neuen, neuṇ, enuṇ ‚neun‘.

Ai. náva, av. nava (neuṇ) ‚9‘;

arm. inn (sprich inən) ‚9‘ (*enuṇ), Pl. in(n)unǩ;

gr. *ἔνϝα- in hom. εἰνά-ετες, -νυχες, böot. ἐνα-κη-δεκάτη, ion. εἰνα-κόσιοι, att. ἐνα-κόσιοι; Ord. εἴνατος, att. äol. ἔνατος; *ἔνϝα auch in hom. ἐννῆμαρ (*ἐνϝ ἦμαρ) ‚9 Tage‘; daneben *νεϝα (*neuṇ) in ἐννέ[ϝ]α (mit vorgesetztem ἐν, Schwyzer Gr. Gr. I 591); danach wurde ἐνήχοντα ‚90‘ zu ion. att. ἐνενήχοντα;

thrak. ενεα (v. Blumenthal IF. 51, 115);

alb. nĕndĕ ‚9‘ (*neuṇti- ‚Anzahl von neun‘, wie slav. devętь ‚9‘, anord. niund ‚Neunzahl‘ und ai. navati-, av. navaiti- f. ‚90‘, eigentlich Neunzahl von Zehnern);

lat. *novem* ‚9‘ (*-m* für *-n*? nach *septem, decem*);

air. *nōi n-*, cymr. corn. *naw*, bret. *nao* (zum *a* s. Pokorny IF. 38, 190 f.); got. ahd. *niun*, urnord. *niu*, anord. *nīo* ‚9‘, as. *nigun*, afries. *ni(u)gun*, ags. *niʒon* (aus *niŋun);

lit. *devynì*, lett. *deviñi* (*n-* noch im Ordinale apr. *newĩnts*), aksl. *devętь* ‚9‘ (*d-* wohl durch Dissimil. gegen das ausl. *n* und durch Einfluß der 10 festgeworden; Berneker 189);

toch. AB *ñu* ‚neun‘.

Ordinale: **neu̯eno-* in lat. *nōnus*; mit nach der 7 und 10 eingeführtem *m* statt *n* umbr. *nuvime* ‚nonum‘, ai. *navamá-*, av. *naoma-*, apers. *navama-*; air. *nōmad*, cymr. *naw̯fed* (**neu̯m̥-eto-*); -*to*-Bildung auch gr. εἴνατος, ἔνατος (**enu̯n̥-to-*); got. *niunda*, ahd. *niunto*, anord. *nīonde*, as. *nigundo, nigudo*, afries. *niugunda*, ags. *niʒoða*; lit. *deviñtas*, apr. *newĩnts*, aksl. *devętь*; toch. B *ñunte*, Obliqu. *ñuñce*.

Man vermutet Zusammenhang mit **neu̯o-* ‚neu‘, weil mit 9 ein neuer Zählabschnitt begonnen habe, indem die Dualform von *oḱtóu ‚8‘ auf eine Viererrechnung weise.

WP. I 128, Feist 378 f., Schwyzer Gr. Gr. I 590 f.

eng$^{u̯}$-, ŋg$^{u̯}$én ‚Geschwulst, Leistengegend‘.

Gr. ἀδήν, · ένος m., älter f. ‚Drüse‘ (**ŋg$^{u̯}$én*) ⹀

lat. *inguen, -inis* n. ‚Leistengegend, Scham, Geschwulst in der Schamgegend‘;

aisl. *økkr* ‚Geschwulst‘ (urgerm. *enkwa-z), *økkvinn* ‚geschwollen‘, schwed. dial. *ink* ‚Blutgeschwür bei Pferden‘.

Idg. (e)*ngu-* vermutlich Ablaut von **enegu̯h-* (mit *gu* aus *gu̯h* bei unmittelbarem Zusammentreffen mit dem Nasal), wovon:

neg$^{u̯}$h-ró-s ‚Niere, Hode‘ (‚rundliche Anschwellung‘; vielleicht alter r/n-St., Pedersen KZ. 32, 247 f.) in:

Gr. νεφρός, meist Pl., ‚Nieren‘;

pränestin. *nefrōnēs*, lanuvin. *nebrundinēs* ‚Nieren, Hoden‘;

ahd. *nioro* m. ‚Niere‘, z. T. auch ‚Hode‘, mengl. mnd. *nēre*, aschwed. *niūre*, aisl. *ŋgra* n. ‚Niere‘ (germ. **neuran-* aus **neu̯hran-*; der aisl. Umlaut ist aus einer Umbildung **neurian-* zu erklären).

WP. I 133 f., WH. I 701, Schwyzer Gr. Gr. I 486.

eno- (wohl **e-no-**) : **ono-** : **no-** : **-ne-** Pronominalstamm ‚jener‘.

Ai. Instr. *anéna, andyā* ‚diesem, dieser‘, Gen. Lok. Du. *anáyōḥ*; *anā* ‚denn, gewiß‘; av. Gen. Du. *anaya*, Instr. *ana* (apers. *anā*), Pl. *anāiš*; über ai. *anyá-* ‚anderer‘, *ántara-* ds., das manche hierher stellen, vgl. oben S. 37;

arm. *so-in* ‚derselbe‘, wenn aus *$\widehat{k}o$-eno-s*, Junker KZ. 43, 343;

gr. ἔνη (sc. ἡμέρα) ‚der übermorgige Tag‘, (ἐ-)κεῖνος ‚jener‘, dor. τῆνος ds. (*κε-, *τε-ενος), ὁ δεῖνα ‚der und der, ein gewisser‘ (nach ταδεῖνα = *τάδε ἔνα ‚dieses und jenes‘); über ἔνιοι ‚einige‘ (aus *en-io-?) vgl. Schwyzer Gr. Gr. I 614[4];

lat. *enim* altlat. ‚fürwahr‘, später ‚denn, nämlich‘ = osk. *inim, inim* ‚et‘ (das *i-* in Proklise aus *e*), umbr. *ene, enem* ‚tum‘ neben *eno(m), ennom* usw. ds.;

idg. *$^*on\underset{.}{i}o$-*, mit $\underset{.}{i}$- (wohl vom Rel. *$^*\underset{.}{i}o$-*) in ahd. *ienēr*, obd. *ener*, mhd. *geiner* (= *jeiner*), ags. *geon*, got. *jains* ‚jener‘ statt *janjis* durch Einfluß von *ains*; anord. *enn, inn* ‚der‘, mit $\widehat{k}o$-: *hinn* ‚jener‘, *hānn, hann* ‚er‘ (*$^*\widehat{k}\bar{e}noi$); lit. *añs, anàs* ‚jener‘, žem. *er*‘; apr. *tāns* ‚er‘ (*$^*t$-anas : *$^*to$*); aksl. usw. *onъ (ona, ono)* ‚jener, èr‘, serb.-ksl. *onakъ* ‚von jener Art‘ (= lit. *anõks* ds.);

über hitt. *an-ni-iš (annis)* ‚jener‘, Adverb *an-na-az (annaz), an-ni-ša-an* ‚einst‘, vgl. Pedersen Hitt. 63, Couvreur Ḫ 91 f.

no-, nā in:

ai. *nā-nā* ‚so oder so‘;

arm. *-n* Artikel, *na* ‚dann‘ (*$^*no$-ai*, Meillet Esquisse[3] 88), *a-n-d* ‚dort‘ (*d* aus idg. *t*; also nicht gleich air. *and* ‚hier‘, oben S. 37, wozu noch kypr. ἄνδα· αὕτη, Schwyzer Gr. Gr. I 613);

gr. νῆς· τὸ ἔνης, dor. νᾶς Hes.; νή ‚fürwahr‘, Instr. (= lat. *nē* ds.), ναί, ναίχι ds. (vgl. αἰ:ῆ ‚wenn‘, δαί:δή ‚also‘);

lat. *nam* ‚denn, nämlich‘ (Akk. Sg. f.), *nem-pe* ‚denn doch‘, *nem-ut* ds.; *nē* ‚fürwahr‘, Instrumental;

unsicher ob slav. *$^*nā$*, Interjektion russ. *na* ‚da hast du!‘ usw. hierher gehört.

Unsicher ist auch, ob die folgenden Partikeln hierher gehören:

ne in:

ai. *ná* ‚gleichsam, wie‘;

av. *yaϑ-na* ‚und zwar‘;

gr. thess. ὄνε, τόνε, τάνε, mit Doppelflexion Gen. Sg. τοίνεος usw. ‚ὅδε‘;

lat. *ego-ne, tū-ne, dēnique* (*$^*dē$-ne-que*), *dōnicum, dōnec* (*$^*dō$-ne-kṷom*, vgl. umbr. *arnipo* ‚quoad‘ aus *$^*ad$-ne-kṷom*), *quandō-ne, sīn* (*$^*sī$-ne* ‚wenn aber doch‘), usw.; auch *-ne* in der Frage;

ahd. (*ne weist tu*) *na* ‚(nescis)-ne‘;

alit. *ne* ‚wie‘, lit. *nè, nègi, nègu* ‚als‘ (nach Komparativen), *néi* ‚wie‘ (*$^*ne$-i*), lett. *ne* ‚als‘;

akls. *neže*, skr. *nègo* ‚als‘ nach Komparativen; aruss. *ni* ds., poln. *ni* ‚wie‘ (*$^*ne$-i*).

nē in:

ai. *vi-nā* ‚ohne‘;

av. *yaϑa-nā* ‚gerade wie‘, *ciϑə-nā* zur Einleitung einer Frage (= lat. *quid-ne*);

über gr. *ἐγώνη*, das auch *ἐγω-νη* sein könnte, s. unter *ē, ō*; *νή* s. S. 320, lat. *nē* ‚fürwahr‘ s. oben S. 320;

got. *-na* in *afta-na* Adv. ‚von hinten‘, *hinda-na* Adv. ‚jenseits‘, usw.; ahd. *-na* in *oba-na* ‚von oben her‘; anord. *pēr-na* ‚tibimet‘, usw.;

abg. *və-nē* ‚draußen‘;

fern bleibt wohl phryg. *νι* ‚und‘ (in *ιος νι* ‚und wer‘); über toch. A *-ne* in *kus-ne* ‚welcher‘, vgl. Couvreur (Tochaarse Klank- en Vormleer 50); s. auch Schwyzer Gr. Gr. I 612;

WP. II 336f., WH. I 339f., 370f., 386f., 404f., Trautmann 7f., 195, Schwyzer Gr. Gr. I 606, 612, Specht Dekl. 306.

en(o)mn̥-, (o)nomn̥, nōmn̥ ‚Name‘.

Ai. *nāma*, Instr. Sg. *nāmnā*, av. *nāma* ‚Name‘;

arm. *anun*, Gen. *anuan*, nach Meillet Esquisse 48 aus **anuwn, *onomno-*, nach EM² 675 aus **onŏmno-*;

gr. *ὄνομα* (aus reduziertem **eno-* mit Assimilation *e—o*), dial. *ὄνυμα, *ἔνυμα* in lak. *Ἐνυμακαρτίδας*, (reduziertes *v* entstand vor *μν* aus dem Gen. **ἔνοινος*), *ἀνώνυμος, νώνυμνος* ‚namenlos‘;

alb. geg. *emёr*, tosk. *emёn* (**enmen-*);

lat. *nōmen, -inis*, n. umbr. *nome*, Abl. *nomne* ‚Name‘ und ‚Volk‘;

air. *ainmm* n- n., Pl. *anmann* (**nmn̥-*); acymr. *anu*, Pl. *enuein*, daraus ncymr. *enw*; corn. *hanow*, mbret. *hanff*, *hanu*, bret. *ano*;

got. *namo* n., aisl. *nafn* n., ags. *nama*, ahd. *namo* m. ‚Name‘; mit ō-Stufe afries. *nōmia*, mhd. *be-nuomen* ‚nennen‘;

apr. *emnes, emmens* m. (**enmen-*);

slav. **ьmę*, daraus **jьmę* in aksl. *imę*, skr. *ı̏me*, ačech. *jmě*, Gen. *jmene*, russ. *imja*;

toch. A *ñem*, B *ñom*;

hitt. *la-a-ma-an* (*lāman*), mit Dissimilation des Anlauts;

vgl. finno-ugr. *năm, nam, nèm, namma*, magyar. *nēv* ‚Name‘.

WP. I 132, Feist 369f., Schwyzer Gr. Gr. I 352, Hirt Idg. Gr. II 98, 121.

enos- oder onos- n. ‚Last‘.

Ai. *ánaḥ* n. ‚Lastwagen‘ = lat. *ŏnus, -eris* ‚Last‘ (*onustus* ‚beladen‘, *onerāre* ‚beladen‘).

Dazu vielleicht gr. *ἀνία*, äol. *ὀνία* ‚Plage‘, *ἄνιος, ἀνιᾱρός* ‚lästig‘ (die dialektische Verteilung von *ἀνία : ὀνία* wie bei der Präp. *ἀνά : ὀν*); nach

21

Wackernagel Gl. 14, 54 f. aber dissimiliert aus *aμιᴸα = ai. *áminā* f. ‚Plage‘ (s. unter *omə-*).

WP. I 132 f.; s. auch unter *enek-*.

enq-, onq- Schallwurzel: ‚seufzen, stöhnen‘ (**enq-**), ‚brüllen, brummen‘ (**onq-**), beide Vokalisationen also mit verschiedenem Gefühlswert, so daß vielleicht von zwei verschiedenen Schallnachahmungen zu sprechen wäre. Daneben freilich eine Wurzelform auf Media *eng-, ong-, n̥g-* ‚stöhnen, seufzen‘, ohne solche Bedeutungsscheidung nach der Vokalisation.

Gr. ὀγκάομαι ‚schreie, brülle‘ (vom Esel), ὄκνος ‚Rohrdommel‘ (*ὄγκνος); alb. *nëkónj*, geg. *angój* ‚ächze, seufze, klage‘ (*enq-);

lat. *uncō, -āre* ‚vom Naturlaut des Bären‘. Aber cymr. *och* ‚gemitus‘, Interjektion ‚ach!‘, ist nicht aus *ovq- herleitbar und wohl sicher eine junge interjektionelle Schöpfung;

slav. *jęčati, russ.-ksl. *jaču, jačati* ‚seufzen‘, *jakliv̆* μογιλάλος, aegre loquens‘, russ. mdartl. *jačátь* ‚stöhnen, klagend rufen‘.

Mit Media:

mir. *ong* ‚Stöhnen, Seufzer, Wehklage‘, dazu wohl air. *ennach* ‚Krähe‘ (aus *eng-n-ākā) und *enchache* f. ‚scurrilitas‘;

mnd. *anken* ‚stöhnen, seufzen‘, norw. mdartl. *ank* ‚Gewimmer, Seufzen, Kummer, Reue‘, dän. *ank, anke* ‚Klage, Beschwerde‘, wozu ablautend dän. *ynke*, schwed. *ynka* ‚bemitleiden, bedauern, beklagen‘, allenfalls auch nhd. *Unke* nach ihrem kläglichen Ruf (doch mhd. Schallwort *üche* ‚Kröte‘; s. noch Kluge[11], der Kreuzung dieser *üche* mit mhd. ahd. *unc* ‚Schlange‘ [s. oben S. 44] erwägt].

Ein Schallwort ist lit. *ùngti, ùngau* ‚wimmern wie ein Hund‘.

WP. I 133.

ent- (besser **ant-**?) ‚anzetteln, weben‘ (??).

Ai. *átka-ḥ* m. ‚Gewand, Mantel‘, av. *aδka-, atka-* m. ‚Oberkleid, Mantel‘, (*n̥t-ko-s);

alb. *ent, int* ‚webe, zettle das Gewebe an‘ (*ent-i̯- oder *n̥t-i̯-);

gr. att. ἄττομαι (*n̥t-i̯o-) ‚webe‘, διάζομαι ds. (vgl. Debrunner IF. 21, 216), ἄσμα, δίασμα ‚Kettenfaden‘; falls aber (Petersson Heterokl. 262) ἄνταρ ds., ἀντήριος ds. dazugehören, ist eher *ant- als Wurzel anzusetzen. Jedoch besteht bei gr. Kulturwörtern der Verdacht voridg. Herkunft und air. *étid* ‚bekleidet‘, *étiud* ‚Kleidung‘ könnten sekundär zu *étach* ds. (*en-togo-) gebildet sein;

auch die Gleichung ai. *átka-ḥ* : gr. ἀσκός ‚Haut, Schlauch‘ ist der Bedeutung wegen zweifelhaft; gr. ἤτριον, dor. ἄτριον ‚Kettenfaden‘ sind vorgr. Herkunft verdächtig.

WP. I 134.

epero- ‚Eber'.

Lat. *aper, apri* ‚Eber', umbr. Akk. Pl. *apruf, abrof*, Akk. Sg. *abrunu*, Akk. Pl. *abrons* ‚Schweine' (doch über lat. *Aprōnius*, mars.-lat. *Aprufclano* siehe Schulze Eigennamen 111, 124 f.); *a* wohl nach *caper*; abgeleitet lat. *aprugnus* ‚vom Eber' mit Suffix -*gno*- zur Wz. ĝen-; hierher vielleicht der PN *Eprius*;

germ. **ebura-*, altn. *jǫfurr* m. ‚Fürst' (in übertragener Bedeutung, eigentlich ‚Eber'), ags. *eofor* m. ‚Eber', mndd. *ever* ahd. *ebur*, nhd. *Eber*. Mit (analogischem?) *v*-Vorschlag gehören asl. *veprь* m. ‚Eber', skr. *vēpar* (Gen. *vēpra*), poln. *wieprz* (Gen. *wieprza*), russ. *veprь* (Gen. *véprja*) hierher;

lett. *vepris* ds. (ON lit. *Vēpriai* Plur., und apr. *Weppren*) ist nicht dem Slav. entlehnt, sondern urverwandt;

unklar ist thrak. ἔβρος ‚Bock'.

WP. I 121, WH. I 56, Trautmann 351.

epi, opi, pi (auch mit Hochstufe -*ei*, -*oi* in der Schlußsilbe) ‚nahe hinzu, auf—darauf, auf—hin', zeitlich ‚dazu, darauf', örtlich ‚hinter, nach' (auch ‚bei etwas herunter'? so z. T. die germ. Formen); teilweise in der Bedeutung mit *ebhi, obhi* zusammengefallen.

Ai. *ápi* ‚auch, dazu' (Adv.), selten ved. Präposition m. Lokativ ‚bei, in', Präfix *api-, pi-* ‚zu, bei' (*pi-* in *pi-dhāna-* n. ‚das Zudecken, Decke, Deckel', *pi-nahyati* ‚bindet an, zu', *py-úkṣṇa-* ‚Überzug des Bogenstabes' : gr. πτ-υχή ‚Falte, Schicht', wenn aus **πι̯-υχα, πτύσσω* ‚lege zusammen, falte', *piḍa-yati : πιέζω*, s. **sed-*);

av. *aipi*, ap. *apiy*, adnominal ‚über—hin, bei (Akk.), bei (zeitlich, Lok.), nach (zeitlich, Instr.)', Adv. ‚dazu auch, desgleichen auch, besonders; hernach, später', Präf. ‚hin'; mit hochst. Schlußsilbe av. *ape* ‚nach' (m. Akk.), vgl. *apaya* Adv. ‚hernach, künftig', -*pe* hervorhebende Part.;

arm. *ev* ‚und, auch'; **pi* im Anlaut *h-* einiger Verba, wie *h-aganim* ‚ziehe mir an'?

Gr. ἐπί, ἔπι ‚auf zu, an', adnominal mit Dativ (= idg. Lok., Instr., Akk., Gen., Präfix, ἔπισσον· τὸ ὕστερον γενόμενον Hes. (d. i. wohl ‚Nachkommenschaft', Grundf. **ἔπι-τι̯ο-*, Schulze, Kl. Schr. 70 ff., 675), πι- Präfix (s. oben); *opi* in hom. ὄπι-θε(ν) ‚hinten, hinterher', ion. att. ὄπισθε(ν) ds. (-σ- nach πρόσθε(ν), vgl. auch ὀπίσ(σ)ω ‚hinten, rückwärts'; hernach' (**opi-ti̯ō*), ὀπίστατος ‚hinterster, letzter'; ὀπ-ώρα ‚Herbst', S. 343); vermutlich (mit idg. Kontraktion von **opi-oq*ʷ zu **opiq*ʷ, zu **oqʷ-* ‚sehen') ὀπῑπεύω ‚gaffewonach', παρθενοπῑπα ‚Mädchengaffer', **ὄψ* (Bildung wie ἄψ, lat. *abs*, ἀμφίς, s. unten ital. *ops-*) Grundlage von ὀψέ, äol. ὄψι ‚spät'; über gr. ἐπ-εί ‚da' s. oben S. 284;

illyr. PN *Epi-cadus* (vgl. gr. κεκαδμένος ‚praugend‘); ven. ON *Opi-tergium* (zu *Tergeste* ‚Triest‘, abg. *trьgъ* ‚Marktplatz‘); messap. *pi-dō* (*dō-t*) ‚gab‘; alb. *épërë* ‚oben befindlich‘;

lat. *ob* adnominal m. Akk. ‚gegen—hin, nach—hin, um—willen, wegen‘, altlat. auch ‚circum, juxta‘, und Präfix aus *op-* vor tönenden Kons. entstanden (wie *ab* aus *ap[o]*); *op* noch in *operio* aus *op-veriō*, *oportet* aus *op-vortet* ‚es wendet sich einem zu, kommt einem zu, steht als Pflicht vor einem‘; über *opācus* s. EM² 703 und oben S. 54; *ops-* (s. oben) gewöhnlich vor *t-* im Kompos., z. B. *o(p)s-tendo*; osk. *úp, op* ‚bei‘ mit Abl. (= *Instr.);

air. *iar n-, iarm-* ‚nach, secundum‘ m. Dat., vielleicht Neutr. einer Ableitung *epi-ro-m* (Thurneysen Gr. 516); *epi-* scheint auch verbaut in air. *ia-daim* ‚schließe‘ (vgl. lat. *ob-dō*), *éi-thech* ‚Meineid‘ (vgl. gr. ἐπι-ορκέω), *Ériu* ‚Irland‘ (*epi-ụeriō* ‚umhegtes Land, Hügel, Insel) = cymr. *Ywerddon* ds. (*ụiụerđon, *epi-ụeriọnos*), nir. *éibheall* ‚Glut‘ (*epi-bhelo-*);

opi in air. *oíbell* m. ‚Glut‘ = cymr. *ufel* m. ‚Funke‘ (*opi-bhelo-*); cymr. *uffarn*, bret. *ufern* ‚Knöchel‘ (*opi-spernā*);

got. *iftuma* (Bildung wie *aftuma* ‚letzter‘) ‚darauffolgender, späterer‘; *ibdalja* m. ‚Abstieg, Abhang‘, ags. *eofolsian* ‚lästern‘ (*eb-halsian), *eofut, eofot* n. ‚Schuld‘ (*eb-hāt);

dazu vielleicht auch die Sippe ‚Abend‘: anord. *aptann, eptann*, westgerm. mit *ā* ags. *ǣfen* m. n., as. *āband*, ahd. *āband*; vielleicht hat das Westgerm. dissimilatorischen Schwund des ersten Dentals in der Grundform *āptanto-* erfahren oder ist idg. *ēp-onto-* die Grundform und das anord. *aptann* von *aptan* ‚hernach‘ beinflußt;

zur eventuellen Verschmelzung von *ap-* und *ep-* im Germ. vgl. oben S. 53 f.;

lit. *ap-*, vor Labial auch noch *api-*, im Nominalkompos. *apy-* Präf. ‚um, herum, be-‘, *apiē* ‚um, über‘ m. Akk., alit. und dial. ostlit. *dieviẽ-p* ‚bei Gott‘ u. dgl., *sūnaũs-pi* ‚zum Sohne‘; lett. *ap-* ‚um, über‘, *pìe* mit Gen. und Akk. ‚bei, an‘, *pìe-* ‚hinzu, an-, voll-‘; apr. *ep-* (*ap-* nicht maßgebendere Schreibung), *eb-* ‚be-‘, eher als *epi* hierher, als unter Zugrundelegung der Form *eb-* zu idg. *ebhi, obhi*; dazu die Postposition lit. *-p(i)* hinter Gen. *namõ-pi* ‚nach Hause‘) und Lok. (*namiẽ-pi* ‚zu Hause‘), lett. *-p* (nur adverbial gebraucht), E. Fraenkel, Syntax 18 ff., Endzelin Gr. 524 ff.;

dazu stellt man auch das lit. Suffix in *dvej-ópas* ‚zweifach‘ usw., sowie das Suffix in illyr. VN *Hadriopes, Δερρίοπες*, usw. (??);

hierher auch die slav. Präpos. *o* ‚um, an‘ (*op); zum Zusammenfall mit idg. *obhi* s. oben S. 287, Meillet Slave commun² 155 f., Trautmann 1;

über hitt. *appa* usw. s. oben S. 53; in der Bedeutung entspricht es eher dem gr. ἐπί als dem gr. ἀπό;

das Lyk. kennt nur die erweiterten Formen *epñ-*, *epñte* ‚nach‘;
über die toch. Gen.-Endung A *-āp*, B *-epi*, die man hierher stellen könnte
(auch im Lit. wird der Gen. durch *epi* verstärkt), s. auch Pedersen Toch. 50 ff.
WP. I 122 f., Pedersen Lyk. und Hitt. 23, Schwyzer Gr. Gr. I 325,
550[7], 620, 628, 631[7], Trautmann 1.

ĕpi- ‚Gefährte, Kamerad, traut‘.

Ai. *ápí-* ‚Freund, Bundesgenosse‘, *ápyam* ‚Freundschaft, Genossenschaft‘,
gr. *ἤπιος* ‚freundlich, mild; beistehend‘.

Vielleicht zu **epi* ‚nahe hinzu, *ἐπί*, so daß **ēpi-s* (und **ēpi-os*) den
‚nahe bei einem weilenden, den hilfreichen Gefährten‘ bezeichnet hätte,
woraus auch ‚traut‘.

Zu *ἤπιος* aus dem Gr. noch *ἠπάομαι* ursprüngl. (?) ‚heile‘ (vgl. *ἤπια
φάρμακα πάσσειν*) und daraus ‚flicke‘?
WP. I 121 f.

ĕpop, opop Ruf des Wiedehopfs.

Arm. *popop*, npers. *pūpū* ‚Wiedehopf‘;

gr. *ἐποποῖ ποποπό* Ruf des Wiedehopfs, *ἔποψ*, *-οπος* ‚Wiedehopf‘,
ἔπωπα· ἀλεκτρυόνα ἄγριον Hes. (*-ωπ-* wohl durch Anlehnung an *-ωψ*);
ἀπαφός· ἔποψ, τὸ ὄρνεον (assimiliert aus **επαφός*, das im Ausgang nach
dem Tiernamensuffix *-αφος* umgebildet ist);

lat. *upupa* ‚Wiedehopf‘;

ndd. *Hupphupp* u. dgl.; nhd. *Wiedehopf*, ahd. *wituhopfo*, as. *widohoppa*
ist eine Umdeutung nach germ. *widu-* (idg. *u̯idhu-*) ‚Baum, Holz‘ und
mhd. *hopfen* ‚hüpfen‘;

lett. *puppukis* ‚Wiedehopf‘.

Ähnlich, aber unredupliziert, osorb. *hupak*, poln. *hupek* ‚Wiedehopf‘,
osorb. *hupać* ‚wie ein Wiedehopf schreien‘, vgl. auch allgemeiner slovak.
húpati ‚schreien‘, russ. alt *chupsti sja* ‚sich rühmen‘.
WP. I 123 f., Kluge[11] S. 689.

ĕph- ‚kochen‘. Nur Gr. und Arm.

Arm. *epem* ‚koche‘;

gr. *ἕψω* ‚koche‘, Fut. *ἑψήσω*, Partiz. *ἑφθός* (erweist an sich nicht idg. *ph*,
da auch **ἑπστός* zu *ἑφθός* führen müßte); doch wird *ἕψω* so-Präs. sein
(vgl. *δέψω : δέφω*) und arm. *p* ein idg. *ph* fortsetzen.
WP. I 124, Schwyzer Gr. Gr. I 326, 706.

1. er-, or- ‚Adler‘, arm. gr. ‚(größerer) Vogel überhaupt‘.

Arm. *oror, urur* ‚Möwe, Weihe‘;

gr. *ὄρνῑς*, *-ῑθος*, dor. *-ῑχος* ‚Vogel; Hahn, Henne‘, *ὄρνεον* ‚Vogel‘;

air. *irar*, mir. auch *ilar*, cymr. *eryr*, mbret. *erer* (nbret. corn. *er* durch Haplologie, kaum = lit. *ēras*) ‚Adler‘ (*erur-);

got. *ara*, aisl. *ari*, *ǫrn* (aus *arnuz), ags. *earn*, ahd. *aro*, *aru* ‚Aar, Adler‘, mhd. *adel-ar* ‚edler Aar‘, nhd. *Adler*; urgerm. *aran- = hitt. *aran-*;

lit. *erēlis*, dial. *arēlis*, apr. *arelie* (lies *arelis*), lett. *ḕrglis* (aus *ḕrdlis*) ‚Adler‘; balt. Grundform *erelia-, vgl. lit. *ēras*, *āras* ‚Adler‘ (ob alt?); abg. *orьlъ* (*arila-) ‚Adler‘, russ. *orël*, Gen. *orlá*;

ob urn. *erilaʀ*, aisl. *jarl*, ags. *eorl*, as. *erl* ‚Mann‘, bes. ‚vornehmer Mann‘, damit zu verbinden sei nach Maßgabe von aisl. *jǫfurr* ‚Fürst‘, eigentlich ‚Eber‘, ist unsicher;

hitt. *ḫa-a-ra-aš* (*ḫaras*), Gen. *ḫa-ra-na-aš* (*ḫaranas*), n-St. ‚Adler‘, wie got. *ara*.

WP. I 135, Trautmann 13, Pedersen Hitt. 41, Specht Dekl. 47.

2. **er-, eri-** ‚Bock; Schaf, Kuh, Damtier‘; vielleicht ursprünglich ‚Horntier‘.

Arm. *or-oj* (assimil. aus *er-oj) ‚agnus, agna‘, *erinj* ‚δάμαλις, vitula, iuvenca, bos‘;

gr. *ἔριφος* (*eri-bho-) m. f. ‚Böcklein, junge Ziege‘;

lat. *ariēs*, *-etis* ‚Widder, Mauerbrecher‘ (*a* nach *aper*, *caper*); umbr. *erietu* ‚arietem‘;

air. *heirp* (*erbhī-) f. ‚dama, capra‘, *erb*(*b*) ‚Kuh‘ (*erbhā), mir. (mit sekundärem *f-*) *ferb*(*b*) ds., nir. *earb*, *fearb* f. ‚Rotwild, Kuh‘, schott.-gäl. *earb* f. ‚Reh‘; zu kelt. *erbā : *ἔριφος vgl. gr. *σέρφος : σέριφος ‚Insekt‘; nach Kleinhans (Ét. Celt. 1, 173) hierher mir. *reithe* ‚Widder‘ aus *ri-io-tio-;

in apr. *eristian* ‚Lämmchen‘, lit. (*j*)*ēras*, lett. *jêrs* ‚Lamm‘, litt. *èriená* ‚Lammfleisch‘ = russ.-ksl. *jarina* ‚Wolle‘, usw., sind wohl bsl. *ero- ‚Bock‘ und *jōrā- ‚Jahr‘ (s. oben S. 297) vermischt worden;

ahd. *irah* ‚Bock‘ usw. ist aus lat. *hircus* entlehnt.

WP. I 135f., WH. I 67, Trautmann 70.

3. **er- : or- : r-,** ursprünglich athematische Wurzel mit terminativem Aspekt: ‚sich in Bewegung setzen, erregen (auch seelisch, ärgern, reizen); in die Höhe bringen (Erhebung, hochwachsen), z. T. auch von Bewegung nach abwärts‘; Basenformen **er-, ere-, erə-**(?), **erei-, ereu-** und (unter besond. Artikel) **eres-; eros-** ‚Erhebung‘, **ernos-** ‚Emporgeschossenes‘, Partiz. **or-meno-, r̥-to-.**

Zusammenfassungen bei Persson Beitr. 281ff., 636ff., 767ff., 836ff.

a. Basisformen **er-, ere-** (einschließlich paradigmatisch damit vereinigter *i-* und *u-*Formen):

Ai. redupl. Präs. *íy-ar-ti* ‚setzt in Bewegung‘, Med. *ir̥tē* (*i-r̥-); gthav. *iratū* ‚er soll sich erheben‘; ai. intensives Präs. *álarti*; von *ereu-* (s. unten

S. 331) *ṛṇóti ṛṇváti* ,erhebt sich, bewegt sich' (: ὄρνυμι), *árta* (vgl. ἄρτοì, *árata* (vgl. ὤρετο; themat. wie *rantē, ranta*), Perf. *āra* : ὄρ-ωρα, Fut. *ariṣyatí*, Partiz. *ṛtá-* (*irṇá-* ,bewegt, erregt' mit Verschleppung des ï aus *ṛta* oder echte Form einer schweren Basis);

av. *ar-* ,(sich) in Bewegung setzen, hingelangen', Präs.-St. *ar-* : *ərə-, iyar-* : ïr- (wie ai. *iyarti* : *ïrta*), Kaus. *araya-*, Partiz. *-ərəta-*;

sko-Präs. ai. *ṛcchāti* ,stößt auf etwas, erreicht', woneben *re-skō* in apers. *rasatiy* ,kommt, gelangt', np. *rasad* dε.;

ai. *sam-ará-* m., *sam-áraṇa-* n. ,Kampf, Wettstreit', av. *ham-arəna-*, apers. *ham-arana-* n. ,feindliches Zusammentreffen, Kampf', av. *hamara-* m. (und mit *th*-Formans *haməraϑa-* m.) ,Gegner, Widersacher'; ai. *irya-* ,rührig, kräftig, energisch' (kann zur *i*-Basis gehören), *irin-* ,gewaltig, gewaltsam', *ártha-* n. m. ,(*wozu man gelangt)' ,Angelegenheit, Sache, Geschäft; Gut, Vermögen, Vorteil', av. *arϑa-* n. ,Sache, Angelegenheit, Obliegenheit, Rechtsstreit';

ai. *ṛtí-, ṛ́ti-* f. ,Angriff, Streit', av. *-ərəti-* ,Energie' (vgl. abg. *ratь*);

ai. *árta-* ,betroffen, versehrt, bedrängt, leidend', *ā́rti-* f. ,Unheil, Leiden' (*a-ṛta-, -ṛti-*);

ai. *árṇa-* ,wallend, wogend, flutend', m. ,Woge, Flut', *árṇas-* n. ,wallende Flut' (formell = gr. ἔρνος n.; vgl. S 328 ahd. *runs*), *arṇavá-* ,wallend, wogend'; m. ,Flut, wogende See' (*ụo*-Weiterbildung zu *árṇa-*? oder in alter formantischer Beziehung zu *ṛṇóti*? Letzteres ist sicher für:) av. *arənu-* m. ,Kampf, Wettkampf' (: ahd. *ernust* S. 331);

von der themat. Wurzelf. (*e*)*re-* ai. *ráṇa-* m. n. ,Kampf' (versch. von *raṇa-* m. ,Lust') = av. *rāna-* n. ,Treffen, Kampf, Streit'; av. *rāna-, rạna-* m. ,Streiter, Kämpfer';

arm. *y-aṙnem* ,erhebe mich, stehe auf'; nach Pisani Armen. 4 dazu *ore-cr* ,Leute' (s. unten lat. *orior*); mit *-dh-* (vgl. S. 328 ἐρέϑω, ἐρεϑίζω, ὀροϑύνω): *y-ordor* ,pronto', *yordorem* ,ermuntere, wecke, reize'; arm ,Wurzel' (: ὄρμενος); *ordi*, Gen. *ordvoy* ,Sohn' (*ordhiịo);

gr. ὄρνυμι ,errege, bewege' (: ai. *ṛṇóti*; vgl. Schwyzer Gr. 'Gr. I 696β; das *o* nach ὀρέομαι?), Aor. ὦρσα, ὄρορον, ὄρσω, Med. ὄρνυμαι, ὦρτο ,erheb sich', Fut. ὀροῦμαι, them. Aor. ὤρετο, Partiz. ὄρμενος, Perf. ὄρωρα ,bin erregt'; mit *ορ-* als Iterativvokalismus ὀρέ-ομαι, -οντο ,aufbrechen', mit *er-* noch ἔρετο· ὡρμήϑη Hes., ἔρσεο· διεγείρου Hes., ἔρσῃ· ὁρμήσῃ (die dann durch ὤρετο, ὄρσεο verdrängten Formen); ein Präs. *ἴρνυμι (wie κίρνημι) folgt aus dem kret. Ζεὺς Ἐπιρνύτιος (Schwyzer Gr. Gr. I 695); -*ορτος* in *νεορτός* ,neugeboren', *ϑέορτος* ,himmlisch', usw.; *Κυν-, Λυκ-όρτας, Λᾱ-έρτης*; hom. οὖρος ,günstiger Fahrwind' (*ὄρϝος, ,das Schiff treibend'), ὄρος m. ,Antrieb';

mit *gh*-Erweiterung ἔϱχομαι ‚komme‘ (nur Präs.), ὀϱχέομαι ‚tanze‘ (Schwyzer Gr. Gr. I 702); s. unten air. *regaid*;

ὄϱμενος ‚Schoß, Stengel‘, über ὄϱαμνος ‚Zweig‘, ὀϱόδαμνος, ῥάδαμνος ds., s. Schwyzer Gr. Gr. I 313²;

er- in ἔϱνος (ἔϱνος, Schwyzer Gl. 5, 193) ‚Schößling, Zweig‘ (‚*Emporgeschossenes‘, wie norw. *runne, rune* ‚Zweig‘: formal = ai. *árṇas-* n.); ἐϱέας· τέϰνα. Θεσσαλοί Hes., ἐϱέϑω, ἐϱεϑίζω ‚errege, beunruhige, reize‘ (ὀϱοϑύνω ‚rege auf, muntere auf, reize‘);

Von einem *es*-St. **eros* ‚Erhebung‘ aus: ai. *ṛṣvá-* ‚hoch‘, gr. ὄϱος n. ‚Berg‘ (der Vokalismus nach ὄϱνυμι, z. T. vielleicht auch nach ὄϱϱος abgeändert); über οὖϱος = ὄϱος s. bes. Schulze Qu. ep. 407 ff.; ist dor. ὦϱος und att. Ὠϱείϑυια mit ὦμος aus **ōmsos* zu vergleichen und auf (nach einem Adj. **ors-os* oder **ors-ṃos* : ai. *ṛṣvá-* umgebildetes) **ὄϱσος* zurückzuführen?; gr. ὀϱσοϑύϱη ‚Hintertüre‘ (wohl als erhöhter Notausgang??), bei Hes. εἰϱεϑύϱη· ὀϱσοϑύϱα;

über gr. ὄϱϱος ‚Hinterer‘ s. unter *ers-*;

phryg. ειϱοι ‚Kinder‘ (Jokl Eberts Reallex. 10, 151a);

alb. *jerm* ‚rasend, wahnwitzig‘ (**er-mo-*); über *përrua* ‚Flußbett‘ s. unten;

lat. *orior, -īrī, ortus sum* ‚sich erheben, aufsteigen, entstehen, entspringen, geboren werden‘ (*ortus* = ai. *ṛtá-*; das *o* von *orior* entweder aus *ortus* oder aus dem Aor.-St., EM² 713), *ortus, -ūs* ‚Aufgang‘, *orīgo* ‚Ursprung‘ (kann wie *orior* auf der *i*-Basis beruhen), umbr. *ortom* ‚ortum‘, *urtas* ‚ortae, surgentes‘, *urtes* ‚surgentibus‘;

air. Imper. *eirg* ‚geh!‘ (**ergh-e*), Fut. *regaid* (**rigāti*, idg. **ṛgh-*); s. oben gr. ἔϱχομαι; kelt. *or-* in mcymr. *cyf-or* m. ‚Truppe‘, *dy-gyf-or* ‚Erhebung‘, *ad-orth* ‚Erregung, Hilfe‘ (**ati-or-to-*), usw. (Loth RC 40, 355); vgl. auch Ifor Williams RC 43, 271 (über mir. *or* f. ‚Ufer‘ s. Pedersen KG. I 206 f.);

germ. **ermana-, *irmino* ‚groß‘ (: ὄϱμενος, ksl. *ramℇ̄nъ*, s. Brückner KZ. 45, 107) in ahd. *irmin-deot* usw. (s. oben S. 58); aisl. *ern* (**arnia-*) ‚tüchtig, energisch‘, got. *arniba* adv. ‚sicher‘ (aber aisl. *ärna, -aða* ‚gehen, fahren, rennen‘ sekundär aus *ǣrna* = got. *airinōn*), ahd. *ernust* ‚Kampf, Ernst‘, ags. *eornost* ‚Ernst, Eifer‘ (: av. *arə̄nu-* ‚Kampf‘); mit Bedeutung ähnlich gr. ἐϱέας· τέϰνα Hes., vielleicht urnord. *erilar*, aisl. *jarl*, ags. *eorl*, as. *erl* ‚Mann‘ (s. unter *er-* ‚Adler‘); aisl. *iara* ‚Streit‘ (**era*);

got. *rinnan, rann* ‚rennen, laufen‘ (**re-nṷ-ō*), *urrinnan* ‚aufgehen, von der Sonne‘, aisl. *rinna* ‚fließen, rennen‘, ahd. as. *rinnan* ‚fließen, schwimmen, laufen‘, ags. *rinnan* und *iernan, arn* ds.; Kaus. got. *urrannjan* ‚aufgehen lassen‘, aisl. *renna* ‚laufen machen‘, as. *rennian* ds., ahd. mhd. *rennen, rante* ‚rennen‘ (ein nach *rinnan* mit *nn* ausgestattetes **ronei̯ō* = slav. *roniti* unten S. 329);

schwundstufig got. *runs* m. (*i*-St.), ags. *ryne* m. ‚Lauf, Fluß‘, aisl. *run*

u. ‚Flüßchen‘, got. *garunjō* ‚Überschwemmung‘, ahd. *runs, runsa* ‚Lauf des Wassers, Fluß‘, *runst* f. ‚das Rinnen, Fließen, Flußbett‘; got. *garuns* (St. *garunsi-*) f. ‚Straße, Markt‘ (eig. ‚Ort, wo das Volk zusammenläuft‘; germ. *runs-*: ai. *árṇas-*). In der Anwendung auf das Hochkommen, Wachstum der Pflanzen (vgl. ἔρνος, ὄρμενος) aisl. *rinna* ‚emporschießen, wachsen‘, norw. *runne, rune* ‚Zweig‘ und schwed. dial. *rana* ‚in die Höhe schießen‘, norw. *rane* ‚Stange‘, mhd. *ran* (a) ‚schlank, schmächtig‘, ahd. *rono* ‚Baumstamm, Klotz, Span‘; ‚Erhebung‘ überhaupt in norw. dial. *rane* ‚Spitze, hervorragender Felsen, Bergrücken‘, aisl. *rani* ‚Schnauze, Rüssel‘; air. *rind* (**rendi-*) ‚Spitze‘; zur *d(h)*-Erweiterung s. unten;

Diese Wurzelform **re-n-* (vielleicht aus einem Präs. **re-neu-mi, *re-nu-o* erwachsen) sucht man auch in alb. *përrua* ‚Flußbett, Bachbett‘ (*për-rēn-*, Dehnstufe), *prrua* ‚Quelle‘ (**prër-rua* ‚Ausfluß‘) und in abg. *izroniti* (bsl. **ranejō*) ‚effundere‘, russ. *roníti* ‚fallen machen oder -lassen‘, serb. *ròniti* ‚Tränen vergießen, schmelzen, harnen‘, got. *-rannjan*; vgl. Trautmann 236 f.;

d(h)-Erweiterung im lit. Partiz. *nusirendant, nusirendusi* von der untergehenden Sonne, *rindà* ‚Rinne‘ (*stógo r.* ‚Dachrinne‘), ‚Krippe‘, lett. *randa* ‚Vertiefung, wo das Wasser abläuft‘;

abg. *ratь*, russ. *ratь*, skr. *rãt* ‚Streit‘ (**or(ə)ti-*), abg. *retь* ds. ‚aemulatio‘, russ. *retь* ‚Zank, Hader‘, abg. *retiti* ‚contendere‘, russ. *retovatьsa* ‚sich ärgern‘, *retívyj* ‚eifrig, hitzig, heftig, feurig‘ (auf thematisches *(e)re-* oder **er-ti-* zurückgeführt, was durch russ. dial. *jeretítьsa* ‚sich ärgern, zanken‘ gestützt wird); über ksl. *ramēnъ* s. oben S. 58 u. 328.

Aus dem Hitt. hierher (Pedersen Hitt. 5 f., 45, 91 f., 122) *ar-* in

1. *a-ra-a-i* (*arāi*) ‚erhebt sich‘, daneben *a-ra-iz-zi* ds., Prät. 3. Pl. [*a*]-*ra-a-ir*;

2. *a-ri* ‚kommt‘ (altes Perf.), Prät. *a-ar-ta* (*arta*) oder *ir-ta*;

3. Med. Präs. *ar-ta-ri* ‚stellt sich, steht‘ (vgl. gr. ὄρωρα : lat. *orior*), 3. Sg. Prät. *a-ar-aš* (*ars*) ‚kam an‘;

4. Iterativ *a-ar-aš-ki-it* (*arskit*) ‚gelangte wiederholt‘ (vgl. oben ai. *ṛccháti*);

5. Kausativ (vgl. oben S. 61) *ar-nu-uz-zi* (*arnuzi*) ‚bringt wohin, setzt in Bewegung‘ (*r-nu-*; vgl. oben ai. *ṛṇŏti*); Imper. 2. Sg. *ar-nu-ut* (*arnut*) = gr. ὄρνυ-θι, Verbaln. *a-ar-nu-mar* (*arnumar*);

inwieweit toch. A *ar-*, B *er-* ‚hervorbringen, verursachen‘, mit *sk*-Kaus. *ars-, ers-* ds. nach Meillet (MSL. 19, 159) hierher gehören, ist unsicher; sicher fern bleiben AB *ar-, ār-* ‚aufhören‘, mit *sk*-Kaus. *ars-, ārs-* ‚verlassen‘ (ungenau Van Windekens Lexique 6, 22).

b. Erweiterung *er-ed-* (*d*-Präsens?): s. *ered-* ‚zerfließen‘, ai. *árdati, ṛdáti* ‚fließt usw.‘, auch ‚beunruhigt‘; mit dem Kaus. *ardáyati* ‚macht fließen; bedrängt, quält, tötet' wäre aisl. *erta* (**artjan*) ,aufstacheln, anreizen, necken' gleichsetzbar, doch ist Verknüpfung mit **ardi-* ,Spitze, Stachel' (oben S. 63) mindestens gleichwertig; eine zweisilbige Form in ἀϱάζουσι· ἐϱεϑίζουσιν Hes., ἄϱαδος ,Erregung';

weiter hierher oder zu 5. *er-* ai. *rádati* ,kratzt, ritzt, gräbt, hackt', *ví-radati* ,zertrennt, eröffnet';

vielleicht auch apr. *redo* ,Furche' (Persson Beitr. 667).

c. Erweiterung **er-edh-**: s. oben S. 327 ἐϱέϑω usw. u. unten S. 339.

d. Basis **erei-**; und **reiə-** : *rī-* ; *roi̯o-s*, *rī-ti-* ,Fließen'.

Ai. *irya-* s. oben S. 327;

ai. *ríṇdti*, *ríṇvati* (*driṇvan*) ,läßt fließen, entlaufen, entläßt', *rīyatē* ,gerät ins Fließen, löst sich auf', *riṇa-* ,in Fluß geraten, fließend', *riti-* ,Strom, Lauf, Strich; Lauf der Dinge, Art, Weise' (letztere Bed. auch in mir. *rīan* ,way, manner'), *rit-* ,entrinnend', *raya-* m. ,Strömung, Strom, Lauf, Eile, Heftigkeit', *rētas-* n. ,Guß, Strom, Same', *rēṇú-* m. ,Staub' (: aruss. *rěnь* ,Sandbank'); zum *u*-Suffix vgl. unten lat. *rīvus*;

arm. *ari* ,stehe auf!' (Persson Beitr. 769) Zu *y-aŕnem*, S. 327;

gr. lesb. ὀϱίνω, (**ὀϱι-νι̯ω*) ,setze in Bewegung, errege, reize zum Zorn'; ἔϱις, -ιδος ,Streit' (vielleicht im *i* zu unserer Wurzelform, falls nicht besser nach Schwyzer Gl. 12, 17 zu ἐϱείδω ,stütze, stemme, stoße, dränge'); ark. ἐϱινύειν ,zürnen' aus Ἐϱινύς eig. ,die den Mörder verfolgende, zürnende Seele des Ermordeten'(??);

alb. geg. *rîtë* ,feucht, naß', eig. ,**rinëtë* : ai. *riṇdti*, slav. *rinǫti*);

lat. *orior*, *orīgo* s. oben; *rīvus* (**rei-u̯o-s*) ,Bach'; in dem abg. *rъvъnъ* ,Nebenbuhler' entsprechender Bedeutungswendung *rīvīnus* und *rīvālis* ,Nebenbuhler in der Liebe' (letztere Form Umbildung nach *aequalis*, *sōdālis*), eigentlich ,Bachnachbar';

wahrscheinlich hierher *irrītāre* ,erregen, aufbringen, erbittern', *prorītāre* ,hervorreizen, durch Reiz hervorbringen, anreizen, anlocken', (wohl Intensiva zu einem **ir-rī-re*);

ir. *rīan* ,Meer' und (vgl. ai. *rīti-*) ,Art, Weise', gall. *Rēnos* (**reinos*) ,Rhein' (ob auch nach Stokes KZ. 37, 260 ir. *riasc* ,a marsh', *rīm* ,schlechtes Wetter'??), cymr. *rhidio* ,coire' (: ags. *rīđ*, ai. *rīti-ḥ*), air. *riathor*, cymr. *rhaiadr*, acymr. *reatir* ,Wasserfall' (**ri̯a-tro-*);

ags. *rīđ* m. f., *rīđe* f. ,Strom, Bach', as. *rīth* m. ,torrens', mnd. *rīde* f. ,Bach, Wasserlauf', nhd. *-reid(e)* in Ortsnamen; Dimin. (**rīpulōn*) udd. *rille* ,Furche nach Regenwasser, Rinne'; weiters ags. *ā-rǣman* ,erheben, sich erheben', mengl. *rǫmen*, engl. *roam* ,umherstreifen', aisl. *reimuðr* ,Umherstreifen', *reimir* ,Schlange', *þar er reimt* ,da ist es nicht geheuer, spukt', *reima* ,infestare' (Bed. wie abg. *rijati* ,stoßen'). Über *rinnan* s. oben.

Mit germ. *s*-Erweiterung: got. *urreisan* ‚aufstehen‘, aisl. *rīsa*, ags. as. *rīsan* ‚sich erheben‘, ahd. *rīsan*, mhd. *rīsen* ‚steigen, fallen‘; ahd. *reisa* ‚Aufbruch, Zug, Kriegszug, Reise‘, got. *urraisjan* ‚aufstehen machen, aufrichten, erwecken‘, aisl. *reisa* ds., ags. *rǣran* ‚erheben, aufrichten, errichten‘, ahd. *rēren* ‚fallen machen, herablaufen machen, vergießen‘; ndd. *rēren* ‚fallen‘, mhd. *riselen* ‚tropfen, regnen‘, nhd. *rieseln*, mhd. *risel* m. ‚Regen‘, aisl. *blōđ-risa*, mhd. *bluotvise* ‚blutbespritzt‘, afries. *blōdrisne* ‚blutende Wunde‘; aus ‚fallen‘ wird ‚gefallen‘ in ags. *(ge)risan* ‚ziemen‘, ahd. *garīsan* ‚zukommen, geziemen‘ (vgl. die *s*-Erw. abg. *ristati*), mhd. *risch*, hurtig, schnell‘ (vgl. abg. *riskanije*);

lit. *rý-tas* ‚Morgen‘ (‚*Sonnenaufgang‘, vgl. got. *urreisan*), lett. *rietu*, *-ēju*, *-ēt* ‚hervorbrechen, aufgehen (z. B. vom Tag), hervorströmen‘, *riete* ‚Milch in der Mutterbrust‘ (vgl. formal ai. *rēta-*);

slav. *raja-* m. ‚Strömung‘ (: oben ai. *raya-ḥ* m. ‚Strom, Lauf‘) in abg. *izrojь* ‚Samenerguß‘, *sъrojь* ‚Zusammenfluß‘, *naroj* ‚Andrang‘, *roj* ‚Bienenschwarm‘ (*rojo-s); dazu *rěka* (*roi-kā) ‚Fluß‘; slav. *rēĭō* ‚stoße‘ in aksl. *rějǫ*, *rějati* ‚fließen‘ (nslav.) und ‚stoßen, drängen‘ (wie *òṛïvɯ* ‚bewege‘); dazu ablautendes aksl. *vyrinǫti* ‚ἐξωϑεῖν‘, *rinǫtisę* ‚ruere‘; aruss. *rěnь* ‚Sandbank‘, klr. *riń* ‚Sand, Flußgeröll‘ (vgl. ai. *rēnú-*); in anderer Bed. (s. oben zu lat. *rīvīnus*) abg. *rьvьnь* ‚Nebenbuhler‘ *rьvenije* ‚ἔρις, ἐρϑεία‘, čech. *řevniti* ‚nacheifern‘, poln. *rzewnić* ‚bewegt machen‘.

Mit *s*-Erw. bsl. *reistĭō* in abg. *ristǫ*, *ristati* ‚laufen‘, *riskanije* ‚cursus‘, lit. *raĩstas* (‚Laufzeit‘ ==) ‚Brunstzeit‘, lett. *riests* ds., lit. *rìstas* ‚schnell‘, *riščià* Instr. Sg. ‚im Galopp‘.

e. Basis **ereu-**; **er-nu-** ‚Wettkampf‘, **or-u̯o-** ‚eilig‘.

Ai. *ṛn̥óti* (Perf. *āra* aber idg. *ṓra*), *arn̥avá-*; av. *arənu-* s. oben S. 327;

ai. *árvan-*, *árvant-* ‚eilend, Renner‘, av. *aurva-*, *aurvant-* ‚schnell, tapfer‘; vielleicht av. *auruna-* ‚wild, grausam, von Tieren‘; sehr unsicher ai. *rū-rá-* ‚hitzig, vom Fieber‘;

gr. *ὄρνυμι*, *οὖρος* s. oben; altes Kausativ *ὀρόω* ‚stürze mich, stürme los‘, *ἀνορόω* ‚springe auf‘ (wohl als *oρου[σ]ω zur *s*-Erw., s. unten); vgl. Schwyzer Gr. Gr. I 683;

lat. *ruō*, *-ere* ‚rennen, eilen, einherstürmen‘;

mir. *rūathar* (*reu-tro-) ‚Ansturm‘, cymr. *rhuthr* ds., air. *rū(a)e* ‚Held‘ (*reu-i̯o-); hierher die gall.-brit. FlN *Arva*, engl. *Arrow*, frz. *Erve, Auve* (*ru̯ā); messap. FlN *Arvō*;

as. *aru*, ags. *earu* ‚hurtig, bereit, flink‘, aisl. *ǫrr* ‚rasch, freigebig‘ (*arwa-* = av. *aurva-*; hierher als urspründl. ‚freigebig‘ vielleicht auch got. *arwjō* ‚unentgeltlich, umsonst‘, ags. *earwunga*, ahd. *ar(a)wūn* ‚gratis, frustra‘, *arod* ‚kraftvoll, flink‘; ahd. *ernust* s. S. 328.

ags. *rēow* ‚aufgeregt, stürmisch, wild, rauh‘, got. *unmana-riggws* ‚wild, grausam‘.

Erweiterung *reu-s-*:

Ai. *róṣati, ruṣáti* ‚ist unwirsch‘, *ruṣitá-, ruṣṭá-* ‚ergrimmt‘;

schwed. *rūsa* ‚daherstürmen, eilen‘, mnd. *rūsen* ‚rasen, toben, lärmen‘, *rūsch* ‚Rausch‘, aisl. *rosi* ‚Sturmbö‘, *raust* ‚Stimme‘, aschwed. *ruska* ‚hervorstürmen, eilen‘;

[aber got. *raus* n., mit gramm. Wechsel aisl. *reyrr* m., ahd. *rōr* ‚Schilf-rohr‘, *rōreu* ‚Röhre‘ (**rauziōn*), mit Stammbetonung (wie got.) schwed. *rysja*, ahd. *rūssa, rūsa, riusa* f. ‚Reuse‘, weitergebildet mit *k*-Suffix ags. *rysc* f., mhd. *rusch(e)* f. ‚Binse‘, bleiben wohl fern];

lit. *ruošùs* ‚geschäftig, tätig‘, lett. *ruošs* ds., lit. *ruošiù, ruošiaũ, ruõšti* ‚besorgen‘, reflex. ‚sich bemühen‘;

slav. **ruchъ* in russ. *ruch* ‚Unruhe, Bewegung‘, *rúchnutь* ‚fallen, stürzen‘, poln. čech. *ruch* ‚Bewegung‘, ablaut. čech. *rychlý* ‚baldig, geschwind‘, dazu Kausat. slav. **rušiti* ‚umstürzen‘ in aksl. *razdrušiti* ‚zerstören‘, russ. *rúšitъ* ds., usw.

WP. I 136 ff., Schwyzer Gr. Gr. I 516 b, 694, 702, 719, 740, 749, Trautmann 240 f., 242, 243, 246, WH. I 64 f., 416 f., 719, II 222 f.

4. **er-** (*er-t-, er-u̯-*) ‚Erde‘.

Gr. *ἔρᾱ* ‚Erde‘, *ἔρα-ζε* ‚zur Erde‘ (vielleicht davon *ἐράω*, s. unten S. 336; mit Zusammendehnung wohl *πολίηρος· πολυάρουρος, πλούσιος* Hes.); *ἔνεροι*, s. oben S. 312; *ἐρεσι-μέτρη· γεωμετρίαν* Hes.;

germ. **erþō* in got. *aírþa*, anord. *jǫrð*, ahd. (usw.) *erda* ‚Erde‘;

germ. **erō* in ahd. *ero* ‚Erde‘;

u̯o-Erw. in anord. *jǫrvi* (**erwan-*) ‚Sand, Sandbank‘, und cymr. *erw* f. ‚Feld‘, Pl. *erwi, erwydd*, corn. *erw, ereu* ds., abret. mbret. *eru*, nbret. *ero* ‚Furche‘ (**eru̯i-*);

vielleicht arm. *erkir* ‚Erde‘ (Pedersen KZ. 38, 197), wenn für **erg-* (idg. **eru̯-*) nach *erkin* ‚Himmel‘.

WP. I 142, Finzenhagen Terminol. 6, Schwyzer Gr. Gr. I 424.

5. **er-, erə-**, thematisch *(e)r-ē-* ‚locker, undicht, abstehend; auseinandergehen, auftrennen‘.

Ai. *r̥tē* mit Abl., Akk. ‚mit Ausschluß von, ohne, außer‘ (Lok. eines Partiz. **r̥ta-* ‚abgetrennt, abgesondert‘), *nírr̥ti-ḥ* ‚Auflösung, Verwesung, Verderben‘; *ár-ma-* Pl. ‚Trümmer, Ruinen‘, *armaká-* ‚trümmerhaft‘ oder n. ‚Trümmerstätte‘ (Bedeutung etwas unsicher); **r̥ə-* in *irma-* ‚Wunde‘; themat. **(e)r-e-* in *virala-* ‚auseinanderstehend, undicht, selten‘;

gr. ἐρῆμος, att. ἔρημος ‚einsam‘;

ganz unsicher lat. *rārus* ‚locker, nicht dicht, selten‘ (*ₑrₔ-ró-s*), eher glaublich *rēte* ‚Netz, Garn‘ (vgl. unten lit. *rĕtis*, lett. *rēta*);

lit. *yrù*, *ìrti* ‚sich auflösen, trennen, *paîras* ‚locker‘; *rĕtis* m. ‚Bastsieb‘ (mit unursprünglichem Schleifton, wie oft in *i*-Stämmen), lett. *rēta*, *rēte* ‚Narbe‘, *rēni rudzi* ‚undicht stehender Roggen‘; lit. *eřtas* ‚weit, geräumig‘ (‚*auseinanderstehend‘); von der leichten Basis *rētas* ‚dünn, weitläufig, selten‘ (von der themat. Wurzelf. *(e)r-e-*, wie auch:) *rēsvqs* ‚selten, dünn‘, *paresvis* ‚spärlich‘;

aksl. *oriti* ‚auflösen, stürzen, zerstören‘ (Kaus. *oréi̯ō ‚mache auseinandergehen‘), skr. *obòriti* ‚niederwerfen‘, čech. *obořiti* ‚zerstören‘, russ. *razoríţь* ds.

er-dh-:

ai. *ŕdhak* ‚besonders, abgesondert‘, *árdha-ḥ* ‚Teil, Seite, Hälfte‘, *arāhá-* ‚halb‘, n. ‚Teil, Hälfte‘;

lit. *ardaũ*, *-ýti* ‚trennen, spalten‘ (Kaus., wie ksl. *oriti*); *eřdvas* ‚weit, geräumig‘, lett. *àrdaws*, *ĩrdens* ‚locker, mürbe‘, *èrds* ‚locker, bequem (geräumig‘), *iřdît*, *iřdinât* ‚lockern, trennen‘, *èržu*, *èrdu*, *èrst* ‚trennen‘.

rē-dh-:

aksl. *rĕdъkъ* ‚selten‘ (wohl stoßtonig, vgl. čech. *řídký*, sloven. *rędək*, trotz serb.-kroat. *rijedkî*, *rîdkî*);

über *ered-* s. oben S. 329 f., über *ereu-* unter besonderem Artikel unten S. 337.

Inwieweit die von Persson Beitr. 666, 773, 839 f. als Erweiterungen unseres *er(ə)-* betrachteten Wurzeln *rē-d-* ‚scharren‘, *rei-*, *reu-* ‚aufreißen‘ ihr wirklich entstammen, ist fraglich; die bei *er(ə)-* besonders ausgeprägte Bedeutung des lockern, undichten, auseinanderstehenden lassen sie ganz vermissen oder wenigstens nicht als herrschende Bedeutung erkennen.

WP. I 142 f., Trautmann 12 f.

ereb-, orob-, rōb- ‚bohren, aushöhlen; spitzes Werkzeug dazu‘?

Lett. *iřbs* ‚Stricknadel‘ (Reimwort zu *virbs*), *iřbulis* ‚Pflöckchen, Griffel‘; lit. *ùrbinti* ‚mit dem Pfriemen ein Loch machen‘, *uřbti* = lett. *urbt* ‚bohren‘, *urbulis* ‚Pfriemen, Griffel‘; lit. *ruõbti* ‚aushöhlen‘, *ruobtùvas* ‚Hohlmesser‘, lett. *ruõbs* ‚Kerbe, Einschnitt, Falz, Mangel, Zwistigkeit‘. Die Ablautverhältnisse sprechen für idg. Alter der Sippe, obwohl die Heranziehung von gr. ἄρβηλος ‚rundes Schustermesser‘ und ἀρβύλη ‚starker, den ganzen Fuß bedeckender Schuh‘ (wenn ursprünglich ‚ausgehöhlter Holzschuh‘) ganz fraglich bleibt, da letztere auch auf einem Worte für ‚Schuh‘ ganz anderer Herkunft fußen können.

WP. I 146.

ĕreb(h)-, ŏrob(h)- in Worten für dunkelrötliche, bräunliche Farbtöne.

Gr. *ὀρφνός* ‚finster, dunkel‘ (*ὄρφος* ‚ein dunkelgefärbter Meerfisch‘?); fürs Verblassen der eigentlichen Farbbedeutung verweist freilich Rozwadowski Eos 8, 99 f. auf russ. *rjabinóvaja noč* ‚trübe, stürmische Nacht‘, wie hom. *ὀρφναίη νύξ*;

mit dissimilator. Schwund des ersten *-r-* alb.-ligur.-kelt.-germ. *eburo-* ‚Eberesche, Eibe‘:

in alb.-geg. *ber-sh-e* m. ‚Eibe‘ (**ebur-isio-*, mit kollekt. Suffix), ligur. ON *Eburelianus saltus*, gallorom. *eburos* ‚Eibe‘ (in vielen ON und PN), air. *ibar* m. ‚Eibe‘, auch als PN, cymr. *efwr* ‚Bärenklau‘, mhd. *eberboum*, nhd. *Eber-esche*;

aisl. *iarpr* ‚braun‘, ahd. *erpf* ‚fuscus‘ (oft in FIN), ags. *eorp* ‚dunkelfarbig, schwärzlich‘; davon aisl. *iarpi* ‚Haselhuhn‘ und ndd. *erpel* ‚Enterich‘ (im Gegensatz zum helleren Weibchen); mit Vollstufe der 2. Silbe ahd. *repa-, reba-huon*, schwed. *rapp-höna* ‚Rebhuhn‘ < mnd. *raphön*;

lett. *irbe* in *meža irbe* ‚Haselhuhn‘, *lauka-irbe* ‚Feldhuhn‘ (s. darüber Mühlenbach-Endzelin, Lett.-D. Wb. I 708 f.; kaum slav. Lehnwort wie lit. *ierbě erubě, jérubě, jérublě* ‚Haselhuhn‘, vgl. klr. *jarubéč*);

slav. mit Nasalierung: mbg. *jerębъ*, r.-ksl. *jaŕabъ*, **jeŕabъ*, skr. *jārěb* usw. ‚Rebhuhn‘, von der Farbe benannt, wie klr. *oŕábyna, orobýná*, sloven. *jerebíka*, čech. *jeŕáb* usw. ‚Vogelbeere‘; ohne anlaut. Vokal russ. *rjabój* ‚scheckig‘ (vgl. oben *rjabinóvaja noč*, abg. *rębъ*, russ. *rjábka* ‚Rebhuhn‘, *rjabína* ‚Vogelbeerbaum‘, *rjábčik* ‚Haselhuhn‘, usw.).

Ob hierher auch spätanord. *raf* n. ‚Bernstein‘, aisl. *refr* ‚Fuchs‘ als ‚der rote‘? Aber wohl hierher aisl. *arfr* ‚Ochs‘ usw. als ‚der rotbraune‘.

Vgl. Specht Dekl. 115 f., der von einer Farbwurzel *er-* ausgeht; s. auch *rei-, reu-b-* ‚buntgestreift‘; zum *b : bh* s. Specht 261 f.

WP. I 146, Jokl Symb. gramm. Rozwadowski II 242 f., Trautmann 104 f.

ered- ‚(zer)fließen, Feuchtigkeit‘.

Ai. *árdati, ṛdáti* ‚fließt (in Kompositis), zerstiebt, löst sich auf; beunruhigt, *ardáyati* ‚macht fließen, löst auf, bedrängt, quält, tötet‘, *ardrá-* ‚feucht, naß‘, *ṛdū-* (in Kompositis) ‚Feuchtigkeit‘, av. *arədvī-* f. Name eines mythischen Flusses, meist als weibliche Gottheit gedacht.

Ob dazu gr. *ἄρδᾰ* ‚Schmutz‘, *ἄρδαλος* ‚schmutzig‘?

Vielleicht hierher der häufige kelto-ligur. FIN *Rodanos* (frz. *Rhône* = nhd. *der Rotten*, ital. *Rodano* usw.) als ‚der fließende‘ (gräzis. *Ῥοίδανος* aus iberisiert. **Errodanos*), dazu die *Rednitz* (Bayern) aus **Rodantia*.

WP. I 148, Pokorny Mél. Boisacq II 193 ff.

$ereg^u_A(h)o$-, $erog^u_A(h)o$- ‚Erbse, Hülsenfrucht'.

Gr. ὄροβος m. (aus *ἔροβος nach dem Gen. usw. ὀρόβου); vgl. aber W. Schulze Kl. Schr. 81), ἐρέβινθος m. (das kleinasiat. Suffix erweist nicht gerade solche Herkunft, da in Pflanzennamen auch sonst vorkommend, so in λέβινθοι· ἐρέβινθοι Hes.) ‚Kichererbse';

lat. *ervum* n. ‚eine Hülsenfrucht' (aus *eroₐom, *ereg^u(h)om oder *erog^u(h)om);

ahd. *araweiz, arwiz*, nhd. *Erbse*, as. *er(iw)it*, mnd. *erwete*, ndd. *erwten* Pl., anord. *ertr* f. Pl. (Dat. *ertrum*) ds. (-*ait* wohl bloßes Suffix);

aber mir. *orbaind* ‚grains' steht für *arbainn, älter *arbanna* (oben S. 65).

Wahrscheinlich Entlehnungen aus einer gemeinsamen, wohl ostmediterranen Quelle, aus der auch ai. *aravindam* ‚Lotosblume' stammt.

WP. I 145, WH. I 419f., 863.

1. erek- (er[e]gh-) ‚Laus, Milbe' oft tabuierend entstellt.

Ai. *likṣá* ‚Nisse, Lausei' (wohl aus *lakṣá durch Einfluß von *likháti* ‚ritzt');

lat. *ricinus* 1. ‚ein sich in die Haut von Schafen, Hunden oder Rindvieh einbohrendes Ungeziefer, Zecke' (unsicher ist die Zugehörigkeit von 2. ‚eine Strauchart, Ricinus commun s') kann auf älteres *recinos zurückgehen und mit lit. *érkė* ‚Zecke, Schaflaus' (*erkiã), lett. *ērce* ‚Kuhmilbe, böse Person' unter idg. *erek- zusammengehören. Weiterhin ist zu vergleichen arm. *o(r)ǰil* ‚Nisse, Lausei' (hier scheint eine Wurzelvariante *er(e)gh-* vorzuliegen, wie auch in der folgenden alb. Form) und *orkiun* ‚ringworm, itching, erysipelas' (aus *orqiᵢono-(?) mit einem -*no*-Suffix wie im Lat. nach Petersson KZ. 47, 263 f.), alb. *ergjiz* ‚kleine Laus' (s. G. Meyer Alb. Wb. 96; Zweifel bei Hermann KZ. 41, 48; doch kann der abweichende Guttural im Armen. und Alban. auf tabuierender Entstellung beruhen).

WP. I 145, II 344.

2. er(e)k-, rek-, rok- ‚aufreißen, spalten, schinden'.

Ai. *rkṇá-ḥ* ‚geschunden, kahlgerieben', *rkṣá-ḥ* ‚kahl', *rkṣara-ḥ* ‚Spitze, Dorn';

lit. *j-érkà, pra-j-érkà* ‚Schlitz'; (über lett. *ērcis* ‚Wacholder' usw. s. oben S. 67 f.); mit anderer Ablautstufe lit. *rankù, ràkti* ‚aufstochern', *rakštìs* ‚Splitter, Dorn', usw.

Persson Beitr. 839. Dazu gehört auch:

1. eres- ‚stechen'.

Ai. *rṣáti* ‚stößt, sticht', *ṛṣṭiṣ* ‚Speer', av. *aršti-* ds.;

lit. *erškẽtis* ‚Dornpflanze', vgl. oben S. 67;

sloven. *rệsǝk* ‚Gänsedistel'.

Persson Beitr. 84. Verschieden davon ist:

2. **ere-s-** (,*rs-*, *ṛs-*, ,*res-*), und *rĕs-*, *rŏs-* ,fließen; *rosā* ,Feuchtigkeit, Tau'; von lebhafter Bewegung überhaupt, auch ,umherirren' und ,aufgebracht, aufgeregt sein'; ,*resi̯ā* ,Übelwollen' (S. 337).

1. Ai. *rása-ḥ* ,Saft, Flüssigkeit', *rasá* ,Feuchtigkeit, Naß', auch mythischer Flußname gleich av. *Raṅhā* (d. i. *Rahā*), daraus der Name der Wolga *'Pã*; lat. *rōs*, *rōris* ,Tau' (kons. St. mit ursprünglich bloß nominativischer Dehnstufe *ō*);

alb. *resh*, *reshĕn* ,es schneit', auch ,regnet Asche, Feuer' (wohl ebenfalls aus **rōs-*);

gr. *ἀπ-εράω* (*erəsō) ,gieße eine Flüssigkeit, speie weg' (?), *ἐξ-εράω* ,schütte aus, speie aus', *κατ-εράω* ,gieße hinein', *μετ-εράω* ,gieße um', *συνεράω* ,gieße zusammen'; nach Debrunner IF. 48, 282 wäre die Grundbed. von *ἐράω* ,auf die Erde ausschütten' und das Verb von *ἔρα* ,Erde' (oben S. 332) abgeleitet;

aksl. *rosa* ,Tau', lit. *rasà* ds.

2. Wurzelform **ers-**, *ṛs-*; *ṛsen* ,männlich'.

ai. *árṣati* ,fließt'; ferner mit der Bed. ,männlich' (aus ,benetzend, Samen ergießend') ai. *ṛṣa-bhá-ḥ* ,Stier', *aja-rṣabhá-ḥ* ,Ziegenbock', av. apers. *arṣan* ,Mann, Männchen', gr. hom. *ἄρσην*, att. *ἄρρην*, ion. äol. kret. *ἔρσην* (ohne *ϝ-*!) ,männlich' (dazu *αρνηϝός, hom. *ἀρνειός* ,Widder' = att. *ἀρνεώς*, äol. *ἀρήαδες* f., dazu *ἀρνεύω* ,mache einen Luftsprung, tauche', eigentlich ,mache einen Bocksprung', *ἀρνευτήρ* ,wer einen Purzelbaum schlägt, einen Luftsprung macht', Lit. bei Boisacq u. *ἀρνειός* und *ἀρνευτήρ* Nachtr.), wohl auch ahd. *or[re]huon*, anord. *orre* ,Auerhahn' (daraus durch Kreuzung mit ahd. *ūr*, *ūrohso* das mhd. *ūrhan*, nhd. *Auerhahn*).

3. Zugehörigkeit unserer Wz. **eres-* zu **er-*, **or-* ,in Bewegung setzen, lebhafte Bewegung' ist erwägenswert. Andere *s*-Formen von Wz. *er-*, *or-* zeigen weitere Bedeutungen:

Arm. *eṙam* (**ersā-i̯ō*; vgl. oben ai. *arṣati*) ,siede, walle; bin in unruhiger Bewegung; wimmle; bin leidenschaftlich erregt; bin oder werde eifrig, zornig', *eṙandn* ,Wallen usw.; Erregung', *z-eṙam* ,bewege mich umher, bin stark bewegt, erregt, schwimme usw.';

gr. *ἐρωή* ,Schwung, Andrang' (*rōsā; davon aber auch *ἐρωέω* ,fließe, ströme, eile');

lat. *rōrārii* ,leicht bewaffnete Plänklertruppe' (Ableitung von *rōsā ,Schwung' = *βελέων*, *δουρὸς ἐρωή*);

anord. *rás* f. ,Lauf', mndd. *ras* n. ,heftige Strömung', ags. *rǣs* m. ,Lauf, Anfall' (engl. *race* skand. Lw.), mhd. *rāsen* ,rasen', ags. *rǣsan* ,anstürmen', anord. *rāsa* ,einherstürzen'; anord. *ras* n. ,Eile', *rasa* ,stürzen, gleiten' (Ablaut **rōs-* : **rēs-* : **rəs-*?); got. *rēs* im PN *Rēs-mēr*;

dazu mit dem Begriffe teils der unruhigen, auch ziellosen Bewegung, teils der Aufgeregtheit, des gewalttätigen Zornes:

einerseits: lat. *errō* (*ersā̆iō*) ,irre' (= arm. *eram*), got. *airzeis* ,irre, verführt', ahd. *irri* ,irre', got. *airzipa* f. ,Irrtum, Betrug', ahd. *irrida* ds., *irr(e)ōn* (*erziōn*) ,irren';

anderseits: as. *irri* ,zornig', ags. *eorre, yrre* ,zornig, erbittert', *eorsian, iersian* ,übelwollen'.

4. ₑres- in ai. *irasyáti* ,zürnt, will übel, benimmt sich gewalttätig' (*ₑres-), *irasyá-* ,das Übelwollen' und *irsyati* ,ist neidisch' (*ₑres-), av. Partiz. *arəšyant-* ,neidisch', ai. *irsyā̆-* ,Neid, Eifersucht' av. *aras-ka-* ,Neid', mpers. npers. *arašk* ,Neid, Eifer', tiefstufig av. *ərəši-* ,Neid'; ved. *ŕ̥ši-* m. ,Dichter, Seher' (*Rasender);

arm. *her* ,Zorn, Neid, Hader';

gr. *ἆρος· ἀκούσιον βλάβος* Hes., hom. *ἀρειή* ,Schmähwort' (= ai. *irasyā*), dazu *ἐπήρεια* ,gewalttätige, feindselige Handlung' (urgr. *ā*, vgl. ark. *ἐπηρειάζεν*, mit Dehnung im Kompositum auf Grund eines *ἐπ-āρής), vgl. auch *ἐρεσχηλέω* ,treibe Neckerei'; *Ἄρης* ,Gott der Rache' scheint Personifizierung des verwandten Subst. *ἀρή* ,Verderben, Gewalttat', wovon *ἀρήμενος* ,betroffen, versehrt, gequält';

lit. *aršùs* ,heftig';

hitt. *arsaniya-* ,beneiden, eifersüchtig sein', Denom. von *arsana-* ,eifersüchtig' (vgl. oben ai. *irsyā* ,Neid'), Benveniste BSL. 33, 139;

nach Pedersen REtIE. 3, 18 hierher toch. A *ārsal* ,giftiges Gewürm', B *arsāklai* ,Schlange' (*ṛsätlā);

zu ai. *árṣati* ,fließt' (oben S. 336) stellt Couvreur Ḫ 96 hitt. *a-ar-aš-zi* (*arszi*) ,fließt';

toch. A *yär-s-*, B *yar-s-* ,baden' (*-s-* aus *-sk-*), ohne *sk*-Suffix A *yär-* ds., wird mit hitt. *arra-* ,waschen' verglichen (?).

WP. I 149 ff., WH. I 416 f., 863, Trautmann 237.

1. **ereu-** ,nachsuchen, forschen, fragen'.

Gr. *ἔρευμι, *ἔρυμεν*, thematisch geworden: *ἐρέ[ϝ]ω, ἐρέ[ϝ]ομαι* (äol. *ἐρεύω*) und *εἴρομαι* (*ἔρϝομαι) ,frage, suche', kret. *ἐρευταί* ,ζητηταί, πράκτορες', auf Grund eines *en*-St.: *ἐρεϝ-ων ,Frager, Sucher', *ἐρευνάω* ,spüre, forsche nach' und hom. *ἐρεείνω* ,forsche, frage' (*ἐρεϝεν-ιω), endlich auf Grund eines *ἔρϝ-ως: *ἐρωτάω* hom. *εἰρωτάω* ,frage'; hom. *ἐρείομεν* ist nach Risch (briefl.) künstliche Analogiebildung;

anord. *raun* f. ,Versuch, Probe, Untersuchung', *reyna* ,prüfen, erfahren'.

WP. II 356, Schwyzer Gr. Gr. I 680.

2. ereu- ‚aufreißen‘.

Ai. *áruṣ-* n. ‚Wunde‘;

anord. *ørr, err* n. ‚Narbe‘ (**arwaz, *arwiz*), als finn. Lw. *arpi*, Gen. *arven*, mnd. *are*, nhd. dial. *arbe* ‚Narbe‘;

s. auch unter 2. *reu-* ‚aufreißen‘, das wohl dazugehört.

WP. II 352, Holthausen Altwestn. Wb. 355.

1. **erə-, rē-, er(e)-** ‚rudern; Ruder‘; **erə-ter-** ‚Ruderer‘.

Ai. *arí-tra-* m. ‚treibend; Ruder‘, n. (auch *áritra-*) ‚Steuerruder‘, *aritár-* ‚Ruderer‘;

gr. ἐρέ-της ‚Ruderer‘, Ersatz für **ἐρετήρ* (= ai. *aritár-*) wozu fem. Ἐρέτρια ON erhalten, ἐρέσσω, att. ἐρέττω ‚rudere‘ (**ερετ-ιω*, Denominativ), ἐρετμός, Pl. ἐρετμά (statt **ἐρῆμος* = lat. *rēmus*, nach ἐρέτης, Schwyzer Gr. Gr. I 493²) ‚Ruder‘, hom. εἰρεσίη (εἰ- metr. Dehnung) ‚das Rudern‘, ὑπηρέτης ‚Ruderknecht, Matrose‘; übertragen: ‚schwer arbeitender Diener‘, πεντήρης ‚Fünfdecker‘; εἰκόσ-ορος, τριακόντ-ορος, ion. τριηκόντ-ερος usw. (die *-ορος*-Formen durch gr. Assimilation von *o* aus *s*?); ἁλι-ήρης ‚das Meer durchrudernd‘, ἀμφ-ήρης ‚doppelruderig‘, τριήρης ‚Dreidecker‘;

lat. *rēmus* ‚Ruder‘, *triresmom, septeresmom* Columna rostrata (Grundf. eher **rē-smo-* als **ret-smo-*);

air. *rā-* ‚rudern‘, *imb-rā-* ‚rudern, zu Schiffe fahren‘ (z. B. Impf. *-raad*, Perf. *imm-rerae* ‚profectus est‘, Verbn. *imram* ‚das Rudern‘), *rāme* ‚Ruder‘; anord. *rōa*, ags. *rōwan*, mhd. *rüejen* ‚rudern‘; ahd. *ruodar*, ags. *rōðor* n. ‚Ruder‘, anord. *rōþr* (*u*-St. **rōþru-*) ‚das Rudern‘;

lit. *iriù, ìrti* ‚rudern‘, *ìrklas* ‚Ruder‘, ablaut. apr. *artwes* f. Pl. ‚Schiffsreise‘.

WP. I 143f., Trautmann 105.

2. **erə-, rē-** ‚ruhen‘; **rē-u̯ā, rō-u̯ā** ‚Ruhe‘.

Av. *airime* adv. ‚still, ruhig‘ (**erə-mo-*), *armaē-šad, -štā* ‚ruhig sitzend, still stehend‘ (**er-mo-* oder **r̥ə-mo-*; bloß graphisches *-i-* sieht in *airime* Meillet Dial. indoeur. 66);

gr. ἐρωή (πολέμοιο) ‚(Kampfes)ruhe‘, ἐρωέω ‚lasse ab‘ = anord. *rō*, ags. *rōw*, ahd. *ruowa*, nhd. *Ruhe* (**rōu̯ō*), ablautend mit ahd. *rāwa* ds.; ἀρά-μεναι· ἡσυχάζειν Hes. (?);

cymr. *araf* ‚ruhig, mild, langsam‘ (**erə-mo-*);

nach Rozwadowski R. Sl. 6, 58f. angeblich hierher der Name der Wolga ‘Ρā als ‚ruhiges, stehendes Wasser‘ aus **Rava* (mordvin. *Ravo*) zu lit. *rova* (= germ. **rōu̯ō* ‚Ruhe‘), lett. *rāwa* ‚stehendes Wasser‘, lit. FlN *Rova* = slav. *Rava*; besser oben S. 336.

Anreihung von gr. ἔρως ‚Liebe‘, ἔραμαι ‚liebe‘ (vgl. ai. *rámate* ‚ruht, steht still, läßt sich genügen, findet Gefallen, pflegt der Liebe‘) ist eine höchstens ganz schwache Möglichkeit (s. Boisacq m. Lit., Persson Beitr. 667).

Eine s-Erw. *r-e-s-, r-o-s- in got. rasta ‚Meile‘ (‚Rast‘), anord. rǫst f. ‚Wegstrecke‘, ahd. rasta f. ‚Ruhe, Rast, Wegstrecke, Zeitraum‘, as. rasta und resta (*rastja) ‚Ruhe, Lager‘, ags. rœst und rest ‚Ruhe, Ruhelager, Grab‘; ablautend mnd. ruste, roste ‚Ruhe, Wegstrecke‘, spätmhd. rust ‚Ruhe‘; got. razn n. ‚Haus‘, anord. rann ds., ags. œrn, ren n. ‚Haus‘ (mit merkwürdiger Bed. rœsn n. ‚Planke, Zimmerdecke‘), afries. ern in fiā-ern ‚Vieh-haus‘; unsicher ags. reord (*rezdō) f., gereord n. ‚Mahlzeit, Fest, Futter‘, anord. greddir ‚Fütterer, Sättiger‘ (*garazdiz), grenna ‚füttern‘ (*ga-raznian).

Vgl. rem-, das wie res- mit (e)rə- zusammengestellt wird.

WP. I 144 f.

er(ə)d- (,r(ə)d-), **er(ə)dh-** ‚hoch; wachsen‘.

Av. ərədva- ‚hoch‘;

lat. arduus ‚hoch, steil‘;

gall. Arduenna silva, air. ard (*r̄du̯o-) ‚hoch, groß‘; cymr. hardd ‚schön‘; aisl. ǫrdugr ‚steil‘ setzt (wie allenfalls auch ərədva-) eine Parallelform auf dh- fort, indem verschiedene Erweiterungen von er- ,(in Bewegung setzen) hochbringen‘ durch dh (vgl. ὀροθύνω ‚treibe an‘ usw.) vorliegen.

Sicher mit dh lat. arbor ‚Baum‘, wozu kurd. ār- aus *ard- ‚Baum‘ in ārzang ‚die durch Wind und Wetter verursachte dunkle Färbung auf den Bäumen‘, eig. ‚Baumrost‘;

alb. rit ‚wachse‘, aus r̥d- oder r̥dh-;

slav. *orstǫ, abg. rastǫ, russ. rastú, čech. rostu usw. ‚wachse‘ (*ord-, ordh-tō);

toch. A orto ‚empor‘.

WP. I 148 f., II 289 f., WH. I 64 f.

ergh- ‚schütteln, erregen, beben‘ od. dgl., wohl Erweiterung von er- ‚in Bewegung setzen‘.

Ai. r̥gháyáti ‚bebt, tost, stürmt‘;

gr. ὀρχέω ‚πάλλω, κινέω‘, meist ὀρχέομαι ‚tanze, hüpfe, springe, bebe‘. Wegen der in 3. er- ebenfalls vorliegenden Bed. ‚ἔρις‘ u. dgl. können dazu in Beziehung stehen:

av. ərəyant- ‚arg, abscheulich‘;

ahd. ar(a)g ‚feig, träge, böse, arg‘, ags. earg ds., aisl. argr und mit Metathese ragr ‚unmännlich, wollüstig, schlecht‘;

lit. aržùs ‚lüstern, sinnlich‘.

WP. I 147 f.

erk͜ʮ- ,strahlen; hell klingen, lobpreisen'.

Ai. *árcati* ,strahlt; lobsingt, begrüßt, ehrt', *arká-* m. ,Strahl, Blitzstrahl, Sonne, Feuer; Lied, Sänger' (= arm. *erg*), *r̥c-*, Nom. Sg. *r̥k* f. ,Glanz; Gedicht, Vers', *r̥kvan-* ,lobpreisend, jubelnd';

arm. *erg* ,Lied';

air. *erc* ,Himmel', mir. *suairc* ,angenehm, schön, strahlend' (**su-erkʷis*); toch. A *yärk*, B *yarke* ,Verehrung' (Pedersen REtIE. 3, 18);

hitt. *ar-ku-ya-nu-un* ,ich betete' (*arkyanun*); anders Hendriksen 45 und 74.

WP. I 147, Marstrander ZceltPh. 7, 360; vgl. oben S. 65.

ers- : orsos ,Hinterer, Schwanz'.

Arm. *or̄* ,Hinterer' (meist Pl. *or̄-k̄*, *i*-St.);

gr. ὄρρος m. ,Hinterer' (dazu *ούρά* f. ,Schweif' aus **orsi̯ā*) = ahd. *ars*, ags. *ears* m., aisl. *ars*, *rass* ,Arsch' = hitt. *a-ar-ra-áš* (*arras*), Dat. *ar-ri-iš-ši* (*arrisi*); das -*si* enklit. Pronomen; e-stufig air. *err* (**ersā*) f. ,Schwanz, Ende' (auch des Streitwagens), davon *eirr* ,Wagenkämpfer' (**ers-et-s*), Gen. *erred*;

wird vielfach als ,Erhebung, vorstehender Körperteil' zu 3. *er-* (oben S. 326) gestellt.

WP. I 138, Couvreur Ḫ 98, Pedersen KG. II 101.

es- ,sein', Kopula und Verbum Substantivum; bildet ursprünglich nur ein duratives Präsens wird daher einzelsprachlich vielfach durch die Wurzel *bhey̯ə-* : *bhū-* suppliert.

1. Ai. *ásmi, ási, ásti, smás, sthá, sánti*, av. *ahmi*, 3. Sg. *asti*, 3. Pl. *hənti*, apers. *amiy*;

arm. *em, es, ē̆*;

gr. hom. att. εἰμί (= *e̯mi*, äol. ἔμμι, dor. ἠμί), εἶ (= *ei* aus **esi*, nur att., hom. εἰς, ἔσσι), ἐστί, εἰμέν (wie εἰμί; att. ἐσμέν wie ἐστέ; dor. ἠμές), ἐστέ, εἰσί (dor. ἐντί), Dual ἐστόν;

venet. *est*;

alb. *jam* (**esmi*);

lat. *sum* (durch Einfluß der 1. Pl.), *es(s), est* (Inchoat. *escit*, wie gr. ἔσκε), *sumus, estis, sunt* (Inchoat. *escunt*); osk. *súm, est* (*ist*); umbr. *est*;

air. (nur als Kopula) *am* (**esmi*), *a-t, is, ammi* (**esmesi*), *adi-b, it* (**senti*, acymr. *hint*);

got. *im, is, ist*, 3. Pl. *sind* (**senti*); aisl. *em, est* (*ert*), *es* (*er*); ags. *eom* (nach *bēom*), northumbr. *am* (**os-m̥*), *eart* (Endung des Präteritopräs.), *is*; 3. Pl. northumbr. *aron* (**os-n̥t*), usw.;

alit. *esmì*, (heute *esù*, dial. *esmù*) *esì*, *ēsti*, Dual alt und dial. *esvà*, *estaü*
und *està*; lett. *esmu* (dial. *esu*), *esi* usw.; apr. *asmai*, *assai (essei)*, *est (ast)*;
aksl. *jesmъ*, *jesi*, *jestъ* (*esti), *jesmъ*, *jeste*, *sǫtъ* (= lat. *sunt*); Dual *jesvě*,
jesta, *jeste*, usw.;

toch. Präs. B 3. Sg. *ste*, *star-* (mit Enklitikon), 3. Pl. *skente*, *stare*,
skentar; Imperf. A 1. Sg. *ṣem*, 2. Sg. *ṣet* usw., B *ṣai*(-), mit Optativformans
idg. *-oi-* (nach Pedersen Tochar. 161 soll auch B *nes-*, A *nas-* ,sein' die
Wurzel *es-* enthalten, das Präverb *n-* sei mit der Postposition B *ne* identisch??);

hitt. *e-eš-mi (esmi)*, 3. Sg. *e-eš-zi (ezzi)*, 3. Pl. *a-ša-an-zi (asanzi*; das *as*
durch Vokalharmonie aus **es-*?).

2. Wichtige Übereinstimmungen:

Imperf. ai. *ásam*, *ās*, *ās*, bzw. Perf. *ása*, *ásitha*, *ása*, Pl. *ásma*, *ásta*,
ásan, Dual. *ástam*, *ástām*: gr. hom. 1. Sg. *ἦα*, 2. Sg. hom. att. *ἦσθα*, 3. Sg.
dor. usw. *ἦς*, Pl. hom. *ἦμεν*, *ἦτε*, *ἦσαν*, 3. Dual hom. *ἤστην*; mit *ἦσθα* vgl.
hitt. *e-eš-ta (esta)* ,war, warst'; themat. 1. Sg. 3. Pl. äol. *ἔον* (*e-s-om, bzw.
*e-s-ont): augmentlos 3. Pl. ai. *san*, av. *hǝn* (*sent oder *sont).

Neubildungen scheinen lat. *erat* (*es-ā-t) = cymr. *oedd* ,war'.

Gr. Imperf. *ἔσκον*, *ἔσκε* : alat. *escit* (die Futurbedeutung erinnert an
arm. *i-çem* ,daß ich sei' aus prothet. **i + s + (s)ke-*, Meillet Esquisse 121);
Konjunkt. ved. 2. Sg. *ásas(i)*, 3. Sg. *ásat(i)*: lat. Fut. *eris*, *erit*;

Optat. ved. *s(i)yám*; gr. *εἴην* (das *s* von *ἐσμι): lat. Konj. *siem*, *siēs*, *siet*,
umbr. *sir*, *sei* ,sīs', *si*, *sei* ,sit', *sins* ,sint': ahd. 3. Sg. *sī*;

Imper. 2. Sg. gath.-av. *zdī* : gr. att. *ἴσθι* (*es-dhi); 3. Sg. gr. hom. att.
ἔστω : lat. *estō(d)* : osk. *estud*;

3. Partizipium *sent-*, *sont-*, *sṇt-* ,seiend', z. T. mit Entwicklung zu ,wahr,
tatsächlich', und weiter teils zu ,gut', teils zu ,der wirkliche Täter, der
Schuldige' :

Ai. *sánt-* *sát-* m., n. (f. *sat-í*) ,seiend, gut, wahr', av. *hant-*, *hat-* ds.;

gr. *ἐόντ-*, *ὄντ-*, dor. *ἐντ-* ,seiend' (Schwyzer Gr. Gr. I 473, 525⁴, 567,
678), Nom. Pl. *τὰ ὄντα* ,Gegenwart, Wahrheit, Besitz', abgeleitet *οὐσία*,
dor. *ἐσσία*, *ὠσία* f. ,Eigentum, Natur, Wirklichkeit', usw.;

lat. in *prae-sēns*, *-sentis* ,gegenwärtig', osk. *praesentid* ,praesente', *ab-sēns*
,abwesend'; *sōns*, Gen. *sontis* ,schuldig, schädlich' (vgl. *sonticus morbus*
,Epilepsie'?);

urgerm. **sanþa-* ,wahr' in anord. *sannr*, *saðr*, ahd. *sand*, as. *sōð* ,wahr,
und ,wessen Schuld ohne Zweifel steht', ags. *sōð* ,wahr'; daneben tiefstufig germ. **sun(ð)já-z*, got. *sunjis ,wahr' (*sunja* ,Wahrheit'); die eigentliche Bed. noch in *bisunjanē* ,ringsum', ursprüngl. Gen. Pl. ,der ringsum
seienden' = ai. *satyá-* ,wahr, recht' (**sṇtio-*), n. ,Wahrheit', av. *haiθya-*
,wahr, echt', apers. *hašiya-* ds.;

mit erhaltenem oder assim. *d* ahd. *suntea,* as. *sundea,* afries. *sende,* aisl. *synd, synd* < mnd. *sünde,* ags. *synn* f. ,Sünde, Verbrechen' (urgerm. **sundi* **sun(d)jāz),* weiter zu as. ahd. *sunnea* ,Hinderung, Not', aisl. *syn* ,Ableugnung';

apr. Nom. Sg. *sins,* Dat. Sg. *sentismu,* alit. Akk. Sg. m. *santį,* lit. *sąs, sañčio* (jünger *ẽsqs, ĕsqs* m., *ẽsanti* f.), lett. *esuots* ,seiend'; Gerundium lit. *sant;*

aksl. *sy* (: ai. *sắn),* Gen. Sg. m. *sǫ́sta;*

hitt. *aš-ša-an-za (assanz)* ,seiend';

to-Partiz. **s-e-tó-, s-o-tó-* in gr. *ἐτά· ἀληϑῆ. ἀγαϑά* Hes., *ἐτάζω* ,prüfe', *ἐτεός, ἐτυμός* ,wahr, wirklich' und *ὅσιος* ,recht, erlaubt, fromm';

ti-Abstrakta: ai. *abhí-ṣti-* f. ,Hilfe' *(abhi-ṣṭí-* m. ,Helfer'), av. *aiwišti-* f. ,Studium'; ai. *úpa-sti-* m. ,Untergebener' (ai. *sv-asti-* f. ,Wohlsein' wohl ar. Neubildung); vgl. gr. *ἐστώ* ,οὐσία', *ἀπεστώ, ἀπεστύς* Hes. ,Abwesenheit' u. dgl.;

über das vielleicht hierher gehörige gr. *ἐσ-ϑλός* ,tüchtig, gut, glücklich', dor. *ἐσλός,* arkad. *ἐσλός* vgl. Schwyzer Gr. Gr. I 533[5], Specht Dekl. 256. WP. I 160 f., Schwyzer Gr. Gr. I 676 ff., Trautmann 71, usw.

Zum obigen vielleicht:

esu-s (: *su*-) ,gut, tüchtig'.

Gr. *ἐύς, ἠύς* ,tüchtig, gut', Adverb *εὖ* (Akk. n.), Präfix *εὐ*- gehört zu hitt. *a-aš-šu-uš (assus)* ,gut'; zum *a-* s. Pedersen Hitt. 167 u. Anm.; vielleicht als Schwundstufe dazu (Friedrich IF. 41, 370 f.) das Präfix *su-,* s. dort;

hierzu vielleicht lat. *erus* ,Herr', fem. *era,* alat. *esa* ,Herrin';

doch ist hitt. *iš-ḫa-a-aš (isḫas)* ,Herr' fernzuhalten, da dies zu arm. *išxan* ,Herr', *išxal* ,herrschen' gehört(?), das selbst nichtidg. Herkunft ist (Couvreur Ḫ 9);

fern bleiben gall. GN *Esus* (mit *ē*-), wohl wegen der Namen mit *Aes-, Ais-* am ehesten zu 1. *ais*- oder 2. *ais*- (oben S. 16), weniger wahrscheinlich zu 2. *eis*- (oben S. 299); ebenso der air. PN *Éogan (*ivogenos)* und der cymr. PN *Owein* (älter *Ywein, Eugein, Ougen*) = air. PN *Úgaine (*oṷog.njos),* vgl. dazu Bergin Ériu 12, 224 f.

WP. I 161, WH. I 419, 863. Ein etymol. Versuch bei Kretschmer, Objekt. Konjugation 16 ff.

ēs- (nur medial) ,sitzen'.

Ai. *ắstē,* av. *ắste* ,er sitzt' (= gr. att. *ἧσται* ds.), ostiran. *ās-,* 3. Pl. ai. *ásatē* (= gr. hom. *εἵαται,* lies *ἧαται),* av. *ẚŋhəntē,* gr. Infin. *ἧσϑαι,* Partiz. *ἥμενος,* sekundär att. *κάϑηται,* umgekehrt *ἧομαι;* der Asper nach *ἑδ- (*sed-)?* hitt. Med. *e-ša (esa)* ,sitzt', *e-ša-ri (esari)* ds., Infin. *a-ša-an-na*

(*asanna*) usw., vielleicht schwundstufig *a-ša-ši* ‚setzt‘; hierogl.-hitt. *es-*
‚sitzen‘.

WP. II 486, Schwyzer Gr. Gr. I 679f., Couvreur Ḫ 99f., Pedersen
Hitt. 91, 101, 104, 110.

es-en-, os-en-, -er- ‚Erntezeit, Sommer‘, im Germ. auch von der Ernte- und
überhaupt Feldarbeit und dem Verdienst daraus.

Mit einem Verhältnis wie zwischen lit. *vasarà* und *vāsara* ‚Sommer‘:
abg. *vesna* ‚Frühling‘, hierher (nach Schulze Qu. ep. 475) hom. usw. *ὀπώρα*
‚Sommersende, Erntezeit‘ (s. S. 323) *ὀπωρίζω* ‚ernte‘, ep. *ὀπωρινός* ‚herbst-
lich‘ (wohl eigentlich *ὀπωαρινός*) aus *ὀπ-* (: *ὄπιθεν*) + *ὀ[σ]αρα* ‚aetas quae
sequitur *ṛ̀àν *ὀάρᾱν, i. e. *τὸ θέρος‘; *ω* als Kontraktion aus *oα-* bestätigt
Alcmans *ὀπάρᾱ*, s. Boisacq s. v.;

got. *asans* (*o*-stufig) f. ‚Ernte, Sommer‘, anord. *ǫnn* (*aznō*) ‚Ernte,
Mühe‘, ahd. *aren* m., *arn* f., mhd. *erne* ‚Ernte‘ (dazu ahd. *arnōn* ‚ernten‘);
got. *asneis*, ags. *esne*, ahd. *asni* ‚Taglöhner‘, abgeleitet aus der Entsprechung von as. *asna* ‚Lohn, Abgabe‘ (*Erntelohn), dazu ahd. *arnēn*
‚verdienen‘ = ags. *earnian* ds.; vgl. Wissmann Nom. postverb. 145[4];

serb.-ksl. *jesenь*, skr. *jẽsēn*; russ. *ósenь*, wruss. *jèsień*; apr. *assanis* (aus
esenis oder *asanis*);

unsicher, ob hierher mir. *eorna* (*esor-n-iā*) ‚Gerste‘;

WP. I 161f., Trautmann 71, Feist 58f.

ēs-ṛ(gᵘ), Gen. *es-n-és* ‚Blut‘; alter *r|n*-Stamm.

Ai. *ásṛk, ásṛt*, Gen. *asnáḥ* ‚Blut‘, *asṛjā* RV. 3, 8, 4, nachved. *asra-* n. ds.;
arm. *ariun* ‚Blut‘ (*esṛ-);

gr. poet. *ἔαρ, εἶαρ* (*ἦαρ* Hes.) ‚Blut‘ (wohl urgr. *ἦαρ* mit ders. Dehnstufe wie *ἧπαρ*; s. Schulze Qu. ep. 165f.);

alat. *aser (asser), assyr* ‚Blut‘, *assarātum* ‚Trank aus Wein und Blut
gemischt‘ (wohl *aser* mit einfachem *s*; vgl. WH. I 72);

lett. *asins* ‚Blut‘ (*es,n-?*), Pl. *asinis*; vgl. dazu Trautmann Bsl. Wb. 14,
Mühlenbach-Endzelin Lett.-D. Wb. I 143;

toch. A *ysār*;

hitt. *e-eš-ḫar (esḫar)*, Gen. *esḫanas*.

WP. I 162, WH. I 72, 849, Meillet Esquisse² 39.

et(e)n- ‚Kern, Korn‘??

Gr. *ἔτνος* n. ‚Brei von Hülsenfrüchten‘ stellt man zu mir. *eitne* m. ‚Kern‘,
schott.-gäl. *cite* ‚unhusked ear of corn‘, *eitean* ‚Kern, Korn‘; das unlenierte stimmlose *-t-* zwischen Vokalen ist jedoch rätselhaft, da es nur auf
-tt- zurückgehen kann.

WP. I 117.

ēter- ‚Eingeweide‘.

Gr. hom. ἦτορ n. ‚Herz‘ (Gen. μεγαλ-ήτορος usw., äol. Form für *ἔτρ, *ἦταρ); ἦτρον ‚Bauch, Unterleib‘;

anord. ǣðr f. ‚Ader‘ (*ēter; durch Mißdeutung des -r als Nominativ *-r in die i-Dekl. übergeführt, Dat. Akk. ǣði, Pl. ǣdir, ǣðar), ags. ǣdre, ǣder f. ‚Ader‘, Pl. auch ‚Nieren‘, ahd. ād(a)ra, mhd. āder, ādre ‚Ader, Sehne; Pl. Eingeweide‘, mit inn(a) ‚innen‘, zusammengesetzt anfränk. inn-ēthron gl. adeps, as. ūt-innāthrian ‚ausweiden‘, daneben eine ältere Zusammensetzung mit in ‚έν‘ und nachtonigem *ð in ahd. (mit Suffix-tausch) inuodili ‚Eingeweide‘;

daß ebenso air. inathar ‚Eingeweide‘ aus *en-ōtro- herleitbar sei, ist aber kaum fraglich; es wird *enathar (aus *en-ōtro-) durch Einfluß der Präpos. in- sein i erhalten haben; über acymr. permed-interedou gl. ilia, mcorn. en-eder-en ‚extum‘ s. Loth RC 42, 369; mcorn. -eder- könnte auf *-ōtro- zurückgehen, wogegen das acymr. Wort zur Präpos. *enter gehören kann.

Ob hierher av. xvāϑra- ‚εὐθυμία‘ als *su-ātra-?

WP. I 117, Schwyzer Gr. Gr. I 519, Meillet Ét. 167f., Specht Dekl. 81.

eti ‚darüber hinaus‘, daraus ‚ferner, und, auch‘.

Ai. áti m. Akk. ‚über—hinaus, gegen‘, Präfix áti (av. aiti-, apers. atiy-) ‚vorüber-, zurück-‘ (enthält auch zum Teil idg. ati-, s. oben S. 70f.);

phryg. ετι in ετι-τετιχμενος ‚verflucht‘ (zu air. tongid ‚schwört‘);

gr. ἔτι ‚überdies, ferner, noch‘;

vielleicht messap. -ϑι ‚und‘ (Krahe KZ. 56, 135f., vgl. WH. I 863);

lat. et ‚und auch, und‘, päl. umbr. et ds.; lat. et-iam ‚und auch noch‘;

gall. eti ‚auch, ferner‘, eti-c ‚und auch‘ (*eti-ḱe); in abret. et-binam gl. lanis, acymr. et-met ‚retunde‘ (Loth RC 37, 27);

got. iþ ‚aber, δέ‘ (an 1. Stelle), Präfix id- in id-weit n. ‚Schmach, Schimpf‘ = ags. as. edwīt, ahd. ita-, itwīz ds. (ahd. it(a), anord. ið-, ‚wieder‘, ags. as. ed- ‚wieder‘, daneben ahd. ith-, ags. ed-, Jacobsohn KZ. 49, 194, doch ist ags. ed- nach Sievers-Brunner 165¹ nur Schreibfehler), vielleicht auch in got. id-reiga f. ‚Reue, Buße‘ (vgl. Feist 289f.);

apr. et- neben at-, wohl wie acymr. usw. et- neben at- (zu ati oben S. 70), anders Trautmann 16;

über toch. A atas ‚von hier‘(?), A aci, B ecce ‚von da‘ (*eti) vgl. Van Windekens Lexique 8, 16, Pedersen Toch. Sprachg. 16¹.

WP. I 43f., WH. I 421f., der eti in e- (s. oben S. 283) und -ti (wie in au-ti oben S. 74, usw.) zerlegen will.

ēti- ‚Eidergans‘?

Altnord. *ǣđr* f. (Gen. *ǣđar*), *ǣđarfugl*, daraus engl. ndl. nhd. *eider*, norw. *œrfugl* (und *œfugl*); schwed. *áda*, dial. *áđ* ‚Eidergans‘. Vielleicht mit ai. *āti-*, *ati* ‚ein Wasservogel‘ in Verbindung zu bringen. Doch s. unter *anat-* ‚Ente‘ (S. 41 f.).

WP. I 118, Kluge¹⁴ s. v. *Eider*.

ēt-mén- ‚Hauch, Atem‘.

Ai. *ātmán-*, Gen. *ātmánaḥ* m. ‚Hauch, Seele‘;

ags. *ǣđm* m., as. *āthum* ‚Hauch, Atem‘, ahd. *ādhmōt* (Isid.) ‚flat‘, sonst im Ahd. m. gramm. Wechsel *ātum* (= *ādum* Isid.) m. ‚Atem‘, nhd. *Atem* und (mit dial. *o* aus *a*) *Odem*.

Ob hierher ir. *athach* (**ǝt-ako-*) ‚Hauch, Wind‘?

WP. I 118.

ētro- ‚rasch, heftig‘?

Ahd. *ātar* (**ētró-*) ‚acer, sagax, celer‘, ags. *ǣdre* ‚sofort, gänzlich‘, afries. *ēdre*, as. *ādro* ds., aisl. *ađr* ‚früh, vorher‘ stellt man (im Ablaut) zu lett. *ātrs* ‚rasch, heftig, hitzig‘ (**ātro-*), lit. dial. *otu* ‚schnell‘, lett. *ātri* Adv. ds., *ātrumā* ‚in der Eile, in der Hitze‘; nordlit. *ātrus* ‚heftig, hitzig, jähzornig‘, *ātrē(i)* Adv. ds. und ‚schnell‘ könnte aus dem Lett. entlehnt sein.

Der angebliche Ablaut *ē : ā* ist jedoch höchst unsicher; auch der Vokalismus des toch. A *atär*, B *etär* ‚Held‘, falls dazugehörig, ist unklar; vgl. Van Windekens Lexique 23; die balt. Formen könnten überdies zu *āt(e)r-* ‚Feuer‘ (oben S. 69) gehören.

WP. I 118, Trautmann 203, Mühlenbach-Endzelin Lett.-D. Wb. I 245.

1. *eu-, euǝ-* : *u̯ā-, u̯ǝ-* ‚mangeln, leer‘, besonders in partizipialen *no*-Bildungen.

Ai. *ūná-*, av. *ŭna-* ‚unzureichend, ermangelnd‘, av. *uyamna* ds. (Partiz. Präs. Med. zum Präs. *u-ya-*); npers. *vang* ‚leer, arm‘, pāmir *vanao* ‚Leerheit, Eitelkeit‘;

arm. *unain* ‚leer‘ (idg. *ū*);

gr. *εὖνις, -ιδος* ‚beraubt, ermangelnd‘; über gr. *ἐτός*, *(ϝ)ετώσιος*, das auch hierher gehören könnte, s. oben S. 73;

vielleicht hierher lat. *vānus* ‚leer, nichtig‘; sehr zweifelhaft (da die *k*-Erweiterung nur im Ital. bezeugt ist) *vacō, -āre* ‚leer, frei sein‘ (daneben *vocō, -āre* EM² 1069); umbr. *vaçetum*, *uasetom* ‚vitiatum‘, *antervakaze*, *anderuacose* ‚intermissiō‘, *uas* ‚vitium‘;

got. *wans* ‚mangelnd, fehlend‘ (**u̯-ono-s* oder **u̯ǝ-no-s*), aisl. *van-r*, afries. ags. as. ahd. *wan* ds.;

nach Mühlenbach-Endzelin IV 462 hierher lit. *vañs-kariai* ‚unausgebrütete Eier‘, lett. *vàns-kar(i)s* ‚unfruchtbares Ei‘ (mit *s-k* aus *s-p*).

Verwandt scheint **u̯āsto-s** ‚öde‘ in:

lat. *vāstus* ‚öde, verwüstet, leer‘ = air. *fās* ‚leer‘, *fāsach* ‚Wüste‘, ahd. *wuosti* ‚öde, unbebaut, leer, wüst‘, as. *wōsti*, ags. *wēste* ‚wüst‘ (mhd. nengl. *waste* ‚Wüste‘ aber aus dem Lat.).

WP. I 108 f., Feist 550.

2. eu- ‚anziehen‘; **ou-tlā** ‚Binde‘, **outo-s** ‚bekleidet‘.

Av. *aoϑra-* (: lat. *sub-ūcula*) n. ‚Schuhwerk‘;

arm. *aganim* ‚ziehe mir etwas an‘ (idg. *ŏu-mi); *aut'-oc* ‚Bettdecke‘;

lat. *ex-uō* ‚ziehe aus‘, *ind-uō* ‚ziehe an‘ (zunächst aus *-ovō*, idg. wohl *eu̯ō), *ind-uviae* ‚Anzug, Gewand‘, *ind-uvium* ‚Baumrinde‘, *exuviae* ‚abgelegte Haut der Schlangen‘, *reduviae* ‚Niednagel; Schneckenhäuser ohne Schnecke; abgelegte Schlangenhaut‘, *subūcula* ‚Untergewand der Männer‘ (*ou-tlā*, vgl. lett. *àukla*), *ōmen* und *ōmentum* ‚Netzhaut um die Eingeweide, Gekröse-fett, Fett, Eingeweide; auch Beinhaut, Gehirnhaut‘, *ind-ūmentum* ‚Gewand‘ (über *indusium, intusium*, obere Tunica‘ s. WH. I 695 f.); umbr. *anovihimu* ‚induitor‘ (aus *an-ou̯iō: bsl. *au̯i̯ō* s. unten);

aus dem Kelt. vermutlich air. *fuan* (nicht aber das frz. Lw. cymr. *gŵn*, corn. *gun* ‚Leibrock‘) als *upo-ou-no-;

lit. *aviù, -ēti* ‚Fußbekleidung tragen‘, *aunù, aūti* ‚Fußbekleidung an-ziehen‘, lett. *àut* ‚ds.; anziehen‘, lit. *aūklė* ‚Fußbinde‘, *auklis* ‚Strick‘, lett. *àukla* f. (*au-tlā*) ‚Schnur‘, apreuß. *auclo* ‚Halfter‘, lit. (*au-to-s*, Partiz. Perf. Pass.) *aūtas, apaūtas* ‚beschuht, Pl. Fußlappen‘, lett. *àuts* ‚Tuch, Binde‘ (: lat. *ex-ūtus*);

russ.-ksl. *izuju, izuti* ‚Fußbekleidung ausziehen‘, aksl. *obujǫ, obuti* ‚Fuß-bekleidung anziehen‘, russ. *obújyj* ‚beschuht‘ (: lit. *apaūtas* ds.), dazu aksl. *onušta* ‚ὑπόδημα‘, russ. *onúča* ‚Fußlappen‘, usw.

Ob hierher (Pedersen Mursilis 72 ff.) hitt. *unuu̯ā(i)-* ‚schmücken‘?

WP. I 109 f., WH. I 434 ff., 695 f., Trautmann 21 f.

3. eu-, mit Präsensformans **-et-**: **u̯et-, ut-** ‚fühlen‘.

Ai. *api-vátati* ‚versteht, begreift‘, Kaus. *api-vatáyati* ‚regt geistig an, macht verstehen‘, av. *aipi-vataiti* ‚ist mit einer Sache vertraut‘, Konj. *aipiča aotāṯ* ‚sie begreife‘ (*eut-*);

lit. *jaučiù* (*euti̯ō), *jaučiaũ, jaūsti* ‚fühlen‘, lett. *jaušu, jautu, jaust*, dazu lit. *jaūsmas* m. ‚Gefühl‘, *jautrùs* ‚gefühlvoll, zart‘, Iterat. *jáutotis* ‚forschend fragen‘; im Ablaut (idg. *u*) *juntù, jutáu, jùsti* ‚fühlen‘, lett. *jùtu, jutu, just* ds. Über den *j*-Vorschlag s. Endzelin Lett. Gr. § 30 c, anders (als Reduplikation?) Specht KZ. 68, 55[1].

WP. I 216, Trautmann 72, Kuiper Nasalpräs. 54.

4. *eu-* ‚Freudenruf' (nur gr. lat.).

Gr. εὐάζω ‚juble', εὐα, εὐαί, εὐοῖ Ausrufe bacchantischer Lust; lat. ovō, -āre ‚frohlocken, jubeln; einen siegreichen Einzug halten' (*eu̯ai̯ō).

Vgl. auch *u-* in Schallworten.

WP. I 110.

ēudh-, ōudh-, ūdh- Euter, *r/n*-Stamm; ai. vereinzelte Formen eines *-es-* Stammes (sekundär?), slav. ein *men*-St.

Ai. *ū́dhar* (und *ū́dhas*) n., Gen. *ū́dhnáḫ* ‚Euter';

gr. οὖθαρ, οὔθατος (α = -ṇ) ‚Euter';

lat. *ūber, -eris* n. ‚Euter, Zitze, säugende Brust; Fülle' (*ūbertās*; daraus *über* Adj. ‚reichlich, fruchtbar' gefolgert nach *paupertas : pauper*);

ahd. Dat. *ūtrin*, mhd. *ūter, iuter*, schweiz. *ūter*, as. ags. *ūder* n. ‚Euter', woneben ablautendes *ēudhr-* in aisl. *jū(g)r* ds. und as. *ieder*, afries. *iāder* ds.;

lit. *ūdruó-ju, -ti* ‚eutern, trächtig sein';

slav. *vymę* in čech. *výmě*, skr. *vìme* ‚Euter' (*ūdh-men-*);

wohl als ‚das Schwellende' benannt, vgl. russ. *údítʊ* oder *údětʊ* ‚anschwellen', auch vielleicht der volsk. FIN *Oufens, Ufens*.

WP. I 111, Trautmann 334, Schwyzer Gr. Gr. I 518.

euk- ‚sich gewöhnen, durch Gewöhnung vertraut sein'.

Ai. *ókas-* n. ‚Behausung, Heim, Gewöhnung', *úcyati* ‚ist gewohnt', *ucitá-* ‚gewohnt, angemessen'; sogd. *yu̯čt* (*yōčat*) ‚er lehrt', *γγu̯tčh* ‚gewöhnt' (mit sekundärem *y-*), Meillet BSL. 23, 76;

arm. *usanim* (*k* nach *u* palatalisiert) ‚lerne, gewöhne mich';

gr. ἕκηλος (Pind. ἔκαλος) neben εὔκηλος ‚in ungestörtem Behagen'; vielleicht aus *u̯ek-*, bzw. *euk-*?

air. *to-ucc-* ‚verstehen, begreifen' (*cc = gg*) aus *u-n-k-*; hingegen gehen *ro-uicc* ‚hat getragen', *do-uicc* ‚hat gebracht' auf *-onk̑-i-s-t* (zu *enek̑-*, s. oben S. 317) zurück;

got. *bi-ūhts* (*unkto-*) ‚gewohnt';

lit. *jùnkstu, jùnkti* ‚gewohnt werden', *jaukùs* ‚an Menschen gewöhnt, zahm', *jaukìnti* ‚gewöhnen, zähmen', *jùnktas* ‚gewöhnt'; lett. *jūkt* ‚gewohnt werden', *jaukt, jaûcêt* ‚gewöhnen'; apr. *jaukint* ‚üben'; lit. *úkis* ‚Bauershof' (eigentlich ‚Wohnstätte', vgl. ai. *ókas* ds.); zum *j-* s. unter 3. *eu-*;

aksl. *učiti* ‚lehren', *ukʊ* ‚Lehre', *vyknǫti* ‚sich gewöhnen';

WP. I 111, Trautmann 335, Kuiper Nasalpräs. 187 mit Anm.

eus- ‚brennen'.

Ai. *óṣati* ‚brennt', Partiz. *uṣṭá-* (= lat. *ustus*), *uṣṇá-* ‚heiß, warm' (*óṣām* ‚geschwind, sogleich' etwa ‚*hitzig, brennend*'?);

gr. *εὕω* (**εὔθω, **εuσῶ) ‚senge‘, Aor. *εὗσαι, εὗστρα* ‚Grube, wo geschlachtete Schweine gesengt werden‘;

alb. *ethe* f. ‚Fieber‘;

lat. *ūrō, -ere, ustus* (danach *ussī*) ‚brennen, verbrennen (trans.)‘, *ambūrō* = *ἀμφεύω*;

anord. *usli* m. ‚glühende Asche‘, ags. *ysle* f. ds., mhd. *üsel(e)* f. ds.; anord. *ysja* f. ‚Feuer‘, *usti* ‚verbrennt‘, mit gramm. Wechsel *eim-yrja*, ags. *æm-yrie* (engl. *embers*), mhd. *eimer(e)* f., nhd. mdartl. *ammer* ‚glühende Asche‘; norw. mdartl. *orna* ‚warm werden‘ (**uznēn); vielleicht als ‚brennend, hitzig = eifrig‘ hierher ahd. *ustar* ‚gierig, gulosus‘, *ustrī* ‚industria‘, *ustinōn* ‚fungi‘;

lit. *usnìs* ‚Kratzdistel‘ (cirsium) oder ‚Rhamnus‘.

Auf ein mit ***eus-* unter ****eues-* zu vereinigendes ***ues-* ‚brennen‘ bezog man lat. (osk.) *Vesuvius*, der aber auch als ‚der leuchtende‘ zu ***(a)ues-* ‚leuchten‘ gestellt werden kann (oben S. 87).

WP. I 111 f.

eueg̑ʰ- ‚feierlich, rühmend, prahlend sprechen, auch bes. religiös geloben, preisen‘.

ueg̑ʰ-: Ai. ved. *vāghát-* ‚der Gelobende, Beter, Veranstalter eines Opfers‘, av. *rāštarə-vaɣənti-* EN;

arm. *gog* ‚sage!‘, *gogçes* ‚du kannst sagen‘;

lat. *voveō, -ēre, vōvī, vōtum* (diese zunächst aus ***vŏvĕ-vai, -tum*) ‚geloben, feierlich versprechen; erflehen, wünschen‘, umbr. *vufetes* (= lat. *vōtīs*) ‚vōtīs, consecratis‘, *vufru* ‚vōtīvum‘, *Vufiune, Uofione* ‚deo vōtōrum‘.

eug̑ʰ-: Av. *aog-* (*aojaite, aoxta, aogədā*) ‚verkünden, sagen, sprechen, bes. in feierlicher Weise‘, wozu ai. *ōhatē* ‚lobt, rühmt, prahlt‘, und vermutlich arm. *uzem* ‚ich will‘, *y-uzem* ‚ich suche‘;

gr. *εὔχομαι* ‚gelobe, bete, wünsche, rühme mich‘, athemat. Impf. *εὖκτο* (= gath.-av. *aogədā*, j.-av. *aoxta* ‚sprach‘) zu einem Präs. **eugh-tai (Schwyzer Gr. Gr. I 679); *εὖχος* n. ‚wessen man sich rühmt, Ruhm‘, *εὐχή* ‚Gelübde, Gebet, Bitte, Flehen‘; dazu vielleicht auch *αὐχέω* ‚prahle, rühme mich‘, abstrahiert aus *κενε-αυχής* ‚leeres prahlend‘ (**κενε-ευχής, Bechtel Lexilogus 192).

WP. I 110.

I

CPSIA information can be obtained
at www.ICGtesting.com
Printed in the USA
LVHW082010021222
734323LV00025B/110